FREDERICO AMADO

Procurador Federal/Procuradoria-Geral do INSS em Brasília-DF com atuação perante o STF, o STJ e a TNU.

Professor de Direito Previdenciário e Ambiental do *Especcial Jus* (www.especcialjus.com.br).

Coordenador da Pós-graduação EAD em Prática Previdenciária da Faculdade Verbo em parceria com o Especcial Jus.

Coordenador da Pós-graduação AO VIVO pelo MEET em Prática Previdenciária da FBB em parceria com o Especcial Jus.

Coordenador da Pós-graduação em Direito Ambiental EAD da Faculdade Verbo em parceria com o *Especcial Jus*.

Instrutor da Escola da AGU.

Mestre em Planejamento Ambiental pela UCSAL.

Especialista em Direito do Estado pela Unyahna.

Palestrante.

Página de contato: www.especcialjus.com.br

E-mail: professorfredericoamado@gmail.com

Twitter: @FredericoAmado

Facebook: Frederico Amado

Instagram: @fredericoamado

MANUAL DOS BENEFÍCIOS POR INCAPACIDADE LABORAL E PERÍCIA MÉDICA NO RGPS

FREDERICO AMADO

MANUAL DOS BENEFÍCIOS POR INCAPACIDADE LABORAL E PERÍCIA MÉDICA NO RGPS

2025

EDITORA *Jus*PODIVM

www.editorajuspodivm.com.br

EDITORA *Jus*PODIVM
www.editorajuspodivm.com.br

Rua Canuto Saraiva, 131 – Mooca – CEP: 03113-010 – São Paulo – São Paulo
Tel: (11) 3582.5757
• Contato: https://www.editorajuspodivm.com.br/central-de-relacionamento

Diagramação: Ana Paula Lopes Corrêa *(aninha_lopescorrea@hotmail.com)*

Capa: Maitê Coelho *(maitescoelho@yahoo.com.br)*

A481m Amado, Frederico.
Manual dos Benefícios por Incapacidade Laboral e Perícia Médica no RGPS / Frederico Amado – São Paulo: Editora JusPodivm, 2025.
704 p.

Inclui Bibliografia
ISBN: 978-85-442-6181-1

1. Direito Previdenciário 2. Benefícios 3. Auxilio por Incapacidade 4. Reabilitação Profissional 5. Instrução Pericial I. Amado, Frederico. II. Título.

CDD 341.6

BIBLIOTECÁRIA RESPONSÁVEL

Ana Carolina Ribeiro Mois – CRB7 – RJ 007348/0

NOTA DO AUTOR

O *Manual dos Benefícios por Incapacidade Laboral e Perícia Médica no RGPS* é uma obra que foi idealizada no ano de 2021 e somente em 2025 foi integralmente implementada. É, portanto, um projeto antigo e que foi devidamente amadurecido.

No **capítulo 1,** estudamos o **acidente de trabalho**, pois a aposentadoria por incapacidade permanente, o auxílio por incapacidade temporária e o auxílio-acidente possuem códigos de concessão específicos quando decorrentes do acidente laboral, com algumas regras jurídicas especiais.

O objetivo da obra foi fazer um recorte de estudo na maior área do Regime Geral de Previdência Social em número de pedidos administrativos e judiciais: os benefícios por incapacidade laboral (**aposentadoria por incapacidade permanente e auxílio por incapacidade temporária**) com o seu estudo nos **capítulos 2 e 3**.

Por derivação, também foi tratado o **auxílio-acidente** no **capítulo 5** que, embora não seja benefício por incapacidade laboral por não substituir o salário de contribuição e ser percebido conjuntamente com a remuneração do segurado, é diretamente conectado com o auxílio por incapacidade temporária, sendo, como regra, fruto de conversão deste.

Pela mesma razão, restou estudado o serviço de **reabilitação profissional** no **capítulo 4**, obrigatório para o segurado em gozo de auxílio por incapacidade temporária com incapacidade laboral permanente, mas apto ao aprendizado de outra profissão após análise das suas condições pessoais e sociais por equipe multidisciplinar do INSS.

Outrossim, nos **capítulos 6 e 7**, dedicamos o seu estudo à **perícia médica** tanto no âmbito administrativo quando na esfera judicial.

Por fim, **no capítulo 8**, estudamos os requisitos específicos legais exigidos para a **petição judicial** que envolva os benefícios por incapacidade laboral, assim como a **competência jurisdicional** da Justiça Federal e Estadual para julgar demandas desta natureza.

Espero que gostem de mais um trabalho dedicado aos profissionais previdenciaristas. Bom estudo!

O AUTOR

SUMÁRIO

CAPÍTULO 1

ACIDENTE DE TRABALHO

1. INTRODUÇÃO

Não é de hoje que a sociedade se preocupa em editar normas jurídicas que assegurem a incolumidade física e mental das pessoas no exercício do labor, sendo direito dos trabalhadores desenvolver sua atividade com segurança, pois a empresa é responsável pela adoção e uso das medidas coletivas e individuais de proteção e segurança da saúde do trabalhador, ante o reconhecimento constitucional da existência do meio ambiente do trabalho[1].

Em termos mundiais, de acordo com o tradicional magistério de Sergio Pinto Martins[2],

> "a primeira legislação a tratar do tema acidente do trabalho foi a alemã, em 6-7-1884, por intermédio de Bismarck. Estabeleceu-se ampla definição de acidente do trabalho, incluindo o ocorrido no curso do contrato de trabalho. Havia a assistência médica e farmacêutica. Determinava-se o pagamento de um valor pecuniário para compensar o fato de que o empregado iria ficar sem receber salário, assim como assegurava-se auxílio-funeral, caso ocorresse o acidente fatal. O empregado recebia uma prestação correspondente a 100% de seu salário enquanto durasse a incapacidade. Pagava-se pensão em caso de morte. Em um primeiro momento o seguro era feito mutuamente e depois garantido pelo Tesouro alemão. A lei era aplicada apenas às indústrias que tinham atividades perigosas, estabelecendo-se também um sistema de normas de segurança no trabalho".

Já em 1919 foi aprovada a Lei 3.724, a primeira norma geral sobre acidentes de trabalho no Brasil, que apenas considerava como acidente de trabalho "o produzido por uma causa subita, violenta, externa e involuntaria no exercicio do trabalho, determinado lesões corporaes ou perturbações funccionaes, que constituam a causa unica da morte ou perda total, ou parcial, permanente

1. Artigo 200, inciso VIII, da CRFB.
2. Direito da Seguridade Social, 29ª edição, Atlas, p. 395.

ou temporaria, da capacidade para o trabalho ou a molestia contrahida exclusivamente pelo exercício do trabalho, quando este fôr de natureza a só por si causal-a, e desde que determine a morte do operário, ou perda total, ou parcial, permanente ou temporaria, da capacidade para o trabalho"[3].

O enquadramento do acidente de trabalho era bem restrito, pois a legislação de época exigia que o evento ou a moléstia decorressem do exercício do trabalho, este como a única causa da incapacidade laboral ou da morte.

Naquele tempo, uma vez ocorrido um acidente de trabalho, o patrão obrigava-se a pagar uma indenização tarifada ao trabalhador ou à sua família, excetuados apenas os casos de força maior, dolo da própria vítima ou de estranhos, sendo um direito trabalhista à época, adotando-se a responsabilidade objetiva pelo risco profissional.

Com o advento da Lei 5.316/67, a proteção acidentária saiu da esfera trabalhista e adentrou à previdência social, operando-se a estatização do seguro de acidentes de trabalho, onde se mantém até hoje, na forma no artigo 201, inciso I, da CRFB, que prevê a cobertura nos casos de doença, invalidez e morte.

Destarte, passou a se adotar o seguro social para proteger o trabalhador contra acidentes de trabalho, passando o INPS (atual INSS) a pagar as prestações previdenciárias em decorrência de acidente de trabalho, cabendo às empresas o pagamento de contribuição denominada "seguro de acidente de trabalho" para fazer frente às despesas, saindo de cena as seguradoras privadas.

Vale frisar que, com o advento da Emenda 20/1998, passou a existir autorização constitucional no §10, do artigo 201 (ainda não regulamentada), para a cobertura do risco de acidente de trabalho concorrentemente pelo Regime Geral de Previdência Social e pelo setor privado. Cuida-se de uma arriscada previsão constitucional fruto de ideais neoliberais que inspiraram a elaboração da Emenda 20, pois no passado não se mostrou adequada a proteção privada ao risco social acidente de trabalho.

O parágrafo 10 do artigo 201 da Constituição havia sido inserido pela **Emenda 20/98**. Buscava abrir ao setor de seguros privados o risco do acidente de trabalho, a exemplo de benefícios por incapacidade, mas nunca chegou a ser regulamentado.

Importante!

Com a Emenda 103/2019, teve a redação ampliada, pois a Constituição passou a permitir a cobertura concorrente entre RGPS e setor privado de **todos os**

3. Artigo 1º.

benefícios não programados, o que abarca, além dos benefícios por incapacidade laboral, a pensão por morte e o auxílio-reclusão.

Outra novidade é que a regulamentação deve ser feita por **lei complementar**, e não mais por lei ordinária.

É direito social do trabalhador urbano ou rural a adoção de medidas redução dos riscos inerentes ao trabalho, por meio de normas de saúde, higiene e segurança, nos moldes do artigo 7º, inciso XXII, da Constituição Federal.

De acordo com o artigo 19, §§ 1º e 2º, da Lei 8.213/91, a empresa é responsável pela adoção e uso das medidas coletivas e individuais de proteção e segurança da saúde do trabalhador, constituindo contravenção penal, punível com multa, deixar a empresa de cumprir as normas de segurança e higiene do trabalho, devendo o Ministério do Trabalho exercer a fiscalização.

A empresa é obrigada a fornecer aos empregados, gratuitamente, equipamento de proteção individual adequado ao risco e em perfeito estado de conservação e funcionamento, sempre que as medidas de ordem geral não ofereçam completa proteção contra os riscos de acidentes e danos à saúde dos empregados.

Com propriedade, estatui o artigo 157, inciso II, da CLT, que as empresas devem instruir os empregados, através de ordens de serviço, quanto às precauções a tomar no sentido de evitar acidentes do trabalho ou doenças ocupacionais, cabendo ao empregado cumprir as normas de segurança, sob pena de cometer ato faltoso.

A proteção previdenciária ao acidente do trabalho foi estendida aos empregados domésticos através da Lei Complementar 150, publicada e vigente desde 2 de junho de 2015, que passaram a fazer jus a benefícios previdenciários por acidente do trabalho.

2. DEFINIÇÃO DE ACIDENTE DE TRABALHO

A matéria atualmente é regulada pelos artigos 19 a 23 da Lei 8.213/91, tendo sido alvo de reforma pela Lei Complementar 150/2015, que passou a prever os benefícios previdenciários por acidente do trabalho em favor do empregado doméstico, pois foi criada a contribuição SAT a ser paga pelo empregador doméstico, no importe de 0,8% do salário de contribuição do empregado doméstico a seu serviço.

Por conseguinte, a LC 150/2015 modificou a redação dos artigos 19, 21-A e 22, todos da Lei 8.213/91, a fim de inserir a proteção acidentária em favor do empregado doméstico.

Desde então, passou a ser considerado legalmente como **acidente de trabalho** *o que ocorre pelo exercício do trabalho a serviço da empresa* ***ou de empregador***

***doméstico** ou pelo exercício do trabalho dos segurados especiais, provocando lesão corporal ou perturbação funcional que cause a morte ou a perda ou redução, permanente ou temporária, da capacidade para o trabalho* (artigo 19).

De efeito, do referido conceito legal, agora ampliado para abarcar o empregado doméstico, é possível extrair os elementos caracterizadores do típico acidente de trabalho:

- Evento decorrente de trabalho a serviço da empresa ou do empregador doméstico, de atividade campesina ou pesqueira artesanal individualmente ou em regime de economia familiar para a subsistência, desenvolvida pelo segurado especial;
- Causação de lesão corporal ou funcional (psíquica);
- Ocorrência de morte do segurado, redução ou perda temporária ou definitiva da capacidade laboral.

Destarte, para a caracterização de um acidente de trabalho, é imprescindível que haja um nexo entre o exercício do trabalho e o evento que cause lesão física ou psicológica ao trabalhador.

A prevenção aos acidentes de trabalho é dever legal das empresas, que são responsáveis pela adoção e uso das medidas coletivas e individuais de proteção e segurança da saúde do trabalhador, sendo obrigatória a constituição de Comissão Interna de Prevenção de Acidentes (CIPA), de conformidade com instruções expedidas pela área trabalhista, nos estabelecimentos ou locais de obra nelas especificadas[4].

3. DOENÇAS EQUIPARADAS (OCUPACIONAIS)

De seu turno, as *doenças ocupacionais* também são consideradas pela legislação como acidente de trabalho, assim consideradas as que guardam nexo com o exercício da atividade laborativa.

As doenças ocupacionais se dividem em:

A) **Doença profissional ou tecnopatia ou ergopatia** – a produzida ou desencadeada pelo exercício do trabalho peculiar a determinada atividade e constante da respectiva relação elaborada pelo Ministério da Previdência Social;

B) **Doença do trabalho ou mesopatia** – a adquirida ou desencadeada em função de *condições especiais* em que o trabalho é realizado e com ele se relacione diretamente, constante da relação acima mencionada.

4. Artigo 163 da CLT.

As doenças profissionais (doenças ocupacionais típicas) são aquelas típicas do exercício de determinadas atividades laborativas (profissões), a exemplo da silicose, que normalmente assola os mineiros, que contraem esta espécie de pneumoconiose através da inalação da sílica nos túneis que trabalham, prejudicando o pulmão do trabalhador.

Por outro lado, as doenças do trabalho são compostas por enfermidades que também se fazem presentes em atividades que não guardam nexo com o trabalho, como a disacusia (surdez), que poderá decorrer ou não do exercício do trabalho (doenças ocupacionais atípicas).

De acordo com Hermes Arrais Alencar, "nessa ordem de considerações, as moléstias típicas (tecnopatias) prescindem da demonstração do nexo de causalidade, porque se presume oriunda da atividade profissional (conforme visto supra, é o nexo causal um dos requisitos indispensáveis à configuração do acidente do trabalho). No que se reporta às mesopatias (doenças atípicas), não ocorre a mesma presunção, carecendo seja comprovado que a entidade mórbida adquirida é decorrência lógica do trabalho realizado pelo obreiro"[5].

As **doenças ocupacionais** estão listadas no anexo II do RPS, que formam um **rol exemplificativo**, pois, excepcionalmente, se o INSS constatar que a enfermidade não listada resultou das condições especiais em que o trabalho é executado e com ele se relaciona diretamente, deverá considerá-la como acidente do trabalho.

Atualmente, o anexo II do Regulamento da Previdência Social tem redação dada pelo Decreto 6.957/2009, onde consta um rol de agentes patogênicos que poderão causar doenças ocupacionais, assim como as Listas A, B e C.

Logo na abertura do anexo II, do RPS, constam os agentes patogênicos causadores de doenças profissionais ou do trabalho (químicos, físicos e biológicos), enumerados em vinte e sete itens e correlacionados a determinadas atividades laborais, a exemplo do arsênio, que consta no item I:

Anexo II Agentes patogênicos causadores de doenças profissionais ou do trabalho, conforme previsto no art. 20 da Lei nº 8.213, de 1991	
AGENTES PATOGÊNICOS	TRABALHOS QUE CONTÊM O RISCO
Químicos	

5. Obra citada, pg. 135.

I – Arsênio e seus compostos arsenicais	1. metalurgia de minérios arsenicais e indústria eletrônica; 2. extração do arsênio e preparação de seus compostos; 3. fabricação, preparação e emprego de tintas, lacas (gás arsina), inseticidas, parasiticidas e raticidas; 4. processos industriais em que haja desprendimento de hidrogênio arseniado; 5. preparação e conservação de peles e plumas (empalhamento de animais) e conservação da madeira; 6. agentes na produção de vidro, ligas de chumbo, medicamentos e semicondutores.

Na **Lista A** aparecem os agentes ou fatores de risco de natureza ocupacional relacionados com a etiologia de doenças profissionais e de outras doenças relacionadas com o trabalho, divididos em vinte e sete itens.

Assim, por exemplo, o amianto ou asbesto é associado à neoplasia maligna (câncer) de estômago, laringe, brônquios e pulmões; mesotelioma de pleura, peritônio e pericárdio; asbestose.

Em seguida, o referido anexo II enumera na **Lista B** as doenças infecciosas e parasitárias relacionadas com o trabalho, tais com a tuberculose, a brucelose, a leptospirose e a febre amarela, bem como as neoplasias relacionadas com o labor.

Posteriormente, ainda na **Lista B**, é apresentado um rol de doenças relacionadas ao trabalho do sangue e dos órgãos hematopoiéticos; doenças endócrinas, nutricionais e metabólicas; transtornos mentais e de comportamento; doenças do sistema nervoso; doenças do olho; doenças do ouvido; doenças do sistema circulatório; doenças do sistema respiratório; doenças do sistema digestivo; doenças da pele e do sistema subcutâneo; doenças do sistema osteomuscular e do tecido conjuntivo; doenças do sistema gênito-urinário e traumatismos, envenenamentos e algumas outras consequências de causas externas relacionadas com o trabalho.

Por fim, a **Lista C** indica intervalos de CID-10 em que se reconhece Nexo Técnico Epidemiológico, na forma do § 3º do artigo 337, do RPS, entre a entidade mórbida e as classes de CNAE indicadas, nelas incluídas todas as subclasses cujos quatro dígitos iniciais sejam comuns.

É considerado como **dia do acidente, no caso de doença profissional ou do trabalho**, a data do início da incapacidade laborativa para o exercício da atividade habitual, o dia da segregação compulsória, ou o dia em que for realizado o diagnóstico, **valendo para este efeito o que ocorrer primeiro.**

É tarefa árdua definir exatamente o dia do acidente de trabalho no caso de moléstia ocupacional. Isso porque normalmente essas doenças são progressivas, sendo complexo apontar por exato o dia em que a enfermidade gerou a incapacidade laboral do segurado, dia em que, em tese, é o dia do acidente.

Sabedor desta dificuldade probatória e com o objetivo de conferir maior proteção ao segurado, o legislador trouxe três critérios para a definição do dia do acidente nas moléstias ocupacionais: data em que se apontou a incapacidade; data da segregação compulsória; data do diagnóstico.

Isso porque a suposta data da incapacidade laboral pode ter sido apontada com atraso, ultrapassando o dia da segregação ou do diagnóstico. Logo, destas três possibilidades, considera-se como dia do acidente de trabalho a que primeiro se verificar.

De acordo com a legislação previdenciária[6], **não serão consideradas como doença do trabalho**: a) a doença degenerativa; b) a inerente a grupo etário; c) a que não produza incapacidade laborativa; d) a doença endêmica adquirida por segurado habitante de região em que ela se desenvolva, salvo comprovação de que é resultante de exposição ou contato direto determinado pela natureza do trabalho.

Contudo, se ficar constatado pela perícia médica do INSS que a doença degenerativa guarda nexo com o trabalho, a exemplo da LER – Lesão por Esforço Repetitivo, deverá ser considerada como acidente de trabalho, podendo ser considerada concretamente como doença do trabalho.

Com o advento da LC 150/2015, o empregado doméstico passou a ser vítima das doenças ocupacionais, pois anteriormente não sofria acidente do trabalho.

Conforme noticiado pelo Ministério da Saúde em 29/11/2023, "**A lista de doenças relacionadas ao trabalho foi atualizada pelo Ministério da Saúde, após 24 anos da sua instituição**. A adequação do protocolo às necessidades dos trabalhadores marca uma agenda prioritária para a atual gestão com a retomada do protagonismo na coordenação nacional da política de saúde do trabalhador e coloca os profissionais no centro do debate sobre saúde pública, considerando que a pauta não foi central nos últimos anos. O aprimoramento resulta na **incorporação de 165 novas patologias que causam danos à integridade física ou mental do trabalhador: Covid-19, doenças de saúde mental, distúrbios musculoesqueléticos e outros tipos de cânceres foram inseridos na lista.** O documento é composto por duas partes: a primeira apresenta os riscos para o desenvolvimento de doenças; e a segunda estabelece as doenças para identificação, diagnóstico e tratamento. Com isso, **a quantidade de códigos de diagnósticos passa de 182 para 347**. A nova listagem foi uma das entregas da 11ª edição do Encontro da Rede Nacional de Atenção Integral à Saúde do Trabalhador, o

6. Artigo 20, §1º, da Lei 8.213/91.

'Renastão', que começou segunda (27) e segue até esta quarta-feira (29), em Brasília."[7]

De efeito, em 29.11.2023 foi publicada a **Portaria GM/MS 1.999,** que alterou a Portaria de Consolidação GM/MS nº 5, de 28 de setembro de 2017, para atualizar a Lista de Doenças Relacionadas ao Trabalho (LDRT):

ANEXO (Anexo LXXX à Portaria de Consolidação GM/MS nº 5, de 2017) LISTA DE DOENÇAS RELACIONADAS AO TRABALHO

LISTA A - Agentes e/ou Fatores de Risco com respectivas Doenças Relacionadas ao Trabalho*

***A exposição aos agentes e/ou fatores de risco podem desencadear doenças relacionadas ao trabalho**

LISTA A - Agentes e/ou Fatores de Risco com respectivas Doenças Relacionadas ao Trabalho (Parte I)		
Agentes e/ou Fatores de Risco Físicos	CID10	Doença Relacionada ao Trabalho
Níveis de pressão sonora elevados no trabalho	H83.3	Efeitos do ruído sobre o ouvido interno
	I10	Hipertensão essencial (primária)
Radiações ionizantes (iodo radioativo - incluindo iodo-131) em atividades de trabalho	C08	Neoplasia maligna de outras glândulas salivares maiores e as não especificadas
	C40	Neoplasia maligna dos ossos e cartilagens articulares dos membros
	C41	Neoplasia maligna dos ossos e das cartilagens articulares de outras localizações e de localizações não especificadas
	C49	Neoplasia maligna do tecido conjuntivo e de outros tecidos moles
	C73	Neoplasia maligna da glândula tireoide
Radiações ionizantes (plutônio) em atividades de trabalho	C22	Neoplasia maligna do fígado e das vias biliares intra-hepáticas
	C34	Neoplasia maligna dos brônquios e dos pulmões
	C40	Neoplasia maligna dos ossos e cartilagens articulares dos membros

7. https://www.gov.br/saude/pt-br/assuntos/noticias/2023/novembro/ministerio-da-saude-atualiza-lista-de-doencas-relacionadas-ao-trabalho-apos-24-anos.

	C41	Neoplasia maligna dos ossos e das cartilagens articulares de outras localizações e de localizações não especificadas
Radiações ionizantes (produtos de fissão, incluindo estrôncio-90; e/ou fósforo-32; e/ou tório-232 e produtos de seu decaimento) em atividades de trabalho	C82	Linfoma não-Hodgkin, folicular (nodular)
	C83	Linfoma não-Hodgkin difuso
	C84	Linfomas de células T cutâneas e periféricas
	C85	Linfoma não-Hodgkin de outros tipos e de tipo não especificado
	C91	Leucemia linfoide
	C92	Leucemia mieloide
	C93	Leucemia monocítica
	C94	Leucemias de células de tipo especificado, outras
	C95	Leucemia de tipo celular não especificado
Radiações ionizantes (rádio-222 e produtos de seu decaimento) em atividades de trabalho	C34	Neoplasia maligna dos brônquios e dos pulmões
Radiações ionizantes (rádio-224 e produtos de seu decaimento) em atividades de trabalho	C40	Neoplasia maligna dos ossos e cartilagens articulares dos membros
	C41	Neoplasia maligna dos ossos e das cartilagens articulares de outras localizações e de localizações não especificadas
Radiações ionizantes (rádio-226 e/ou rádio-228, e produtos de seu decaimento) em atividades de trabalho	C30.0	Neoplasia maligna da cavidade nasal
	C31	Neoplasia maligna dos seios da face
	C40	Neoplasia maligna dos ossos e cartilagens articulares dos membros
	C41	Neoplasia maligna dos ossos e das cartilagens articulares de outras localizações e de localizações não especificadas

Radiações ionizantes (radônio) em atividades de trabalho	C34	Neoplasia maligna dos brônquios e dos pulmões
Radiações ionizantes (raios-X e/ou gama) em atividades de trabalho	C08	Neoplasia maligna de outras glândulas salivares maiores e as não especificadas
	C15	Neoplasia maligna do esôfago
	C16	Neoplasia maligna do estômago
	C18	Neoplasia maligna do cólon
	C20	Neoplasia maligna do reto
	C22	Neoplasia maligna do fígado e das vias biliares intra-hepáticas
	C25	Neoplasia maligna do pâncreas
	C34	Neoplasia maligna dos brônquios e dos pulmões
	C40	Neoplasia maligna dos ossos e cartilagens articulares dos membros
	C41	Neoplasia maligna dos ossos e das cartilagens articulares de outras localizações e de localizações não especificadas
	C44	Neoplasia maligna da pele, outras
	C50	Neoplasia maligna da mama
	C56	Neoplasia maligna de ovário
	C61	Neoplasia maligna da próstata
	C64	Neoplasia maligna do rim, exceto pelve renal
	C67	Neoplasia maligna da bexiga
	C71	Neoplasia maligna do encéfalo
	C72	Neoplasia maligna da medula espinhal, dos nervos cranianos e de outras partes do sistema nervoso central
	C73	Neoplasia maligna da glândula tireoide
	C82	Linfoma não-Hodgkin, folicular (nodular)
	C83	Linfoma não-Hodgkin difuso
	C84	Linfomas de células T cutâneas e periféricas

	C85	Linfoma não-Hodgkin de outros tipos e de tipo não especificado
	C91	Leucemia linfoide
	C92	Leucemia mieloide
	C93	Leucemia monocítica
	C94	Leucemias de células de tipo especificado, outras
	C95	Leucemia de tipo celular não especificado
Radiações ionizantes (tório-232 e produtos de seu decaimento) em atividades de trabalho	C22	Neoplasia maligna do fígado e das vias biliares intra-hepáticas
	C23	Neoplasia maligna da vesícula biliar
	C25	Neoplasia maligna do pâncreas
	C61	Neoplasia maligna da próstata
	C64	Neoplasia maligna do rim, exceto pelve renal
Radiações ionizantes em atividades de trabalho	D46	Síndromes Mielodisplásicas
	D61.2	Anemia Aplástica devida a outros agentes externos
	D61.9	Anemia aplástica não especificada
	D69	Púrpura e outras afecções hemorrágicas
	D70	Agranulocitose
	D72.8	Transtornos especificados dos glóbulos brancos, outros
	G62.8	Polineuropatias especificadas, outras
	H01.0	Blefarite
	H10	Conjuntivite
	H16	Ceratite
	H28	Catarata e outros transtornos do cristalino em doenças classificadas em outra parte
	J70.0	Manifestações pulmonares agudas devidas à radiação
	J70.1	Manifestações pulmonares crônicas e outras, devidas a radiação

	K52	Gastroenterites e colites não-infecciosas, outras
	L58	Radiodermatite
	L58.0	Radiodermatite Aguda
	L58.1	Radiodermatite Crônica
	L58.9	Radiodermatite, não especificada
	L59.9	Afecções da pele e do tecido subcutâneo relacionadas com a radiação, não especificadas
	M87	Osteonecrose
	M87.1	Osteonecrose devida a drogas
	M87.3	Osteonecroses secundárias, outras
	N46	Infertilidade Masculina
	N97	Infertilidade Feminina
	T66	Efeitos não especificados de radiação
Radiações não ionizantes (campos eletromagnéticos de radiofrequência - incluindo os provenientes de telefone sem fio) em atividades de trabalho	C71	Neoplasia maligna do encéfalo
	C72	Neoplasia maligna da medula espinhal, dos nervos cranianos e de outras partes do sistema nervoso central
Radiações não ionizantes (infravermelha) em atividades de trabalho	C43	Melanoma maligno da pele
	H11.0	Pterígio
	H16	Ceratite
	H16.2	Ceratoconjuntivite
	H26	Cataratas, outras
	H28	Catarata e outros transtornos do cristalino em doenças classificadas em outra parte
	L55	Queimadura Solar
	L56.3	Urticária Solar
	L57.0	Ceratose Actínica
Radiações não ionizantes (micro-ondas) em atividades de trabalho	H26	Cataratas, outras
Radiações não ionizantes (ultravioleta) em atividades de trabalho	C00	Neoplasia maligna do lábio

	C43	Melanoma maligno da pele
	C44	Neoplasia maligna da pele, outras
	C69	Neoplasia maligna do olho e anexos
	H10	Conjuntivite
	H11.0	Pterígio
	H16	Ceratite
	H16.2	Ceratoconjuntivite
	H26	Cataratas, outras
	H28	Catarata e outros transtornos do cristalino em doenças classificadas em outra parte
	L55	Queimadura Solar
	L56	Alterações Agudas da Pele devidas a Radiação Ultravioleta, outras
	L56.2	Dermatite por Fotocontato (Dermatite de Berloque)
	L56.3	Urticária Solar
	L57.0	Ceratose Actínica
Radiações não ionizantes em atividades de trabalho	L57.8	Alterações da pele devidas a exposição crônica à radiação não-ionizante, outras
Trabalho em altas temperaturas	L50.2	Urticária devida a frio e a calor
	N46	Infertilidade Masculina
	T67	Efeitos do calor e da luz
Trabalho em baixas temperaturas	I73.0	Síndrome de Raynaud
	I73.8	Doenças vasculares periféricas especificadas, outras
	L50.2	Urticária devida a frio e a calor
	T33	Geladura Superficial
	T34	Geladura com Necrose de Tecidos
Umidade em atividades de trabalho	L60	Afecções das unhas
Variação de pressão ambiental no trabalho	H65.9	Otite média não-supurativa, não especificada
	H72	Perfuração da membrana do tímpano
	H83.0	Labirintite
	H93.8	Transtornos especificados do ouvido, outros

	M90.3	Osteonecrose em "mal dos caixões"
	T70.0	Otite Barotraumática
	T70.1	Sinusite Barotraumática
	T70.3	Mal dos caixões [doença de descompressão]
Vibração em atividades de trabalho	I73.0	Síndrome de *Raynaud*
	I73.8	Doenças vasculares periféricas especificadas, outras
	M16	Coxartrose [artrose do quadril]
	M17	Gonartrose [artrose do joelho]
	M19	Artroses, outras
	M50	Transtornos dos discos cervicais
	M50.0	Transtorno do disco cervical com mielopatia
	M50.1	Transtorno do disco cervical com radiculopatia
	M50.2	Deslocamento de disco cervical, outro
	M50.3	Degeneração de disco cervical, outra
	M50.8	Transtornos de discos cervicais, outros
	M50.9	Transtorno não especificado de disco cervical
	M51	Transtornos de discos intervertebrais, outros
	M51.0	Transtornos de discos lombares e de outros discos intervertebrais com mielopatia
	M51.1	Transtornos de discos lombares e de outros discos intervertebrais com radiculopatia
	M51.2	Deslocamentos discais intervertebrais especificados, outros
	M51.3	Degeneração especificada de disco intervertebral, outra
	M51.8	Transtornos especificados de discos intervertebrais, outros
	M53.1	Síndrome Cervicobraquial
	M54	Dorsalgia
	M54.2	Cervicalgia

	M54.3	Ciática
	M54.4	Lumbago com Ciática
	M54.5	Dor lombar baixa
	M70	Transtornos dos tecidos moles relacionados com o uso, o uso excessivo e a pressão
	M72.0	Fibromatose de fáscia palmar [Dupuytren]
	M75	Lesões do Ombro
	M75.0	Capsulite Adesiva do Ombro
	M75.1	Síndrome do manguito rotador
	M75.2	Tendinite bicipital
	M75.3	Tendinite Calcificante do Ombro
	M75.5	Bursite do Ombro
	M75.8	Lesões do Ombro, outras
	M75.9	Lesão não especificada do ombro
	M77	Entesopatias, outras
	M77.0	Epicondilite Medial
	M77.1	Epicondilite lateral
	M77.8	Entesopatias não classificadas em outra parte, outras
	M79.8	Transtornos especificados dos tecidos moles, outros
	M84.3	Fratura de fadiga *("stress")* não classificada em outra parte
	M87.1	Osteonecrose devida a drogas
	M87.3	Osteonecroses secundárias, outras
	M93.1	Doença de Kienböck do Adulto
	M93.8	Osteocondropatias, especificadas, outras

LISTA A - Agentes e/ou Fatores de Risco com respectivas Doenças Relacionadas ao Trabalho (Parte II)		
Agentes e/ou Fatores de Risco Químicos	CID10	Doença Relacionada ao Trabalho
1,2-dicloropropano em atividades de trabalho	C22	Neoplasia maligna do fígado e das vias biliares intra-hepáticas

1,3-butadieno em atividades de trabalho	C82	Linfoma não-Hodgkin, folicular (nodular)
	C83	Linfoma não-Hodgkin difuso
	C84	Linfomas de células T cutâneas e periféricas
	C85	Linfoma não-Hodgkin de outros tipos e de tipo não especificado
	C91	Leucemia linfoide
	C92	Leucemia mieloide
	C93	Leucemia monocítica
	C94	Leucemias de células de tipo especificado, outras
	C95	Leucemia de tipo celular não especificado
2-mercaptobenzotiazol em atividades de trabalho	C67	Neoplasia maligna da bexiga
2,3,7,8-tetraclorodibenzo-p-dioxina (TCDD) em atividades de trabalho	C34	Neoplasia maligna dos brônquios e dos pulmões
	C49	Neoplasia maligna do tecido conjuntivo e de outros tecidos moles
	C82	Linfoma não-Hodgkin, folicular (nodular)
	C83	Linfoma não-Hodgkin difuso
	C84	Linfomas de células T cutâneas e periféricas
	C85	Linfoma não-Hodgkin de outros tipos e de tipo não especificado
	C91	Leucemia linfoide
	C92	Leucemia mieloide
	C93	Leucemia monocítica
	C94	Leucemias de células de tipo especificado, outras
	C95	Leucemia de tipo celular não especificado
	K71	Doença hepática tóxica
	K71.1	Doença hepática tóxica com necrose hepática

	K71.2	Doença hepática tóxica com hepatite aguda
	K71.3	Doença hepática tóxica com hepatite crônica persistente
	K71.6	Doença hepática tóxica com hepatite não classificada em outra parte
	K71.8	Doença hepática tóxica com outros transtornos do fígado
Ácido aristolóquico em atividades de trabalho	C65	Neoplasia maligna da pelve renal
	C66	Neoplasia maligna dos ureteres
Ácido cianídrico e seus derivados (soluções e aerossóis) em atividades de trabalho	J34.0	Abscesso, furúnculo e antraz do nariz
	J40	Bronquite não especificada como aguda ou crônica
	G40.1	Epilepsia e síndromes epilépticas sintomáticas definidas por sua localização (focal) (parcial) com crises parciais simples
Ácido diclorofenoxiacético (2, 4-D) em atividades de trabalho	C82	Linfoma não-Hodgkin, folicular (nodular)
	C83	Linfoma não-Hodgkin difuso
	C84	Linfomas de células T cutâneas e periféricas
	C85	Linfoma não-Hodgkin de outros tipos e de tipo não especificado
	C91	Leucemia linfoide
	C92	Leucemia mieloide
	C93	Leucemia monocítica
	C94	Leucemias de células de tipo especificado, outras
	C95	Leucemia de tipo celular não especificado
Ácido perfluorooctanoico em atividades de trabalho	C62	Neoplasia maligna dos testículos
	C64	Neoplasia maligna do rim, exceto pelve renal
Ácido sulfídrico (sulfeto de hidrogênio) em atividades de trabalho	H10	Conjuntivite

	H16	Ceratite
	J68.4	Afecções respiratórias crônicas devidas a produtos químicos, gases, fumaças e vapores
	T59.6	Efeito tóxico do ácido sulfídrico
Ácido sulfúrico em atividades de trabalho	J40	Bronquite não especificada como aguda ou crônica
	J68.3	Afecções respiratórias agudas e subagudas devidas a produtos químicos, gases, fumaças e vapores; outras
	K03.2	Erosão Dentária
Ácidos corrosivos e substâncias semelhantes em atividades de trabalho	T54.2	Efeito tóxico de ácidos corrosivos e substâncias semelhantes
Ácidos orgânicos em atividades de trabalho	E04.9	Bócio não-tóxico, não especificado
	J40	Bronquite não especificada como aguda ou crônica
Acrilamida em atividades de trabalho	G62.2	Polineuropatia devida a outros agentes tóxicos
Acrilatos em atividades de trabalho	H10	Conjuntivite
	J30.3	Rinites Alérgicas, outras
	J31.0	Rinite Crônica
	J31.2	Faringite Crônica
	J45	Asma
	J68.4	Afecções respiratórias crônicas devidas a produtos químicos, gases, fumaças e vapores
Adesivos em atividades de trabalho	L23.1	Dermatite Alérgica de Contato devida a Adesivos
Aflatoxina em atividades de trabalho	C22	Neoplasia maligna do fígado e das vias biliares intra-hepáticas
Agentes imunoalérgicos de origem animal e vegetal em atividades de trabalho	J30.3	Rinites Alérgicas, outras
Agentes químicos cáusticos e/ou tóxicos em atividades de trabalho	J02.9	Faringite aguda não especificada
	J04.2	Laringotraqueíte Aguda
	J37.1	Laringotraqueíte Crônica
Agentes químicos corrosivos em atividades de trabalho	T54	Efeito tóxico de corrosivos

Agentes químicos e/ou físicos e/ou biológicos que afetem a pele em atividades de trabalho	L08.9	Infecção localizada da pele e do tecido subcutâneo, não especificada
	L50.6	Urticária de Contato
Agentes químicos provenientes da produção de alumínio em atividades de trabalho	C34	Neoplasia maligna dos brônquios e dos pulmões
	C67	Neoplasia maligna da bexiga
Agentes químicos usados no processo de produção de álcool isopropílico em atividades de trabalho	C30.0	Neoplasia maligna da cavidade nasal
	C31	Neoplasia maligna dos seios da face
Agentes químicos usados na produção de auramina em atividades de trabalho	C67	Neoplasia maligna da bexiga
Agentes químicos usados na produção de magenta em atividades de trabalho	C67	Neoplasia maligna da bexiga
Agentes químicos usados no processo de produção da borracha, incluindo processo de vulcanização	C15	Neoplasia maligna do esôfago
	C16	Neoplasia maligna do estômago
	C32	Neoplasia maligna da laringe
	C34	Neoplasia maligna dos brônquios e dos pulmões
	C61	Neoplasia maligna da próstata
	C67	Neoplasia maligna da bexiga
	C82	Linfoma não-Hodgkin, folicular (nodular)
	C83	Linfoma não-Hodgkin difuso
	C84	Linfomas de células T cutâneas e periféricas
	C85	Linfoma não-Hodgkin de outros tipos e de tipo não especificado
	C91	Leucemia linfoide
	C92	Leucemia mieloide
	C93	Leucemia monocítica
	C94	Leucemias de células de tipo especificado, outras
	C95	Leucemia de tipo celular não especificado

Agentes químicos usados na produção e beneficiamento de tecidos em atividades de trabalho	C15	Neoplasia maligna do esôfago
	C16	Neoplasia maligna do estômago
	C32	Neoplasia maligna da laringe
	C34	Neoplasia maligna dos brônquios e dos pulmões
	C61	Neoplasia maligna da próstata
	C67	Neoplasia maligna da bexiga
	C82	Linfoma não-Hodgkin, folicular (nodular)
	C83	Linfoma não-Hodgkin difuso
	C84	Linfomas de células T cutâneas e periféricas
	C85	Linfoma não-Hodgkin de outros tipos e de tipo não especificado
	C91	Leucemia linfoide
	C92	Leucemia mieloide
	C93	Leucemia monocítica
	C94	Leucemias de células de tipo especificado, outras
	C95	Leucemia de tipo celular não especificado
Agrotóxicos em atividades de trabalho	C22	Neoplasia maligna do fígado e das vias biliares intra-hepáticas
	C34	Neoplasia maligna dos brônquios e dos pulmões
	C44	Neoplasia maligna da pele, outras
	C50	Neoplasia maligna da mama
	C61	Neoplasia maligna da próstata
	C62	Neoplasia maligna dos testículos
	C82	Linfoma não-Hodgkin, folicular (nodular)
	C83	Linfoma não-Hodgkin difuso
	C84	Linfomas de células T cutâneas e periféricas
	C85	Linfoma não-Hodgkin de outros tipos e de tipo não especificado

	C91	Leucemia linfoide
	C92	Leucemia mieloide
	C93	Leucemia monocítica
	C94	Leucemias de células de tipo especificado, outras
	C95	Leucemia de tipo celular não especificado
	E03	Hipotireoidismo, outros
	F32	Episódios Depressivos
	F33	Transtorno depressivo recorrente
	G11.1	Ataxia cerebelar de início precoce
	G21.2	Parkinsonismo Secundário devido a outros agentes externos
	G25.2	Formas especificadas de tremor, outras
	G62.2	Polineuropatia devida a outros agentes tóxicos
	H91.0	Perda de audição ototóxica
	I49	Arritmias cardíacas, outras
	J68.1	Edema pulmonar devido a produtos químicos, gases, fumaças e vapores
	L23.5	Dermatite alérgica de contato devida a outros produtos químicos
	L25.9	Dermatite de contato não especificada, de causa não especificada
	L50.0	Urticária Alérgica
	T60	Efeito tóxico de pesticidas
	T60.0	Efeito tóxico de inseticidas organofosforados e carbamatos
	T60.1	Efeito tóxico de inseticidas halogenados
	T60.2	Efeito tóxico de outros inseticidas
	T60.4	Efeito tóxico de rodenticidas
	T60.8	Efeito tóxico de outros pesticidas
Alcaloides em atividades de trabalho	J45	Asma
Alcatrão de carvão e seus resíduos em atividades de trabalho	C34	Neoplasia maligna dos brônquios e dos pulmões
	C44	Neoplasia maligna da pele, outras

	C67	Neoplasia maligna da bexiga
	L23.5	Dermatite alérgica de contato devida a outros produtos químicos
	L81.4	Hiperpigmentação pela melanina, outras formas de
Álcoois e derivados em atividades de trabalho	F18	Transtornos mentais e comportamentais devidos ao uso de solventes voláteis
	G62.2	Polineuropatia devida a outros agentes tóxicos
	H46	Neurite Óptica
	J40	Bronquite não especificada como aguda ou crônica
	J42	Bronquite crônica não especificada
	T51.8	Efeito tóxico de outros álcoois
Álcool etílico em atividades de trabalho	T51.0	Efeito tóxico do etanol
Álcool metílico em atividades de trabalho	T51.1	Efeito tóxico do metanol
Álcool propílico em atividades de trabalho	T51.2	Efeito tóxico do 2-propanol
Aldeído fórmico e seus polímeros em atividades de trabalho	J30.3	Rinites Alérgicas, outras
	J31.0	Rinite Crônica
	J31.2	Faringite Crônica
	J40	Bronquite não especificada como aguda ou crônica
	J45	Asma
Alimentos em atividades de trabalho	L23.6	Dermatite Alérgica de Contato devida a Alimentos em contato com a pele
	L24.6	Dermatite de Contato por Irritantes devida a Alimentos em contato com a pele
Amidos, anidridos e derivados em atividades de trabalho	J40	Bronquite não especificada como aguda ou crônica
Aminas aromáticas e seus derivados em atividades de trabalho	C67	Neoplasia maligna da bexiga
	D74	Metemoglobinemia
	D74.8	Outras metemoglobinemias
	J30.3	Rinites Alérgicas, outras

	J31.0	Rinite Crônica
	J31.2	Faringite Crônica
	J45	Asma
	N30.0	Cistite Aguda
Amônia em atividades de trabalho	J31.0	Rinite Crônica
	J31.2	Faringite Crônica
	J42	Bronquite crônica não especificada
	J44	Doenças pulmonares obstrutivas crônicas, outras
	J68.3	Afecções respiratórias agudas e subagudas devidas a produtos químicos, gases, fumaças e vapores outras
	J68.4	Afecções respiratórias crônicas devidas a produtos químicos, gases, fumaças e vapores
Anidrido ftálico em atividades de trabalho	J30.3	Rinites Alérgicas, outras
	J31.0	Rinite Crônica
	J31.2	Faringite Crônica
	J45	Asma
Anidrido sulfuroso em atividades de trabalho	J31.0	Rinite Crônica
	J31.2	Faringite Crônica
	J44	Doenças pulmonares obstrutivas crônicas, outras
	J68.4	Afecções respiratórias crônicas devidas a produtos químicos, gases, fumaças e vapores
Anilina em atividades de trabalho	N97	Infertilidade Feminina
Antibióticos em atividades de trabalho	T36	Intoxicação por antibióticos sistêmicos
Antimônio e seus compostos em atividades de trabalho	D59.8	Anemias hemolíticas adquiridas, outras
	J40	Bronquite não especificada como aguda ou crônica
Antraceno e dibenzoantraceno em atividades de trabalho	L81.4	Hiperpigmentação pela melanina, outras formas de
Arsênio e seus compostos em atividades de trabalho	C22	Neoplasia maligna do fígado e das vias biliares intra-hepáticas

	C34	Neoplasia maligna dos brônquios e dos pulmões
	C44	Neoplasia maligna da pele, outras
	C61	Neoplasia maligna da próstata
	C64	Neoplasia maligna do rim, exceto pelve renal
	C67	Neoplasia maligna da bexiga
	D59	Anemia hemolítica adquirida
	F02.8	Demência em outras doenças específicas classificadas em outros locais
	F05.0	Delirium não superposto a uma demência, assim descrito
	G62.2	Polineuropatia devida a outros agentes tóxicos
	G92	Encefalopatia tóxica
	H01.0	Blefarite
	H10	Conjuntivite
	H16	Ceratite
	H91.0	Perda de audição ototóxica
	I49	Arritmias cardíacas, outras
	J31.0	Rinite Crônica
	J31.2	Faringite Crônica
	J34.0	Abscesso, furúnculo e antraz do nariz
	J34.8	Transtornos especificados do nariz e dos seios paranasais, outros [Perfuração do septo nasal]
	J42	Bronquite crônica não especificada
	J68.4	Afecções respiratórias crônicas devidas a produtos químicos, gases, fumaças e vapores
	K12.1	Estomatite, outras formas de
	K52	Gastroenterites e colites não-infecciosas, outras
	K71	Doença hepática tóxica
	K71.1	Doença hepática tóxica com necrose hepática
	K71.2	Doença hepática tóxica com hepatite aguda

	K71.3	Doença hepática tóxica com hepatite crônica persistente
	K71.6	Doença hepática tóxica com hepatite não classificada em outra parte
	K71.8	Doença hepática tóxica com outros transtornos do fígado
	K76.6	Hipertensão Portal
	L24.5	Dermatite de Contato por Irritantes devida a outros produtos químicos
	L80	Vitiligo
	L81.4	Hiperpigmentação pela melanina, outras formas de
	L81.5	Leucodermia, não classificada em outra parte
	L85.1	Ceratose adquirida [ceratodermia] palmar e plantar
	N17	Insuficiência Renal Aguda
	T57.0	Efeito tóxico do Arsênico e seus compostos
Asbesto ou amianto em atividades de trabalho	C16	Neoplasia maligna do estômago
	C18	Neoplasia maligna do cólon
	C20	Neoplasia maligna do reto
	C32	Neoplasia maligna da laringe
	C34	Neoplasia maligna dos brônquios e dos pulmões
	C45	Mesotelioma
	C56	Neoplasia maligna de ovário
	I34.8	Transtornos não-reumáticos da valva mitral, outros
	J61	Pneumoconiose devida a amianto [asbesto] e outras fibras minerais
	J90	Derrame pleural não classificado em outra parte
	J92	Placas pleurais
Atividades de pintura	C45	Mesotelioma
Azatioprina em atividades de trabalho	C44	Neoplasia maligna da pele, outras

Azodicarbonamida em atividades de trabalho	J30.3	Rinites Alérgicas, outras
	J31.0	Rinite Crônica
	J31.2	Faringite Crônica
	J45	Asma
Bases (álcalis) cáusticas(os) e substâncias semelhantes em atividades de trabalho	T54.3	Efeito tóxico de bases (álcalis) cáusticas(os) e substâncias semelhantes
Benzeno em atividades de trabalho	C34	Neoplasia maligna dos brônquios e dos pulmões
	C82	Linfoma não-Hodgkin, folicular (nodular)
	C83	Linfoma não-Hodgkin difuso
	C84	Linfomas de células T cutâneas e periféricas
	C85	Linfoma não-Hodgkin de outros tipos e de tipo não especificado
	C91	Leucemia linfoide
	C92	Leucemia mieloide
	C93	Leucemia monocítica
	C94	Leucemias de células de tipo especificado, outras
	C95	Leucemia de tipo celular não especificado
	D46	Síndromes Mielodisplásicas
	D59.4	Anemias hemolíticas não-autoimunes, outras
	D61.2	Anemia Aplástica devida a outros agentes externos
	D61.9	Anemia aplástica não especificada
	D69	Púrpura e outras afecções hemorrágicas
	D70	Agranulocitose
	D72.8	Transtornos especificados dos glóbulos brancos, outros
	L24.2	Dermatite de Contato por Irritantes devida a Solventes
	N97	Infertilidade Feminina
	T52.1	Efeito tóxico do benzeno

Benzeno em atividades de trabalho (derivados nitrados e aminados)	D59	Anemia hemolítica adquirida
	D59.2	Anemia hemolítica não-auto-imune induzida por drogas
	D74	Metemoglobinemia
Berílio e seus compostos em atividades de trabalho	C34	Neoplasia maligna dos brônquios e dos pulmões
	H10	Conjuntivite
	J40	Bronquite não especificada como aguda ou crônica
	J68.0	Bronquite e pneumonite devida a produtos químicos, gases, fumaças e vapores
	J68.1	Edema pulmonar devido a produtos químicos, gases, fumaças e vapores
	J68.4	Afecções respiratórias crônicas devidas a produtos químicos, gases, fumaças e vapores
	L24.5	Dermatite de Contato por Irritantes devida a outros produtos químicos
	L92.3	Granuloma de corpo estranho da pele e do tecido subcutâneo
	T56.7	Efeito tóxico do berilo e seus compostos
Betume e seus resíduos em atividades de trabalho	C34	Neoplasia maligna dos brônquios e dos pulmões
	L23.5	Dermatite alérgica de contato devida a outros produtos químicos
	L81.4	Hiperpigmentação pela melanina, outras formas de
Bis clorometil éter e clorometil metil éter em atividades de trabalho	C34	Neoplasia maligna dos brônquios e dos pulmões

Bifenilas policloradas (PCB) em atividades de trabalho	C43	Melanoma maligno da pele
	C50	Neoplasia maligna da mama
	C82	Linfoma não-Hodgkin, folicular (nodular)
	C83	Linfoma não-Hodgkin difuso

	C84	Linfomas de células T cutâneas e periféricas
	C85	Linfoma não-Hodgkin de outros tipos e de tipo não especificado
	C91	Leucemia linfoide
	C92	Leucemia mieloide
	C93	Leucemia monocítica
	C94	Leucemias de células de tipo especificado, outras
	C95	Leucemia de tipo celular não especificado
	K71	Doença hepática tóxica
	K71.1	Doença hepática tóxica com necrose hepática
	K71.2	Doença hepática tóxica com hepatite aguda
	K71.3	Doença hepática tóxica com hepatite crônica persistente
	K71.6	Doença hepática tóxica com hepatite não classificada em outra parte
	K71.8	Doença hepática tóxica com outros transtornos do fígado
	L70.8	Acne, outras formas de
Bismuto em atividades de trabalho	L81.4	Hiperpigmentação pela melanina, outras formas de
Borracha em atividades de trabalho	L23.5	Dermatite alérgica de contato devida a outros produtos químicos
Breu e/ou carvão mineral e/ou piche e/ou coaltar e/ou resíduos dessas substâncias em atividades de trabalho	L23.5	Dermatite alérgica de contato devida a outros produtos químicos
	L81.4	Hiperpigmentação pela melanina, outras formas de
Brometo de metila em atividades de trabalho	F05.0	Delirium não superposto a uma demência, assim descrito
	F06	Transtornos mentais devidos à lesão e disfunção cerebral e a doença física, outros
	F06.7	Transtorno Cognitivo Leve

	F07	Transtornos de personalidade e do comportamento devidos a doença, a lesão e a disfunção cerebral
	F09	Transtorno Mental Orgânico ou Sintomático não especificado
	F32	Episódios Depressivos
	F33	Transtorno depressivo recorrente
	F48.0	Neurastenia
	G25.2	Formas especificadas de tremor, outras
	H46	Neurite Óptica
	H83.0	Labirintite
	H93.8	Transtornos especificados do ouvido, outros
Bromo em atividades de trabalho	F13.2	Transtornos mentais e comportamentais devidos ao uso de sedativos e hipnóticos - síndrome de dependência
	J02.9	Faringite aguda não especificada
	J04.2	Laringotraqueíte Aguda
	J32	Sinusite Crônica
	J37.1	Laringotraqueíte Crônica
	J40	Bronquite não especificada como aguda ou crônica
	J68.0	Bronquite e pneumonite devida a produtos químicos, gases, fumaças e vapores
	J68.1	Edema pulmonar devido a produtos químicos, gases, fumaças e vapores
	J68.3	Afecções respiratórias agudas e subagudas devidas a produtos químicos, gases, fumaças e vapores; outras
	J68.4	Afecções respiratórias crônicas devidas a produtos químicos, gases, fumaças e vapores
	K12.1	Estomatite, outras formas de
	L24.5	Dermatite de Contato por Irritantes devida a outros produtos químicos
Butadieno em atividades de trabalho	J40	Bronquite não especificada como aguda ou crônica

Cádmio e seus compostos em atividades de trabalho	C34	Neoplasia maligna dos brônquios e dos pulmões
	C61	Neoplasia maligna da próstata
	C64	Neoplasia maligna do rim, exceto pelve renal
	G52.0	Transtornos do nervo olfatório
	J34.0	Abscesso, furúnculo e antraz do nariz
	J40	Bronquite não especificada como aguda ou crônica
	J68.0	Bronquite e pneumonite devida a produtos químicos, gases, fumaças e vapores
	J68.1	Edema pulmonar devido a produtos químicos, gases, fumaças e vapores
	J68.3	Afecções respiratórias agudas e subagudas devidas a produtos químicos, gases, fumaças e vapores; outras
	J68.4	Afecções respiratórias crônicas devidas a produtos químicos, gases, fumaças e vapores
	J98.2	Enfisema intersticial
	K52	Gastroenterites e colites não-infecciosas, outras
	M83.5	Osteomalácias do adulto induzidas por drogas, outras
	N14.3	Nefropatia induzida por metais pesados
	T56.3	Cádmio e seus compostos
Carboneto de silício em atividades de trabalho	C34	Neoplasia maligna dos brônquios e dos pulmões
Carbonetos de metais duros em atividades de trabalho	J30.3	Rinites Alérgicas, outras
	J31.0	Rinite Crônica
	J31.2	Faringite Crônica
	J45	Asma
	J63.8	Pneumoconiose devida a outras poeiras inorgânicas especificadas
	J68.4	Afecções respiratórias crônicas devidas a produtos químicos, gases, fumaças e vapores

Carbonetos metálicos de tungstênio sinterizados em atividades de trabalho	J30.3	Rinites Alérgicas, outras
	J31.0	Rinite Crônica
	J31.2	Faringite Crônica
	J45	Asma
	J63.8	Pneumoconiose devida a outras poeiras inorgânicas especificadas
Carvão em atividades de trabalho (gaseificação de)	C34	Neoplasia maligna dos brônquios e dos pulmões
Catecol e pirocatecol em atividades de trabalho	L80	Vitiligo
	L81.5	Leucodermia, não classificada em outra parte
Cetonas em atividades de trabalho	G62.2	Polineuropatia devida a outros agentes tóxicos
	G92	Encefalopatia tóxica
	J40	Bronquite não especificada como aguda ou crônica
	L24.2	Dermatite de Contato por Irritantes devida a Solventes
	T52.4	Efeito tóxico de cetonas
Clordecona em atividades de trabalho	N46	Infertilidade Masculina
Chumbo e seus compostos tóxicos em atividades de trabalho	D55.8	Anemias devidas a transtornos enzimáticos, outras
	D64	Anemias, outras
	E03	Hipotireoidismo, outros
	F02.8	Demência em outras doenças específicas classificadas em outros locais
	F05.0	Delirium não superposto a uma demência, assim descrito
	F06	Transtornos mentais devidos à lesão e disfunção cerebral e a doença física, outros
	F06.7	Transtorno Cognitivo Leve
	F07	Transtornos de personalidade e do comportamento devidos a doença, a lesão e a disfunção cerebral
	F09	Transtorno Mental Orgânico ou Sintomático não especificado

	F32	Episódios Depressivos
	F33	Transtorno depressivo recorrente
	F48.0	Neurastenia
	G62.2	Polineuropatia devida a outros agentes tóxicos
	G92	Encefalopatia tóxica
	H46	Neurite Óptica
	H49.0	Paralisia do terceiro par [oculomotor]
	H91.0	Perda de audição ototóxica
	I10	Hipertensão essencial (primária)
	I49	Arritmias cardíacas, outras
	K59.8	Transtornos funcionais especificados do intestino, outros
	M10.1	Gota induzida pelo chumbo
	M19	Artroses, outras
	N14.3	Nefropatia induzida por metais pesados
	N18	Insuficiência Renal Crônica
	N46	Infertilidade Masculina
	T56.0	Efeito tóxico do Chumbo e seus compostos
Chumbo em atividades de trabalho (compostos inorgânicos)	C16	Neoplasia maligna do estômago
Cianetos e/ou nitrila (acrilonitrila, outros) em atividades de trabalho	G40.1	Epilepsia e síndromes epilépticas sintomáticas definidas por sua localização (focal) (parcial) com crises parciais simples
	J40	Bronquite não especificada como aguda ou crônica
	G92	Encefalopatia tóxica
Cianeto de hidrogênio (ácido cianídrico) em atividades de trabalho	J68.0	Bronquite e pneumonite devida a produtos químicos, gases, fumaças e vapores
	J68.1	Edema pulmonar devido a produtos químicos, gases, fumaças e vapores
	J68.3	Afecções respiratórias agudas e subagudas devidas a produtos químicos, gases, fumaças e vapores; outras

	J68.4	Afecções respiratórias crônicas devidas a produtos químicos, gases, fumaças e vapores
	T57.3	Efeito tóxico do cianeto de hidrogênio (ácido cianídrico)
Ciclofosfamida em atividades de trabalho	C67	Neoplasia maligna da bexiga
Ciclosporina em atividades de trabalho	C44	Neoplasia maligna da pele, outras
Citostáticos em atividades de trabalho	L81.4	Hiperpigmentação pela melanina, outras formas de
Cloreto de carbono ou fósforo em atividades de trabalho	J40	Bronquite não especificada como aguda ou crônica
Cloreto de etila em atividades de trabalho	H10	Conjuntivite
	T33	Geladura Superficial
	T34	Geladura com Necrose de Tecidos
Cloreto de vinila em atividades de trabalho	C22	Neoplasia maligna do fígado e das vias biliares intra-hepáticas
	D69	Púrpura e outras afecções hemorrágicas
	I73.0	Síndrome de Raynaud
	I73.8	Doenças vasculares periféricas especificadas, outras
	J30.3	Rinites Alérgicas, outras
	J31.0	Rinite Crônica
	J31.2	Faringite Crônica
	J45	Asma
	K71	Doença hepática tóxica
	K71.1	Doença hepática tóxica com necrose hepática
	K71.2	Doença hepática tóxica com hepatite aguda
	K71.3	Doença hepática tóxica com hepatite crônica persistente
	K71.6	Doença hepática tóxica com hepatite não classificada em outra parte
	K71.8	Doença hepática tóxica com outros transtornos do fígado
	K76.6	Hipertensão Portal

	M89.5	Osteolise
	T57.8	Efeito tóxico de outras substâncias inorgânicas especificadas
Cloro gasoso em atividades de trabalho	F13.2	Transtornos mentais e comportamentais devidos ao uso de sedativos e hipnóticos - síndrome de dependência
	J31.0	Rinite Crônica
	J31.2	Faringite Crônica
	J40	Bronquite não especificada como aguda ou crônica
	J44	Doenças pulmonares obstrutivas crônicas, outras
	J68.0	Bronquite e pneumonite devida a produtos químicos, gases, fumaças e vapores
	J68.1	Edema pulmonar devido a produtos químicos, gases, fumaças e vapores
	J68.3	Afecções respiratórias agudas e subagudas devidas a produtos químicos, gases, fumaças e vapores; outras
	J68.4	Afecções respiratórias crônicas devidas a produtos químicos, gases, fumaças e vapores
	T59.4	Efeito tóxico do cloro gasoso
Clorobenzeno e/ou diclorobenzeno, e seus derivados em atividades de trabalho	E03	Hipotireoidismo, outros
	E80.2	Porfirias, outras
	K71	Doença hepática tóxica
	K71.1	Doença hepática tóxica com necrose hepática
	K71.2	Doença hepática tóxica com hepatite aguda
	K71.3	Doença hepática tóxica com hepatite crônica persistente
	K71.6	Doença hepática tóxica com hepatite não classificada em outra parte
	K71.8	Doença hepática tóxica com outros transtornos do fígado
	L81.4	Hiperpigmentação pela melanina, outras formas de

Clorofenol em atividades de trabalho	L80	Vitiligo
	L81.5	Leucodermia, não classificada em outra parte
Clorofluorcarbono em atividades de trabalho	T53.5	Efeito tóxico do clorofluorcarbono
Clorofórmio em atividades de trabalho	K71	Doença hepática tóxica
	K71.1	Doença hepática tóxica com necrose hepática
	K71.2	Doença hepática tóxica com hepatite aguda
	K71.3	Doença hepática tóxica com hepatite crônica persistente
	K71.6	Doença hepática tóxica com hepatite não classificada em outra parte
	K71.8	Doença hepática tóxica com outros transtornos do fígado
	T53.1	Efeito tóxico do clorofórmio
Cobalto em atividades de trabalho	I49	Arritmias cardíacas, outras
	J84	Doenças pulmonares intersticiais, outras
Cobre e seus compostos em atividades de trabalho	K03.7	Alterações pós-eruptivas da cor dos tecidos duros dos dentes
	T56.4	Efeito tóxico do cobre e seus compostos
Combinação de toluenos alfa-clorados e cloreto de benzoila em atividades de trabalho	C34	Neoplasia maligna dos brônquios e dos pulmões
Combustível de biomassa (principalmente madeira) em atividades de trabalho	C34	Neoplasia maligna dos brônquios e dos pulmões
Compostos corrosivos orgânicos em atividades de trabalho	T54.1	Efeito tóxico de outros compostos corrosivos orgânicos
Compostos nitrogenados (ácido nítrico, dinitrofenol) em atividades de trabalho	L81.4	Hiperpigmentação pela melanina, outras formas de
Corantes em atividades de trabalho	L23.4	Dermatite Alérgica de Contato devida a corantes
Cosméticos em atividades de trabalho	L23.2	Dermatite Alérgica de Contato devida a Cosméticos (fabricação/manipulação)
	L24.3	Dermatite de Contato por Irritantes devida a Cosméticos

Creosoto em atividades de trabalho	C44	Neoplasia maligna da pele, outras
	L81.4	Hiperpigmentação pela melanina, outras formas de
Cromo e seus compostos tóxicos em atividades de trabalho	J30.3	Rinites Alérgicas, outras
	J31.0	Rinite Crônica
	J31.2	Faringite Crônica
	J34.0	Abscesso, furúnculo e antraz do nariz
	J34.8	Transtornos especificados do nariz e dos seios paranasais, outros [Perfuração do septo nasal]
	J45	Asma
	L08.9	Infecção localizada da pele e do tecido subcutâneo, não especificada
	L23.0	Dermatite Alérgica de Contato devida a Metais
	L23.5	Dermatite alérgica de contato devida a outros produtos químicos
	L24.5	Dermatite de Contato por Irritantes devida a outros produtos químicos
	L98.4	Úlcera Crônica da Pele, não classificada em outra parte
	T56.2	Efeito tóxico do Cromo e seus compostos
Cromo hexavalente e seus compostos em atividades de trabalho	C30.0	Neoplasia maligna da cavidade nasal
	C31	Neoplasia maligna dos seios da face
	C34	Neoplasia maligna dos brônquios e dos pulmões
Derivados do fenol, do pentaclorofenol e do hidrobenzonitrilo em atividades de trabalho	D70	Agranulocitose
	L70.8	Acne, outras formas de
Derivados organometálicos (chumbo tetraetila, metil-mercúrio, organoestanho) em atividades de trabalho	F02.8	Demência em outras doenças específicas classificadas em outros locais
	F05.0	Delirium não superposto a uma demência, assim descrito
	G92	Encefalopatia tóxica

Destilação do carvão mineral (hulha) em atividades de trabalho	C44	Neoplasia maligna da pele, outras
Detergentes em atividades de trabalho	L24.0	Dermatite de Contato por Irritantes devida a Detergentes
Diazinona em atividades de trabalho	C34	Neoplasia maligna dos brônquios e dos pulmões
Dibromocloropropano em atividades de trabalho	N46	Infertilidade Masculina
Dicloroacetileno e/ou diisocianato em atividades de trabalho	J40	Bronquite não especificada como aguda ou crônica
Diclorometano e/ou cloreto de metileno em atividades de trabalho	C22	Neoplasia maligna do fígado e das vias biliares intra-hepáticas
	C82	Linfoma não-Hodgkin, folicular (nodular)
	C83	Linfoma não-Hodgkin difuso
	C84	Linfomas de células T cutâneas e periféricas
	C85	Linfoma não-Hodgkin de outros tipos e de tipo não especificado
	C91	Leucemia linfoide
	C92	Leucemia mieloide
	C93	Leucemia monocítica
	C94	Leucemias de células de tipo especificado, outras
	C95	Leucemia de tipo celular não especificado
	G25.9	Doenças extrapiramidais e transtornos dos movimentos, não especificados
	H46	Neurite Óptica
	T53.4	Efeito tóxico do diclorometano
Dióxido de enxofre em atividades de trabalho	J40	Bronquite não especificada como aguda ou crônica
Dissulfeto de carbono em atividades de trabalho	F02.8	Demência em outras doenças específicas classificadas em outros locais
	F05.0	Delirium não superposto a uma demência, assim descrito
	F06	Transtornos mentais devidos à lesão e disfunção cerebral e a doença física, outros

	F06.7	Transtorno Cognitivo Leve
	F07	Transtornos de personalidade e do comportamento devidos a doença, a lesão e a disfunção cerebral
	F09	Transtorno Mental Orgânico ou Sintomático não especificado
	F32	Episódios Depressivos
	F33	Transtorno depressivo recorrente
	F48.0	Neurastenia
	H46	Neurite Óptica
	H49.0	Paralisia do terceiro par [oculomotor]
	H52.5	Transtornos da acomodação
	H91.0	Perda de audição ototóxica
	I20	Angina Pectoris
	I21	Infarto Agudo do Miocárdio
	I25.1	Doença Ateroesclerótica do Coração
	I67.2	Aterosclerose cerebral
	I70	Ateroesclerose
	T65.4	Efeito tóxico do dissulfeto de carbono
Drogas em atividades de trabalho	L23.3	Dermatite Alérgica de Contato devida a Drogas em contato com a pele
	L24.4	Dermatite de Contato por Irritantes devida a Drogas em contato com a pele
Fundição de ferro e aço em atividades de trabalho (emissões do processo)	C34	Neoplasia maligna dos brônquios e dos pulmões
Fornos de coque em atividades de trabalho (emissões provenientes)	C34	Neoplasia maligna dos brônquios e dos pulmões
Exaustão de motores a diesel em atividades de trabalho (emissões provenientes)	C34	Neoplasia maligna dos brônquios e dos pulmões
	C67	Neoplasia maligna da bexiga
Enzimas de origem animal, vegetal ou bacteriana em atividades de trabalho	H10	Conjuntivite
	J30.3	Rinites Alérgicas, outras
	J31.0	Rinite Crônica
	J31.2	Faringite Crônica
	J45	Asma

	L98.4	Úlcera Crônica da Pele, não classificada em outra parte
Erionita em atividades de trabalho	C45	Mesotelioma
Ésteres orgânicos e derivados em atividades de trabalho	F18	Transtornos mentais e comportamentais devidos ao uso de solventes voláteis
	G62.2	Polineuropatia devida a outros agentes tóxicos
	J40	Bronquite não especificada como aguda ou crônica
Estireno em atividades de trabalho	C82	Linfoma não-Hodgkin, folicular (nodular)
	C83	Linfoma não-Hodgkin difuso
	C84	Linfomas de células T cutâneas e periféricas
	C85	Linfoma não-Hodgkin de outros tipos e de tipo não especificado
	C91	Leucemia linfoide
	C92	Leucemia mieloide
	C93	Leucemia monocítica
	C94	Leucemias de células de tipo especificado, outras
	C95	Leucemia de tipo celular não especificado
	J40	Bronquite não especificada como aguda ou crônica
Éter de petróleo (benzina) em atividades de trabalho	F18	Transtornos mentais e comportamentais devidos ao uso de solventes voláteis
	J40	Bronquite não especificada como aguda ou crônica
Éter dietílico diclorado em atividades de trabalho	J45	Asma
Fabricação de eletrodo de carbono em atividades de trabalho	C34	Neoplasia maligna dos brônquios e dos pulmões
Fármacos antineoplásicos em atividades de trabalho	C34	Neoplasia maligna dos brônquios e dos pulmões
	C82	Linfoma não-Hodgkin, folicular (nodular)
	C83	Linfoma não-Hodgkin difuso

	C84	Linfomas de células T cutâneas e periféricas
	C85	Linfoma não-Hodgkin de outros tipos e de tipo não especificado
	C91	Leucemia linfoide
	C92	Leucemia mieloide
	C93	Leucemia monocítica
	C94	Leucemias de células de tipo especificado, outras
	C95	Leucemia de tipo celular não especificado
Fenol e homólogos em atividades de trabalho	J31.0	Rinite Crônica
	J31.2	Faringite Crônica
	J40	Bronquite não especificada como aguda ou crônica
	T54.0	Efeito tóxico do fenol e homólogos do fenol
Fibras artificiais e minerais em atividades de trabalho	J40	Bronquite não especificada como aguda ou crônica
Fluoreto de hidrogênio em atividades de trabalho (gás)	J31.0	Rinite Crônica
	J31.2	Faringite Crônica
Flúor ou seus compostos tóxicos em atividades de	H10	Conjuntivite
	J40	Bronquite não especificada como aguda ou crônica
	J31.0	Rinite Crônica
	J31.2	Faringite Crônica
	J68.0	Bronquite e pneumonite devida a produtos químicos, gases, fumaças e vapores
	J68.1	Edema pulmonar devido a produtos químicos, gases, fumaças e vapores
	J68.4	Afecções respiratórias crônicas devidas a produtos químicos, gases, fumaças e vapores
	L24.5	Dermatite de Contato por Irritantes devida a outros produtos químicos

	M85.1	Fluorose esquelética
Fluoreto gasoso e/ou ácido fluorídrico em atividades de trabalho	T59.5	Efeito tóxico do fluoreto gasoso e ácido fluorídrico
Fluoroedenita em atividades de trabalho	C45	Mesotelioma
Formaldeído em atividades de trabalho	C11	Neoplasia maligna da nasofaringe
	C30.0	Neoplasia maligna da cavidade nasal
	C31	Neoplasia maligna dos seios da face
	C67	Neoplasia maligna da bexiga
	C82	Linfoma não-Hodgkin, folicular (nodular)
	C83	Linfoma não-Hodgkin difuso
	C84	Linfomas de células T cutâneas e periféricas
	C85	Linfoma não-Hodgkin de outros tipos e de tipo não especificado
	C91	Leucemia linfoide
	C92	Leucemia mieloide
	C93	Leucemia monocítica
	C94	Leucemias de células de tipo especificado, outras
	C95	Leucemia de tipo celular não especificado
	J45	Asma
	T59.2	Efeito tóxico de formaldeído
Fósforo e seus compostos em atividades de trabalho	G62.2	Polineuropatia devida a outros agentes tóxicos
	J40	Bronquite não especificada como aguda ou crônica
	K71	Doença hepática tóxica
	K71.1	Doença hepática tóxica com necrose hepática
	K71.2	Doença hepática tóxica com hepatite aguda
	K71.3	Doença hepática tóxica com hepatite crônica persistente
	K71.6	Doença hepática tóxica com hepatite não classificada em outra parte

	K71.8	Doença hepática tóxica com outros transtornos do fígado
	L23.5	Dermatite alérgica de contato devida a outros produtos químicos
	L24.5	Dermatite de Contato por Irritantes devida a outros produtos químicos
	M83.5	Osteomalácias do adulto induzidas por drogas, outras
	M87	Osteonecrose
	M87.1	Osteonecrose devida a drogas
	M87.3	Osteonecroses secundárias, outras
	T57.1	Efeito tóxico do fósforo e seus compostos
Fuligem em atividades de trabalho	C34	Neoplasia maligna dos brônquios e dos pulmões
	C44	Neoplasia maligna da pele, outras
	C67	Neoplasia maligna da bexiga
Fumos de solda em atividades de trabalho	C34	Neoplasia maligna dos brônquios e dos pulmões
	C64	Neoplasia maligna do rim, exceto pelve renal
	J40	Bronquite não especificada como aguda ou crônica
Furfural e álcool furfurílico em atividades de trabalho	H10	Conjuntivite
	J30.3	Rinites Alérgicas, outras
	J31.0	Rinite Crônica
	J31.2	Faringite Crônica
	J45	Asma
Gás mostarda em atividades de trabalho	C32	Neoplasia maligna da laringe
	C34	Neoplasia maligna dos brônquios e dos pulmões
Gases anestésicos em atividades de trabalho	G92	Encefalopatia tóxica
Gases, fumaças e vapores em atividades de trabalho (outros)	T59	Efeito tóxico de outros gases, fumaças e vapores
	T59.8	Efeito tóxico de outros gases, fumaças e vapores especificados

Glicóis e derivados em atividades de trabalho	H55	Nistagmo e outros movimentos irregulares do olho
	J40	Bronquite não especificada como aguda ou crônica
	T52.3	Efeito tóxico de glicóis
Hexaclorobenzeno (HCB) em atividades de trabalho	K71	Doença hepática tóxica
	K71.1	Doença hepática tóxica com necrose hepática
	K71.2	Doença hepática tóxica com hepatite aguda
	K71.3	Doença hepática tóxica com hepatite crônica persistente
	K71.6	Doença hepática tóxica com hepatite não classificada em outra parte
	K71.8	Doença hepática tóxica com outros transtornos do fígado
Hidrocarbonetos alifáticos e/ou aromáticos e/ou seus derivados tóxicos em atividades de trabalho	H30	Inflamação Coriorretiniana
	L08.9	Infecção localizada da pele e do tecido subcutâneo, não especificada

Hidrocarbonetos alifáticos em atividades de trabalho (derivados halogenados)	G62.2	Polineuropatia devida a outros agentes tóxicos
	G92	Encefalopatia tóxica
	I46	Parada Cardíaca
	I49	Arritmias cardíacas, outras
	J40	Bronquite não especificada como aguda ou crônica
	K71	Doença hepática tóxica
	K71.1	Doença hepática tóxica com necrose hepática
	K71.2	Doença hepática tóxica com hepatite aguda
	K71.3	Doença hepática tóxica com hepatite crônica persistente
	K71.6	Doença hepática tóxica com hepatite não classificada em outra parte

	K71.8	Doença hepática tóxica com outros transtornos do fígado
	L24.2	Dermatite de Contato por Irritantes devida a Solventes
	N00	Síndrome Nefrítica Aguda
	N17	Insuficiência Renal Aguda
	T53	Efeito tóxico de derivados halogênicos de hidrocarbonetos alifáticos e aromáticos
	T53.6	Efeito tóxico de outros derivados halogênicos de hidrocarbonetos alifáticos
	T53.9	Efeito tóxico de derivados halogênicos de hidrocarbonetos alifáticos e aromáticos não especificados
Hidrocarbonetos alifáticos em atividades de trabalho (derivados nítricos)	J40	Bronquite não especificada como aguda ou crônica
Hidrocarbonetos aromáticos em atividades de trabalho (derivados halogenados)	L24.2	Dermatite de Contato por Irritantes devida a Solventes
	G92	Encefalopatia tóxica
	L70.8	Acne, outras formas de
	L81.8	Transtornos especificados da pigmentação, outros
	T53	Efeito tóxico de derivados halogênicos de hidrocarbonetos alifáticos e aromáticos
	T53.7	Efeito tóxico de derivados halogênicos de hidrocarbonetos aromáticos
	T53.9	Efeito tóxico de derivados halogênicos de hidrocarbonetos alifáticos e aromáticos não especificados
Hidrocarbonetos clorados em atividades de trabalho	G53	Transtornos dos nervos cranianos em doenças classificadas em outra parte
Hidrocarbonetos policíclicos aromáticos em atividades de trabalho	L24.1	Dermatite de Contato por Irritantes devida a Óleos e Gorduras
Hidrocarbonetos provenientes do processo de refino de petróleo em atividades de trabalho	C44	Neoplasia maligna da pele, outras
	C82	Linfoma não-Hodgkin, folicular (nodular)
	C83	Linfoma não-Hodgkin difuso

	C84	Linfomas de células T cutâneas e periféricas
	C85	Linfoma não-Hodgkin de outros tipos e de tipo não especificado
	C91	Leucemia linfoide
	C92	Leucemia mieloide
	C93	Leucemia monocítica
	C94	Leucemias de células de tipo especificado, outras
	C95	Leucemia de tipo celular não especificado
Hidroquinona e ésteres derivados em atividades de trabalho	L80	Vitiligo
	L81.5	Leucodermia, não classificada em outra parte
Hormônios sintéticos em atividades de trabalho	T38	Intoxicação por hormônios, seus substitutos sintéticos e seus antagonistas não classificados em outra parte
Iodo em atividades de trabalho	F13.2	Transtornos mentais e comportamentais devidos ao uso de sedativos e hipnóticos - síndrome de dependência
	H10	Conjuntivite
	J02.9	Faringite aguda não especificada
	J04.2	Laringotraqueíte Aguda
	J32	Sinusite Crônica
	J37.1	Laringotraqueíte Crônica
	J40	Bronquite não especificada como aguda ou crônica
	J68.0	Bronquite e pneumonite devida a produtos químicos, gases, fumaças e vapores
	J68.1	Edema pulmonar devido a produtos químicos, gases, fumaças e vapores
	J68.3	Afecções respiratórias agudas e subagudas devidas a produtos químicos, gases, fumaças e vapores outras
	J68.4	Afecções respiratórias crônicas devidas a produtos químicos, gases, fumaças e vapores

	L23.5	Dermatite alérgica de contato devida a outros produtos químicos
	L70.8	Acne, outras formas de
Isocianatos orgânicos em atividades de trabalho	H10	Conjuntivite
	J30.3	Rinites Alérgicas, outras
	J31.0	Rinite Crônica
	J31.2	Faringite Crônica
	J45	Asma
Látex em atividades de trabalho	J45	Asma
Manganês e seus compostos tóxicos em atividades de trabalho	F02.8	Demência em outras doenças específicas classificadas em outros locais
	F05.0	Delirium não superposto a uma demência, assim descrito
	F06	Transtornos mentais devidos à lesão e disfunção cerebral e a doença física, outros
	F06.7	Transtorno Cognitivo Leve
	F07	Transtornos de personalidade e do comportamento devidos a doença, a lesão e a disfunção cerebral
	F09	Transtorno Mental Orgânico ou Sintomático não especificado
	F32	Episódios Depressivos
	F33	Transtorno depressivo recorrente
	F48.0	Neurastenia
	G21.2	Parkinsonismo Secundário devido a outros agentes externos
	H30	Inflamação Coriorretiniana
	J68.0	Bronquite e pneumonite devida a produtos químicos, gases, fumaças e vapores
	J68.1	Edema pulmonar devido a produtos químicos, gases, fumaças e vapores
	J68.4	Afecções respiratórias crônicas devidas a produtos químicos, gases, fumaças e vapores
	T57.2	Efeito tóxico do Manganês e seus compostos

Material particulado e poluição do ar atmosférico em atividades de trabalho	C34	Neoplasia maligna dos brônquios e dos pulmões
Medicamentos como macrolídeos, ranitidina, penicilina e seus sais, e cefalosporinas em atividades de trabalho	J30.3	Rinites Alérgicas, outras
	J31.0	Rinite Crônica
	J31.2	Faringite Crônica
	J45	Asma
Mercúrio e seus compostos tóxicos em atividades de trabalho	F02.8	Demência em outras doenças específicas classificadas em outros locais
	F05.0	Delirium não superposto a uma demência, assim descrito
	F06	Transtornos mentais devidos à lesão e disfunção cerebral e a doença física, outros
	F06.7	Transtorno Cognitivo Leve
	F07	Transtornos de personalidade e do comportamento devidos a doença, a lesão e a disfunção cerebral
	F07.1	Síndrome pós-encefalítica
	F09	Transtorno Mental Orgânico ou Sintomático não especificado
	F32	Episódios Depressivos
	F33	Transtorno depressivo recorrente
	F48.0	Neurastenia
	G11.1	Ataxia cerebelar de início precoce
	G25.2	Formas especificadas de tremor, outras
	G25.9	Doenças extrapiramidais e transtornos dos movimentos, não especificados
	G53	Transtornos dos nervos cranianos em doenças classificadas em outra parte
	G62.2	Polineuropatia devida a outros agentes tóxicos
	G92	Encefalopatia tóxica
	H46	Neurite Óptica
	H91.0	Perda de audição ototóxica
	I49	Arritmias cardíacas, outras

	K05.1	Gengivite Crônica
	K12.1	Estomatite, outras formas de
	L23.0	Dermatite Alérgica de Contato devida a Metais
	N03	Síndrome Nefrítica Crônica
	N14.3	Nefropatia induzida por metais pesados
	N97	Infertilidade Feminina
	T56.1	Efeito tóxico do Mercúrio e seus compostos
Metais tóxicos em atividades de trabalho	F02.8	Demência em outras doenças específicas classificadas em outros locais
	F05.0	Delirium não superposto a uma demência, assim descrito
	T56	Efeito tóxico de Metais
	T56.8	Efeitos tóxicos de outros metais
	T56.9	Efeito tóxico do Metal, não especificado
Metanol em atividades de trabalho	H46	Neurite Óptica
Metil-n-butil cetona (MBK) em atividades de trabalho	G62.2	Polineuropatia devida a outros agentes tóxicos
Micro-organismos e parasitas infecciosos vivos e seus produtos tóxicos em atividades de trabalho	L08.9	Infecção localizada da pele e do tecido subcutâneo, não especificada
Molibdênio em atividades de trabalho	M10	Gota
Monocloroetileno em atividades de trabalho	T57.8	Efeito tóxico de outras substâncias inorgânicas especificadas
Monometil éter de hidroquinona (MBEH) em atividades de trabalho	L80	Vitiligo
	L81.5	Leucodermia, não classificada em outra parte
Monóxido de carbono em atividades de trabalho	F02.8	Demência em outras doenças específicas classificadas em outros locais
	F05.0	Delirium não superposto a uma demência, assim descrito
	G92	Encefalopatia tóxica
	H91.0	Perda de audição ototóxica
	I20	Angina Pectoris

	I21	Infarto Agudo do Miocárdio
	I46	Parada Cardíaca
	I49	Arritmias cardíacas, outras
	T58	Efeito tóxico do monóxido de carbono
N, N-dimetilformamida em atividades de trabalho	C62	Neoplasia maligna dos testículos
Naftóis adicionados a corantes em atividades de trabalho	L81.4	Hiperpigmentação pela melanina, outras formas de
Névoas ácidas em atividades de trabalho	C32	Neoplasia maligna da laringe
	C34	Neoplasia maligna dos brônquios e dos pulmões
	J31.0	Rinite Crônica
	J31.2	Faringite Crônica
	J32	Sinusite Crônica
	J44	Doenças pulmonares obstrutivas crônicas, outras
	J68.4	Afecções respiratórias crônicas devidas a produtos químicos, gases, fumaças e vapores
	K03.2	Erosão Dentária
Névoas de cádmio ou seus compostos em atividades de trabalho	K03.7	Alterações pós-eruptivas da cor dos tecidos duros dos dentes
Névoas de fluoretos ou seus compostos tóxicos em atividades de trabalho	K03.2	Erosão Dentária
Névoas de óleos de corte em atividades de trabalho	J68.0	Bronquite e pneumonite devida a produtos químicos, gases, fumaças e vapores
N-hexano em atividades de trabalho	G62.2	Polineuropatia devida a outros agentes tóxicos
Níquel e seus compostos em atividades de trabalho	C30.0	Neoplasia maligna da cavidade nasal
	C31	Neoplasia maligna dos seios da face
	C34	Neoplasia maligna dos brônquios e dos pulmões
	J30.3	Rinites Alérgicas, outras
	J31.0	Rinite Crônica
	J31.2	Faringite Crônica
	J45	Asma

	K03.7	Alterações pós-eruptivas da cor dos tecidos duros dos dentes
	L23.0	Dermatite Alérgica de Contato devida a Metais
Nitroderivados e aminoderivados do benzeno e seus homólogos em atividades de trabalho	T65.3	Efeito tóxico de nitroderivados e aminoderivados do benzeno e seus homólogos
Nitrogênio em atividades de trabalho (compostos inorgânicos)	J40	Bronquite não especificada como aguda ou crônica
Nitroglicerina e outros ésteres do ácido nítrico em atividades de trabalho	G44.1	Cefaleia vascular, não classificada em outra parte
	I20	Angina*Pectoris*
	I21	Infarto Agudo do Miocárdio
	I49	Arritmias cardíacas, outras
Óleo de xisto em atividades de trabalho	C44	Neoplasia maligna da pele, outras
Óleo mineral não tratado em atividades de trabalho	C44	Neoplasia maligna da pele, outras
Óleos de corte em atividades de trabalho	L81.4	Hiperpigmentação pela melanina, outras formas de
Óleos e gorduras de origem mineral ou sintéticos em atividades de trabalho	L24.1	Dermatite de Contato por Irritantes devida a Óleos e Gorduras
	L72.8	Outras formas de Cistos Foliculares da Pele e do Tecido Subcutâneo
Ósmio e seus derivados em atividades de trabalho	J40	Bronquite não especificada como aguda ou crônica
Outras substâncias especificadas em atividades de trabalho	T65.8	Efeito tóxico de outras substâncias especificadas
Óxido de etileno em atividades de trabalho	C50	Neoplasia maligna da mama
	C82	Linfoma não-Hodgkin, folicular (nodular)
	C83	Linfoma não-Hodgkin difuso
	C84	Linfomas de células T cutâneas e periféricas
	C85	Linfoma não-Hodgkin de outros tipos e de tipo não especificado
	C91	Leucemia linfoide
	C92	Leucemia mieloide
	C93	Leucemia monocítica

	C94	Leucemias de células de tipo especificado, outras
	C95	Leucemia de tipo celular não especificado
	G62.2	Polineuropatia devida a outros agentes tóxicos
Ozônio e/ou ozoneto e/ou peróxidos em atividades de trabalho	J40	Bronquite não especificada como aguda ou crônica
Para-aminofenol em atividades de trabalho	L80	Vitiligo
	L81.5	Leucodermia, não classificada em outra parte
Para-butilfenol em atividades de trabalho	L80	Vitiligo
	L81.5	Leucodermia, não classificada em outra parte
Para-cresol em atividades de trabalho	L80	Vitiligo
	L81.5	Leucodermia, não classificada em outra parte
Parafenilenodiamina e seus derivados em atividades de trabalho	L81.4	Hiperpigmentação pela melanina, outras formas de
Pentóxido de vanádio em atividades de trabalho	J30.3	Rinites Alérgicas, outras
	J31.0	Rinite Crônica
	J31.2	Faringite Crônica
	J45	Asma
Percloroetileno e outros agentes usados nos processos de limpeza à seco em atividades de trabalho	C15	Neoplasia maligna do esôfago
	C67	Neoplasia maligna da bexiga
Pigmentos e solventes usados nos processos de impressão em atividades de trabalho	C34	Neoplasia maligna dos brônquios e dos pulmões
	C64	Neoplasia maligna do rim, exceto pelve renal
	C67	Neoplasia maligna da bexiga
Plásticos em atividades de trabalho	L23.5	Dermatite alérgica de contato devida a outros produtos químicos
Poeira da cana-de-açúcar em atividades de trabalho	J67.1	Bagaçose

Poeira de algodão em atividades de trabalho	J30.3	Rinites Alérgicas, outras
	J44	Doenças pulmonares obstrutivas crônicas, outras
	J45	Asma
	J66	Doenças das vias aéreas devida a poeiras orgânicas específicas
	J66.0	Bissinose
Poeira de alumínio em atividades de trabalho	J63.0	Aluminose (do pulmão)
Poeira de cânhamo em atividades de trabalho	J30.3	Rinites Alérgicas, outras
	J44	Doenças pulmonares obstrutivas crônicas, outras
	J45	Asma
	J66	Doenças das vias aéreas devida a poeiras orgânicas específicas
	J66.2	Canabinose
Poeira de cimento em atividades de trabalho	H01.0	Blefarite
	H10	Conjuntivite
	J31.0	Rinite Crônica
	J31.2	Faringite Crônica
	J40	Bronquite não especificada como aguda ou crônica
Poeira de calcário e/ou gesso e/ou cal em atividades de trabalho	J40	Bronquite não especificada como aguda ou crônica
Poeira de cortiça em atividades de trabalho	J67.3	Suberose
Poeira de estanho em atividades de trabalho	J63.5	Estanhose
Poeira de ferro em atividades de trabalho	J63.4	Siderose
Poeira de linho em atividades de trabalho	J30.3	Rinites Alérgicas, outras
	J44	Doenças pulmonares obstrutivas crônicas, outras
	J45	Asma
	J66	Doenças das vias aéreas devida a poeiras orgânicas específicas

	J66.1	Doença dos cardadores de linho
Poeira de talco em atividades de trabalho	J62.0	Pneumoconiose devida a pó de talco
Poeiras contendo micro-organismos e parasitas infecciosos vivos e seus produtos tóxicos em atividades de trabalho	J67	Pneumonite de hipersensibilidade devida a poeiras orgânicas
	J67.0	Pulmão de fazendeiro
	J67.2	Pulmão dos Criadores de Pássaros
	J67.4	Pulmão dos trabalhadores do malte
	J67.5	Pulmão dos que trabalham com cogumelos
	J67.7	Doença pulmonar devida aos sistemas de ar condicionado e de umidificação do ar
	J67.8	Pneumonites de Hipersensibilidade Devidas a Outras Poeiras Orgânicas
	J67.9	Pneumonite de hipersensibilidade devida a poeira orgânica não especificada
Poeiras da indústria do couro em atividades de trabalho	C30.0	Neoplasia maligna da cavidade nasal
	C31	Neoplasia maligna dos seios da face
Poeiras de sisal em atividades de trabalho	J30.3	Rinites Alérgicas, outras
	J44	Doenças pulmonares obstrutivas crônicas, outras
	J45	Asma
	J66	Doenças das vias aéreas devida a poeiras orgânicas específicas
	J66.8	Doenças das vias aéreas devida a outras poeiras orgânicas específicas
Poeiras de berílio e seus compostos tóxicos em atividades de trabalho	J63.2	Beriliose
Poeiras de carboneto (carbeto) de rocha fosfática, de alumina, de zircônio em atividades de trabalho	J63.8	Pneumoconiose devida a outras poeiras inorgânicas especificadas
Poeiras de carvão mineral em atividades de trabalho	J44	Doenças pulmonares obstrutivas crônicas, outras
	J60	Pneumoconiose dos mineiros de carvão

	J99.1	Transtornos respiratórios em outras doenças sistêmicas do tecido conjuntivo classificadas em outra parte [Síndrome de Caplan]
	M05.3	Artrite reumatoide com comprometimento de outros órgãos e sistemas [Síndrome de Caplan]
Poeiras de madeira em atividades de trabalho	C11	Neoplasia maligna da nasofaringe
	C14	Neoplasia maligna de outras localizações e de localizações mal definida, do lábio, cavidade oral e faringe
	C30.0	Neoplasia maligna da cavidade nasal
	C31	Neoplasia maligna dos seios da face
	L81.4	Hiperpigmentação pela melanina, outras formas de
Poeiras minerais em atividades de trabalho (outras)	J44	Doenças pulmonares obstrutivas crônicas, outras
Poeiras orgânicas da indústria do mobiliário em atividades de trabalho	C31	Neoplasia maligna dos seios da face
Colas e solventes usados nas atividades de carpintaria e marcenaria em atividades de trabalho	C30.0	Neoplasia maligna da cavidade nasal
	C31	Neoplasia maligna dos seios da face
Poeiras de metais duros em atividades de trabalho	J63	Pneumoconiose devida a outras poeiras inorgânicas
Poeiras de sílica livre cristalina em atividades de trabalho	C34	Neoplasia maligna dos brônquios e dos pulmões
	J44	Doenças pulmonares obstrutivas crônicas, outras
	J60	Pneumoconiose dos mineiros de carvão
	J62.8	Pneumoconiose devida a outras poeiras que contenham sílica
	J65	Pneumoconiose associada com tuberculose
	J99.1	Transtornos respiratórios em outras doenças sistêmicas do tecido conjuntivo classificadas em outra parte [Síndrome de Caplan]

	M05.3	Artrite reumatoide com comprometimento de outros órgãos e sistemas [Síndrome de Caplan]
Poeiras não especificadas em atividades de trabalho	J65	Pneumoconiose associada com tuberculose
Poeiras orgânicas em atividades de trabalho	C30.0	Neoplasia maligna da cavidade nasal
	J67	Pneumonite de hipersensibilidade devida a poeiras orgânicas
	J67.0	Pulmão de fazendeiro
	J67.2	Pulmão dos Criadores de Pássaros
	J67.4	Pulmão dos trabalhadores do malte
	J67.5	Pulmão dos que trabalham com cogumelos
	J67.7	Doença pulmonar devida aos sistemas de ar condicionado e de umidificação do ar
	J67.8	Pneumonites de Hipersensibilidade Devidas a Outras Poeiras Orgânicas
	J67.9	Pneumonite de hipersensibilidade devida a poeira orgânica não especificada
Poeiras, gases e vapores de diferentes origens em atividades de trabalho	H01.1	Dermatoses não infecciosas da pálpebra
Policlorofenóis ou seus sais de sódio em atividades de trabalho	C49	Neoplasia maligna do tecido conjuntivo e de outros tecidos moles
	C82	Linfoma não-Hodgkin, folicular (nodular)
	C83	Linfoma não-Hodgkin difuso
	C84	Linfomas de células T cutâneas e periféricas
	C85	Linfoma não-Hodgkin de outros tipos e de tipo não especificado
	C91	Leucemia linfoide
	C92	Leucemia mieloide
	C93	Leucemia monocítica
	C94	Leucemias de células de tipo especificado, outras
	C95	Leucemia de tipo celular não especificado

Prata em atividades de trabalho	K03.7	Alterações pós-eruptivas da cor dos tecidos duros dos dentes
Produção de eletrodo de carvão em atividades de trabalho;	C34	Neoplasia maligna dos brônquios e dos pulmões
Pirólise de plásticos e teflon em atividades de trabalho (produtos)	J30.3	Rinites Alérgicas, outras
	J31.0	Rinite Crônica
	J31.2	Faringite Crônica
	J45	Asma
Proteínas animais em aerossóis em atividades de trabalho	J30.3	Rinites Alérgicas, outras
	J45	Asma
Quinino e seus derivados em atividades de trabalho	L81.4	Hiperpigmentação pela melanina, outras formas de
Resina epóxi em atividades de trabalho	J45	Asma
Sais de ouro em atividades de trabalho	L81.4	Hiperpigmentação pela melanina, outras formas de
Sais de prata em atividades de trabalho	H11.1	Degenerações e depósitos de conjuntiva
	L81.4	Hiperpigmentação pela melanina, outras formas de
Selênio e seus compostos em atividades de trabalho	H10	Conjuntivite
	J31.0	Rinite Crônica
	J31.2	Faringite Crônica
	J40	Bronquite não especificada como aguda ou crônica
	J68.4	Afecções respiratórias crônicas devidas a produtos químicos, gases, fumaças e vapores
Solventes em atividades de trabalho	L60	Afecções das unhas
	J68.0	Bronquite e pneumonite devida a produtos químicos, gases, fumaças e vapores
Solventes clorados neurotóxicos em atividades de trabalho	H46	Neurite Óptica
Solventes halogenados em atividades de trabalho	G25.9	Doenças extrapiramidais e transtornos dos movimentos, não especificados

	G50	Transtornos do nervo trigêmeo
	H10	Conjuntivite
	J68.0	Bronquite e pneumonite devida a produtos químicos, gases, fumaças e vapores
	J68.1	Edema pulmonar devido a produtos químicos, gases, fumaças e vapores
	J68.3	Afecções respiratórias agudas e subagudas devidas a produtos químicos, gases, fumaças e vapores outras
	J68.4	Afecções respiratórias crônicas devidas a produtos químicos, gases, fumaças e vapores
	K71	Doença hepática tóxica
	K71.1	Doença hepática tóxica com necrose hepática
	K71.2	Doença hepática tóxica com hepatite aguda
	K71.3	Doença hepática tóxica com hepatite crônica persistente
	K71.6	Doença hepática tóxica com hepatite não classificada em outra parte
	K71.8	Doença hepática tóxica com outros transtornos do fígado
Solventes orgânicos em atividades de trabalho	C34	Neoplasia maligna dos brônquios e dos pulmões
	C67	Neoplasia maligna da bexiga
	C82	Linfoma não-Hodgkin, folicular (nodular)
	C83	Linfoma não-Hodgkin difuso
	C84	Linfomas de células T cutâneas e periféricas
	C85	Linfoma não-Hodgkin de outros tipos e de tipo não especificado
	C91	Leucemia linfoide
	C92	Leucemia mieloide
	C93	Leucemia monocítica
	C94	Leucemias de células de tipo especificado, outras

	C95	Leucemia de tipo celular não especificado
	F06	Transtornos mentais devidos à lesão e disfunção cerebral e a doença física, outros
	F06.7	Transtorno Cognitivo Leve
	F07	Transtornos de personalidade e do comportamento devidos a doença, a lesão e a disfunção cerebral
	F09	Transtorno Mental Orgânico ou Sintomático não especificado
	F32	Episódios Depressivos
	F33	Transtorno depressivo recorrente
	F48.0	Neurastenia
	G25.2	Formas especificadas de tremor, outras
	G92	Encefalopatia tóxica
	H91.0	Perda de audição ototóxica
	T52	Efeitos tóxicos de Solventes Orgânicos
	T52.8	Efeito tóxico de outros solventes orgânicos
Substâncias asfixiantes em atividades de trabalho (outras)	F02.8	Demência em outras doenças específicas classificadas em outros locais
	F05.0	Delirium não superposto a uma demência, assim descrito
Substância corrosiva, não especificada em atividades de trabalho	T54.9	Efeito tóxico de substância corrosiva, não especificada
Substâncias de origem vegetal (cereais, farinhas, serragem etc.) em atividades de trabalho	J30.3	Rinites Alérgicas, outras
	J45	Asma
Substâncias inorgânicas em atividades de trabalho	T57	Efeito tóxico de outras substâncias inorgânicas
	T57.8	Efeito tóxico de outras substâncias inorgânicas especificadas
Substâncias químicas sensibilizantes da pele e das vias respiratórias em atividades de trabalho	J30.3	Rinites Alérgicas, outras
	J31.0	Rinite Crônica

	J31.2	Faringite Crônica
	J45	Asma
Sulfato de tálio em atividades de trabalho	G92	Encefalopatia tóxica
Sulfeto de carbono em atividades de trabalho	G62.2	Polineuropatia devida a outros agentes tóxicos
Sulfeto de hidrogênio em atividades de trabalho	F02.8	Demência em outras doenças específicas classificadas em outros locais
	F05.0	Delirium não superposto a uma demência, assim descrito
	G52.0	Transtornos do nervo olfatório
	G92	Encefalopatia tóxica
	J40	Bronquite não especificada como aguda ou crônica
Sulfitos e/ou bissulfitos e/ou persulfatos em atividades de trabalho	J30.3	Rinites Alérgicas, outras
	J31.0	Rinite Crônica
	J31.2	Faringite Crônica
	J45	Asma
Tabaco e nicotina em atividades de trabalho	T65.2	Efeito tóxico do tabaco e da nicotina (Doença da Folha Verde do Tabaco)

Tálio e seus compostos em atividades de trabalho	G62.2	Polineuropatia devida a outros agentes tóxicos
	G92	Encefalopatia tóxica
	L63	Alopécia areata
	N14.3	Nefropatia induzida por metais pesados
Tetracloroetileno em atividades de trabalho	C67	Neoplasia maligna da bexiga
	F06	Transtornos mentais devidos à lesão e disfunção cerebral e a doença física, outros
	F06.7	Transtorno Cognitivo Leve
	F07	Transtornos de personalidade e do comportamento devidos a doença, a lesão e a disfunção cerebral
	F09	Transtorno Mental Orgânico ou Sintomático não especificado

	F32	Episódios Depressivos
	F33	Transtorno depressivo recorrente
	F48.0	Neurastenia
	T53.3	Efeito tóxico do tetracloroetileno
Terpenos e/ou vanádio, e seus compostos, em atividades de trabalho	J40	Bronquite não especificada como aguda ou crônica
Tetracloreto de carbono em atividades de trabalho	H10	Conjuntivite
	H46	Neurite Óptica
	K71	Doença hepática tóxica
	K71.1	Doença hepática tóxica com necrose hepática
	K71.2	Doença hepática tóxica com hepatite aguda
	K71.3	Doença hepática tóxica com hepatite crônica persistente
	K71.6	Doença hepática tóxica com hepatite não classificada em outra parte
	K71.8	Doença hepática tóxica com outros transtornos do fígado
	T53.0	Efeito tóxico do tetracloreto de carbono
Tetracloroetano em atividades de trabalho	G25.2	Formas especificadas de tremor, outras
Tiocianatos em atividades de trabalho	E03	Hipotireoidismo, outros
Tiouracil em atividades de trabalho	E03	Hipotireoidismo, outros
Tioureia em atividades de trabalho	E03	Hipotireoidismo, outros
Tolueno e outros solventes aromáticos neurotóxicos em atividades de trabalho	F06	Transtornos mentais devidos à lesão e disfunção cerebral e a doença física, outros
	F06.7	Transtorno Cognitivo Leve
	F07	Transtornos de personalidade e do comportamento devidos a doença, a lesão e a disfunção cerebral
	F09	Transtorno Mental Orgânico ou Sintomático não especificado
	F32	Episódios Depressivos
	F33	Transtorno depressivo recorrente

	F48.0	Neurastenia
	H91.0	Perda de audição ototóxica
	T52.2	Efeito tóxico de homólogos do benzeno
Tório em atividades de trabalho	K76.6	Hipertensão Portal
Tricloroetileno em atividades de trabalho	C22	Neoplasia maligna do fígado e das vias biliares intra-hepáticas
	C64	Neoplasia maligna do rim, exceto pelve renal
	C82	Linfoma não-Hodgkin, folicular (nodular)
	C83	Linfoma não-Hodgkin difuso
	C84	Linfomas de células T cutâneas e periféricas
	C85	Linfoma não-Hodgkin de outros tipos e de tipo não especificado
	C91	Leucemia linfoide
	C92	Leucemia mieloide
	C93	Leucemia monocítica
	C94	Leucemias de células de tipo especificado, outras
	C95	Leucemia de tipo celular não especificado
	F06	Transtornos mentais devidos à lesão e disfunção cerebral e a doença física, outros
	F06.7	Transtorno Cognitivo Leve
	F07	Transtornos de personalidade e do comportamento devidos a doença, a lesão e a disfunção cerebral
	F09	Transtorno Mental Orgânico ou Sintomático não especificado
	F32	Episódios Depressivos
	F33	Transtorno depressivo recorrente
	F48.0	Neurastenia
	G50	Transtornos do nervo trigêmeo
	H46	Neurite Óptica
	H91.0	Perda de audição ototóxica

	T53.2	Efeito tóxico do tricloroetileno
Tricloroetano e outros solventes orgânicos halogenados neurotóxicos em atividades de trabalho	F06	Transtornos mentais devidos à lesão e disfunção cerebral e a doença física, outros
	F06.7	Transtorno Cognitivo Leve
	F07	Transtornos de personalidade e do comportamento devidos a doença, a lesão e a disfunção cerebral
	F09	Transtorno Mental Orgânico ou Sintomático não especificado
	F32	Episódios Depressivos
	F33	Transtorno depressivo recorrente
	F48.0	Neurastenia
Xileno em atividades de trabalho	H91.0	Perda de audição ototóxica
	J40	Bronquite não especificada como aguda ou crônica
	T52.2	Efeito tóxico de homólogos do benzeno
Zinco e seus compostos em atividades de trabalho	J40	Bronquite não especificada como aguda ou crônica
	T56.5	Efeito tóxico do zinco e seus compostos
Plantas ou manipulação de plantas em atividades de trabalho	L23.7	Dermatite alérgica de contato devido a plantas, exceto alimentos
	L24.7	Dermatite de contato por irritantes devido a plantas, exceto alimentos
Mordedura ou picadura de serpente e/ou outros répteis e/ou escorpião e/ou aranha e/ou outros artrópodes e/ou peixe e/ou outros animais marinhos e/ou outros animais venenosos não especificados em atividades de trabalho	T63	Efeito tóxico de contato com animais venenosos

LISTA A - Agentes e/ou Fatores de Risco com respectivas Doenças Relacionadas ao Trabalho (Parte III)		
Agentes e/ou Fatores de Risco Biológicos	CID10	Doença Relacionada ao Trabalho
Agentes biológicos do tipo vírus não classificados em outras partes em atividades de trabalho	A98	Outras febres hemorrágicas por vírus, não classificadas em outra parte

*Ancylostoma*em atividades de trabalho (espécies)	B76	Ancilostomíase
	B76.0	Ancilostomose
Arbovírus da Mayaro (MAYV) em atividades de trabalho	A93.8	Febres virais especificadas transmitidas por artrópodes (Febre de Mayaro); Outras
Aspergillus em atividades de trabalho (espécies)	B44	Aspergilose
Bacillus anthracis em atividades de trabalho	A22	Carbúnculo
Bactérias e fungos causadores de micetoma em atividades de trabalho	B47	Micetoma
Borrelia burgdorferi em atividades de trabalho	A69.2	Doença de Lyme
Brucella em atividades de trabalho (espécies)	A23	Brucelose
Burkholderia mallei em atividades de trabalho	A24.0	Mormo
Candida albicans e outras espécies do mesmo gênero, potencialmente patogênicas em atividades de trabalho sob condições de umidade e irritação mecânica	B37	Candidíase
Chlamydia psittaci ou *Chlamydia pneumoniae* em atividades de trabalho	A70	Infecções causadas por *Clamídia psittaci* (Febre dos papagaios, Ornitose, Psitacose)
*Chlamydia trachomati s*em atividades de trabalho	A71	Tracoma
Clostridium tetani em atividades de trabalho	A35	Tétano, outros tipos de
Coccidioides immitis em atividades de trabalho	B38	Coccidioidomicose
Coronavírus SARS-CoV-2 em atividades de trabalho	**U07.1**	**Doença causada pelo coronavírus SARS-CoV-2 (COVID-19)**
Coxiella burnetii em atividades de trabalho	A78	Febre Q
Cryptococcus neoformans (ou *Filobasidiella neoformans*) em atividades de trabalho	B45	Criptococose
Ecchinococcus em atividades de trabalho (espécies)	B67	Equinococose
Entamoeba histolytica em atividades de trabalho	A06	Amebíase

Erysipelothrix rhusiopathiae em atividades de trabalho	A26	Erisipelóide
Francisella tularensis em atividades de trabalho	A21	Tularemia
Fungos do gênero *Epidermophyton, Microsporum*e *Trichophyton* durante atividades de trabalho em temperatura elevada e umidade	B35	Dermatofitose
Fungos durante atividades de trabalho em temperatura elevada e umidade, exceto aqueles dos gêneros *Epidermophyton, Microsporum*e *Trichophyton*	B36	Micoses superficiais, outras
Hantavírus em atividades de trabalho	B33.4	Síndrome (cardio-)pulmonar por Hantavírus [SPH] [SCPH]
Herpes simples tipo 1 (HVS-1) em atividades de trabalho	B00	Infecções pelo vírus do herpes [herpes simples]
	C46	Sarcoma de Kaposi
Histoplasma capsulatum em atividades de trabalho	B39	Histoplasmose
Leishmania braziliensis em atividades de trabalho	B55	Leishmaniose
	B55.1	Leishmaniose cutânea
	B55.2	Leishmaniose cutâneo-mucosa
*Leptospira icterohaemorrhagiae*e outras espécies *Lesptospira*em atividades de trabalho	A27	Leptospirose
Meningococo em atividades de trabalho	A39	Infecção meningocócica
Mosquito (*Aedes aegypti)*, transmissor do arbovírus da Chikungunya (CHIKV), em atividades de trabalho	A92.0	Febre de Chikungunya
Mosquito *(Aedes aegypti*), transmissor do arbovírus da Dengue, em atividades de trabalho	A90	Dengue [Dengue Clássico]
Mosquito (*Aedes aegypti*), transmissor do arbovírus da Zika, em atividades de trabalho	U06.9	Doença pelo Zika vírus, não especificada
Mosquito transmissor do arbovírus da Febre Amarela em atividades de trabalho	A95	Febre Amarela
Mycobacterium tuberculosis (Bacilo de Koch) ou *Mycobacterium bovis* em atividades de trabalho	A15	Tuberculose respiratória, com confirmação bacteriológica e histológica

	A16	Tuberculose das vias respiratórias, sem confirmação bacteriológica ou histológica
	A17	Tuberculose do sistema nervoso
	A18	Tuberculose de outros órgãos
	A19	Tuberculose miliar
Neisseria meningitidis em atividades de trabalho	G01	Meningite em doenças bacterianas classificadas em outra parte
Onchocerca em atividades de trabalho (espécies)	B73	Oncocercose
Papilomavírus em atividades de trabalho	B07	Verrugas de origem viral
Papilomavírus humano tipos 5 e/ou 8 em atividades de trabalho	C44	Neoplasia maligna da pele, outras
Papilomavírus humano tipo 16 em atividades de trabalho	C06	Neoplasia maligna de outras partes e de partes não especificadas da boca
	C09	Neoplasia maligna da amígdala
	C14	Neoplasia maligna de outras localizações e de localizações mal definida, do lábio, cavidade oral e faringe
	C21	Neoplasia maligna do ânus e do canal anal
	C32	Neoplasia maligna da laringe
	C52	Neoplasia maligna da vagina
	C53	Neoplasia maligna de colo do útero
	C60	Neoplasia maligna de pênis
Papilomavírus humano tipo 18 em atividades de trabalho	C06	Neoplasia maligna de outras partes e de partes não especificadas da boca
	C21	Neoplasia maligna do ânus e do canal anal
	C51	Neoplasia maligna da vulva
	C53	Neoplasia maligna de colo do útero
	C60	Neoplasia maligna de pênis
Papilomavírus humano tipo 26 e/ou 31 e/ou 35 e/ou 39 e/ou 45 e/ou 51 e/ou 52 e/ou 53 e/ou 56 e/ou 58 e/ou 59 e/ou 66 e/ou 67 e/ou 68 e/ou 70 e/ou 73 e/ou 82 em atividades de trabalho	C53	Neoplasia maligna de colo do útero
Papilomavírus humano tipo 33 em atividades de trabalho	C21	Neoplasia maligna do ânus e do canal anal

	C51	Neoplasia maligna da vulva
	C53	Neoplasia maligna de colo do útero
Paracoccidioides brasiliensis em atividades de trabalho	B41	Paracoccidioidomicose
Plasmodium em atividades de trabalho (espécie não especificada do gênero)	B54	Malária não especificada
Plasmodium falciparum em atividades de trabalho	B50	Malária por Plasmodium falciparum
	C82	Linfoma não-Hodgkin, folicular (nodular)
	C83	Linfoma não-Hodgkin difuso
	C84	Linfomas de células T cutâneas e periféricas
	C85	Linfoma não-Hodgkin de outros tipos e de tipo não especificado
	C91	Leucemia linfoide
	C92	Leucemia mieloide
	C93	Leucemia monocítica
	C94	Leucemias de células de tipo especificado, outras
	C95	Leucemia de tipo celular não especificado
Plasmodium malariae em atividades de trabalho	B52	Malária por Plasmodium malariae
Plasmodium vivax em atividades de trabalho	B51	Malária por Plasmodium vivax
Plasmodium diferente da *malariae*, *vivax* e *falciparum*, ou outros protozoários em atividades de trabalho (espécies)	B53	Outras formas de malária confirmadas por exames parasitológicos
Poliovírus em atividades de trabalho	A80	Poliomielite aguda
Rickettsia em atividades de trabalho	A79	Outras rickettsioses
Rickettsia rickettsii, e outras espécies de *Rickettsia*, em atividades de trabalho	A77	Febre maculosa [rickettsioses transmitidas por carrapatos]
Sarcoptes scabiei em atividades de trabalho	B86	Escabiose [sarna]
Schistosoma em atividades de trabalho (espécies)	B65	Esquistossomose [bilharziose] [Schistosomíase]
Schistosoma haematobium em atividades de trabalho	C67	Neoplasia maligna da bexiga

Sporothrix schenkii em atividades de trabalho	B42	Esporotricose
Streptococcus suis em atividades de trabalho	A40.8	Outras septicemias estreptocócicas
	G00.2	Meningite estreptocócica
Toxocara canis e/ou Toxocara cati em atividades de trabalho	B83.0	Larva migrans visceral
Treponema pallidum em atividades de trabalho	A65	Sífilis não-venérea
Trypanosoma cruzi em atividades de trabalho	B57	Doença de Chagas
Vírus da Hepatite A (HAV) em atividades de trabalho	B15	Hepatite aguda A
Vírus da Hepatite B (HBV) em atividades de trabalho	B16	Hepatite aguda B
	C22	Neoplasia maligna do fígado e das vias biliares intra-hepáticas
	C82	Linfoma não-Hodgkin, folicular (nodular)
	C83	Linfoma não-Hodgkin difuso
	C84	Linfomas de células T cutâneas e periféricas
	C85	Linfoma não-Hodgkin de outros tipos e de tipo não especificado
	C91	Leucemia linfoide
	C92	Leucemia mieloide
	C93	Leucemia monocítica
	C94	Leucemias de células de tipo especificado, outras
	C95	Leucemia de tipo celular não especificado
Vírus da Hepatite C (HCV) em atividades de trabalho	B17	Hepatites virais agudas, outras
	C22	Neoplasia maligna do fígado e das vias biliares intra-hepáticas
	C82	Linfoma não-Hodgkin, folicular (nodular)
	C83	Linfoma não-Hodgkin difuso

	C84	Linfomas de células T cutâneas e periféricas
	C85	Linfoma não-Hodgkin de outros tipos e de tipo não especificado
	C91	Leucemia linfoide
	C92	Leucemia mieloide
	C93	Leucemia monocítica
	C94	Leucemias de células de tipo especificado, outras
	C95	Leucemia de tipo celular não especificado
Vírus da Hepatite E (HEV) em atividades de trabalho	B17	Hepatites virais agudas, outras
Vírus da Imunodeficiência Humana (HIV) em atividades de trabalho	B20	Doença pelo vírus da imunodeficiência humana [HIV], resultando em doenças infecciosas e parasitárias
	B21	Doença pelo vírus da imunodeficiência humana [HIV], resultando em neoplasias malignas
	B22	Doença pelo vírus da imunodeficiência humana [HIV] resultando em outras doenças especificadas
	B23	Doença pelo vírus da imunodeficiência humana [HIV] resultando em outras doenças
	B24	Doença pelo vírus da imunodeficiência humana [HIV] não especificada
	C21	Neoplasia maligna do ânus e do canal anal
	C22	Neoplasia maligna do fígado e das vias biliares intra-hepáticas
	C44	Neoplasia maligna da pele, outras
	C46	Sarcoma de Kaposi
	C51	Neoplasia maligna da vulva
	C52	Neoplasia maligna da vagina
	C53	Neoplasia maligna de colo do útero
	C60	Neoplasia maligna de pênis
	C69	Neoplasia maligna do olho e anexos

	C82	Linfoma não-Hodgkin, folicular (nodular)
	C83	Linfoma não-Hodgkin difuso
	C84	Linfomas de células T cutâneas e periféricas
	C85	Linfoma não-Hodgkin de outros tipos e de tipo não especificado
	C91	Leucemia linfoide
	C92	Leucemia mieloide
	C93	Leucemia monocítica
	C94	Leucemias de células de tipo especificado, outras
	C95	Leucemia de tipo celular não especificado
Vírus da raiva em atividades de trabalho	A82	Raiva
Vírus da rubéola em atividades de trabalho	B06	Rubéola
Vírus do sarampo em atividades de trabalho	B05	Sarampo
Vírus Epstein-Barr em atividades de trabalho	C11	Neoplasia maligna da nasofaringe
	C82	Linfoma não-Hodgkin, folicular (nodular)
	C83	Linfoma não-Hodgkin difuso
	C84	Linfomas de células T cutâneas e periféricas
	C85	Linfoma não-Hodgkin de outros tipos e de tipo não especificado
	C91	Leucemia linfoide
	C92	Leucemia mieloide
	C93	Leucemia monocítica
	C94	Leucemias de células de tipo especificado, outras
	C95	Leucemia de tipo celular não especificado
Vírus influenza em atividades de trabalho	J11	Influenza [gripe] devida a vírus não identificado

	J11.1	Influenza [gripe] com outras manifestações respiratórias, devida a vírus não identificado
Vírus linfotrópico de células T humanas tipo 1 em atividades de trabalho	C82	Linfoma não-Hodgkin, folicular (nodular)
	C83	Linfoma não-Hodgkin difuso
	C84	Linfomas de células T cutâneas e periféricas
	C85	Linfoma não-Hodgkin de outros tipos e de tipo não especificado
	C91	Leucemia linfoide
	C92	Leucemia mieloide
	C93	Leucemia monocítica
	C94	Leucemias de células de tipo especificado, outras
	C95	Leucemia de tipo celular não especificado
Vírus não especificado da hepatite em atividades de trabalho	B18	Hepatite viral crônica
	B19	Hepatite viral não especificada
	D89.1	Crioglobulinemia
Vírus Orf em atividades de trabalho	B08.0	Infecções por ortopoxvírus, outras
Vírus Varicela-zoster (VVZ) em atividades de trabalho	B01	Varicela [Catapora]

LISTA A - Agentes e/ou Fatores de Risco com respectivas Doenças Relacionadas ao Trabalho (Parte IV)		
Agentes e/ou Fatores de Risco	CID10	Doença Relacionada ao Trabalho
Ambiente de trabalho com iluminação ausente ou deficiente.	H55	Nistagmo e outros movimentos irregulares do olho
Aplicação de força (Biomecânica do trabalho)	I83	Varizes dos membros inferiores
	M16	Coxartrose [artrose do quadril]
	M17	Gonartrose [artrose do joelho]
	M50	Transtornos dos discos cervicais
	M50.0	Transtorno do disco cervical com mielopatia

	M50.1	Transtorno do disco cervical com radiculopatia
	M50.2	Deslocamento de disco cervical, outro
	M50.3	Degeneração de disco cervical, outra
	M50.8	Transtornos de discos cervicais, outros
	M50.9	Transtorno não especificado de disco cervical
	M51	Transtornos de discos intervertebrais, outros
	M51.0	Transtornos de discos lombares e de outros discos intervertebrais com mielopatia
	M51.1	Transtornos de discos lombares e de outros discos intervertebrais com radiculopatia
	M51.2	Deslocamentos discais intervertebrais especificados, outros
	M51.3	Degeneração especificada de disco intervertebral, outra
	M51.8	Transtornos especificados de discos intervertebrais, outros
	M53.1	Síndrome Cervicobraquial
	M54	Dorsalgia
	M54.2	Cervicalgia
	M54.3	Ciática
	M54.4	Lumbago com Ciática
	M54.5	Dor lombar baixa
	M65	Sinovites e Tenossinovites
	M65.4	Tenossinovite estilóide radial [de Quervain]
	M65.8	Sinovites e Tenossinovites, outras
	M65.9	Tenossinovites, não especificadas
	M72.0	Fibromatose de fáscia palmar [Dupuytren]
	M75	Lesões do Ombro
	M75.0	Capsulite Adesiva do Ombro

	M75.1	Síndrome do manguito rotador
	M75.2	Tendinite bicipital
	M75.3	Tendinite Calcificante do Ombro
	M75.5	Bursite do Ombro
	M75.8	Lesões do Ombro, outras
	M75.9	Lesão não especificada do ombro
	M77	Entesopatias, outras
	M77.0	Epicondilite Medial
	M77.1	Epicondilite lateral
	M77.8	Entesopatias não classificadas em outra parte, outras
	M79.8	Transtornos especificados dos tecidos moles, outros
	M84.3	Fratura de fadiga ("stress") não classificada em outra parte
Manipulação manual de carga (Biomecânica do trabalho)	I83	Varizes dos membros inferiores
	K40	Hérnia inguinal
	K41	Hérnia femoral
	K42	Hérnia umbilical
	K43	Hérnia ventral
	K44	Hérnia diafragmática
	K45	Outras hérnias abdominais
	K46	Hérnia abdominal não especificada
	M16	Coxartrose [artrose do quadril]
	M17	Gonartrose [artrose do joelho]
	M47.8	Espondiloses, outras
	M50	Transtornos dos discos cervicais
	M50.0	Transtorno do disco cervical com mielopatia
	M50.1	Transtorno do disco cervical com radiculopatia
	M50.2	Deslocamento de disco cervical, outro
	M50.3	Degeneração de disco cervical, outra
	M50.8	Transtornos de discos cervicais, outros

	M50.9	Transtorno não especificado de disco cervical
	M51	Transtornos de discos intervertebrais, outros
	M51.0	Transtornos de discos lombares e de outros discos intervertebrais com mielopatia
	M51.1	Transtornos de discos lombares e de outros discos intervertebrais com radiculopatia
	M51.2	Deslocamentos discais intervertebrais especificados, outros
	M51.3	Degeneração especificada de disco intervertebral, outra
	M51.8	Transtornos especificados de discos intervertebrais, outros
	M53.1	Síndrome Cervicobraquial
	M54	Dorsalgia
	M54.2	Cervicalgia
	M54.3	Ciática
	M54.4	Lumbago com Ciática
	M54.5	Dor lombar baixa
Movimentos articulares repetitivos (Biomecânica do trabalho)	G54.0	Transtornos do plexo braquial
	G56	Mononeuropatias dos membros superiores
	G56.0	Síndrome do túnel do carpo
	G56.1	Outras lesões do nervo mediano
	G56.2	Lesões do nervo cubital [ulnar]
	G56.3	Lesão do nervo radial
	G56.8	Outras mononeuropatias dos membros superiores
	G57.3	Lesão do nervo poplíteo lateral
	K07.6	Transtornos da articulação temporomandibular
	M16	Coxartrose [artrose do quadril]
	M17	Gonartrose [artrose do joelho]
	M50	Transtornos dos discos cervicais

M50.0	Transtorno do disco cervical com mielopatia
M50.1	Transtorno do disco cervical com radiculopatia
M50.2	Deslocamento de disco cervical, outro
M50.3	Degeneração de disco cervical, outra
M50.8	Transtornos de discos cervicais, outros
M50.9	Transtorno não especificado de disco cervical
M51	Transtornos de discos intervertebrais, outros
M51.0	Transtornos de discos lombares e de outros discos intervertebrais com mielopatia
M51.1	Transtornos de discos lombares e de outros discos intervertebrais com radiculopatia
M51.2	Deslocamentos discais intervertebrais especificados, outros
M51.3	Degeneração especificada de disco intervertebral, outra
M51.8	Transtornos especificados de discos intervertebrais, outros
M53.1	Síndrome Cervicobraquial
M54	Dorsalgia
M54.2	Cervicalgia
M54.3	Ciática
M54.4	Lumbago com Ciática
M54.5	Dor lombar baixa
M65	Sinovites e Tenossinovites
M65.3	Dedo em Gatilho
M65.4	Tenossinovite estilóide radial [de Quervain]
M65.8	Sinovites e Tenossinovites, outras
M65.9	Tenossinovites, não especificadas

	M70	Transtornos dos tecidos moles relacionados com o uso, o uso excessivo e a pressão
	M70.0	Sinovite crepitante crônica da mão e do punho
	M70.1	Bursite da Mão
	M70.2	Bursite do Olécrano
	M70.3	Bursites do Cotovelo, outras
	M70.4	Bursite pré-patelar
	M70.5	Bursites do Joelho, outras
	M70.8	Transtornos dos tecidos moles relacionados com o uso, uso excessivo e pressão; outros
	M70.9	Transtorno não especificado dos tecidos moles relacionados com o uso, uso excessivo e pressão.
	M72.0	Fibromatose de fáscia palmar [Dupuytren]
	M75	Lesões do Ombro
	M75.0	Capsulite Adesiva do Ombro
	M75.1	Síndrome do manguito rotador
	M75.2	Tendinite bicipital
	M75.3	Tendinite Calcificante do Ombro
	M75.5	Bursite do Ombro
	M75.8	Lesões do Ombro, outras
	M75.9	Lesão não especificada do ombro
	M77	Entesopatias, outras
	M77.0	Epicondilite Medial
	M77.1	Epicondilite lateral
	M77.8	Entesopatias não classificadas em outra parte, outras
	M79.8	Transtornos especificados dos tecidos moles, outros
	M84.3	Fratura de fadiga ("stress") não classificada em outra parte
Ortostatismo prolongado (Biomecânica do trabalho)	I83	Varizes dos membros inferiores

Posições forçadas (Biomecânica do trabalho)	G54.0	Transtornos do plexo braquial
	G56	Mononeuropatias dos membros superiores
	G56.0	Síndrome do túnel do carpo
	G56.1	Outras lesões do nervo mediano
	G56.2	Lesões do nervo cubital [ulnar]
	G56.3	Lesão do nervo radial
	G56.8	Outras mononeuropatias dos membros superiores
	G57.3	Lesão do nervo poplíteo lateral
	M16	Coxartrose [artrose do quadril]
	M17	Gonartrose [artrose do joelho]
	M23.3	Menisco, outros transtornos de
	M50	Transtornos dos discos cervicais
	M50.0	Transtorno do disco cervical com mielopatia
	M50.1	Transtorno do disco cervical com radiculopatia
	M50.2	Deslocamento de disco cervical, outro
	M50.3	Degeneração de disco cervical, outra
	M50.8	Transtornos de discos cervicais, outros
	M50.9	Transtorno não especificado de disco cervical
	M51	Transtornos de discos intervertebrais, outros
	M51.0	Transtornos de discos lombares e de outros discos intervertebrais com mielopatia
	M51.1	Transtornos de discos lombares e de outros discos intervertebrais com radiculopatia
	M51.2	Deslocamentos discais intervertebrais especificados, outros
	M51.3	Degeneração especificada de disco intervertebral, outra

	M51.8	Transtornos especificados de discos intervertebrais, outros
	M53.1	Síndrome Cervicobraquial
	M54	Dorsalgia
	M54.2	Cervicalgia
	M54.3	Ciática
	M54.4	Lumbago com Ciática
	M54.5	Dor lombar baixa
	M65	Sinovites e Tenossinovites
	M65.3	Dedo em Gatilho
	M65.4	Tenossinovite estilóide radial [de Quervain]
	M65.8	Sinovites e Tenossinovites, outras
	M65.9	Tenossinovites, não especificadas
	M70	Transtornos dos tecidos moles relacionados com o uso, o uso excessivo e a pressão, de origem ocupacional
	M70.0	Sinovite crepitante crônica da mão e do punho
	M70.1	Bursite da Mão
	M70.2	Bursite do Olécrano
	M70.3	Bursites do Cotovelo, outras
	M70.4	Bursite pré-patelar
	M70.5	Bursites do Joelho, outras
	M70.8	Transtornos dos tecidos moles relacionados com o uso, uso excessivo e pressão; outros
	M70.9	Transtorno não especificado dos tecidos moles relacionados com o uso, uso excessivo e pressão.
	M72.0	Fibromatose de fáscia palmar [Dupuytren]
	M75	Lesões do Ombro
	M75.0	Capsulite Adesiva do Ombro
	M75.1	Síndrome do manguito rotador
	M75.2	Tendinite bicipital
	M75.3	Tendinite Calcificante do Ombro

	M75.5	Bursite do Ombro
	M75.8	Lesões do Ombro, outras
	M75.9	Lesão não especificada do ombro
	M77	Entesopatias, outras
	M77.0	Epicondilite Medial
	M77.1	Epicondilite lateral
	M77.8	Entesopatias não classificadas em outra parte, outras
	M79.8	Transtornos especificados dos tecidos moles, outros
	M84.3	Fratura de fadiga ("stress") não classificada em outra parte
Pressão e/ou fricção da pele (Biomecânica do trabalho)	L84	Calos e calosidades
Traumatismos das unhas (Biomecânica do trabalho)	L60	Afecções das unhas
Trabalho com sobrecarga vocal associada e/ou agravada por: a) Fatores psicossociais relacionados à característica e à organização do trabalho: jornada de trabalho prolongada, sobrecarga, acúmulo de atividades ou de funções, ausência de pausas e de locais de descanso durante a jornada, falta de autonomia, ritmo de trabalho acelerado para o cumprimento de metas, trabalho sob forte pressão, insatisfação com o trabalho ou com a remuneração, postura e equipamentos inadequados, dificuldade de acesso à hidratação e aos sanitários, dentre outros não especificados.	J04.2	Laringotraqueíte Aguda
	J37.1	Laringotraqueíte Crônica
	J38	Doenças das cordas vocais e da laringe não classificadas em outra parte
b) Fatores relacionados ao ambiente de trabalho: pressão sonora acima dos níveis de conforto, acústica desfavorável, mobiliário e recursos materiais inadequados ou insuficientes, desconforto e choque térmico, má qualidade do ar, ventilação inadequada do ambiente, baixa umidade, exposição a produtos químicos irritativos de vias aéreas superiores (solventes, vapores metálicos, gases asfixiantes) e presença de poeira ou fumaça no local de trabalho, dentre outros não especificados.		

	J38.2	Nódulos das cordas vocais
	R49	Distúrbios da Voz

LISTA A - Agentes e/ou Fatores de Risco com respectivas Doenças Relacionadas ao Trabalho (Parte V)		
Agentes e/ou Fatores de Risco Psicossociais no Trabalho	CID10	Doença Relacionada ao Trabalho
Fatores psicossociais relacionados a: ·Gestão organizacional: Deficiências na administração de recursos humanos, que incluem estilo de comando, modalidades de pagamento e contratação [terceirização, trabalho intermitente, MEI, pejotização e uberização], participação, acesso a integração e treinamento, serviços de assistência social, mecanismos de avaliação de desempenho e estratégias para gerenciar mudanças que afetam as pessoas, entre outros. Contexto da organização do trabalho: Deficiência nas formas de comunicação, tecnologia, modalidade de organização do trabalho e demandas qualitativas e quantitativas do trabalho, entre outros.	F10	Transtornos mentais e comportamentais devidos ao uso de álcool
	F11	Transtornos mentais e comportamentais devidos ao uso de opiáceos
·Características das relações sociais no trabalho: Deficiência no clima das relações, coesão e qualidade das interações, inclusive trabalho em equipe, assédio psicológico, entre outros. Conteúdo das tarefas do trabalho: Exigências de carga mental (velocidade, complexidade, atenção, profundidade, variedade e restrição de tempo); o próprio conteúdo da tarefa que é definida através do nível de responsabilidade direta (por bens, pela segurança de outros, por informações confidenciais, pela vida e saúde de outros, por orientação e resultados); demandas emocionais (pelo atendimento ao cliente); especificação de sistemas de controle e definição de funções, entre outros.		

·Condições do ambiente de trabalho: Deficiência em aspectos físicos (temperatura, ruído, iluminação, ventilação, vibração); químicos; biológicos; projeto de trabalho e saneamento, como fatores psicossociais agravantes ou coadjuvantes.		
·Interação pessoa-tarefa: Avaliar a relevância do conhecimento e das habilidades que a pessoa possui em relação às demandas da tarefa, os níveis de iniciativa e autonomia permitidos e de reconhecimento, bem como a identificação da pessoa com a tarefa e com a organização.		
·Jornada de trabalho: Problemas na organização e duração da jornada de trabalho; existência ou ausência de pausas durante o dia, diferente da hora das refeições; trabalho em turno e noturno; tipo e frequência de rotação dos turnos; número e frequência de horas extras mensais e duração e frequência de intervalos semanais; Trabalho intermitente.		
·Violência e Assédio moral/sexual: Violência física ou psicológica relacionada a aspectos do trabalho		
·Discriminação	F12	Transtornos mentais e comportamentais devidos ao uso de canabinoides
	F13	Transtornos mentais e comportamentais devidos ao uso de sedativos e hipnóticos
	F13.2	Transtornos mentais e comportamentais devidos ao uso de sedativos e hipnóticos - síndrome de dependência
	F14	Transtornos mentais e comportamentais devidos ao uso da cocaína
	F15	Transtornos mentais e comportamentais devidos ao uso de outros estimulantes, inclusive a cafeína
	F16	Transtornos mentais e comportamentais devidos ao uso de alucinógenos

F17	Transtornos mentais e comportamentais devidos ao uso de fumo
F18	Transtornos mentais e comportamentais devidos ao uso de solventes voláteis
F19	Transtornos mentais e comportamentais devidos ao uso de múltiplas drogas e ao uso de outras substâncias psicoativas
F22	Transtornos delirantes persistentes
F23	Transtornos psicóticos agudos e transitórios
F32	Episódios Depressivos
F33	Transtorno depressivo recorrente
F41	Transtornos ansiosos, outros
F43	Reações ao "stress" grave e transtornos de adaptação
F43.1	Estado de "Stress" Pós-Traumático
F43.2	Transtornos de adaptação
F45	Transtornos somatoformes
F48.0	Neurastenia
F48.8	Outros transtornos neuróticos especificados
F51.2	Transtorno do Ciclo Vigília-Sono Devido a Fatores Não-Orgânicos
G45.9	Isquemia cerebral transitória não especificada
G47.2	Distúrbios do ciclo vigília-sono
I10	Hipertensão essencial (primária)
I20	Angina Pectoris
I21	Infarto Agudo do Miocárdio
I67.4	Encefalopatia hipertensiva
K27	Úlcera péptica de localização não especificada
M65	Sinovites e Tenossinovites
M65.3	Dedo em Gatilho
M65.4	Tenossinovite estilóide radial [de Quervain]

	M65.8	Sinovites e Tenossinovites, outras
	M65.9	Tenossinovites, não especificadas
	M70	Transtornos dos tecidos moles relacionados com o uso, o uso excessivo e a pressão, de origem ocupacional
	M70.0	Sinovite crepitante crônica da mão e do punho
	M70.1	Bursite da Mão
	M70.2	Bursite do Olécrano
	M70.3	Bursites do Cotovelo, outras
	M70.4	Bursite pré-patelar
	M70.5	Bursites do Joelho, outras
	M70.8	Transtornos dos tecidos moles relacionados com o uso, uso excessivo e pressão; outros
	M70.9	Transtorno não especificado dos tecidos moles relacionados com o uso, uso excessivo e pressão.
	M72.0	Fibromatose de fáscia palmar [Dupuytren]
	M75	Lesões do Ombro
	M75.0	Capsulite Adesiva do Ombro
	M75.1	Síndrome do manguito rotador
	M75.2	Tendinite bicipital
	M75.3	Tendinite Calcificante do Ombro
	M75.5	Bursite do Ombro
	M75.8	Lesões do Ombro, outras
	M75.9	Lesão não especificada do ombro
	M77	Entesopatias, outras
	M77.0	Epicondilite Medial
	M77.1	Epicondilite lateral
	M77.8	Entesopatias não classificadas em outra parte, outras
	M79.8	Transtornos especificados dos tecidos moles, outros
	X60-X84	Lesões autoprovocadas intencionalmente (Suicídio)

	Z73.0	Esgotamento (*Burnout*)
Fatores psicossociais relacionados a: ·Risco de morte e trauma no trabalho: amputações e esmagamentos, queimaduras, choques elétricos de alta tensão, acidentes de trânsito, queda de alturas, explosões, afogamentos e outros; assaltos, assaltos/ataques à integridade física, entre outros	F10	Transtornos mentais e comportamentais devidos ao uso de álcool
	F11	Transtornos mentais e comportamentais devidos ao uso de opiáceos
	F12	Transtornos mentais e comportamentais devidos ao uso de canabinoides
	F13	Transtornos mentais e comportamentais devidos ao uso de sedativos e hipnóticos
	F13.2	Transtornos mentais e comportamentais devidos ao uso de sedativos e hipnóticos - síndrome de dependência
	F14	Transtornos mentais e comportamentais devidos ao uso da cocaína
	F15	Transtornos mentais e comportamentais devidos ao uso de outros estimulantes, inclusive a cafeína
	F16	Transtornos mentais e comportamentais devidos ao uso de alucinógenos
	F17	Transtornos mentais e comportamentais devidos ao uso de fumo
	F18	Transtornos mentais e comportamentais devidos ao uso de solventes voláteis
	F19	Transtornos mentais e comportamentais devidos ao uso de múltiplas drogas e ao uso de outras substâncias psicoativas
	F22	Transtornos delirantes persistentes
	F23	Transtornos psicóticos agudos e transitórios
	F32	Episódios Depressivos

	F33	Transtorno depressivo recorrente
	F41	Transtornos ansiosos, outros
	F43	Reações ao "stress" grave e transtornos de adaptação
	F43.1	Estado de "Stress" Pós-Traumático
	F43.2	Transtornos de adaptação
	F45	Transtornos somatoformes
	F48.0	Neurastenia
	F48.8	Outros transtornos neuróticos especificados
	F51.2	Transtorno do Ciclo Vigília-Sono Devido a Fatores Não-Orgânicos
	G45.9	Isquemia cerebral transitória não especificada
	G47.2	Distúrbios do ciclo vigília-sono
	I10	Hipertensão essencial (primária)
	I20	Angina Pectoris
	I21	Infarto Agudo do Miocárdio
	I67.4	Encefalopatia hipertensiva
	K27	Úlcera péptica de localização não especificada
	X60-X84	Lesões autoprovocadas intencionalmente (Suicídio)
	Z73.0	Esgotamento (*Burnout*)
Fatores psicossociais relacionados à: ·Jornada de trabalho: Problemas na organização e duração da jornada de trabalho; existência ou ausência de pausas durante o dia, diferente da hora das refeições; trabalho em turno e noturno; tipo e frequência de rotação dos turnos; número · e frequência de horas extras mensais e duração e frequência de intervalos semanais; Trabalho intermitente	I46	Parada Cardíaca
	I60	Hemorragia subaracnoide
	I61	Hemorragia intracerebral
	I63	Infarto cerebral

	I64	Acidente vascular cerebral, não especificado como hemorrágico ou isquêmico
Fatores psicossociais relacionados à jornada de trabalho (Trabalho em turnos; Trabalho noturno)	E11	Diabetes mellitus não insulino-dependente
	E66	Obesidade
	E88.8	Distúrbios metabólicos não especificados, outros
Fatores psicossociais relacionados à jornada de trabalho (Trabalho noturno)	C18	Neoplasia maligna do cólon
	C20	Neoplasia maligna do reto
	C50	Neoplasia maligna da mama
	C61	Neoplasia maligna da próstata
Desemprego	F10	Transtornos mentais e comportamentais devidos ao uso de álcool
	F11	Transtornos mentais e comportamentais devidos ao uso de opiáceos
	F12	Transtornos mentais e comportamentais devidos ao uso de canabinoides
	F13	Transtornos mentais e comportamentais devidos ao uso de sedativos e hipnóticos
	F13.2	Transtornos mentais e comportamentais devidos ao uso de sedativos e hipnóticos - síndrome de dependência
	F14	Transtornos mentais e comportamentais devidos ao uso da cocaína
	F15	Transtornos mentais e comportamentais devidos ao uso de outros estimulantes, inclusive a cafeína
	F16	Transtornos mentais e comportamentais devidos ao uso de alucinógenos
	F17	Transtornos mentais e comportamentais devidos ao uso de fumo

	F18	Transtornos mentais e comportamentais devidos ao uso de solventes voláteis
	F19	Transtornos mentais e comportamentais devidos ao uso de múltiplas drogas e ao uso de outras substâncias psicoativas
	F22	Transtornos delirantes persistentes
	F23	Transtornos psicóticos agudos e transitórios
	F32	Episódios Depressivos
	F33	Transtorno depressivo recorrente
	F41	Transtornos ansiosos, outros
	F43	Reações ao "stress" grave e transtornos de adaptação
	F43.2	Transtornos de adaptação
	F45	Transtornos somatoformes
	F48.0	Neurastenia
	F48.8	Outros transtornos neuróticos especificados
	F51.2	Transtorno do Ciclo Vigília-Sono Devido a Fatores Não-Orgânicos
	G45.9	Isquemia cerebral transitória não especificada
	G47.2	Distúrbios do ciclo vigília-sono
	I10	Hipertensão essencial (primária)
	I20	Angina Pectoris
	I21	Infarto Agudo do Miocárdio
	I67.4	Encefalopatia hipertensiva
	K27	Úlcera péptica de localização não especificada
	X60-X84	Lesões autoprovocadas intencionalmente (Suicídio)

LISTA A - Agentes e/ou Fatores de Risco com respectivas Doenças Relacionadas ao Trabalho (Parte VI)		
Agentes e/ou Fatores de Risco Outros	CID10	Doença Relacionada ao Trabalho

Sequela de acidente de trabalho com traumatismo cranioencefálico.	F05.0	Delirium não superposto a uma demência, assim descrito
	F07.1	Síndrome pós-encefalítica
Complicação evolutiva das pneumoconioses graves, principalmente silicose.	I27.9	Cardiopatia pulmonar não especificada
Sequela de acidente de trabalho com trauma ósseo	M93.1	Doença de Kienböck do Adulto
	M93.8	Osteocondropatias, especificadas, outras

LISTA B - Doenças Relacionadas ao Trabalho com respectivos Agentes e/ou Fatores de Risco

Capítulo I - Algumas doenças infecciosas e parasitárias

CID10	Doença Relacionada ao Trabalho	Agentes e/ou Fatores de Risco
A06	Amebíase	·Exposição a *Entamoeba histolytica* em atividades de trabalho.
A15	Tuberculose respiratória, com confirmação bacteriológica e histológica	·Exposição a *Mycobacterium tuberculosis* (Bacilo de Koch) ou *Mycobacterium bovis* em atividades de trabalho.
A16	Tuberculose das vias respiratórias, sem confirmação bacteriológica ou histológica	·Exposição a *Mycobacterium tuberculosis* (Bacilo de Koch) ou *Mycobacterium bovis* em atividades de trabalho.
A17	Tuberculose do sistema nervoso	·Exposição a *Mycobacterium tuberculosis* (Bacilo de Koch) ou *Mycobacterium bovis* em atividades de trabalho.
A18	Tuberculose de outros órgãos	·Exposição a *Mycobacterium tuberculosis* (Bacilo de Koch) ou *Mycobacterium bovis* em atividades de trabalho.
A19	Tuberculose miliar	·Exposição a *Mycobacterium tuberculosis* (Bacilo de Koch) ou *Mycobacterium bovis* em atividades de trabalho.
A21	Tularemia	·Exposição a *Francisella tularensis* em atividades de trabalho.
A22	Carbúnculo	·Exposição a *Bacillus anthracis* em atividades de trabalho.
A23	Brucelose	·Exposição a espécies de *Brucella* em atividades de trabalho.
A24.0	Mormo	·Exposição a *Burkholderia mallei* em atividades de trabalho
A26	Erisipelóide	·Exposição a *Erysipelothrix rhusiopathiae* em atividades de trabalho.

A27	Leptospirose	·Exposição a *Leptospira icterohaemorrhagiae,* e outras espécies *Lesptospira* em atividades de trabalho.
A35	Tétano, outros tipos de	·Exposição a *Clostridium tetani* em atividades de trabalho.
A39	Infecção meningocócica	·Exposição a meningococo em atividades de trabalho.
A40.8	Outras septicemias estreptocócicas	·Exposição a *Streptococcus suis* em atividades de trabalho.
A65	Sífilis não-venérea	·Exposição a *Treponema pallidum* em atividades de trabalho.
A69.2	Doença de Lyme	·Exposição a *Borrelia burgdorferi* em atividades de trabalho.
A70	Infecções causadas por *Clamídia psittaci* (Febre dos papagaios, Ornitose, Psitacose)	·Exposição a *Chlamydia psittaci* ou *Chlamydia pneumoniae* em atividades de trabalho.
A71	Tracoma	·Exposição a *Chlamydia trachomatis* em atividades de trabalho.
A77	Febre maculosa [rickettsioses transmitidas por carrapatos]	·Exposição a *Rickettsia rickettsii,* e outras espécies de *Rickettsia* em atividades de trabalho.
A78	Febre Q	·Exposição a *Coxiella burnetii* em atividades de trabalho.
A79	Outras rickettsioses	·Exposição a *Rickettsia* em atividades de trabalho.
A80	Poliomielite aguda	·Exposição a poliovírus em atividades de trabalho.
A82	Raiva	·Exposição a vírus da raiva em atividades de trabalho.
A90	Dengue [Dengue Clássico]	·Exposição a mosquito (*Aedes aegypti*), transmissor do arbovírus da Dengue em atividades de trabalho.
A92.0	Febre de Chikungunya	·Exposição a mosquito (*Aedes aegypti*), transmissor do arbovírus da Chikungunya (CHIKV) em atividades de trabalho.
A93.8	Febres virais especificadas transmitidas por artrópodes (Febre de Mayaro); Outras	·Exposição a arbovírus da Mayaro (MAYV) em atividades de trabalho.
A95	Febre Amarela	·Exposição a mosquito transmissor do arbovírus da Febre Amarela em atividades de trabalho.

A98	Outras febres hemorrágicas por vírus, não classificadas em outra parte	·Exposição a agentes biológicos do tipo vírus não classificados em outras partes em atividades de trabalho.
B00	Infecções pelo vírus do herpes [herpes simples]	·Exposição a vírus Herpes simples tipo 1 (HVS-1) em atividades de trabalho.
B01	Varicela [Catapora]	·Exposição a vírus varicela zoster (VVC) em atividades de trabalho.
B05	Sarampo	·Exposição a vírus do sarampo em atividades de trabalho.
B06	Rubéola	·Exposição a vírus da rubéola em atividades de trabalho.
B07	Verrugas de origem viral	·Exposição a papilomavírus em atividades de trabalho.
B08.0	Infecções por ortopoxvírus, outras	·Exposição a vírus Orf em atividades de trabalho.
B15	Hepatite aguda A	·Exposição a vírus da hepatite A (HAV) em atividades de trabalho.
B16	Hepatite aguda B	·Exposição a vírus da hepatite B (HBV) em atividades de trabalho.
B17	Hepatites virais agudas, outras	·Exposição a vírus da hepatite C (HCV) e/ou vírus da hepatite E (HEV) em atividades de trabalho.
B18	Hepatite viral crônica	·Exposição a vírus não especificado da hepatite em atividades de trabalho.
B19	Hepatite viral não especificada	·Exposição a vírus não especificado da hepatite em atividades de trabalho.
B20	Doença pelo vírus da imunodeficiência humana [HIV], resultando em doenças infecciosas e parasitárias	·Exposição a Vírus da Imunodeficiência Humana (HIV) em atividades de trabalho.
B21	Doença pelo vírus da imunodeficiência humana [HIV], resultando em neoplasias malignas	·Exposição a Vírus da Imunodeficiência Humana (HIV) em atividades de trabalho.
B22	Doença pelo vírus da imunodeficiência humana [HIV] resultando em outras doenças especificadas	·Exposição a Vírus da Imunodeficiência Humana (HIV) em atividades de trabalho.
B23	Doença pelo vírus da imunodeficiência humana [HIV] resultando em outras doenças	·Exposição a Vírus da Imunodeficiência Humana (HIV) em atividades de trabalho.
B24	Doença pelo vírus da imunodeficiência humana [HIV] não especificada	·Exposição a Vírus da Imunodeficiência Humana (HIV) em atividades de trabalho.

B33.4	Síndrome (cardio-pulmonar) por Hantavírus [SPH] [SCPH]	·Exposição a Hantavírus em atividades de trabalho.
B35	Dermatofitose	·Exposição a fungos do gênero *Epidermophyton, Microsporum* e *Trichophyton* durante atividades de trabalho em temperatura elevada e umidade.
B36	Micoses superficiais, outras	·Exposição a fungos durante atividades de trabalho em temperatura elevada e umidade, exceto aqueles dos gêneros *Epidermophyton, Microsporum* e *Trichophyton.*
B37	Candidíase	·Exposição a *Candida albicans* e outras espécies do mesmo gênero, potencialmente patogênicas em atividades de trabalho, sob condições de umidade e irritação mecânica.
B38	Coccidioidomicose	·Exposição a *Coccidioides immitis* em atividades de trabalho.
B39	Histoplasmose	·Exposição a *Histoplasma capsulatum* em atividades de trabalho.
B41	Paracoccidioidomicose	·Exposição a *Paracoccidioides brasiliensis* em atividades de trabalho.
B42	Esporotricose	·Exposição a *Sporothrix schenkii* em atividades de trabalho.
B44	Aspergilose	·Exposição as espécies de *Aspergillus* em atividades de trabalho
B45	Criptococose	·Exposição a *Cryptococcus neoformans* ou *Filobasidiella neoformans* em atividades de trabalho.
B47	Micetoma	·Exposição a bactérias e fungos causadores de micetoma em atividades de trabalho.
B50	Malária por Plasmodium falciparum	·Exposição a *Plasmodium falciparum* em atividades de trabalho.
B51	Malária por Plasmodium vivax	·Exposição a *Plasmodium vivax* em atividades de trabalho.
B52	Malária por Plasmodium malariae	·Exposição a *Plasmodium malariae* em atividades de trabalho.
B53	Outras formas de malária confirmadas por exames parasitológicos	·Exposição a espécies do *Plasmodium* diferentes da *malariae, vivax* e *falciparum*, ou outros protozoários, em atividades de trabalho.

B54	Malária não especificada	·Exposição a espécie não especificada do gênero *Plasmodium* em atividades de trabalho.
B55	Leishmaniose	·Exposição a *Leishmania braziliensis* em atividades de trabalho.
B55.1	Leishmaniose cutânea	·Exposição a *Leishmania braziliensis* em atividades de trabalho.
B55.2	Leishmaniose cutâneo-mucosa	·Exposição a *Leishmania braziliensis* em atividades de trabalho.
B57	Doença de Chagas	·Exposição a *Trypanosoma cruzi* em atividade de trabalho.
B65	Esquistossomose [bilharziose] [Schistosomíase]	·Exposição a espécies de *Schistosoma* em atividades de trabalho.
B67	Equinococose	·Exposição a espécies de *Ecchinococcus* em atividades de trabalho.
B73	Oncocercose	·Exposição a espécies de *Onchocerca* em atividades de trabalho.
B76	Ancilostomíase	·Exposição a espécies de *Ancylostoma* em atividades de trabalho.
B76.0	Ancilostomose	·Exposição a espécies de *Ancylostoma* em atividades de trabalho.
B83.0	Larva*migrans* visceral	·Exposição a *Toxocara canis*e/ou *Toxocara cati* em atividades de trabalho.
B86	Escabiose [sarna]	·Exposição a *Sarcoptes scabiei* em atividades de trabalho.
U06.9	Doença pelo Zika vírus, não especificada	·Exposição a mosquito (*Aedes aegypti*), transmissor do arbovírus da Zika em atividades de trabalho.
U07.1	Doença causada pelo coronavírus SARS-CoV-2 (COVID-19)	·Exposição a coronavírus SARS-CoV-2 em atividades de trabalho

Capítulo II - Neoplasias (tumores)

CID10	Doença Relacionada ao Trabalho	Agentes e/ou Fatores de Risco
C00	Neoplasia maligna do lábio	·Exposição a radiações não ionizantes (ultravioleta) em atividades de trabalho.
C06	Neoplasia maligna de outras partes e de partes não especificadas da boca	·Exposição a papilomavírus humano tipo 16 e/ou 18 em atividades de trabalho.

C08	Neoplasia maligna de outras glândulas salivares maiores e as não especificadas	·Exposição a radiações ionizantes (raios-X e/ou gama; e/ou iodo radioativo, incluindo iodo-131) em atividades de trabalho.
C09	Neoplasia maligna da amígdala	·Exposição a papilomavírus humano tipo 16 em atividades de trabalho.
C11	Neoplasia maligna da nasofaringe	·Exposição a formaldeído e/ou poeiras de madeira e/ou vírus Epstein-Barr em atividades de trabalho.
C14	Neoplasia maligna de outras localizações e de localizações mal definida, do lábio, cavidade oral e faringe	·Exposição a poeiras de madeira e/ou papilomavírus humano tipo 16 em atividades de trabalho.
C15	Neoplasia maligna do esôfago	·Exposição a percloroetileno e outros agentes usados nos processos de limpeza à seco; e/ou agentes químicos usados no processo de produção da borracha, incluindo processo de vulcanização; e/ou agentes químicos usados na produção e beneficiamento de tecidos, em atividades de trabalho; Exposição a radiações ionizantes (raios-X e/ou gama) em atividades de trabalho.
C16	Neoplasia maligna do estômago	·Exposição a agentes químicos usados no processo de produção da borracha, incluindo processo de vulcanização; e/ou asbesto ou amianto; e/ou compostos inorgânicos do chumbo; e/ou agentes químicos usados na produção e beneficiamento de tecidos, em atividades de trabalho; Exposição a radiações ionizantes (raios-X e/ou gama) em atividades de trabalho.
C18	Neoplasia maligna do cólon	·Exposição a asbesto ou amianto em atividades de trabalho. Exposição a radiações ionizantes (raios-X e/ou gama) em atividades de trabalho. Jornada de trabalho em turno noturno
C20	Neoplasia maligna do reto	·Exposição a asbesto ou amianto em atividades de trabalho. Exposição a radiações ionizantes (raios-X e/ou gama) em atividades de trabalho. Jornada de trabalho em turno noturno

C21	Neoplasia maligna do ânus e do canal anal	·Exposição a papilomavírus humano tipo 16 e/ou 18 e/ou 33 e/ou Vírus da Imunodeficiência Humana (HIV) em atividades de trabalho
C22	Neoplasia maligna do fígado e das vias biliares intra-hepáticas	·Exposição a aflatoxina; e/ou cloreto de vinila; e/ou 1,2-dicloropropano; e/ou arsênio e seus compostos; e/ou agrotóxicos organoclorados (DDT); e/ou tricloroetileno; e/ou diclorometano em atividades de trabalho; Exposição a radiações ionizantes (plutônio e/ou tório-232 e seus produtos de decaimento; e/ou raios-X e/ou gama) em atividades de trabalho; Exposição a vírus da hepatite B (HBV); e/ou vírus da hepatite C (HCV); e/ou vírus da Imunodeficiência Humana (HIV) em atividades de trabalho.
C23	Neoplasia maligna da vesícula biliar	·Exposição a radiações ionizantes (tório-232 e seus produtos de decaimento) em atividades de trabalho.
C25	Neoplasia maligna do pâncreas	·Exposição a radiações ionizantes (tório-232 e seus produtos de decaimento; e/ou raios-X e/ou gama) em atividades de trabalho.
C30.0	Neoplasia maligna da cavidade nasal	·Exposição a agentes químicos usados no processo de produção de álcool isopropílico; e/ou cromo hexavalente e seus compostos; e/ou formaldeído; e/ou níquel e seus compostos; e/ou poeiras da indústria do couro; e/ou poeiras de madeira; e/ou colas e solventes usados nas atividades de carpintaria e marcenaria; e/ou poeiras orgânicas, em atividades de trabalho; Exposição a radiações ionizantes (rádio-226 e/ou rádio-228, e produtos de seu decaimento) em atividades de trabalho.
C31	Neoplasia maligna dos seios da face	· Exposição a agentes químicos usados no processo de produção de álcool isopropílico; e/ou cromo hexavalente e seus compostos; e/ou formaldeído; e/ou níquel e seus compostos; e/ou poeiras da indústria do couro; e/ou poeiras de madeira; e/ou colas e solventes

		usados nas atividades de carpintaria e marcenaria; e/ou poeiras orgânicas da indústria do mobiliário, em atividades de trabalho; Exposição a radiações ionizantes (rádio-226 e rádio-228, e seus produtos do decaimento) em atividades de trabalho.
C32	Neoplasia maligna da laringe	·Exposição a asbesto ou amianto; e/ou névoas ácidas; e/ou agentes químicos usados no processo de produção da borracha, incluindo processo de vulcanização; e/ou gás mostarda, e/ou agentes químicos usados na produção e beneficiamento de tecidos, em atividades de trabalho; Exposição a papilomavírus humano tipo 16 em atividades de trabalho.
C34	Neoplasia maligna dos brônquios e dos pulmões	·Exposição a agentes químicos provenientes da produção de alumínio; e/ou arsênio e seus compostos; e/ou asbesto ou amianto; e/ou berílio e seus compostos; e/ou bis clorometil éter e clorometil metil éter; e/ou cádmio e seus compostos; e/ou cromo hexavalente e seus compostos; e/ou gaseificação de carvão; e/ou alcatrão de carvão; e/ou emissões proveniente dos fornos de coque; e/ou emissões provenientes da exaustão de motores a diesel; e/ou emissões do processo de fundição de ferro e aço; e/ou fármacos antineoplásicos MOPP (mistura de vincristina-prednisona-nitrogênio-mostarda-procarbazina); e/ou níquel e seus compostos; e/ou material particulado e poluição do ar atmosférico; e/ou solventes orgânicos; e/ou agentes químicos usados no processo de produção da borracha, incluindo processo de vulcanização; e/ou poeiras de sílica livre cristalina; e/ou fuligem; e/ou fumos de solda; e/ou gás mostarda; e/ou névoas ácidas; e/ou benzeno; e/ou combustível de biomassa (principalmente madeira); e/ou betume e seus resíduos; e/ou fabricação de eletrodo de carbono; e/ou carboneto de silício; e/ou produção de eletrodo

		de carvão; e/ou combinação de toluenos alfa-clorados e cloreto de benzoila; e/ou diazinona; e/ou agrotóxicos; e/ou pigmentos e solventes usados nos processos de impressão; e/ou 2,3,7,8 tetraclorodibenzo-p-dioxina (TCDD); e/ou agentes químicos usados na produção e beneficiamento de tecidos, em atividades de trabalho; ·Exposição a radiações ionizantes (plutônio; e/ou rádio-222 e os produtos de seu decaimento; e/ou radônio; e/ou raios-X; e/ou gama) em atividades de trabalho
C40	Neoplasia maligna dos ossos e cartilagens articulares dos membros	·Exposição a radiações ionizantes (rádio-224 e/ou rádio-226 e/ou rádio-228, e seus produtos de decaimento; e/ou plutônio; e/ou raios-X e/ou gama; e/ou iodo radioativo, incluindo iodo-131) em atividades de trabalho.
C41	Neoplasia maligna dos ossos e das cartilagens articulares de outras localizações e de localizações não especificadas	·Exposição a radiações ionizantes (rádio-224 e/ou rádio-226 e/ou rádio-228, e seus produtos de decaimento; e/ou plutônio, raios-X e/ou gama; e/ou iodo radioativo, incluindo iodo-131) em atividades de trabalho.
C43	Melanoma maligno da pele	·Exposição a bifenilas policloradas (PCB) em atividades de trabalho; Exposição a radiações não ionizantes (ultravioleta e/ou infravermelha) em atividades de trabalho.
C44	Neoplasia maligna da pele, outras	·Exposição a arsênio e seus compostos; e/ou alcatrão de carvão; e/ou fuligem; e/ou destilação do carvão mineral (hulha); e/ou óleo mineral não tratado; e/ou óleo de xisto; e/ou creosoto; e/ou hidrocarbonetos provenientes do processo de refino de petróleo; e/ou azatioprina; e/ou ciclosporina; e/ou agrotóxicos organofosforados (parationa) em atividades de trabalho; Exposição a radiações não ionizantes (ultravioleta); e/ou radiações ionizantes (raios-X e/ou gama) em atividades de trabalho; Exposição a Vírus da Imunodeficiência Humana (HIV); e/ou papilomavírus humano tipos 5 e/ou 8, em atividades de trabalho.

C45	Mesotelioma	·Exposição a asbesto ou amianto; e/ou erionita; e/ou fluoroedenita em atividades de trabalho; e/ou atividades de pintura.
C46	Sarcoma de Kaposi	·Exposição a herpes simples tipo 1 (HVS-1) e/ou Vírus da Imunodeficiência Humana (HIV) em atividades de trabalho.
C49	Neoplasia maligna do tecido conjuntivo e de outros tecidos moles	·Exposição a 2,3,7,8-tetraclorodibenzo-p-dioxina (TCDD); e/ou policlorofenóis ou seus sais de sódio em atividades de trabalho; Exposição a radiações ionizantes (iodo radioativo, incluindo iodo-131) em atividades de trabalho.
C50	Neoplasia maligna da mama	·Exposição a agrotóxicos organoclorados (dieldrin); e/ou óxido de etileno; e/ou bifenilas policloradas (PCB) em atividades de trabalho; Exposição a radiações ionizantes (raios-X e/ou gama) em atividades de trabalho. Jornada de trabalho em turno noturno
C51	Neoplasia maligna da vulva	·Exposição a papilomavírus humano tipo 18 e/ou 33 e/ou Vírus da Imunodeficiência Humana (HIV) em atividades de trabalho.
C52	Neoplasia maligna da vagina	·Exposição a papilomavírus humano tipo 16 e/ou Vírus da Imunodeficiência Humana (HIV) em atividades de trabalho.
C53	Neoplasia maligna de colo do útero	·Exposição a papilomavírus humano tipo 16 e/ou 18 e/ou 26 e/ou 31 e/ou 33 e/ou 35 e/ou 39 e/ou 45 e/ou 51 e/ou 52 e/ou 53 e/ou 56 e/ou 58 e/ou 59 e/ou 66 e/ou 67 e/ou 68 e/ou 70 e/ou 73 e/ou 82 e/ou Vírus da Imunodeficiência Humana (HIV) em atividades de trabalho.
C56	Neoplasia maligna de ovário	·Exposição a asbesto ou amianto em atividades de trabalho; Exposição a radiações ionizantes (raios-X e/ou gama) em atividades de trabalho.
C60	Neoplasia maligna de pênis	·Exposição a papilomavírus humano tipo 16 e/ou 18; e/ou Vírus da Imunodeficiência Humana (HIV) em atividades de trabalho.

C61	Neoplasia maligna da próstata	·Exposição a arsênio e seus compostos; e/ou cádmio e seus compostos; e/ou agrotóxicos organofosforados (malationa); e/ou agentes químicos usados no processo de produção da borracha, incluindo processo de vulcanização; e/ou agentes químicos usados na produção e beneficiamento de tecidos, em atividades de trabalho; Exposição a radiações ionizantes (raios-X e/ou gama; e/ou tório-232 e seus produtos de decaimento) em atividades de trabalho. Jornada de trabalho em turno noturno
C62	Neoplasia maligna dos testículos	·Exposição a agrotóxicos organoclorados (DDT); e/ou N, N-dimetilformamida; e/ou ácido perfluorooctanoico em atividades de trabalho.
C64	Neoplasia maligna do rim, exceto pelve renal	·Exposição a tricloroetileno; e/ou arsênio e seus compostos; e/ou cádmio e seus compostos; e/ou ácido perfluorooctanoico; e/ou pigmentos e solventes usados nos processos de impressão; e/ou fumos de solda em atividades de trabalho; Exposição a radiações ionizantes (raios-X e/ou gama; e/ou tório-232 e produtos de seu decaimento) em atividades de trabalho.
C65	Neoplasia maligna da pelve renal	·Exposição a ácido aristolóquico em atividades de trabalho.
C66	Neoplasia maligna dos ureteres	·Exposição a ácido aristolóquico em atividades de trabalho.
C67	Neoplasia maligna da bexiga	·Exposição a arsênio e seus compostos; e/ou agentes químicos decorrentes da produção de alumínio; e/ou agentes químicos usados na produção de magenta; e/ou agentes químicos usados na produção de auramina; e/ou solventes orgânicos; e/ou agentes químicos usados no processo de produção da borracha, incluindo processo de vulcanização; e/ou aminas aromáticas (4-aminobifenil; e/ou 2-naftilamina; e/ou 4-cloro-orto-toluidina; e/ou orto-toluidina; e/ou benzidina; e/ou toluidina); e/ou alcatrão de carvão; e/ou percloroetileno e outros agentes usados

		nos processos de limpeza à seco; e/ou emissões provenientes da exaustão de motores a diesel; e/ou formaldeído e outras substâncias químicas usadas em produtos cosméticos para cabelos; e/ou 2-mercaptobenzotiazol; e/ou pigmentos e solventes usados nos processos de impressão; e/ou fuligem; e/ou tetracloroetileno; e/ou ciclofosfamida; e/ou agentes químicos usados na produção e beneficiamento de tecido, em atividades de trabalho;
		·Exposição a radiações ionizantes (raios-X e/ou gama) em atividades de trabalho; Exposição a *Schistosoma haematobium* em atividades de trabalho.
C69	Neoplasia maligna do olho e anexos	·Exposição a radiações não ionizantes (ultravioleta); e/ou Vírus da Imunodeficiência Humana (HIV) em atividades de trabalho.
C71	Neoplasia maligna do encéfalo	·Exposição a radiações ionizantes (raios-X e/ou gama); e/ou radiações não ionizantes (campos eletromagnéticos de radiofrequência - incluindo os provenientes de telefone sem fio) em atividades de trabalho.
C72	Neoplasia maligna da medula espinhal, dos nervos cranianos e de outras partes do sistema nervoso central	·Exposição a radiações ionizantes (raios-X e/ou gama); e/ou radiações não ionizantes (campos eletromagnéticos de radiofrequência - incluindo os provenientes de telefone sem fio) em atividades de trabalho.
C73	Neoplasia maligna da glândula tireoide	·Exposição a radiações ionizantes (raios-X e/ou gama; e/ou iodo radioativo - incluindo iodo-131) em atividades de trabalho.
C82	Linfoma não-Hodgkin, folicular (nodular)	·Exposição a benzeno; e/ou agrotóxicos organoclorados (lindano, pentaclorofenol, DDT) e organofosforados (diazinona, glifosato, malationa); e/ou 1,3-butadieno; e/ou formaldeído; e/ou diclorometano; e/ou cloreto de metileno; e/ou agentes químicos usados no processo de produção da borracha, incluindo processo de vulcanização; e/ou

		óxido de etileno; e/ou solventes orgânicos; e/ou hidrocarbonetos provenientes do processo de refino de petróleo; e/ou bifenilas policloradas (PCB); e/ou policlorofenóis ou seus sais de sódio; e/ou estireno; e/ou tricloroetileno; e/ou 2,3,7,8-tetraclorodibenzo-p-dioxina (TCDD); e/ou fármacos antineoplásicos (azatioprina, bussulfano, clorambucila, ciclofosfamida, ciclosporina, etoposido com cisplatina e bleomicina, biscloroetil nitrosoureia - BCNU, melfalano, mitroxantona, mostarda nitrogenada, MOPP, semustina (metil-CCNU), teniposido, tiotepa, treossulfano); e/ou ácido diclorofenoxiacético (2, 4-D); e/ou agentes químicos usados na produção e beneficiamento de tecidos, em atividades de trabalho;
		·Exposição a radiações ionizantes (produtos de fissão, incluindo estrôncio-90; e/ou fósforo-32; e/ou tório-232 e os produtos de seu decaimento; e/ou raios-X e/ou gama) em atividades de trabalho; Exposição a vírus da hepatite C (HCV); e/ou Vírus da Imunodeficiência Humana (HIV); e/ou vírus da hepatite B (HBV); e/ou vírus linfotrópico de células T humanas tipo 1; e/ou vírus Epstein-Barr; e/ou *Plasmodium falciparum* em atividades de trabalho.
C83	Linfoma não-Hodgkin difuso	·Exposição a benzeno; e/ou agrotóxicos organoclorados (lindano, pentaclorofenol, DDT) e organofosforados (diazinona, glifosato, malationa); e/ou 1,3-butadieno; e/ou formaldeído; e/ou diclorometano; e/ou cloreto de metileno; e/ou agentes químicos usados no processo de produção da borracha, incluindo processo de vulcanização; e/ou óxido de etileno; e/ou solventes orgânicos; e/ou hidrocarbonetos provenientes do processo de refino de petróleo; e/ou bifenilas policloradas (PCB); e/ou policlorofenóis ou seus sais de sódio; e/ou estireno; e/ou tricloroetileno; e/ou 2,3,7,8-tetraclorodibenzo-p-dioxina

		(TCDD); e/ou fármacos antineoplásicos (azatioprina, bussulfano, clorambucila, ciclofosfamida, ciclosporina, etoposido com cisplatina e bleomicina, biscloroetil nitrosoureia - BCNU, melfalano, mitroxantona, mostarda nitrogenada, MOPP, semustina (metil-CCNU), teniposido, tiotepa, treossulfano); e/ou ácido diclorofenoxiacético (2, 4-D); e/ou agentes químicos usados na produção e beneficiamento de tecidos, em atividades de trabalho;
		·Exposição a radiações ionizantes (produtos de fissão, incluindo estrôncio-90; e/ou fósforo-32; e/ou tório-232 e os produtos de seu decaimento; e/ou raios-X e/ou gama) em atividades de trabalho; Exposição a vírus da hepatite C (HCV); e/ou Vírus da Imunodeficiência Humana (HIV); e/ou vírus da hepatite B (HBV); e/ou vírus linfotrópico de células T humanas tipo 1; e/ou vírus Epstein-Barr; e/ou *Plasmodium falciparum* em atividades de trabalho.
C84	Linfomas de células T cutâneas e periféricas	·Exposição a benzeno; e/ou agrotóxicos organoclorados (lindano, pentaclorofenol, DDT) e organofosforados (diazinona, glifosato, malationa); e/ou 1,3-butadieno; e/ou formaldeído; e/ou diclorometano; e/ou cloreto de metileno; e/ou agentes químicos usados no processo de produção da borracha, incluindo processo de vulcanização; e/ou óxido de etileno; e/ou solventes orgânicos; e/ou hidrocarbonetos provenientes do processo de refino de petróleo; e/ou bifenilas policloradas (PCB); e/ou policlorofenóis ou seus sais de sódio; e/ou estireno; e/ou tricloroetileno; e/ou 2,3,7,8-tetraclorodibenzo-p-dioxina (TCDD); e/ou fármacos antineoplásicos (azatioprina, bussulfano, clorambucila, ciclofosfamida, ciclosporina, etoposido com cisplatina e bleomicina, biscloroetil nitrosoureia - BCNU, melfalano, mitroxantona, mostarda nitrogenada, MOPP,

		semustina (metil-CCNU), teniposido, tiotepa, treossulfano); e/ou ácido diclorofenoxiacético (2, 4-D); e/ou agentes químicos usados na produção e beneficiamento de tecidos, em atividades de trabalho;
		·Exposição a radiações ionizantes (produtos de fissão, incluindo estrôncio-90; e/ou fósforo-32; e/ou tório-232 e os produtos de seu decaimento; e/ou raios-X e/ou gama) em atividades de trabalho; Exposição a vírus da hepatite C (HCV); e/ou Vírus da Imunodeficiência Humana (HIV); e/ou vírus da hepatite B (HBV); e/ou vírus linfotrópico de células T humanas tipo 1; e/ou vírus Epstein-Barr; e/*ou Plasmodium falciparum* em atividades de trabalho.
C85	Linfoma não-Hodgkin de outros tipos e de tipo não especificado	·Exposição a benzeno; e/ou agrotóxicos organoclorados (lindano, pentaclorofenol, DDT) e organofosforados (diazinona, glifosato, malations); e/ou 1,3-butadieno; e/ou formaldeído; e/ou diclorometano; e/ou cloreto de metileno; e/ou agentes químicos usados no processo de produção da borracha, incluindo processo de vulcanização; e/ou óxido de etileno; e/ou solventes orgânicos; e/ou hidrocarbonetos provenientes do processo de refino de petróleo; e/ou bifenilas policloradas (PCB); e/ou policlorofenóis ou seus sais de sódio; e/ou estireno; e/ou tricloroetileno; e/ou 2,3,7,8-tetraclorodibenzo-p-dioxina (TCDD); e/ou fármacos antineoplásicos (azatioprina, bussulfano, clorambucila, ciclofosfamida, ciclosporina, etoposido com cisplatina e bleomicina, biscloroetil nitrosoureia - BCNU, melfalano, mitroxantona, mostarda nitrogenada, MOPP, semustina (metil-CCNU), teniposido, tiotepa, treossulfano); e/ou ácido diclorofenoxiacético (2, 4-D); e/ou agentes químicos usados na produção e beneficiamento de tecidos, em atividades de trabalho;

		·Exposição a radiações ionizantes (produtos de fissão, incluindo estrôncio-90; e/ou fósforo-32; e/ou tório-232 e os produtos de seu decaimento; e/ou raios-X e/ou gama) em atividades de trabalho; Exposição a vírus da hepatite C (HCV); e/ou Vírus da Imunodeficiência Humana (HIV); e/ou vírus da hepatite B (HBV); e/ou vírus linfotrópico de células T humanas tipo 1; e/ou *vírus* Epstein-Barr; e/ou *Plasmodium falciparum* em atividades de trabalho.
C91	Leucemia linfoide	·Exposição a benzeno; e/ou agrotóxicos organoclorados (lindano, pentaclorofenol, DDT) e organofosforados (diazinona, glifosato, malationa); e/ou 1,3-butadieno; e/ou formaldeído; e/ou diclorometano; e/ou cloreto de metileno; e/ou agentes químicos usados no processo de produção da borracha, incluindo processo de vulcanização; e/ou óxido de etileno; e/ou solventes orgânicos; e/ou hidrocarbonetos provenientes do processo de refino de petróleo; e/ou bifenilas policloradas (PCB); e/ou policlorofenóis ou seus sais de sódio; e/ou estireno; e/ou tricloroetileno; e/ou 2,3,7,8-tetraclorodibenzo-p-dioxina (TCDD); e/ou fármacos antineoplásicos (azatioprina, bussulfano, clorambucila, ciclofosfamida, ciclosporina, etoposido com cisplatina e bleomicina, biscloroetil nitrosoureia - BCNU, melfalano, mitroxantona, mostarda nitrogenada, MOPP, semustina (metil-CCNU), teniposido, tiotepa, treossulfano); e/ou ácido diclorofenoxiacético (2, 4-D); e/ou agentes químicos usados na produção e beneficiamento de tecidos, em atividades de trabalho
		·Exposição a radiações ionizantes (produtos de fissão, incluindo estrôncio-90; e/ou fósforo-32; e/ou tório-232 e os produtos de seu decaimento; e/ou raios-X e/ou gama) em atividades de trabalho; ·Exposição a vírus da hepatite C (HCV); e/ou vírus da Imunodeficiência Humana (HIV); e/ou vírus da hepatite B (HBV); e/ou vírus linfotrópico de células T humanas tipo 1; e/ou vírus Epstein-Barr; e/*ou Plasmodium falciparum* em atividades de trabalho.

C92	Leucemia mieloide	·Exposição a benzeno; e/ou agrotóxicos organoclorados (lindano, pentaclorofenol, DDT) e organofosforados (diazinona, glifosato, malationa); e/ou 1,3-butadieno; e/ou formaldeído; e/ou diclorometano; e/ou cloreto de metileno; e/ou agentes químicos usados no processo de produção da borracha, incluindo processo de vulcanização; e/ou óxido de etileno; e/ou solventes orgânicos; e/ou hidrocarbonetos provenientes do processo de refino de petróleo; e/ou bifenilas policloradas (PCB); e/ou policlorofenóis ou seus sais de sódio; e/ou estireno; e/ou tricloroetileno; e/ ou 2,3,7,8-tetraclorodibenzo-p-dioxina (TCDD); e/ou fármacos antineoplásicos (azatioprina, bussulfano, clorambucila, ciclofosfamida, ciclosporina, etoposido com cisplatina e bleomicina, biscloroetil nitrosoureia - BCNU, melfalano, mitroxantona, mostarda nitrogenada, MOPP, semustina (metil-CCNU), teniposido, tiotepa, treossulfano); e/ou ácido diclorofenoxiacético (2, 4-D); e/ou agentes químicos usados na produção e beneficiamento de tecidos, em atividades de trabalho;
		·Exposição a radiações ionizantes (produtos de fissão, incluindo estrôncio-90; e/ou fósforo-32; e/ou tório-232 e os produtos de seu decaimento; e/ou raios-X e/ou gama) em atividades de trabalho; ·Exposição a vírus da hepatite C (HCV); e/ou Vírus da Imunodeficiência Humana (HIV); e/ou vírus da hepatite B (HBV); e/ ou vírus linfotrópico de células T humanas tipo 1; e/ou vírus Epstein-Barr; e/ou *Plasmodium falciparum* em atividades de trabalho.
C93	Leucemia monocítica	·Exposição a benzeno; e/ou agrotóxicos organoclorados (lindano, pentaclorofenol, DDT) e organofosforados (diazinona, glifosato, malationa); e/ou 1,3-butadieno; e/ou formaldeído; e/ou diclorometano; e/ou cloreto de metileno; e/ou agentes químicos usados no

		processo de produção da borracha, incluindo processo de vulcanização; e/ou óxido de etileno; e/ou solventes orgânicos; e/ou hidrocarbonetos provenientes do processo de refino de petróleo; e/ou bifenilas policloradas (PCB); e/ou policlorofenóis ou seus sais de sódio; e/ou estireno; e/ou tricloroetileno; e/ou 2,3,7,8-tetraclorodibenzo-p-dioxina (TCDD); e/ou fármacos antineoplásicos (azatioprina, bussulfano, clorambucila, ciclofosfamida, ciclosporina, etoposido com cisplatina e bleomicina, biscloroetil nitrosoureia - BCNU, melfalano, mitroxantona, mostarda nitrogenada, MOPP, semustina (metil-CCNU), teniposido, tiotepa, treossulfano); e/ou ácido diclorofenoxiacético (2, 4-D); e/ou agentes químicos usados na produção e beneficiamento de tecidos, em atividades de trabalho;
		·Exposição a radiações ionizantes (produtos de fissão, incluindo estrôncio-90; e/ou fósforo-32; e/ou tório-232 e os produtos de seu decaimento; e/ou raios-X e/ou gama) em atividades de trabalho; Exposição a vírus da hepatite C (HCV); e/ou Vírus da Imunodeficiência Humana (HIV); e/ou vírus da hepatite B (HBV); e/ou vírus linfotrópico de células T humanas tipo 1; e/ou vírus Epstein-Barr; e/ou *Plasmodium falciparum* em atividades de trabalho.
C94	Leucemias de células de tipo especificado, outras	·Exposição a benzeno; e/ou agrotóxicos organoclorados (lindano, pentaclorofenol, DDT) e organofosforados (diazinona, glifosato, malationa); e/ou 1,3-butadieno; e/ou formaldeído; e/ou diclorometano; e/ou cloreto de metileno; e/ou agentes químicos usados no processo de produção da borracha, incluindo processo de vulcanização; e/ou óxido de etileno; e/ou solventes orgânicos; e/ou hidrocarbonetos provenientes do processo de refino de petróleo; e/ou bifenilas policloradas (PCB); e/ou policlorofenóis ou seus sais de sódio;

		e/ou estireno; e/ou tricloroetileno; e/ou 2,3,7,8-tetraclorodibenzo-p-dioxina (TCDD); e/ou fármacos antineoplásicos (azatioprina, bussulfano, clorambucila, ciclofosfamida, ciclosporina, etoposido com cisplatina e bleomicina, biscloroetil nitrosoureia - BCNU, melfalano, mitroxantona, mostarda nitrogenada, MOPP, semustina (metil-CCNU), teniposido, tiotepa, treossulfano); e/ou ácido diclorofenoxiacético (2, 4-D); e/ou agentes químicos usados na produção e beneficiamento de tecidos, em atividades de trabalho;
C94		·Exposição a radiações ionizantes (produtos de fissão, incluindo estrôncio-90; e/ou fósforo-32; e/ou tório-232 e os produtos de seu decaimento; e/ou raios-X e/ou gama) em atividades de trabalho; Exposição a vírus da hepatite C (HCV); e/ou Vírus da Imunodeficiência Humana (HIV); e/ou vírus da hepatite B (HBV); e/ou vírus linfotrópico de células T humanas tipo 1; e/ou vírus Epstein-Barr; e/ou *Plasmodium falciparum* em atividades de trabalho.
C95	Leucemia de tipo celular não especificado	·Exposição a benzeno; e/ou agrotóxicos organoclorados (lindano, pentaclorofenol, DDT) e organofosforados (diazinona, glifosato, malationa); e/ou 1,3-butadieno; e/ou formaldeído; e/ou diclorometano; e/ou cloreto de metileno; e/ou agentes químicos usados no processo de produção da borracha, incluindo processo de vulcanização; e/ou óxido de etileno; e/ou solventes orgânicos; e/ou hidrocarbonetos provenientes do processo de refino de petróleo; e/ou bifenilas policloradas (PCB); e/ou policlorofenóis ou seus sais de sódio; e/ou estireno; e/ou tricloroetileno; e/ou fármacos antineoplásicos (azatioprina, bussulfano, clorambucila, ciclofosfamida, ciclosporina, etoposido com cisplatina e bleomicina, biscloroetil nitrosoureia - BCNU, melfalano, mitroxantona, mostarda nitrogenada, MOPP,

		semustina (metil-CCNU), teniposido, tiotepa, treossulfano); e/ou ácido diclorofenoxiacético (2, 4-D); e/ou agentes químicos usados na produção e beneficiamento de tecidos, em atividades de trabalho;
		·Exposição a radiações ionizantes (produtos de fissão, incluindo estrôncio-90; e/ou fósforo-32; e/ou tório-232 e os produtos de seu decaimento; e/ou raios-X e/ou gama) em atividades de trabalho; Exposição a vírus da hepatite C (HCV); e/ou Vírus da Imunodeficiência Humana (HIV); e/ou vírus da hepatite B (HBV); e/ou vírus linfotrópico de células T humanas tipo 1; e/ou vírus Epstein-Barr; e/ou *Plasmodium falciparum* em atividades de trabalho.

Capítulo III - Doenças do sangue e dos órgãos hematopoiéticos e alguns transtornos imunitários

CID10	Doença Relacionada ao Trabalho	Agentes e/ou Fatores de Risco
D46	Síndromes Mielodisplásicas	·Exposição a benzeno em atividades de trabalho Exposição a radiações ionizantes em atividades de trabalho.
D55.8	Anemias devidas a transtornos enzimáticos, outras	·Exposição a chumbo e seus compostos tóxicos em atividades de trabalho.
D59	Anemia hemolítica adquirida	·Exposição a derivados nitrados e aminados do benzeno; e/ou arsênio e seus compostos em atividades de trabalho.
D59.2	Anemia hemolítica não-auto-imune induzida por drogas	·Exposição a derivados nitrados e aminados do benzeno em atividades de trabalho.
D59.4	Anemias hemolíticas não-autoimunes, outras	·Exposição a benzeno em atividades de trabalho.
D59.8	Anemias hemolíticas adquiridas, outras	·Exposição a antimônio e seus compostos em atividades de trabalho.
D61.2	Anemia Aplástica devida a outros agentes externos	·Exposição a benzeno em atividades de trabalho; Exposição a radiações ionizantes em atividades de trabalho.

D61.9	Anemia aplástica não especificada	·Exposição a benzeno em atividades de trabalho; Exposição a radiações ionizantes em atividades de trabalho.
D64	Anemias, outras	·Exposição a chumbo e seus compostos em atividades de trabalho.
D69	Púrpura e outras afecções hemorrágicas	·Exposição a benzeno; e/ou cloreto de vinila em atividades de trabalho; Exposição a radiações ionizantes em atividades de trabalho.
D70	Agranulocitose	·Exposição a benzeno; e/ou derivados do fenol, do pentaclorofenol e do hidroxibenzonitrilo em atividades de trabalho; Exposição a radiações ionizantes em atividades de trabalho.
D72.8	Transtornos especificados dos glóbulos brancos, outros	·Exposição a benzeno em atividades de trabalho; Exposição a radiações ionizantes em atividades de trabalho.
D74	Metemoglobinemia	·Exposição a aminas aromáticas e seus derivados; e/ou derivados nitrados e aminados do benzeno em atividades de trabalho.
D74.8	Outras metemoglobinemias	·Exposição a aminas aromáticas e seus derivados em atividades de trabalho.
D89.1	Crioglobulinemia	·Exposição a vírus não especificado da hepatite em atividades de trabalho.

Capítulo IV - Doenças endócrinas nutricionais e metabólicas

CID10	Doença Relacionada ao Trabalho	Agentes e/ou Fatores de Risco
E03	Hipotireoidismo, outros	·Exposição a chumbo e seus compostos tóxicos; e/ou clorobenzeno e seus derivados; e/ou tiouracil; e/ou tiocianatos; e/ou tioureia; e/ou agrotóxicos organoclorados (DDT) em atividades de trabalho.
E04.9	Bócio não-tóxico, não especificado	·Exposição a ácidos orgânicos em atividades de trabalho.
E11	Diabetes mellitus não insulinodependente	·Jornada de trabalho (Trabalho em turnos; Trabalho noturno)

E66	Obesidade	·Jornada de trabalho (Trabalho em turnos; Trabalho noturno)
E80.2	Porfirias, outras	·Exposição a clorobenzeno e seus derivados em atividades de trabalho.
E88.8	Distúrbios metabólicos não especificados, outros	·Jornada de trabalho (Trabalho em turnos; Trabalho noturno)

Capítulo V - Transtornos mentais e comportamentais

CID10	Doença Relacionada ao Trabalho	Agentes e/ou Fatores de Risco
F02.8	Demência em outras doenças específicas classificadas em outros locais	·Exposição a manganês e seus compostos tóxicos; e/ou monóxido de carbono; e/ou sulfeto de hidrogênio; e/ ou outras substâncias asfixiantes; e/ ou dissulfeto de carbono; e/ou metais tóxicos; e/ou mercúrio; e/ou chumbo e seus compostos tóxicos; e/ou arsênio; e/ ou derivados organometálicos (chumbo tetraetila e organoestanho) em atividades de trabalho.
F05.0	Delirium não superposto a uma demência, assim descrito	·Exposição a brometo de metila; e/ou dissulfeto de carbono; e/ou monóxido de carbono; e/ou sulfeto de hidrogênio; e/ou outras substâncias asfixiantes; e/ou metais tóxicos; e/ou manganês e seus compostos tóxicos; e/ou mercúrio; e/ou chumbo e seus compostos tóxicos; e/ou arsênio; e/ou derivados organometálicos (chumbo tetraetila e organoestanho) em atividades de trabalho.
		Sequela de acidente de trabalho com traumatismo cranioencefálico.
F06	Transtornos mentais devidos à lesão e disfunção cerebral e a doença física, outros	·Exposição a tolueno e outros solventes aromáticos neurotóxicos; e/ou chumbo e seus compostos tóxicos; e/ou tricloroetileno; e/ou tetracloroetileno; e/ou tricloroetano e outros solventes orgânicos halogenados neurotóxicos; e/ou brometo de metila; e/ou manganês e seus compostos tóxicos; e/ou mercúrio e seus compostos tóxicos; e/ou dissulfeto de carbono; e/ou solventes orgânicos, em atividades de trabalho.

F06.7	Transtorno Cognitivo Leve	·Exposição a tolueno e outros solventes aromáticos neurotóxicos; e/ou chumbo e seus compostos tóxicos; e/ou tricloroetileno; e/ou tetracloroetileno; e/ou tricloroetano e outros solventes orgânicos halogenados neurotóxicos; e/ou brometo de metila; e/ou manganês e seus compostos tóxicos; e/ou mercúrio e seus compostos tóxicos; e/ou dissulfeto de carbono; e/ou solventes orgânicos, em atividades de trabalho.
F07	Transtornos de personalidade e do comportamento devidos à doença, a lesão e a disfunção cerebral	·Exposição a tolueno e outros solventes aromáticos neurotóxicos; e/ou tricloroetileno; e/ou tetracloroetileno; e/ou tricloroetano e outros solventes orgânicos halogenados neurotóxicos; e/ou brometo de metila; e/ou manganês e seus compostos tóxicos; e/ou mercúrio e seus compostos tóxicos; e/ou dissulfeto de carbono; e/ou solventes orgânicos; e/ou chumbo e seus compostos tóxicos em atividades de trabalho
F07.1	Síndrome pós-encefalítica	·Exposição a mercúrio e seus compostos, em atividades de trabalho. Sequela de acidente de trabalho com traumatismo cranioencefálico.
F09	Transtorno Mental Orgânico ou Sintomático não especificado	·Exposição a tolueno e outros solventes aromáticos neurotóxicos; e/ou tricloroetileno e/ou tetracloroetileno e/ou tricloroetano e/ou outros solventes orgânicos halogenados neurotóxicos; e/ou brometo de metila; e/ou manganês e seus compostos tóxicos; e/ou mercúrio e seus compostos tóxicos; e/ou dissulfeto de carbono; e/ou solventes orgânicos; e/ou chumbo e seus compostos tóxico em atividades de trabalho.
F10	Transtornos mentais e comportamentais devidos ao uso de álcool	·Fatores psicossociais relacionados a: gestão organizacional; e/ou contexto da organização do trabalho; e/ou característica das relações sociais no trabalho; e/ou conteúdo das tarefas do trabalho; e/ou condição do ambiente de trabalho; e/ou interação pessoa-tarefa; e/ou jornada de trabalho; e/ou violência e assédio moral/sexual no trabalho; e/ou discriminação no trabalho e/ou risco de morte e trauma no trabalho; Desemprego

F11	Transtornos mentais e comportamentais devidos ao uso de opiáceos	·Fatores psicossociais relacionados a: gestão organizacional; e/ou contexto da organização do trabalho; e/ou característica das relações sociais no trabalho; e/ou conteúdo das tarefas do trabalho; e/ou condição do ambiente de trabalho; e/ou interação pessoa-tarefa; e/ou jornada de trabalho; e/ou violência e assédio moral/sexual no trabalho; e/ou discriminação no trabalho e/ou risco de morte e trauma no trabalho; Desemprego
F12	Transtornos mentais e comportamentais devidos ao uso de canabinoides	·Fatores psicossociais relacionados a: gestão organizacional; e/ou contexto da organização do trabalho; e/ou característica das relações sociais no trabalho; e/ou conteúdo das tarefas do trabalho; e/ou condição do ambiente de trabalho; e/ou interação pessoa-tarefa; e/ou jornada de trabalho; e/ou violência e assédio moral/sexual no trabalho; e/ou discriminação no trabalho e/ou risco de morte e trauma no trabalho; Desemprego
F13	Transtornos mentais e comportamentais devidos ao uso de sedativos e hipnóticos	·Fatores psicossociais relacionados a: gestão organizacional; e/ou contexto da organização do trabalho; e/ou característica das relações sociais no trabalho; e/ou conteúdo das tarefas do trabalho; e/ou condição do ambiente de trabalho; e/ou interação pessoa-tarefa; e/ou jornada de trabalho; e/ou violência e assédio moral/sexual no trabalho; e/ou discriminação no trabalho e/ou risco de morte e trauma no trabalho; Desemprego
F13.2	Transtornos mentais e comportamentais devidos ao uso de sedativos e hipnóticos - síndrome de dependência	·Exposição a bromo e/ou cloro e/ou iodo em atividades de trabalho; Fatores psicossociais relacionados a: gestão organizacional; e/ou contexto da organização do trabalho; e/ou característica das relações sociais no trabalho; e/ou conteúdo das tarefas do

		trabalho; e/ou condição do ambiente de trabalho; e/ou interação pessoa-tarefa; e/ou jornada de trabalho; e/ou violência e assédio moral/sexual no trabalho; e/ou discriminação no trabalho e/ou risco de morte e trauma no trabalho; Desemprego
F14	Transtornos mentais e comportamentais devidos ao uso da cocaína	·Fatores psicossociais relacionados a: gestão organizacional; e/ou contexto da organização do trabalho; e/ou característica das relações sociais no trabalho; e/ou conteúdo das tarefas do trabalho; e/ou condição do ambiente de trabalho; e/ou interação pessoa-tarefa; e/ou jornada de trabalho; e/ou violência e assédio moral/sexual no trabalho; e/ou discriminação no trabalho e/ou risco de morte e trauma no trabalho; Desemprego
F15	Transtornos mentais e comportamentais devidos ao uso de outros estimulantes, inclusive a cafeína	·Fatores psicossociais relacionados a: gestão organizacional; e/ou contexto da organização do trabalho; e/ou característica das relações sociais no trabalho; e/ou conteúdo das tarefas do trabalho; e/ou condição do ambiente de trabalho; e/ou interação pessoa-tarefa; e/ou jornada de trabalho; e/ou violência e assédio moral/sexual no trabalho; e/ou discriminação no trabalho e/ou risco de morte e trauma no trabalho; Desemprego
F16	Transtornos mentais e comportamentais devidos ao uso de alucinógenos	·Fatores psicossociais relacionados a: gestão organizacional; e/ou contexto da organização do trabalho; e/ou característica das relações sociais no trabalho; e/ou conteúdo das tarefas do trabalho; e/ou condição do ambiente de trabalho; e/ou interação pessoa-tarefa; e/ou jornada de trabalho; e/ou violência e assédio moral/sexual no trabalho; e/ou discriminação no trabalho e/ou risco de morte e trauma no trabalho; Desemprego.

F17	Transtornos mentais e comportamentais devidos ao uso de fumo	·Fatores psicossociais relacionados a: gestão organizacional; e/ou contexto da organização do trabalho; e/ou característica das relações sociais no trabalho; e/ou conteúdo das tarefas do trabalho; e/ou condição do ambiente de trabalho; e/ou interação pessoa-tarefa; e/ou jornada de trabalho; e/ou violência e assédio moral/sexual no trabalho; e/ou discriminação no trabalho e/ou risco de morte e trauma no trabalho; Desemprego
F18	Transtornos mentais e comportamentais devidos ao uso de solventes voláteis	·Exposição a álcoois e derivados; e/ou ésteres orgânicos; e/ou éter de petróleo (benzina) em atividades de trabalho; Fatores psicossociais relacionados a: gestão organizacional; e/ou contexto da organização do trabalho; e/ou característica das relações sociais no trabalho; e/ou conteúdo das tarefas do trabalho; e/ou condição do ambiente de trabalho; e/ou interação pessoa-tarefa; e/ou jornada de trabalho; e/ou violência e assédio moral/sexual no trabalho; e/ou discriminação no trabalho e/ou risco de morte e trauma no trabalho; Desemprego
F19	Transtornos mentais e comportamentais devidos ao uso de múltiplas drogas e ao uso de outras substâncias psicoativas	·Fatores psicossociais relacionados a: gestão organizacional; e/ou contexto da organização do trabalho; e/ou característica das relações sociais no trabalho; e/ou conteúdo das tarefas do trabalho; e/ou condição do ambiente de trabalho; e/ou interação pessoa-tarefa; e/ou jornada de trabalho; e/ou violência e assédio moral/sexual no trabalho; e/ou discriminação no trabalho e/ou risco de morte e trauma no trabalho; Desemprego
F22	Transtornos delirantes persistentes	·Fatores psicossociais relacionados a: gestão organizacional; e/ou contexto da organização do trabalho; e/ou característica das relações sociais no trabalho; e/ou conteúdo das tarefas do

		trabalho; e/ou condição do ambiente de trabalho; e/ou interação pessoa-tarefa; e/ou jornada de trabalho; e/ou violência e assédio moral/sexual no trabalho; e/ou discriminação no trabalho e/ou risco de morte e trauma no trabalho; Desemprego
F23	Transtornos psicóticos agudos e transitórios	·Fatores psicossociais relacionados a: gestão organizacional; e/ou contexto da organização do trabalho; e/ou característica das relações sociais no trabalho; e/ou conteúdo das tarefas do trabalho; e/ou condição do ambiente de trabalho; e/ou interação pessoa-tarefa; e/ou jornada de trabalho; e/ou violência e assédio moral/sexual no trabalho; e/ou discriminação no trabalho e/ou risco de morte e trauma no trabalho; Desemprego
F32	Episódios Depressivos	·Exposição a tolueno e outros solventes aromáticos neurotóxicos; e/ou chumbo e seus compostos tóxicos; e/ou tricloroetileno e/ou tetracloroetileno e/ou tricloroetano e/ou outros solventes orgânicos halogenados neurotóxicos; e/ou brometo de metila; e/ou manganês e seus compostos tóxicos; e/ou mercúrio e seus compostos tóxicos; e/ou dissulfeto de carbono; e/ou outros solventes orgânicos; e/ou agrotóxicos, em atividades de trabalho.
		·Fatores psicossociais relacionados a: gestão organizacional; e/ou contexto da organização do trabalho; e/ou característica das relações sociais no trabalho; e/ou conteúdo das tarefas do trabalho; e/ou condição do ambiente de trabalho; e/ou interação pessoa-tarefa; e/ou jornada de trabalho; e/ou violência e assédio moral/sexual no trabalho; e/ou discriminação no trabalho e/ou risco de morte e trauma no trabalho; Desemprego

F33	Transtorno depressivo recorrente	·Exposição a tolueno e outros solventes aromáticos neurotóxicos; e/ou chumbo e seus compostos tóxicos; e/ou tricloroetileno e/ou tetracloroetileno e/ou tricloroetano e/ou outros solventes orgânicos halogenados neurotóxicos; e/ou brometo de metila; e/ou manganês e seus compostos tóxicos; e/ou mercúrio e seus compostos tóxicos; e/ou dissulfeto de carbono; e/ou outros solventes orgânicos; e/ou agrotóxicos, em atividades de trabalho.
		·Fatores psicossociais relacionados a: gestão organizacional; e/ou contexto da organização do trabalho; e/ou característica das relações sociais no trabalho; e/ou conteúdo das tarefas do trabalho; e/ou condição do ambiente de trabalho; e/ou interação pessoa-tarefa; e/ou jornada de trabalho; e/ou violência e assédio moral/sexual no trabalho; e/ou discriminação no trabalho e/ou risco de morte e trauma no trabalho; Desemprego
F41	Transtornos ansiosos, outros	·Fatores psicossociais relacionados a: gestão organizacional; e/ou contexto da organização do trabalho; e/ou característica das relações sociais no trabalho; e/ou conteúdo das tarefas do trabalho; e/ou condição do ambiente de trabalho; e/ou interação pessoa-tarefa; e/ou jornada de trabalho; e/ou violência e assédio moral/sexual no trabalho; e/ou discriminação no trabalho e/ou risco de morte e trauma no trabalho; Desemprego
F43	Reações ao "stress" grave e transtornos de adaptação	·Fatores psicossociais relacionados a: gestão organizacional; e/ou contexto da organização do trabalho; e/ou característica das relações sociais no trabalho; e/ou conteúdo das tarefas do trabalho; e/ou condição do ambiente de trabalho; e/ou interação pessoa-tarefa; e/ou jornada de trabalho; e/ou

		violência e assédio moral/sexual no trabalho; e/ou discriminação no trabalho e/ou risco de morte e trauma no trabalho; Desemprego
F43.1	Estado de *"Stress"* Pós-Traumático	·Fatores psicossociais relacionados a: gestão organizacional; e/ou contexto da organização do trabalho; e/ou característica das relações sociais no trabalho; e/ou conteúdo das tarefas do trabalho; e/ou condição do ambiente de trabalho; e/ou interação pessoa-tarefa; e/ou jornada de trabalho; e/ou violência e assédio moral/sexual no trabalho; e/ou discriminação no trabalho e/ou risco de morte e trauma no trabalho;
F43.2	Transtornos de adaptação	·Fatores psicossociais relacionados a: gestão organizacional; e/ou contexto da organização do trabalho; e/ou característica das relações sociais no trabalho; e/ou conteúdo das tarefas do trabalho; e/ou condição do ambiente de trabalho; e/ou interação pessoa-tarefa; e/ou jornada de trabalho; e/ou violência e assédio moral/sexual no trabalho; e/ou discriminação no trabalho e/ou risco de morte e trauma no trabalho; Desemprego
F45	Transtornos somatoformes	·Fatores psicossociais relacionados a: gestão organizacional; e/ou contexto da organização do trabalho; e/ou característica das relações sociais no trabalho; e/ou conteúdo das tarefas do trabalho; e/ou condição do ambiente de trabalho; e/ou interação pessoa-tarefa; e/ou jornada de trabalho; e/ou violência e assédio moral/sexual no trabalho; e/ou discriminação no trabalho e/ou risco de morte e trauma no trabalho; Desemprego

F48.0	Neurastenia	·Exposição a tolueno e outros solventes aromáticos neurotóxicos; e/ou tricloroetileno; e/ou tetracloroetileno; e/ou tricloroetano e outros solventes orgânicos halogenados neurotóxicos; e/ou brometo de metila; e/ou manganês e seus compostos tóxicos; e/ou mercúrio e seus compostos tóxicos; e/ou dissulfeto de carbono; e/ou solventes orgânicos; e/ou chumbo e seus compostos tóxicos, em atividades de trabalho.
		· Fatores psicossociais relacionados a: gestão organizacional; e/ou contexto da organização do trabalho; e/ou característica das relações sociais no trabalho; e/ou conteúdo das tarefas do trabalho; e/ou condição do ambiente de trabalho; e/ou interação pessoa-tarefa; e/ou jornada de trabalho; e/ou violência e assédio moral/sexual no trabalho; e/ou discriminação no trabalho e/ou risco de morte e trauma no trabalho; Desemprego
F48.8	Outros transtornos neuróticos especificados	·Fatores psicossociais relacionados a: gestão organizacional; e/ou contexto da organização do trabalho; e/ou característica das relações sociais no trabalho; e/ou conteúdo das tarefas do trabalho; e/ou condição do ambiente de trabalho; e/ou interação pessoa-tarefa; e/ou jornada de trabalho; e/ou violência e assédio moral/sexual no trabalho; e/ou discriminação no trabalho e/ou risco de morte e trauma no trabalho; Desemprego
F51.2	Transtorno do Ciclo Vigília-Sono Devido a Fatores Não-Orgânicos	·Fatores psicossociais relacionados a: gestão organizacional; e/ou contexto da organização do trabalho; e/ou característica das relações sociais no trabalho; e/ou conteúdo das tarefas do trabalho; e/ou condição do ambiente de trabalho; e/ou interação pessoa-tarefa; e/ou jornada de trabalho; e/ou violência e assédio moral/sexual no trabalho; e/ou discriminação no trabalho e/ou risco de morte e trauma no trabalho; Desemprego

X60 - X84	Lesões autoprovocadas intencionalmente (Suicídio)	·Fatores psicossociais relacionados a: gestão organizacional; e/ou contexto da organização do trabalho; e/ou característica das relações sociais no trabalho; e/ou conteúdo das tarefas do trabalho; e/ou condição do ambiente de trabalho; e/ou interação pessoa-tarefa; e/ou jornada de trabalho; e/ou violência e assédio moral/sexual no trabalho; e/ou discriminação no trabalho e/ou risco de morte e trauma no trabalho; Desemprego
Z73.0	Esgotamento (*Burnout*)	·Fatores psicossociais relacionados a: gestão organizacional; e/ou contexto da organização do trabalho; e/ou característica das relações sociais no trabalho; e/ou conteúdo das tarefas do trabalho; e/ou condição do ambiente de trabalho; e/ou interação pessoa-tarefa; e/ou jornada de trabalho; e/ou violência e assédio moral/sexual no trabalho; e/ou discriminação no trabalho e/ou risco de morte e trauma no trabalho;

Capítulo VI - Doenças do sistema nervoso

CID10	Doença Relacionada ao Trabalho	Agentes e/ou Fatores de Risco
G00.2	Meningite estreptocócica	·Exposição a *Streptococcus suis* em atividades de trabalho.
G01	Meningite em doenças bacterianas classificadas em outra parte	·Exposição a *Neisseria meningitidis* em atividades de trabalho.
G11.1	Ataxia cerebelar de início precoce	·Exposição a mercúrio e seus compostos tóxicos; e/ou agrotóxicos organofosforados em atividades de trabalho.
G21.2	Parkinsonismo Secundário devido a outros agentes externos	·Exposição a manganês e seus compostos tóxicos; e/ou agrotóxicos em atividades de trabalho.
G25.2	Formas especificadas de tremor, outras	·Exposição a brometo de metila; e/ou tetracloroetano; e/ou mercúrio e seus compostos tóxicos; e/ou outros solventes orgânicos; e/ou agrotóxicos neurotóxicos em atividades de trabalho.

G25.9	Doenças extrapiramidais e transtornos dos movimentos, não especificados	·Exposição a mercúrio e seus compostos tóxicos; e/ou diclorometano; e/ou cloreto de metileno; e/ou solventes halogenados, em atividades de trabalho.
G40.1	Epilepsia e síndromes epilépticas sintomáticas definidas por sua localização (focal) (parcial) com crises parciais simples	·Exposição a ácido cianídrico; e/ou cianetos; e/ou nitrila (acrilonitrila, e outros) em atividades de trabalho.
G44.1	Cefaleia vascular, não classificada em outra parte	·Exposição a ésteres do ácido nítrico em atividades de trabalho.
G45.9	Isquemia cerebral transitória não especificada	·Fatores psicossociais relacionados a: gestão organizacional; e/ou contexto da organização do trabalho; e/ou característica das relações sociais no trabalho; e/ou conteúdo das tarefas do trabalho; e/ou condição do ambiente de trabalho;
		·e/ou interação pessoa-tarefa; e/ou jornada de trabalho; e/ou violência e assédio moral/sexual no trabalho; e/ou discriminação no trabalho e/ou risco de morte e trauma no trabalho; Desemprego.
G47.2	Distúrbios do ciclo vigília-sono	·Fatores psicossociais relacionados a: gestão organizacional; e/ou contexto da organização do trabalho; e/ou característica das relações sociais no trabalho; e/ou conteúdo das tarefas do trabalho; e/ou condição do ambiente de trabalho; e/ou interação pessoa-tarefa; e/ou jornada de trabalho; e/ou violência e assédio
		·moral/sexual no trabalho; e/ou discriminação no trabalho e/ou risco de morte e trauma no trabalho; Desemprego.
G50	Transtornos do nervo trigêmeo	·Exposição a tricloroetileno e outros solventes halogenados neurotóxicos em atividades de trabalho.
G52.0	Transtornos do nervo olfatório	·Exposição a cádmio ou seus compostos; e/ou sulfeto de hidrogênio em atividades de trabalho.

G53	Transtornos dos nervos cranianos em doenças classificadas em outra parte	·Exposição a mercúrio e seus compostos; e/ou hidrocarbonetos clorados em atividades de trabalho.
G54.0	Transtornos do plexo braquial	·Biomecânica do trabalho com: movimentos articulares repetitivos; e/ou posições forçadas.
G56	Mononeuropatias dos membros superiores	·Biomecânica do trabalho com: movimentos articulares repetitivos; e/ou posições forçadas.
G56.0	Síndrome do túnel do carpo	·Biomecânica do trabalho com: movimentos articulares repetitivos; e/ou posições forçadas.
G56.1	Outras lesões do nervo mediano	·Biomecânica do trabalho com: movimentos articulares repetitivos; e/ou posições forçadas.
G56.2	Lesões do nervo cubital [ulnar]	·Biomecânica do trabalho com: movimentos articulares repetitivos; e/ou posições forçadas.
G56.3	Lesão do nervo radial	·Biomecânica do trabalho com: movimentos articulares repetitivos; e/ou posições forçadas.
G56.8	Outras mononeuropatias dos membros superiores	·Biomecânica do trabalho com: movimentos articulares repetitivos; e/ou posições forçadas.
G57.3	Lesão do nervo poplíteo lateral	·Biomecânica do trabalho com: movimentos articulares repetitivos; e/ou posições forçadas.
G62.2	Polineuropatia devida a outros agentes tóxicos	·Exposição a arsênio e seus compostos; e/ou chumbo e seus compostos tóxicos; e/ou fósforo; e/ou sulfeto de carbono; e/ou n-hexano; e/ou metil-n-butil cetona (MBK); e/ou acrilamida; e/ou álcoois; e/ou cetonas; e/ou agrotóxicos; e/ou
		·derivados halogenados dos hidrocarbonetos alifáticos; e/ou ésteres orgânicos; e/ou mercúrio e seus compostos; e/ou tálio e seus compostos; e/ou óxido de etileno em atividades de trabalho.
G62.8	Polineuropatias especificadas, outras	·Exposição a radiações ionizantes em atividades de trabalho.

G92	Encefalopatia tóxica	·Exposição a arsênio e seus compostos; e/ou chumbo e seus compostos tóxicos; e/ou derivados halogenados de hidrocarbonetos alifáticos e/ou aromáticos; e/ou mercúrio e seus derivados tóxicos; e/ou cetonas; e/ou solventes orgânicos; e/ou gases anestésicos; e/ou monóxido de carbono; e/ou sulfeto de hidrogênio; e/ou
		·cianetos; e/ou derivados organometálicos (metil-mercúrio, chumbo tetraetila, estanho orgânico); e/ou sulfato de tálio; e/ou tálio em atividades de trabalho.

Capítulo VII - Doenças do olho e anexos

CID10	Doença Relacionada ao Trabalho	Agentes e/ou Fatores de Risco
H01.0	Blefarite	·Exposição a arsênio e seus compostos; e/ou poeira de cimento em atividades de trabalho. Exposição a radiações ionizantes em atividades de trabalho.
H01.1	Dermatoses não infecciosas da pálpebra	·Exposição a poeiras, gases e vapores de diferentes origens em atividades de trabalho.
H10	Conjuntivite	·Exposição a arsênio e seus compostos; e/ou berílio e seus compostos tóxicos; e/ou flúor ou seus compostos tóxicos; e/ou iodo; e/ou cloreto de etila; e/ou tetracloreto de carbono; e/ou solventes halogenados; e/ou ácido sulfídrico (sulfeto de hidrogênio); e/ou acrilatos; e/ou poeira de cimento; e/ou enzimas de origem animal, vegetal ou bacteriana; e/ou furfural e álcool furfurílico; e/ou isocianatos orgânicos; e/ou selênio e seus compostos em atividades de trabalho. Exposição a radiações ionizantes; e/ou radiações não ionizantes (ultravioleta) em atividades de trabalho.
H11.0	Pterígio	·Exposição a radiação não ionizante (ultravioleta e/ou infravermelha) em atividades de trabalho.
H11.1	Degenerações e depósitos de conjuntiva	·Exposição a sais de prata em atividades de trabalho.

H16	Ceratite	·Exposição a arsênio e seus compostos; e/ou ácido sulfídrico (sulfeto de hidrogênio) em atividades de trabalho. Exposição a radiações ionizantes; e/ou radiações não ionizantes (ultravioleta e/ou infravermelha) em atividades de trabalho.
H16.2	Ceratoconjuntivite	·Exposição a radiação não ionizante (ultravioleta e/ou infravermelha) em atividades de trabalho.
H26	Cataratas, outras	·Exposição a radiação não ionizante (ultravioleta e/ou infravermelha e/ou micro-ondas) em atividades de trabalho.
H28	Catarata e outros transtornos do cristalino em doenças classificadas em outra parte	·Exposição a radiações ionizantes; e/ou radiações não ionizantes (ultravioleta e/ou infravermelha) em atividades de trabalho.
H30	Inflamação Coriorretiniana	·Exposição a manganês e seus compostos tóxicos; e/ou hidrocarbonetos aromáticos (naftalina, benzeno) em atividades de trabalho.
H46	Neurite Óptica	·Exposição a brometo de metila; e/ou diclorometano; e/ou cloreto de metileno; e/ou solventes clorados neurotóxicos; e/ou tetracloreto de carbono; e/ou dissulfeto de carbono; e/ou metanol; e/ou álcoois e derivados; e/ou chumbo e seus compostos; e/ou tricloroetileno; e/ou mercúrio e seus compostos em atividades de trabalho.
H49.0	Paralisia do terceiro par [oculomotor]	·Exposição a dissulfeto de carbono; e/ou chumbo e seus compostos em atividades de trabalho.
H52.5	Transtornos da acomodação	·Exposição a dissulfeto de carbono em atividades de trabalho.
H55	Nistagmo e outros movimentos irregulares do olho	·Exposição a glicóis e derivados em atividades de trabalho. Ambiente de trabalho com iluminação ausente ou deficiente.

Capítulo VIII - Doenças do ouvido e da apófise mastoide

CID10	Doença Relacionada ao Trabalho	Agentes e/ou Fatores de Risco
H65.9	Otite média não-supurativa, não especificada	·Variação de pressão ambiental no trabalho.

H72	Perfuração da membrana do tímpano	·Variação de pressão ambiental no trabalho.
H83.0	Labirintite	·Exposição a brometo de metila, em atividades de trabalho. Variação de pressão ambiental no trabalho.
H83.3	Efeitos do ruído sobre o ouvido interno	·Exposição a níveis de pressão sonora elevados no trabalho.
H91.0	Perda de audição ototóxica	·Exposição a xileno; e/ou tolueno e outros solventes aromáticos neurotóxicos; e/ou solventes orgânicos; e/ou monóxido de carbono; e/ou arsênio e seus compostos; e/ou chumbo e seus compostos tóxicos; e/ou mercúrio e seus compostos tóxicos; e/ou dissulfeto de carbono; e/ou tricloroetileno, e/ou agrotóxicos, em atividades do trabalho.
H93.8	Transtornos especificados do ouvido, outros	·Exposição a brometo de metila em atividades de trabalho. Variação de pressão ambiental no trabalho.
T70.0	Otite Barotraumática	·Variação de pressão ambiental no trabalho.
T70.1	Sinusite Barotraumática	·Variação de pressão ambiental no trabalho.
T70.3	Mal dos caixões [doença de descompressão]	·Variação de pressão ambiental no trabalho.

Capítulo IX - Doenças do aparelho circulatório

CID10	Doença Relacionada ao Trabalho	Agentes e/ou fatores de Risco
I10	Hipertensão essencial (primária)	·Exposição a chumbo e seus compostos tóxicos em atividades de trabalho. Exposição a níveis de pressão sonora elevados no trabalho. Fatores psicossociais relacionados a: gestão organizacional; e/ou contexto da organização do trabalho; e/ou característica das relações sociais no
		·trabalho; e/ou conteúdo das tarefas do trabalho; e/ou condição do ambiente de trabalho; e/ou interação pessoa-tarefa; e/ou jornada de trabalho; e/ou violência e assédio moral/sexual no trabalho; e/ou discriminação no trabalho e/ ou risco de morte e trauma no trabalho; Desemprego.

I20	Angina Pectoris	·Exposição a monóxido de carbono; e/ou dissulfeto de carbono; e/ou nitroglicerina e outros ésteres do ácido nítrico em atividades de trabalho. Fatores psicossociais relacionados a: gestão organizacional; e/ou contexto da organização do trabalho; e/ou característica das relações sociais no trabalho; e/ou conteúdo das tarefas do trabalho; e/ou condição do ambiente de trabalho; e/ou interação pessoa-tarefa; e/ou jornada de trabalho; e/ou violência e assédio moral/sexual no trabalho; e/ou discriminação no trabalho e/ou risco de morte e trauma no trabalho; Desemprego
I21	Infarto Agudo do Miocárdio	·Exposição a monóxido de carbono; e/ou dissulfeto de carbono; e/ou nitroglicerina e outros ésteres do ácido nítrico em atividades de trabalho. Fatores psicossociais relacionados a: gestão organizacional; e/ou contexto da organização do trabalho; e/ou característica das relações sociais no trabalho; e/ou conteúdo das tarefas do trabalho; e/ou condição do ambiente de trabalho; e/ou interação pessoa-tarefa; e/ou jornada de trabalho; e/ou violência e assédio moral/sexual no trabalho; e/ou discriminação no trabalho e/ou risco de morte e trauma no trabalho; Desemprego
I25.1	Doença Ateroesclerótica do Coração	·Exposição a dissulfeto de carbono em atividades de trabalho.
I27.9	Cardiopatia pulmonar não especificada	·Complicação evolutiva das pneumoconioses graves, principalmente silicose.
I34.8	Transtornos não-reumáticos da valva mitral, outros	·Exposição a asbesto ou amianto em atividades de trabalho.
I46	Parada Cardíaca	·Exposição a derivados halogenados dos hidrocarbonetos alifáticos; e/ou monóxido de carbono em atividades de trabalho. Fatores psicossociais relacionados à jornada de trabalho.

I49	Arritmias cardíacas, outras	·Exposição a arsênio e seus compostos; e/ou chumbo e seus compostos tóxicos; e/ou derivados halogenados dos hidrocarbonetos alifáticos; e/ou mercúrio e seus compostos tóxicos; e/ou monóxido de carbono; e/ou agrotóxicos organofosforados e carbamatos; e/ou cobalto; e/ou nitroglicerina e outros ésteres do ácido nítrico em atividades de trabalho.
I60	Hemorragia subaracnoide	·Fatores psicossociais relacionados à jornada de trabalho.
I61	Hemorragia intracerebral	·Fatores psicossociais relacionados à jornada de trabalho.
I63	Infarto cerebral	·Fatores psicossociais relacionados à jornada de trabalho.
I64	Acidente vascular cerebral, não especificado como hemorrágico ou isquêmico	·Fatores psicossociais relacionados à jornada de trabalho.
I67.2	Aterosclerose cerebral	·Exposição a dissulfeto de carbono em atividades de trabalho.
I67.4	Encefalopatia hipertensiva	·Fatores psicossociais relacionados a: gestão organizacional; e/ou contexto da organização do trabalho; e/ou característica das relações sociais no trabalho; e/ou conteúdo das tarefas do trabalho; e/ou condição do ambiente de trabalho; e/ou interação pessoa-tarefa; e/ou jornada de trabalho; e/ou violência e assédio moral/sexual no trabalho; e/ou discriminação no trabalho e/ou risco de morte e trauma no trabalho; Desemprego.
I70	Ateroesclerose	·Exposição a dissulfeto de carbono em atividades de trabalho.
I73.0	Síndrome de Raynaud	·Exposição a cloreto de vinila em atividades de trabalho. Exposição a vibração e/ou trabalho em baixas temperaturas.
I73.8	Doenças vasculares periféricas especificadas, outras	·Exposição a cloreto de vinila em atividades de trabalho. Exposição a vibração e/ou trabalho em baixas temperaturas.

I83	Varizes dos membros inferiores	·Biomecânica do trabalho com: ortostatismo prolongado; e/ou aplicação de força e/ou manipulação manual de carga.

Capítulo X - Doenças do aparelho respiratório

CID10	Doença Relacionada ao Trabalho	Agentes e/ou Fatores de Risco
J02.9	Faringite aguda não especificada	·Exposição a bromo; e/ou iodo; e/ou agentes químicos cáusticos e/ou tóxicos, em atividades de trabalho.
J04.2	Laringotraqueíte Aguda	·Exposição a bromo; e/ou iodo; e/ou agentes químicos cáusticos e/ou tóxicos, em atividades de trabalho. Trabalho com sobrecarga vocal associada e/ou agravada por: a) Fatores psicossociais relacionados à característica e à organização do trabalho: jornada de trabalho prolongada, sobrecarga, acúmulo de atividades ou de funções, ausência de pausas e de locais de descanso durante a jornada, falta de autonomia, ritmo de trabalho acelerado para o cumprimento de metas, trabalho sob forte pressão, insatisfação com o trabalho ou com a remuneração, postura e equipamentos inadequados, dificuldade de acesso à hidratação e aos sanitários, dentre outros não especificados.
		b) Fatores relacionados ao ambiente de trabalho: pressão sonora acima dos níveis de conforto, acústica desfavorável, mobiliário e recursos materiais inadequados ou insuficientes, desconforto e choque térmico, má qualidade do ar, ventilação inadequada do ambiente, baixa umidade, exposição a produtos químicos irritativos de vias aéreas superiores (solventes, vapores metálicos, gases asfixiantes) e presença de poeira ou fumaça no local de trabalho, dentre outros não especificados.
J11	Influenza [gripe] devida a vírus não identificado	·Exposição ao vírus influenza em atividades de trabalho.

J11.1	Influenza [gripe] com outras manifestações respiratórias, devida a vírus não identificado	·Exposição ao vírus influenza em atividades de trabalho.
J30.3	Rinites Alérgicas, outras	·Exposição a carbonetos metálicos de tungstênio sintetizados; e/ou cromo e seus compostos tóxicos; e/ou poeiras de algodão e/ou linho e/ou cânhamo e/ou sisal; e/ou acrilatos; e/ou aldeído fórmico e seus polímeros; e/ou aminas aromáticas e seus derivados; e/ou anidrido ftálico; e/ou azodicarbonamida; e/ou carbonetos de metais duros, como cobalto e titânio; e/ou enzimas de origem animal, vegetal ou bacteriana; e/ou ·agentes imunoalérgicos de origem animal e vegetal; e/ou furfural e álcool furfurílico; e/ou isocianatos orgânicos; e/ou níquel e seus compostos; e/ou pentóxido de vanádio; e/ou cloreto de vinila; e/ou produtos da pirólise de plásticos e teflon; e/ou sulfitos, bissulfitos e persulfatos; e/ou medicamentos como macrolídeos, ranitidina, penicilina e seus sais, e cefalosporinas; e/ou proteínas animais em aerossóis; e/ou outras substâncias de origem vegetal (cereais, farinhas, serragem, etc.); e/ou outras substâncias químicas sensibilizantes da pele e das vias respiratórias em atividades de trabalho.
J31.0	Rinite Crônica	·Exposição a carbonetos metálicos de tungstênio sintetizados; e/ou cromo e seus compostos tóxicos; e/ou acrilatos; e/ou aldeído fórmico e seus polímeros; e/ou aminas aromáticas e seus derivados; e/ou anidrido ftálico; e/ou azodicarbonamida; e/ou carbonetos de metais duros, como cobalto e titânio; e/ou enzimas de origem animal, vegetal ou bacteriana; e/ou furfural e álcool furfurílico; e/ou isocianatos orgânicos; e/ou níquel e seus compostos; e/ou pentóxido de vanádio; e/ou cloreto de vinila; e/ou produtos da pirólise de plásticos e teflon; e/ou sulfitos, bissulfitos e persulfatos; e/ou medicamentos como macrolídeos, ranitidina, penicilina e seus

		sais, e cefalosporinas e/ou outras substâncias químicas sensibilizantes da pele e das vias respiratórias; e/ou arsênio e seus compostos; e/ou cloro gasoso; e/ou cromo e seus compostos tóxicos; e/ou flúor; e/ou gás de fluoreto de hidrogênio; e/ou amônia; e/ou anidrido sulfuroso; e/ou poeira de cimento; e/ou fenol e homólogos; e/ou névoas ácidas; e/ou selênio e seus compostos em atividades de trabalho.
J31.2	Faringite Crônica	·Exposição a carbonetos metálicos de tungstênio sintetizados; e/ou cromo e seus compostos tóxicos; e/ou acrilatos; e/ou aldeído fórmico e seus polímeros; e/ou aminas aromáticas e seus derivados; e/ou anidrido ftálico; e/ou azodicarbonamida; e/ou carbonetos de metais duros, como cobalto e titânio; e/ou enzimas de origem animal, vegetal ou bacteriana; e/ou furfural e álcool furfurílico; e/ou isocianatos orgânicos; e/ou níquel e seus compostos; e/ou pentóxido de vanádio; e/ou cloreto de vinila; e/ou produtos da pirólise de plásticos e teflon; e/ou sulfitos, ·bissulfitos e persulfatos; e/ou medicamentos como macrolídeos, ranitidina, penicilina e seus sais, e cefalosporinas e/ou outras substâncias químicas sensibilizantes da pele e das vias respiratórias; e/ou arsênio e seus compostos; e/ou cloro gasoso; e/ou flúor; e/ou gás de fluoreto de hidrogênio; e/ou amônia; e/ou anidrido sulfuroso; e/ou poeira de cimento; e/ou fenol e homólogos; e/ou névoas ácidas; e/ou selênio e seus compostos em atividades de trabalho.
J32	Sinusite Crônica	·Exposição a bromo; e/ou iodo; e/ou névoas ácidas em atividades de trabalho.
J34.0	Abscesso, furúnculo e antraz do nariz	·Exposição a arsênio e seus compostos; e/ou cádmio ou seus compostos; e/ou cromo e seus compostos tóxicos; e/ou soluções e aerossóis de ácido cianídrico e seus derivados em atividades de trabalho.

J34.8	Transtornos especificados do nariz e dos seios paranasais, outros [Perfuração do septo nasal]	·Exposição a arsênio e seus compostos; e/ou cromo e seus compostos tóxicos em atividades de trabalho.
J37.1	Laringotraqueíte Crônica	·Exposição a bromo; e/ou iodo; e/ou agentes químicos cáusticos e/ou tóxicos, em atividades de trabalho. Trabalho com sobrecarga vocal associada e/ou agravada por: a) Fatores psicossociais relacionados à característica e à organização do trabalho: jornada de trabalho prolongada, sobrecarga, acúmulo de atividades ou de funções, ausência de pausas e de locais de descanso durante a jornada, falta de autonomia, ritmo de trabalho acelerado para o cumprimento de metas, trabalho sob forte pressão, insatisfação com o trabalho ou com a remuneração, postura e equipamentos inadequados, dificuldade de acesso à hidratação e aos sanitários, dentre outros não especificados. b) Fatores relacionados ao ambiente de trabalho: pressão sonora acima dos níveis de conforto, acústica desfavorável, mobiliário e recursos materiais inadequados ou insuficientes, desconforto e choque térmico, má qualidade do ar, ventilação inadequada do ambiente, baixa umidade, exposição a produtos químicos irritativos de vias aéreas superiores (solventes, vapores metálicos, gases asfixiantes) e presença de poeira ou fumaça no local de trabalho, dentre outros não especificados.
J38	Doenças das cordas vocais e da laringe não classificadas em outra parte	·Trabalho com sobrecarga vocal associada e/ou agravada por: a) Fatores psicossociais relacionados à característica e à organização do trabalho: jornada de trabalho prolongada, sobrecarga, acúmulo de atividades ou de funções, ausência de pausas e de locais de descanso durante a jornada, falta de autonomia, ritmo de trabalho acelerado para o cumprimento de metas, trabalho sob forte pressão, insatisfação com o trabalho ou com a remuneração, postura e equipamentos inadequados, dificuldade de acesso à hidratação e aos sanitários, dentre outros não especificados.

		b) Fatores relacionados ao ambiente de trabalho: pressão sonora acima dos níveis de conforto, acústica desfavorável, mobiliário e recursos materiais inadequados ou insuficientes, desconforto e choque térmico, má qualidade do ar, ventilação inadequada do ambiente, baixa umidade, exposição a produtos químicos irritativos de vias aéreas superiores (solventes, vapores metálicos, gases asfixiantes) e presença de poeira ou fumaça no local de trabalho, dentre outros não especificados.
J38.2	Nódulos das cordas vocais	·Trabalho com sobrecarga vocal associada e/ou agravada por: a) Fatores psicossociais relacionados à característica e à organização do trabalho: jornada de trabalho prolongada, sobrecarga, acúmulo de atividades ou de funções, ausência de pausas e de locais de descanso durante a jornada, falta de autonomia, ritmo de trabalho acelerado para o cumprimento de metas, trabalho sob forte pressão, insatisfação com o trabalho ou com a remuneração, postura e equipamentos inadequados, dificuldade de acesso à hidratação e aos sanitários, dentre outros não especificados.
		b) Fatores relacionados ao ambiente de trabalho: pressão sonora acima dos níveis de conforto, acústica desfavorável, mobiliário e recursos materiais inadequados ou insuficientes, desconforto e choque térmico, má qualidade do ar, ventilação inadequada do ambiente, baixa umidade, exposição a produtos químicos irritativos de vias aéreas superiores (solventes, vapores metálicos, gases asfixiantes) e presença de poeira ou fumaça no local de trabalho, dentre outros não especificados.

J40	Bronquite não especificada como aguda ou crônica	·Exposição a ácido sulfúrico; e/ou zinco e seus compostos; e/ou selênio e seus compostos; e/ou dióxido de enxofre; e/ou cádmio e seus compostos; e/ou poeira de cimento; e/ou poeira de calcário e/ou gesso e/ou cal; e/ou fumos de solda; e/ou ácidos orgânicos; e/ou ácido cianídrico; e/ou cianetos e/ou nitrila; e/ou álcoois e derivados; e/ou aldeído fórmico e seus polímeros; e/ou amidos, anidridos e derivados; e/ou antimônio e seus compostos; e/ou berílio e seus compostos; e/ou bromo; e/ou cloro; e/ou iodo; e/ou butadieno; e/ou cetonas; e/ou cloreto de carbono ou fósforo; e/ou compostos inorgânicos do nitrogênio; e/ou compostos inorgânicos do fósforo; e/ou derivados halogenados·e/ou nítricos dos hidrocarbonetos alifáticos; e/ou dicloroacetileno e/ou diisocianatos; e/ou ésteres orgânicos e derivados; e/ou éter de petróleo (benzina); e/ou fenol e homólogos; e/ou fibras artificiais e minerais; e/ou flúor ou seus compostos tóxicos; e/ou glicóis e derivados; e/ou sulfeto de hidrogênio; e/ou ósmio e seus derivados; e/ou ozônio, ozoneto e peróxidos; e/ou estireno; e/ou terpenos, vanádio e seus compostos; e/ou xileno em atividades de trabalho.
J42	Bronquite crônica não especificada	·Exposição a arsênio e seus compostos; e/ou amônia; e/ou álcoois em atividades de trabalho.
J44	Doenças pulmonares obstrutivas crônicas, outras	·Exposição a cloro gasoso; e/ou poeiras de sílica livre cristalina; e/ou poeiras de algodão e/ou linho e/ou cânhamo e/ou sisal; e/ou amônia; e/ou anidrido sulfuroso; e/ou névoas ácidas; e/ou poeiras de carvão mineral; e/ou poeiras minerais em atividades de trabalho.
J45	Asma	·Exposição a carbonetos metálicos de tungstênio sintetizados; e/ou cromo e seus compostos tóxicos; e/ou poeiras de algodão e/ou linho e/ou cânhamo e/ou sisal; e/ou acrilatos; e/ou aldeído fórmico e seus polímeros; e/ou aminas

		aromáticas e seus derivados; e/ou anidrido ftálico; e/ou azodicarbonamida; e/ou carbonetos de metais duros (cobalto e titânio); e/ou enzimas de origem animal, vegetal ou bacteriana; e/ ou furfural e álcool furfurílico; e/ou isocianatos orgânicos; e/ou níquel e seus compostos; e/ou pentóxido de vanádio; e/ou cloreto de vinila; e/ou produtos ·da pirólise de plásticos e teflon; e/ou sulfitos, bissulfitos e persulfatos; e/ou medicamentos: macrolídeos, ranitidina, penicilina e seus sais, ·cefalosporinas; e/ ou proteínas animais em aerossóis; e/ ou outras substâncias de origem vegetal (cereais, farinhas, serragem, etc.); e/ ou outras substâncias químicas sensibilizantes da pele e das vias respiratórias; e/ou formaldeído; e/ou resina epóxi; e/ ou látex; e/ou alcaloide; e/ou éter dietílico diclorado em atividades de trabalho.
J60	Pneumoconiose dos mineiros de carvão	·Exposição a poeiras de carvão mineral; e/ou poeiras de sílica livre cristalina em atividades de trabalho.
J61	Pneumoconiose devida a amianto [asbesto] e outras fibras minerais	·Exposição a asbesto ou amianto em atividades de trabalho.
J62.0	Pneumoconiose devida a pó de talco	·Exposição a poeira de talco em atividades de trabalho.
J62.8	Pneumoconiose devida a outras poeiras que contenham sílica	·Exposição a poeiras de sílica livre cristalina em atividades de trabalho.
J63	Pneumoconiose devida a outras poeiras inorgânicas	·Exposição a poeiras de metais duros em atividades de trabalho.
J63.0	Aluminose (do pulmão)	·Exposição a poeira de alumínio em atividades de trabalho.
J63.2	Beriliose	·Exposição a poeiras de berílio e seus compostos tóxicos em atividades de trabalho.
J63.4	Siderose	·Exposição a poeira de ferro em atividades de trabalho.
J63.5	Estanhose	·Exposição a poeira de estanho em atividades de trabalho.

J63.8	Pneumoconiose devida a outras poeiras inorgânicas especificadas	·Exposição a poeiras de carbonetos metálicos de tungstênio sintetizados; e/ou de carbonetos de metais duros; e/ou de rocha fosfática, de alumina, de zircônio em atividades de trabalho.
J65	Pneumoconiose associada com tuberculose	·Exposição a poeiras de sílica livre cristalina; e/ou poeiras não especificadas, em atividades de trabalho.
J66	Doenças das vias aéreas devida a poeiras orgânicas específicas	·Exposição a poeiras de algodão e/ou linho e/ou cânhamo e/ou sisal em atividades de trabalho.
J66.0	Bissinose	·Exposição a poeira de algodão em atividades de trabalho.
J66.1	Doença dos cardadores de linho	·Exposição a poeira de linho em atividades de trabalho.
J66.2	Canabinose	·Exposição a poeira de cânhamo em atividades de trabalho.
J66.8	Doenças das vias aéreas devida a outras poeiras orgânicas específicas	·Exposição a poeira de sisal, entre outras, em atividades de trabalho.
J67	Pneumonite de hipersensibilidade devida a poeiras orgânicas	·Exposição a poeiras contendo micro-organismos e parasitas infecciosos vivos e seus produtos tóxicos; e/ou outras poeiras orgânicas em atividades de trabalho.
J67.0	Pulmão de fazendeiro	·Exposição a poeiras contendo micro-organismos e parasitas infecciosos vivos e seus produtos tóxicos; e/ou poeiras orgânicas em atividades de trabalho.
J67.1	Bagaçose	·Exposição a poeira da cana-de-açúcar em atividades de trabalho.
J67.2	Pulmão dos Criadores de Pássaros	·Exposição a poeiras contendo micro-organismos e parasitas infecciosos vivos e seus produtos tóxicos; e/ou outras poeiras orgânicas em atividades de trabalho.
J67.3	Suberose	·Exposição a poeira de cortiça em atividades de trabalho.
J67.4	Pulmão dos trabalhadores do malte	·Exposição a poeiras contendo micro-organismos e parasitas infecciosos vivos e seus produtos tóxicos; e/ou outras poeiras orgânicas em atividades de trabalho.

J67.5	Pulmão dos que trabalham com cogumelos	·Exposição a poeiras contendo micro-organismos e parasitas infecciosos vivos e seus produtos tóxicos; e/ou outras poeiras orgânicas em atividades de trabalho.
J67.7	Doença pulmonar devida aos sistemas de ar condicionado e de umidificação do ar	·Exposição a poeiras contendo micro-organismos e parasitas infecciosos vivos e seus produtos tóxicos; e/ou outras poeiras orgânicas em atividades de trabalho.
J67.8	Pneumonites de Hipersensibilidade Devidas a Outras Poeiras Orgânicas	·Exposição a poeiras contendo micro-organismos e parasitas infecciosos vivos e seus produtos tóxicos; e/ou outras poeiras orgânicas em atividades de trabalho.
J67.9	Pneumonite de hipersensibilidade devida a poeira orgânica não especificada	·Exposição a poeiras contendo micro-organismos e parasitas infecciosos vivos e seus produtos tóxicos; e/ou outras poeiras orgânicas em atividades de trabalho.
J68.0	Bronquite e pneumonite devida a produtos químicos, gases, fumaças e vapores	·Exposição a berílio e seus compostos tóxicos; e/ou bromo; e/ou cádmio ou seus compostos; e/ou cloro gasoso; e/ou flúor ou seus compostos tóxicos; e/ou solventes; e/ou iodo; e/ou manganês e seus compostos tóxicos; e/ou cianeto de hidrogênio; e/ou névoas de óleos de corte em atividades de trabalho.
J68.1	Edema pulmonar devido a produtos químicos, gases, fumaças e vapores	·Exposição a berílio e seus compostos tóxicos; e/ou bromo; e/ou cádmio ou seus compostos; e/ou cloro gasoso; e/ou flúor ou seus compostos tóxicos; e/ou solventes halogenados; e/ou iodo; e/ou manganês e seus compostos tóxicos; e/ou cianeto de hidrogênio; e/ou agrotóxicos (carbamatos, dipiridilos, fosfetos metálicos, halocarbonetos, organofosforados, piretroides) em atividades de trabalho.
J68.3	Afecções respiratórias agudas e subagudas devidas a produtos químicos, gases, fumaças e vapores; outras	·Exposição a bromo; e/ou cádmio ou seus compostos; e/ou cloro gasoso; e/ou solventes halogenados; e/ou iodo; e/ou cianeto de hidrogênio; e/ou amônia; e/ou ácido sulfúrico em atividades de trabalho.

J68.4	Afecções respiratórias crônicas devidas a produtos químicos, gases, fumaças e vapores	·Exposição a arsênio e seus compostos; e/ou berílio e seus compostos; e/ou bromo; e/ou cádmio ou seus compostos; e/ou cloro gasoso; e/ou flúor ou seus compostos tóxicos; e/ou solventes halogenados; e/ou iodo; e/ou manganês e seus compostos tóxicos; e/ou cianeto de hidrogênio; e/ou ácido sulfídrico (sulfeto de hidrogênio); e/ou carbonetos de metais duros; e/ou amônia; e/ou anidrido sulfuroso; e/ou névoas ácidas; e/ou acrilatos; e/ou selênio e seus compostos em atividades de trabalho.
J70.0	Manifestações pulmonares agudas devidas à radiação	·Exposição a radiações ionizantes em atividades de trabalho.
J70.1	Manifestações pulmonares crônicas e outras, devidas a radiação	·Exposição a radiações ionizantes em atividades de trabalho.
J84	Doenças pulmonares intersticiais, outras	·Exposição a cobalto em atividades de trabalho.
J90	Derrame pleural não classificado em outra parte	·Exposição a asbesto ou amianto em atividades de trabalho.
J92	Placas pleurais	·Exposição a asbesto ou amianto em atividades de trabalho.
J98.2	Enfisema intersticial	·Exposição a cádmio ou seus compostos em atividades de trabalho.
J99.1	Transtornos respiratórios em outras doenças sistêmicas do tecido conjuntivo classificadas em outra parte [Síndrome de Caplan]	·Exposição a poeiras de carvão mineral; e/ou poeiras de sílica livre cristalina em atividades de trabalho.
R49	Distúrbios da Voz	·Trabalho com sobrecarga vocal associada e/ou agravada por: a) Fatores psicossociais relacionados à característica e à organização do trabalho: jornada de trabalho prolongada, sobrecarga, acúmulo de atividades ou de funções, ausência de pausas e de locais de descanso durante a jornada, falta de autonomia, ritmo de trabalho acelerado para o cumprimento de metas, trabalho sob forte pressão, insatisfação com o trabalho ou com a remuneração, postura e equipamentos inadequados, dificuldade de acesso à hidratação e aos sanitários, dentre outros não especificados.

		b) Fatores relacionados ao ambiente de trabalho: pressão sonora acima dos níveis de conforto, acústica desfavorável, mobiliário e recursos materiais inadequados ou insuficientes, desconforto e choque térmico, má qualidade do ar, ventilação inadequada do ambiente, baixa umidade, exposição a produtos químicos irritativos de vias aéreas superiores (solventes, vapores metálicos, gases asfixiantes) e presença de poeira ou fumaça no local de trabalho, dentre outros não especificados.

Capítulo XI - Doenças do aparelho digestivo

CID10	Doença Relacionada ao Trabalho	Agentes e/ou Fatores de Risco
K03.2	Erosão Dentária	·Exposição a névoas de fluoretos ou seus compostos tóxicos; e/ou névoas ácidas; e/ou ácido sulfúrico em atividades de trabalho.
K03.7	Alterações pós-eruptivas da cor dos tecidos duros dos dentes	·Exposição a névoas de cádmio ou seus compostos; e/ou cobre; e/ou níquel; e/ou prata em atividades de trabalho.
K05.1	Gengivite Crônica	·Exposição a mercúrio e seus compostos tóxicos em atividades de trabalho.
K07.6	Transtornos da articulação temporomandibular	·Biomecânica do trabalho com movimentos articulares repetitivos
K12.1	Estomatite, outras formas de	·Exposição a arsênio e seus compostos; e/ou bromo; e/ou mercúrio e seus compostos tóxicos em atividades de trabalho.
K27	Úlcera péptica de localização não especificada	·Fatores psicossociais relacionados a: gestão organizacional; e/ou contexto da organização do trabalho; e/ou característica das relações sociais no trabalho; e/ou conteúdo das tarefas do trabalho; e/ou condição do ambiente de trabalho; e/ou interação pessoa-tarefa; e/ou jornada de trabalho; e/ou violência e assédio moral/sexual no trabalho; e/ou discriminação no trabalho e/ou risco de morte e trauma no trabalho; Desemprego
K40	Hérnia inguinal	·Biomecânica do trabalho com manipulação manual de carga.

K41	Hérnia femoral	·Biomecânica do trabalho com manipulação manual de carga.
K42	Hérnia umbilical	·Biomecânica do trabalho com manipulação manual de carga.
K43	Hérnia ventral	·Biomecânica do trabalho com manipulação manual de carga.
K44	Hérnia diafragmática	·Biomecânica do trabalho com manipulação manual de carga.
K45	Outras hérnias abdominais	·Biomecânica do trabalho com manipulação manual de carga.
K46	Hérnia abdominal não especificada	·Biomecânica do trabalho com manipulação manual de carga.
K52	Gastroenterites e colites não-infecciosas, outras	·Exposição a arsênio e seus compostos; e/ou cádmio ou seus compostos em atividades de trabalho; Exposição a radiações ionizantes em atividades de trabalho.
K59.8	Transtornos funcionais especificados do intestino, outros	·Exposição a chumbo e seus compostos tóxicos em atividades de trabalho.
K71	Doença hepática tóxica	·Exposição a arsênio e seus compostos; e/ou cloreto de vinila; e/ou clorobenzeno; e/ou tetracloreto de carbono; e/ou clorofórmio; e/ou solventes halogenados; e/ou hexaclorobenzeno (HCB); e/ou bifenilas policloradas (PCB); e/ou 2,3,7,8-tetraclorodibenzo-p-dioxina (TCDD); e/ou fósforo e seus compostos; e/ou derivados halogenados dos hidrocarbonetos alifáticos em atividades de trabalho.
K71.1	Doença hepática tóxica com necrose hepática	·Exposição a arsênio e seus compostos; e/ou cloreto de vinila; e/ou clorobenzeno; e/ou tetracloreto de carbono; e/ou clorofórmio; e/ou solventes halogenados; e/ou hexaclorobenzeno (HCB); e/ou bifenilas policloradas (PCB); e/ou 2,3,7,8-tetraclorodibenzo-p-dioxina (TCDD); e/ou fósforo e seus compostos; e/ou derivados halogenados dos hidrocarbonetos alifáticos em atividades de trabalho.

K71.2	Doença hepática tóxica com hepatite aguda	·Exposição a arsênio e seus compostos; e/ou cloreto de vinila; e/ou clorobenzeno; e/ou tetracloreto de carbono; e/ou clorofórmio; e/ou solventes halogenados; e/ou hexaclorobenzeno (HCB); e/ou bifenilas policloradas (PCB); e/ou 2,3,7,8-tetraclorodibenzo-p-dioxina (TCDD); e/ou fósforo e seus compostos; e/ou derivados halogenados dos hidrocarbonetos alifáticos em atividades de trabalho.
K71.3	Doença hepática tóxica com hepatite crônica persistente	·Exposição a arsênio e seus compostos; e/ou cloreto de vinila; e/ou clorobenzeno; e/ou tetracloreto de carbono; e/ou clorofórmio; e/ou solventes halogenados; e/ou hexaclorobenzeno (HCB); e/ou bifenilas policloradas (PCB); e/ou 2,3,7,8-tetraclorodibenzo-p-dioxina (TCDD); e/ou fósforo e seus compostos; e/ou derivados halogenados dos hidrocarbonetos alifáticos em atividades de trabalho.
K71.6	Doença hepática tóxica com hepatite não classificada em outra parte	·Exposição a arsênio e seus compostos; e/ou cloreto de vinila; e/ou clorobenzeno; e/ou tetracloreto de carbono; e/ou clorofórmio; e/ou solventes halogenados; e/ou hexaclorobenzeno (HCB); e/ou bifenilas policloradas (PCB); e/ou 2,3,7,8-tetraclorodibenzo-p-dioxina (TCDD); e/ou fósforo e seus compostos; e/ou derivados halogenados dos hidrocarbonetos alifáticos em atividades de trabalho.
K71.8	Doença hepática tóxica com outros transtornos do fígado	·Exposição a arsênio e seus compostos; e/ou cloreto de vinila; e/ou clorobenzeno; e/ou tetracloreto de carbono; e/ou clorofórmio; e/ou solventes halogenados; e/ou hexaclorobenzeno (HCB); e/ou bifenilas policloradas (PCB); e/ou 2,3,7,8-tetraclorodibenzo-p-dioxina (TCDD); e/ou fósforo e seus compostos; e/ou derivados halogenados dos hidrocarbonetos alifáticos em atividades de trabalho.
K76.6	Hipertensão Portal	·Exposição a arsênio e seus compostos; e/ou cloreto de vinila; e/ou tório em atividades de trabalho.

Capítulo XII - Doenças da pele e do tecido subcutâneo

CID10	Doença Relacionada ao Trabalho	Agentes e/ou Fatores de Risco
L08.9	Infecção localizada da pele e do tecido subcutâneo, não especificada	·Exposição a cromo e seus compostos tóxicos; e/ou derivados tóxicos de hidrocarbonetos alifáticos e/ou aromáticos; e/ou micro-organismos e parasitas infecciosos vivos e seus produtos tóxicos; e/ou agentes químicos e/ou físicos e/ou biológicos que afetem a pele em atividades de trabalho.
L23.0	Dermatite Alérgica de Contato devida a Metais	·Exposição a cromo e seus compostos tóxicos; e/ou mercúrio e seus compostos tóxicos; e/ou níquel e seus compostos em atividades de trabalho.
L23.1	Dermatite Alérgica de Contato devida a Adesivos	·Exposição a adesivos em atividades de trabalho.
L23.2	Dermatite Alérgica de Contato devida a Cosméticos (fabricação/manipulação)	·Exposição a cosméticos em sua manipulação/fabricação em atividades de trabalho.
L23.3	Dermatite Alérgica de Contato devida a Drogas em contato com a pele	·Exposição a drogas em atividades de trabalho.
L23.4	Dermatite Alérgica de Contato devida a corantes	·Exposição a corantes em atividades de trabalho.
L23.5	Dermatite alérgica de contato devida a outros produtos químicos	·Exposição a cromo e seus compostos tóxicos; e/ou fósforo ou seus produtos tóxicos; e/ou iodo; e/ou alcatrão; e/ou breu e/ou betume e/ou carvão mineral e/ou resíduos dessas substâncias; e/ou borracha; e/ou agrotóxicos; e/ou plásticos em atividades de trabalho.
L23.6	Dermatite Alérgica de Contato devida a Alimentos em contato com a pele	·Exposição a alimentos em sua fabricação/manipulação em atividades de trabalho.
L23.7	Dermatite alérgica de contato devido a plantas, exceto alimentos	·Manipulação de plantas em atividades de trabalho.
L24.0	Dermatite de Contato por Irritantes devida a Detergentes	·Exposição a detergentes em atividades de trabalho.
L24.1	Dermatite de Contato por Irritantes devida a Óleos e Gorduras	·Exposição a óleos e gorduras; e/ou hidrocarbonetos policíclicos aromáticos em atividades de trabalho.

L24.2	Dermatite de Contato por Irritantes devida a Solventes	·Exposição a benzeno; e/ou derivados halogenados dos hidrocarbonetos aromáticos e/ou alifáticos; e/ou cetonas em atividades de trabalho.
L24.3	Dermatite de Contato por Irritantes devida a Cosméticos	·Exposição a cosméticos em atividades de trabalho.
L24.4	Dermatite de Contato por Irritantes devida a Drogas em contato com a pele	·Exposição a drogas em atividades de trabalho.
L24.5	Dermatite de Contato por Irritantes devida a outros produtos químicos	·Exposição a arsênio e seus compostos; e/ou berílio e seus compostos tóxicos; e/ou bromo; e/ou cromo e seus compostos tóxicos; e/ou flúor ou seus compostos tóxicos; e/ou fósforo em atividades de trabalho.
L24.6	Dermatite de Contato por Irritantes devida a Alimentos em contato com a pele	·Exposição a alimentos em atividades de trabalho.
L24.7	Dermatite de contato por irritantes devido a plantas, exceto alimentos	·Exposição a plantas em atividades de trabalho.
L25.9	Dermatite de contato não especificada, de causa não especificada	·Exposição a agrotóxicos (organoclorados, organofosforados e carbamatos) em atividades de trabalho.
L50.0	Urticária Alérgica	·Exposição a agrotóxicos em atividades de trabalho.
L50.2	Urticária devida a frio e a calor	·Exposição a temperaturas extremas (altas ou baixas) em atividades de trabalho.
L50.6	Urticária de Contato	·Exposição a agentes químicos e/ou físicos e/ou biológicos que afetem a pele em atividades de trabalho.
L55	Queimadura Solar	·Exposição a radiações não ionizantes (ultravioleta e/ou infravermelha) em atividades de trabalho.
L56	Alterações Agudas da Pele devidas a Radiação Ultravioleta, outras	·Exposição a radiação não ionizante (ultravioleta) em atividades de trabalho.
L56.2	Dermatite por Fotocontato (Dermatite de Berloque)	·Exposição a radiação não ionizante (ultravioleta) em atividades de trabalho.
L56.3	Urticária Solar	·Exposição a radiação não ionizante (ultravioleta e/ou infravermelha) em atividades de trabalho.

L57.0	Ceratose Actínica	·Exposição a radiações não ionizantes (ultravioleta e/ou infravermelha) em atividades de trabalho.
L57.8	Alterações da pele devidas a exposição crônica à radiação não-ionizante, outras	·Exposição a radiações não ionizantes em atividades de trabalho.
L58	Radiodermatite	·Exposição a radiações ionizantes em atividades de trabalho.
L58.0	Radiodermatite Aguda	·Exposição a radiações ionizantes em atividades de trabalho.
L58.1	Radiodermatite Crônica	·Exposição a radiações ionizantes em atividades de trabalho.
L58.9	Radiodermatite, não especificada	·Exposição a radiações ionizantes em atividades de trabalho.
L59.9	Afecções da pele e do tecido subcutâneo relacionadas com a radiação, não especificadas	·Exposição a radiações ionizantes em atividades de trabalho.
L60	Afecções das unhas	·Exposição solventes em atividades de trabalho; Exposição a umidade em atividades de trabalho; Biomecânica do trabalho com traumatismos das unhas.
L63	Alopecia areata	·Exposição a tálio e seus compostos em atividades de trabalho.
L70.8	Acne, outras formas de	·Exposição a derivados halogenados dos hidrocarbonetos aromáticos (monoclorobenzeno, monobromobenzeno, hexaclorobenzeno); e/ou derivados do fenol, do pentaclorofenol e do hidrobenzonitrilo; e/ou bifenilas policloradas (PCB); e/ou iodo em atividades de trabalho.
L72.8	Outras formas de Cistos Foliculares da Pele e do Tecido Subcutâneo	·Exposição a óleos e gorduras de origem mineral ou sintéticos em atividades de trabalho.
L80	Vitiligo	·Exposição a arsênio e seus compostos; e/ou hidroquinona e ésteres derivados; e/ou monometil éter de hidroquinona (MBEH); e/ou para-aminofenol; e/ou para-butilfenol; e/ou para-cresol; e/ou catecol e pirocatecol; e/ou clorofenol em atividades de trabalho.

L81.4	Hiperpigmentação pela melanina, outras formas de	·Exposição a arsênio e seus compostos; e/ou clorobenzeno e/ou diclorobenzeno; e/ou alcatrão; e/ou betume; e/ou carvão mineral; e/ou creosoto, e/ou breu; e/ou piche e/ou coaltar e/ou resíduos dessas substâncias; e/ou antraceno e dibenzoantraceno; e/ou bismuto; e/ou citostáticos; e/ou compostos nitrogenados (ácido nítrico, dinitrofenol); e/ou naftóis adicionados a corantes; e/ou óleos de corte; e/ou parafenilenodiamina e seus derivados; e/ou poeiras de madeira; e/ou quinino e seus derivados; e/ou sais de ouro; e/ou sais de prata em atividades de trabalho.
L81.5	Leucodermia, não classificada em outra parte	·Exposição a arsênio e seus compostos; e/ou hidroquinona e ésteres derivados; e/ou monometil éter de hidroquinona (MBEH); e/ou para-aminofenol; e/ou para-butilfenol; e/ou para-cresol; e/ou catecol e pirocatecol; e/ou clorofenol em atividades de trabalho.
L81.8	Transtornos especificados da pigmentação, outros	·Exposição a derivados halogenados dos hidrocarbonetos aromáticos (monocloro-benzeno, monobromo-benzeno, hexaclorobenzeno) em atividades de trabalho.
L84	Calos e calosidades	·Biomecânica do trabalho com pressão e/ou fricção da pele.
L85.1	Ceratose adquirida [ceratodermia] palmar e plantar	·Exposição a arsênio e seus compostos em atividades de trabalho.
L92.3	Granuloma de corpo estranho da pele e do tecido subcutâneo	·Exposição a berílio e seus compostos em atividades de trabalho.
L98.4	Úlcera Crônica da Pele, não classificada em outra parte	·Exposição a cromo e seus compostos tóxicos; e/ou enzimas de origem animal, vegetal ou bacteriana em atividades de trabalho.
T33	Geladura Superficial	·Exposição a cloreto de etila em atividades de trabalho. Exposição a baixas temperaturas no trabalho.

T34	Geladura com Necrose de Tecidos	·Exposição a cloreto de etila em atividades de trabalho. Exposição a baixas temperaturas no trabalho.

Capítulo XIII - Doenças do sistema osteomuscular e do tecido conjuntivo

CID10	Doença Relacionada ao Trabalho	Agentes e/ou Fatores de Risco
M05.3	Artrite reumatoide com comprometimento de outros órgãos e sistemas [Síndrome de Caplan]	·Exposição a poeiras de carvão mineral; e/ou poeiras de sílica livre cristalina em atividades de trabalho.
M10	Gota	·Exposição a molibdênio em atividades de trabalho.
M10.1	Gota induzida pelo chumbo	·Exposição a chumbo e seus compostos tóxicos em atividades de trabalho.
M16	Coxartrose [artrose do quadril]	·Biomecânica do trabalho com: aplicação de força; e/ou manipulação manual de carga; e/ou movimentos articulares repetitivos; e/ou posições forçadas Exposição a vibração em atividades de trabalho.
M17	Gonartrose [artrose do joelho]	·Biomecânica do trabalho com: aplicação de força; e/ou manipulação manual de carga; e/ou movimentos articulares repetitivos; e/ou posições forçadas Exposição a vibração em atividades de trabalho.
M19	Artroses, outras	·Exposição a chumbo e seus compostos tóxicos em atividades de trabalho. Exposição a vibração em atividades de trabalho.
M23.3	Menisco, outros transtornos de	·Biomecânica do trabalho com posições forçadas.
M47.8	Espondiloses, outras	·Biomecânica do trabalho com manipulação manual de carga.
M50	Transtornos dos discos cervicais	·Biomecânica do trabalho com: manipulação manual de carga; e/ou movimentos articulares repetitivos; e/ou posições forçadas e/ou aplicação de força. Exposição a vibração em atividades de trabalho.

M50.0	Transtorno do disco cervical com mielopatia	·Biomecânica do trabalho com: manipulação manual de carga; e/ou movimentos articulares repetitivos; e/ou posições forçadas e/ou aplicação de força. Exposição a vibração em atividades de trabalho.
M50.1	Transtorno do disco cervical com radiculopatia	·Biomecânica do trabalho com: manipulação manual de carga; e/ou movimentos articulares repetitivos; e/ou posições forçadas e/ou aplicação de força. Exposição a vibração em atividades de trabalho.
M50.2	Deslocamento de disco cervical, outro	·Biomecânica do trabalho com: manipulação manual de carga; e/ou movimentos articulares repetitivos; e/ou posições forçadas e/ou aplicação de força. Exposição a vibração em atividades de trabalho.
M50.3	Degeneração de disco cervical, outra	·Biomecânica do trabalho com: manipulação manual de carga; e/ou movimentos articulares repetitivos; e/ou posições forçadas e/ou aplicação de força. Exposição a vibração em atividades de trabalho.
M50.8	Transtornos de discos cervicais, outros	·Biomecânica do trabalho com: manipulação manual de carga; e/ou movimentos articulares repetitivos; e/ou posições forçadas e/ou aplicação de força. Exposição a vibração em atividades de trabalho.
M50.9	Transtorno não especificado de disco cervical	·Biomecânica do trabalho com: manipulação manual de carga; e/ou movimentos articulares repetitivos; e/ou posições forçadas e/ou aplicação de força. Exposição a vibração em atividades de trabalho.
M51	Transtornos de discos intervertebrais, outros	·Biomecânica do trabalho com: manipulação manual de carga; e/ou movimentos articulares repetitivos; e/ou posições forçadas e/ou aplicação de força. Exposição a vibração em atividades de trabalho.

M51.0	Transtornos de discos lombares e de outros discos intervertebrais com mielopatia	·Biomecânica do trabalho com: manipulação manual de carga; e/ou movimentos articulares repetitivos; e/ou posições forçadas e/ou aplicação de força. Exposição a vibração em atividades de trabalho.
M51.1	Transtornos de discos lombares e de outros discos intervertebrais com radiculopatia	·Biomecânica do trabalho com: manipulação manual de carga; e/ou movimentos articulares repetitivos; e/ou posições forçadas e/ou aplicação de força. Exposição a vibração em atividades de trabalho.
M51.2	Deslocamentos discais intervertebrais especificados, outros	·Biomecânica do trabalho com: manipulação manual de carga; e/ou movimentos articulares repetitivos; e/ou posições forçadas e/ou aplicação de força. Exposição a vibração em atividades de trabalho.
M51.3	Degeneração especificada de disco intervertebral, outra	·Biomecânica do trabalho com: manipulação manual de carga; e/ou movimentos articulares repetitivos; e/ou posições forçadas e/ou aplicação de força. Exposição a vibração em atividades de trabalho.
M51.8	Transtornos especificados de discos intervertebrais, outros	·Biomecânica do trabalho com: manipulação manual de carga; e/ou movimentos articulares repetitivos; e/ou posições forçadas e/ou aplicação de força. Exposição a vibração em atividades de trabalho.
M53.1	Síndrome Cervicobraquial	·Biomecânica do trabalho com: manipulação manual de carga; e/ou movimentos articulares repetitivos; e/ou posições forçadas e/ou aplicação de força. Exposição a vibração em atividades de trabalho.
M54	Dorsalgia	·Biomecânica do trabalho com: manipulação manual de carga; e/ou movimentos articulares repetitivos; e/ou posições forçadas e/ou aplicação de força. Exposição a vibração em atividades de trabalho.

M54.2	Cervicalgia	·Biomecânica do trabalho com: manipulação manual de carga; e/ou movimentos articulares repetitivos; e/ou posições forçadas e/ou aplicação de força. Exposição a vibração em atividades de trabalho.
M54.3	Ciática	·Biomecânica do trabalho com: manipulação manual de carga; e/ou movimentos articulares repetitivos; e/ou posições forçadas e/ou aplicação de força. Exposição a vibração em atividades de trabalho.
M54.4	Lumbago com Ciática	·Biomecânica do trabalho com: manipulação manual de carga; e/ou movimentos articulares repetitivos; e/ou posições forçadas e/ou aplicação de força. Exposição a vibração em atividades de trabalho.
M54.5	Dor lombar baixa	·Biomecânica do trabalho com: manipulação manual de carga; e/ou movimentos articulares repetitivos; e/ou posições forçadas e/ou aplicação de força. Exposição a vibração em atividades de trabalho.
M65	Sinovites e Tenossinovites	·Biomecânica do trabalho com: movimentos articulares repetitivos; e/ou posições forçadas e/ou aplicação de força. Fatores psicossociais relacionados a: gestão organizacional; e/ou contexto da organização do trabalho; e/ou característica das relações sociais no trabalho; e/ou conteúdo das tarefas do trabalho; e/ou condição do ambiente de trabalho; e/ou interação pessoa-tarefa; e/ou jornada de trabalho; e/ou violência e assédio moral/sexual no trabalho; e/ou discriminação no trabalho.
M65.3	Dedo em Gatilho	·Biomecânica do trabalho com: movimentos articulares repetitivos; e/ou posições forçadas; Fatores psicossociais relacionados a: gestão organizacional; e/ou contexto da organização do trabalho; e/ou característica das relações sociais no trabalho; e/ou conteúdo das tarefas do

		trabalho; e/ou condição do ambiente de trabalho; e/ou interação pessoa-tarefa; e/ou jornada de trabalho; e/ou violência e assédio moral/sexual no trabalho; e/ou discriminação no trabalho.
M65.4	Tenossinovite estilóide radial [de Quervain]	·Biomecânica do trabalho com: movimentos articulares repetitivos; e/ou posições forçadas e/ou aplicação de força. Fatores psicossociais relacionados a: gestão organizacional; e/ou contexto da organização do trabalho; e/ou característica das relações sociais no trabalho; e/ou conteúdo das tarefas do trabalho; e/ou condição do ambiente de trabalho; e/ou interação pessoa-tarefa; e/ou jornada de trabalho; e/ou violência e assédio moral/sexual no trabalho; e/ou discriminação no trabalho.
M65.8	Sinovites e Tenossinovites, outras	·Biomecânica do trabalho com: movimentos articulares repetitivos; e/ou posições forçadas e/ou aplicação de força. Fatores psicossociais relacionados a: gestão organizacional; e/ou contexto da organização do trabalho; e/ou característica das relações sociais no trabalho; e/ou conteúdo das tarefas do trabalho; e/ou condição do ambiente de trabalho; e/ou interação pessoa-tarefa; e/ou jornada de trabalho; e/ou violência e assédio moral/sexual no trabalho; e/ou discriminação no trabalho.
M65.9	Tenossinovites, não especificadas	·Biomecânica do trabalho com: movimentos articulares repetitivos; e/ou posições forçadas e/ou aplicação de força. Fatores psicossociais relacionados a: gestão organizacional; e/ou contexto da organização do trabalho; e/ou característica das relações sociais no trabalho; e/ou conteúdo das tarefas do trabalho; e/ou condição do ambiente de trabalho; e/ou interação pessoa-tarefa; e/ou jornada de trabalho; e/ou violência e assédio moral/sexual no trabalho; e/ou discriminação no trabalho.

M70	Transtornos dos tecidos moles relacionados com o uso, o uso excessivo e a pressão	·Biomecânica do trabalho com: movimentos articulares repetitivos; e/ou posições forçadas; Exposição a vibração em atividades de trabalho. Fatores psicossociais relacionados a: gestão organizacional; e/ou contexto da organização do trabalho; e/ou característica das relações sociais no trabalho; e/ou conteúdo das tarefas do trabalho; e/ou condição do ambiente de trabalho; e/ou interação pessoa-tarefa; e/ou jornada de trabalho; e/ou violência e assédio moral/sexual no trabalho; e/ou discriminação no trabalho.
M70.0	Sinovite crepitante crônica da mão e do punho	·Biomecânica do trabalho com: movimentos articulares repetitivos; e/ou posições forçadas; Fatores psicossociais relacionados a: gestão organizacional; e/ou contexto da organização do trabalho; e/ou característica das relações sociais no trabalho; e/ou conteúdo das tarefas do trabalho; e/ou condição do ambiente de trabalho; e/ou interação pessoa-tarefa; e/ou jornada de trabalho; e/ou violência e assédio moral/sexual no trabalho; e/ou discriminação no trabalho.
M70.1	Bursite da Mão	·Biomecânica do trabalho com: movimentos articulares repetitivos; e/ou posições forçadas; Fatores psicossociais relacionados a: gestão organizacional; e/ou contexto da organização do trabalho; e/ou característica das relações sociais no trabalho; e/ou conteúdo das tarefas do trabalho; e/ou condição do ambiente de trabalho; e/ou interação pessoa-tarefa; e/ou jornada de trabalho; e/ou violência e assédio moral/sexual no trabalho; e/ou discriminação no trabalho.
M70.2	Bursite do Olécrano	·Biomecânica do trabalho com: movimentos articulares repetitivos; e/ou posições forçadas;

		Fatores psicossociais relacionados a: gestão organizacional; e/ou contexto da organização do trabalho; e/ou característica das relações sociais no trabalho; e/ou conteúdo das tarefas do trabalho; e/ou condição do ambiente de trabalho; e/ou interação pessoa-tarefa; e/ou jornada de trabalho; e/ou violência e assédio moral/sexual no trabalho; e/ou discriminação no trabalho.
M70.3	Bursites do Cotovelo, outras	·Biomecânica do trabalho com: movimentos articulares repetitivos; e/ou posições forçadas; Fatores psicossociais relacionados a: gestão organizacional; e/ou contexto da organização do trabalho; e/ou característica das relações sociais no trabalho; e/ou conteúdo das tarefas do trabalho; e/ou condição do ambiente de trabalho; e/ou interação pessoa-tarefa; e/ou jornada de trabalho; e/ou violência e assédio moral/sexual no trabalho; e/ou discriminação no trabalho.
M70.4	Bursite pré-patelar	·Biomecânica do trabalho com: movimentos articulares repetitivos; e/ou posições forçadas; Fatores psicossociais relacionados a: gestão organizacional; e/ou contexto da organização do trabalho; e/ou característica das relações sociais no trabalho; e/ou conteúdo das tarefas do trabalho; e/ou condição do ambiente de trabalho; e/ou interação pessoa-tarefa; e/ou jornada de trabalho; e/ou violência e assédio moral/sexual no trabalho; e/ou discriminação no trabalho.
M70.5	Bursites do Joelho, outras	·Biomecânica do trabalho com: movimentos articulares repetitivos; e/ou posições forçadas; Fatores psicossociais relacionados a: gestão organizacional; e/ou contexto da organização do trabalho; e/ou característica das relações sociais no trabalho; e/ou conteúdo das tarefas do trabalho; e/ou condição do ambiente de trabalho; e/ou interação pessoa-tarefa; e/ou jornada de trabalho; e/ou violência e assédio moral/sexual no trabalho; e/ou discriminação no trabalho.

M70.8	Transtornos dos tecidos moles relacionados com o uso, uso excessivo e pressão; outros	·Biomecânica do trabalho com: movimentos articulares repetitivos; e/ou posições forçadas; Fatores psicossociais relacionados a: gestão organizacional; e/ou contexto da organização do trabalho; e/ou característica das relações sociais no trabalho; e/ou conteúdo das tarefas do trabalho; e/ou condição do ambiente de trabalho; e/ou interação pessoa-tarefa; e/ou jornada de trabalho; e/ou violência e assédio moral/sexual no trabalho; e/ou discriminação no trabalho.
M70.9	Transtorno não especificado dos tecidos moles relacionados com o uso, uso excessivo e pressão.	·Biomecânica do trabalho com: movimentos articulares repetitivos; e/ou posições forçadas; Fatores psicossociais relacionados a: gestão organizacional; e/ou contexto da organização do trabalho; e/ou característica das relações sociais no trabalho; e/ou conteúdo das tarefas do trabalho; e/ou condição do ambiente de trabalho; e/ou interação pessoa-tarefa; e/ou jornada de trabalho; e/ou violência e assédio moral/sexual no trabalho; e/ou discriminação no trabalho.
M72.0	Fibromatose de fáscia palmar [*Dupuytren*]	·Biomecânica do trabalho com: movimentos articulares repetitivos; e/ou posições forçadas; e/ou aplicação de força; Exposição a vibração em atividades de trabalho; Fatores psicossociais relacionados a: gestão organizacional; e/ou contexto da organização do trabalho; e/ou característica das relações sociais no trabalho; e/ou conteúdo das tarefas do trabalho; e/ou condição do ambiente de trabalho; e/ou interação pessoa-tarefa; e/ou jornada de trabalho; e/ou violência e assédio moral/sexual no trabalho; e/ou discriminação no trabalho.
M75	Lesões do Ombro	·Biomecânica do trabalho com: movimentos articulares repetitivos; e/ou posições forçadas; e/ou aplicação de força;

		Exposição a vibração em atividades de trabalho; Fatores psicossociais relacionados a: gestão organizacional; e/ou contexto da organização do trabalho; e/ou característica das relações sociais no trabalho; e/ou conteúdo das tarefas do trabalho; e/ou condição do ambiente de trabalho; e/ou interação pessoa-tarefa; e/ou jornada de trabalho; e/ou violência e assédio moral/sexual no trabalho; e/ou discriminação no trabalho.
M75.0	Capsulite Adesiva do Ombro	·Biomecânica do trabalho com: movimentos articulares repetitivos; e/ou posições forçadas; e/ou aplicação de força; Exposição a vibração em atividades de trabalho; Fatores psicossociais relacionados a: gestão organizacional; e/ou contexto da organização do trabalho; e/ou característica das relações sociais no trabalho; e/ou conteúdo das tarefas do trabalho; e/ou condição do ambiente de trabalho; e/ou interação pessoa-tarefa; e/ou jornada de trabalho; e/ou violência e assédio moral/sexual no trabalho; e/ou discriminação no trabalho.
M75.1	Síndrome do manguito rotador	·Biomecânica do trabalho com: movimentos articulares repetitivos; e/ou posições forçadas; e/ou aplicação de força; Exposição a vibração em atividades de trabalho; Fatores psicossociais relacionados a: gestão organizacional; e/ou contexto da organização do trabalho; e/ou característica das relações sociais no trabalho; e/ou conteúdo das tarefas do trabalho; e/ou condição do ambiente de trabalho; e/ou interação pessoa-tarefa; e/ou jornada de trabalho; e/ou violência e assédio moral/sexual no trabalho; e/ou discriminação no trabalho.

M75.2	Tendinite bicipital	·Biomecânica do trabalho com: movimentos articulares repetitivos; e/ou posições forçadas; e/ou aplicação de força; Exposição a vibração em atividades de trabalho; Fatores psicossociais relacionados a: gestão organizacional; e/ou contexto da organização do trabalho; e/ou característica das relações sociais no trabalho; e/ou conteúdo das tarefas do trabalho; e/ou condição do ambiente de trabalho; e/ou interação pessoa-tarefa; e/ou jornada de trabalho; e/ou violência e assédio moral/sexual no trabalho; e/ou discriminação no trabalho.
M75.3	Tendinite Calcificante do Ombro	·Biomecânica do trabalho com: movimentos articulares repetitivos; e/ou posições forçadas; e/ou aplicação de força; Exposição a vibração em atividades de trabalho; Fatores psicossociais relacionados a: gestão organizacional; e/ou contexto da organização do trabalho; e/ou característica das relações sociais no trabalho; e/ou conteúdo das tarefas do trabalho; e/ou condição do ambiente de trabalho; e/ou interação pessoa-tarefa; e/ou jornada de trabalho; e/ou violência e assédio moral/sexual no trabalho; e/ou discriminação no trabalho.
M75.5	Bursite do Ombro	·Biomecânica do trabalho com: movimentos articulares repetitivos; e/ou posições forçadas; e/ou aplicação de força; Exposição a vibração em atividades de trabalho; Fatores psicossociais relacionados a: gestão organizacional; e/ou contexto da organização do trabalho; e/ou característica das relações sociais no trabalho; e/ou conteúdo das tarefas do trabalho; e/ou condição do ambiente de trabalho; e/ou interação pessoa-tarefa; e/ou jornada de trabalho; e/ou violência e assédio moral/sexual no trabalho; e/ou discriminação no trabalho.

M75.8	Lesões do Ombro, outras	·Biomecânica do trabalho com: movimentos articulares repetitivos; e/ou posições forçadas; e/ou aplicação de força; Exposição a vibração em atividades de trabalho; Fatores psicossociais relacionados a: gestão organizacional; e/ou contexto da organização do trabalho; e/ou característica das relações sociais no trabalho; e/ou conteúdo das tarefas do trabalho; e/ou condição do ambiente de trabalho; e/ou interação pessoa-tarefa; e/ou jornada de trabalho; e/ou violência e assédio moral/sexual no trabalho; e/ou discriminação no trabalho.
M75.9	Lesão não especificada do ombro	·Biomecânica do trabalho com: movimentos articulares repetitivos; e/ou posições forçadas; e/ou aplicação de força; Exposição a vibração em atividades de trabalho; Fatores psicossociais relacionados a: gestão organizacional; e/ou contexto da organização do trabalho; e/ou característica das relações sociais no trabalho; e/ou conteúdo das tarefas do trabalho; e/ou condição do ambiente de trabalho; e/ou interação pessoa-tarefa; e/ou jornada de trabalho; e/ou violência e assédio moral/sexual no trabalho; e/ou discriminação no trabalho.
M77	Entesopatias, outras	·Biomecânica do trabalho com: movimentos articulares repetitivos; e/ou posições forçadas; e/ou aplicação de força; Exposição a vibração em atividades de trabalho; Fatores psicossociais relacionados a: gestão organizacional; e/ou contexto da organização do trabalho; e/ou característica das relações sociais no trabalho; e/ou conteúdo das tarefas do trabalho; e/ou condição do ambiente de trabalho; e/ou interação pessoa-tarefa; e/ou jornada de trabalho; e/ou violência e assédio moral/sexual no trabalho; e/ou discriminação no trabalho.

M77.0	Epicondilite Medial	·Biomecânica do trabalho com: movimentos articulares repetitivos; e/ou posições forçadas; e/ou aplicação de força; Exposição a vibração em atividades de trabalho; Fatores psicossociais relacionados a: gestão organizacional; e/ou contexto da organização do trabalho; e/ou característica das relações sociais no trabalho; e/ou conteúdo das tarefas do trabalho; e/ou condição do ambiente de trabalho; e/ou interação pessoa-tarefa; e/ou jornada de trabalho; e/ou violência e assédio moral/sexual no trabalho; e/ou discriminação no trabalho.
M77.1	Epicondilite lateral	·Biomecânica do trabalho com: movimentos articulares repetitivos; e/ou posições forçadas; e/ou aplicação de força; Exposição a vibração em atividades de trabalho; Fatores psicossociais relacionados a: gestão organizacional; e/ou contexto da organização do trabalho; e/ou característica das relações sociais no trabalho; e/ou conteúdo das tarefas do trabalho; e/ou condição do ambiente de trabalho; e/ou interação pessoa-tarefa; e/ou jornada de trabalho; e/ou violência e assédio moral/sexual no trabalho; e/ou discriminação no trabalho.
M77.8	Entesopatias não classificadas em outra parte, outras	·Biomecânica do trabalho com: movimentos articulares repetitivos; e/ou posições forçadas; e/ou aplicação de força; Exposição a vibração em atividades de trabalho; Fatores psicossociais relacionados a: gestão organizacional; e/ou contexto da organização do trabalho; e/ou característica das relações sociais no trabalho; e/ou conteúdo das tarefas do trabalho; e/ou condição do ambiente de trabalho; e/ou interação pessoa-tarefa; e/ou jornada de trabalho; e/ou violência e assédio moral/sexual no trabalho; e/ou discriminação no trabalho.

M79.8	Transtornos especificados dos tecidos moles, outros	·Biomecânica do trabalho com: movimentos articulares repetitivos; e/ou posições forçadas; e/ou aplicação de força; Exposição a vibração em atividades de trabalho; Fatores psicossociais relacionados a: gestão organizacional; e/ou contexto da organização do trabalho; e/ou característica das relações sociais no trabalho; e/ou conteúdo das tarefas do trabalho; e/ou condição do ambiente de trabalho; e/ou interação pessoa-tarefa; e/ou jornada de trabalho; e/ou violência e assédio moral/sexual no trabalho; e/ou discriminação no trabalho.
M83.5	Osteomalácias do adulto induzidas por drogas, outras	·Exposição a cádmio ou seus compostos; e/ou fósforo e seus compostos em atividades de trabalho.
M84.3	Fratura de fadiga ("stress") não classificada em outra parte	·Biomecânica do trabalho com: movimentos articulares repetitivos; e/ou posições forçadas; e/ou aplicação de força; Exposição a vibração em atividades de trabalho.
M85.1	Fluorose esquelética	·Exposição a flúor ou seus compostos tóxicos em atividades de trabalho.
M87	Osteonecrose	·Exposição a fósforo e seus compostos em atividades de trabalho; Exposição a radiações ionizantes em atividades de trabalho.
M87.1	Osteonecrose devida a drogas	·Exposição a fósforo e seus compostos em atividades de trabalho; Exposição a vibração e/ou radiações ionizantes em atividades de trabalho.
M87.3	Osteonecroses secundárias, outras	·Exposição a fósforo e seus compostos em atividades de trabalho; Exposição a vibração e/ou radiações ionizantes em atividades de trabalho.
M89.5	Osteolise	·Exposição a cloreto de vinila em atividades de trabalho.
M90.3	Osteonecrose em "mal dos caixões"	·Variação de pressão ambiental no trabalho.

M93.1	Doença de Kienböck do Adulto	·Exposição a vibração em atividade de trabalho; Sequela de acidente de trabalho com trauma ósseo
M93.8	Osteocondropatias, especificadas, outras	·Exposição a vibração em atividade de trabalho; Sequela de acidente de trabalho com trauma ósseo

Capítulo XIV - Doenças do aparelho geniturinário

CID10	Doença Relacionada ao Trabalho	Agentes e/ou Fatores de Risco
N00	Síndrome Nefrítica Aguda	·Exposição a derivados halogenados dos hidrocarbonetos alifáticos em atividades de trabalho.
N03	Síndrome Nefrítica Crônica	·Exposição a mercúrio e seus compostos tóxicos em atividades de trabalho.
N14.3	Nefropatia induzida por metais pesados	·Exposição a cádmio ou seus compostos; e/ou chumbo e seus compostos tóxicos; e/ou mercúrio e seus compostos tóxicos; e/ou tálio e seus compostos em atividades de trabalho.
N17	Insuficiência Renal Aguda	·Exposição a derivados halogenados dos hidrocarbonetos alifáticos; e/ou arsênio e seus compostos tóxicos em atividades de trabalho.
N18	Insuficiência Renal Crônica	·Exposição a chumbo e seus compostos em atividades de trabalho.
N30.0	Cistite Aguda	·Exposição a aminas aromáticas e seus derivados em atividades de trabalho.
N46	Infertilidade Masculina	·Exposição a chumbo e seus compostos tóxicos; e/ou clordecona; e/ou dibromocloropropano em atividades de trabalho; Exposição a radiações ionizantes e/ou altas temperaturas em atividades de trabalho.
N97	Infertilidade Feminina	·Exposição a anilina; e/ou benzeno; e/ou mercúrio e seus compostos em atividades de trabalho; Exposição a radiações ionizantes em atividades de trabalho.

Capítulo XIX - Intoxicações exógenas

CID10	Doença Relacionada ao Trabalho	Agentes e/ou Fatores de Risco
T36	Intoxicação por antibióticos sistêmicos	·Exposição a antibióticos em atividades de trabalho
T38	Intoxicação por hormônios, seus substitutos sintéticos e seus antagonistas não classificados em outra parte	·Exposição a hormônios sintéticos em atividades de trabalho
T51.0	Efeito tóxico do etanol	·Exposição a álcool etílico em atividades de trabalho.
T51.1	Efeito tóxico do metanol	·Exposição a álcool metílico em atividades de trabalho.
T51.2	Efeito tóxico do 2-propanol	·Exposição a álcool propílico em atividades de trabalho.
T51.8	Efeito tóxico de outros álcoois	·Exposição a outros álcoois em atividades de trabalho.
T52	Efeitos tóxicos de Solventes Orgânicos	·Exposição a solventes orgânicos em atividades de trabalho.
T52.1	Efeito tóxico do benzeno	·Exposição a benzeno em atividades de trabalho.
T52.2	Efeito tóxico de homólogos do benzeno	·Exposição a tolueno e/ou xileno em atividades de trabalho.
T52.3	Efeito tóxico de glicóis	·Exposição a glicóis em atividades de trabalho.
T52.4	Efeito tóxico de cetonas	·Exposição a cetonas em atividades de trabalho.
T52.8	Efeito tóxico de outros solventes orgânicos	·Exposição a solventes orgânicos em atividades de trabalho.
T53	Efeito tóxico de derivados halogênicos de hidrocarbonetos alifáticos e aromáticos	·Exposição a derivados halogenados dos hidrocarbonetos alifáticos e/ou aromáticos em atividades de trabalho.
T53.0	Efeito tóxico do tetracloreto de carbono	·Exposição a tetracloreto de carbono em atividades de trabalho.
T53.1	Efeito tóxico do clorofórmio	·Exposição a clorofórmio em atividades de trabalho.
T53.2	Efeito tóxico do tricloroetileno	·Exposição a tricloroetileno em atividades de trabalho.
T53.3	Efeito tóxico do tetracloroetileno	·Exposição a tetracloroetileno em atividades de trabalho.
T53.4	Efeito tóxico do diclorometano	·Exposição a diclorometano em atividades de trabalho.

T53.5	Efeitos tóxicos do clorofluorcarbono	·Exposição a clorofluorcarbono em atividades de trabalho.
T53.6	Efeito tóxico de outros derivados halogênicos de hidrocarbonetos alifáticos	·Exposição a derivados halogenados dos hidrocarbonetos alifáticos em atividades de trabalho.
T53.7	Efeito tóxico de derivados halogênicos de hidrocarbonetos aromáticos	·Exposição a derivados halogenados dos hidrocarbonetos aromáticos em atividades de trabalho.
T53.9	Efeito tóxico de derivados halogênicos de hidrocarbonetos alifáticos e aromáticos não especificados	·Exposição a derivados halogenados dos hidrocarbonetos alifáticos e/ou aromáticos não especificados em atividades de trabalho.
T54	Efeito tóxico de corrosivos	·Exposição a agentes químicos corrosivos em atividades de trabalho.
T54.0	Efeito tóxico do fenol e homólogos do fenol	·Exposição a fenol e homólogos em atividades de trabalho.
T54.1	Efeito tóxico de outros compostos corrosivos orgânicos	·Exposição a outros compostos corrosivos orgânicos em atividades de trabalho.
T54.2	Efeito tóxico de ácidos corrosivos e substâncias semelhantes	·Exposição a ácidos corrosivos e substâncias semelhantes em atividades de trabalho.
T54.3	Efeito tóxico de bases (álcalis) cáusticas(os) e substâncias semelhantes	·Exposição a bases (álcalis) cáusticas(os) e substâncias semelhantes em atividades de trabalho.
T54.9	Efeito tóxico de substância corrosiva, não especificada	·Exposição a substância corrosiva, não especificada em atividades de trabalho.
T56	Efeito tóxico de Metais	·Exposição a metais tóxicos em atividades de trabalho.
T56.0	Efeito tóxico do Chumbo e seus compostos	·Exposição a chumbo e seus compostos em atividades de trabalho.
T56.1	Efeito tóxico do Mercúrio e seus compostos	·Exposição a mercúrio e seus compostos em atividades de trabalho.
T56.2	Efeito tóxico do Cromo e seus compostos	·Exposição a cromo e seus compostos em atividades de trabalho.
T56.3	Efeito tóxico do Cádmio e seus compostos	·Exposição a cádmio e seus compostos em atividades de trabalho.
T56.4	Efeito tóxico do cobre e seus compostos	·Exposição a cobre e seus compostos em atividades de trabalho.
T56.5	Efeito tóxico do zinco e seus compostos	·Exposição a zinco e seus compostos em atividades de trabalho.

T56.7	Efeito tóxico do berilo e seus compostos	·Exposição a berílio e seus compostos em atividades de trabalho.
T56.8	Efeitos tóxicos de outros metais	·Exposição a metais tóxicos em atividades de trabalho.
T56.9	Efeito tóxico do Metal, não especificado	·Exposição a metais tóxicos em atividades de trabalho.
T57	Efeito tóxico de outras substâncias inorgânicas	·Exposição a substâncias inorgânicas em atividades de trabalho.
T57.0	Efeito tóxico do Arsênico e seus compostos	·Exposição a arsênio e seus compostos em atividades de trabalho.
T57.1	Efeito tóxico do fósforo e seus compostos	·Exposição a fósforo e seus compostos em atividades de trabalho.
T57.2	Efeito tóxico do Manganês e seus compostos	·Exposição a manganês e seus compostos em atividades de trabalho.
T57.3	Efeito tóxico do cianeto de hidrogênio (ácido cianídrico)	·Exposição a cianeto de hidrogênio (ácido cianídrico) em atividades de trabalho.
T57.8	Efeito tóxico de outras substâncias inorgânicas especificadas	·Exposição a cloreto de vinila; e/ou monocloroetileno; e/ou outras substâncias inorgânicas especificadas em atividades de trabalho.
T58	Efeito tóxico do monóxido de carbono	·Exposição a monóxido de carbono em atividades de trabalho.
T59	Efeito tóxico de outros gases, fumaças e vapores	·Exposição a outros gases, fumaças e vapores em atividades de trabalho.
T59.2	Efeito tóxico de formaldeído	·Exposição a formaldeído em atividades de trabalho.
T59.4	Efeito tóxico do cloro gasoso	·Exposição a cloro gasoso em atividades de trabalho.
T59.5	Efeito tóxico do fluoreto gasoso e ácido fluorídrico	·Exposição a fluoreto gasoso e/ou ácido fluorídrico em atividades de trabalho.
T59.6	Efeito tóxico do ácido sulfídrico	·Exposição a ácido sulfídrico (sulfeto de hidrogênio) em atividades de trabalho.
T59.8	Efeito tóxico de outros gases, fumaças e vapores especificados	·Exposição a gases, fumaças e vapores em atividades de trabalho.
T60	Efeito tóxico de pesticidas	·Exposição a agrotóxicos em atividades de trabalho.
T60.0	Efeito tóxico de inseticidas organofosforados e carbamatos	·Exposição a agrotóxicos organofosforados e/ou carbamatos em atividades de trabalho.

T60.1	Efeito tóxico de inseticidas halogenados	·Exposição a agrotóxicos em atividades de trabalho.
T60.2	Efeito tóxico de outros inseticidas	·Exposição a agrotóxicos em atividades de trabalho.
T60.4	Efeito tóxico de rodenticidas	·Exposição a agrotóxicos em atividades de trabalho.
T60.8	Efeito tóxico de outros pesticidas	·Exposição a agrotóxicos em atividades de trabalho.
T63	Efeito tóxico de contato com animais venenosos	·Mordedura ou picadura de serpente; e/ou outros répteis; e/ou escorpião; e/ou aranha; e/ou outros artrópodes; e/ou peixe; e/ou outros animais marinhos; e/ou outros animais venenosos não especificados em atividades de trabalho.
T65.2	Efeito tóxico do tabaco e da nicotina (Doença da Folha Verde do Tabaco)	·Exposição a tabaco e nicotina em atividades de trabalho.
T65.3	Efeito tóxico de nitroderivados e aminoderivados do benzeno e seus homólogos	·Exposição a nitroderivados e aminoderivados do benzeno e seus homólogos em atividades de trabalho.
T65.4	Efeito tóxico do dissulfeto de carbono	·Exposição a dissulfeto de carbono em atividades de trabalho.
T65.8	Efeito tóxico de outras substâncias especificadas	·Exposição a outras substâncias especificadas em atividades de trabalho.
T66	Efeitos não especificados de radiação	·Exposição a radiações ionizantes em atividades de trabalho.
T67	Efeitos do calor e da luz	·Exposição a altas temperaturas no trabalho.

4. ACIDENTE DE TRABALHO POR EQUIPARAÇÃO

Por sua vez, conforme listagem do artigo 21 da Lei 8.213/91, **determinados eventos são equiparados a acidente de trabalho**, pois o exercício da atividade laboral é considerado uma concausa para a sua ocorrência (causalidade indireta), concorrendo com outras alheias ao trabalho:

> "Art. 21. **Equiparam-se também ao acidente do trabalho**, para efeitos desta Lei:
>
> I – **o acidente ligado ao trabalho que, embora não tenha sido a causa única, haja contribuído diretamente para a morte do segurado, para redução ou perda da sua capacidade para o trabalho, ou produzido lesão que exija atenção médica para a sua recuperação;**
>
> II – **o acidente sofrido pelo segurado no local e no horário do trabalho**, em conseqüência de:

a) ato de agressão, sabotagem ou terrorismo praticado por terceiro ou companheiro de trabalho;

b) ofensa física intencional, inclusive de terceiro, por motivo de disputa relacionada ao trabalho;

c) ato de imprudência, de negligência ou de imperícia de terceiro ou de companheiro de trabalho;

d) ato de pessoa privada do uso da razão;

e) desabamento, inundação, incêndio e outros casos fortuitos ou decorrentes de força maior;

III – **a doença proveniente de contaminação acidental do empregado no exercício de sua atividade;**

IV – **o acidente sofrido pelo segurado ainda que fora do local e horário de trabalho**:

a) na **execução de ordem ou na realização de serviço** sob a autoridade da empresa;

b) na **prestação espontânea de qualquer serviço à empresa para lhe evitar prejuízo ou proporcionar proveito;**

c) **em viagem a serviço da empresa**, inclusive para estudo quando financiada por esta dentro de seus planos para melhor capacitação da mão de obra, independentemente do meio de locomoção utilizado, inclusive veículo de propriedade do segurado;

d) no percurso da residência para o local de trabalho ou deste para aquela, qualquer que seja o meio de locomoção, inclusive veículo de propriedade do segurado".

O artigo 21, inciso I, da Lei 8.213/91, constitui uma hipótese aberta, razão pela qual a listagem deste dispositivo é meramente exemplificativa, pois equiparou a acidente de trabalho o acidente ligado ao trabalho que, embora não tenha sido a causa única, haja contribuído diretamente para a morte do segurado, para redução ou perda da sua capacidade para o trabalho, ou produzido lesão que exija atenção médica para a sua recuperação.

Logo, se um empregado se acidenta no exercício do labor, potencializando a sua lesão pelo fato de ser hemofílico, enfermidade que somada ao acidente gera a incapacidade laboral, configurado está o acidente de trabalho por equiparação.

Os demais casos contemplados nos incisos II e III acabam sendo concretizações do inciso I. Suponha-se que João esteja trabalhando a serviço da empresa e que sofra uma agressão de um colega de trabalho ou mesmo de um terceiro que invadiu a empresa, causando-lhe lesão corporal que ensejou incapacidade laboral. Neste caso, trata-se de um acidente equiparado ao de trabalho.

Caso Josué, empregado e vizinho da empresa Fogo Quente, ajude o Corpo de Bombeiros a apagar incêndio na empresa durante a madrugada, sofra lesão que gere a sua incapacidade laboral, ter-se-á um acidente equiparado ao de trabalho, haja vista que a sua ação espontânea visou evitar prejuízos à empresa.

Se Cornélio embarca em avião em um domingo a serviço da empresa para participar de reunião, caso a aeronave caia e haja o óbito do segurado, o acidente será equiparado ao de trabalho.

FIQUE ATENTO!

Vale registrar que o inciso IV havia sido revogado pela MP 905, publicada em 12/11/2019. Deste este dia, não era mais equiparado a acidente de trabalho o acidente em trânsito do trabalho para a residência e vice-versa. No entanto, a MP 955/2020 revogou a MP 905/2020, voltando a ser considerado como acidente de trabalho por equiparação o acidente *in itinere*.

Considerando que a MP 905/2019 vigorou entre 12/11/2019 e 19/04/2020, os acidentes em trânsito nesse período não são considerados como acidentes de trabalho por equiparação. Isso porque a revogação de uma medida provisória equivale à sua caducidade para fins do artigo 62 da Constituição Federal, conforme precedentes do STF (ADI 5.709, ADI 5.716, ADI 5.717 e ADI 5.727, rel. min. Rosa Weber, j. 27-3-2019, P, *DJE* de 28-6-2019).

Dessa forma, considerando que o Congresso Nacional não editou o decreto legislativo a que se refere o § 3º do artigo 62 da Constituição até sessenta dias após a rejeição ou perda de eficácia de medida provisória (no caso, revogação), as relações jurídicas constituídas e decorrentes de atos praticados durante sua vigência conservar-se-ão por ela regidas.

Por outro lado, conforme dispõe expressamente o artigo 21, §2º, da Lei 8.213/91, **não é considerada agravação ou complicação de acidente do trabalho a lesão que, resultante de acidente de outra origem, se associe ou se superponha às consequências do anterior.**

Destarte, suponha-se que um empregado sofre uma torção de tornozelo no exercício do trabalho e fica incapacitado, configurando um acidente de trabalho. Contudo, quando ele está em casa se recuperando, a televisão cai sobre o seu pé e quebra os ossos do seu tornozelo. Neste caso, a segunda lesão não se configura como agravação ou complicação do acidente de trabalho, pois se superpôs à torção, lesão bem mais leve.

Ressalva o artigo 337, §2º, do RPS, que será considerado agravamento do acidente aquele sofrido pelo acidentado quando estiver sob a responsabilidade da reabilitação profissional, vez que o segurado está sob a proteção da Previdência Social.

Impende salientar que nos **períodos destinados a refeição ou descanso**, ou por ocasião da satisfação de outras necessidades fisiológicas, no local do trabalho ou durante este, **o empregado é considerado no exercício do trabalho**.

Também é considerado como acidente de trabalho o infortúnio sofrido pelo segurado no local e horário de trabalho, tais como agressão, ofensa intencional ligada ao trabalho e atos decorrentes de fortuito ou força maior que gerem a incapacidade laboral ou a morte do trabalhador.

Ademais, em algumas situações acidentes ocorridos fora do local e horário de trabalho são equiparados a acidente de trabalho, pois existe um nexo com a atividade laboral, tais como os acidentes *in itinere* (no trânsito da residência para o trabalho ou vice-versa), na prestação de serviço espontâneo que objetiva trazer benefício para a empresa ou em viagem de trabalho.

Conquanto a LC 150/2015 não tenha modificado a redação do artigo 21, da Lei 8.213/91, entende-se pela sua aplicabilidade integral ao empregado doméstico, pois inexiste motivo para deixar desprotegido o empregado doméstico dos acidentes equiparados ao de trabalho.

Acidente de trabalho típico Artigo 19, da Lei 8.213/91	É o que ocorre pelo exercício do trabalho a serviço da empresa ou do empregador doméstico ou pelo exercício do trabalho dos segurados especiais, provocando lesão corporal ou perturbação funcional que cause a morte ou a perda ou redução, permanente ou temporária, da capacidade para o trabalho.
Moléstias ocupacionais Artigo 20, da lei 8.213/91	I – doença profissional, assim entendida a produzida ou desencadeada pelo exercício do trabalho peculiar a determinada atividade e constante da respectiva relação elaborada pelo Ministério da Previdência Social; II – doença do trabalho, assim entendida a adquirida ou desencadeada em função de condições especiais em que o trabalho é realizado e com ele se relacione diretamente, constante da relação elaborada pelo Ministério da Previdência Social.
Acidente de trabalho por equiparação (atípico) Artigo 21, da lei 8.213/91	O acidente ligado ao trabalho que, embora não tenha sido a causa única, haja contribuído diretamente para a morte do segurado, para redução ou perda da sua capacidade para o trabalho, ou produzido lesão que exija atenção médica para a sua recuperação. São exemplos os casos listados nos incisos II, III e IV.

5. RECONHECIMENTO

No que concerne ao *segurado empregado*, empregado doméstico (LC 150/2015) e ao *trabalhador avulso*, caberá à empresa e ao empregador doméstico expedir a CAT – Comunicação de Acidente de Trabalho ao INSS até o primeiro dia útil seguinte ao da ocorrência e, em caso de morte, de imediato, sob pena de multa administrativa.

A multa será variável entre o limite mínimo e o limite máximo do salário de contribuição, sucessivamente aumentada nas reincidências, sendo atualmente de competência da Secretaria da Receita Federal do Brasil.

Em caso de omissão da empresa, ou do empregador doméstico, poderão promover a comunicação o próprio acidentado, seus dependentes, a entidade sindical competente, o médico que o assistiu ou qualquer autoridade pública, o que não exclui a multa a ser imposta à empresa negligente.

Na hipótese do *segurado especial*, o acidente deverá ser comunicado pelo próprio, seus dependentes, a entidade sindical competente, o médico que o assistiu ou qualquer autoridade pública.

A CAT deverá se referir às seguintes ocorrências:

> I – **CAT inicial**: acidente do trabalho típico, trajeto, doença profissional, do trabalho ou óbito imediato;
>
> II – **CAT de reabertura**: afastamento por agravamento de lesão de acidente do trabalho ou de doença profissional ou do trabalho; ou
>
> III – **CAT de comunicação de óbito**: falecimento decorrente de acidente ou doença profissional ou do trabalho, após o registro da CAT inicial.

Na CAT de reabertura de acidente do trabalho, deverão constar as mesmas informações da época do acidente, exceto quanto ao afastamento, último dia trabalhado, atestado médico e data da emissão, que serão relativos à data da reabertura.

O óbito decorrente de acidente ou de doença profissional ou do trabalho, ocorrido após a emissão da CAT inicial ou de reabertura, será comunicado ao INSS, por CAT de comunicação de óbito, constando a data do óbito e os dados relativos ao acidente inicial.

Nos termos do **artigo 351 da Instrução Normativa INSS 128/2022,** são responsáveis pelo preenchimento e encaminhamento da CAT:

> I - no caso de segurado empregado, a empresa empregadora;
>
> II - para o segurado especial, o próprio acidentado, seus dependentes, a entidade sindical da categoria, o médico assistente ou qualquer autoridade pública;
>
> III - no caso do trabalhador avulso, a empresa tomadora de serviço e, na falta dela, o sindicato da categoria ou o órgão gestor de mão de obra;
>
> IV - no caso de segurado desempregado, nas situações em que a doença profissional ou do trabalho manifestou-se ou foi diagnosticada após a demissão, as autoridades públicas; e
>
> V - tratando-se de empregado doméstico, o empregador doméstico, para acidente ocorrido a partir de 2 de junho de 2015, data da publicação da Lei Complementar nº 150, de 2015.

Eis mais algumas interpretações da Autarquia:

A) No caso do segurado empregado, trabalhador avulso e empregado doméstico exercerem atividades concomitantes e vierem a sofrer acidente de trajeto entre um local de trabalho e outro, será obrigatória a emissão da CAT pelos dois empregadores;

B) É considerado como agravamento do acidente aquele sofrido pelo acidentado quando estiver sob a responsabilidade da reabilitação profissional, neste caso, caberá ao profissional de referência comunicar à perícia médica o ocorrido;

C) consideram-se autoridades públicas reconhecidas para tal finalidade os magistrados em geral, os membros do Ministério Público e dos Serviços Jurídicos da União e dos Estados, os comandantes de unidades militares do Exército, da Marinha, da Aeronáutica e das Forças Auxiliares (Corpo de Bombeiros e Polícia Militar), prefeitos, delegados de polícia, diretores de hospitais e de asilos oficiais e servidores da Administração Direta e Indireta Federal, Estadual, do Distrito Federal ou Municipal, quando investidos de função.

Deverá a CAT ser preenchida em 04 vias: primeira via ao INSS; segunda via ao segurado ou dependente; terceira via ao sindicato dos trabalhadores; quarta via à empresa.

Colaciona-se abaixo um modelo de CAT:

PREVIDÊNCIA SOCIAL

Comunicação de acidente de trabalho - CAT

1- Emitente
○ Empregador ○ Sindicato ○ Médico ○ Segurado ou dependente ○ Autoridade pública

2- Tipo de CAT
○ Inicial ○ Reabertura ○ Comunicação de óbito

I - EMITENTE

Empregador

3 - Razão Social / Nome

4- Tipo ○ CGC/CNPJ ○ CEI ○ CPF ○ NIT	5- CNAE	6 - Endereço - Rua/Av.		
Complemento	Bairro	CEP	7 - Município	8 - UF Selecione ▾	9 - Telefone

Acidentado

10 - Nome

11 - Nome da mãe

12 - Data de Nascimento	13 - Sexo ○ Masculino ○ Feminino	14 - Estado Civil ○ Solteiro ○ Casado ○ Viúvo ○ Divorciado ○ Outro ○ Ignorado		
15 - CTPS - Nº / Série / Data de Emissão	16 - UF Selecione ▾	17 - Remuneração Mensal R$		
18 - Carteira de Identidade (RG)	Data de Emissão	Orgão Expedidor	19 - UF Selecione ▾	20 - PIS / PASEP / NIT

21 - Endereço - Rua / AV

Bairro	CEP	22 - Município	23 - UF Selecione ▾	24 - Telefone
25 - Nome da Ocupação		26 - CBO (consulte CBO)		
27 - Filiação à Previdência Social ○ Empregado ○ Tra.Avulso ○ Seg. especial ○ Médico Residente		28 - Aposentado ○ Sim ○ Não	29 - Áreas ○ Urbana ○ Rural	

quebra de página

Acidente ou Doença

30 - Data de Acidente	31 - Hora do Acidente	32 - Após quantas horas de trabalho?	33 - Tipo ○ Típico ○ Doença ○ Trajeto	34 - Houve afastamento? ○ Sim ○ Não
35 - Último dia trabalhado	36 - Local do acidente	37 - Especificação do local do acidente	38 - CGC / CNPJ	39 - UF Selecione ▾
40 - Município do local do acidente		41 - Parte do corpo	42 - Agente causador	
43 - Descrição da situação geradora do acidente ou doença		44 - Houve registro policial? ○ Sim ○ Não 45 - Houve morte? ○ Sim ○ Não		

Acidente ou Doença

30 - Data de Acidente	31 - Hora do Acidente	32 - Após quantas horas de trabalho?	33 - Tipo ○ Típico ○ Doença ○ Trajeto	34 - Houve afastamento? ○ Sim ○ Não
35 - Último dia trabalhado	36 - Local do acidente	37 - Especificação do local do acidente	38 - CGC / CNPJ	39 - UF Selecione ▼
40 - Município do local do acidente		41 - Parte do corpo	42 - Agente causador	
43 - Descrição da situação geradora do acidente ou doença		44 - Houve registro policial? ○ Sim ○ Não 45 - Houve morte? ○ Sim ○ Não		

Testemunhas

46 - Nome				
47 - Endereço - Rua / Av / nº / comp.				
Bairro	CEP	48 - Município	49 - UF Selecione ▼	Telefone
50 - Nome				
51 - Endereço - Rua / Av / nº / comp.				
Bairro	CEP	52 - Município	53 - UF Selecione ▼	Telefone
Local e Data	Assinatura e carimbo			

quebra de página

II - ATESTADO MÉDICO
deve ser preenchido por profissional médico

Atendimento

54 - Unidade de Atendimento médico	55 - Data	56 - Hora
57 - Houve internação ○ Sim ○ Não	58 - Provavél Duração do tratamento (dias)	59 - Deverá o acidentado afastar-se do trabalho durante o tratamento? ○ Sim ○ Não

Lesão

60 - Descrição e natureza da lesão

Diagnóstico

61 - Diagnóstico provável	62 - CID-10
63 - Observações	
Local e Data	Assinatura e carimbo do médico com CRM

III - INSS			
64 - Recebida em	65 - Código da unidade	66 - Número do CAT	Notas: 1 - A inexatidão das declarações desta comunicação implicará nas sanções previstas nos artigos. 171 e 299 do Código Penal. 2 - A comunicação de acidente do trabalho deverá ser feita até o 1º dia útil após o acidente, sob pena de multa, na forma prevista no art. 22 da Lei nº 8.213/91.
67 - Matrícula do Servidor	Assinatura do servidor		
A COMUNICAÇÃO DO ACIDENTE É OBRIGATÓRIA, MESMO NO CASO EM QUE NÃO HAJA AFASTAMENTO DO TRABALHO			

quebra de página

Em razão da **Portaria ME/SEPRT Nº 4.334, de 15/04/2021**, a Comunicação de Acidente de Trabalho (CAT), de que trata o art. 22 da Lei nº 8.213, de 24 de julho de 1991, será cadastrada **exclusivamente em meio eletrônico:**

> I - pelo eSocial, na forma estabelecida no Manual de Orientação do eSocial (MOS), disponível no sítio eletrônico do eSocial na internet, a partir da obrigatoriedade do evento S-2210 para o emissor da CAT, nos seguintes casos:
>
> a) o empregador, em relação aos seus empregados;
>
> b) o empregador doméstico, em relação aos seus empregados domésticos; e
>
> c) o sindicato da categoria ou o órgão gestor de mão-de-obra, em relação ao trabalhador avulso; e"
>
> II - para os demais autorizados à formalização do documento, exclusivamente pela aplicação disponível no sítio eletrônico da Previdência Social, nos termos do disposto no § 2º do art. 22 da Lei nº 8.213, de 1991.

A CAT relativas ao acidente do trabalho ou à doença do trabalho ou à doença profissional ocorridos com o **aposentado** que permaneceu na atividade como empregado ou a ela retornou, deverão ser registradas e encerradas, devendo o segurado aposentado deverá ser cientificado do encerramento da CAT e orientado quanto ao direito à Reabilitação Profissional, desde que atendidos os requisitos legais, em face do disposto no § 2º do art. 18 da Lei nº 8.213, de 1991, pois não haverá direito a benefício por incapacidade laboral ante as vedações do artigo 124 da Lei 8.213/91.

Quando do acidente resultar a morte imediata do segurado, deverá ser exigido:

> I – o boletim de registro policial da ocorrência ou, se necessário, cópia do inquérito policial;
>
> II – o laudo de exame cadavérico ou documento equivalente, se houver; e
>
> III – a Certidão de Óbito.

Contudo, é comum que as empresas não expeçam a CAT visando encobrir a ocorrência do acidente de trabalho, razão pela qual foi editada a Medida Provisória 316/2006, convertida na Lei 11.430/2006, que inseriu o artigo 21-A na Lei 8.213/91, criando o **NTEP – Nexo Técnico Epidemiológico**.

Com propriedade, a perícia médica do INSS considerará caracterizada a natureza acidentária da incapacidade quando constatar ocorrência de nexo técnico epidemiológico entre o trabalho e o agravo, decorrente da relação entre a atividade da empresa e a entidade mórbida motivadora da incapacidade elencada na Classificação Internacional de Doenças – CID, conforme a lista C, do anexo II, do Decreto 3.048/99, alterado pelo Decreto 6.957/2009, sendo **dispensável a emissão da CAT**.

Nas classificações internacionais da OMS, os estados de saúde (doenças, perturbações, lesões, etc.) são classificados principalmente na CID-10 (abreviatura da Classificação Internacional de Doenças, Décima Revisão), que fornece uma estrutura de base etiológica.

A empresa ou o segurado poderão requerer a não aplicação do nexo técnico epidemiológico, de cuja decisão caberá recurso com efeito suspensivo ao Conselho de Recursos da Previdência Social.

Com o advento da LC 150/2015, o artigo 21-A da Lei 8.213/91 também foi modificado, passando a prever que a perícia médica do Instituto Nacional do Seguro Social (INSS) considerará caracterizada a natureza acidentária da incapacidade quando constatar ocorrência de nexo técnico epidemiológico entre o trabalho e o agravo, decorrente da relação entre a atividade da empresa **ou do empregador doméstico** e a entidade mórbida motivadora da incapacidade elencada na Classificação Internacional de Doenças (CID), em conformidade com o que dispuser o regulamento.

Para a identificação do nexo entre o trabalho e o agravo, que caracteriza o acidente do trabalho, a perícia médica do INSS, se necessário, poderá ouvir testemunhas, efetuar pesquisa ou realizar vistoria do local de trabalho ou solicitar o perfil profissiográfico previdenciário diretamente ao empregador para o esclarecimento dos fatos.

Considera-se **agravo** a lesão, doença, transtorno de saúde, distúrbio, disfunção ou síndrome de evolução aguda, subaguda ou crônica, de natureza clínica ou subclínica, inclusive morte, independentemente do tempo de latência, a teor do Decreto 6.042/2007.

Caso não concorde com o NTEP, a empresa poderá ofertar requerimento administrativo a ser apresentado no prazo de 15 dias da data para a entrega da Guia de Recolhimento do FGTS e Informações à Previdência Social – GFIP que registre a movimentação do trabalhador, sob pena de não conhecimento da alegação em instância administrativa.

No entanto, caracterizada a impossibilidade de atendimento do prazo acima referido, motivada pelo não conhecimento tempestivo do diagnóstico do agravo, o requerimento poderá ser apresentado no prazo de quinze dias da data em que a empresa tomar ciência da decisão da perícia médica do INSS.

Caberá à empresa formular as alegações que entender necessárias e apresentará as provas que possuir demonstrando a inexistência de nexo entre o trabalho e o agravo, podendo a documentação probatória trazer, entre outros meios de prova, evidências técnicas circunstanciadas e tempestivas à exposição do segurado, podendo ser produzidas no âmbito de programas de gestão de risco, a cargo da empresa, que possuam responsável técnico legalmente habilitado.

Por sua vez, o INSS informará ao segurado sobre a contestação da empresa para que este, querendo, possa impugná-la. Da decisão do requerimento cabe recurso, com efeito suspensivo, por parte da empresa ou, conforme o caso, do segurado ao Conselho de Recursos da Previdência Social, no prazo de 30 dias.

Eis a lista C, do anexo II, do Decreto 3.048/99, alterado pelo Decreto 6.957/2009:

LISTA C (Incluído pelo Decreto nº 6.957, de 2009)

Nota: 1 – São indicados intervalos de CID-10 em que se reconhece Nexo Técnico Epidemiológico, na forma do § 3º do art. 337, entre a entidade mórbida e as classes de CNAE indicadas, nelas incluídas todas as subclasses cujos quatro dígitos iniciais sejam comuns.

INTERVALO CID-10	CNAE
A15-A19	0810 1091 1411 1412 1533 1540 2330 3011 3701 3702 3811 3812 3821 3822 3839 3900 4120 4211 4213 4222 4223 4291 4299 4312 4321 4391 4399 4687 4711 4713 4721 4741 4742 4743 4744 4789 4921 4923 4924 4929 5611 7810 7820 7830 8121 8122 8129 8610 9420 9601
E10-E14	1091 3600 3701 3702 3811 3812 3821 3822 3839 3900 4120 4211 4213 4222 4223 4291 4292 4299 4313 4319 4329 4399 4721 4921 4922 4923 4924 4929 4930 5030 5231 5239 8011 8012 8020 8030 8121 8122 8129 8411 9420
F10-F19	0710 0990 1011 1012 1013 1220 1532 1622 1732 1733 2211 2330 2342 2451 2511 2512 2531 2539 2542 2543 2593 2814 2822 2840 2861 2866 2869 2920 2930 3101 3102 3329 3600 3701 3702 3811 3812 3821 3822 3839 3900 4120 4211 4213 4221 4292 4299 4313 4319 4321 4329 4399 4520 4912 4921 5030 5212 5221 5222 5223 5229 5231 5232 5239 5250 5310 6423 7810 7820 7830 8121 8122 8129 8411 8423 8424 9420

INTER-VALO CID-10	CNAE
F20-F29	0710 0990 1011 1012 1013 1031 1071 1321 1411 1412 2330 2342 2511 2543 2592 2861 2866 2869 2942 3701 3702 3811 3812 3821 3822 3839 3900 4120 4211 4213 4222 4223 4291 4292 4299 4312 4391 4399 4921 4922 4923 4924 4929 5212 5310 6423 7732 7810 7820 7830 8011 8012 8020 8030 8121 8122 8129 8423 9420
F30-F39	0710 0892 0990 1011 1012 1013 1031 1220 1311 1313 1314 1321 1330 1340 1351 1359 1411 1412 1413 1422 1531 1532 1540 2091 2123 2511 2710 2751 2861 2930 2945 3299 3600 4636 4711 4753 4756 4759 4762 4911 4912 4921 4922 4923 4924 4929 5111 5120 5221 5222 5223 5229 5310 5620 6110 6120 6130 6141 6142 6143 6190 6311 6422 6423 6431 6550 8121 8122 8129 8411 8413 8423 8424 8610 8711 8720 8730 8800
F40-F48	0710 0990 1311 1321 1351 1411 1412 1421 1532 2945 3600 4711 4753 4756 4759 4762 4911 4912 4921 4922 4923 4924 4929 5111 5120 5221 5222 5223 5229 5310 6110 6120 6130 6141 6142 6143 6190 6311 6422 6423 8011 8012 8020 8030 8121 8122 8129 8411 8423 8424 8610
G40-G47	0113 0210 0220 0810 1011 1012 1013 1321 1411 1412 1610 1621 1732 1733 1931 2330 2342 2511 2539 2861 3701 3702 3811 3812 3821 3822 3839 3900 4120 4211 4213 4222 4223 4291 4292 4299 4313 4319 4399 4921 4922 4923 4924 4929 4930 5212 8011 8012 8020 8030 8121 8122 8129
G50-G59	0155 1011 1012 1013 1062 1093 1095 1313 1351 1411 1412 1421 1529 1531 1532 1533 1539 1540 2063 2123 2211 2222 2223 2229 2349 2542 2593 2640 2710 2759 2944 2945 3240 3250 4711 5611 5612 5620 6110 6120 6130 6141 6142 6143 6190 6422 6423 8121 8122 8129 8610
G40-G47	0113 0210 0220 0810 1011 1012 1013 1321 1411 1412 1610 1621 1732 1733 1931 2330 2342 2511 2539 2861 3701 3702 3811 3812 3821 3822 3839 3900 4120 4211 4213 4222 4223 4291 4292 4299 4313 4319 4399 4921 4922 4923 4924 4929 4930 5212 8011 8012 8020 8030 8121 8122 8129
G50-G59	0155 1011 1012 1013 1062 1093 1095 1313 1351 1411 1412 1421 1529 1531 1532 1533 1539 1540 2063 2123 2211 2222 2223 2229 2349 2542 2593 2640 2710 2759 2944 2945 3240 3250 4711 5611 5612 5620 6110 6120 6130 6141 6142 6143 6190 6422 6423 8121 8122 8129 8610
H53-H54	0210 0220 0810 1071 1220 1610 1622 2330 2342 3701 3702 3811 3812 3821 3822 3839 3900 4120 4211 4212 4213 4222 4223 4291 4299 4312 4313 4319 4321 4329 4391 4399 4741 4742 4743 4744 4789 4921 4922 4923 4924 4929 4930 8011 8012 8020 8030 8121 8122 8129
I05-I09	4921
I10-I15	0111 1411 1412 4921 4922 4923 4924 4929 5111 5120
I20-I25	1621 4120 4211 4213 4221 4222 4223 4291 4299 4329 4399 4921 4922 4930 6110 6120 6130 6141 6142 6143 6190

INTER-VALO CID-10	CNAE
I30-I52	0113 0210 0220 0810 1011 1012 1013 1061 1071 1411 1412 1610 1931 2029 2330 2342 3600 3701 3702 3811 3812 3821 3822 3839 3900 4120 4211 4213 4222 4223 4291 4292 4299 4312 4313 4319 4391 4399 4621 4622 4623 4921 4922 4923 4924 4929 4930 8121 8122 8129 8411 9420
I60-I69	0810 1071 2330 2342 3600 3701 3702 3811 3812 3821 3822 3839 3900 4120 4211 4213 4222 4223 4291 4299 4312 4313 4319 4321 4391 4399 4921 4922 4923 4924 4929 4930 8112 8121 8122 8129 8411 8591 9200 9311 9312 9313 9319 9420
I80-I89	1011 1012 1013 1020 1031 1033 1091 1092 1220 1311 1321 1351 1411 1412 1413 1422 1510 1531 1532 1540 1621 1622 2123 2342 2542 2710 2813 2832 2833 2920 2930 2944 2945 3101 3102 3329 3701 3702 3811 3812 3821 3822 3839 3900 4621 4622 4623 4721 4722 4921 4922 5611 5612 5620 8011 8012 8020 8030 8121 8122 8129 8411 8610 9420 9491 9601
J40-J47	0810 1031 1220 1311 1321 1351 1411 1412 1610 1622 1629 2330 2342 2539 3101 3102 3329 4120 4211 4213 4292 4299 4313 4319 4399 4921 8121 8122 8129 8411
K35-K38	0810 1011 1012 1013 1071 1411 1412 1531 1540 1610 1621 1732 1733 2451 2511 2512 2832 2833 2930 3101 3329 4621 4622 4623 4921 4922 8610
K40-K46	0113 0210 0220 0230 0810 1011 1012 1013 1020 1031 1033 1041 1051 1061 1066 1071 1091 1122 1321 1354 1510 1610 1621 1622 1629 1722 1732 1733 1931 2211 2212 2219 2330 2341 2342 2349 2443 2449 2451 2511 2512 2521 2539 2541 2542 2543 2592 2593 2710 2815 2822 2832 2833 2861 2866 2869 2930 2943 2944 2945 3011 3101 3102 3329 3701 3702 3811 3812 3821 3822 3839 3900 4120 4211 4212 4213 4221 4222 4223 4291 4292 4299 4312 4313 4319 4321 4329 4391 4399 4621 4622 4623 4632 4634 4687 4721 4722 4741 4742 4743 4744 4789 4921 4922 4930 5212 8121 8122 8129 9420
L60-L75	8610
L80-L99	0113 1011 1012 1013 1071 1411 1412 1610 1621 1931 2451 5611 5620 8121 8122 8129 8610
M00-M25	0113 0131 0133 0210 0220 0810 0892 0910 1011 1012 1013 1020 1031 1033 1041 1051 1052 1061 1064 1071 1072 1091 1122 1220 1311 1321 1351 1354 1411 1412 1413 1532 1621 1732 1733 1931 2012 2019 2312 2330 2341 2342 2349 2431 2443 2449 2511 2522 2539 2543 2550 2710 2813 2815 2822 2852 2853 2854 2861 2862 2865 2866 2869 2920 2930 2944 2945 2950 3011 3102 3600 3701 3702 3811 3812 3821 3822 3839 3900 4120 4211 4212 4213 4221 4222 4223 4291 4292 4299 4312 4313 4319 4321 4329 4391 4399 4621 4622 4623 4636 4661 4711 4721 4921 4922 4923 4924 4929 4930 5012 5021 5212 5310 5611 5620 7719 8121 8122 8129 8411 8424 8430 8591 8610 9200 9311 9312 9313 9319 9420 9491 9601

INTERVALO CID-10	CNAE
M40-M54	0113 0131 0133 0210 0220 0230 0500 0710 0810 0892 0910 0990 1011 1012 1013 1020 1031 1033 1041 1051 1052 1061 1062 1064 1071 1072 1092 1122 1311 1312 1321 1323 1340 1351 1354 1411 1412 1413 1421 1422 1510 1532 1610 1621 1622 1623 1629 1710 1721 1722 1732 1733 1931 2012 2019 2029 2040 2091 2093 2123 2211 2212 2219 2221 2222 2312 2320 2330 2341 2342 2349 2391 2431 2439 2441 2443 2449 2451 2511 2513 2521 2522 2539 2542 2543 2550 2592 2593 2710 2722 2733 2813 2815 2822 2832 2833 2852 2853 2854 2861 2862 2864 2866 2869 2920 2930 2942 2943 2944 2945 2950 3011 3101 3102 3240 3321 3329 3600 3701 3702 3811 3812 3821 3822 3839 3900 4120 4211 4212 4213 4222 4223 4291 4292 4299 4311 4312 4313 4319 4321 4329 4391 4399 4621 4622 4623 4632 4636 4661 4681 4682 4685 4686 4687 4689 4921 4922 4923 4924 4929 4930 5012 5021 5211 5212 5221 5222 5223 5229 5310 5612 5620 6431 7719 7732 8121 8122 8129 8424 8430 8610 9420
M60-M79	0113 0155 0210 0220 1011 1012 1013 1020 1031 1033 1051 1052 1062 1064 1092 1093 1094 1095 1096 1099 1122 1311 1314 1321 1323 1340 1351 1352 1354 1359 1411 1412 1413 1414 1421 1510 1521 1529 1531 1532 1533 1540 1623 1732 1733 1742 1749 2040 2063 2091 2110 2121 2123 2211 2219 2221 2222 2223 2229 2312 2319 2342 2349 2439 2443 2449 2451 2531 2539 2541 2542 2543 2550 2591 2592 2593 2610 2631 2632 2640 2651 2710 2721 2722 2732 2733 2740 2751 2759 2813 2814 2815 2822 2823 2824 2840 2853 2854 2861 2864 2866 2869 2920 2930 2941 2942 2943 2944 2945 2949 3092 3101 3102 3104 3230 3240 3250 3291 3299 3316 3329 3701 3702 3811 3812 3821 3822 3839 3900 4221 4632 4634 4711 4713 4912 5111 5120 5212 5221 5222 5223 5229 5310 5320 5612 5620 6021 6022 6110 6120 6130 6141 6142 6143 6190 6209 6311 6399 6422 6423 6431 6550 7410 7490 7719 7733 8121 8122 8129 8211 8219 8220 8230 8291 8292 8299 8610 9420 9601
M30-M36	1412 8121 8122 8129 8610
S00-S09	0210 0220 0230 0810 1011 1012 1013 1033 1041 1061 1071 1122 1321 1510 1532 1610 1621 1622 1732 1733 1931 2212 2330 2342 2391 2511 2512 2539 2542 2543 2593 2832 2833 2866 2869 2930 3011 3101 3102 3329 3701 3702 3811 3812 3821 3822 3839 3900 4120 4211 4213 4221 4222 4223 4291 4292 4299 4312 4313 4319 4321 4329 4391 4399 4520 4530 4541 4542 4621 4622 4623 4635 4671 4672 4673 4674 4679 4687 4731 4732 4741 4742 4743 4744 4789 4921 4922 4930 5212 5320 7810 7820 7830 8011 8012 8020 8030 8121 8122 8129 9420
S20-S29	0113 0131 0133 0210 0220 0230 0810 1011 1012 1013 1071 1321 1510 1610 1621 1622 1629 1732 1733 1931 2330 2342 2512 2539 2543 2832 2833 2866 2869 3600 3701 3702 3811 3812 3821 3822 3839 3900 4120 4211 4213 4221 4222 4223 4291 4292 4299 4321 4399 4621 4622 4623 4632 4687 4741 4742 4743 4744 4789 4921 4922 4930 5212 5310 8121 8122 8129 9420

INTERVALO CID-10	CNAE
S30-S39	0131 0133 0210 0220 1011 1012 1013 1061 1071 1610 1621 2330 2342 2511 2512 3101 3329 3701 3702 3811 3812 3821 3822 3839 3900 4120 4211 4213 4221 4222 4223 4291 4299 4312 4313 4319 4321 4329 4391 4399 4621 4622 4623 4687 4722 4741 4742 4743 4744 4789 4921 4930 5212 5221 5222 5223 5229 7810 7820 7830 8121 8122 8129 9420
S40-S49	0131 0133 0210 0220 0500 0810 1011 1012 1013 1031 1033 1041 1051 1061 1064 1071 1091 1122 1321 1351 1354 1411 1412 1510 1531 1532 1533 1540 1610 1621 1622 1623 1629 1722 1732 1733 1931 2212 2221 2222 2223 2229 2330 2342 2349 2391 2451 2511 2512 2539 2542 2543 2592 2593 2710 2813 2815 2822 2823 2832 2833 2861 2866 2869 2930 2944 2945 2950 3101 3102 3329 3701 3702 3811 3812 3821 3822 3839 3900 4120 4211 4213 4221 4222 4223 4291 4292 4299 4312 4313 4319 4321 4329 4391 4399 4520 4530 4541 4542 4618 4621 4622 4623 4635 4661 4671 4672 4673 4674 4679 4687 4721 4722 4731 4732 4741 4742 4743 4744 4784 4789 4921 4922 4930 5212 5221 5222 5223 5229 5310 5320 7719 7810 7820 7830 8011 8012 8020 8030 8121 8122 8129 9420
S50-S59	0210 0220 0810 1011 1012 1013 1031 1033 1041 1051 1061 1064 1071 1091 1092 1093 1096 1099 1122 1311 1321 1354 1411 1412 1510 1531 1532 1533 1540 1610 1621 1622 1623 1629 1722 1732 1733 2211 2221 2222 2223 2229 2330 2341 2342 2391 2511 2512 2539 2542 2543 2592 2593 2710 2759 2813 2822 2823 2832 2833 2861 2866 2869 2930 2944 2945 2950 3011 3101 3102 3329 3701 3702 3811 3812 3821 3822 3839 3900 4120 4211 4213 4221 4222 4223 4291 4292 4299 4312 4313 4319 4321 4322 4329 4391 4399 4520 4621 4622 4623 4635 4661 4685 4686 4687 4689 4711 4721 4722 4741 4742 4743 4744 4784 4789 4921 4923 4924 4929 4930 5212 5221 5222 5223 5229 5310 5320 7719 7732 7810 7820 7830 8011 8012 8020 8030 8121 8122 8129 9420
S60-S69	0113 0210 0220 0500 0810 1011 1012 1013 1031 1033 1041 1042 1051 1052 1061 1062 1063 1064 1071 1072 1091 1092 1093 1094 1096 1099 1122 1311 1312 1321 1323 1340 1351 1353 1354 1359 1411 1412 1510 1529 1531 1532 1533 1540 1610 1621 1622 1623 1629 1710 1721 1722 1731 1732 1733 1741 1742 1749 1813 1931 2012 2019 2029 2061 2063 2091 2092 2123 2211 2212 2219 2221 2222 2223 2229 2311 2312 2319 2330 2341 2342 2349 2391 2392 2399 2431 2439 2441 2443 2449 2451 2452 2511 2512 2513 2521 2522 2531 2532 2539 2541 2542 2543 2550 2591 2592 2593 2599 2632 2651 2710 2721 2722 2732 2733 2740 2751 2759 2790 2811 2812 2813 2814 2815 2821 2822 2823 2824 2825 2829 2831 2832 2833 2840 2852 2853 2854 2861 2862 2864 2865 2866 2869 2920 2930 2941 2942 2943 2944 2945 2949 2950 3011 3012 3032 3091 3092 3099 3101 3102 3103 3104 3220 3230 3240 3250 3291 3299 3319 3329 3701 3702 3811 3812 3821 3822 3832 3839 3900 4120 4211 4213 4221 4222 4223 4291 4292 4299 4312 4313 4319 4321 4322 4329 4391 4399 4520 4621 4622 4623 4632 4634 4661 4671 4672 4673 4674 4679 4681 4682 4685 4686 4687 4689 4711 4721 4722 4741 4742 4743 4744 4789 4930 5211 5212 5320 5819 5829 7719 7732 7810 7820 7830 8121 8122 8129 8423 9420 9529

INTER-VALO CID-10	CNAE
S70-S79	0210 0220 1011 1012 1013 1033 1122 1610 1621 1622 2330 2391 2511 2512 2539 3101 3329 3701 3702 3811 3812 3821 3822 3839 3900 4120 4211 4213 4221 4222 4223 4291 4299 4312 4321 4391 4399 4520 4530 4541 4542 4618 4687 4731 4732 4741 4742 4743 4744 4784 4789 4921 4930 5212 5221 5222 5223 5229 5232 5250 5320 7810 7820 7830 8011 8012 8020 8030 8121 8122 8129 9420
S80-S89	0210 0220 0230 0500 0710 0810 0990 1011 1012 1013 1031 1033 1041 1051 1061 1062 1064 1071 1072 1092 1096 1099 1122 1321 1351 1354 1411 1412 1510 1531 1532 1540 1610 1621 1622 1623 1629 1710 1721 1722 1732 1733 1931 2012 2019 2029 2073 2091 2211 2219 2222 2312 2320 2330 2341 2342 2391 2439 2443 2449 2451 2511 2512 2521 2522 2539 2542 2543 2550 2592 2593 2651 2710 2812 2813 2815 2821 2822 2823 2831 2832 2833 2840 2852 2854 2861 2862 2864 2865 2866 2869 2930 2943 2944 2945 2950 3011 3101 3102
S80-S89	3329 3600 3701 3702 3811 3812 3821 3822 3839 3900 4120 4211 4213 4221 4222 4223 4291 4292 4299 4312 4313 4319 4321 4322 4329 4391 4399 4520 4530 4541 4542 4618 4621 4622 4623 4632 4635 4636 4637 4639 4661 4671 4672 4673 4674 4679 4681 4682 4685 4686 4687 4689 4711 4722 4723 4731 4732 4741 4742 4743 4744 4784 4789 4912 4921 4922 4923 4924 4929 4930 5211 5212 5221 5222 5223 5229 5232 5250 5310 5320 7719 7732 7810 7820 7830 8011 8012 8020 8030 8121 8122 8129 8423 8424 9420
S90-S99	0210 0220 0500 0810 1011 1012 1013 1031 1033 1041 1051 1061 1062 1064 1071 1072 1092 1093 1122 1311 1321 1351 1354 1411 1412 1510 1532 1610 1621 1622 1623 1629 1710 1721 1722 1732 1733 1931 2029 2091 2219 2221 2222 2312 2330 2341 2342 2391 2431 2439 2441 2443 2449 2451 2511 2512 2513 2521 2522 2531 2539 2542 2543 2592 2593 2710 2722 2815 2822 2831 2832 2833 2840 2852 2853 2854 2861 2862 2865 2866 2869 2920 2930 2943 2944 2945 2950 3011 3101 3102 3329 3600 3701 3702 3811 3812 3821 3822 3839 3900 4120 4211 4213 4221 4222 4223 4291 4292 4299 4312 4313 4319 4321 4322 4329 4391 4399 4621 4622 4623 4661 4681 4682 4685 4686 4687 4689 4711 4784 4912 4921 4922 4930 5111 5120 5212 5221 5222 5223 5229 5232 5250 5310 5320 6423 6431 6550 7719 7732 7810 7820 7830 8011 8012 8020 8030 8121 8122 8129 8423 8424 8610 9420
T90-T98	0210 0220 0710 0810 0892 0910 1011 1013 1020 1031 1033 1041 1042 1061 1062 1071 1072 1091 1092 1093 1122 1220 1311 1312 1321 1351 1352 1353 1411 1412 1510 1531 1532 1533 1540 1610 1621 1622 1629 1733 1932 2014 2019 2029 2032 2091 2211 2221 2223 2229 2312 2320 2330 2341 2342 2391 2451 2511 2512 2521 2522 2539 2542 2592 2593 2640 2740 2751 2790 2813 2814 2822 2862 2864 2866 2869 2920 2930 2944 2945 2950 3091 3092 3101 3102 3600 3701 3702 3811 3812 3821 3822 3839 3900 4120 4211 4213 4221 4291 4292 4299 4312 4313 4319 4321 4322 4391 4399 4635 4661 4681 4682 4687 4721 4741 4743 4744 4784 4922 4923 4924 4929 4930 5012 5021 5030 5212 5221 5222 5223 5229 5231 5232 5239 5250 5310 5320 7719 7732 8011 8012 8020 8030 8121 8122 9420

O NTEP estabelece um vínculo entre a Classificação Nacional de Atividades Econômicas (CNAE) da empresa e a CID do agravo, presumindo-se relativamente o acidente de trabalho. Nesse sentido, colaciona-se o início da tabela da Lista C do Anexo II do Regulamento:

INTERVALO CID-10	CNAE
A15-A19	**0810** 1091 1411 1412 1533 1540 2330 3011 3701 3702 3811 3812 3821 3822 3839 3900 4120 4211 4213 4222 4223 4291 4299 4312 4321 4391 4399 4687 4711 4713 4721 4741 4742 4743 4744 4789 4921 4923 4924 4929 5611 7810 7820 7830 8121 8122 8129 8610 9420 9601

Há um nexo entre as doenças enquadradas na CID A15-A19 e as empresas com CNAE ao lado indicado, a exemplo do **código 0810**:

CID	Doenças enquadradas
A15	Tuberculose respiratória, com confirmação bacteriológica e histológica
A15.0	Tuberculose pulmonar, com confirmação por exame microscópico da expectoração, com ou sem cultura
A15.1	Tuberculose pulmonar, com confirmação somente por cultura
A15.2	Tuberculose pulmonar, com confirmação histológica
A15.3	Tuberculose pulmonar, com confirmação por meio não especificado
A15.4	Tuberculose dos gânglios intratorácicos, com confirmação bacteriológica e histológica
A15.5	Tuberculose da laringe, da traqueia e dos brônquios, com confirmação bacteriológica e histológica
A15.6	Pleuris tuberculoso, com confirmação bacteriológica e histológica
A15.7	Tuberculose primária das vias respiratórias, com confirmação bacteriológica e histológica
A15.8	Outras formas de tuberculose das vias respiratórias, com confirmação bacteriológica e histológica
A15.9	Tuberculose não especificada das vias respiratórias, com confirmação bacteriológica e histológica
A16	Tuberculose das vias respiratórias, sem confirmação bacteriológica ou histológica
A16.0	Tuberculose pulmonar com exames bacteriológico e histológico negativos
A16.1	Tuberculose pulmonar, sem realização de exame bacteriológico ou histológico
A16.2	Tuberculose pulmonar, sem menção de confirmação bacteriológica ou histológica
A16.3	Tuberculose dos gânglios intratorácicos, sem menção de confirmação bacteriológica ou histológica

CID	Doenças enquadradas
A16.4	Tuberculose da laringe, da traqueia e dos brônquios, sem menção de confirmação bacteriológica ou histológica
A16.5	Pleurisia tuberculosa, sem menção de confirmação bacteriológica ou histológica
A16.7	Tuberculosa respiratória primária sem menção de confirmação bacteriológica ou histológica
A16.8	Outras formas de tuberculose das vias respiratórias, sem menção de confirmação bacteriológica ou histológica
A16.9	Tuberculose respiratória, não especificada, sem menção de confirmação bacteriológica ou histológica
A17	Tuberculose do sistema nervoso
A17.0	Meningite tuberculosa (G01*)
A17.1	Tuberculoma meníngeo (G07*)
A17.8	Outras tuberculoses do sistema nervoso
A17.9	Tuberculose não especificada do sistema nervoso (G99.8*)
A18	Tuberculose de outros órgãos
A18.0	Tuberculose óssea e das articulações
A18.1	Tuberculose do aparelho geniturinário
A18.2	Linfadenopatia tuberculosa periférica
A18.3	Tuberculose do intestino, do peritônio e dos gânglios mesentéricos
A18.4	Tuberculose de pele e do tecido celular subcutâneo
A18.5	Tuberculose do olho
A18.6	Tuberculose do ouvido
A18.7	Tuberculose das suprarrenais (E35.1*)
A18.8	Tuberculose de outros órgãos especificados
A19	Tuberculose miliar
A19.0	Tuberculose miliar aguda de localização única e especificada
A19.1	Tuberculose miliar aguda de múltiplas localizações
A19.2	Tuberculose miliar aguda não especificada
A19.8	Outras tuberculoses miliares
A19.9	Tuberculose miliar não especificada

CNAE	Atividade
0810-0/01	Ardósia; beneficiamento de (associado a extração)
0810-0/01	Ardósia; extração de
0810-0/02	Granito; beneficiamento de (associado a extração)
0810-0/02	Granito; extração de

CNAE	Atividade
0810-0/02	Pó de granito; produção de
0810-0/03	Mármore; beneficiamento de (associado a extração)
0810-0/03	Mármore; extração de
0810-0/03	Pó de mármore; produção de
0810-0/04	Calcário; beneficiamento de (associado a extração)
0810-0/04	Calcário; extração de
0810-0/04	Calcários (pedras e mariscos); extração de
0810-0/04	Conchas calcarias; beneficiamento de (associado a extração)
0810-0/04	Conchas calcarias; extração de
0810-0/04	Crê; extração de
0810-0/04	Dolomita; beneficiamento de (associado a extração)
0810-0/04	Dolomita; trituração, fragmentação e outros beneficiamentos de (associados à extração)
0810-0/04	Pó calcário; fabricação de (associado à extração)
0810-0/05	Alabastro; extração de
0810-0/05	Caulim; extração de
0810-0/05	Gesso ou gipsita; extração de
0810-0/06	Areia lavada para construção; extração de
0810-0/06	Areia quartzosas; extração de
0810-0/06	Areia; extração de
0810-0/06	Areias siliciosas; extração de
0810-0/06	Areias, cascalhos, pedregulhos e semelhantes; beneficiamento de

Logo, por exemplo, um empregado de uma empresa especializada em extração de ardósia (CNAE 0810) que esteja acometido com tuberculose pulmonar, com confirmação por exame microscópico da expectoração, com ou sem cultura (CID 15.0), terá o reconhecimento do NTEP, cabendo à empresa, se discordar, promover a devida impugnação administrativa com as provas cabíveis.

No âmbito da Previdência Social, o tema é disciplinado pela Instrução Normativa INSS 31/2008, que dispõe sobre procedimentos e rotinas referentes ao Nexo Técnico Previdenciário.

De efeito, o nexo técnico previdenciário poderá ser de **natureza causal ou não**, havendo três espécies:

> I – **nexo técnico profissional ou do trabalho**, fundamentado nas associações entre patologias e exposições constantes das listas A e B do anexo II do Decreto nº 3.048/99;

II – **nexo técnico por doença equiparada a acidente de trabalho ou nexo técnico individual**, decorrente de acidentes de trabalho típicos, bem como de condições especiais em que o trabalho é realizado e com ele relacionado diretamente, nos termos do § 2º do art. 20 da Lei nº 8.213/91;

III – **nexo técnico epidemiológico previdenciário**, aplicável quando houver significância estatística da associação entre o código da Classificação Internacional de Doenças-CID, e o da Classificação Nacional de Atividade Econômica-CNAE, na parte inserida pelo Decreto nº 6.042/07, na lista B do anexo II do Decreto nº 3.048/99.

Coube à Resolução INSS 485/2015 disciplinar os procedimentos a serem adotados pela Perícia Médica na inspeção no ambiente de trabalho dos segurados, devendo ser observados os elementos inerentes à história clínica e ocupacional, descritos nos seguintes documentos:

I – Prontuário Médico;

II – PPP e demais dados da Análise de Função;

III – Laudo Técnico das Condições de Ambiente de Trabalho – LTCAT;

IV – Programa de Prevenção de Riscos Ambientais – PPRA;

V – Programa de Controle Médico de Saúde Ocupacional – PCMSO;

VI – Carteira de Trabalho, para análise dos vínculos empregatícios anteriores; e

VII – Comunicação de Acidente do Trabalho – CAT (se houver).

A inspeção no ambiente de trabalho será precedida de envio de Carta de Comunicação de Inspeção à empresa e terá as seguintes finalidades[8]:

I – reconhecer tecnicamente o nexo entre o trabalho e o agravo;

II – verificar se existe, por parte da empresa, cumprimento quanto às normas de segurança e higiene do trabalho;

III – verificar a adoção e o uso das medidas coletivas e individuais de proteção e segurança da saúde do trabalhador;

---

8. Art. 7º O Formulário de Inspeção no Ambiente de Trabalho (Anexo V) deverá conter, obrigatoriamente: I – identificação da empresa, dos acompanhantes, do segurado e dos documentos solicitados para análise; II – descrição da atividade (registrar as atividades desenvolvidas pelo segurado em cada função e setor, incluindo a atual e as pregressas); III – riscos ambientais (agentes físicos, químicos, biológicos), fatores ergonômicos, psicofísicos e riscos de acidentes; IV – comentários complementares (elementos eventualmente existentes e não apontados anteriormente, mas necessários ao esclarecimento da matéria em questão); V – conclusão final que deverá conter, conforme o caso: a) o reconhecimento ou não do nexo entre o trabalho e o agravo; b) o enquadramento de condições especiais (relatar a existência de efetiva exposição ao agente nocivo, habitualidade e permanência da exposição); c) a capacidade laborativa do reabilitando frente ao posto de trabalho de origem e ao posto de trabalho proposto pelo empregador; e d) encaminhamentos adicionais que venham a ser realizados, tais como Representações Administrativas – RA a outros órgãos.

IV – constatar se a doença ou lesão invocada como causa do benefício junto ao INSS é pré-existente ou não ao ingresso no Regime Geral de Previdência Social, excetuando-se os casos de progressão ou agravamento;

V – verificar se as informações contidas no PPP estão em concordância com o LTCAT utilizado como base para sua fundamentação, com fins à aposentadoria especial;

VI – confirmar se as informações contidas LTCAT estão em concordância com o ambiente de trabalho inspecionado, com fins à aposentadoria especial; e

VII – avaliar a compatibilidade da capacidade laborativa do reabilitando frente ao posto de trabalho de origem e frente ao posto de trabalho proposto pelo empregador.

Após realizada a inspeção no local de trabalho, a perícia médica do INSS reconhecerá ou não o nexo entre o trabalho e o agravo, devendo a APS mantenedora do benefício, em ambos os casos, emitir junto à perícia médica uma Carta de Notificação, em três vias, sendo uma para ser juntada ao processo concessório e as outras duas para serem enviadas à empresa e ao segurado.

Ademais, quando na realização da inspeção no ambiente de trabalho ficar constatada alguma das irregularidades descritas nas normativas previdenciárias, o executor da inspeção deverá emitir Representação Administrativa e encaminhar suas respectivas cópias, conforme o caso, aos órgãos competentes.

6. SEGURADOS COBERTOS

O médico-residente, que se enquadra como contribuinte individual, também tinha direito aos benefícios acidentários por determinação expressa da Lei 8.138/90, que restou revogada pela Lei 10.405/2002.

Assim, antes do advento da LC 150/2015, **de acordo com a *doutrina prevalente*, apenas o segurado empregado, o trabalhador avulso e o segurado especial fazem jus aos benefícios por acidente de trabalho**, pois nestes casos a empresa paga a contribuição SAT de 1, 2 ou 3% sobre as remunerações dos empregados e avulsos e o segurado especial é contribuinte de 0,1% sobre a receita decorrente da comercialização de sua produção.

Nesse sentido, conforme restringia o artigo 18, §1º, da Lei 8.213/91, apenas os segurados empregados, trabalhadores avulsos e segurados especiais fariam jus ao auxílio-acidente, o mais típico benefício por acidente de trabalho, em que pese ter sido estendido aos acidentes em geral.

Com o advento da Emenda Constitucional 72/2013 passou a existir previsão na Lei Maior para que os empregadores domésticos pagassem contribuição SAT, o que foi regulamentado pela LC 150/2015 (0,8% do salário de contribuição),

razão pela qual os empregados domésticos passaram a ter direito aos benefícios previdenciários por acidente do trabalho, inclusive ao auxílio-acidente.

Contudo, mesmo sem o pagamento da contribuição SAT pelas empresas, entende-se ser razoável estender a proteção previdenciária acidentária aos contribuintes individuais que prestam serviços às pessoas jurídicas, pois o conceito legal de acidente de trabalho (artigo 19, da Lei 8.213/91) o define como "o que ocorre pelo exercício do trabalho a serviço da empresa", não havendo qualquer restrição legal com relação aos segurados beneficiários.

Os **benefícios pagos por acidente de trabalho** ao empregado, empregado doméstico, ao trabalhador avulso e ao segurado especial, bem como aos dependentes, são os seguintes: pensão por morte por acidente de trabalho; auxílio-acidente por acidente de trabalho; auxílio-doença por acidente de trabalho e aposentadoria por incapacidade permanente por acidente de trabalho.

São devidos os benefícios por acidente do trabalho – auxílio-doença, aposentadoria por incapacidade permanente, pensão por morte e auxílio-acidente (espécies 91, 92, 93 e 94) ao segurado empregado doméstico, desde que o acidente tenha ocorrido a partir do dia 02/06/2015, data da publicação da Lei Complementar nº 150, de 2015[9].

Vale frisar que o INSS somente concede benefícios com código de acidente do trabalho aos segurados que possuem o pagamento da contribuição SAT em seu favor: empregado, empregado doméstico (este após a LC 150/2015), trabalhador avulso e segurado especial.

Logo, o contribuinte individual, quer autônomo, quer prestando serviços à pessoa jurídica, não terá deferido pelo INSS benefício por acidente de trabalho, e sim benefício comum, o mesmo ocorrendo com o segurado facultativo, que sequer trabalha.

Revendo a sua jurisprudência de modo técnico, o STJ vem pronunciando a competência da Justiça Federal nas demandas envolvendo contribuinte individual autônomo:

> PROCESSUAL CIVIL E PREVIDENCIÁRIO. CONFLITO NEGATIVO DE COMPETÊNCIA. AÇÃO PREVIDENCIÁRIA. BENEFÍCIO POR INCAPACIDADE. SEGURADO CONTRIBUINTE INDIVIDUAL. LEGISLAÇÃO ACIDENTÁRIA EXCLUDENTE. NATUREZA PREVIDENCIÁRIA DO BENEFÍCIO. INTELIGÊNCIA DO ARTIGO 19 DA LEI 8.213/1991. COMPETÊNCIA DA JUSTIÇA FEDERAL. JUÍZO SUSCITADO.

9. Memorando-Circular nº 38/DIRBEN/INSS, de 5/11/2015.

1. No caso, tramita ação previdenciária em que ser requer a condenação do INSS ao pagamento de benefício previdenciário por incapacidade, em que o autor ostenta a qualidade de segurado contribuinte individual.

2. O segurado contribuinte individual integra o rol dos segurados obrigatórios do Regime Geral de Previdência Social. O artigo 12, V, da Lei 8.212/1991 e o artigo 9º, V, do Decreto 3.048/1999, com a redação dada pela Lei 9.876/1999, elencam quem são os segurados contribuintes individuais. São igualmente segurados contribuintes individuais, o médico-residente, por força da Lei 6.932/1981 com a redação dada pela Lei 12.514/2011; o cônjuge ou companheiro do produtor que participe da atividade rural por este explorada; o bolsista da Fundação Habitacional do Exército, contratado em conformidade com a Lei 6.855/1980 e o árbitro de competições desportivas e seus auxiliares que atuem em conformidade com a Lei 9.615/1998.

2. Consoante artigo 19 da Lei 8.213/1991, somente os segurados empregados, incluídos os temporários, os segurados trabalhadores avulsos e os segurados especiais fazem jus aos benefícios previdenciários por acidente do trabalho. O ordenamento jurídico fez incluir o segurado empregado doméstico no rol do artigo 19, em observância à Emenda Constitucional 72 e à Lei Complementar 150/2015.

3. O artigo 109, I, da Constituição Federal de 1988, ao excetuar da competência federal as causas de acidente do trabalho, abarcou tão somente as lides estritamente acidentárias, movidas pelo segurado contra o INSS.

4. O acidente sofrido por trabalhador classificado pela lei previdenciária como segurado contribuinte individual, por expressa determinação legal, não configura acidente do trabalho, não ensejando, portanto, a concessão de benefício acidentário, apenas previdenciário, sob a jurisdição da Justiça Federal.

5. Conflito negativo de competência conhecido para declarar a competência da Justiça Federal (**CC 140943, 1ª Seção, 8/2/2017**).

7. PRESCRIÇÃO DOS BENEFÍCIOS ACIDENTÁRIOS

De acordo com o artigo 104, da Lei 8.213/91, as ações referentes à prestação por acidente do trabalho prescrevem em cinco anos, contados da data:

I – do acidente, quando dele resultar a morte ou a incapacidade temporária, verificada esta em perícia médica a cargo da Previdência Social; ou

II – em que for reconhecida pela Previdência Social, a incapacidade permanente ou o agravamento das sequelas do acidente.

Note-se que, em se tratando de benefícios previdenciários, ocorre a prescrição progressiva e não a do fundo do direito[10], pois apenas as parcelas vencidas antes do quinquênio anterior ao ajuizamento da demanda ou do pedido

10. STJ, REsp 266.637, de 26.09.2000.

administrativo restarão fulminadas pelo lustro prescricional, sendo aplicável a Súmula 85 do STJ[11].

8. PRINCIPAIS CONSEQUÊNCIAS JURÍDICAS DO RECONHECIMENTO DO ACIDENTE DE TRABALHO

O reconhecimento de um acidente de trabalho ou equiparado, e, por consequência, a concessão de benefício previdenciário acidentário, tem como principais consequências:

a) O evento entrará na estatística da empresa para majoração em até 100% da contribuição de 1, 2 ou 3% sobre as remunerações dos segurados empregados e avulsos (contribuição SAT), na forma do artigo 10, da Lei 10.666/03;

b) O empregado (este direito não foi estendido ao empregado doméstico pela LC 150/2015), após a cessação do auxílio-doença acidentário, tem garantida a estabilidade provisória no emprego por ao menos doze meses, na forma do artigo 118, da Lei 8.213/91[12], dispositivo legal validado pelo STF no julgamento da ADI 639, em 02/06/2005[13];

c) O empregador obriga-se a depositar a importância a título de FGTS, conforme previsto no artigo 15, §5º, da Lei 8.036/90;

d) Dispensa-se a carência para a concessão da aposentadoria por incapacidade permanente e do auxílio-doença (auxílio por incapacidade temporária);

e) A ação judicial eventualmente proposta contra o INSS será da competência originária da Justiça Estadual, por força do artigo 109, I, parte final, da CRFB, e não da Justiça Federal, mesmo em se tratando de

11. Súmula 85 – Nas relações jurídicas de trato sucessivo em que a Fazenda Pública figure como devedora, quando não tiver sido negado o próprio direito reclamado, a prescrição atinge apenas as prestações vencidas antes do quinquênio anterior a propositura da ação.

12. Art. 118. O segurado que sofreu acidente do trabalho tem garantida, pelo prazo mínimo de doze meses, a manutenção do seu contrato de trabalho na empresa, após a cessação do auxílio-doença acidentário, independentemente de percepção de auxílio-acidente.

13. EMENTA: AÇÃO DIRETA DE INCONSTITUCIONALIDADE. ARTIGO 118 DA LEI 8.213/1991. Norma que assegura ao trabalhador a manutenção de contrato de trabalho por doze meses após a cessão do auxílio-doença, independentemente de percepção de auxílio-acidente. Alegação de ofensa à reserva de lei complementar, prevista no art. 7º, I, da Constituição federal, para a disciplina da proteção da relação de emprego contra despedida arbitrária ou sem justa causa. Norma que se refere às garantias constitucionais do trabalhador em face de acidentes de trabalho e não guarda pertinência com a proteção da relação de emprego nos termos do art. 7º, I, da Constituição. Ação julgada improcedente.

acidente por equiparação ou doença ocupacional[14], bem como as respectivas ações revisionais;

f) A renda da aposentadoria por incapacidade permanente e da pensão por morte não precedida de aposentadoria será de 100% do salário de benefício.

Ressalte-se que com o advento da Lei 9.032/95 o cálculo dos benefícios acidentários passou a ser o mesmo dos benefícios previdenciários comuns, inexistindo diferenciação para a definição da sua renda mensal inicial. No entanto isto foi modificado com a Emenda 103/2019 no caso da aposentadoria por incapacidade permanente (antiga invalidez), conforme será estudado na parte dos benefícios previdenciários.

COVID-19 E ACIDENTE DE TRABALHO:

As doenças ocupacionais (trabalho e profissional) são legalmente consideradas como acidente de trabalho pelo artigo 20 da Lei 8.213/91, constando em lista exemplificativa do anexo II do Decreto 3.048/99 codificadas pela CID-10.

Por sua vez, o coronavírus (Covid-19) consta da CID 10 da seguinte forma:

CID 10 – B34	Doenças por vírus, de localização não especificada
CID 10 – B34.0	Infecção por adenovírus de localização não especificada
CID 10 – B34.1	Infecção por enterovírus de localização não especificada
CID 10 – B34.2	Infecção por coronavírus de localização não especificada
CID 10 – B34.3	Infecção por parvovírus de localização não especificada
CID 10 – B34.4	Infecção por papovavírus de localização não especificada
CID 10 – B34.8	Outras infecções por vírus de localização não especificada
CID 10 – B34.9	Infecção viral não especificada
CID 10 – B34.2	**Infecção por coronavírus de localização não especificada**

Ao analisar o anexo II do Decreto 3.048/99, a COVID-19 não consta da lista A (**AGENTES OU FATORES DE RISCO DE NATUREZA OCUPACIONAL RELACIONADOS COM A ETIOLOGIA DE DOENÇAS PROFISSIONAIS E DE OUTRAS DOENÇAS RELACIONADAS COM O TRABALHO**).

Por outro lado, o agente biológico VÍRUS consta como agente patogênico causador de doença ocupacional nos trabalhos listados abaixo (item XXV):

14. STJ, CC 107.468, de 14.10.2009.

ANEXO II

AGENTES PATOGÊNICOS CAUSADORES DE DOENÇAS PROFISSIONAIS OU DO TRABALHO, CONFORME PREVISTO NO ART. 20 DA LEI Nº 8.213, DE 1991

AGENTES PATOGÊNICOS	TRABALHOS QUE CONTÊM O RISCO
XXV – MICROORGANISMOS E PARASITAS INFECCIOSOS VIVOS E SEUS PRODUTOS TÓXICOS 1. Mycobacterium; vírus hospedados por artrópodes; coccicliòides; fungos; histoplasma; leptospira; ricketsia; bacilo (carbúnculo, tétano); ancilóstomo; tripanossoma; pasteurella. 2. Ancilóstomo; histoplasma; coccicliòides; leptospira; bacilo; sepse. 3. Mycobacterium; brucellas; estreptococo (erisipela); fungo; ricketsia; pasteurella.	Agricultura; pecuária; silvicultura; caça (inclusive a caça com armadilhas); veterinária; curtume. Construção; escavação de terra; esgoto; canal de irrigação; mineração. Manipulação e embalagem de carne e pescado. Manipulação de aves confinadas e pássaros. Trabalho com pelo, pele ou lã. Veterinária. **Hospital; laboratórios e outros ambientes envolvidos no tratamento de doenças transmissíveis.**
4. Fungos; bactérias; mixovírus (doença de Newcastle). 5. Bacilo (carbúnculo) e pasteurella. 6. Bactérias; mycobacteria; brucella; fungos; leptospira; vírus; mixovírus; ricketsia; pasteurella. 7. Mycobacteria, **vírus**; outros organismos responsáveis por doenças transmissíveis. 8. Fungos (micose cutânea).	Trabalhos em condições de temperatura elevada e umidade (cozinhas; ginásios; piscinas; etc.).

Dessa forma, além das demais atividades acima listadas, quem labora em hospital ou outros ambientes envolvidos no tratamento de doenças transmissíveis que for contaminado pela COVID-19 esta será considerada como doença ocupacional.

Creio que essa seja a **integração provisória necessária** para a situação, pois absurdamente as doenças da CID B, aonde se localiza a COVID-19, não estão na listagem regulamentar que caracteriza o nexo técnico previdenciário.

De efeito, as doenças com a CID B (dentre elas a COVID-19) não estão relacionadas na lista C do Anexo II do Decreto 3.048/99 (são indicados intervalos de CID-10 em que se reconhece Nexo Técnico Epidemiológico, na forma do § 3º do art. 337, entre a entidade mórbida e as classes de CNAE indicadas, nelas incluídas todas as subclasses cujos quatro dígitos iniciais sejam comuns), não podendo ser estabelecido o Nexo Técnico Epidemiológico com a COVID-19.

Destarte, embora a lista do Anexo II seja de agentes de risco que podem causar doença ocupacional, e não uma lista que diretamente caracteriza a doença do trabalho, creio que ao menos no caso de profissionais da área de saúde que laborem em hospitais deve se presumir a ocorrência do acidente de trabalho, haja vista a omissão regulamentar da inserção da COVID-19 na lista C.

Dessa forma, de modo excepcional, podemos concluir que a COVID-19 será considerada como doença ocupacional quando contaminar segurado nas situações do anexo II do Decreto 3.048/99 (AGENTES PATOGÊNICOS CAUSADORES DE DOENÇAS PROFISSIONAIS OU DO TRABALHO, CONFORME PREVISTO NO ART. 20 DA LEI Nº 8.213, DE 1991), item XXV:

- **Agricultura; pecuária; silvicultura; caça (inclusive a caça com armadilhas); veterinária; curtume.**
- **Construção; escavação de terra; esgoto; canal de irrigação; mineração.**
- **Manipulação e embalagem de carne e pescado.**
- **Manipulação de aves confinadas e pássaros.**
- **Trabalho com pelo, pele ou lã.**
- **Veterinária.**
- **Hospital; laboratórios e outros ambientes envolvidos no tratamento de doenças transmissíveis.**
- **Trabalhos em condições de temperatura elevada e umidade (cozinhas; ginásios; piscinas; etc.).**

Nas demais atividades laborais, a princípio, a COVID-19 não será considerada como doença ocupacional, salvo se demonstrado pelo segurado ou constatado pelo Perito Médico que decorreu do labor, pois a listagem de doenças ocupacionais não é exauriente.

Por sua vez, o artigo 29 da MP 927/2020 previa:

> ***"Art. 29. Os casos de contaminação pelo coronavírus (covid-19) não serão considerados ocupacionais, exceto mediante comprovação do nexo causal".***

Esse dispositivo foi suspenso pelo STF em controle abstrato de constitucionalidade (ADI 6.342) em 29/04/2020:

> *"O Plenário, por maioria, em conclusão de julgamento conjunto de referendo em medida cautelar em ações diretas de inconstitucionalidade ajuizadas contra diversos*

artigos da Medida Provisória 927/2020, negou referendo ao indeferimento da medida cautelar somente em relação aos arts. 29 e 31 da referida MP (1) e suspendeu a eficácia desses artigos. A MP 927/2020 dispõe sobre a possibilidade de celebração de acordo individual escrito, a fim de garantir a permanência do vínculo empregatício, durante o período da pandemia do novo coronavírus (covid-19), bem como sobre diversas providências a serem tomadas nesse período de calamidade pública relativas aos contratos de trabalho (Informativo 974)".

...

*"Segundo o ministro, os arts. 29 e 31 fogem dessa ratio da norma, desse binômio manutenção do trabalho e renda do empregador, sobrevivência da atividade empresarial, conciliação entre empregado e empregador para manutenção do vínculo trabalhista. Com efeito, o art. 29 é extremamente ofensivo relativamente aos inúmeros trabalhadores de atividades essenciais que continuam expostos aos riscos, como médicos e enfermeiros, para os quais a demonstração do nexo causal pode ser mais fácil, mas, também, relativamente aos funcionários de farmácias, de supermercados e aos motoboys que trazem e levam entregas de alimentos. Quanto a estes últimos, o ministro salientou a sua dificuldade em comprovar eventual nexo causal, o que iria de encontro, ademais, ao recente entendimento firmado pela Corte, no RE 828.040, no sentido de reconhecer a responsabilidade objetiva em alguns casos em que o risco é maior". **ADI 6342 Ref-MC/DF, rel. Min. Marco Aurélio, red. p/ o ac. Min. Alexandre de Moraes, julgamento em 29.4.2020. (ADI-6342).***

Se o artigo 29 da MP 927/2020 não fosse suspenso pelo STF, todos os casos de contaminação pela COVID-19 não seriam considerados como doença ocupacional, exceto prova do nexo causal, que por certo recairia nos ombros do segurado do RGPS.

Como o dispositivo foi suspenso (a MP 927 caducou sem votação, registre-se), deve ser aplicada a sistemática acima estudada, devendo a COVID-19 ser enquadrada como doença ocupacional na situação das atividades listadas no anexo II do Decreto 3.048/99 (AGENTES PATOGÊNICOS CAUSADORES DE DOENÇAS PROFISSIONAIS OU DO TRABALHO, CONFORME PREVISTO NO ART. 20 DA LEI Nº 8.213, DE 1991) no item XXV.

Nas demais atividades, a COVID-19 somente será considerada como doença ocupacional se for demonstrado no caso concreto que a contaminação decorreu do labor, não devendo ser presumido o acidente de trabalho.

IMPORTANTE!

Todavia, o posicionamento da Secretaria de Previdência foi em parte diferente, pois não presumiu em nenhuma situação a COVID-19 como acidente de trabalho, apenas aduzindo que pode haver a citada caracterização.

Ao editar a **Nota Técnica SEI nº 56.376/2020/ME**, aduziu o Governo que "resta evidenciado que "*à luz das disposições da Lei nº 8.213, de 24 de julho de 1991, a depender do contexto fático, **a covid-19 pode ser reconhecida como***

***doença ocupacional**, aplicando-se na espécie o disposto no § 2º do mesmo artigo 20, quando a doença resultar das condições especiais em que o trabalho é executado e com ele se relacionar diretamente; podendo se constituir ainda num acidente de trabalho por doença equiparada, na hipótese em que a doença seja proveniente de contaminação acidental do empregado pelo vírus SARS-CoV-2 no exercício de sua atividade (artigo 21,inciso III, Lei nº 8.213, de 1991); em qualquer dessas hipóteses, entretanto, será a Perícia Médica Federal que deverá caracterizar tecnicamente a identificação do nexo causal entre o trabalho e o agravo, **não militando em favor do empregado, a princípio, presunção legal de que a contaminação constitua-se em doença ocupacional.**"*

A Lei 14.128/2021 criou uma compensação financeira a ser paga pela União aos **profissionais e trabalhadores de saúde**[15] que, durante o período de emergência de saúde pública de importância nacional decorrente da disseminação do novo coronavírus (SARS-CoV-2), por terem trabalhado no atendimento direto a pacientes acometidos pela Covid-19, ou realizado visitas domiciliares em determinado período de tempo, no caso de agentes comunitários de saúde ou de combate a endemias, tornarem-se permanentemente incapacitados para o trabalho, ou ao seu cônjuge ou companheiro, aos seus dependentes e aos seus herdeiros necessários, em caso de óbito.

No caso específico dos **profissionais e trabalhadores de saúde**, para fins de pagamento da citada compensação financeira, o artigo 2º, §1º, da Lei 14.128/2021 premiu a **COVID-19** como **causa** nas situações de incapacidade e óbito, desde que haja **nexo temporal** entre o início da doença e a incapacidade ou óbito, sendo necessário o diagnóstico de Covid19 mediante prova por laudo médico ou exame laboratorial.

"§ 1º Presume-se a Covid-19 como causa da incapacidade permanente para o trabalho ou óbito, mesmo que não tenha sido a causa única, principal ou imediata, desde que mantido o nexo temporal entre a data de início da doença e a ocorrência da incapacidade permanente para o trabalho ou óbito, se houver:

15. **Profissional ou trabalhador de saúde**: a) aqueles cujas profissões, de nível superior, são reconhecidas pelo Conselho Nacional de Saúde, além de fisioterapeutas, nutricionistas, assistentes sociais e profissionais que trabalham com testagem nos laboratórios de análises clínicas; b) aqueles cujas profissões, de nível técnico ou auxiliar, são vinculadas às áreas de saúde, incluindo os profissionais que trabalham com testagem nos laboratórios de análises clínicas; c) os agentes comunitários de saúde e de combate a endemias; d) aqueles que, mesmo não exercendo atividades-fim nas áreas de saúde, auxiliam ou prestam serviço de apoio presencialmente nos estabelecimentos de saúde para a consecução daquelas atividades, no desempenho de atribuições em serviços administrativos, de copa, de lavanderia, de limpeza, de segurança e de condução de ambulâncias, entre outros, além dos trabalhadores dos necrotérios e dos coveiros; e e) aqueles cujas profissões, de nível superior, médio e fundamental, são reconhecidas pelo Conselho Nacional de Assistência Social, que atuam no Sistema Único de Assistência Social.

I - diagnóstico de Covid-19 comprovado mediante laudos de exames laboratoriais; ou

II - laudo médico que ateste quadro clínico compatível com a Covid-19".

Ademais, mesmo na situação em que o profissional ou trabalhador da área de saúde tenha se incapacitado ou morrido com causas paralelas que se somaram à COVID-19, esta será considerada a causa determinante do óbito ou da incapacidade.

Conquanto se trate de regra para fins de pagamento da compensação financeira, poderá ser um **parâmetro para considerar a COVID-19 como doença do trabalho** em favor dos profissionais e trabalhadores de saúde, pois o objetivo da reparação citada é indenizar o profissional ou trabalhador da saúde ou o seu dependente que se incapacitou ou faleceu por terem trabalhado no trato de pacientes acometidos pelo novo coronavírus, presumindo a contaminação em decorrência do labor.

9. RESPONSABILIDADE CIVIL DA EMPRESA PERANTE A JUSTIÇA DO TRABALHO

Nas hipóteses de dolo ou culpa, a teor do artigo 7º, XXVIII, da CRFB, o empregador responderá civilmente nas hipóteses de acidente de trabalho, em demanda a ser proposta pelo empregado na Justiça do Trabalho, conforme pacificado pelo STF, através da edição da **Súmula vinculante 22**:

> "A Justiça do Trabalho é competente para processar e julgar as causas relativas a indenizações por danos morais e patrimoniais decorrentes de acidente de trabalho propostas por empregado contra empregador, alcançando-se, inclusive, as demandas que ainda não possuíam, quando da promulgação da EC nº 45/2004, sentença de mérito em primeiro grau".

Aliás, mesmo a ação proposta pela viúva contra o empregador por acidente de trabalho será de competência da Justiça do Trabalho, tendo o STJ revogado a Súmula 366, que dispunha em sentido contrário, no julgamento do conflito de competência 101.977, em 16.09.2009.

Tema polêmico é saber se a responsabilidade do empregador poderá ser objetiva, se este desempenhar atividade naturalmente arriscada, consoante previsão do artigo 927, parágrafo único, do Código Civil.

Entende-se que sim, pois inexiste motivo para restringir o âmbito de aplicação da legislação civil, máxime para aumentar a proteção ao trabalhador, haja vista a natureza reparatória da ação a ser proposta contra o empregador na Justiça Laboral.

Nesse sentido, colaciona-se decisão do TST de 17.12.2010:

"RECURSO DE REVISTA. RESPONSABILIDADE CIVIL. DANOS MATERIAIS. VALORAÇÃO DA PROVA. **Esta Corte tem entendido que o artigo 7º, XXVIII, da Constituição Federal, ao assegurar, como direito indisponível do trabalhador, o -*seguro contra acidente do trabalho, a cargo do empregador, sem excluir a indenização a que este está obrigado, quando incorrer em dolo ou culpa* –, não obsta a aplicação da teoria da responsabilidade objetiva às lides trabalhistas, mormente quando a atividade desenvolvida pelo empregador pressupõe a existência de risco potencial à integridade física e psíquica do trabalhador e o acidente tenha ocorrido após a entrada em vigência do novo Código Civil.** Contudo, não é o que se verifica dos autos, haja vista que a atividade desempenhada pela reclamante não era de risco potencial, razão pela qual a responsabilidade no caso é a subjetiva. Por outro lado, o acórdão regional deixa assentado que a prova produzida, mormente a pericial, constatou que a doença que acometeu a reclamante não tem relação direta ou indireta com o trabalho, não estando caracterizado, portanto o nexo de causalidade. A condenação não pode se dar por presunção, razão pela qual não há como se manter a decisão de origem. Recurso de revista conhecido e provido (Processo: RR – 152400-71.2006.5.04.0771 Data de Julgamento: 15/12/2010, Relatora Ministra: Dora Maria da Costa, 8ª Turma, Data de Publicação: DEJT 17/12/2010)".

No mesmo caminho o STJ, no julgamento do Recurso Especial 1.067.738, de 26.05.2009, inclusão adotando a tese da presunção relativa de culpa da empresa:

"DIREITO CIVIL. ACIDENTE DO TRABALHO. INDENIZAÇÃO. RESPONSABILIDADE CIVIL DO EMPREGADOR. NATUREZA. PRESERVAÇÃO DA INTEGRIDADE FÍSICA DO EMPREGADO. PRESUNÇÃO RELATIVA DE CULPA DO EMPREGADOR. INVERSÃO DO ÔNUS DA PROVA.

– O art. 7º da CF se limita a assegurar garantias mínimas ao trabalhador, o que não obsta a instituição de novos direitos – ou a melhoria daqueles já existentes – pelo legislador ordinário, com base em um juízo de oportunidade, objetivando a manutenção da eficácia social da norma através do tempo.

– A remissão feita pelo art. 7º, XXVIII, da CF, à culpa ou dolo do empregador como requisito para sua responsabilização por acidentes do trabalho, não pode ser encarada como uma regra intransponível, já que o próprio *caput* do artigo confere elementos para criação e alteração dos direitos inseridos naquela norma, objetivando a melhoria da condição social do trabalhador.

– Admitida a possibilidade de ampliação dos direitos contidos no art. 7º da CF, é possível estender o alcance do art. 927, parágrafo único, do CC/02 – que prevê a responsabilidade objetiva quando a atividade normalmente desenvolvida pelo autor do dano implicar, por sua natureza, risco para terceiros – aos acidentes de trabalho.

– A natureza da atividade é que irá determinar sua maior propensão à ocorrência de acidentes. O risco que dá margem à responsabilidade objetiva não é aquele habitual, inerente a qualquer atividade. Exige-se a exposição a um risco excepcional, próprio de atividades com elevado potencial ofensivo.

– O contrato de trabalho é bilateral sinalagmático, impondo direitos e deveres recíprocos. Entre as obrigações do empregador está, indubitavelmente, a preservação da incolumidade física e psicológica do empregado no seu ambiente de trabalho.

– Nos termos do art. 389 do CC/02 (que manteve a essência do art. 1.056 do CC/16), na responsabilidade contratual, para obter reparação por perdas e danos, o contratante não precisa demonstrar a culpa do inadimplente, bastando a prova de descumprimento do contrato. Dessa forma, nos acidentes de trabalho, cabe ao empregador provar que cumpriu seu dever contratual de preservação da integridade física do empregado, respeitando as normas de segurança e medicina do trabalho. Em outras palavras, **fica estabelecida a presunção relativa de culpa do empregador**".

Entrementes, vale registrar o posicionamento contrário de Sergio Pinto Martins[16]:

> "A responsabilidade civil do empregador contida no inciso XXVIII do art. 7º da Constituição é subjetiva e não objetiva. Depende da prova de dolo ou culpa. Não é sempre presumida como na hipótese do §6º do art. 37 da Constituição.
>
> O parágrafo único do art. 927 do Código Civil de 2002 não se aplica para acidente do trabalho, pois o inciso XXVIII do art. 7º da Constituição dispõe que a indenização só é devida em caso de dolo ou culpa. A responsabilidade é subjetiva".

O tema foi julgado pelo STF em 2019 admitindo a responsabilidade objetiva do empregador no caso de atividade de risco:

> O Plenário do Supremo Tribunal Federal (STF) decidiu, nesta quinta-feira (5), que o trabalhador que atua em atividade de risco tem direito à indenização em razão de danos decorrentes de acidente de trabalho, **independentemente da comprovação de culpa ou dolo do empregador**. Por maioria de votos, os ministros entenderam que **é constitucional a imputação da responsabilidade civil objetiva do empregador por danos decorrentes de acidentes de trabalho em atividades de risco**. RE 828040, de 5/9/2019.

10. AÇÃO REGRESSIVA PROPOSTA PELO INSS CONTRA A EMPRESA NEGLIGENTE

De acordo com o artigo 120, da Lei 8.213/91 no seu texto originário antes da Lei 13.846/19, nos casos de **negligência** quanto às normas padrão de segurança e higiene do trabalho indicados para a proteção individual e coletiva, **a Previdência Social proporá ação regressiva contra os responsáveis,** pois o pagamento das prestações previdenciárias por acidente do trabalho não exclui a responsabilidade civil da empresa ou de outrem[17].

16. Direito da Seguridade Social, 29ª edição, Atlas, p. 435.

17. Artigo 121 da Lei 8.213/91.

Eis o dispositivo:

> "Art. 120. Nos casos de negligência quanto às normas padrão de segurança e higiene do trabalho indicados para a proteção individual e coletiva, a Previdência Social proporá ação regressiva contra os responsáveis".

Ou seja, os acidentes de trabalho e eventos equiparados ocorridos por **culpa do empregador** em não seguir as normas vigentes sobre proteção do trabalhador gerarão a responsabilidade deste em ressarcir a Previdência Social o valor que for gasto no pagamento dos benefícios acidentários, até que ocorra a sua cessação, devendo ser aferida casuisticamente a ocorrência da culpa, especialmente com a perícia a ser realizada pelo Ministério do Trabalho (com a extinção do Ministério do Trabalho, desde 2019 o Ministério da Economia assumiu a área trabalhista, tendo sido criada uma Secretaria Especial de Previdência e Trabalho). **Em 2021, felizmente, restou recriado o Ministério do Trabalho e Previdência. Já no ano de 2023 o Ministério da Previdência Social foi recriado pela União.**

Logo, haverá a condenação da empresa no pagamento das parcelas passadas e futuras, pois "a efetiva execução da sentença condenatória proferida na ação regressiva (processo de conhecimento) se fará mediante comprovação dos pagamentos efetuados pelo INSS, vencidos e vincendos"[18].

Nesse sentido, o posicionamento do STJ:

> "RECURSO ESPECIAL. PREVIDENCIÁRIO. ACIDENTE DE TRABALHO. CULPA DO EMPREGADOR. AÇÃO REGRESSIVA. POSSIBILIDADE. "Em caso de acidente decorrente de negligência quanto à adoção das normas de segurança do trabalho indicadas para a proteção individual coletiva, os responsáveis respondem em ação regressiva perante a Previdência Social.". "**O fato de a responsabilidade da Previdência por acidente de trabalho ser objetiva apenas significa que independe de prova da culpa do empregador a obtenção da indenização por parte do trabalhador acidentado, contudo não significa que a Previdência esteja impedida de reaver as despesas suportadas quando se provar culpa do empregador pelo acidente." "O risco que deve ser repartido entre a sociedade, no caso de acidente de trabalho, não se inclui o ato ilícito praticado por terceiro, empregadores, ou não.**" Recurso não conhecido" (REsp 506.881, de 14.10.2003).

Veja-se enunciado aprovado na **I Jornada de Direito da Seguridade Social do Conselho da Justiça Federal** sobre o tema:

ENUNCIADO 49: O direito de regresso da autarquia previdenciária fundado na comprovação da negligência por parte do empregador quanto às normas de padrão de segurança e higiene do trabalho não se confunde com a proteção coberta pelo Seguro de Acidentes do Trabalho (SAT).

18. TRF 4ª Região, AC 2000.72.02.000687-7, de 13.11.2002.

Inclusive, **é possível presumir relativamente à culpa da empresa**, pois, "em se tratando de responsabilidade civil em acidente do trabalho, há uma presunção de culpa da empresa quanto à segurança do trabalhador, sendo da empregadora o ônus de provar que agiu com a diligência e precaução necessárias a diminuir os riscos de lesões. Não tendo restado demonstrada a entrega de nenhum EPI (Equipamento de Proteção Individual), nem prévio treinamento dos obreiros para operar máquinas tal como aquela manuseada pela vitimada, torna-se escorreita a culpa da empresa-ré"[19].

De acordo com o artigo 341, parágrafo único, do RPS, inserido pelo Decreto 7.331, de 19.10.2010, o Ministério do Trabalho, com base em informações fornecidas trimestralmente, a partir de 1º de março de 2011, pelo Ministério da Fazenda relativas aos dados de acidentes e doenças do trabalho constantes das comunicações de acidente de trabalho registradas no período, encaminhará à Previdência Social os respectivos relatórios de análise de acidentes do trabalho com indícios de negligência quanto às normas de segurança e saúde do trabalho que possam contribuir para a proposição de ações judiciais regressivas.

Vale salientar que o pagamento da contribuição previdenciária para custeio dos acidentes de trabalho (contribuição SAT) não tem o condão de excluir a responsabilidade civil da empresa perante a Previdência Social, conforme entendimento jurisprudencial majoritário[20].

Outrossim, a ação regressiva será proposta na Justiça Federal, tendo em conta que o INSS tem a natureza jurídica de autarquia federal, com fulcro no artigo 109, inciso I, da Constituição Federal de 1988[21], vez que não envolve os seus segurados.

Logo, não se trata de competência da Justiça Estadual, pois não é uma ação que busca o pagamento de benefício acidentário, nem da Justiça do Trabalho, por não existir relação laboral entre a Previdência Social e a empresa[22]. Insta afirmar que anteriormente à vigência da Lei 8.213/91 inexistia fundamento legal para a propositura de ação regressiva pela Previdência Social, mesmo o empregador incorrendo em dolo ou culpa, conforme já reconhecido pela jurisprudência[23].

Portanto, de acordo com os Tribunais Regionais Federais, as ações regressivas previdenciárias devem ser julgadas pela Justiça Federal, e não pela Justiça do Trabalho.

---

19. TRF 4ª Região, APELREEX 1999.71.00.006986-3, de 19.08.2009.
20. TRF 1ª Região, AC 2000.01.00.069642-0, de 16.10.2006.
21. TRF 4ª Região, AC 2004.72.07.006705-3, de 24.11.2009.
22. TRF 3ª Região, AI 2008.03.00.001081-6, de 25.08.2009.
23. TRF 4ª Região, AC 2001.70.00.026346-7, de 01.04.2009.

De acordo com a Recomendação Conjunta GP.CGJT 02/2011, o Presidente do TST recomendou aos Desembargadores dos Tribunais Regionais do Trabalho e aos Juízes do Trabalho que encaminhem à respectiva unidade da Procuradoria Geral Federal – PGF (relação anexa), por intermédio de endereço de e-mail institucional, cópia das sentenças e/ou acórdãos que reconheçam conduta culposa do empregador em acidente de trabalho, a fim de subsidiar eventual ajuizamento de Ação Regressiva, nos termos do art. 120 da Lei nº 8.213/91.

Também é razoável reduzir em 50% o valor da indenização quando o trabalhador acidentado também incorreu em culpa concorrente com a empresa, posicionamento já adotado pelo TRF da 4ª Região[24].

A jurisprudência dos Tribunais Regionais Federais vem reconhecendo a **responsabilidade solidária** entre a empresa empregadora e a empresa tomadora do serviço pelo acidente de trabalho culposo na **terceirização**:

> **"ACIDENTE DE TRABALHO. AÇÃO REGRESSIVA DO INSS CONTRA O EMPREGADOR. ARTIGO 120 DA LEI Nº 8.213/91. CONSTITUCIONALIDADE. RESPONSABILIDADE DO TOMADOR E DO PRESTADOR DO SERVIÇO.** A Lei nº 8.213/91, em seu artigo 120, prevê o ressarcimento ao INSS dos valores despendidos com o pagamento de benefícios previdenciários decorrentes de acidentes de trabalho, exigindo, para a responsabilização do empregador, prova de nexo causal entre a conduta omissiva – consistente em 'negligência quanto às normas padrão de segurança e higiene do trabalho indicados para a proteção individual e coletiva' – e o infortúnio que deu causa ao pagamento da prestação previdenciária. A constitucionalidade do referido dispositivo foi reconhecida por esta Corte no julgamento da Arguição de Inconstitucionalidade na AC nº 1998.04.01.023654-5, restando afastada eventual alegação de incompatibilidade com a obrigação de custeio garantida pelo artigo 7º, XXVIII, da CF, que prevê o pagamento, a cargo do empregador, de seguro contra acidentes de trabalho. **Em caso de terceirização de serviços, o tomador e o prestador respondem solidariamente pelos danos causados à saúde dos trabalhadores, inclusive em ação regressiva do INSS**" (TRF **4ª Região**, 5001998-02.2011.404.7204, de 28/10/2014).

De acordo com o TRF da 2ª Região, "a ação regressiva proposta pelo INSS encontra previsão legal nos artigos 120 e 121 da Lei nº 8.213/91 e é instrumento que possui dupla finalidade, pois, ao mesmo tempo em que possui caráter ressarcitório – buscando devolver aos cofres públicos o valor gasto com o pagamento de benefícios previdenciários, concedidos em razão da negligência das empresas empregadoras ou tomadoras de serviço em relação às normas de segurança do trabalho – possui caráter pedagógico/preventivo – visando adequar a empresa infratora aos padrões de segurança, para que sejam evitados novos acidentes. 8. No caso dos autos, restou comprovado que todas as empresas envolvidas no

---

24. AC 2006.72.04.000386-0, de 03.03.2009.

processo de montagem de silos contribuíram para a ocorrência do acidente que ora se analisa, em razão das inúmeras falhas encontradas, tanto na estruturação do projeto, como em sua implantação/ montagem. 9. **Verifica-se, portanto, que restaram comprovados nos autos os elementos necessários para que se imponha ao empregador e ao tomador de serviços a obrigação de ressarcir ao INSS os valores pagos às dependentes dos trabalhadores falecidos a título de pensão por morte**[25]".

Os Tribunais Regionais Federais também vêm aplicando a **responsabilização solidária** entre **empresas consorciadas**:

> "**ACIDENTE DE TRABALHO. AÇÃO REGRESSIVA PROPOSTA PELO INSTITUTO NACIONAL DO SEGURO SOCIAL.** SENTENÇA CONDENATÓRIA ALTERNATIVA. NULIDADE. CAUSA MADURA. **CONSÓRCIO DE EMPRESAS. AUSÊNCIA DE PERSONALIDADE JURÍDICA. RESPONSABILIDADE SOLIDÁRIA DAS EMPRESAS CONSORCIADAS.** CONSTITUCIONALIDADE DO ART. 120 DA LEI Nº. 8.213/91. SAT. RESPONSABILIDADE CIVIL CONFIGURADA. POSSIBILIDADE DE INCLUSÃO DAS PRESTAÇÕES FUTURAS NA CONDENAÇÃO. CONSTITUIÇÃO DE CAPITAL. AUSÊNCIA DE PREVISÃO LEGAL. SENTENÇA ANULADA. PROCEDÊNCIA DA AÇÃO. PREJUDICADOS OS APELOS. 1- A condenação em prestação alternativa só tem cabimento nas hipóteses em que o pedido do autor decorra de descumprimento de obrigação alternativa, cuja escolha caiba ao devedor, nos moldes do art. 252 do Código Civil. Fora desses casos, é defeso ao juiz proferir sentença alternativa. 2- Aplicação da Teoria da Causa Madura e julgamento da ação diretamente pelo Tribunal, nos termos do art. 515 e parágrafos do CPC. 3- O consórcio não possui personalidade jurídica, razão pela qual as requeridas são legítimas para compor o polo passivo da presente demanda regressiva (art. 278, §1º, da Lei nº. 6.404/76). 4 – O Instituto Autárquico pretende o ressarcimento de montante despendido e a despender em virtude do pagamento de auxílio-doença, decorrente de acidente de trabalho de segurado, com fulcro no disposto no art. 120, da Lei nº 8.213/91. 5- Inexiste a apontada inconstitucionalidade do art. 120, da Lei nº 8.213/91, eis que a Emenda Constitucional nº 41/2003 acrescentou o parágrafo 10º ao art. 201: "§ 10º. Lei disciplinará a cobertura do risco de acidente do trabalho, a ser atendida concorrentemente pelo regime geral de previdência social e pelo setor privado." 6- O pagamento do Seguro de Acidente do Trabalho – SAT também não exclui a responsabilidade do empregador pelo ressarcimento de valores pagos pelo INSS, resultantes de acidente de trabalho, quando comprovado o dolo ou culpa; ao contrário, a cobertura do SAT somente ocorre nos casos de culpa exclusiva da vítima, de caso fortuito ou de força maior. 7- O art. 120, da Lei nº. 8.213/91, dispõe que, "nos casos de negligência quanto às normas padrão de segurança e higiene do trabalho indicados para a proteção individual e coletiva, a Previdência Social proporá ação regressiva contra os responsáveis." 8 – Na hipótese em tela, o conjunto probatório coligido aos autos demonstra a negligência das empresas requeridas. 9 – Embora futuras,

25. AC 609093, de 17/12/2013.

as prestações vincendas são certas, de maneira que devem integrar a condenação. 10- Descabe a pretensão de constituição de capital na hipótese em que o Instituto Autárquico já instituiu benefício em favor do segurado e reclama das empresas rés o reembolso dos gastos realizados, uma vez que a obrigação das requeridas não detém caráter alimentar. 11 - Anulada, de ofício, a sentença e, por conseguinte, prejudicados os recursos. **12- Procedente a demanda, em julgamento proferido nos termos do art. 515, §3º, do CPC, para condenar as empresas demandadas ao ressarcimento dos valores pagos pelo INSS em decorrência do acidente descrito na inicial, vencidas até a liquidação, bem como das prestações futuras, mediante repasse à Previdência Social até o dia 10 (dez) de cada mês o valor do benefício pago no mês imediatamente anterior, com os consectários especificados**". (TRF 2ª Região, AC 1902796, de 10/06/2014).

Outrossim, no caso de acidente de trabalho culposo que acometer trabalhador avulso, também haverá a **solidariedade** na ação regressiva previdenciária entre o **órgão gestor de mão de obra e o operador portuário**. Isso porque "o artigo 19, V, da Lei de Modernização dos Portos, estabelece que compete ao OGMO zelar pelar normas de saúde, higiene e segurança no trabalho portuário avulso. Descumprindo tal obrigação, o OGMO responde solidariamente com o operador portuário pelos acidentes de trabalho decorrentes de falhas na segurança dos trabalhadores, de acordo com os arts. 1.º, 2.º, parágrafos 4.º, e 9.º, todos da Lei n.º 9.719/98 e com a Norma Regulamentar n.º 29"[26].

Entre a empresa incorporadora e a construtora também é possível imputar condenação solidária na ação regressiva previdenciária, estendendo-se a aplicação do artigo 30, inciso VI, da Lei 8.212/91. Nesse sentido o TRF da 4ª Região:

"AÇÃO REGRESSIVA. PREJUÍZOS DECORRENTES DE ACIDENTE DE TRABALHO FATAL. **SOLIDARIEDADE ENTRE INCORPORADORA E CONSTRUTORA**. Negligência DA CONSTRUTORA CONSTATADA. DEVER DE RESSARCIR. - **Prevê o art. 30 da citada lei a responsabilidade solidária entre incorporador e construtor pela "arrecadação e recolhimento das contribuições ou de outras importâncias devidas à Seguridade Social: (grifo meu), podendo perfeitamente ser incluído, entre essas importâncias, o valor relativo ao ressarcimento pelos danos sofridos pelo INSS.** - Mostra-se irrelevante a questão sobre o fornecimento ou não do cinto de segurança, já que restou sobejamente comprovado nos autos que a ausência do cinto foi apenas um dos elementos que teria contribuído para o acidente, havendo inúmeras outras causas, ainda mais relevantes, para o evento fatal, tais como falta de painéis fixos/ removíveis de contenção elevador de materiais e falta de cancela um metro antes da torre no oitavo pavimento, além de tantos outros fatores expressos no laudo pericial de fls. 337/347. - Não vislumbro a alegada culpa exclusiva da vítima. Ao contrário, entendo que a conduta negligente deve ser inteiramente atribuída à construtora, que deixou de obedecer as portarias e legislações que dispõem sobre a segurança do trabalho,

26. TRF 5ª Região, Apelação Cível 540847, de 11/19/2012.

deixando de adotar medidas essenciais que a garantissem" (AC 200204010516095, de 15/05/2006).

Por fim, vale destacar que a pretensão de reparação de danos ao Erário é imprescritível, conforme previsão expressa do §5º[27], do artigo 37, da Constituição de 1988, bem como a eleição pela Advocacia-Geral da União do dia 28 de abril como Dia Nacional das Ações Regressivas por Acidente de Trabalho.

Contudo, a tese da imprescritibilidade não vem sendo acolhida pela jurisprudência. O TRF da 4ª Região vem entendendo que o INSS possui **três anos** para cobrar as parcelas dos benefícios acidentários pagos por negligência da empresa, com arrimo no artigo 206, §3º, inciso V, do Código Civil, sob pena de **prescrição progressiva das parcelas**, e não do fundo do direito:

> "DIREITO CIVIL. AÇÃO REGRESSIVA PROPOSTA PELO INSS. RESSARCIMENTO DE DANO. ACIDENTE DE TRABALHO. ARTIGO 120 DA LEI Nº 8.213/91. PRESCRIÇÃO. PRAZO TRIENAL. ARTIGO 206, §3º, V, DO CÓDIGO CIVIL. TERMO A QUO.
>
> 1. Consoante prescreve o artigo 120 da Lei nº 8.213/91, "nos casos de negligência quanto às normas padrão de segurança e higiene do trabalho indicados para a proteção individual e coletiva, a Previdência Social proporá ação regressiva contra os responsáveis".
>
> 2. A ação regressiva proposta pelo INSS para ressarcimento de danos decorrentes de pagamento de benefícios acidentários tem natureza civil, e não administrativa ou previdenciária.
>
> **3. Inexistência de imprescritibilidade. Não se trata situação delineada no âmbito do § 5° do artigo 37, da CRFB/88, pois o feito não versa sobre ato ilícito praticado por agente público. Aplicação da prescrição trienal prevista no Código Civil, art. 206, § 3°, V.**
>
> **4. Não há que se falar em prescrição de fundo de direito, pois as consequências do acidente perduram ao longo do tempo. Tratando-se de prestações de trato sucessivo, ocorreu apenas a prescrição trienal das parcelas anteriores ao ajuizamento da ação.**
>
> 5. Apelação provida para cassar a sentença e determinar o prosseguimento do feito com o exame do mérito" (APELAÇÃO/REEXAME NECESSÁRIO Nº 5003414-11.2011.404.7202/SC, de 11/04/2012).

Esta também vem sendo a jurisprudência do TRF da 2ª Região (AC – APELAÇÃO CÍVEL – 497.363, de 21.03.2011) e do TRF da 3ª Região (AC – APELAÇÃO CÍVEL – 1.676.274, de 07.02.2012).

27. A lei estabelecerá os prazos de prescrição para ilícitos praticados por qualquer agente, servidor ou não, que causem prejuízos ao erário, ressalvadas as respectivas ações de ressarcimento.

No entanto, no julgamento do EREsp 387.412, em 10 de setembro de 2013, julgado monocraticamente pelo Ministro Humberto Martins, **o STJ adotou a tese da prescrição quinquenal**, ao argumento de que a aplicação principiológica da isonomia, por si só, impõe a incidência recíproca do prazo do Decreto 20.910/32 nas pretensões deduzidas em face da Fazenda e desta em face do administrado.

Ainda de acordo com a Corte Superior, nas demandas ajuizadas pelo INSS contra o empregador do segurado falecido em acidente laboral, visando ao ressarcimento dos valores decorrentes do pagamento da pensão por morte, o termo *a quo* da prescrição quinquenal é a data da concessão do referido benefício previdenciário, e não a data da ocorrência do acidente.

Isso porque é da concessão do benefício que exsurge a pretensão da autarquia previdenciária, que até então não havia despendido recursos públicos para a concessão do benefício decorrente de acidente do trabalho por culpa da empresa. Trata-se de prescrição de trato sucessivo, não fulminando o fundo do direito, não se aplicando os artigos 103 e 104 desta Lei 8.213/91, pois não se trata de relação jurídica entre a Previdência Social e os seus beneficiários (segurados e dependentes), e sim de ação ressarcitória de parcelas vencidas e vincendas:

> **STJ, INFORMATIVO 550 – "DIREITO ADMINISTRATIVO. PRESCRIÇÃO DA PRETENSÃO DE REAVER VALORES DESPENDIDOS PELO INSS COM PENSÃO POR MORTE.**
> **Nas demandas ajuizadas pelo INSS contra o empregador do segurado falecido em acidente laboral, visando ao ressarcimento dos valores decorrentes do pagamento da pensão por morte, o termo a quo da prescrição quinquenal é a data da concessão do referido benefício previdenciário.** De fato, a Primeira Seção do STJ, no julgamento do REsp 1.251.993-RS (julgado sob o rito dos recursos repetitivos) firmou posicionamento no sentido de que se aplica o prazo prescricional quinquenal, previsto no Decreto 20.910/1932, nas ações indenizatórias ajuizadas contra a Fazenda Pública. Dessa forma, em respeito ao princípio da isonomia, quando a demanda indenizatória for ajuizada pelo ente estatal contra particular, o prazo prescricional será também o de 5 anos, ou seja, o mesmo aplicado às ações indenizatórias ajuizadas contra a fazenda pública. Ressalte-se que a referida demanda ajuizada pelo INSS, por ser de natureza ressarcitória, não possui qualquer pertinência com as normas previdenciárias. Não se aplicam, assim, os arts. 103 e 104 da Lei 8.213/1991, uma vez que a referida lei regula apenas as relações entre os segurados, seus dependentes e a Previdência Social, não atingindo terceiros que não integram esse específico regime jurídico. Diante disso, o termo a quo da prescrição da pretensão deve ser a data da concessão do referido benefício previdenciário, revelando-se absolutamente incompatível a aplicação da tese de que o lapso prescricional não atinge o fundo de direito. REsp 1.457.646-PR, **Rel. Min. Sérgio Kukina, julgado em 14/10/2014".**

No entanto, o Superior Tribunal de Justiça tem pronunciado se tratar de **prescrição do fundo do direito**, e não de prescrição de trato sucessivo:

> "PROCESSUAL CIVIL E PREVIDENCIÁRIO. ACIDENTE DE TRABALHO. AÇÃO REGRESSIVA DO INSS CONTRA O EMPREGADOR. PRINCÍPIO DA ISONOMIA. PRESCRIÇÃO.
>
> 1. A Primeira Seção do STJ, por ocasião do julgamento do Resp 1.251.993/PR, submetido à sistemática do art. 543-C do CPC, assentou a orientação de que o prazo prescricional nas ações indenizatórias contra a Fazenda Pública é quinquenal, conforme previsto no art. 1º do Decreto-Lei 20.910/1932, e não trienal, nos termos do art. 206, § 3º, V, do CC/2002.
>
> 2. A jurisprudência é firme no sentido de que, pelo princípio da isonomia, o mesmo prazo deve ser aplicado nos casos em que a Fazenda Pública é autora, como nas ações de regresso acidentária. Precedentes: AgRg no REsp 1.423.088/PR, Rel. Ministro Humberto Martins, Segunda Turma, DJe 19.5.2014; AgRg no AREsp 523.412/RS, Rel. Ministro Og Fernandes, Segunda Turma, DJe 26.9.2014; e AgRg no REsp 1.365.905/SC, Rel. Ministro Sérgio Kukina, Primeira Turma, Dje 25.11.2014.
>
> 3. "A natureza ressarcitória de tal demanda afasta a aplicação do regime jurídico-legal previdenciário, não se podendo, por isso, cogitar de imprescritibilidade de seu ajuizamento em face do empregador" (AgRg no REsp 1.493.106/PB, Rel. Ministro Sérgio Kukina, Primeira Turma, DJe 15.12.2014).
>
> **4. O Tribunal a quo consignou que o acidente de trabalho ocorreu em 14.12.2001 e o INSS concedeu benefício de pensão por morte à dependente do segurado acidentado, o que vem sendo pago desde 1º.1.2002. A propositura da Ação de Regresso ocorreu em 2.6.2010 (fl. 524, e-STJ). Assim, está caracterizada a prescrição.**
>
> 5. O agravante reitera, em seus memoriais, as razões do Agravo Regimental, não apresentando nenhum argumento novo" (AgRg no AREsp 639952, de 19/3/2015).

> "PROCESSUAL CIVIL E PREVIDENCIÁRIO. VIOLAÇÃO DO ART. 535 DO CPC/1973. NÃO OCORRÊNCIA. ACIDENTE DE TRABALHO. AÇÃO REGRESSIVA DO INSS CONTRA O EMPREGADOR. PRINCÍPIO DA ISONOMIA. PRESCRIÇÃO QUINQUENAL. 1. Não ocorre contrariedade ao art. 535 do CPC/1973 quando o Tribunal de origem decide fundamentadamente as questões postas ao seu exame, como ocorreu na espécie. 2. A Primeira Seção do STJ, por ocasião do julgamento do REsp 1.251.993/PR, submetido à sistemática do art. 543-C do CPC, assentou a orientação de que o prazo prescricional nas ações indenizatórias contra a Fazenda Pública é quinquenal, conforme previsto no art. 1º do Decreto n. 20.910/1932. 3. Pelo princípio da isonomia, o prazo para o ingresso da ação regressiva pelo ente previdenciário deve observar aquele relativo à prescrição nas ações indenizatórias ajuizadas contra a Fazenda Pública. Precedentes. 4. O Tribunal a quo consignou que **o INSS concedeu o benefício acidentário ao segurado desde 13/2/2001 e que a propositura da ação de regresso ocorreu em 14/7/2009. Assim, está caracterizada a prescrição**" (REsp 1668967 / ES, de 8/8/2017).

De acordo com o STJ, caso o réu da ação regressiva tenha denunciado à lide a empresa tomadora do serviço, que aceitou a denunciação e contestou o pedido, esta passa a ser diretamente e solidariamente condenado perante o autor da demanda principal[28].

Vale registrar notícia publicada no Valor Econômico em julho de 2010:

> **"INSS amplia as cobranças por acidentes de trabalho. O trabalho de cobrança, iniciado informalmente em 1999, foi intensificado em meados de 2008**
>
> Com um placar extremamente favorável na Justiça, o Instituto Nacional do Seguro Social (INSS) decidiu ampliar o ataque às empresas que estariam desrespeitando normas de segurança e saúde no trabalho. Agora, o órgão está ingressando com ações regressivas para recuperar o que foi gasto com benefícios concedidos a trabalhadores com doenças ocupacionais – especialmente lesão por esforço repetitivo (LER). Até então, os alvos do INSS eram apenas os acidentes fatais e graves. No total, já foram ajuizados 1,4 mil processos, que buscam o ressarcimento de aproximadamente R$ 100 milhões. E 129 sentenças foram proferidas – 82% delas favoráveis à Previdência Social.
>
> O trabalho de cobrança, iniciado informalmente em 1999, foi intensificado em meados de 2008, quando a Procuradoria-Geral Federal (PGF) – órgão subordinado à Advocacia-Geral da União – colocou em campo 140 procuradores para investigar acidentes de trabalho e tentar recuperar benefícios pagos em que há indícios de culpa do empregador. Só no ano passado, o INSS desembolsou cerca de R$ 14 bilhões com aposentadorias por invalidez, pensões por morte e auxílio-doença. "Só entramos com ação quando comprovamos a culpa da empresa", diz Carina Bellini Cancella, coordenadora-geral de cobrança e recuperação de créditos da PGF.
>
> O trabalho de investigação reduz as chances de o INSS perder a batalha na Justiça, segundo a procuradora. Nas sentenças e em decisões de segunda instância, o principal argumento das empresas contra o direito de regresso da Previdência Social – previsto na Lei nº 8.213, de 1991 – tem sido derrubado. Elas alegam que é ilegal exigir o ressarcimento de quem já paga um seguro – o Seguro Acidente de Trabalho (SAT) – criado justamente para cobrir as despesas da Previdência Social com benefícios. "É um absurdo. Para que serve o SAT, então?", questiona o advogado Rodrigo Arruda Campos, sócio da área previdenciária do escritório Demarest & Almeida, que defende dez clientes em ações regressivas ajuizadas pelo INSS.
>
> Em recente decisão, o juiz José Jácomo Gimenes, da 1ª Vara Federal de Maringá (PR), entendeu, no entanto, que "a contribuição é apenas uma das diversas fontes de custeio da Previdência Social e não exime os empregadores de seu dever de ressarcimento aos cofres públicos dos prejuízos causados por sua negligência no cumprimento das normas de segurança e medicina do trabalho". Com esse entendimento, condenou uma indústria de alimentos a pagar R$ 300 mil para o custeio da pensão da viúva de um funcionário que morreu com a explosão de um forno

28. REsp 1.180.261, de 19.08.2010.

em 2007. Com o crescente volume de ações regressivas, muitas empresas estão buscando a procuradoria para negociar".

Realmente, a cada ano o INSS, através da Advocacia-Geral da União/Procuradoria-Geral Federal, está propondo um número maior de ações regressivas, consoante comprova notícia publicada no sítio do Ministério da Previdência Social:

> **"SEGURANÇA NO TRABALHO: INSS ajuíza 1.833 ações regressivas até o final de 2011**
>
> **Expectativa de ressarcimento aos cofres públicos é superior a R$ 363 milhões**
>
> **02/01/2012 - 16:30:00**
>
> Da Redação (Brasília) – O Instituto Nacional do Seguro Social (INSS), por meio da Procuradoria Geral Federal (PGF), moveu 1.833 ações regressivas acidentárias contra empresas que descumprem legislação trabalhista, até o final de 2011. A expectativa de ressarcimento aos cofres públicos é superior a R$ 363 milhões.
>
> As ações regressivas buscam ressarcir o INSS por valores pagos a segurados vítimas de acidentes de trabalho e doenças ocupacionais. Essas ações são movidas contra empresas pelo não cumprimento ou ausência de fiscalização às normas de saúde e segurança do trabalho.
>
> Parte de uma política pública de prevenção de acidentes instituída no Brasil, sobretudo a partir do ano de 2008, as ações regressivas pretendem viabilizar a responsabilização de empregadores que descumprem a legislação, além da adoção de medidas preventivas que promovam a redução do número de acidentes de trabalho no país.
>
> De acordo com o procurador-chefe da Procuradoria Federal Especializada junto ao INSS (PFE/INSS), Alessandro Stefanutto, além do ressarcimento financeiro, as ações regressivas representam importante instrumento econômico-social de combate aos acidentes de trabalho.
>
> Segundo ele, as condenações obtidas nessas ações contribuem para a criação de uma consciência preventiva no setor empresarial e para a consequente redução do número de acidentes ocupacionais. "As ações regressivas são mais um elemento de uma política que fortalece o sistema de proteção do trabalho", destaca. O INSS possui, em termo de ações regressivas acidentárias, percentual de vitórias judiciais superior a 90%.
>
> Entre os setores que registram os maiores índices de acidentalidade no país estão a construção civil, a agroindústria, energia elétrica, metalurgia, indústria calçadista, mineração e indústria moveleira".

Por sua vez, apesar de inexistir previsão expressa na Lei 8.213/91, as ações regressivas passaram a serem propostas também contra os causadores de acidentes de trânsito imprudentes, a fim de ressarcir os gastos com os benefícios previdenciários pagos pelo INSS, conforme notícia publicada no sítio G1 no final do ano de 2011:

"INSS gasta R$ 8 bilhões por ano com acidentes de trânsito, diz Previdência

Ministro ajuizou 1ª ação regressiva de trânsito para ressarcir Previdência. Segundo ele, Previdência não dará 'trégua' a motoristas infratores.

O Instituto Nacional do Seguro Social (INSS) diz que gasta atualmente R$ 8 bilhões por ano com as despesas decorrentes de acidentes de trânsito no país, segundo informações divulgadas nesta quinta-feira (3) pelo Ministério da Previdência Social.

O valor foi revelado junto ao anúncio de que a Previdência passou abrir ações regressivas de acidentes de trânsito, cobrando de motoristas infratores que causam acidentes o valor gasto com benefício a vítimas da atuação dele. Motoristas que provoquem acidentes ao dirigirem embriagados, em alta velocidade, na contramão em vias de alto fluxo, participando de "racha" ou cometendo outras infrações consideradas graves.

A medida, que teve nesta quinta-feira (3) sua primeira ação ajuizada, pretende reduzir o impacto financeiro dos acidentes nos cofres públicos. Atualmente, o dinheiro é usado para pagar benefícios das vítimas desses acidentes, como pensões por morte, aposentadorias por invalidez e auxílios-acidente.

A partir do próximo ano, o INSS diz que pretende levar para todo o país a iniciativa que teve nesta quinta-feira (3) seu primeiro registro. Segundo a Previdência, o INSS vai firmar convênios com os Ministérios Públicos estaduais, as Polícias Civis dos estados e com os consórcios de seguro obrigatório (DPVAT) a fim de realizar um levantamento de casos pontuais causados por graves infrações a legislação de trânsito.

A Previdência Social diz que já tem sucesso em mais de 90% das ações regressivas decorrentes de acidentes de trabalho. Este tipo de ação é movido há duas décadas contra empresas. O foco delas são os acidentes ocupacionais ocorridos por descumprimento às normas de saúde e segurança do trabalho. Neste ano, foram ajuizadas 385 ações deste tipo, com expectativa de recuperar mais de R$ 78,5 milhões.

Além da justificativa financeira, a Previdência alega que a medida tem caráter educativo, buscando promover a redução do número de acidentes em todo o país.

'Caça' a infratores

Nesta quinta-feira (3), o ministro da Previdência Social, Garibaldi Alves, ajuizou, na Justiça Federal de Brasília, a primeira ação regressiva de trânsito para ressarcir o Instituto Nacional do Seguro Social (INSS) e declarou que o órgão não vai dar "trégua" a motoristas com infrações gravíssimas, como dirigir embriagado, que resultem em prejuízo para o órgão.

"O importante é fixar que a Previdência não vai dar trégua a estes responsáveis por acidentes causados por embriaguez. A Previdência estava sendo onerada sem que houvesse um ressarcimento. A medida é educativa, exemplar. Nós acreditamos que vai representar redução de acidentes de trânsito causado por motorista irresponsável que guia embriagado. Agora, vai pensar também que a Previdência está a sua caça e que vai puni-lo exemplarmente", declarou o ministro, antes de ajuizar a ação.

A ação ajuizada nesta quinta diz respeito a um acidente ocorrido em abril de 2008, na rodovia que liga Taguatinga a Brazlândia, no Distrito Federal, ocasião em que, segundo os autos do processo, o réu conduzia seu veículo após ter ingerido bebida alcoólica e em alta velocidade, na contramão, e fazendo ziguezagues.

O réu colidiu frontalmente com outro veículo, resultando na morte de cinco pessoas e em lesões corporais em outras três. Por conta da pensão por morte gerada pelo acidente, o INSS já gastou R$ 90,8 mil em pensão por morte – valor que está sendo cobrado do réu.

"Não estamos propondo qualquer tipo de ação contra infrações a que qualquer um está exposto no dia a dia. Não vai haver pessoas em semáforos procurando acidentes simples do dia a dia", explicou o presidente do INSS, Mauro Luciano Hauschild.

Acidentes mais antigos

De acordo com Hauschild, o governo pode buscar até mesmo acidentes mais antigos, como em 1995, por exemplo. Entretanto os valores buscados não poderiam exceder os últimos cinco anos. "Os efeitos financeiros são dos últimos cinco anos", explicou ele.

O presidente do INSS informou que ainda não foi feito um levantamento dos acidentes passados para ver quando é possível ingressar com as ações judiciais. "A gente ainda não fez o estudo para trás. A tese está juridicamente sustentada. Agora vamos começar a levantar as informações", declarou. A expectativa do governo é de que poucas ações, desta natureza, sejam protocoladas ainda neste ano – número que deve subir mais somente em 2012.

Segundo avaliação de Hauschild, as ações judiciais regressivas contra acidentes de trânsito graves são "medida urgente e necessária". "A ação tem condão de prevenção. Toda vez que a gente sai de casa de carro, ou resolver ir para uma festa, ou atividade de confraternização, e que a gente possa ingerir bebida alcoólica, que a gente pare para fazer reflexão quando botar a chave no carro. Que a pessoa pode, além de perder a carteira de habilitação, machucar outra pessoa, responder penalmente, e civilmente perante a vítima, agora também tem a questão da responsabilidade perante a Previdência social. São mais de 40 mil mortes por ano no país, uma verdadeira epidemia", declarou".

A Previdência Social conseguiu uma importante vitória no Tribunal Regional Federal da 4ª Região. Um homem foi condenado ao ressarcimento de benefício de pensão por morte instituída por sua esposa, pois foi o autor de homicídio contra ela:

"PROCESSUAL CIVIL, CIVIL E PREVIDENCIÁRIO. ASSASSINATO DE SEGURADA PELO EX-MARIDO. VIOLÊNCIA CONTRA A MULHER. RESPONSABILIDADE CIVIL DO AGENTE, QUE DEVERÁ RESSARCIR O INSS PELOS VALORES PAGOS A TÍTULO DE PENSÃO POR MORTE. CORREÇÃO MONETÁRIA. INCIDÊNCIA.

1. Cabe ao agente que praticou o ato ilícito que ocasionou a morte do segurado efetuar o ressarcimento das despesas com o pagamento do benefício previdenciário, ainda que não se trate de acidente de trabalho. Hipótese em que se responsabiliza o autor do homicídio pelo pagamento da pensão por morte devida

aos filhos, nos termos dos arts. 120 e 121 da Lei nº 8.213/91 c/c arts. 186 e 927 do Código Civil.

2. O ressarcimento deve ser integral por não estar comprovada a co-responsabilidade do Estado em adotar medidas protetivas à mulher sujeita à violência doméstica.

3. Incidência de correção monetária desde o pagamento de cada parcela da pensão.

4. Apelação do INSS e remessa oficial providas e apelação do réu desprovida" (Processo 5006374-73.2012.404.7114, de 08/05/2013).

Este julgado revela uma tendência de extensão da ação regressiva previdenciária, que está sendo proposta não apenas contra a empresa negligente que causa culposamente acidente de trabalho com base no artigo 120, da Lei 8.213/91, mas também contra pessoas naturais que por dolo ou culpa causam dano à Previdência Social, com arrimo nos artigos 186 e 927, do Código Civil.

Este posicionamento foi acatado pelo STJ, no julgamento do REsp 1.431.150/RS, que manteve a condenação de marido que assassinou a esposa em indenizar a Previdência Social, conforme notícia publicada no sítio da AGU em agosto de 2016:

Marido que assassinou esposa terá que ressarcir benefício pago a dependentes

Publicado: 26/08/2016 – Atualizado às: 12:47:31

Em uma decisão histórica, a Advocacia-Geral da União (AGU) obteve pela primeira vez, no Superior Tribunal de Justiça (STJ), o reconhecimento de que o Instituto Nacional do Seguro Social (INSS) pode cobrar dos agressores de mulheres o ressarcimento pelos gastos com benefícios pagos aos dependentes da vítima.

A atuação ocorreu no caso de um ex-marido que, inconformado com o fim do casamento, assassinou a ex-mulher com 11 facadas. Após a morte, os filhos da vítima passaram a receber pensão do INSS e a AGU ajuizou a primeira ação regressiva por violência doméstica do país, com base na Lei Maria da Penha (Lei nº 11.340/06).

O Tribunal Regional Federal da 4ª Região (TRF4) acolheu o pedido da Advocacia-Geral e condenou o agressor ao ressarcimento integral dos gastos da autarquia previdenciária, o que levou ele a recorrer ao STJ.

Na corte, o Departamento de Contencioso da Procuradoria-Geral Federal e a Procuradoria Federal Especializada junto ao INSS (PFE/INSS) argumentaram que não era justo a sociedade como um todo assumir, por meio do órgão público, custo que só foi gerado por causa do crime cometido pelo autor do recurso.

Efeito pedagógico

As unidades da AGU explicaram que a obrigatoriedade do ressarcimento decorre dos artigos 186 e 927 do Código Civil, que preveem a reparação de dano causado por ato ilícito. E que, além de evitar um prejuízo indevido para os cofres públicos, a ação regressiva tem efeito pedagógico que contribui para a prevenção da violência contra a mulher.

"A ação regressiva serve a uma função muito mais abrangente do que a reparação dos danos previdenciários, ao ajudar a incutir na mente dos agressores a certeza de que todo ato tem suas consequências", esclareceram em memorial encaminhado aos ministros do STJ. O documento lembrou ainda que, de acordo com estatísticas oficiais, uma mulher é vítima de agressão no Brasil a cada quatro minutos.

"A despeito da despesa efetivamente suportada pelo erário, o maior impacto é indiscutivelmente o de natureza social, de mensuração indefinida, que se revela na perda de vidas e na incapacidade provocada em milhares de mulheres, gerando efeitos deletérios para o desenvolvimento social brasileiro", acrescentou a AGU no documento.

A maioria da 2ª Turma do STJ acolheu os argumentos e indeferiu o recurso interposto pelo agressor, mantendo a decisão que o condenou a ressarcir o INSS.

A PGF é órgão vinculado à AGU.

Ref.: Recurso Especial nº 1.431.150/RS – STJ

Esta decisão do STJ levou à alteração do artigo 120 da Lei 8.213/91 pela Lei 13.846/2019, que passou a prever expressamente a propositura da ação regressiva previdenciária na hipótese de violência doméstica e familiar contra a mulher, nos termos da Lei nº 11.340, de 7 de agosto de 2006.

Eis a atual redação do artigo 120 da Lei 8.213/91:

Art. 120. A Previdência Social ajuizará ação regressiva contra os responsáveis nos casos de: (Redação dada pela Lei nº 13.846, de 2019)

I – negligência quanto às normas padrão de segurança e higiene do trabalho indicadas para a proteção individual e coletiva; (Incluído pela Lei nº 13.846, de 2019)

II – violência doméstica e familiar contra a mulher, nos termos da Lei nº 11.340, de 7 de agosto de 2006. (Incluído pela Lei nº 13.846, de 2019).

Em tese, existe possibilidade de a ação regressiva ser movida contra o empregador doméstico após o advento da LC 150/2015, acaso a Previdência Social demonstre a culpa do empregador.

Por sua vez, a ação regressiva não se limita ao acidente do trabalho, diante da abertura do texto legal, podendo alcançar os acidentes sofridos por contribuintes individuais a serviço da empresa, no caso de culpa do tomador do serviço.

Note-se que é **pressuposto para o acolhimento de pedido veiculado em ação regressiva apenas a ocorrência de acidentes decorrentes de "negligência quanto às normas padrão de segurança e higiene do trabalho indicados para a proteção individual e coletiva".**

Aliás, nem mesmo a expressão "acidente" é utilizada no texto legal retro, podendo o pedido regressivo atingir a benefícios concedidos por culpa da empresa em situações que não se caracterizem como acidentes.

Deveras, **em nenhum momento o texto do artigo 120 da Lei 8.213/91 excluiu os acidentes não decorrentes do trabalho do alcance da ação regressiva**, máxime porque nestes casos as empresas não pagam a contribuição SAT na contratação de contribuintes individuais.

Ora, se a lei não restringiu, descabe ao intérprete fazê-lo, máxime em prejuízo da sociedade e em benefício da empresa negligente.

Assim, as ações regressivas contra empresas para indenizar benefícios decorrentes de acidentes não caracterizados como de trabalho que acometeram contribuintes individuais por culpa da empresa são ainda mais legítimas do que as ações regressivas por acidente de trabalho, haja vista que não há previsão legal para pagamento da contribuição SAT na contratação de contribuintes individuais, havendo maior ônus ao RGPS.

Nesse sentido, **o Tribunal Regional Federal da 3ª Região já admitiu a procedência de ação regressiva justamente na hipótese de pensão por morte não decorrente do acidente de trabalho por morte de contribuinte individual:**

Tipo

Acórdão

Número

0007616-83.2013.4.03.6100

00076168320134036100

Classe

APELAÇÃO CÍVEL – 2118444 (ApCiv)

Relator(a)

DESEMBARGADOR FEDERAL COTRIM GUIMARÃES

Origem

TRF – TERCEIRA REGIÃO

Órgão julgador

SEGUNDA TURMA

Data

09/10/2018

Data da publicação

18/10/2018

Fonte da publicação

e-DJF3 Judicial 1 DATA:18/10/2018

Ementa

DIREITO PROCESSUAL CIVIL E TRIBUTÁRIO – AÇÃO REGRESSIVA AJUIZADA PELO INSS – BENEFÍCIO DE PENSÃO POR MORTE

PREVIDENCIÁRIA CONCEDIDA A ESPOSA DO SEGURADO CONTRIBUINTE INDIVIDUAL - ACIDENTE DE TRABALHO – CABIMENTO – CULPABILIDADE EXCLUSIVA DA EMPRESA RÉ – COMPROVADA – LEGITIMIDADE PASSIVA DA EMPRESA RÉ – RECONHECIDA – RESSARCIMENTO DAS PRESTAÇÕES VENCIDAS E VINCENDAS (FUTURAS) – POSSIBILIDADE – APELAÇÃO PROVIDA. I – No presente caso, trata-se de recurso de apelação em razão da inadmissibilidade de Ação Regressiva ajuizada pelo INSS, por ausência do requisito do benefício de pensão por morte acidentária; II – A presente Ação Regressiva encontra previsão nos artigos 120 e 121 da Lei nº 8.213/91 – Lei de Benefícios da Previdência Social; III – O Superior Tribunal de Justiça já decidiu pela possibilidade de cabimento de Ação Regressiva pelo INSS contra Empresa em que ocorreu acidente de trabalho quando comprovada a existência de negligência do empregador, de modo que qualquer discussão acerca da constitucionalidade do artigo 120 da Lei n.º 8.213/91, resta superada; IV – Do mesmo modo, o pagamento do Seguro de Acidente de Trabalho – SAT, previsto no art. 22 da Lei 8.212/91 não exclui a responsabilidade da empresa nos casos de acidente de trabalho, decorrentes de culpa por inobservância das normas de segurança e higiene do trabalho; V – Verifico que a sentença afastou a admissibilidade da Ação Regressiva ao fundamento de que a concessão do benefício de pensão por morte fora de outra ordem (previdenciária) que não acidentária; VI – De outra parte, conforme argumentado pela apelante, há jurisprudência no sentido de que o contribuinte individual não faz jus a benefício acidentário, justificando, assim, a concessão do benefício de pensão por morte previdenciária em comento; VII – De forma mais abrangente, o C. STJ tem admitido o cabimento de Ação Regressiva, ajuizada pelo INSS, não relacionada com acidente de trabalho, mas, por responsabilidade civil por ato ilícito, nos moldes da ementa do REsp 1.431.150-RS, no sentido da possibilidade da autarquia previdenciária ajuizar ação de regresso contra ex-companheiro de segurada, assassinada por ele, com o intuito de ressarcimento dos valores pagos a título de pensão por morte aos filhos; VIII – Destarte, considerando o fato incontroverso da morte do contribuinte individual por acidente de trabalho, em conformidade com o conceituado no art. 19, *caput*, da Lei 8.213/91 e por reconhecer a inexistência do direito de recebimento de benefício acidentário pelo contribuinte individual, afasto a ausência do pressuposto para admissibilidade e julgamento da presente Ação Regressiva, qual seja: recebimento pela esposa do acidentado falecido do benefício de pensão por morte previdenciária; IX – Superada a verificação quanto ao cabimento da ação regressiva, estando a causa madura para julgamento, autorizada está a apreciação imediata do mérito da demanda, nos termos do artigo 515, § 3º, do CPC/73 (sentença impugnada prolatada na vigência do CPC/73), passo à verificação da culpa da empresa ré; X – A procedência da ação regressiva, isto é, a responsabilização da empregadora pelos valores pagos pela Previdência Social, em razão da concessão de benefício previdenciário, decorrente de acidente de trabalho, depende da comprovação da culpa, na modalidade de negligência da contratante, quanto às normas padrão de segurança do trabalho, indicados para a proteção individual e coletiva, e do nexo de causalidade entre a conduta omissiva do empregador e o infortúnio que deu causa ao pagamento do benefício previdenciário do qual se pretende o ressarcimento; XI – Como se sabe, o legislador pátrio, no que tange à responsabilização do tomador dos serviços em relação aos danos havidos na relação de trabalho, adotou uma forma híbrida de ressarcimento, caracterizada pela combinação da teoria do seguro social – as prestações por acidente de trabalho são cobertas pela Previdência Social – e responsabilidade subjetiva do empregador com base na teoria da culpa contratual. Nessa linha, cabe ao empregador indenizar os danos causados ao trabalhador quando agir dolosa ou culposamente; XII – A composição destas duas teorias determina que, diante da ocorrência de acidente laboral que resulte em danos ao trabalhador, a Previdência Social, em um primeiro momento, conceda o benefício previsto em lei, no afã de amenizar as mazelas relacionadas ao evento. Poderá, contudo, a Autarquia previdenciária ser ressarcida dos valores despendidos em caso de negligência no cumprimento das normas de segurança e saúde no trabalho pelo empregador; XIII – Assim, o empregador, em face da relação jurídica empregatícia, tem a obrigação de zelar pela segurança do empregado contra acidentes do ofício, de modo que, comprovada a sua culpa no evento, responde perante a Previdência Social pelos gastos despendidos em função do acidente laboral, forte no artigo 120 da Lei 8.213/91; XIV – Na prática, para que surja o dever de indenizar, basta analisar os contornos fáticos em que se deu o acidente, perquirindo sobre a ocorrência de desídia na condução das atividades, por parte do empregador, sem perder de mente seu dever inarredável de zelar pelas normas de higiene e segurança do trabalho; XV – Como efeito, no desenvolvimento de atividades potencialmente perigosas, o fornecimento e a fiscalização de equipamentos de proteção e treinamento adequado é dever inarredável do empregador; XVI – Diante disso, evidenciada a negligência pela omissão na tomada de precauções tendentes a evitar o fatídico evento, inarredável o dever do estabelecimento empresarial em ressarcir ao INSS os gastos decorrentes do acidente de trabalho; XVII – No caso dos autos, observando-se o conjunto probatório trazido aos autos pela parte autora, tem-se que o evento ocorrido se deu por culpa exclusiva da parte Ré, se desincumbindo, dessa forma, o INSS de comprovar a negligência da empresa Ré quanto à observância das normas de segurança do trabalho, fato constitutivo de seu direito, nos termos do artigo 373, inciso I, do Novo Código de Processo Civil. Corroborando tal afirmação, trago, por oportuno, os seguintes excertos do Relatório de Análise de Acidente do Trabalho (Fl. 23); XVIII – Neste ponto, a apelada não se desincumbiu de comprovar a inexistência de responsabilidade, em razão de ter sido comprovado que o Sr. Luciano, seu empregado, era a pessoa responsável para dar ingresso aos prestadores de serviço ao local do acidente e que o mesmo era o responsável pela desenergização do equipamento que vitimou o engenheiro. Assim, afasto a ilegitimidade passiva da apelada; XIX – Ao contrário do argumentado pela apelada, embora futuras, as prestações vincendas são certas, de maneira que devem integrar a condenação; XX – Apelação provida.

Decisão

Vistos e relatados estes autos em que são partes as acima indicadas, decide a Egrégia Segunda Turma do Tribunal Regional Federal da 3ª Região, por unanimidade, dar provimento à apelação, nos termos do relatório e voto que ficam fazendo parte integrante do presente julgado.

Na hipótese de acidente decorrente de "culpa" exclusiva da vítima, em que a empresa não agiu para a sua concorrência, pois decorreu de conduta exclusiva do segurado, não será procedente a ação regressiva previdenciária contra a empresa.

Neste caso, a absolvição criminal com este fundamento tem o condão de vincular o juízo cível. Veja-se o STJ:

> Processo
>
> EDcl no AgInt no AREsp 1616777 / RJ
>
> EMBARGOS DE DECLARAÇÃO NO AGRAVO INTERNO NO AGRAVO EM RECURSO ESPECIAL
>
> 2019/0335752-5
>
> Relator(a)
>
> Ministro MANOEL ERHARDT (DESEMBARGADOR CONVOCADO DO TRF5) (8410)
>
> Órgão Julgador
>
> T1 - PRIMEIRA TURMA
>
> Data do Julgamento
>
> 23/08/2021
>
> Data da Publicação/Fonte
>
> DJe 27/08/2021
>
> Ementa
>
> PREVIDENCIÁRIO. EMBARGOS DE DECLARAÇÃO NO AGRAVO INTERNO NO AGRAVO EM RECURSO ESPECIAL. RESPONSABILIDADE CIVIL. AÇÃO REGRESSIVA. ACIDENTE DE TRABALHO. CULPA EXCLUSIVA DA VÍTIMA. FATO INCONTROVERSO. ARQUIVAMENTO DO INQUÉRITO POLICIAL. NEGATIVA DE AUTORIA. COISA JULGADA MATERIAL. JULGADOS DO STJ. ERRO DE PREMISSA FÁTICA CONFIGURADO. EMBARGOS DE DECLARAÇÃO DA SOCIEDADE EMPRESÁRIA ACOLHIDOS, COM EFEITOS INFRINGENTES. 1. Nos termos do art. 1.022 do CPC/2015, os embargos de declaração são modalidade recursal de integração e objetivam sanar obscuridade, contradição, omissão ou erro material, de maneira a permitir o exato conhecimento do teor do julgado. 2. A moldura fática dos autos revela que o acidente ocorreu por culpa exclusiva da vítima, a qual não observou o cuidado mínimo necessário na situação que culminou com o acidente, não havendo justa causa e suporte probatório mínimo para viabilizar o regular e legítimo exercício do direito de ação penal, o que levou ao arquivamento do inquérito policial. Indubitavelmente, não se trata de reexame do contexto fático-probatório dos autos, mas, sim, circunstância de valoração dos critérios jurídicos concernentes à utilização da prova e à formação da convicção, não sendo o caso da incidência da Súmula 7/STJ. 3. Este egrégio Superior Tribunal de Justiça firmou entendimento segundo o qual o art. 935 do CC/2002 adotou o sistema da independência entre as esferas cível e criminal, sendo possível a propositura de ações de forma separada; **entretanto a independência é relativa, porquanto, uma vez reconhecida a existência do fato e da autoria**

> **no juízo criminal, estas questões não poderão mais ser analisadas pelo juízo cível.** 4. A partir da jurisprudência desta Corte Superior acerca do tema, é possível concluir que: a) em caso de sentença condenatória com trânsito em julgado, há incontornável dever de indenizar; e **b) em caso de sentença absolutória em virtude do reconhecimento de inexistência do fato e da negativa de autoria, não haverá dever de indenizar, o que é o caso dos autos, uma vez que é fato incontroverso o reconhecimento da culpa exclusiva da vítima na esfera penal, por ocasião do pedido de arquivamento do inquérito policial pelo presentante Ministerial , devendo ser reconhecida a produção de coisa julgada material pela decisão do juízo da vara criminal, de modo a impossibilitar a responsabilização da recorrente pelo acidente que deu origem à ação regressiva movida pelo recorrido.** 5. Configurado o erro de premissa fática, uma vez que o acórdão embargado partiu do pressuposto de que o arquivamento do inquérito policial teria ocorrido por falta de provas, e não pelo reconhecimento de culpa exclusiva da vítima. 6. Embargos de declaração da sociedade empresária acolhidos, conferindo-lhes efeitos infringentes.

No que concerne à ação regressiva no caso da violência doméstica contra a mulher, é necessário que haja dolo do agressor, não sendo admitida a demanda no caso de culpa, pois é evidente que decorre de conduta intencional.

A violência doméstica e familiar contra a mulher constitui uma das formas de **violação dos direitos humanos.**

De efeito, **configura violência doméstica e familiar contra a mulher** qualquer **ação ou omissão** baseada no gênero que lhe cause morte, lesão, sofrimento físico, sexual ou psicológico e dano moral ou patrimonial:

> I – no âmbito da unidade doméstica, compreendida como o espaço de convívio permanente de pessoas, com ou sem vínculo familiar, inclusive as esporadicamente agregadas;
>
> II – no âmbito da família, compreendida como a comunidade formada por indivíduos que são ou se consideram aparentados, unidos por laços naturais, por afinidade ou por vontade expressa;
>
> III – em qualquer relação íntima de afeto, na qual o agressor conviva ou tenha convivido com a ofendida, independentemente de coabitação.

Com base na lei 11.340/2006, **são formas de violência doméstica e familiar contra a mulher**, entre outras:

> I – a violência física, entendida como qualquer conduta que ofenda sua integridade ou saúde corporal;
>
> II – a violência psicológica, entendida como qualquer conduta que lhe cause dano emocional e diminuição da autoestima ou que lhe prejudique e perturbe o pleno desenvolvimento ou que vise degradar ou controlar suas ações, comportamentos, crenças e decisões, mediante ameaça, constrangimento, humilhação, manipulação,

isolamento, vigilância constante, perseguição contumaz, insulto, chantagem, violação de sua intimidade, ridicularização, exploração e limitação do direito de ir e vir ou qualquer outro meio que lhe cause prejuízo à saúde psicológica e à autodeterminação;

III – a violência sexual, entendida como qualquer conduta que a constranja a presenciar, a manter ou a participar de relação sexual não desejada, mediante intimidação, ameaça, coação ou uso da força; que a induza a comercializar ou a utilizar, de qualquer modo, a sua sexualidade, que a impeça de usar qualquer método contraceptivo ou que a force ao matrimônio, à gravidez, ao aborto ou à prostituição, mediante coação, chantagem, suborno ou manipulação; ou que limite ou anule o exercício de seus direitos sexuais e reprodutivos;

IV – a violência patrimonial, entendida como qualquer conduta que configure retenção, subtração, destruição parcial ou total de seus objetos, instrumentos de trabalho, documentos pessoais, bens, valores e direitos ou recursos econômicos, incluindo os destinados a satisfazer suas necessidades;

V – a violência moral, entendida como qualquer conduta que configure calúnia, difamação ou injúria.

Evidente que a propositura de ação regressiva previdenciária pela PGF, em representação ao INSS, pressupõe a concessão de aposentadoria por incapacidade permanente, auxílio-doença, auxílio-acidente ou de pensão por morte decorrente de violência doméstica contra a mulher.

Por sua vez, o STJ criou uma nova hipótese de auxílio-doença não prevista na Lei 8.213/91 prevendo que o INSS deve arcar com a subsistência da mulher que tiver de se afastar do trabalho para se proteger de violência doméstica[29]:

DECISÃO
18/09/2019 07:00

Para Sexta Turma, INSS deve arcar com afastamento de mulher ameaçada de violência doméstica

A Sexta Turma do Superior Tribunal de Justiça (STJ) decidiu que o Instituto Nacional do Seguro Social (INSS) deverá arcar com a subsistência da mulher que tiver de se afastar do trabalho para se proteger de violência doméstica. Para o colegiado – que acompanhou o voto do relator, ministro Rogerio Schietti Cruz –, tais situações ofendem a integridade física ou psicológica da vítima e são equiparáveis à enfermidade da segurada, o que justifica o direito ao auxílio-doença, até mesmo porque a Constituição prevê que a assistência social será prestada a quem dela precisar, independentemente de contribuição.

29. <http://www.stj.jus.br/sites/portalp/Paginas/Comunicacao/Noticias/Para-Sexta-Turma--INSS-deve-arcar--com-afastamento-de-mulher-ameacada-de-violencia-domestica.aspx>.

No mesmo julgamento, a turma definiu que o juiz da vara especializada em violência doméstica e familiar – e, na falta deste, o juízo criminal – é competente para julgar o pedido de manutenção do vínculo trabalhista, por até seis meses, em razão de afastamento do trabalho da vítima, conforme previsto no **artigo 9º**, parágrafo 2º, inciso II, da Lei Maria da Penha (Lei 11.340/2006).

A manutenção do vínculo de emprego é uma das medidas protetivas que o juiz pode tomar em favor da mulher vítima de violência, mas, como destacou o ministro Rogerio Schietti, a lei não determinou a quem cabe o ônus do afastamento – se seria responsabilidade do empregador ou do INSS – nem esclareceu se é um caso de suspensão ou de interrupção do contrato de trabalho.

Natureza jurídica

Schietti explicou que, nos casos de suspensão do contrato – como faltas injustificadas e suspensão disciplinar, por exemplo –, o empregado não recebe salários, e o período de afastamento não é computado como tempo de serviço. Já nos casos de interrupção – férias, licença-maternidade, os primeiros 15 dias do afastamento por doença e outras hipóteses –, o empregado não é obrigado a prestar serviços, porém o período é contado como tempo de serviço e o salário é pago normalmente.

"A natureza jurídica de interrupção do contrato de trabalho é a mais adequada para os casos de afastamento por até seis meses em razão de violência doméstica e familiar, ante a interpretação teleológica da Lei Maria da Penha, que veio concretizar o dever assumido pelo Estado brasileiro de proteção à mulher contra toda forma de violência (artigo 226, parágrafo 8º, da Constituição Federal)", declarou o relator.

Lacuna normativa

Quanto ao ônus da medida protetiva, o magistrado ressaltou que o legislador não incluiu o período de afastamento previsto na Lei Maria da Penha entre as hipóteses de benefícios previdenciários listadas no **artigo 18** da Lei 8.213/1991, o que deixou no desamparo as vítimas de violência.

"A vítima de violência doméstica não pode arcar com danos resultantes da imposição de medida protetiva em seu favor. Ante a omissão legislativa, devemos nos socorrer da aplicação analógica, que é um processo de integração do direito em face da existência de lacuna normativa" – afirmou, justificando a adoção do auxílio-doença. Conforme o entendimento da turma, os primeiros 15 dias de afastamento devem ser pagos diretamente pelo empregador, e os demais, pelo INSS.

Documentação

O colegiado definiu também que, para comprovar a impossibilidade de comparecer ao local de trabalho, em vez do atestado de saúde, a vítima deverá apresentar o documento de homologação ou a determinação judicial de afastamento em decorrência de violência doméstica. Os ministros estabeleceram ainda que a empregada terá direito ao período aquisitivo de férias, desde o afastamento – que, segundo a própria lei, não será superior a seis meses.

"Em verdade, ainda precisa o Judiciário evoluir na otimização dos princípios e das regras desse novo subsistema jurídico introduzido em nosso ordenamento com a Lei 11.340/2006, vencendo a timidez hermenêutica", disse Schietti.

Competência

O recurso julgado na Sexta Turma foi interposto por uma mulher contra decisão do Tribunal de Justiça de São Paulo (TJSTJ) que não acolheu seu pedido de afastamento do emprego em razão de violência doméstica. O pedido já havia sido negado na primeira instância, que entendeu ser o caso de competência da Justiça do Trabalho.

A vítima alegou que sofria ameaças de morte de seu ex-companheiro e que já havia conseguido o deferimento de algumas medidas protetivas, mas ainda se sentia insegura. Como não havia casa de abrigo em sua cidade, mudou-se e deixou de comparecer ao emprego.

Ao STJ, ela pediu o reconhecimento da competência da Justiça comum para julgar o caso, além da manutenção do vínculo empregatício durante o período em que ficou afastada, com a consequente retificação das faltas anotadas em seu cartão de ponto.

Situação emergencial

Em seu voto, o ministro Schietti ressaltou que o motivo do afastamento em tais situações não decorre de relação de trabalho, mas de situação emergencial prevista na Lei Maria da Penha com o objetivo de garantir a integridade física, psicológica e patrimonial da mulher; por isso, o julgamento cabe à Justiça comum, não à trabalhista.

"No que concerne à competência para apreciação do pedido de imposição da medida de afastamento do local de trabalho, não há dúvidas de que cabe ao juiz que anteriormente reconheceu a necessidade de imposição de medidas protetivas apreciar o pleito", concluiu.

Com o provimento do recurso, o juízo da vara criminal que fixou as medidas protetivas a favor da vítima deverá apreciar seu pedido retroativo de afastamento. Caso reconheça que a mulher tem direito ao afastamento previsto na Lei Maria da Penha, deverá determinar a retificação do ponto e expedir ofício à empresa e ao INSS para que providenciem o pagamento dos dias.

É evidente que a mulher precisa ser protegida nesta hipótese. Isto não está em discussão. Mas passar essa conta para a Previdência Social, criando uma hipótese judicial de concessão do auxílio-doença sem incapacidade laboral é algo bem discutível.

Viola a regra de contrapartida e o Princípio da Legalidade, decorrendo de ativismo judicial do STJ. Ademais, o INSS sequer tem direito ao contraditório, não tendo sequer o direito de se manifestar no processo citado.

Acredito que a responsabilidade principal deveria ser do agressor. Este deveria ser condenado a pagar uma indenização para custear a proteção da mulher, e não passar essa conta para a sociedade através da Previdência Social.

Os acordos em ações regressivas previdenciárias é tema regulado na Portaria AGU 218/2019, podendo ser efetivado antes ou após a propositura da ação regressiva previdenciária, podendo dispor sobre:

> I – desconto sobre o valor do ressarcimento das parcelas vencidas, incluídos juros e correção monetária, e das parcelas vincendas;
>
> II – parcelamento do valor total da dívida.

Devem ser obedecidos os seguintes limites de alçada, concernentes ao valor das parcelas vencidas, incluídos juros e correção monetária, e das parcelas vincendas, sobre as quais poderão ser aplicados descontos:

> I – até R$ 100.000,00 (cem mil reais) a análise caberá exclusivamente aos Procuradores Federais responsáveis pela causa, integrantes ou não da ETR-Regressivas;
>
> II – acima de R$ 100.000,00 (cem mil reais) até R$ 300.000,00 (trezentos mil reais) a análise será conjunta dos Procuradores Federais responsáveis pela causa com as chefias das respectivas unidades ou, no caso da ETR-Regressivas, dos Procuradores Federais responsáveis pela causa com o Procurador Responsável pela coordenação da Equipe;
>
> III – acima de R$ 300.000,00 (trezentos mil reais) até R$ 500.000,00 (quinhentos mil reais) a análise será conjunta dos Procuradores Federais responsáveis pela causa com as chefias das respectivas unidades seccionais, estaduais e regionais ou, no caso da ETR-Regressivas, dos Procuradores Federais responsáveis pela causa com o Procurador Responsável pela Coordenação da Equipe e com o Coordenador-Geral de Cobrança e Recuperação de Créditos da PGF;
>
> IV – acima de R$ 500.000,00 (quinhentos mil reais), a análise conjunta será realizada pelas autoridades previstas no inc. III e dependerá ainda de prévia e expressa autorização do Procurador-Geral Federal, observado o disposto no § 4º do art. 1º da Lei nº 9.469, de 10 de julho de 1997.

Para as parcelas vencidas, acrescidas de juros e correção monetária, aplicam-se os seguintes descontos):

I – até 20% (vinte por cento) nos acordos ou transações celebrados antes do ajuizamento;

II – até 15% (quinze por cento) nos acordos ou transações celebradas antes da apresentação da contestação;

III – até 10% (dez por cento) nos acordos ou transações celebrados antes da publicação da sentença;

IV – até 5% (cinco por cento) nos acordos ou transações celebrados antes do julgamento em segunda instância.

Para as parcelas vincendas aplicam-se os seguintes descontos:

I – até 25% (vinte e cinco por cento) nos acordos ou transações celebrados antes do ajuizamento;

II – até 20% (vinte por cento) nos acordos ou transações celebrados antes da apresentação da contestação; III – até 15% (quinze por cento) nos acordos ou transações celebrados antes da publicação da sentença;

IV – até 10% (dez por cento) nos acordos ou transações celebradas antes do julgamento em segunda instância.

A realização do acordo ou transação implica em confissão irrevogável e irretratável dos débitos por eles abrangidos, assim como é cláusula essencial ao acordo ou transação a previsão de rescisão automática do parcelamento caso haja o inadimplemento de 3 (três) parcelas, consecutivas ou não.

Coube à Portaria Conjunta 1, de 24/01/2020, da lavra da PGF, Secretaria de Previdência e INSS, dispor sobre os critérios a serem utilizados para a definição do valor do ressarcimento ao Fundo do Regime Geral de Previdência Social nas ações regressivas ajuizadas pelo Instituto Nacional do Seguro Social – INSS.

O valor do ressarcimento ao Fundo do Regime Geral de Previdência Social nas ações regressivas propostas pela Procuradoria-Geral Federal como representante judicial e extrajudicial do INSS, na forma do art. 120 da Lei nº 8.213, de 1991, abrangerá as prestações:

I – vencidas, assim consideradas as parcelas já pagas pelo INSS; e

II – vincendas.

De sua vez, o cálculo das prestações vincendas corresponderá:

I – para o benefício de pensão por morte, ao montante das prestações a pagar ao pensionista, correspondente ao tempo estimado de duração do benefício, nos termos do art. 77 da Lei nº 8.213, de 1991, considerada, na hipótese de pensão vitalícia, a expectativa de sobrevida do dependente habilitado, de acordo com a Tábua de Mortalidade do Instituto Brasileiro de Geografia e Estatística – IBGE;

> II – para o benefício de aposentadoria por invalidez, por incapacidade permanente, ao montante das prestações a pagar ao aposentado correspondente ao tempo estimado de duração do benefício, considerada a expectativa de sobrevida, de acordo com a Tábua de Mortalidade do IBGE;
>
> III – para o benefício de auxílio-doença, por incapacidade temporária, ao montante das prestações a pagar, de acordo com o tempo de duração estimado para o benefício pela perícia médica administrativa ou judicial, conforme o caso. Na ausência de fixação da data de cessação do benefício, o valor das prestações vincendas corresponderá ao tempo médio de duração do auxílio-doença estimado pelo INSS para o exercício financeiro anterior à data de início do benefício; e
>
> IV – para o benefício de auxílio-acidente, ao montante das prestações a pagar correspondente ao implemento do requisito etário para aposentadoria de 65 (sessenta e cinco) ou 62 (sessenta e dois) anos de idade, homem ou mulher, respectivamente.

Será aplicada a Tábua de Mortalidade do IBGE, por sexo, vigente no ano da ocorrência do fato gerador que motivou a concessão do benefício previdenciário pelo INSS, ou do ano anterior, se não disponível.

Ademais, sobre os valores devidos pelo responsável somente incidirá a taxa referencial do Sistema Especial de Liquidação e de Custódia – SELIC para títulos federais, a título de correção monetária e juros moratórios, aplicada a partir da data do primeiro pagamento do benefício previdenciário.

CAPÍTULO 2

APOSENTADORIA POR INCAPACIDADE PERMANENTE (antiga aposentadoria por invalidez)

1. INTRODUÇÃO

Regulamentação básica: artigos 42/47, da Lei 8.213/91; artigos 43/50, do RPS (Decreto 3.048/99).

Códigos de concessão: 92 – Aposentadoria por incapacidade permanente por acidente do trabalho e 32 – Aposentadoria por incapacidade permanente invalidez previdenciária (não decorrente de acidente de trabalho).

Este benefício passou a se chamar **aposentadoria por incapacidade permanente**, nos termos da Emenda 103/2019, a exemplo da citação feita no seu artigo 26 "aposentadoria por incapacidade permanente aos segurados do Regime Geral de Previdência Social".

Outrossim, a modificação no **inciso I** no artigo 201 da Constituição perpetrada pela EC 103/2019 é para se alinhar ao *nomen iuris* da **aposentadoria por incapacidade permanente,** antiga aposentadoria por invalidez.

Dessa forma, a Lei 8.213/91 deve ser reinterpretada à luz da novel terminologia constitucional para este benefício.

2. FATO GERADOR

> A aposentadoria por incapacidade permanente será devida **ao segurado incapaz e insuscetível de reabilitação para o exercício de atividade que lhe garanta a subsistência**, e ser-lhe-á paga enquanto permanecer nesta condição.

Deveras, o pagamento da aposentadoria incapacidade permanente é condicionada ao afastamento de todas as atividades laborativas do segurado.

Outrossim, **a anterior percepção de auxílio-doença não é condição para a concessão da aposentadoria por incapacidade permanente**, pois poderá este benefício ser concedido diretamente, quando o INSS constatar que a enfermidade ou o acidente é tão grave que já tornou o segurado inválido, sem possibilidade de reabilitação profissional.

Na hipótese de o segurado ter se filiado ao RGPS já inválido não haverá cobertura securitária, inexistindo direito à percepção da aposentadoria por incapacidade permanente, pois a lesão ou enfermidade preexistiam à cobertura securitária.

Nesse sentido, a Súmula 53 da TNU:

> **"Súmula 53- Não há direito a auxílio-doença ou a aposentadoria por invalidez quando a incapacidade para o trabalho é preexistente ao reingresso do segurado no Regime Geral de Previdência Social".**

Todavia, caso a lesão ou enfermidade preexistissem à filiação, mas não ao ponto de tornar o segurado incapaz para o trabalho, tendo a incapacidade permanente se realizado após a filiação e em decorrência da progressão da doença ou lesão, fará jus o segurado à percepção da aposentadoria por incapacidade permanente, uma vez realizada a carência de 12 contribuições mensais, exceto nas hipóteses em que esta é dispensada.

Em regra, para a concessão deste benefício, será imprescindível que o segurado esteja **incapacitado de maneira total e permanente para o exercício do trabalho, bem como não haja possibilidade plausível de ser reabilitado para outra atividade laborativa, compatível com as suas restrições físicas ou psíquicas decorrentes do acidente ou enfermidade**.

Essa análise normalmente é bastante difícil e casuística. Além das condições clínicas do segurado, será preciso analisar a sua idade e condições sociais, pois em alguns casos a baixa escolaridade e a idade avançada tornam inviável a reabilitação profissional, sendo necessário se conceder a aposentadoria por incapacidade permanente ao segurado.

Conforme passagem de precedente do TRF da 1ª Região, a "limitação laborativa parcial, porém irreversível, somadas às condições pessoais da segurada para o exercício da sua profissão de trabalhadora rural, acrescentando-se o seu baixo grau de escolaridade, meio social em que vive, idade avançada, nível econômico e atividade desenvolvida, sendo inviabilizada, em função da idade, adaptação em atividade profissional diversa daquela a que dedicou sua vida, impõe-se a concessão da aposentadoria por invalidez"[1].

1.. AC 2001.38.0.2001443-7, de 10.11.2008.

De acordo com a **Súmula 47**, aprovada pela **TNU** em 2012, **"uma vez reconhecida a incapacidade parcial para o trabalho, o juiz deve analisar as condições pessoais e sociais do segurado para a concessão de aposentadoria por invalidez"**.

De acordo com o STJ, "segundo a jurisprudência deste Colegiado, é possível a verificação do contexto socioeconômico do segurado com a finalidade de concessão da aposentadoria por invalidez sem ofensa à norma do art. 42 da Lei de Benefícios" (passagem do julgamento do AgRg no Ag 1270388, de 24/04/2010).

Assim sendo, a apreciação das condições pessoais e sociais do segurado somente será cabível quando houver o prévio reconhecimento de incapacidade laborativa para avaliar qual o benefício por incapacidade cabível (aposentadoria por incapacidade permanente ou auxílio-doença) na situação concreta.

Destarte, caso a perícia médica aponte a capacidade laboral para o trabalho habitual será impertinente que o julgador avalie as condições pessoais e sociais do segurado, pois, de todo modo, o benefício por incapacidade será negado. Nesse sentido, a TNU:

> **"PEDIDO 00065530620074036303 - DOU 23/04/2013**
>
> **AUXÍLIO-DOENÇA. AUSÊNCIA DE INCAPACIDADE PARA O TRABALHO. ANÁLISE DAS CONDIÇÕES PESSOAIS. DESNECESSIDADE.**
>
> 1. O acórdão recorrido considerou não comprovada a existência de incapacidade laboral. Não houve exame de condições pessoais. A autora interpôs recurso inominado alegando que o acórdão recorrido divergiu do entendimento da Turma Recursal do Mato Grosso, segundo a qual as condições pessoais e sociais do requerente devem ser consideradas na análise da incapacidade para o trabalho.
>
> 2. A TNU já decidiu que **"quando o juiz conclui que não há incapacidade para o trabalho, não fica obrigado a examinar as condições pessoais e sociais** (Processo nº 0507072-34.2009.4.05.8101, Rel. Juiz Rogério Moreira Alves, DOU 1º/02/2013). **"Quando negada a incapacidade para o trabalho habitual, forçoso inadmitir o exame das condições pessoais, já que o mesmo não pode, por si só, afastar a conclusão sobre a aptidão laboral calcada na valoração de prova pericial"** (Processo nº 0020741-39.2009.4.03.6301, Rel. Juiz André Carvalho Monteiro, julgado em 8/3/2013).
>
> A análise das condições pessoais e sociais do segurado só é indispensável para efeito de concessão de aposentadoria por invalidez e quando reconhecida a incapacidade parcial para o trabalho (Processo 0506386-42.2009.4.05.8101, Rel. Juíza Simone Lemos Fernandes, DJ 25/4/2012; Processo 5010366-27.2011.4.04.7001, Rel. Juiz Gláucio Maciel, julgado em 17/4/2013).
>
> 3. A Turma Recursal encampou a conclusão pela ausência de incapacidade para o trabalho. Como não reconheceu incapacidade laboral, o acórdão recorrido não estava obrigado a analisar as condições pessoais e sociais do segurado".

Com base neste precedente e em outros na mesma linha de raciocínio, em 06 de setembro de 2013 a TNU publicou a Súmula 77:

> **"Súmula 77 – O julgador não é obrigado a analisar as condições pessoais e sociais quando não reconhecer a incapacidade do requerente para a sua atividade habitual".**

No entanto, a TNU vem afastando a aplicação da Súmula 77 na hipótese de o segurado ser portador de doença com estigma social. É que, neste caso, é possível que a doença não gere incapacidade laboral do ponto de vista clínico, mas o mercado de trabalho se feche em discriminação aos segurados.

Este entendimento vem sendo aplicado em doenças como a AIDS, a hanseníase, a obesidade mórbida e as doenças de pele graves, sendo necessário nestes casos excepcionais verificar as condições pessoais, sociais, econômicas e culturais, de forma a analisar a incapacidade em sentido amplo, em face da elevada estigmatização social das referidas doenças.

Nesse sentido, no que concerne aos portadores do vírus HIV, a TNU aprovou a Súmula 78 na sessão de 12 de setembro de 2014:

> "**Súmula 78**- Comprovado que o requerente de benefício é portador do vírus HIV, cabe ao julgador verificar as condições pessoais, sociais, econômicas e culturais, de forma a analisar a incapacidade em sentido amplo, em face da elevada estigmatização social da doença".

Logo, conforme noticiado no sítio da Justiça Federal, no entendimento já pacificado na Turma Nacional, no caso dos portadores do HIV, mesmo os assintomáticos, a incapacidade transcende a mera limitação física, e repercute na esfera social do requerente, segregando-o do mercado de trabalho. "Nessas situações – em que a doença por si só gera um estigma social –, para a caracterização da incapacidade/deficiência, faz-se necessária a avaliação dos aspectos pessoais, econômicos, sociais e culturais. Por outro lado, importante deixar claro que a doença por si só não acarreta a incapacidade ou deficiência que a Legislação exige para o gozo do benefício", pontuou Kyu Soon Lee.

Outro ponto destacado pela juíza foi o caráter de complementaridade dessa súmula com relação a de nº 77 (O julgador não é obrigado a analisar as condições pessoais e sociais quando não reconhecer a incapacidade do requerente para a sua atividade habitual). "Pode parecer uma contradição, mas, na verdade, a súmula 78 vem complementar a anterior, posto que, na praxe, a Jurisprudência já considerava que a ausência de incapacidade clínica ou física nos casos de doenças de elevada estigma social não era suficiente para a negativa do benefício previdenciário ou assistencial", explicou a magistrada[18].

De acordo com o Boletim 43/2020, "a TNU consolidou o entendimento no sentido de que a Lei n. 7.670/88, ao prever a concessão de benefícios por incapacidade aos portadores de AIDS/SIDA, não dispensa a análise da incapacidade laboral, pelo que não se autoriza a concessão automática do benefício pelo simples fato de o segurado apresentar referida moléstia. Também nessa situação, mantém-se em vigor a Lei n. 8.213/91, a qual fixa como requisito para a concessão dos benefícios a existência de incapacidade laboral, ainda que, para tanto, sejam levadas em consideração as condições pessoais, sociais, econômicas e culturais, nos termos da Súmula n. 78 do Colegiado Nacional" (PUIL n. 5010522-04.2014.4.04.7003/PR).

Talvez seja até necessário designar uma perícia social para aferir no ambiente vivido pelo segurado se está havendo discriminação no mercado de trabalho em razão da enfermidade que porta, sendo indicativo desta situação os sucessivos vínculos curtos de emprego.

A respeito do tema, colaciona-se Enunciado aprovado no XI FONAJEF:

Grupo 5 – Benefícios por Incapacidade

Enunciado 1 (ATUAL ENUNCIADO FONAFEJ 141)

A súmula 78 da TNU, que determina a análise das condições pessoais do segurado em caso de ser portador de HIV, é extensível a outras doenças igualmente estigmatizantes. **(Aprovado por contraste)**

Seguindo a sua linha de jurisprudência no sentido de que a incapacidade laboral também deve ser aferida no contexto social no que tange a doenças com estigma social sofrido pelo segurado, cujo *leading case* foi o vírus HIV (Súmula 78/TNU), ao julgar o **Tema 274** em 30 de setembro de 2021, a **TNU** admitiu a possibilidade de concessão da aposentadoria por incapacidade permanente na situação de **outras doenças estigmatizantes** além do vírus da AIDS, a depender das condições sociais e pessoas do segurado, conforme aferição do caso concreto, na situação do laudo pericial apontar <u>incapacidade parcial e permanente</u> para o labor habitual:

<table>
<tr><th>Tema</th><th>274</th><th>Situação do tema</th><th>Julgado</th><th>Ramo do direito</th><th>DIREITO PREVIDENCIÁRIO</th></tr>
<tr><td colspan="2">Questão submetida a julgamento</td><td colspan="4">Se é possível a concessão de aposentadoria por invalidez, após análise das condições sociais, pessoais, econômicas e culturais, existindo incapacidade parcial e permanente, no caso de outras doenças, que não se relacionem com o vírus HIV.</td></tr>
</table>

Tese firmada	**É possível a concessão de aposentadoria por invalidez, após análise das condições sociais, pessoais, econômicas e culturais, existindo incapacidade parcial e permanente, no caso de outras doenças, que não se relacionem com o vírus HIV, mas, que sejam estigmatizantes e impactem significativa e negativamente na funcionalidade social do segurado, entendida esta como o potencial de acesso e permanência no mercado de trabalho.**				
Processo	Decisão de afetação	Relator (a)	Julgado em	Acórdão publicado em	Trânsito em julgado
PEDILEF 0512288-77.2017.4.05.8300/PE	21/08/2020	Juiz Federal Luis Eduardo Bianchi Cerqueira	23/09/2021	30/09/2021	-

[2]Nesse sentido, o julgador deve observar os seguintes **parâmetros cumulativos**:

a) Prova de estigma no caso concreto em decorrência da enfermidade;

b) Incapacidade laboral parcial e permanente atestada no laudo pericial;

c) Condições sociais, pessoais, econômicas e culturais não indicativas de reabilitação profissional;

d) Estigma com impacto significativo na funcionalidade do segurado, impedindo o acesso ou a continuidade no mercado de trabalho.

O caso concreto versou sobre o **lúpus eritromatoso. Não obstante isso,** no voto vencedor da lavra do Juiz Federal Luís Eduardo Cerqueira, foram citadas decisões que reconheceram as seguintes doenças com possibilidade de estigma social: **hanseníase, doença psiquiátrica, Síndrome de Marfan e ceratose actínica.**

Pela importância, a respeito do estigma social e da sua caracterização para a ampliação da definição de incapacidade, transcrevo abaixo três pontos do voto vencedor:

> ***"III – ESTIGMATIZAÇÃO SOCIAL***
>
> *Para compreender o conceito de "estigma" e as implicações da estigmatização social, dentre as opções possíveis, esta Relatoria foca a sua atenção para Goffman (GOFFMAN, Erving.* ***Estigma. Notas sobre a Manipulação da Identidade Deteriorada.*** *4 ed. Rio de Janeiro: Zahar, 1982. 158p.), que escreveu a obra mais famosa sobre esse tema específico.*

2. http://www.cjf.jus.br/cjf/noticias-do-cjf/2014/setembro/tnu-aprova-sumula-78.

Ora, o termo "estigma", do grego, designava originalmente os "sinais corporais, com os quais, se procurava evidenciar alguma coisa de extraordinário ou mau sobre o status moral de quem os apresentava" (GOFFMAN, Erving. Op. cit. p. 11), tal como acontecia com escravos, criminosos ou traidores, que eram marcados com cortes ou fogo no corpo. Uma vez marcados, tais sujeitos eram considerados "ritualmente poluídos", de modo que, deveriam ser evitados no convívio público.

Assim sendo, o "estigma", do ponto de vista social, não se refere apenas à marca em si, mas à "situação do indivíduo, que está inabilitado para a aceitação social plena" (Ibid. p. 7).

Posteriormente, com o advento do Cristianismo, o mesmo termo passou a incorporar mais duas acepções: a primeira delas diz respeito aos "sinais corporais de graça divina, que tomavam a forma de flores em erupção sobre a pele", situados nos locais onde Cristo teria sido marcado pelos pregos de seus verdugos; a segunda, uma metáfora médica, que parte desta última alusão religiosa, referindo-se a "sinais corporais de distúrbios físicos", que é o que se aproxima mais do objeto que se está a julgar. Como salienta GOFFMAN, atualmente, o termo "estigma" é mais utilizado para descrever "a própria desgraça do que à sua evidência corporal" (Ibid. p. 11).

*O problema da inabilitação para a aceitação social ocorre, porque os indivíduos são **categorizados** na sociedade, sendo esperado que as pessoas possuam um certo grupo de **atributos "comuns e naturais"**, para os membros de cada uma dessas categorias, conferindo a tais indivíduos uma **identidade social**. Ocorre que, por vezes, há um **hiato entre a identidade social virtual ou esperada e a identidade social real**, o que gera uma **reclassificação social**. Quando há evidências de que aquele indivíduo específico possui determinado atribuído, que lhe torna diferente dos demais, o "estigma", ele deixa de ser considerado "uma criatura comum e total", para se tornar um ser "estragado e diminuído" (Ibid. p. 12).*

Observa Goffman que "nem todos os atributos indesejáveis estão em questão, mas somente os que são incongruentes com o estereótipo que criamos para um determinado tipo de indivíduo", de modo que, o termo "estigma" refere-se a um atributo "profundamente depreciativo", sendo de se notar que o que está um jogo é uma "linguagem de relações", não uma "linguagem de atributos" em si, de tal modo que, "o mesmo atributo que estigmatiza alguém pode confirmar a normalidade de outrem" (Ibid. p. 13).

Sem embargo, tomando como exemplo o caso dos portadores de HIV, existem os estereótipos sociais relativos aos homossexuais (por exemplo, de que seriam mais promíscuos do que os heterossexuais), de tal modo que, quando é tornado público que alguém é portador do mencionado vírus, automaticamente, surge a crença social de que a sua conduta social seria incompatível com a moral social, seja pela homossexualidade em si, seja pela promiscuidade, que normal e erroneamente, é associada à prática. Logo, o fato de portar um vírus – que pode ter se originado, por exemplo, de mera transfusão de sangue – desclassifica socialmente o indivíduo do padrão de normalidade para uma situação pejorativa, calcada em estereótipos sociais, desprovidos de qualquer fundamentação científica.

Exatamente, por esse motivo, ocorreram tantos julgamentos em sentido contrário ao da Súmula 77 desta turma nacional, eis que, independente do fato do trabalhador/

segurado apresentar incapacidade, se a sua situação de portador do vírus HIV é, de algum modo, conhecida ou suposta, em especial, em cidades pequenas, onde todos se conhecem e não é tão fácil esconder certos segredos, a sua empregabilidade será, seguramente, dificultada. Não porque o empregador o considere incapaz, fisicamente, de realizar o trabalho, mas, por conta de sua suposta reprovabilidade moral, de sua desclassificação social, de seu estigma.

Se assim o é, relativamente a doença, que sequer é perceptível, quando assintomática, bem como, acerca da qual, existe a proibição legal de se exigir o teste negativo para admissão, ***o que dirá, relativamente a estigmas facilmente visíveis e identificáveis.***

É o passo seguinte do raciocínio.

IV – ESTIGMATIZAÇÃO E DOENÇA

Prosseguindo com o auxílio luxuoso de GOFFMAN, é possível distinguir três tipo de estigmas: "as abominações do corpo", as várias deformidades físicas; as "culpas de caráter individual", inferidas a partir de relatos de distúrbio mental, prisão, alcoolismo, homossexualismo, desemprego e outros, e os "estigmas tribais de raça, nação e religião" (Ibid. p. 14).

Nos casos tratados no Tema 274, doenças sem relação com o vírus HIV, trata-se comumente do estigma, que tangencia as "abominações do corpo".

Mas, também há o estigma do tipo "culpa de caráter individual", quando se refere a doenças psiquiátricas ou relacionadas a vícios, tais como o alcoolismo, por exemplo.

O mecanismo social de reclassificação ou desclassificação, baseado na diferença entre a identidade social esperada e a identidade social real, porém, aplica-se da mesma forma.

Imagine-se, por exemplo, a situação do portador de vitiligo ou fogo selvagem, que é facilmente perceptível, em especial, quando ocorre no rosto do segurado/trabalhador.

Em princípio, não haveria qualquer incapacidade física para o trabalho, puramente, em função do vitiligo em si, porque não há uma relação de causa e efeito entre a sua existência e algum grau de redução funcional da capacidade de trabalho.

Porém, como as manchas aparentes provocam esse efeito de desclassificação social, com o rebaixamento da identidade social do indivíduo, com base em determinados estereótipos sociais, a sua empregabilidade, para determinadas funções, tende a ser bastante reduzida.

Acerca do tema, convém verificar o artigo da autoria de SILVA, Morgana Geórgia Fernandes. ***Vivências de Pessoas com Vitiligo – Exclusão e Inclusão Social: Sensibilização ao Tema****. Acesso em http://www.eaic.uem.br/eaic2016/anais/artigos/1174.pdf, no dia 24/04/2021. 20:51).*

Isso se dá porque, em círculos sociais menos esclarecidos, acredita-se que possa ocorrer contágio, caso se toque ou chegue próximo a tais manchas na pele. De igual modo, que a doença possa ser transmitida, caso o seu portador toque ou se aproxime de comidas, tecidos ou outros materiais.

De igual modo, acredita-se, nesses mesmos círculos, que tal doença possa decorrer de falta de higiene – o artigo supramencionado, na página 4, traz um relato de portador de vitiligo, que, ao procurar um dermatologista para eventual tratamento, o profissional de saúde lhe teria dito que doença decorreria de "falta de banho" -, sendo comumente relacionada a população de rua, a habitantes de rincões rurais inóspitos ou regiões periféricas miseráveis das grandes cidades, de tal modo que, o estigma físico acaba sendo relacionado a situações moralmente reprováveis ou a condições sociais tidas como inferiores.

Por isso, em cidades menores, em regiões com maior número de analfabetos ou mais pobres, um, portador de vitiligo tenderá a ter menos chances de ser empregado em atividades que envolvam manipulação de alimentos, salões de beleza, cuidados pessoais de crianças ou idosos, alguns tipos de comércio, ou seja, em boa parte das atividades onde um trabalhador/segurado não especializado ou sem um bom nível educacional conseguiria empregar-se.

Tudo isso, com base em estereótipos e generalizações desprovidas de qualquer base científica, que levam a um rebaixamento de "ranking" social desse indivíduo pela sua mera aparência física.

No caso específico do vitiligo, dificilmente tal benefício por incapacidade seria concedido, porém, já que é um pressuposto da turma nacional, a existência de incapacidade parcial em sentido estrito, o que não ocorrerá em tal doença.

***O mesmo não ocorre com o lúpus**, que é a doença da qual se trata a discussão no caso concreto, porque, hipoteticamente falando, **ela tem o potencial de causar limitações físicas para a realização de determinados trabalhos**.*

*Nessa situação, existindo a incapacitação parcial, passa-se ao segundo passo do raciocínio, com a dita análise das condições pessoais, sociais, econômicas e culturais, ou seja, a análise da **incapacidade em sentido amplo ou ampliada**, ou seja, da **funcionalidade**.*

O mesmo se dá com doenças psiquiátricas, que fazem parte de um outro grupo de estigmas, os do tipo "culpa de caráter individual", da classificação de GOFFMAN, acima referida.

*Como o portador de doenças psiquiátricas é normalmente associado a questões de índole moral, como sendo "fracos" (por exemplo, como se dá com os pacientes depressivos) ou de "mau caráter" (todos aqueles de comportamento social desviante, o que define "doença" psiquiátrica), ou ainda, "agressivos" ou "perigosos" (quando, na realidade, uma pequena parcela dessa população de comportamento social desviante representa algum risco aos demais), **as suas chances no mercado de trabalho são sensivelmente reduzidas, tão logo, seja evidenciada a sua condição** – seja o fato verdadeiro ou não, diga-se de passagem...*

Assim, se há algumas doenças psiquiátricas que permitem ao paciente levar uma vida normal, sem a necessidade de internação ou interdição, ou mesmo, outras que levam a perturbações temporárias e/ou cíclicas dessa qualidade de vida, por outro lado, ainda que não estejam, necessariamente, incapazes, tais segurados podem ser de tal modo estigmatizados socialmente, que as suas oportunidades no mercado de trabalho são bastantes reduzidas.

*De qualquer modo, **pelo menos, uma incapacitação parcial é necessária como pressuposto, por força de entendimento sumulado por esta turma nacional, para que se possa passar ao segundo momento da análise.***

Sem embargo, tais evidências somente podem ser percebidas pelo juiz da causa, caso, além da realização do exame pericial médico, que ateste a existência da doença e o seu grau de incapacitação em sentido estrito, também seja realizado, por exemplo, uma pesquisa social, que se dirija, não apenas às condições subjetivas do segurado, mas, igualmente, às condições objetivas do ambiente onde tenta empregar-se.

É sabido que, em cidades maiores, em especial, grandes metrópoles, em locais onde haja um nível de instrução mais elevado; as oportunidades de trabalho para pessoais com deformidades aparentes e com doenças psiquiátricas tendem a ser maiores que em centros urbanos menores e/ou com um nível de instrução da população mais baixo.

De igual modo, se o segurado possui um nível educacional mais elevado ou alguma especialização, isso facilita na sua empregabilidade, a depender do estigma.

*De qualquer modo, em quaisquer dessas situações, o intérprete estará analisando um conceito de incapacidade um pouco diferente, que é o da **incapacidade ampliada**.*

*V – **INCAPACIDADE AMPLIADA***

*Para além dos conceitos tradicionais de incapacidade e deficiência, que possuem conotação negativa, se tem utilizado, até mesmo, para instruir políticas públicas, uma perspectiva positiva, que inclui, até mesmo, a participação social (LAMARI, Neuseli. **Avaliação Ampliada da Funcionalidade, da Incapacidade e da Saúde**. Arquivos de Ciências da Saúde, [S.l.], v. 22, n. 4, p. 7-8, dez. 2015. ISSN 2318-3691. Disponível em: <**https://www.cienciasdasaude.famerp.br/index.php/racs/article/view/311**>. Acesso em: 25 abr. 2021. doi: **https://doi.org/10.17696/2318-3691.22.4.2015.311.**).*

Para tanto, se tem utilizado um instrumento normativo, que é a Classificação Internacional da Funcionalidade, Incapacidade e Saúde (CIF), não apenas, a Classificação Internacional de Doenças (CID).

*Sem embargo, utilizando-se tal classificação, oriunda da Organização Mundial da Saúde, da Organização das Nações Unidas, de forma complementar à CID, na análise da funcionalidade e da capacidade, verifica-se, não apenas a doença em si (funções e estruturas corporais), mas, as **atividades humanas como atividades sociais, participação social e a interação com o ambiente**, como se vê do Manual de Boas Práticas da FIOCRUZ (https://portaldeboaspraticas.iff.fiocruz.br/atencao-crianca/classificacao-internacional-de-funcionalidade-incapacidade-e-saude-cif/. Acesso em 24/04/2021, 21:27).*

*Assim o é, porque a **funcionalidade e a capacidade** se relacionam com a **condição de saúde da pessoa**, mas também com os seus **recursos** (habilidades pessoais e recursos econômicos) e o **ambiente** no qual a pessoa vive.*

*É por isso, que não é suficiente o laudo pericial médico – calcado na realidade da CID ou do DSM -, para aferir capacidade ou funcionalidade, em especial, no caso de doenças que reduzem a empregabilidade, por serem estigmatizantes, **havendo de se levar em conta, igualmente, aspectos subjetivos referentes aos recursos pessoais do segurado (situação econômico-financeira, estudo, especialização do trabalho) e aspectos objetivos atinentes ao ambiente onde o segurado/trabalhador reside e terá de buscar colocação no mercado de trabalho**.*

Não é esta Relatoria que está pontificando tais conclusões, mas a Organização Mundial de Saúde, com base na ciência.

*Mais do que isso, como se está discutindo no Tema 274 desta turma nacional se, **para aferição da existência do estado incapacitante**, a fim de se conceder benefício por incapacidade, no caso de doenças estigmatizantes outras, que não aquelas decorrentes da infecção e/ou contágio por HIV, seria necessário realizar, igualmente, a avaliação pessoal, social, cultural e econômica, que é feita naquela circunstância, não se estará, de forma alguma criando algo novo, alguma anomalia, se a conclusão do presente voto levar à resposta positiva.*

Pelo contrário, se estará utilizando um conceito atualizado de incapacidade, que não se refere somente às estruturais e funções corporais, mas, a fatores outros, igualmente determinantes do estado de incapacidade.

A Classificação Internacional de Funcionalidade, traz uma interessante matriz, na qual se veem as diferentes situações, envolvendo capacidade e funcionalidade, que podem ser encontradas, na qual, se faz referência a "estigma", verbis:

Se a nossa intenção é descrever uma experiência de saúde, no seu todo, todos os componentes são úteis. Por exemplo, uma pessoa pode:

*• **ter deficiências sem limitações de capacidade** (e.g., uma desfiguração resultante da Doença de Hansen pode não ter efeito sobre a capacidade da pessoa);*

• ter problemas de desempenho e limitações de capacidade sem deficiências evidentes (e.g., redução de desempenho nas actividades diárias associado a várias doenças);

*• **ter problemas de desempenho sem deficiências ou limitações de capacidade** (e.g., indivíduo VIH positivo, ou um ex doente curado de doença mental, que enfrenta estigmas ou discriminação nas relações interpessoais ou no trabalho);*

•ter limitações de capacidade se não tiver assistência, e nenhum problema de desempenho no ambiente habitual (e.g., um indivíduo com limitações de mobilidade pode beneficiar, por parte da sociedade, de ajudas tecnológicas de assistência para se movimentar);

• experimentar um grau de influência em sentido contrário (e.g., a inactividade dos membros pode levar à atrofia muscular; a institucionalização pode resultar numa perda da socialização)."

Ora, o que diz a CIF é que, ainda que não exista "limitação de capacidade", em sentido estrito, haveria limitação à funcionalidade, que é um conceito mais amplo de capacidade, nos casos de doenças estigmatizantes.

A turma nacional, por outro lado, por força de entendimentos jurisprudenciais reiterados, consubstanciados na Súmula 77, considera que, para se analisar a eventual existência da incapacidade ampliada, para fins de concessão da aposentadoria por invalidez, é requisito necessário a existência de incapacidade parcial permanente.

Isso se reflete na própria pergunta do Tema 274, da maneira como formulada, porque o raciocínio empregado na Súmula 77 é um prius lógico em relação ao Tema 274, verbis: "O julgador não é obrigado a analisar as condições pessoais e sociais quando não reconhecer a incapacidade do requerente para a sua atividade habitual."

*Por isso, **a própria questão de afetação já incorporou, por decisão do colegiado, a premissa da existência da incapacidade parcial e permanente, para que se possa passar ao degrau seguinte, que é o da análise das condições pessoais, sociais, econômicas e culturais"**.*

A incapacidade permanente pode ser definida como a incapacidade laborativa total, indefinida e multiprofissional, insuscetível de recuperação ou reabilitação profissional, que corresponde à incapacidade geral de ganho, em consequência de doença ou acidente.

3. SEGURADOS ACOBERTADOS

Diante da inexistência de restrição no âmbito da Lei 8.213/91, é pacifico que a aposentadoria por incapacidade permanente é um benefício IRRESTRITO, sendo devido a TODOS os segurados obrigatórios e até mesmo aos segurados facultativos.

4. PERÍODO DE CARÊNCIA

Com o intuito de resguardar o equilíbrio financeiro e atuarial do sistema, bem como prevenir a ocorrência de fraudes, a concessão de alguns benefícios previdenciários depende do prévio pagamento de um número mínimo contribuições previdenciárias em dia, o que se intitula de carência.

A definição legal de carência, conforme capitulado no artigo 24, da Lei 8.213/91, é *o número mínimo de contribuições mensais indispensáveis para que o beneficiário faça jus ao benefício, consideradas a partir do transcurso do primeiro dia dos meses de suas competências.*

Nesse sentido, para fins de carência, um dia de trabalho, no mês, vale como contribuição para aquele mês, para qualquer categoria de segurado, nos termos do artigo 145, da revogada Instrução Normativa INSS 77/2015.

Todavia, esse conceito legal é incompleto, pois ainda será preciso que as contribuições previdenciárias sejam pagas tempestivamente para fins de carência, sendo imprestáveis as recolhidas com atraso nos termos abaixo vistos. **Ou seja, a carência se realizará não apenas como o pagamento das contribuições previdenciárias, mas também com o seu recolhimento em dia**.

Nos termos do artigo 26 do RPS, atualizado pelo Decreto 10.410/2020, o período de carência é o tempo correspondente ao número mínimo de contribuições mensais indispensáveis para que o beneficiário faça jus ao benefício,

consideradas as competências cujo salário de contribuição seja igual ou superior ao seu limite mínimo mensal.

Isso porque, a partir da competência 11/2019, o segurado empregado, trabalhador avulso e empregado doméstico que receber remuneração inferior ao limite mínimo mensal do salário de contribuição, somente considerará o período para fins de carência se efetuar os ajustes de complementação, utilização e agrupamento de contribuições, nos termos do Decreto 10.410/2020, que regulamentou o artigo 29 da Emenda 103/2019, na forma do § 1º do artigo 19-E e o § 27-A do artigo 216, ambos do Regulamento da Previdência Social.

Por outro lado, para fins de carência, as contribuições anteriores à data de publicação da Emenda à Constituição nº 103, de 12 de novembro de 2019, serão consideradas em conformidade com a legislação vigente à época.

Outrossim, registre-se que para o contribuinte individual e o segurado facultativo, mesmo antes da EC 103/2019, o valor nominal do salário de contribuição não poderia ser inferior a um salário mínimo.

Para os segurados que possuem presunção de recolhimento da contribuição previdenciária não se há de falar de recolhimento em atraso, devendo a carência ser computada a contar do mês da filiação, independentemente do recolhimento, a saber: empregado, empregado doméstico, trabalhador avulso e contribuinte individual que presta serviços à empresa.

A inserção do empregado doméstico neste rol se deu apenas por força da Lei Complementar 150/2015, que modificou o artigo 27, da Lei 8.213/91.

No entanto, na interpretação administrativa da Previdência Social, a presunção de recolhimento em favor do empregado doméstico não irá retroagir, operando-se somente a partir da vigência da LC 150, em 2 de junho de 2015.

Nesse sendo, para a autarquia previdenciária, a carência do empregado doméstico, para período de trabalho de 25/07/1991 até 01/06/2015, será considerada quando comprovado o pagamento da primeira contribuição sem atraso, as demais contribuições recolhidas poderão ser consideradas para fins de carência, ainda que recolhidas fora do prazo legal; para período de trabalho a partir de 02/06/2015, independente do pagamento da primeira contribuição sem atraso e do recolhimento das contribuições mensais, todas as competências a partir de 06/2015 serão consideradas para fins de carência, desde que devidamente comprovado o vínculo de trabalho[3].

Reputa-se equivocado tal entendimento. Conquanto a Lei Complementar 150 tenha entrado em vigor no dia 2 de junho de 2015, data da sua publicação,

3. Memorando-Circular nº 38/DIRBEN/INSS, de 5/11/2015.

entende-se ser constitucional sustentar que a presunção de recolhimento das contribuições previdenciárias em favor do empregado doméstico deve ser retroativa, alcançando as competências anteriores a junho de 2015.

Isso porque mesmo antes da LC 150/2015 a responsabilidade tributária de recolher a contribuição do empregado doméstico já era do patrão doméstico, tendo apenas sido corrigida uma inconstitucionalidade por omissão injustificável que discriminava negativamente o empregado doméstico.

Já o contribuinte individual que trabalha por conta própria e o segurado facultativo, por serem os responsáveis tributários pelo recolhimento da sua contribuição não possuem presunção de recolhimento, de modo que o período de carência será contado apenas da data de efetivo pagamento da primeira contribuição sem atraso, não sendo consideradas para este fim as contribuições recolhidas com atraso referentes a competências anteriores.

Nesse sentido, de acordo com o artigo 18-A, §15, da Lei Complementar 123/2006, inserido pela Lei Complementar 139/2011, no caso do contribuinte individual filiado como microempreendedor individual, a inadimplência do recolhimento do valor da sua contribuição previdenciária tem como consequência a não contagem da competência em atraso para fins de carência para obtenção dos benefícios previdenciários respectivos.

Por isso, a tese aqui sustentada goza de previsão legal expressa da Lei Complementar 139/2011, que veio para espancar os eventuais posicionamentos contrários a respeito deste tema.

Inclusive, essa é a posição a ser seguida, pois foi nessa linha que decidiu o STJ no último julgado que abordou diretamente o tema[4]:

> "PREVIDENCIÁRIO. RECURSO ESPECIAL. DISSÍDIO JURISPRUDENCIAL NÃO CARACTERIZADO. ART. 255 DO RISTJ. APOSENTADORIA POR INVALIDEZ. RECOLHIMENTO DE PRESTAÇÕES EM ATRASO. TEMPO DE SERVIÇO. CÔMPUTO PARA EFEITO DE CARÊNCIA. ART. 27 DA LEI Nº 8.213/91. IMPOSSIBILIDADE. I – Em casos nos quais só a comparação das situações fáticas evidencia o dissídio pretoriano, indispensável que se faça o cotejo analítico entre a decisão recorrida e os paradigmas invocados. A simples transcrição de ementas, sem que se evidencie a similitude das situações, não se presta como demonstração da divergência jurisprudencial. **II – As contribuições previdenciárias recolhidas em atraso não podem ser consideradas para o cômputo do período de carência, nos termos do art. 27 da Lei nº 8.213/91**. Recurso especial desprovido" (g.n.)

No entanto, é certo que o artigo 27, II, da Lei 8.213/91, possui uma redação dúbia, ao estatuir que "para cômputo do período de carência, **serão consideradas**

4. REsp 870.920, 5ª Turma, de 03.04.2007.

as contribuições realizadas a contar da data do efetivo pagamento da primeira contribuição sem atraso, não sendo consideradas para este fim as contribuições recolhidas com atraso referentes a competências anteriores, no caso dos segurados contribuinte individual, especial e facultativo".

Assim, surgiu uma corrente doutrinária e jurisprudencial no sentido de que o recolhimento das contribuições atrasadas antes da inscrição não se presta para fins de carência, mas, por outro lado, se forem contribuições recolhidas em atraso após a inscrição, estas são consideradas para integralização do período de carência, sendo necessário não ter havido a perda da qualidade de segurado.

Em uma interpretação alternativa do artigo 27, da Lei 8.213/91, a TNU vem entendendo que a partir da 1ª contribuição paga sem atraso, às demais poderão ser pagas com atraso para fins de carência:

> "EMENTA PREVIDENCIÁRIO. CARÊNCIA. CONTRIBUINTE INDIVIDUAL. RECOLHIMENTO COM ATRASO DAS CONTRIBUIÇÕES POSTERIORES À PRIMEIRA. AUSÊNCIA DE PERDA DA QUALIDADE DE SEGURADO. POSSIBILIDADE DE CÔMPUTO DAS CONTRIBUIÇÕES ATRASADAS. **1. Devem ser consideradas, para efeito de carência quanto à obtenção do benefício de auxílio-doença, as contribuições previdenciárias recolhidas com atraso, desde que posteriores à primeira paga sem atraso.** 2. A possibilidade do cômputo, para efeito de carência, dessas contribuições recolhidas em atraso decorre diretamente da interpretação do disposto no art. 27, II, da Lei nº 8.213/91. Importa, para que esse pagamento seja considerado, que não haja perda da qualidade de segurado. Precedente do STJ (REsp 642243/PR, Rel. Ministro Nilson Naves, Sexta Turma, julgado em 21/03/2006, DJ 05/06/2006 p. 324). 3. Tratando-se de restabelecimento de benefício de auxílio-doença, e considerando que a questão da capacidade da autora para o trabalho não foi devidamente apreciada nas instâncias anteriores, devem os autos retornar ao juízo de origem para que se proceda ao completo e devido julgamento. 4. Pedido de Uniformização parcialmente provido para anular o acórdão e a sentença monocrática"[5] (g.n.).

No entanto, a própria TNU entende que as contribuições atrasadas após a primeira paga em dia somente se prestam para fins de carência se ainda recolhidas dentro do período de graça, vez que se na data do recolhimento já tiver se dado a perda da qualidade de segurado serão imprestáveis para fins de carência:

> "PREVIDENCIÁRIO E PROCESSUAL CIVIL. PEDIDO DE UNIFORMIZAÇÃO. APOSENTADORIA POR IDADE. CONTRIBUINTE INDIVIDUAL. SENTENÇA DE PROCEDÊNCIA MANTIDA PELA 2.ª TURMA RECURSAL DO PARANÁ. ALEGAÇÃO DE DISSÍDIO COM A JURISPRUDÊNCIA DOMINANTE DA TURMA NACIONAL DE UNIFORMIZAÇÃO. RECOLHIMENTO DE CONTRIBUIÇÃO EM ATRASO. CARÊNCIA. NECESSIDADE DA MANUTENÇÃO

5. Incidente 200772500000920, de 21.11.2008.

DA QUALIDADE DE SEGURADO. SIMILITUDE FÁTICO-JURÍDICA ENTRE OS ACÓRDÃOS RECORRIDO E PARADIGMA. DIVERGÊNCIA DEMONSTRADA. CONHECIMENTO E PROVIMENTO DO INCIDENTE. Comprovada a similitude fático-jurídica e a divergência entre o acórdão recorrido e a jurisprudência dominante da Turma Nacional de Uniformização (PEDILEF n.º 200772500000920, Rel. Juiz Federal Derivaldo de Figueiredo Bezerra Filho, DJ 9 fev. 2009), tem cabimento o incidente.- **As contribuições previdenciárias recolhidas com atraso devem ser consideradas para efeito de carência desde que posteriores à primeira paga sem atraso e que o atraso não importe nova perda da condição de segurado (PEDILEF n.º 200670950114708 PR, Rel. Juiz Fed. Élio Wanderley de Siqueira Filho, DJ 14 abr. 2008).**- Hipótese na qual o recorrente alega que o acórdão da Turma Recursal de origem, mantendo a sentença de procedência do pedido de aposentadoria por idade, divergiria da jurisprudência dominante da TNU, segundo a qual é possível o recolhimento de contribuições em atraso, desde que haja a manutenção da qualidade de segurado.- **A TNU já firmou o entendimento quanto à possibilidade de cômputo das contribuições previdenciárias recolhidas a posteriori pelo contribuinte individual para efeitos de carência, se não houver perda da qualidade de segurado.** No caso, o acórdão recorrido afirmou expressamente não haver mais obrigatoriedade do requisito qualidade de segurado, de forma que, pagas as contribuições, mesmo a destempo, seria possível o seu cômputo para fins de carência e, consequentemente, para obtenção da aposentadoria por idade, o que diverge da jurisprudência desta TNU. **Como a recorrida não mais detinha a qualidade de segurada quando do pagamento das contribuições em atraso, referentes às competências de janeiro de 2002 até setembro de 2009, uma vez que passou mais de quatro anos sem contribuir, e tendo pago todo o período a partir do dia que completou a idade exigida para a concessão da aposentadoria por idade, tais contribuições recolhidas em atraso, após perda da qualidade de segurado, não podem ser computadas como carência, mas apenas como tempo de contribuição.**- Incidente de Uniformização conhecido e provido para reformar a sentença e o acórdão impugnados, julgando improcedente o pedido da autora" (PEDILEF 50389377420124047000, de 08/03/2013).

Veja-se enunciado aprovado na **I Jornada de Direito da Seguridade Social do Conselho da Justiça Federal** sobre o tema:

ENUNCIADO 5: Para os fins do art. 27, inciso II, da Lei n. 8.213/1991, o atraso do pagamento da contribuição previdenciária não impede a consideração deste para efeito de carência, desde que o recolhimento da contribuição seja realizado dentro do período de graça.

Sem entrar neste mérito sobre as contribuições recolhidas em atraso após a primeira tempestivamente paga, recentemente decidiu a 2ª Turma do STJ que as contribuições atrasadas pagas antes da primeira paga na data não se prestam para efeitos do período de carência:

"PREVIDENCIÁRIO. RECURSO ESPECIAL. APOSENTADORIA URBANA POR IDADE. CONTRIBUINTE INDIVIDUAL. RECOLHIMENTO DA CONTRIBUIÇÃO PREVIDENCIÁRIA EM ATRASO. CÔMPUTO PARA EFEITO DE CARÊNCIA. IMPOSSIBILIDADE. ART. 27, II, DA LEI Nº 8.213/1991. PRECEDENTES. RECURSO ESPECIAL PROVIDO. 1. É da data do efetivo pagamento da primeira contribuição sem atraso que se inicia a contagem do período de carência quando se tratar de contribuinte individual. **2. As contribuições previdenciárias recolhidas em atraso, em período anterior ao primeiro pagamento sem atraso, não podem ser consideradas para o cômputo do período de carência, nos termos do art. 27, II, da Lei n. 8.213/1991.** Precedentes. 3. Recurso especial" (STJ, 2ª Turma, REsp 1376961, de 28/05/2013).

Mas a 3ª Seção do STJ segue o mesmo posicionamento da TNU:

Processo

AR 4372 / SP

AÇÃO RESCISÓRIA

2009/0225616-6

Relator(a)

Ministro ROGERIO SCHIETTI CRUZ (1158)

Revisor(a)

Ministro NEFI CORDEIRO (1159)

Órgão Julgador

S3 - TERCEIRA SEÇÃO

Data do Julgamento

13/04/2016

Data da Publicação/Fonte

DJe 18/04/2016

Ementa

PREVIDENCIÁRIO. AÇÃO RESCISÓRIA. VIOLAÇÃO DE LITERAL DISPOSIÇÃO DE LEI. APOSENTADORIA. INVALIDEZ PERMANENTE. **CONTRIBUIÇÕES EFETUADAS COM ATRASO, POSTERIORMENTE AO PRIMEIRO RECOLHIMENTO EFETUADO SEM ATRASO. CÔMPUTO PARA FINS DE CARÊNCIA. POSSIBILIDADE, DESDE QUE PRESERVADA A CONDIÇÃO DE SEGURADO.** PEDIDO PROCEDENTE.

1. É da data do efetivo pagamento da primeira contribuição sem atraso que se inicia a contagem do período de carência quando se tratar de contribuinte individual. Precedentes.

2. Nos termos do art. 27, II, da Lei n. 8.213/1991, não são consideradas, para fins de cômputo do período de carência, as contribuições recolhidas com atraso, referentes a competências anteriores à data do efetivo pagamento da primeira contribuição sem atraso.

3. Impõe-se distinguir, todavia, o recolhimento, com atraso, de contribuições referentes a competências anteriores ao início do período de carência, daquele recolhimento, também efetuado com atraso, de contribuições relativas a competências posteriores ao efetivo pagamento da primeira contribuição sem atraso (início do período de carência).

4. Na segunda hipótese, desde que não haja a perda da condição de segurado, não incide a vedação contida no art. 27, II, da Lei n. 8.213/1991.

5. Hipótese em que o primeiro pagamento sem atraso foi efetuado pela autora em fevereiro de 2001, referente à competência de janeiro de 2001, ao passo que as contribuições recolhidas com atraso dizem respeito às competências de julho a outubro de 2001, posteriores, portanto, à primeira contribuição recolhida sem atraso, sem a perda da condição de segurada.

6. Efetiva ofensa à literalidade da norma contida no art. 27, II, da Lei n. 8.213/1991, na medida em que a sua aplicação ocorreu fora da hipótese que, por intermédio dela, pretendeu o legislador regular.

7. Pedido da ação rescisória procedente.

Desse modo, a inserção do §4º do artigo 28 do Decreto 3.048/99 pelo Decreto 10.410/2020 **não constitui uma inovação jurídica**, pois o lastro legal (art. 27, II, Lei 8.213/91) não foi recentemente alterado, se tratando de **mera enunciação do texto legal já existente e da jurisprudência firmada pelo STJ e TNU** mais protetiva da Previdência Social:

"Art. 28. O período de carência é contado:

I - para o segurado empregado, inclusive o doméstico, e o trabalhador avulso, a partir da data de sua filiação ao RGPS; e (Redação dada pelo Decreto nº 10.410, de 2020).

II - para o segurado contribuinte individual, observado o disposto no § 4º do art. 26, e o segurado facultativo, inclusive o segurado especial que contribua na forma prevista no § 2º do art. 200, a partir da data do efetivo recolhimento da primeira contribuição sem atraso, e não serão consideradas, para esse fim, as contribuições recolhidas com atraso referentes a competências anteriores, observado, quanto ao segurado facultativo, o disposto nos § 3º e § 4º do art. 11. (Redação dada pelo Decreto nº 10.410, de 2020).

§ 1º Para o segurado especial que não contribui na forma do § 2º do art. 200, o período de carência de que trata o § 1º do art. 26 é contado a partir do efetivo exercício da atividade rural, mediante comprovação, na forma do disposto no art. 62. (Redação dada pelo Decreto nº 6.042, de 2007).

§ 2º O período a que se refere o inciso XVIII do art. 60 será computado para fins de carência.

§ 3º Para os segurados a que se refere o inciso II, optantes pelo recolhimento trimestral na forma prevista nos §§ 15 e 16 do art. 216, o período de carência é contado a partir do mês de inscrição do segurado, desde que efetuado o recolhimento da primeira contribuição no prazo estipulado no referido § 15.

§ 4º Para os segurados a que se refere o inciso II do caput, na hipótese de perda da qualidade de segurado, somente serão consideradas, para fins de carência, as contribuições efetivadas após novo recolhimento sem atraso, observado o disposto no art. 19-E. (Incluído pelo Decreto nº 10.410, de 2020)"

De acordo com a **Portaria PRES/INSS 1.382, de 19.11.2021,** para o contribuinte individual autônomo, "a contribuição recolhida com atraso após a perda da qualidade de segurado não será computada para carência", alinhando-se ao STJ e TNU, devendo ser "observada a necessidade do primeiro recolhimento ser efetuado em dia, serão considerados para fins de carência os recolhimentos realizados em atraso, desde que o pagamento tenha ocorrido dentro do período de manutenção da qualidade de segurado e na mesma categoria de segurado".

Ademais, "o cômputo da carência após a perda da qualidade de segurado reinicia-se a partir do efetivo recolhimento de nova contribuição sem atraso".

Ainda de acordo com a **Portaria PRES/INSS 1.382, de 19.11.2021,** "quando se tratar de retroação da Data do Início das Contribuições - DIC, ainda que com início ocorrido dentro do período de manutenção da qualidade de segurado, após o exercício de atividade em categorias diferenciadas, a contribuição paga em atraso, independentemente da data em que foi recolhida, não será considerada para fins de carência".

Outrossim, "para os contribuintes individuais autônomos, "a contribuição recolhida com atraso após a perda da qualidade de segurado poderá ser computada para tempo de contribuição, desde que o recolhimento regularmente realizado seja anterior à data do fato gerador do benefício pleiteado".

De acordo com a **Portaria PRES/INSS 1.382, de 19.11.2021,** "para os contribuintes individuais autônomos, a contribuição recolhida com atraso após a perda da qualidade de segurado poderá ser computada para efeito de manutenção de qualidade de segurado, desde que o recolhimento regularmente realizado seja anterior à data do fato gerador do benefício pleiteado".

De acordo com a **Portaria PRES/INSS 1.382, de 19.11.2021,** "para fins de cômputo da carência, do tempo de contribuição, do Período Básico de Cálculo - PBC e da manutenção da qualidade de segurado, para os segurados contribuintes individuais autônomos, não deverão ser consideradas as contribuições efetuadas em atraso após o fato gerador, independentemente de referirem-se a competências anteriores".

Excepcionalmente, o artigo 9º, §1º prevê que que "deve ser considerado para todos os fins o recolhimento realizado dentro do prazo legal de vencimento, mesmo que realizado após o fato gerador, sendo vedado recolhimento pós óbito".

Trata-se de regra que permite a filiação após o risco social concretizado com efeitos retroativos no caso de benefícios por incapacidade laboral e salário-maternidade, desde que o segurado recolha a contribuição após o infortúnio, mas dentro do prazo legal de pagamento do tributo.

Para as pessoas que burlam a legislação previdenciária, é uma porta aberta para fraudes patrocinada pelo próprio INSS, considerando que a filiação do contribuinte individual autônomo somente ocorre (ou deveria ocorrer) com o pagamento da primeira contribuição previdenciária, não devendo retroagir para fatos geradores anteriores no caso de benefícios não programados.

Suponha-se que um autônomo tenha se inscrito no CNIS em 01/11/2021 como contribuinte individual, devendo, portanto, pagar a competência novembro/2021 até 15 de dezembro de 2021 ou no primeiro dia útil posterior, se não houver expediente bancário no dia 15/11.

Sem nada pagar e, por conseguinte, sem estar filiado, sofreu grave acidente em 10/11/2021 ficando inválido, tendo promovido em 15/11/2021 o pagamento da primeira contribuição previdenciária. Neste caso, a Autarquia irá conceder o benefício nos termos da citada portaria na via administrativa, considerando a dispensa da carência pelo acidente.

Diante da benesse administrativa, por certo o Poder Judiciário irá aderir a esse posicionamento, que, a despeito de falhar tecnicamente, é mais benéfico ao segurado.

Sobre o tema, o Enunciado 5 do CRPS tem redação dada pela **Resolução 35/CRPS**, publicada em 06/12/2021:

> *"ENUNCIADO Nº 5.*
>
> *O recolhimento em atraso de contribuições previdenciárias devidas pelo contribuinte individual exige a comprovação do efetivo exercício de atividade remunerada, na forma do art. 55, §3º da Lei nº 8.213/91.*
>
> *I - A concessão de prestações ao contribuinte individual em débito ou aos seus dependentes é condicionada ao recolhimento prévio, pelo segurado, das contribuições necessárias à reaquisição da qualidade de segurado, salvo em relação ao prestador de serviço à empresa, a partir da competência abril de 2003.*
>
> *II - Perde a qualidade de segurado o contribuinte individual que, embora em exercício de atividade remunerada, deixa de recolher suas respectivas contribuições por tempo superior ao período de graça (art. 15, §4º da Lei nº 8.213/91), salvo quando não for o responsável pelo seu recolhimento.*
>
> *III - As contribuições recolhidas em atraso pelo contribuinte individual após o período de graça não serão computadas como carência, nem para fins de manutenção da qualidade de segurado, mas apenas como tempo de contribuição.*
>
> *IV - Havendo perda da qualidade de segurado, somente serão consideradas para fins de carência as contribuições efetivadas sem atraso, após nova filiação do contribuinte individual ao Regime Geral de Previdência Social.*

V - As contribuições do contribuinte individual empresário não se presumem descontadas e recolhidas, nos termos do art. 4º da Lei nº 10.666/03, quando exercida atividade na empresa da qual seja titular, diretor não empregado, membro de conselho de administração, sócio ou administrador não empregado.

VI - A carência do segurado empresário até 24/07/1991, véspera da publicação da Lei nº 8.213/91, será computada a partir da data de sua filiação, podendo ser reconhecidas como carência as contribuições referentes até esta data, mesmo recolhidas em atraso, desde que comprovado o efetivo exercício de atividade nessa categoria.

Curioso notar que o item III possui divergência com a posição da Autarquia, que é mais favorável ao segurado. Evidente que o recolhimento de contribuição pelo contribuinte individual após perda da qualidade de segurado terá o condão de readquirir a qualidade de segurado a partir da data do pagamento, sem efeitos retroativos.

Veja-se a Portaria INSS 1.382/2021:

"Seção III Do cômputo das contribuições em atraso para fins de manutenção da qualidade de segurado

Art. 8º Para os segurados elencados no art. 2º, a contribuição recolhida com atraso após a perda da qualidade de segurado poderá ser computada para efeito de manutenção de qualidade de segurado, desde que o recolhimento regularmente realizado seja anterior à data do fato gerador do benefício pleiteado".

Outrossim, entendia-se nas edições anteriores desta obra que o contribuinte individual e o segurado facultativo que optaram pelo recolhimento simplificado sobre um salário mínimo (11% e 5%), conforme faculta o artigo 21, §§ 2º e 3º, da Lei 8.212/91, ao invés da tradicional alíquota de 20% sobre o salário de contribuição, caso optem em complementar o recolhimento retroativo, com o objetivo se aposentar por tempo de contribuição, esses complementos não poderiam ser utilizados para efeito de carência, pois não efetuados mensalmente no prazo legal.

No entanto, após melhor reflexão sobre o tema mudou-se de opinião, haja vista que houve recolhimento tempestivo e o complemento é expressamente autorizado pela norma, devendo ser considerado também para fins de carência.

Ademais, para o *segurado especial*, a carência será realizada pelo exercício da atividade campesina ou pesqueira artesanal para subsistência, no período equivalente ao número de contribuições mensais exigidas, não sendo necessário o efetivo recolhimento da contribuição sobre a produção rural ou pesqueira, ante da ficção normativa de filiação automática do segurado especial.

Para o **segurado especial**, considera-se período de carência, para fins de concessão dos benefícios a que faz jus pela contribuição sobre produção rural, o **tempo mínimo de efetivo exercício de atividade rural, ainda que de forma descontínua**, igual à quantidade de meses necessária à concessão do benefício requerido, nos termos do artigo 26, §1º, do RPS, atualizado pelo Decreto 10.410/2020.

Questão das mais polêmicas é identificar qual a descontinuidade da carência para o segurado especial (qual período admitido) e, em havendo perda da qualidade de segurado especial, a exemplo do desenvolvimento de atividade urbana por largo período, se os períodos de carência como segurado especial poderão ser reunidos se houver futura reaquisição da qualidade de segurado especial.

De efeito, após a Lei 11.718/2008, admite-se que por até 120 dias no ano civil, contínuos ou intercalados, o segurado especial possa exercer atividade urbana sem perda da qualidade de segurado especial.

No que tange à junção de períodos de carência do segurado especial, a tese foi acolhida pela **TNU** no julgamento do **tema representativo de controvérsia 301**:

Tema	301	Situação do tema	Julgado	Ramo do direito	DIREITO PREVIDENCIÁRIO
Questão submetida a julgamento	Saber se, à luz da exigência de que o período de exercício de atividade rural seja imediatamente anterior ao requerimento de benefício ou implemento da idade, ainda que descontínuo, conforme arts. 39, i, 48, §2º e 143, todos da Lei 8.213/91, o exercício de atividade urbana por mais de 120 dias, corridos ou intercalados, no ano civil, na vigência da Lei 11.718/2008, implica, além da perda da qualidade de segurado especial, ruptura do perfil de trabalhador rural e interrupção da contagem do tempo de atividade rural (carência), impedindo o somatório dos períodos de atividade campesina anterior e posterior ao vínculo urbano que extrapolou o limite legal, exigindo nova contagem integral do intervalo exigido por lei para a aposentadoria por idade rural pura.				
Tese firmada	Cômputo do Tempo de Trabalho Rural **I. Para a aposentadoria por idade do trabalhador rural não será considerada a perda da qualidade de segurado nos intervalos entre as atividades rurícolas.** Descaracterização da condição de segurado especial II. A condição de segurado especial é descaracterizada a partir do 1º dia do mês seguinte ao da extrapolação dos **120 dias de atividade remunerada no ano civil** (Lei 8.213/91, art. 11, § 9º, III); III. Cessada a atividade remunerada referida no item II e comprovado o retorno ao trabalho de segurado especial, na forma do art. 55, parag. 3o, da Lei 8.213/91, o trabalhador volta a se inserir imediatamente no VII, do art. 11 da Lei 8.213/91, ainda que no mesmo ano civil.				
Processo	**Decisão de afetação**	**Relator (a)**	**Julgado em**	**Acórdão publicado em**	**Trânsito em julgado**
PEDILEF 0501240-10.2020.4.05.8303/PE	17/03/2022	Juiz Federal Neian Milhomem Cruz - para acórdão: Juiz Federal Fábio de Souza Silva	15/09/2022	16/09/2022	24/10/2022

Embora na prática haja largo indeferimento administrativo pela Autarquia, **neste tema 301 o INSS apresentou tese favorável ao segurado especial por meio da sua Diretoria de Benefícios**. Veja-se passagem do voto vencedor na TNU:

> *"5. A aposentadoria por idade do trabalhador rural, prevista no art. 48, § 1º da Lei 8.213/91, será devida aos 60 anos de idade para o homem e aos 55 anos de idade para a mulher, desde que comprovado o efetivo exercício de atividade rural, ainda que de forma descontínua, no período imediatamente anterior ao requerimento do benefício, por tempo igual ao número de meses de contribuição correspondente à carência.*
>
> *6. Nos termos do art. 25, II da Lei 8.2132/91, a carência para aposentadoria por idade é de 180 contribuições mensais. Desse modo, é possível resumir a exigência nos seguintes termos: comprovação, no período imediatamente anterior ao requerimento do benefício, do efetivo exercício de atividade rural por 180 meses, ainda que de forma descontínua.*
>
> *7. A controvérsia apresentada neste incidente está relacionada à compatibilização das expressões "imediatamente anterior" e "ainda que de forma descontínua". A correta interpretação de cada uma dessas expressões é essencial para a construção da solução jurídica adequada.*
>
> *8. De início, não há qualquer espaço hermenêutico para se afirmar que os 180 meses de atividade rural devem ocorrer de modo contínuo, contados retroativamente da data do requerimento. Afinal, a lei expressamente garante o cômputo de períodos de trabalho rural de modo descontínuo. Assim, fora de dúvida a possibilidade de soma de atividades rurais, ainda que intercaladas por período de atividade urbana.*
>
> ***9. A dúvida consiste em saber se, de alguma forma, o tempo que separa os períodos de atividade rural pode afetar o direito à aposentadoria por idade. Apresentando a questão na forma de exemplos**, é necessário aferir se a lei faz distinção entre casos como os seguintes:*
>
> *a. Homem exerceu atividade rural por 12 anos; em seguida exerceu atividade urbana por 6 meses; voltou a exercer atividade rural por 3 anos, quando completa 60 anos de idade.*
>
> *b. Homem exerceu atividade rural por 12 anos; em seguida exerceu atividade urbana por 40 meses; voltou a exercer atividade rural por 3 anos, quando completa 60 anos de idade.*
>
> *c. Homem exerceu atividade rural por 12 anos; em seguida exerceu atividade urbana por 10 anos; voltou a exercer atividade rural por 3 anos, quando completa 60 anos de idade.*
>
> ***10. O acórdão recorrido associa a exigência de trabalho rural em período "imediatamente anterior ao requerimento" à previsão do art. 11, § 9º, III da Lei 8.213/91, para afirmar que um intervalo superior a 120 dias entre dois períodos de atividade rural, torna o primeiro "remoto" e o exclui da contagem do prazo exigido pelo art. 48, § 2º da Lei 8.213/91. De acordo com esse entendimento, não haveria direito ao benefício em qualquer dos exemplos acima.***

11. Outra parcela da jurisprudência extrai da expressão "imediatamente anterior ao requerimento" uma proibição à descontinuidade ou interrupção da atividade rural por tempo superior ao equivalente ao período de graça (12, 24 ou 36 meses). O voto do Relator, Juiz Federal Ivanir Cesar Ireno Junior, acolhe tal compreensão, afirmando que, quando o segurado se afasta da atividade rural por mais de 36 meses, a contagem do tempo rural é interrompida, impedindo a utilização do período anterior na concessão da aposentadoria por idade rural, por ter se tornado remoto. Essa corrente, reconheceria o direito à aposentadoria no exemplo a, mas o rejeitaria nos exemplos b e c.

12. Com a máxima vênia, apesar das importantes razões lançadas nas fundamentações do acórdão recorrido e no voto do Relator, essas posições não refletem a interpretação adequada do art. 48, §2º da Lei 8.213/91, pois atribuem à exigência de trabalho rural em período imediatamente anterior ao requerimento uma dimensão que não pode ser extraída do texto legal. A categoria "tempo rural remoto" não encontra previsão na lei, inexistindo qualquer indicação de prazo máximo para aproveitamento de períodos de trabalho rural. Mais do que isso, carece de sentido e tangencia uma interpretação contra legem, a criação de um prazo de interrupção gerador do chamado "tempo remoto", pois ignora a expressa autorização legal para a contagem modo descontínuo. Distinguir descontinuidade e interrupção pelo lapso temporal decorrido entre atividades rurais é criar um critério restritivo em sentido oposto ao indicado no texto normativo.

...

18. De modo ainda mais claro, a Diretoria de Benefícios do INSS, por meio do art. 267 da Portaria DIRBEN/INSS nº 991, de 28 de março de 2022 assim estabelece:

Art. 267. Para a aposentadoria por idade do trabalhador rural não será considerada a perda da qualidade de segurado nos intervalos entre as atividades rurícolas, devendo, entretanto, estar o segurado exercendo a atividade rural ou em período de graça decorrente de atividade rural na DER ou na data em que implementou todas as condições exigidas para o benefício, observado o disposto no art. 269.

19. A manifestação do INSS, juntada aos autos no evento 69, retira qualquer dúvida a respeito da posição da autarquia sobre o tema, quando se refere à IN 128/2022:

O artigo 259, combinado com o artigo 201, esclarece que, ainda que ocorra a perda da qualidade de segurado rural entre os períodos de atividade rural, os mesmos poderão ser computados para fins de carência. Significa dizer que todos os períodos de atividade rural poderão ser somados para fins de carência, ainda que entre eles tenha ocorrido a perda da qualidade de segurado, independente do motivo (exercício de atividade urbana, período sem exercício de atividade), não sendo necessário a partir do retorno à atividade rural cumprir toda a carência, tendo em vista a possibilidade de comprovação da atividade rural de forma descontínua, prevista no art. 39, I, da Lei nº 8.213, de 24 de julho de 1991".

Desse modo, a TNU:

A) Admitiu a tese que a perda da qualidade de segurado especial se dá após o exercício de atividade urbana por mais de 120 dias no ano civil;

B) Admitiu a soma de períodos diferentes de carência do segurado especial, se intercalados por atividade urbana que acarretou a perda da qualidade de segurado especial.

O problema é que existem precedentes divergentes do E. STJ, que inadmitem a junção dos períodos de carência do segurado especial:

PROCESSO

AgInt no REsp **1768946** / PR

AGRAVO INTERNO NO RECURSO ESPECIAL

2018/0248700-6

RELATOR

Ministro MANOEL ERHARDT (DESEMBARGADOR CONVOCADO DO TRF5) (8410)

ÓRGÃO JULGADOR

T1 - PRIMEIRA TURMA

DATA DO JULGAMENTO

03/10/2022

DATA DA PUBLICAÇÃO/FONTE

DJe 05/10/2022

EMENTA

PROCESSUAL CIVIL E PREVIDENCIÁRIO. AGRAVO INTERNO NO RECURSO ESPECIAL. APOSENTADORIA RURAL POR IDADE. VÍNCULOS URBANOS. ART. 11, § 9º, III, DA LEI 8.213/1991 COM A REDAÇÃO ANTERIOR À LEI 11.718/2008. EXERCÍCIO DE ATIVIDADE URBANA NO PERÍODO DE CARÊNCIA. ADOÇÃO, POR ANALOGIA, DOS PRAZOS DO PERÍODO DE GRAÇA. ART. 15 DA LEI 8.213/1991. PERDA DA QUALIDADE DE SEGURADO ESPECIAL. REVALORAÇÃO DAS PROVAS. POSSIBILIDADE. NÃO INCIDÊNCIA DA SÚMULA 7/STJ. AGRAVO INTERNO A QUE SE NEGA PROVIMENTO. 1. A jurisprudência do Superior Tribunal de Justiça orienta-se no sentido de que o exercício de atividade urbana, por si só, não afasta a condição de segurado especial. Assim, o trabalhador que implemente a idade mínima e comprove o exercício de atividade rural, ainda que de forma descontínua, por tempo igual ao número de meses correspondentes à carência exigida, faz jus ao benefício de aposentadoria rural por idade, nos moldes definidos no art. 143 da Lei 8.213/1991. 2. Com o advento da Lei 11.718/2008, ficou definido que o exercício de atividade remunerada não superior a 120 (cento e vinte) dias, corridos ou intercalados, correspondentes ao período de entressafra, não descaracterizava a condição de segurado especial. No que toca ao período de serviço rural exercido anteriormente à Lei 11.718/2008, diante da ausência de previsão legal para disciplinar os períodos descontínuos de atividade rural permitidos, esta Corte Superior decidiu, no julgamento do AgRg no REsp 1.354.939/CE, de relatoria do Ministro ARNALDO ESTEVES LIMA, ser possível a aplicação analógica do art. 15 da Lei 8.213/1991, que dispõe sobre a manutenção da qualidade de segurado àquele que, por algum motivo, deixa de exercer a atividade contributiva durante o denominado período de graça. 3. Para se chegar à conclusão de que a parte não possuía a qualidade de segurada especial, bastou analisar os elementos constantes no próprio acórdão recorrido, sendo inaplicável a Súmula 7/STJ. A revaloração jurídica dos fatos já delineados pelas instâncias ordinárias é admitida nesta instância especial. 4. Agravo interno a que se nega provimento.

Neste precedente, e em vários outros, o STJ entende que o período de carência do segurado especial deve ser formado no período imediatamente anterior à data do requerimento administrativo. Veja-se o inteiro teor:

"1. O recurso não merece prosperar. 2. Inicialmente, é importante ressaltar que o presente recurso atrai a incidência do Enunciado Administrativo 3 do STJ, segundo o qual aos recursos interpostos com fundamento no CPC/2015 (relativos a decisões publicadas a partir de 18 de março de 2016) serão exigidos os requisitos de admissibilidade recursal na forma do novo CPC. 3. No caso dos autos, foi dado provimento ao recurso especial do INSS para afastar o reconhecimento da qualidade de segurado especial da parte recorrida, ora agravante. 4. A jurisprudência do Superior Tribunal de Justiça orienta-se no sentido de que o exercício de atividade urbana, por si só, não afasta a condição de segurado especial. Assim, o trabalhador que implemente a idade mínima e comprove o exercício de atividade rural, ainda que de forma descontínua, por tempo igual ao número de meses correspondentes à carência exigida, faz jus ao benefício de aposentadoria rural por idade, nos moldes definidos no art. 143 da Lei 8.213/1991. 5. Com o advento da Lei 11.718/2008, ficou definido que o exercício de atividade remunerada não superior a 120 (cento e vinte) dias, corridos ou intercalados, correspondentes ao período de entressafra, não descaracterizava a condição de segurado especial. No que toca ao período de serviço rural exercido anteriormente à Lei 11.718/2008, diante da ausência de previsão legal para disciplinar os períodos descontínuos de atividade rural permitidos, esta Corte Superior decidiu, no julgamento do AgRg no REsp 1.354.939/CE, de relatoria do Ministro ARNALDO ESTEVES LIMA, ser possível a aplicação analógica do art. 15 da Lei 8.213/1991, que dispõe sobre a manutenção da qualidade de segurado àquele que, por algum motivo, deixa de exercer a atividade contributiva durante o denominado período de graça. 6. Confira-se, por oportuno, a ementa do aludido julgado: PREVIDENCIÁRIO. AGRAVO REGIMENTAL NO RECURSO ESPECIAL. SEGURADO ESPECIAL. ART. 11, § 9º, III, DA LEI 8.213/91 COM A REDAÇÃO ANTERIOR À LEI 11.718/08. EXERCÍCIO DE ATIVIDADE URBANA NO PERÍODO DE CARÊNCIA. ADOÇÃO, POR ANALOGIA, DOS PRAZOS DO PERÍODO DE GRAÇA. ART. 15 DA LEI 8.213/91. AGRAVO NÃO PROVIDO. ***1. Os arts. 39, I, e 143 da Lei 8.213/91 dispõem que o trabalhador rural enquadrado como segurado obrigatório no Regime Geral de Previdência Social na forma da VII do art. 11 [segurado especial], tem direito a requerer aposentadoria por idade, no valor de um salário mínimo, desde que comprove o exercício de atividade rural, ainda que descontínua, no período imediatamente anterior ao requerimento do benefício, em número de meses idêntico à carência do referido benefício.*** *2. A norma previdenciária em*

vigor à época do ajuizamento da ação, antes do advento da Lei 11.718/08, não especificava, de forma objetiva, quanto tempo de interrupção na atividade rural seria tolerado para efeito da expressão legal "ainda que de forma descontínua". 3. A partir do advento da Lei 11.718/08, a qual incluiu o inciso III do § 9º do art. 11 da Lei 8.213/91, o legislador possibilitou a manutenção da qualidade de segurado especial quando o rurícola deixar de exercer atividade rural por período não superior a cento e vinte dias do ano civil, corridos ou intercalados, correspondentes ao período de entressafra. Todavia, a referida regra, mais gravosa e restritiva de direito, é inaplicável quando o exercício da atividade for anterior à inovação legal. 4. A teor do disposto nos arts. 4º e 5º da Lei de Introdução às Normas de Direito Brasileiro - LINDB, diante da ausência de parâmetros específicos indicados pelo legislador originário, mostra-se mais consentânea com o princípio da razoabilidade a adoção, de forma analógica, da regra previdenciária do art. 15 da Lei 8.213/91, que garante a manutenção da qualidade de segurado, o chamado "período de graça". 5. Demonstrado que a parte recorrente exerceu atividade urbana por período superior a 24 (vinte e quatro) meses no período de carência para a aposentadoria rural por idade, forçosa é a manutenção do acórdão recorrido. 6. Agravo regimental não provido. (AgRg no REsp n. 1.354.939/CE, relator Ministro ARNALDO ESTEVES LIMA, PRIMEIRA TURMA, julgado em 16/6/2014, DJe de 1º/7/2014.) 7. In casu, o Tribunal de origem entendeu que o exercício de atividades urbanas durante o período de carência não obstava a concessão da aposentadoria por idade rural, adotando a seguinte fundamentação: De fato, conforme registros de CTPS (evento 1, out 15) e informações prestadas em depoimento pessoal, ocorreu descontinuidade do labor rural nos períodos de 01-01-1994 a 28-02-1995 e 01-04-2001 a 10-05-2006, no qual foi exercida a atividade de empregada doméstica. Tal fato, porém, não obsta à concessão do benefício, visto que o conjunto probatório demonstra que após o último vínculo urbano a demandante retornou ao labor como boia-fria e permaneceu exercendo esta atividade até a data do implemento do requisito etário e do requerimento administrativo. No caso, tendo a autora já retornado ao efetivo desempenho do labor rural nos últimos 7 anos antes do requerimento administrativo, não é possível que se adote entendimento restritivo quanto ao conceito de descontinuidade, o que acabaria por deixar ao desamparo segurados que desempenharam longos períodos de atividade rural, mas por terem intercalado períodos significativos de atividade urbana ou mesmo de inatividade, restariam excluídos da proteção previdenciária (fls. 317/318). 8. Diante desse quadro, uma vez demonstrado que a parte exerceu atividade urbana por seis anos no período de carência para a concessão do benefício, correta a decisão agravada em reconhecer a perda da qualidade de segurado especial da ora agravante. ***9. Ainda que conste na decisão que houve descaracterização do labor exercido em regime de economia familiar e o caso trate de trabalhadora rural boia-fria/diarista, a conclusão segue a mesma, visto que a descontinuidade do trabalho agrícola não pode se dar em tempo superior ao previsto na legislação para a manutenção da qualidade de segurado (prazo máximo de período de graça).*** *Nesse sentido: PROCESSUAL CIVIL E PREVIDENCIÁRIO. PREQUESTIONAMENTO E SÚMULA 7 DO STJ. CASO CONCRETO. INAPLICABILIDADE. APOSENTADORIA RURAL. EXERCÍCIO DE ATIVIDADE URBANA. PERÍODO. PRAZO DE CARÊNCIA. SEGURADA ESPECIAL. PERDA. 1. Não assiste razão à parte agravante* *quando alega que faltaria o prequestionamento sobre o tema objeto do recurso especial da autarquia - perda da qualidade de segurada da parte autora -, pois, conquanto não seja exigida a menção expressa do dispositivo de lei federal, a admissibilidade do recurso na instância excepcional pressupõe que a Corte de origem, e não apenas as partes, tenha se manifestado sobre a tese jurídica apontada pelo recorrente. Inteligência da Súmula 282 do STF. 2. Afasta-se a arguição de não conhecimento do recurso especial em virtude do óbice da Súmula 7 do STJ, por ser incontroverso nos autos, com base em informações tanto do inteiro teor do acórdão recorrido quanto da sentença, que a parte autora esteve afastada das lides agrícolas por mais de cinco anos, em outra categoria de segurado. 3. A Primeira Turma desta Corte, no julgamento do AgRg no REsp n.1.354.939/CE, decidiu pela aplicação analógica do art. 15 da Lei n.8.213/1991, que dispõe sobre a manutenção da qualidade de segurado àquele que, por algum motivo, deixa de exercer a atividade contributiva por até 24 (vinte e quatro) meses, o denominado "período de graça". 4. Demonstrado que a agravante exerceu atividade urbana por período superior a 24 (vinte e quatro) meses no período de carência para a aposentadoria rural por idade, forçosa é a manutenção da decisão agravada. 5. Agravo interno desprovido. (AgInt nos EDcl no AREsp n. 1.771.821/RS, relator Ministro Gurgel de Faria, Primeira Turma, julgado em 23/5/2022, DJe de 25/5/2022.) PREVIDENCIÁRIO. AGRAVO INTERNO NO RECURSO ESPECIAL. APOSENTADORIA POR IDADE RURAL. PERDA DA QUALIDADE DE SEGURADO ESPECIAL. ATIVIDADE URBANA. TEMPO DE SERVIÇO RURAL. DESCONTINUIDADE. DESCARACTERIZAÇÃO. CARÊNCIA NÃO COMPROVADA. 1. A jurisprudência desta Corte Superior entende que há a descaracterização da atividade rural e a perda da qualidade de segurado quando a interrupção de período laboral é superior à assinalada pela legislação previdenciária. 2. Em decorrência do contexto acima descrito, a segurada não detém, no período imediatamente anterior ao requerimento de aposentadoria, o tempo necessário à concessão do benefício, conforme entendimento firmado em recurso especial repetitivo (REsp 1.354.908/SP, Rel. Ministra Mauro Campbell Marques, Primeira Seção, julgado em 9/9/2015, DJe 10/2/2016). 3. Agravo interno a que se nega provimento. (AgInt no REsp n. 1.590.573/PR, relator Ministro Og Fernandes, Segunda Turma, julgado em 11/9/2018, DJe de 18/9/2018.) 10. Ainda, para se chegar à conclusão de que a parte não possuía a qualidade de segurada especial, bastou analisar os elementos constantes no próprio acórdão recorrido, sendo inaplicável a Súmula 7/STJ. A revaloração jurídica dos fatos já delineados pelas instâncias ordinárias é admitida nesta instância especial. A propósito: PROCESSUAL CIVIL. ADMINISTRATIVO. SERVIDOR PÚBLICO. RECURSO ESPECIAL. AGRAVO DE INSTRUMENTO EM SEDE DE CUMPRIMENTO DE SENTENÇA. ALEGAÇÃO DE AFRONTA AO ART. 1.022 DO CPC. NÃO OCORRÊNCIA. DESCUMPRIMENTO DE OBRIGAÇÃO DE FAZER CONTIDA NO TÍTULO EXECUTIVO JUDICIAL. OFENSA À COISA JULGADA CARACTERIZADA. 1. No caso concreto, não há falar em afronta ao art. 1.022 do CPC, uma vez que o Tribunal de origem dirimiu, fundamentadamente, as questões que lhe foram submetidas e apreciou integralmente a controvérsia posta nos autos, não se podendo, de acordo com a jurisprudência do Superior Tribunal de Justiça, confundir julgamento desfavorável ao interesse da parte com negativa ou ausência de prestação jurisdicional. 2. Nos termos da jurisprudência deste Superior Tribunal, "não se aplica o preceituado no enunciado da Súmula n. 7/STJ no caso de mera revaloração jurídica das provas e dos fatos. No entanto, exige-se, para isso, que todos os elementos fático-probatórios estejam devidamente descritos no acórdão recorrido, sendo, portanto, desnecessária a incursão nos autos em busca de substrato fático para que seja delineada a nova apreciação jurídica" (AgInt no REsp 1.799.947/SP, Rel. Ministro OG FERNANDES, SEGUNDA TURMA, DJe 17/12/2021). 3. Hipótese em que se extrai do acórdão recorrido que a sentença proferida na ação de conhecimento abarcava uma obrigação de fazer (nomeação dos ora recorrentes com data retroativa àquela em que deveriam ter sido nomeados, acaso aprovados no exame psicotécnico primeiramente realizado) e outra de pagar (referente à remuneração pretérita que os ora recorrentes deixaram de perceber em virtude de não terem sido nomeados no momento oportuno pela Administração). 4. Como também se extrai do acórdão impugnado, aludida sentença restou parcialmente reformada pelo Tribunal a quo, mas apenas no tocante à obrigação de pagar, remanescendo inalterada sua parcela concernente à obrigação de fazer, sendo esta última, por isso, alcançada pela imutabilidade resultante da coisa julgada. 5. Inexistindo nos autos notícia de que o título executivo judicial assim formado tenha sido posteriormente rescindido quanto à referida obrigação de fazer, tem-se que o acórdão recorrido, ao chancelar a recalcitrância da União em dar cumprimento à obrigação de fazer, incorreu em desenganada ofensa à coisa julgada. 6. Recurso especial dos autores conhecido e provido. (REsp n. 1.907.723/PR, relator Ministro Sérgio Kukina, Primeira Turma, julgado em 7/6/2022, DJe de 14/6/2022.) AGRAVO INTERNO NO RECURSO ESPECIAL. AÇÃO DE EXECUÇÃO. CUMPRIMENTO DE SENTENÇA. REVALORAÇÃO DE PROVAS. POSSIBILIDADE. NÃO INCIDÊNCIA DO ENUNCIADO N.º 7/STJ. PENHORA. NÃO CABIMENTO. PRECEDENTES ESPECÍFICOS. 1. A revaloração da prova constitui em atribuir o devido valor jurídico a fato incontroverso, sobejamente reconhecido nas instâncias ordinárias, prática admitida em sede de recurso especial, razão pela qual não incide o óbice previsto no Enunciado n.º 7/STJ. 2. De acordo com entendimento do STJ, a legislação não faz distinção entre os tipos de contas ou cadernetas de poupança, sendo incabível a penhora de valores inferiores a quarenta salários mínimos nelas depositadas. 3. Não apresentação pela parte agravante de argumentos novos capazes de infirmar os fundamentos que alicerçaram a decisão agravada. 4. AGRAVO INTERNO DESPROVIDO. (AgInt no REsp n. 1.494.266/RO, relator Ministro Paulo de Tarso Sanseverino, Terceira Turma, julgado em 17/8/2017, DJe de 30/8/2017.) 11. Ante o exposto, nego provimento ao agravo interno de MARIA APARECIDA DOS SANTOS. 12. É como voto".*

Dessa forma, a posição do STJ é a seguinte:

A) Admitiu a tese que a perda da qualidade de segurado especial se dá após o exercício de atividade urbana por mais de 120 dias no ano civil, utilizando os prazos de períodos de graça se anterior à vigência da Lei 11.718/2008;

B) Não admitiu a soma de períodos diferentes de carência do segurado especial, se intercalados por atividade urbana que acarretou a perda da qualidade de segurado especial, exigindo carência um único período antes da DER.

Deveras, note-se que **o termo inicial da carência será o primeiro dia da competência recolhida**. Logo, se um contribuinte individual recolhe a competência de fevereiro até o dia 15 de março, será considerado o dia 1º de fevereiro como o *dies a quo* do cálculo da carência, mesmo que o exercício do trabalho tenha se operado no fim do mês.

Vale salientar que o segurado empregado, o trabalhador avulso e o contribuinte individual que prestar serviços à pessoa jurídica (este último a partir da competência 04/2003) têm em seu favor a presunção absoluta de recolhimento das suas contribuições previdenciárias, a teor do artigo 33, §5º, da Lei 8.212/91, pois a responsabilidade tributária é da empresa, sendo apenas necessário comprovar a relação de trabalho e o valor da remuneração.

Já para o empregado doméstico inexistia esta presunção, devendo ser demonstrado antigamente o pagamento das suas contribuições previdenciárias, apesar de a responsabilidade ser do empregador doméstico. Caso inexistissem os pagamentos, se for comprovado o exercício da atividade laboral pelo período exigido, o segurado doméstico recebia o benefício no valor mínimo, na forma do artigo 36, da Lei 8.213/91[6].

No entanto, com o advento da Lei Complementar 150/2015, o empregado doméstico passou a ter a mesma presunção de recolhimento que já beneficiava o empregado, tendo sido modificado o artigo 27 e tacitamente revogado o artigo 36, da Lei 8.213/91.

No que concerne ao contribuinte individual que não presta serviços a pessoa jurídica, bem como o segurado facultativo, como os mesmos são os responsáveis tributários pela arrecadação, deverão ser vertidas em dia as contribuições previdenciárias para consecução da carência.

De efeito, as contribuições vertidas para Regime Próprio de Previdência Social serão consideradas para todos os efeitos, inclusive para os de carência[7], na hipótese de migração do trabalhador para o RGPS.

Nesse sentido, nos termos da **Orientação Normativa SPS 10/1999**, o tempo de contribuição do servidor público no âmbito do regime próprio de previdência social será considerado no Regime Geral de Previdência Social para todos os efeitos, inclusive para os de carência.

---

6. Art. 36. Para o segurado empregado doméstico que, tendo satisfeito as condições exigidas para a concessão do benefício requerido, não comprovar o efetivo recolhimento das contribuições devidas, será concedido o benefício de valor mínimo, devendo sua renda ser recalculada quando da apresentação da prova do recolhimento das contribuições.
7. Artigo 26, §5º, do RPS.

Este regramento se aplica ao segurado que ingressar no RGPS após o afastamento do regime próprio de previdência social em período não superior a:

I – vinte e quatro meses, quando o tempo de contribuição no regime próprio de previdência social for superior a cento e vinte meses; ou

II – doze meses, quando o tempo de contribuição no regime próprio de previdência social for igual ou inferior a cento e vinte meses.

Outrossim, será considerado para o cômputo da carência o período de atividade dos auxiliares locais de nacionalidade brasileira no exterior, amparados pela Lei nº 8.745, de 1993, anteriormente a 1º de janeiro de 1994, desde que sua situação previdenciária esteja regularizada junto ao Instituto Nacional do Seguro Social[8].

Por outro lado, **não é computado para efeito de carência o tempo de atividade do trabalhador rural anterior à competência novembro de 1991, por expressa exclusão legal**[9].

O período de carência será computado:

I – **para o segurado empregado, empregado doméstico (LC 150/2015), o trabalhador avulso e o contribuinte individual que presta serviços a pessoa jurídica (este a partir da competência 04/2003)**, da data de filiação ao Regime Geral de Previdência Social, ou seja, a partir do exercício de atividade laborativa remunerada;

II – **para o segurado contribuinte individual que não presta serviços à pessoa jurídica, o facultativo e o segurado especial que contribui facultativamente (20% salário de contribuição)**, da data do efetivo recolhimento da primeira contribuição sem atraso, não sendo consideradas para esse fim as contribuições recolhidas com atraso referentes a competências anteriores;

III – **para o segurado especial**, a partir do efetivo exercício da atividade rural ou pesqueira artesanal para fins de subsistência sem o auxílio de empregados permanentes.

Ou seja, para o segurado empregado, empregado doméstico, o trabalhador avulso e o contribuinte individual prestador de serviços à pessoa jurídica (este a partir da competência de 04.2003), basta o exercício da atividade remunerada para se iniciar o cômputo da carência, vez que a responsabilidade tributária pelo pagamento das contribuições previdenciárias é exclusiva da empresa, a teor do artigo 33, §5º, da Lei 8.212/91, presumindo-se de maneira absoluta o pagamento.

8. Artigo 28, §2º, do RPS.

9. Artigo 26, §3º, do RPS – Artigo 55, §2º, da Lei 8213/91.

Entende-se que a presunção de recolhimento da contribuição previdenciária em favor do empregado doméstico deverá retroagir à vigência da LC 150/2015, pois se trata de correção de discriminação negativa por omissão, na medida em que a responsabilidade tributária de recolher já era do empregador doméstico.

Por outro lado, o contribuinte individual que trabalha por conta própria e o segurado facultativo deverão comprovar o recolhimento tempestivo das contribuições previdenciárias para integralização da carência.

No caso do segurado facultativo e do contribuinte individual que trabalha por conta própria a justificativa dessa regra é que é deles a responsabilidade tributária pelo pagamento, pois inexiste empresa a ser responsabilizada.

Já para o segurado especial, para a realização da carência, bastará a demonstração do efetivo exercício da atividade rural ou pesqueira artesanal para fins de subsistência sem o auxílio de empregados permanentes.

CARÊNCIA:

Em regra, a concessão da aposentadoria por incapacidade permanente pressupõe a realização de carência de 12 contribuições mensais, que será *excepcionalmente dispensada* nas hipóteses de incapacidade permanente decorrente de acidente de qualquer natureza, doença profissional, do trabalho ou das moléstias graves listadas em ato regulamentar[19].

Uma questão tormentosa é a **delimitação do conceito de acidente de qualquer natureza**, cuja caracterização é um pressuposto para a dispensa de carência nos benefícios por incapacidade laboral. Teremos que construir uma definição à luz do bom senso e do artigo 30 do Decreto 3.048/99:

"Parágrafo único. Entende-se como **acidente de qualquer natureza ou causa** aquele de origem traumática e por exposição a agentes exógenos (físicos, químicos e biológicos), que acarrete lesão corporal ou perturbação funcional que cause a morte, a perda, ou a redução permanente ou temporária da capacidade laborativa".

Logo, a definição considera dois elementos cumulativos à configuração do acidente de qualquer natureza:

a) Acidente com origem traumática;

b) Acidente decorrente de fatores externos (exógenos).

Evidente que o acidente é um acontecimento inesperado ou fortuito, que é danoso ao segurado da previdência social, pois poderá causar lesões com incapacitação ou mesmo a morte em casos mais graves.

Daí que um segurado que recebeu um tiro de arma de fogo durante um assalto ou mesmo uma "bala perdida" e vem a óbito ou fica incapacitado nos parece caracterizado um acidente de qualquer natureza. Isso porque a morte decorreu de um trauma exógeno, imprevisível e prejudicial ao segurado.

Logo, é acertada a seguinte decisão da TNU (Informativo 27/2018):

PUIL n. 0508762-27.2016.4.05.8013/AL – "Fixada a tese no sentido de que a morte do segurado instituidor da pensão, vítima do crime de homicídio, caracteriza acidente de qualquer natureza para os fins do 77, § 2º-A, da LBPS, na redação que lhe foi conferida pela Lei n. 13.135/15".

A definição regulamentar de acidente de qualquer natureza é histórica na Previdência Social, exigindo um trauma súbito de origem externa, de modo que doenças não ocupacionais não possuem este elemento e não serão considerados como acidentes.

Excepcionalmente, no caso das doenças ocupacionais (art. 20 da Lei 8.213/91), por serem legalmente consideradas como acidente de trabalho, mesmo sem o elemento trauma súbito de origem externo, serão consideradas.

Esse posicionamento histórico foi validado pela TNU no julgamento do **Tema 269**:

Tema	**269**	Situação do tema	Julgado	Ramo do direito	DIREITO PREVIDENCIÁRIO
Questão submetida a julgamento	Qual o conceito do "acidente de qualquer natureza" para o fim de obtenção do auxílio-acidente?				
Tese firmada	**O conceito de acidente de qualquer natureza, para os fins do art. 86 da Lei 8.213/91 (auxílio-acidente), consiste em evento súbito e de origem traumática, por exposição a agentes exógenos físicos, químicos ou biológicos, ressalvados os casos de acidente do trabalho típicos ou por equiparação, caracterizados na forma dos arts. 19 a 21 da Lei 8.213/91.**				
Processo	**Decisão de afetação**	**Relator (a)**	**Julgado em**	**Acórdão publicado em**	**Trânsito em julgado**
PEDILEF 0031628-86.2017.4.02.5054/ES	26/06/2020	Juíza Federal Polyana Falcão Brito – para acórdão: Juiz Federal Ivanir César Ireno Júnior	05/05/2022	06/05/2022	-

[10]

10. De acordo com a Portaria MPAS 2.998/2001, dispensam a carência às seguintes enfermidades: a) tuberculose ativa; b) hanseníase; c) alienação mental; d) neoplasia maligna; e) cegueira; f) paralisia irreversível e incapacitante; g) cardiopatia grave; h) doença de Parkinson; i) espondiloartrose anquilosante; j) nefropatia grave; l) estado avançado da doença de Paget (osteíte deformante); m) Síndrome

De acordo com o artigo 151, da Lei 8.213/91, com redação dada pela Lei 13.135/2015, "até que seja elaborada a lista de doenças mencionada no inciso II do art. 26, independe de carência a concessão de auxílio-doença e de aposentadoria por incapacidade permanente ao segurado que, **após filiar-se ao RGPS**, for acometido das seguintes doenças: tuberculose ativa, hanseníase, alienação mental, **esclerose múltipla**, hepatopatia grave, neoplasia maligna, cegueira, paralisia irreversível e incapacitante, cardiopatia grave, doença de Parkinson, espondiloartrose anquilosante, nefropatia grave, estado avançado da doença de Paget (osteíte deformante), síndrome da deficiência imunológica adquirida (aids) ou contaminação por radiação, com base em conclusão da medicina especializada", **tendo a novidade sido a inserção de esclerose múltipla.**

Registre-se que desde a vigência da **Portaria Interministerial MTP/MS 22**, em vigor desde 03/10/2022, o rol de doenças graves que dispensam a carência foi ampliado com a inserção do acidente vascular encefálico agudo e do abdome agudo cirúrgico. Por outro lado, para que haja dispensa de carência para DII desde 03/10/2022, o transtorno mental grave exige que esteja cursando com alienação mental:

> *"Art. 1º A concessão dos benefícios auxílio por incapacidade temporária e aposentadoria por incapacidade permanente aos segurados do Regime Geral de Previdência Social - RGPS será isenta de carência quando a incapacidade laborativa for determinada pelas doenças e afecções listadas nesta Portaria.*
>
> *§ 1º Para fins de aplicação desta Portaria, considera-se:*
>
> *I - quadro clínico de evolução aguda: doença ou afecção de instalação súbita, excluindo-se os episódios agudos de doenças crônicas; e*
>
> *II - critério de gravidade: risco iminente de morte ou de perda da função de órgão ou sistema que requer cuidado de natureza clínica ou cirúrgica, podendo apresentar instabilidade das funções vitais e necessidade de substituição artificial de funções.*
>
> *§ 2º As doenças e afecções listadas nesta Portaria isentam o segurado do cumprimento da carência, se iniciadas após a filiação ao RGPS.*
>
> *Art. 2º As doenças ou afecções listadas a seguir excluem a exigência de carência para a concessão dos benefícios auxílio por incapacidade temporária e aposentadoria por incapacidade permanente aos segurados do RGPS:*
>
> *I - tuberculose ativa;*
>
> *II - hanseníase;*
>
> ***III - transtorno mental grave, desde que esteja cursando com alienação mental;***
>
> *IV - neoplasia maligna;*
>
> *V - cegueira;*
>
> *VI - paralisia irreversível e incapacitante;*

---

da Imunodeficiência Adquirida – AIDS; n) contaminação por radiação com base em conclusão da medicina especializada; ou o) hepatopatia grave.

VII - cardiopatia grave;

VIII - doença de Parkinson;

IX - espondilite anquilosante;

X - nefropatia grave;

XI - estado avançado da doença de Paget (osteíte deformante);

XII - síndrome da deficiência imunológica adquirida (Aids);

XIII - contaminação por radiação, com base em conclusão da medicina especializada;

XIV - hepatopatia grave;

XV - esclerose múltipla;

XVI - acidente vascular encefálico (agudo); e

XVII - abdome agudo cirúrgico.

Parágrafo único. As doenças e afecções listadas nos incisos XVI e XVII do caput serão enquadradas como isentas de carência quando apresentarem quadro de evolução aguda e atenderem a critérios de gravidade.

Art. 3º Os procedimentos técnicos a serem considerados para comprovação das doenças e afecções listadas no art. 2º como isentas de carência serão dispostos e atualizados em manual específico a ser publicado pela Subsecretaria da Perícia Médica Federal da Secretaria de Previdência do Ministério do Trabalho e Previdência, no prazo de 90 (noventa) dias a contar da data de publicação desta Portaria.

Art. 4º Fica revogada a Portaria Interministerial MPAS/MS nº 2.998, de 23 de agosto de 2001.

Art. 5º Esta Portaria entra em vigor no dia 3 de outubro de 2022".

Certamente o INSS aplicará o *tempus regit actum* e não aplicará as inovações para fatos geradores anteriores à 03/10/2022, ao passo em que os segurados buscarão a retroação da inserção das duas novas doenças graves aptas a dispensar o período de carência.

Insta lembrar que para o **segurado especial** a carência será integralizada com a comprovação do exercício da atividade campesina ou pesqueira artesanal para fins de subsistência, sem a utilização de empregados permanentes, no período imediatamente anterior ao infortúnio que o tornou inválido.

Como se trata de uma exceção, não é possível a interpretação extensiva para inserir outras doenças supostamente graves para dispensar a carência, conforme acertado posicionamento do TRF da 4ª Região, ao afirmar que "a doença lúpus eritematoso sistêmico não se inclui no rol daquelas que dispensam a carência, ressaltando-se que tal lista é exaustiva, não admitindo interpretação extensiva. Da mesma forma, os critérios utilizados pelo Juízo a quo de gravidade e especificidade da moléstia não podem ser utilizados enquadrar enfermidade que não esteja expressamente prevista na lei"[11].

11. Passagem do julgamento do AG 200704000121790, de 24.08.2007.

No mesmo sentido o TRF da 3ª Região:

> "PREVIDENCIÁRIO. APOSENTADORIA POR INVALIDEZ. AUXÍLIO-DOENÇA. CARÊNCIA NÃO COMPROVADA. PORTARIA INTERMINISTERIAL Nº 2.998/01. INTERPRETAÇÃO RESTRITIVA.- A concessão do benefício de aposentadoria por invalidez ou auxílio-doença exige qualidade de segurado, incapacidade para o trabalho e cumprimento de carência, quando exigida.- Não cumprimento do período de carência de doze meses exigido pelo artigo 25, inciso I, da Lei nº 8.213/91.- **Patologia diagnosticada não está arrolada dentre as hipóteses constantes da Portaria Interministerial nº 2.998, de 23.08.2001, a qual, em atendimento ao disposto no artigo 26, inciso II, da Lei nº 8.213/91, prevê as doenças em relação às quais se afasta a exigência de carência.- Referido rol, contendo exceções à regra, deve ser interpretado restritivamente.**- Aplicável a autorização legal de julgamento monocrático, prevista no artigo 557, *caput*, do Código de Processo Civil.- Agravo ao qual se nega provimento" (AC 1742520, de 23/09/2013).

No entanto, frise-se que o tema é altamente polêmico no âmbito dos Tribunais Regionais Federais. Nesse sentido, colaciona-se decisão do TRF da 2ª Região pela **natureza exemplificativa** do aludido rol:

> **TRF 2**
>
> **Processo**
>
> AC 201102010081518
>
> **Órgão Julgador**
> PRIMEIRA TURMA ESPECIALIZADA
> **Publicação**
> 16/01/2012
>
> **Julgamento**
> 13 de Dezembro de 2011
>
> **Relator**
> Desembargador Federal ABEL GOMES
>
> **Ementa**: PREVIDENCIÁRIO. CONCESSÃO DE APOSENTADORIA POR INVALIDEZ. NÃO OCORRÊNCIA DE JULGAMENTO EXTRA PETITA. **ACIDENTE VASCULAR CEREBRAL HEMORRÁGICO**. DOENÇA EQUIPARADA. **ROL EXEMPLIFICATIVO DO ART. 151 DA LEI Nº 8.213/91. DISPENSA DA CARÊNCIA ANTE A GRAVIDADE DA DOENÇA**. INCAPACIDADE LABORATIVA DEFINITIVA CONSTATADA. LAUDO PERICIAL. JUROS REFORMADOS. RECURSO PARCIALMENTE PROVIDO.

Vale registrar que este tema não foi apreciado ou mesmo admitido na 1ª Seção do STJ. No entanto, existe um precedente do Colegiado da 1ª Turma apontando que o rol de doenças graves do artigo 151 da Lei 8.213/91 é taxativo:

Processo

AgInt no AREsp 664855 / SP AGRAVO INTERNO NO AGRAVO EM RECURSO ESPECIAL

2015/0034955-9

Relator(a)

Ministro NAPOLEÃO NUNES MAIA FILHO (1133)

Órgão Julgador

T1 - PRIMEIRA TURMA

Data do Julgamento

12/08/2019

Data da Publicação/Fonte

DJe 14/08/2019

Ementa

PROCESSUAL CIVIL E PREVIDENCIÁRIO. AGRAVO INTERNO NO AGRAVO EM RECURSO ESPECIAL. AUXÍLIO-DOENÇA. NÃO CUMPRIMENTO DA CARÊNCIA. ART. 151 DA LEI 8.213/1991. MOLÉSTIA NÃO PREVISTA NO ROL DE DOENÇAS QUE DISPENSAM A COMPROVAÇÃO DE CARÊNCIA. TESE NÃO PREQUESTIONADA. AGRAVO INTERNO DO SEGURADO A QUE SE NEGA PROVIMENTO.

1. A Corte de origem, à luz das provas carreadas aos autos, julgou improcedente o pedido de concessão de benefício por incapacidade, em razão de não ter o Segurado cumprido a carência exigida de 12 meses. **2. A tese de que a doença que acomete o Segurado está elencada no art. 151 da Lei 8.213/1991, o que dispensaria a comprovação da carência, não foi analisada pela instância de origem, nem mesmo a parte autora buscou opor Embargos de Declaração, a fim de provocar a discussão do tema, carecendo, portanto, de prequestionamento, requisito indispensável à análise da matéria em sede de Recurso Especial. 3. Ainda que assim não fosse, o autor relata sofrer de transtorno de ansiedade, moléstia não elencada no art. 151 da Lei 8.213/1991.** 4. Agravo Interno do Segurado a que se nega provimento.

Acórdão

Vistos e relatados estes autos em que são partes as acima indicadas, acordam os Ministros da Primeira Turma do Superior Tribunal de Justiça, por unanimidade, negar provimento ao recurso, nos termos do voto do Sr. Ministro Relator. Os Srs. Ministros Benedito Gonçalves, Sérgio Kukina, Regina Helena Costa e Gurgel de Faria votaram com o Sr. Ministro Relator. Presidiu o julgamento o Sr. Ministro Gurgel de Faria.

Por outro lado, por 6 x 5, a TNU entendeu que o rol de doenças graves do artigo 151 da Lei 8.213/91 é meramente exemplificativo:

Tema	220	Situação do tema	Julgado	Ramo do direito	DIREITO PREVIDENCIÁRIO
Questão submetida a julgamento	Saber se o rol do inciso II do art. 26 c/c art. 151 da Lei nº 8.213/91 é taxativo ou se pode contemplar outras hipóteses de isenção de carência, como a gravidez de alto risco.				
Tese firmada	**1. O rol do inciso II do art. 26 da lei 8.213/91 é exaustivo. 2. A lista de doenças mencionada no inciso II, atualmente regulamentada pelo art. 151 da Lei nº 8.213/91, não é taxativa, admitindo interpretação extensiva, desde que demonstrada a especificidade e gravidade que mereçam tratamento particularizado. 3. A gravidez de alto risco, com recomendação médica de afastamento do trabalho por mais de 15 dias consecutivos, autoriza a dispensa de carência para acesso aos benefícios por incapacidade.**				
Processo	Decisão de afetação	Relator (a)	Julgado em	Acórdão publicado em	Trânsito em julgado
PEDILEF 5004376-97.2017.4.04.7113/RS	22/08/2019	Juíza Federal Isadora Segalla Afanasieff - Para acórdão: Ministro Ricardo Villas Boas Cueva	28/04/2021	30/04/2021	-

O Presidente da TNU desempatou o julgamento do Tema 220 destacando os seguintes pontos do seu voto:

> **VOTO DE MINERVA – MINISTRO RICARDO CUEVA:** Da leitura do inciso II do art. 26, por conseguinte, exsurge a **constatação de que este rol é taxativo. Não é possível extrair outras hipóteses de isenção da carência para o segurado filiado. Contudo, a lista contemplada na segunda situação acima destacada não é exaustiva.** Caso contrário, corre-se o risco, com a ausência de atualização da lista, de doenças tão graves quanto aquelas já previstas não constarem do rol e pessoas acometidas de moléstias terrivelmente devastadoras, com evolução mais célere entre o contágio e a manifestação da incapacidade, ficarem privadas da concessão do benefício em virtude da falta da carência.
>
> Além disto, conforme destaquei acima, a terceira situação permite a dispensa quando houver **ou outro fator que lhe confira especificidade e gravidade que mereçam tratamento particularizado.**
>
> Ou seja, a lista de doenças não pode ser considerada taxativa, uma vez que não é possível enclausurar nela todas as enfermidades que poderiam ser enquadradas nesse conceito de doença grave, sendo plenamente possível que um segurado seja

portador de moléstia que o coloque em igualdade de condições para fins de dispensa de carência para a concessão do benefício.

Como exemplos contundentes de que a lista prevista no artigo 151, atualmente, não pode ser taxativa, bastaria pensar, por exemplo, em um segurado vitimado pelo Virus Ebola, ou pelo Coronavírus que, em face de complicações decorrentes de tais contaminações, resultasse incapaz de forma permanente para as suas ocupações habituais. Seria justo que o Estado negasse o amparo em tais situações, em face de o legislador não ter atualizado a referida relação?

Portanto, deve ser admitida **a interpretação extensiva para a lista, hoje constante do art. 151,** tal como proposto pela Relatora, para fins de dispensa de carência uma vez que seria impossível que as normas arrolassem todas as doenças existentes consideradas graves.

Em relação ao segundo ponto controvertido, entendo que ao firmar o entendimento de que a **lista é exemplificativa, fica prejudicada a discussão em relação a gravidez de alto risco. A peculiaridade relativa a gravidez de alto risco, é que esta situação excepcional pode ser extraída da interpretação da nossa Lei Fundamental, mas mesmo que não estivesse o amparo previdenciário seria uma decorrência lógica de uma interpretação sistemática do salário-maternidade (previsto na Lei de Benefícios) e da licença-maternidade contemplada na CLT.**

Assim, a gravidez, clinicamente atestada como de alto risco, com recomendação médica de afastamento do trabalho por mais de 15 dias consecutivos, autoriza a dispensa de carência para acesso aos benefícios por incapacidade, na forma dos arts. 26, II e 151, ambos da Lei 8.213/91.

Contra a decisão da TNU no âmbito do tema 220, o INSS interpôs recurso extraordinário afetado sob o rito da repercussão geral sob o número **1353**:

*"**Tema 1353** - Pagamento de auxílio-doença à segurada em gestação de alto risco, independentemente de período de carência.*

Classe:

RE

Número:

1455046

Data de início:

01/11/2024

Data prevista de fim:

11/11/2024

Relator:

MINISTRO PRESIDENTE

*12. Diante do exposto, manifesto-me no sentido de **reconhecer a repercussão geral** da seguinte questão constitucional: "saber se a proteção à maternidade e à infância dispensam o período de carência para a concessão do benefício previdenciário de auxílio-doença a segurada em gestação de alto risco."*

Mas uma ressalva deve ser inserida: **para fins de dispensa de carência por doença grave listada em ato regulamentar (não apenas no artigo 151 da Lei 8.213/91, mas também na Portaria Interministerial MTP/MS 22, em vigor desde 03/10/2022, que aumentou o rol), por expressa determinação normativa, é necessário que a DID se dê após a filiação/refiliação.**

Desse modo, se a DID (data de início da doença) é anterior à re/filiação previdenciária, deve ser exigida carência de 12 recolhimentos na DII (data de início da incapacidade), mesmo em se tratando de doença grave constante das referidas listas normativas.

Logo, a regra é a carência e as exceções serão apenas três para a sua dispensa, sendo sempre exigido qualidade de segurado na DII:

> A) Incapacidade laboral por mais de 15 dias consecutivos fruto de acidente de qualquer natureza ou causa;
>
> B) Incapacidade laboral por mais de 15 dias consecutivos decorrente de doença ocupacional;
>
> C) Incapacidade laboral por mais de 15 dias consecutivos causada por doença grave que conste da lista normativa, desde que a DID seja posterior à re/filiação previdenciária.

Assim sendo, afora estas situações, em todas as demais a concessão do benefício por incapacidade requer, na DII, qualidade de segurado e cumprimento de carência de 12 contribuições mensais, observado o artigo 27-A da Lei 8.213/91 e sua aplicação intertemporal.

No caso peculiar de segurado portador de doença grave cuja DID se deu após a primeira filiação, mas houve perda da qualidade de segurado e segunda filiação, entende o INSS pela dispensa de carência nesta situação, conforme regra constante do artigo 376 da Portaria 991/2022:

> *"Subseção II*
>
> *Da isenção de carência*
>
> *Art. 376. Por ocasião da análise do pedido de auxílio por incapacidade temporária, quando o segurado não contar com a carência mínima exigida para a concessão do benefício, deverá ser observado se a situação é isenta de carência.*
>
> *§ 1º Na situação prevista no caput, a DID e a DII devem recair a partir do segundo dia da data da filiação para que o requerente tenha direito ao benefício.*
>
> ***§ 2º O disposto no §1º se aplica ainda que tenha ocorrido a perda da qualidade de segurado entre a DID e a DII.*** *§ 3º Quando se tratar de acidente de trabalho típico ou de trajeto haverá direito à isenção de carência, ainda que a DII venha a recair no primeiro dia do primeiro mês da filiação".*

A meu ver, a posição do INSS, a despeito de ser mais favorável ao segurado, afronta o texto do artigo 151 da Lei 8.213/91, posto que a refiliação pode ser definida como uma nova filiação ao RGPS, em tendo havido perda qualidade de segurado com novo recolhimento real ou presumido.

Logo, o artigo 151 da Lei 8.213/91, ao colocar como pressuposto legal que a dispensa de carência para o benefício por incapacidade laboral por doença grave na lista legal exige que a DID seja após a filiação (*"após filiar-se ao RGPS"*), não se restringe à primeira filiação previdenciária, pois as refiliações nada mais são do que novas filiações, sendo uma garantia de proteção ao RGPS.

Outrossim, as exceções à dispensa de carência são taxativas, não comportando ampliação interpretativa.

Conquanto inexista previsão legal ou regulamentar expressa, **de acordo com a jurisprudência dominante, o período em que o segurado percebeu benefício por incapacidade será considerado para fins de carência**, em que pese inexistir o pagamento de contribuição previdenciária, pois o filiado esteve impedido de desenvolver atividade laboral, conforme entendimento do TRF da 2ª Região[12], 3ª Região[13] e da 4ª Região[14], assim como da TNU[15].

Entretanto, para o INSS, esse período não deverá ser computado para fins de carência, que pressupõe efetivo recolhimento das contribuições previdenciárias[16], não se confundindo percepção de benefício com o pagamento das contribuições previdenciárias.[17]

Contudo, por força de decisão judicial tomada na Ação Civil Pública nº 2009.71.00.004103-4, o INSS editou a Instrução Normativa 73/2014, assegurando que para benefícios requeridos a partir de 19 de setembro de 2011, fica garantido o cômputo, para fins de carência, do período em gozo de benefício por incapacidade, inclusive os decorrentes de acidente do trabalho, desde que intercalado com períodos de contribuição ou atividade.

Posteriormente, o STJ limitou territorialmente os efeitos dessa decisão aos Estados do Sul do Brasil, pois se cuida de decisão do TRF da 4ª Região, conforme notícia publicada em 24/10/2014:

> **"Decisão do TRF4 que beneficiou segurados do INSS em ação civil pública vale apenas para Região Sul**

12. AMS 37037, de 21.09.2004.
13. AMS 272378, de 12.08.2008.
14. AC 200104010754986, de 29.07.2008.
15. PEDILEF 200763060010162, de 23.06.2008.
16. Nota Técnica CGMBEN/DIVCONS nº 86/2009.
17. Nesse sentido, o Parecer/CONJUR/MPS 616/2010, aprovado pelo Ministro da Previdência Social em 23.12.2010.

A Sexta Turma do Superior Tribunal de Justiça (STJ) restringiu o alcance de decisão que obrigou o Instituto Nacional do Seguro Social (INSS) a computar o tempo de benefício por incapacidade (auxílio-doença ou aposentadoria por invalidez) como período de carência. Seguindo o voto do relator, ministro Rogerio Schietti Cruz, a Turma deu parcial provimento ao recurso do INSS e determinou que a decisão do Tribunal Regional Federal da 4ª Região (TRF4), sediado em Porto Alegre, tenha efeitos apenas na Região Sul, área de sua jurisdição.

A carência é o tempo mínimo de contribuição que o trabalhador precisa comprovar para ter direito a um benefício previdenciário e varia de acordo com benefício solicitado.

Na origem, o Ministério Público ajuizou uma ação civil pública em Porto Alegre para que fossem promovidas as modificações necessárias no texto da Instrução Normativa INSS/PRES 20/2007, cujo teor foi repetido na IN INSS/PRES 45/2010, atualmente em vigor.

A norma diz que "não será computado como período de carência o período em que o segurado está ou esteve em gozo de auxílio-doença ou aposentadoria por invalidez, inclusive decorrente de acidente do trabalho ou de qualquer natureza, salvo os períodos entre 1º de junho de 1973 e 30 de junho de 1975 em que o segurado esteve em gozo de auxílio-doença previdenciário ou aposentadoria por invalidez previdenciária".

Abrangência

Em primeiro grau, o processo foi extinto sem julgamento de mérito em razão de suposta ilegitimidade do Ministério Público Federal para propor a ação. Já em grau de apelação, no TRF4, a ação foi julgada parcialmente procedente, possibilitando o cômputo, para fins de carência, dos períodos de aposentadoria por invalidez e auxílio doença, desde que intercalados com períodos de efetivo trabalho ou contribuição.

Para o tribunal regional, por conta da própria natureza do pedido, não seria possível restringir os efeitos da decisão a uma determinada circunscrição territorial, "uma vez que se trata do reconhecimento de que o disposto em uma norma administrativa expedida pelo INSS em âmbito nacional contraria a legislação previdenciária e, por isso, deve ser alterada".

Houve interposição de recurso especial (ao STJ) e extraordinário (ao Supremo Tribunal Federal), mas como não foi dado efeito suspensivo a tais recursos, o MPF requereu a execução provisória do acórdão, com abrangência nacional. O INSS calcula que a interpretação dada pelo TRF4 resultaria numa despesa adicional de R$ 10,74 bilhões nos próximos dez anos.

A autarquia previdenciária contestou o pedido de execução, mas o juízo determinou o cumprimento da obrigação no prazo de 40 dias, sob pena de multa diária de R$ 5 mil. O INSS ainda recorreu ao TRF4 contra a decisão que mandou executar sem o recolhimento de caução por parte do MPF, mas o tribunal manteve a ordem, apenas reduzindo a multa para R$ 1 mil.

Competência territorial

Daí o recurso julgado na Sexta Turma do STJ. Em seu voto, o ministro Schietti destacou que prevalece no tribunal o entendimento de que a sentença em ação civil pública "fará coisa julgada **erga omnes** nos limites da competência territorial do órgão prolator, nos termos do artigo 16 da **Lei 7.347/85**, alterado pela Lei 9.494/97". Assim, como foi tomada pelo TRF4, a decisão tem validade para os estados da 4ª Região – Rio Grande do Sul, Santa Catarina e Paraná.

A Turma ainda confirmou a possibilidade de execução nessa fase processual, quando não houver efeito suspensivo nos recursos pendentes de julgamento. Para os ministros, o MPF é o autor da ação civil pública e age no exercício regular da tutela dos direitos difusos e coletivos ao querer executar a condenação, ainda que sem trânsito em julgado. Os magistrados entenderam que se trata de uma obrigação de fazer.

Precedentes

Quanto ao ponto principal do recurso, o ministro Schietti destacou que há decisão de 2014 da Segunda Turma no mesmo sentido da decisão do TRF4, de que é possível "a consideração dos períodos em que o segurado esteve em gozo de auxílio-doença ou de aposentadoria por invalidez como carência para a concessão de aposentadoria por idade, se intercalados com períodos contributivos" **(REsp 1.422.081)**.

Assim, afirmou Schietti, somente quando não há o retorno do segurado ao exercício de atividade remunerada no período básico de cálculo é que se veda a utilização do tempo respectivo para fins de carência.

O ministro relator mencionou ainda que a Primeira Seção (atualmente competente para julgar matéria previdenciária) decidiu em julgamento de recurso repetitivo **(REsp 1.410.433)** que "o cômputo dos salários de benefício como salários de contribuição somente será admissível se no período básico de cálculo houver afastamento intercalado com atividade laborativa, em que há recolhimento da contribuição previdenciária."

O relator explicou que, "se o período em que o segurado esteve no gozo de benefício por incapacidade é excepcionalmente considerado como tempo ficto de contribuição, não se justifica interpretar a norma de maneira distinta para fins de carência".

Em seguida foi editada a Instrução Normativa INSS 86/2016, que alterou o artigo 153 da revogada Instrução Normativa INSS 77/2015:

> "Art. 153...
>
> § 1º Por força da decisão judicial proferida na Ação Civil Pública nº 2009.71.00.004103-4 (novo nº 0004103-29.2009.4.04.7100) é devido o cômputo, para fins de carência, do período em gozo de benefício por incapacidade, inclusive os decorrentes de acidente do trabalho, desde que intercalado com períodos de contribuição ou atividade, observadas as datas a seguir: (NR)
>
> ....
>
> II – para os residentes nos Estados do Rio Grande do Sul, Santa Catarina e Paraná, a determinação permanece vigente, observada a decisão proferida pelo Superior

Tribunal de Justiça no Recurso Especial nº 1.414.439-RS, e alcança os benefícios requeridos a partir de 29 de janeiro de 2009." (NR) **(Retificado pelo DOU de 27/04/2016)**

Eis o artigo 193, §1º, da Instrução Normativa INSS 128/2022:

> "§ 1º Por força da decisão judicial proferida na Ação Civil Pública nº 2009.71.00.004103-4 (novo nº 0004103-29.2009.4.04.7100) é devido o cômputo, para fins de carência, do período em gozo de benefício por incapacidade, inclusive os decorrentes de acidente do trabalho, desde que intercalado com períodos de contribuição ou atividade, para os benefícios requeridos a partir de 19 de setembro de 2011, observado o seguinte:
>
> a) no período compreendido entre 19 de setembro de 2011 a 3 de novembro de 2014 a decisão judicial teve abrangência nacional; e
>
> b) para os residentes nos Estados do Rio Grande do Sul, Santa Catarina e Paraná, a determinação permanece vigente, observada a decisão proferida pelo Superior Tribunal de Justiça (STJ) no Recurso Especial (REsp) nº 1.414.439-RS, e alcança os benefícios requeridos a partir de 29 de janeiro de 2009".

Mas na atualidade há também **decisão em ACP que era de cunho nacional** e foi limitada à 2ª Região em março de 2018 pelo TRF da 2ª Região. Nesse sentido, no Processo: 0216249-77.2017.4.02.5101, que corre na Seção Judiciária do Rio de Janeiro, deferiu-se tutela provisória para **estender os efeitos da disposição prevista no § 1º do art. 153 da revogada IN INSS/PRES nº 77/2015, com redação dada pela IN INSS/ PRES nº 86/2016, aos segurados de todo o País** (posteriormente limitada à 2ª Região), devendo o INSS computar, para fins de carência, o tempo em que fora percebido benefício por incapacidade temporária ou definitiva, desde que intercalado com períodos de contribuição.

Por força de ação coletiva com efeitos nacionais, para a DER a partir de 20/12/2019, o INSS foi compelido a considerar para fins de carência o gozo de benefício por incapacidade laboral, nos termos da Portaria Conjunta INSS/PFE/DIRBEN Nº 12 DE 19/05/2020:

Art. 1º Comunicar para cumprimento a decisão judicial proferida na Ação Civil Pública-ACP nº 0216249-77.2017.4.02.5101/RJ, determinando ao INSS que compute, para fins de carência, o período em gozo de benefício por incapacidade não acidentário intercalado e o período em gozo de benefício por incapacidade acidentário, intercalado ou não.

Art. 2º Até que seja julgado o recurso interposto pelo INSS e expedido um parecer de força executória definitivo, deve ser cumprida a decisão judicial desta ACP nos moldes da ACP de nº 2009.71.00.004103-4/RS, ou seja, computar, para fins de carência, o período em gozo de benefício por incapacidade, inclusive os decorrentes de acidente do trabalho, desde que intercalado com períodos de contribuição ou atividade, conforme artigo 153, § 1º, da Instrução Normativa nº 77/PRES/INSS, de 21.01.2015.

Art. 3º O disposto no artigo 2º desta Portaria produz efeitos para benefícios com Data de Entrada de Requerimento-DER a partir de 20.12.2019 e alcança todo o território nacional.

> Parágrafo único. Não haverá necessidade de comprovação de endereço para aplicação desta ACP nº 0216249-77.2017.4.02.5101/RJ, podendo ser aplicada inclusive aos requerentes moradores da Região Sul.
>
> Art. 4º Para o cumprimento da ACP de nº 0216249-77.2017.4.02.5101/RJ, deverão ser observadas as seguintes regras:
>
> I – os períodos de gozo de benefício por incapacidade previdenciário e acidentário (B31, B32, B91 e B92) intercalados, concedidos com base em contribuições, na forma do art. 24 da Lei nº 8.213/1991, poderão ser computados como carência em benefício que exija carência em contribuições;
>
> II – os períodos de B31, B32, B91 e B92 intercalados, concedidos com base em exercício de atividade rural, na forma do art. 39, I, da Lei nº 8.213/1991, poderão ser computados como carência em benefício que exija carência em meses de atividade rural; e
>
> III – os períodos de B31, B32, B91 e B92 intercalados, concedidos para o empregado doméstico sem contribuições, com base no art. 36 da Lei nº 8.213/1991 (DESP 17), poderão ser computados como carência em benefício a ser concedido também com base no referido artigo.
>
> Art. 5º O Sistema Prisma está sendo adequado para permitir que sejam computados para carência os períodos de benefícios por incapacidade (previdenciários e acidentários) intercalados entre períodos de atividade/contribuição, sem prejuízo das demais exigências para reconhecimento do direito ao benefício requerido.
>
> Art. 6º Os requerimentos realizados de acordo com as orientações expressas nesta Portaria devem ter o tipo de benefício "001" (ação civil pública), informando o número do processo 02162497720174025101, sem pontos, hífen, barra e UF, e serem decididos com despacho normal.
>
> Art. 7º A ACP de nº 2009.71.00.004103-4/RS continua vigente, limitada aos residentes dos Estados do Rio Grande do Sul, Santa Catarina e Paraná, para benefícios com DER a partir de 29.01.2009.
>
> Art. 8º Esta Portaria entra em vigor na data de sua publicação.
>
> ALESSANDRO ROOSEVELT SILVA RIBEIRO
>
> Diretor de Benefícios
>
> VIRGÍLIO ANTÔNIO RIBEIRO DE OLIVEIRA FILHO
>
> Procurador-Geral da PFE/INSS

De acordo com o artigo 193, §3º, da Instrução Normativa INSS/PRES 128/2022, alterada pela Instrução Normativa INSS/PRES 167/2024, "por força da decisão judicial, transitada em julgado, proferida na Ação Civil Pública nº 0216249-77.2017.4.02.5101 RJ, de abrangência nacional, para os benefícios requeridos a partir de 20 de dezembro de 2019, é devido o cômputo, **para fins de carência**, dos períodos em gozo de benefício por incapacidade:

> I - previdenciário, desde que sejam intercalados com períodos de contribuição ou atividade; e
>
> II - **acidentário intercalados ou não** com períodos de contribuição ou atividade".

Como a decisão foi anterior ao Decreto 10.410/2020, para fins de carência, em sendo benefício por incapacidade laboral decorrente de acidente de trabalho não **havia** necessidade de ser intercalado para este fim.

Conforme atualizado pela **Portaria Conjunta DIRBEN/PFE-INSS 4, de 21/02/2025**, em 9 de julho de 2024, foi expedido novo parecer de força executória, esclarecendo que, em razão da decisão liminar proferida na Ação Rescisória nº 5000140-14.2024.4.02.0000, foi suspensa a expressão 'não intercalados' dos períodos em gozo de benefício por incapacidade acidentário para o cômputo da carência.

Dessa forma, no âmbito da Ação Civil Pública nº 0216249-77.2017.4.02.5101/RJ, os benefícios por incapacidade por acidente de trabalho passaram a exigir o requisito do recolhimento de uma contribuição após a cessação (intercalado):

> *Ação Civil Pública nº 0216249-77.2017.4.02.5101/RJ - VIGENTE E TRANSITADA EM JULGADO"*
>
> *"Assunto: Benefícios previdenciários. Cômputo, para fins de carência, do período em gozo de benefício por incapacidade."* (NR)

"Decisão Judicial"	"Computar, para fins de carência, o período em gozo de benefício por incapacidade previdenciário e acidentário, desde que intercalados com períodos de contribuição ou atividade." (NR)
"Abrangência e Período de vigência"	"Nacional: para requerimentos com Data de Entrada do Requerimento-DER a partir de 20 dezembro de 2019"
"Comprovação de Endereço"	"A comprovação de endereço fica dispensada"
"Aplicabilidade"	"1. A partir de 25 de maio de 2020, conforme Portaria Conjunta nº 12 DIRBEN/PFE/INSS, de 19 de maio de 2020, até que fosse julgado o recurso interposto pelo INSS e expedido um parecer de força executória definitivo, devia ser cumprida a decisão judicial desta ACP nos moldes da ACP de nº 2009.71.00.004103-4/RS, ou seja, para benefícios requeridos a partir de 20 de dezembro de 2019, computar, para fins de carência, o período em gozo de benefício por incapacidade, inclusive os decorrentes de acidente do trabalho, desde que intercalado com períodos de contribuição ou atividade, seguindo a Seção I deste Anexo, no que coubesse.
	2. No entanto, a partir de 26 de junho de 2023, foi emitido parecer de força executória, informando sobre o trânsito em julgado da decisão proferida na ACP nº 0216249-77.2017.4.02.5101/RJ, sendo devido, para os benefícios requeridos a partir de 20 de dezembro de 2019, o cômputo, para fins de carência: a) do período em gozo de benefício por incapacidade previdenciário, desde que seja intercalado com períodos de contribuição ou atividade; e b) dos períodos em gozo de benefício por incapacidade acidentário intercalados ou não intercalados com períodos de contribuição ou atividade.

	3. Em 9 de julho de 2024, foi expedido novo parecer de força executória, esclarecendo que, em razão da decisão liminar proferida na Ação Rescisória nº 5000140-14.2024.4.02.0000, foi suspensa a expressão 'não intercalados' dos períodos em gozo de benefício por incapacidade acidentário para o cômputo da carência.
	I - Ou seja, a partir de 9/7/2024, para o cumprimento da ACP nº 0216249-77.2017.4.02.5101/RJ, é devido, para os benefícios requeridos a partir de 20 de dezembro de 2019, o cômputo, para fins de carência, dos períodos em gozo de benefício por incapacidade previdenciário e acidentário, desde que sejam intercalados com períodos de contribuição ou atividade.
	II - E não deve ser seguido o § 3º do art. 193 da IN 128, de 28 de março de 2022 e o § 3º do art. 89 da Portaria DIRBEN/INSS nº 991, de 28 de março de 2022, e nem o item 2 acima." (NR)
"Fundamentação complementar a observar"	"§ 1º do art. 193, da Instrução Normativa PRES/INSS nº 128, de 28 de março de 2022 e § 1º do art. 89 da Portaria DIRBEN/INSS nº 991, de 28 de março de 2022." (NR)

No mesmo sentido **o CRPS publicou em 06/11/2024 o Enunciado 18**:

> *"**ENUNCIADO Nº 18** Para requerimentos protocolados a partir de 29 de janeiro de 2009, é garantido o cômputo dos períodos em que o segurado esteve em fruição de benefício por incapacidade, para fins de carência, desde que intercalados com períodos de contribuição ou atividade laborativa. I - O disposto no caput também se aplica aos segurados facultativos; II- Os períodos em gozo de benefício por incapacidade acidentário independem de períodos de contribuição ou atividade intercalados; III - O auxílio por incapacidade temporária e a aposentadoria por incapacidade permanente, decorrente de sua conversão, por se originarem da mesma moléstia incapacitante, são considerados para fins de carência; IV - O cômputo dos períodos em que o segurado esteve em gozo de benefício por incapacidade, para fins de carência, é aplicável em todo o território brasileiro".*

Todavia, note-se que o recorte dado ao CRPS é mais favorável aos segurados, pois concedida a DER desde **29 de janeiro de 2009**.

No âmbito do STJ não existia aparentemente um posicionamento uniformizado a respeito, haja vista a existência de julgados restritivos, que apenas admitem o cômputo do auxílio-doença para fins de carência quando intercalado com períodos contributivos, a exemplo das decisões abaixo colacionadas:

> "RECURSO ESPECIAL Nº 1.232.349 – SC (2011/0016739-5)
>
> **DJ de 25/06/2012**
>
> RELATOR: MINISTRO MARCO AURÉLIO BELLIZZE
>
> RECORRENTE: INSTITUTO NACIONAL DO SEGURO SOCIAL – INSS
>
> PROCURADOR: PROCURADORIA-GERAL FEDERAL – PGF

RECORRIDO: ALFREDO FIGUEREDO

ADVOGADO: CHARLESTON WARMLING MONGUILHOTT E OUTRO(S)

DECISÃO: PREVIDENCIÁRIO. APOSENTADORIA POR IDADE. TRABALHADOR URBANO. CÔMPUTO DO PERÍODO EM GOZO DE AUXÍLIO-DOENÇA PARA FINS DE CARÊNCIA, DESDE QUE INTERCALADO COM PERÍODO CONTRIBUTIVO.

1. Consoante análise contextual e interpretativa da Lei de Benefícios, período de carência significa dizer o número mínimo de contribuições mensais indispensáveis para que o segurado faça jus ao benefício, **razão pela qual o tempo em que o segurado esteve em gozo de auxílio-doença só é computado para fins de carência, se for intercalado com período contributivo, situação não demonstrada nos autos**.

2. Recurso especial provido".

"AGRAVO REGIMENTAL EM RECURSO ESPECIAL. PREVIDENCIÁRIO. BENEFÍCIO POR INCAPACIDADE. CONTAGEM COMO TEMPO DE CONTRIBUIÇÃO E CARÊNCIA. POSSIBILIDADE. PRECEDENTES.

É pacífico o entendimento, no âmbito da e. Terceira Seção do c. Superior Tribunal de Justiça, de ser possível a contagem do tempo de gozo de benefício por incapacidade para fins de carência e concessão de aposentadoria, quando vier intercalado com período contributivo. Agravo regimental desprovido. (AgRg no REsp nº 1.131.106/SP, relator o Ministro Felix Fischer, DJe de 24/5/2010)".

"INFORMATIVO 524- DIREITO PREVIDENCIÁRIO. CÔMPUTO DO PERÍODO DE GOZO DE AUXÍLIO-DOENÇA PARA EFEITO DA CARÊNCIA NECESSÁRIA À CONCESSÃO DE APOSENTADORIA POR IDADE.

O período de recebimento de auxílio-doença deve ser considerado no cômputo do prazo de carência necessário à concessão de aposentadoria por idade, desde que intercalado com períodos contributivos. Isso porque, se o período de recebimento de auxílio-doença é contado como tempo de contribuição (art. 29, § 5º, da Lei 8.213/1991), consequentemente, também deverá ser computado para fins de carência, se recebido entre períodos de atividade (art. 55, II, da Lei 8.213/1991). Da mesma forma, o art. 60, III, do Dec. 3.048/1999 estabelece que, enquanto não houver lei específica que discipline a matéria, será contado como tempo de contribuição o período em que o segurado tenha recebido auxílio-doença entre períodos de atividade. Precedentes citados: REsp 1.243.760-PR, Quinta Turma, DJe 9/4/2013; e AgRg no REsp 1.101.237-RS, Quinta Turma, DJe 1º/2/2013. REsp 1.334.467-RS, Rel. Min. Castro Meira, julgado em 28/5/2013".

Já a 6ª Turma do STJ admitiu a consideração do período de gozo do auxílio-doença para fins de carência de maneira irrestrita no julgamento do AgRg no REsp 1.168.269, de 28.02.2012:

"AGRAVO REGIMENTAL NO RECURSO ESPECIAL. PREVIDENCIÁRIO. ARGUMENTOS INSUFICIENTES PARA ALTERAR A DECISÃO AGRAVADA. **APOSENTADORIA POR IDADE. IMPLEMENTAÇÃO DA CARÊNCIA.**

REEXAME FÁTICO-PROBATÓRIO. INCIDÊNCIA DA SÚMULA 7/STJ. CÔMPUTO DO AUXÍLIO-DOENÇA COMO TEMPO DE SERVIÇO.

1. O agravante não trouxe argumentos novos capazes de infirmar os fundamentos que alicerçaram a decisão agravada, razão que enseja a negativa do provimento ao agravo regimental.

2. A descaracterização da implementação da carência requer reexame do conjunto fático-probatório, o que é vedado nesta via especial, consoante verbete sumular 7/STJ.

3. O auxílio-doença é computado como tempo de serviço. Precedente.

4. Agravo regimental a que se nega seguimento".

No entanto, na atualidade, a jurisprudência do STJ se firmou no sentido de que é possível a consideração dos períodos em que o segurado esteve em gozo de auxílio-doença ou de aposentadoria por incapacidade permanente como carência para a concessão de aposentadoria por idade, se intercalados com períodos contributivos:

"PREVIDENCIÁRIO. RECURSO ESPECIAL. CONVERSÃO DA APOSENTADORIA POR INVALIDEZ EM APOSENTADORIA POR IDADE. REQUISITO ETÁRIO PREENCHIDO NA VIGÊNCIA DA LEI 8.213/1991. DESCABIMENTO. CÔMPUTO DO TEMPO PARA FINS DE CARÊNCIA. INEXISTÊNCIA DE CONTRIBUIÇÃO EM PERÍODO INTERCALADO. IMPOSSIBILIDADE. PRECEDENTES. RECURSO ESPECIAL NÃO PROVIDO.

1. A Lei 8.213/1991 não contemplou a conversão de aposentadoria por invalidez em aposentadoria por idade.

2. É possível a consideração dos períodos em que o segurado esteve em gozo de auxílio-doença ou de aposentadoria por invalidez como carência para a concessão de aposentadoria por idade, se intercalados com períodos contributivos.

3. Na hipótese dos autos, como não houve retorno do segurado ao exercício de atividade remunerada, não é possível a utilização do tempo respectivo" (2ª Turma, REsp 1422081, de 24/04/2014).

"PREVIDENCIÁRIO. AGRAVO REGIMENTAL NO RECURSO ESPECIAL. AÇÃO CIVIL PÚBLICA. CÔMPUTO DO TEMPO DE BENEFÍCIO POR INCAPACIDADE COMO PERÍODO DE CARÊNCIA. POSSIBILIDADE, DESDE QUE INTERCALADO COM PERÍODO DE EFETIVO TRABALHO. PRECEDENTES.

1. Ação civil pública que tem como objetivo obrigar o INSS a computar, como período de carência, o tempo em que os segurados estão no gozo de benefício por incapacidade (auxílio-doença ou aposentadoria por invalidez).

2. É possível considerar o período em que o segurado esteve no gozo de benefício por incapacidade (auxílio-doença ou aposentadoria por invalidez) para fins de carência, desde que intercalados com períodos contributivos.

3. Se o período em que o segurado esteve no gozo de benefício por incapacidade é excepcionalmente considerado como tempo ficto de contribuição, não se justifica

interpretar a norma de maneira distinta para fins de carência, desde que intercalado com atividade laborativa" (6ª Turma, AgRg no REsp 1271928, de 16/10/2014).

O STF possui o mesmo posicionamento:

> "Nesse sentido: ARE 802.877, Rel. Min. Teori Zavascki, DJe 1º.4.2014 e ARE 746.835-AgR, Rel. Min. Dias Toffoli, 1ª Turma, DJe 07.10.2014, com a seguinte ementa: "Agravo regimental no recurso extraordinário com agravo. Previdenciário. Aposentadoria por invalidez. Cômputo do tempo de gozo de auxílio-doença para fins de carência. Possibilidade. Precedentes. 1. **O Supremo Tribunal Federal decidiu nos autos do RE nº 583.834/PR-RG, com repercussão geral reconhecida, que devem ser computados, para fins de concessão de aposentadoria por invalidez, os períodos em que o segurado tenha usufruído do benefício de auxílio-doença, desde que intercalados com atividade laborativa. 2. A Suprema Corte vem-se pronunciando no sentido de que o referido entendimento se aplica, inclusive, para fins de cômputo da carência, e não apenas para cálculo do tempo de contribuição.** Precedentes: ARE 802.877/RS, Min. Teori Zavascki, DJe de 1/4/14; ARE 771.133/RS, Min. Luiz Fux, DJe de 21/2/2014; ARE 824.328/SC, Min. Gilmar Mendes, DJe de 8/8/14; e ARE 822.483/RS, Min. Cármen Lúcia, DJe de 8/8/14. 3. Agravo regimental não provido."

De acordo com a **Súmula 73, da TNU, "o tempo de gozo de auxílio-doença ou de aposentadoria por invalidez não decorrentes de acidente de trabalho só pode ser computado como tempo de contribuição ou para fins de carência quando intercalado entre períodos nos quais houve recolhimento de contribuições para a previdência social"**.

Vale registrar que a TNU vem diferenciando os benefícios por incapacidade por acidente de trabalho dos não acidentários. Nessa linha de raciocínio, para a aposentadoria por incapacidade permanente e o auxílio-doença por acidente de trabalho serem computados para fins de carência, é desnecessário que sejam intercalados por períodos contributivos.

Isso porque a TNU vinha estendendo o extinto artigo 60, inciso IX, do Decreto 3.048/99, para fins de carência. Esse dispositivo previa que seria contado como tempo de contribuição o período em que o segurado esteve recebendo benefício por incapacidade por acidente do trabalho, intercalado ou não.

No entanto, **o artigo 60 do Decreto 3.048/99 foi revogado pelo Decreto 10.410/2020**, sendo o tema regulado pelo novel artigo 19-C:

> "§ 1º Será computado o tempo intercalado de recebimento de benefício por incapacidade, na forma do disposto no inciso II do **caput** do art. 55 da Lei nº 8.213, de 24 de julho de 1991, **exceto para efeito de carência.** (Incluído pelo Decreto nº 10.410, de 2020)"

Note-se que o ato presidencial manteve a posição anterior em não considerar o gozo de benefício por incapacidade para fins de período de carência, mas apenas como tempo de contribuição.

Outrossim, a ilegalidade regulamentar que afrontava o artigo 55, inciso II, da Lei 8.213/91 foi corrigida, **sendo exigido desde 1/7/2020 que mesmo o benefício por incapacidade por acidente de trabalho seja intercalado por contribuições para ser considerado como tempo de contribuição.**

Evidente que **a nova regulamentação não poderá ter efeitos retroativos**, devendo ser aplicada à percepção de benefícios por incapacidade a contar de 1º de julho de 2020, de modo que **os benefícios acidentários cessados até 30/06/2020 não precisarão ser intercalados para serem computados como tempo de contribuição.**

Aliás, mesmo com a EC 103/2019 reforçando a vedação ao tempo de contribuição ficto, o novo Regulamento optou por conservar o cômputo dos benefícios por incapacidade como tempo de contribuição, embora não haja o recolhimento real ou presumido de contribuição previdenciária, haja vista não comporem o salário de contribuição, o que indica que a regra constitucional continuará sendo retórica.

Por tudo isto, especialmente em razão da falta de uma disciplina legal direta e clara a respeito, este tema é extremamente controverso e vem gerando enorme insegurança jurídica, devendo ser regulado o quanto antes pelo legislador.

Ademais, "a TNU firmou a tese de que o tempo de gozo de auxílio-doença ou aposentadoria por invalidez não decorrentes de acidente do trabalho deve ser computado para fins de tempo de contribuição e carência, quando intercalado com períodos de contribuição, independentemente do número de contribuições vertido e o título a que realizadas" PUIL n. 0000805-67.2015.4.03.6317/SP/2019.

No **Tema em Repercussão Geral 1.125**, publicado em 25/02/2021, o STF reafirmou a sua própria jurisprudência ao admitir que o período de percepção de benefício por incapacidade laborativa também deva ser computado para fins de carência, desde que intercalado por atividades laborais.

Eis a tese firmada:

> **Tema 1.125:** ***"É constitucional o cômputo, para fins de carência, do período no qual o segurado esteve em gozo do benefício de auxílio-doença, desde que intercalado com <u>atividade laborativa</u>."***

Desse modo, o STF acabou estendendo a regra do artigo 55, inciso II, da Lei 8.213/91, que trata do cômputo do benefício por incapacidade laboral como tempo de contribuição, para fins do período de carência.

No entanto, um ponto chamou-me a atenção. A tese do STF ficou mais restrita que o texto do artigo 55, inciso II, da Lei 8.213/91, que admite que o benefício por incapacidade laboral seja considerado como tempo de contribuição se intercalado por recolhimentos previdenciários.

É que o pagamento de uma contribuição como **segurado facultativo** se amolda ao texto legal citado, mas não se encaixa na literalidade da tese firmada no Tema em Repercussão Geral 1.125, que exigiu que seja intercalado por atividade laboral, o que não ocorre na situação do facultativo que declara não exercer atividade laboral remunerada como pressuposto da filiação previdenciária.

Curiosamente, para fins de tempo de contribuição, a própria autarquia de previdência admite o recolhimento como segurado facultativo para fins de intercalar o benefício por incapacidade laboral no artigo 164, inciso XVI, letra A, da revogada Instrução Normativa INSS 77/2015:

> *"Art. 164. Até que lei específica discipline a matéria, são contados como **tempo de contribuição**, entre outros, conforme previsto no art. 60 do RPS:*
>
> ...
>
> XVI - o período de recebimento de benefício por incapacidade:
>
> *a) o não decorrente de acidente do trabalho, entre períodos de atividade, ainda que em outra categoria de segurado, sendo que as contribuições como contribuinte em dobro, até outubro de 1991 **ou como facultativo, a partir de novembro de 1991 suprem a volta ao trabalho para fins de caracterização;**".*

Embora não tenha preservado a mesma redação, essa posição foi mantida na Instrução Normativa INSS 128/2022:

> "Art. 211. Considera-se tempo de contribuição o tempo correspondente aos períodos para os quais tenha havido contribuição obrigatória ou facultativa ao RGPS, dentre outros, os seguintes:
>
> ...
>
> VI - o período em que o segurado esteve recebendo:
>
> a) benefício por incapacidade previdenciário, desde que intercalado com períodos de atividade ou contribuição; ou
>
> b) benefício por incapacidade acidentário:
>
> 1. até 30 de junho de 2020, ainda que não seja intercalado com períodos de atividade ou contribuição; ou
>
> 2. a partir de 1º de julho de 2020, data da publicação do Decreto nº 10.410, de 2020, somente se intercalado com períodos de atividade ou de contribuição".

Registre-se precedente do STJ que não admitiu que o período fosse intercalado por contribuição na condição de segurado facultativo, **o que contraria até a posição administrativa do INSS:**

> **Processo**
>
> AgInt no REsp 2113564 / RS
>
> AGRAVO INTERNO NO RECURSO ESPECIAL

2023/0444219-9

Relator

Ministro MAURO CAMPBELL MARQUES (1141)

Órgão Julgador

T2 - SEGUNDA TURMA

Data do Julgamento

15/08/2024

Data da Publicação/Fonte

DJe 28/08/2024

Ementa

PROCESSUAL CIVIL. AGRAVO INTERNO NO RECURSO ESPECIAL. PREVIDENCIÁRIO. APOSENTADORIA. REVISÃO. PRETENSÃO DE INCLUSÃO DOS PERÍODOS EM QUE HOUVE RECEBIMENTO DO AUXÍLIO-DOENÇA COMO TEMPO DE SERVIÇO. ART. 55, II DA LEI 8.213/91. **NECESSIDADE DO GOZO DO BENEFÍCIO SER INTERCALADO COM ATIVIDADE LABORATIVA. TEMA 1125 DO STF. RECOLHIMENTO DE UMA ÚNICA PARCELA COMO SEGURADO FACULTATIVO. AUSÊNCIA DE ATIVIDADE LABORATIVA RECURSO A QUE SE NEGA PROVIMENTO.** AGRAVO INTERNO NÃO PROVIDO.

1. No caso em análise, o Tribunal de origem obstou pretensão do obreiro de revisão de sua aposentadoria, ao fundamento de que o período em que o segurado usufruiu do benefício de auxílio-doença ou aposentadoria por invalidez pode ser computado como carência e tempo de contribuição, desde que intercalado com períodos de efetiva atividade laborativa, o que não ocorreu no caso em concreto.

2. Nos termos do disposto nos arts. 29, II e § 5º, e 55, II, da Lei 8.213/91, o cômputo dos salários-de-benefício como salários-de-contribuição somente será admissível se, no período básico de cálculo - PBC, houver afastamento intercalado com atividade laborativa, em que há recolhimento da contribuição previdenciária. Precedentes.

3. Agravo interno não provido.

De acordo com o artigo 193 da Instrução Normativa INSS 128/2022, **considera-se para efeito de carência**, observadas as especificações relativas aos trabalhadores rurais:

I - o período em que o segurado recebeu salário-maternidade, exceto o do segurado especial que não contribui facultativamente;

II - o período como contribuinte individual prestador de serviço a pessoa jurídica, na forma da Lei nº 10.666, de 2003, ainda que sem contribuição, desde que devidamente comprovados e referentes a competências posteriores a abril de 2003;

III - as contribuições vertidas para o RPPS certificadas na forma da contagem recíproca, desde que o segurado não tenha utilizado o período naquele regime, esteja filiado ao RGPS e desvinculado do regime de origem;

IV - o tempo de contribuição para o Plano de Seguridade Social do Servidor Público anterior à Lei nº 8.647, de 1993, efetuado pelo servidor público ocupante de cargo em comissão sem vínculo efetivo com a União, Autarquias, ainda que em regime especial, e Fundações Públicas Federais;

V - o período relativo ao prazo de espera de 15 (quinze) dias do afastamento do trabalho de responsabilidade do empregador, desde que anterior à data de início da incapacidade do benefício requerido; e

VI - anistia prevista em lei, desde que seja expressamente previsto o cômputo do período de afastamento para contagem da carência.

De acordo com o artigo 194 da Instrução Normativa INSS 128/2022, **não será computado como período de carência:**

I - o tempo de serviço militar, obrigatório ou voluntário, prestado até 13/11/2019;

II - o tempo de serviço do segurado que exerceu atividade rural anterior à competência novembro de 1991, exceto para os benefícios garantidos ao segurado especial, na forma do inciso I do art. 39 e caput e § 2º do art. 48, ambos da Lei nº 8.213, de 1991;

III - o período de retroação da DIC;

IV - a contribuição recolhida em atraso pelo contribuinte individual, facultativo ou segurado especial, que contribua facultativamente fora do período de manutenção da qualidade de segurado, observado o art. 192; (redação dada pela IN INSS 141/2022)

V - o período indenizado de segurado especial posterior a novembro de 1991, exceto para os benefícios de aposentadoria por idade ou por incapacidade permanente, de auxílio por incapacidade temporária, de auxílio-reclusão ou de pensão, no valor de 1 (um) salário mínimo, e de auxílio-acidente, desde que mantida a condição ou a qualidade de segurado especial na DER, ou na data em que implementar os requisitos para concessão dos benefícios;

VI - o período em que o segurado está ou esteve em gozo de auxílio-acidente ou auxílio-suplementar;

VII - o período de aviso prévio indenizado; e

VIII - a competência com recolhimento abaixo do valor mínimo mensal, resguardado o direito aos ajustes de complementação, utilização de excedente e agrupamento, ressalvados o segurado empregado, empregado doméstico e trabalhador avulso para as contribuições relativas às competências até novembro de 2019.

De acordo com a Portaria INSS/DIRBEN 991/2022 (art. 90), **não será computado como período de carência** o período de retroação da DIC **e o referente à período indenizado.**

De arremate, na forma do **revogado** parágrafo único, do artigo 24, da Lei 8.213/91, quando havia perda da qualidade de segurado, as contribuições anteriores a essa perda somente seriam computadas para efeito de carência depois que o segurado contar, a partir da nova filiação ao Regime Geral de Previdência Social, com, no mínimo, **um terço** do número de contribuições exigidas para o cumprimento da carência definida para o benefício a ser requerido.

No entanto, este dispositivo foi expressamente revogado pela Lei 13.457/2017, fruto da conversão da MP 767, de 6 de janeiro de 2017, gerando a extinção da regra de 1/3, após uma tentativa frustrada de revogação pela MP 739/2016, que havia caducado sem votação no Congresso Nacional.

Foi criada a regra de ½ da carência pela Lei 13.457/2017. Em seguida, a MP 871/2019 extinguiu essa regra. Toda essa novela será narrada em detalhes nos parágrafos abaixo.

NO ENTANTO, ISSO DUROU POUCO, POIS A LEI 13.846/2019 RESTAUROU A REGRA DE ½ DE CARÊNCIA: "ART. 27-A. Na hipótese de perda da qualidade de segurado, para fins da concessão dos benefícios de auxílio-doença, de aposentadoria por invalidez, ~~de salário-maternidade~~ e de auxílio-reclusão, o segurado deverá contar, a partir da data da nova filiação à Previdência Social, **com metade** dos períodos previstos nos incisos I, III e IV do **caput** do art. 25 desta Lei".

Logo, NA ATUALIDADE, a regra de ½ se aplica aos seguintes benefícios:

A) Aposentadoria por incapacidade permanente (1/2 de 12 = 6);

B) Auxílio-doença (1/2 de 12 = 6);

C) Salário-maternidade da segurada especial, contribuinte individual e segurada facultativa (1/2 de 10 = 5); **(com a decisão tomada na ADI 2110/2111 a carência foi dispensada, tornando a regra de 1/2 inaplicável ao salário-maternidade)**

D) Auxílio-reclusão (1/2 de 24 = 12).

Logo, **durante a vigência da regra de 1/3, em respeito ao Princípio do *Tempus Regit Actum***, suponha-se que um trabalhador tenha 100 contribuições previdenciárias pagas tempestivamente e que, posteriormente, tenha perdido a qualidade de segurado, pois não mais contribuiu e deixou transcorrer em aberto o período de graça.

Neste caso, considerando que a carência do auxílio-doença é de 12 contribuições mensais, em regra, será preciso o recolhimento tempestivo de 04 novas contribuições previdenciárias (valor equivalente a 1/3 de 12) para que as anteriores sejam consideradas e se integralize a carência.

Na hipótese do salário-maternidade da contribuinte individual, da segurada especial e da facultativa, considerando que a carência é de 10 contribuições mensais, se houver perda da qualidade de segurada, elas precisarão recolher por aproximação 04 novas contribuições para a consideração das anteriores após a nova filiação, pois 1/3 de 10 gera uma dízima periódica simples (3,333).

No entanto, a normatização interna do INSS promoveu uma aproximação para baixo, admitindo que, para o salário-maternidade, nos casos em que seja exigida carência mínima, deverá possuir no mínimo **três contribuições**, sem perda da qualidade de segurado, que somadas às anteriores deverá totalizar dez contribuições.

> ATENÇÃO
> **Com a decisão tomada na ADI 2110/2111 a carência foi dispensada, tornando a regra de 1/2 inaplicável ao salário-maternidade, sendo apenas um exemplo para fins históricos.**

Entende-se que mesmo antes da Lei 13.457/2017 esta regra de 1/3 acabou se tornando parcialmente inócua para as aposentadorias por idade, tempo de contribuição e especial, pois, excepcionalmente, o artigo 3º, da Lei 10.666/2003, dispensa a qualidade de segurado para a concessão desses benefícios, bastando a realização dos demais pressupostos legais, que não precisará ser simultânea.

Nesse sentido, analisando os requisitos para a concessão de aposentadoria por idade, afirmou o STJ que "o parágrafo único do artigo 24 da Lei 8.213/91 aplica-se aos casos em que o segurado não consegue comprovar, de forma alguma, a totalidade da carência exigida, ao benefício que se pretende, tendo que complementar o período comprovado com mais 1/3 (um terço), pelo menos, de novas contribuições, mesmo que já possua o requisito idade"[18].

Aliás, não seria irrazoável sustentar a tese de que o artigo 24, parágrafo único, da Lei 8.213/91, não mais se aplica às aposentadorias por idade, especial e por tempo de contribuição mesmo antes da revogação perpetrada pela MP 767/2017, pois excepcionalmente para estes benefícios não mais é condição indispensável a qualidade de segurado para a sua concessão.

Destarte, como o artigo 24, parágrafo único, da Lei 8.213/91, partia da premissa de que a pessoa precisa ser segurada para a concessão de um benefício previdenciário, no caso com carência, é plausível a sua não aplicação às referidas aposentadorias mesmo antes da revogação expressa total, mas apenas aos demais benefícios que exigem carência em determinadas situações (auxílio-doença, aposentadoria por incapacidade permanente e salário-maternidade).

Inclusive, a Medida Provisória 242/2005, rejeitada pelo Senado Federal por ausência de relevância e urgência, chegou a revogar expressamente o artigo 24, parágrafo único, da Lei 8.213/91.

Vale transcrever passagem da sua exposição de motivos da lavra do então Ministro da Previdência Social, Romero Jucá:

---

18. ERESP 200200227813, de 09.03.2005.

> "Uma inovação advinda da Lei nº 8.213, de 1991, ainda, foi a constante no parágrafo único do art. 24 que passou a considerar, para fins de carência, o período anterior à perda da qualidade de segurado desde que contasse – a partir da nova filiação – com, no mínimo, um terço do número de contribuições exigidas para o cumprimento da carência definida para o benefício a ser requerido.
>
> Tal dispositivo legal tinha a pretensão de beneficiar o cidadão que, contribuindo regularmente para o Regime Geral de Previdência Social – RGPS, vinha a perder este vínculo por um lapso de tempo que acarretasse a perda da qualidade de segurado – o chamado período de graça.
>
> O tempo relativo ao chamado período de graça, por sua vez, varia em função do número de contribuições vertidas ao INSS. O segurado com até 120 contribuições tem 12 meses de período de graça. Aquele que conta com mais de 120 contribuições, tem 24 meses de período de graça. Em ambos os casos, o período pode ser dilatado por mais 12 meses para o segurado desempregado, desde que comprove esta condição por meio de registro no órgão próprio do Ministério do Trabalho e Emprego.
>
> Vencido o período de graça, o cidadão perde a condição de segurado da Previdência Social e deixa de ter direito a qualquer benefício previdenciário. Assim, quando retorna à atividade abrangida pelo RGPS, basta fazer um novo grupo de contribuições igual a um terço da carência exigida por determinado benefício, a contar da nova filiação, para valer-se de todo o período contributivo anterior à perda da qualidade de segurado.
>
> **Todavia, a aplicabilidade deste dispositivo legal perdeu a razão de ser desde 8 de maio de 2003 para os benefícios que exijam período contributivo maior, como é o caso das aposentadorias por tempo de contribuição, especial e idade. Trata-se de dispositivo legal introduzido pelo art. 3º da Lei nº 10.666, de 2003, que aboliu o quesito qualidade de segurado como uma das exigências para reconhecimento do direito a estas três modalidades de benefício. Não há sentido, portanto, em manter-se a exigência, atualmente fixada no parágrafo único do art. 24 da Lei nº 8.213, de 1991, de que, havendo perda da qualidade de segurado, as contribuições anteriores a essa perda só possam ser computadas para efeito de carência depois que o segurado contar, a partir da nova filiação à Previdência Social, com no mínimo um terço do número de contribuições exigidas para a carência do benefício a ser requerido**".

Logo, a aplicabilidade da "regra de 1/3" deu-se somente para a aposentadoria por incapacidade permanente, o auxílio-doença e o salário-maternidade, restrita aos casos de exigência de carência, por óbvio, sendo afastada para as demais aposentadorias, que dispensam a manutenção da qualidade de segurado para o seu deferimento pelo INSS.

Houve uma segunda tentativa frustrada de revogação da regra de 1/3. Isso porque a **Medida Provisória 739/2016** expressamente revogou o parágrafo único do artigo 24 da Lei 8.213/91, tendo sido inserida regra proibitiva no parágrafo único, do artigo 27, da Lei 8.213/91, dispondo que "no caso de perda da qualidade de segurado, para efeito de carência para a concessão dos benefícios de auxílio-doença, de aposentadoria por invalidez e de salário-maternidade, o segurado deverá contar, a partir da nova filiação à Previdência Social, com os períodos previstos nos incisos I e III do *caput* do art. 25".

Mas a MP 739/2016 caducou por ausência de votação no Congresso Nacional no dia 4/11/2016, sendo conservados os seus efeitos jurídicos até esta data, salvo a edição de decreto legislativo dispondo em sendo contrário. Logo, voltou a viger a regra de 1/3 a partir de 5/11/2016, dia seguinte ao término do prazo de conversão em lei.

Desta forma, no período entre a publicação da Medida Provisória 739/2016 e sua caducidade por ausência de votação pelo Congresso Nacional (de 8/7/2016 a 4/11/2016) a regra de 1/3 deixou de viger.

De acordo com o artigo 62, §§ 3º e 11 da Constituição, as medidas provisórias perderão eficácia, desde a edição, se não forem convertidas em lei no prazo de sessenta dias, prorrogável uma vez por igual período, devendo o Congresso Nacional disciplinar, por *decreto legislativo*, as relações jurídicas delas decorrentes, sendo que, acaso não editado o decreto legislativo até sessenta dias após a rejeição ou perda de eficácia de medida provisória, as relações jurídicas constituídas e decorrentes de atos praticados durante sua vigência conservar-se-ão por ela regidas.

Desta forma, a princípio, à luz do Princípio da Lei do Tempo Rege o Ato Jurídico, os indeferimentos perpetrados pelo INSS considerando a revogação temporária da regra de 1/3 para incapacidades laborais com DII entre 8/7/2016 e 4/11/2016 devem ser mantidos, salvo se o Congresso Nacional aprovar decreto legislativo para desfazer os efeitos da revogação da regra de 1/3 durante a vigência da MP 739/2016.

Posteriormente, coube à Medida Provisória 767, de 6 de janeiro de 2017, neste ponto convertida na Lei 13.457/2017 novamente revogar expressamente a regra de 1/3 que constava do parágrafo único do artigo 24 da Lei 8.213/91, devendo ser utilizado o seguinte regime jurídico intertemporal, pois deve ser verificada a regra em vigor na data de início da incapacidade (auxílio-doença e aposentadoria por incapacidade permanente) ou na data do parto ou adoção (salário-maternidade), a teor do Memorando Circular Conjunto INSS 2/2017:

NSTITUTO NACIONAL DO SEGURO SOCIAL

Anexo II do Memorando-Circular Conjunto nº 2 DIRBEN/DIRSAT/PFE/INSS, de 10 de janeiro de 2017

Quadro com os períodos de vigência das MPs 739/2016 e 767/2017 para análise de carência dos benefícios de salário-maternidade, auxílio-doença e aposentadoria por invalidez

Benefícios de auxílio-doença, aposentadoria por invalidez e salário-maternidade, cujo **fato gerador** (data do início da incapacidade - DII, parto, guarda, aborto ou adoção) **até 07.07.2016** (Lei nº 8.213/91)	Benefícios de auxílio-doença, aposentadoria por invalidez e salário-maternidade, cujo **fato gerador** (data do início da incapacidade - DII, parto, guarda, aborto ou adoção) **de 08.07.2016 a 04.11.2016** (MP 739/2016)	Benefícios de auxílio-doença, aposentadoria por invalidez e salário-maternidade, cujo **fato gerador** (data do início da incapacidade - DII, parto, guarda, aborto ou adoção) **de 05.11.2016 a 05.01.2017** (Lei nº 8.213/91)	Benefícios de auxílio-doença, aposentadoria por invalidez e salário-maternidade, cujo **fato gerador** (data do início da incapacidade - DII, parto, guarda, aborto ou adoção) **a partir de 06 de janeiro de 2017** (MP 767/2017)
a) havendo perda da qualidade de segurado, as contribuições anteriores à perda serão consideradas para fins de carência, depois que o segurado contar, a partir da nova filiação ao RGPS com, no mínimo, 1/3 (um terço) do número de contribuições exigidas para a concessão do respectivo benefício; b) para o auxílio-doença e a aposentadoria por invalidez o segurado deverá possuir, no mínimo, quatro contribuições mensais sem perda da qualidade de segurado que, somadas às anteriores, deverão totalizar doze contribuições; c) para o salário-maternidade, nos casos em que seja exigida carência mínima, a/o segurada/o deverá possuir, no mínimo, três contribuições, recolhidas após a perda da qualidade de segurado que, somadas às anteriores, deverão totalizar dez contribuições; d) as orientações acima não se aplicam aos benefícios isentos de carência.	a) se houver perda da qualidade de segurado, as contribuições anteriores à perda não serão consideradas para fins de carência; b) o trabalhador/contribuinte que perder a qualidade de segurado deverá cumprir a carência mínima completa a partir da nova filiação, para voltar a ter direito aos benefícios de auxílio-doença, aposentadoria por invalidez e salário-maternidade; c) para fins de auxílio-doença e aposentadoria por invalidez serão exigidos 12 (doze) meses de contribuição sem perda da qualidade de segurado entre os períodos; d) para fins de salário-maternidade serão exigidos 10 (dez) meses de contribuição, sem perda da qualidade de segurado entre os períodos, para o segurado especial que contribua facultativamente, contribuinte individual e facultativo, assim como para os que estiverem em período de manutenção da qualidade de segurado decorrente dessas categorias, observada a redução da quantidade de contribuições quando se tratar de parto antecipado, na forma do §1º do art. 148 da Instrução Normativa nº 77/INSS/PRES, de 2015; e) as orientações acima não se aplicam aos benefícios isentos de carência;	a) havendo perda da qualidade de segurado, as contribuições anteriores à perda serão consideradas para fins de carência, depois que o segurado contar, a partir da nova filiação ao RGPS com, no mínimo, 1/3 (um terço) do número de contribuições exigidas para a concessão do respectivo benefício; b) para o auxílio-doença e a aposentadoria por invalidez o segurado deverá possuir, no mínimo, quatro contribuições mensais sem perda da qualidade de segurado que, somadas às anteriores, deverão totalizar doze contribuições; c) para o salário-maternidade, nos casos em que seja exigida carência mínima, a/o segurada/o deverá possuir, no mínimo, três contribuições, recolhidas após a perda da qualidade de segurado que, somadas às anteriores, deverão totalizar dez contribuições; d) as orientações acima não se aplicam aos benefícios isentos de carência.	a) se houver perda da qualidade de segurado, as contribuições anteriores à perda não serão consideradas para fins de carência; b) o trabalhador/contribuinte que perder a qualidade de segurado deverá cumprir a carência mínima completa a partir da nova filiação, para voltar a ter direito aos benefícios de auxílio-doença, aposentadoria por invalidez e salário-maternidade; c) para fins de auxílio-doença e aposentadoria por invalidez serão exigidos 12 (doze) meses de contribuição sem perda da qualidade de segurado entre os períodos; d) para fins de salário-maternidade serão exigidos 10 (dez) meses de contribuição, sem perda da qualidade de segurado entre os períodos, para o segurado especial que contribua facultativamente, contribuinte individual e facultativo, assim como para os que estiverem em período de manutenção da qualidade de segurado decorrente dessas categorias, observada a redução da quantidade de contribuições quando se tratar de parto antecipado, na forma do §1º do art. 148 da Instrução Normativa nº 77/INSS/PRES, de 2015; e) as orientações acima não se aplicam aos benefícios isentos de carência;

Agora, com o advento da MP 767/2017, para incapacidades, partos e adoções ocorridos a contar de 6 de janeiro de 2017, o parágrafo único do artigo 24 foi revogado e foi inserida regra proibitiva no novel artigo 27-A da Lei 8.213/91[19], aduzindo que no caso de perda da qualidade de segurado, para efeito de carência para a concessão dos benefícios de auxílio-doença, de aposentadoria por incapacidade permanente e de salário-maternidade (quando exigir carência), o segurado deverá contar, a partir da nova filiação à Previdência Social, com os períodos previstos para a carência integral, não mais existindo a benéfica regra de 1/3.

Desta forma, **durante a vigência da MP 767/2017 (até 26/6/2017)**, tendo havido a perda da qualidade de segurado, para a concessão de um auxílio-doença ou de uma aposentadoria por incapacidade permanente que exija a carência, é necessário que o segurado conte com 12 recolhimentos mensais após a refiliação e que a incapacidade seja superveniente ao cumprimento da carência.

A **TNU** manteve a aplicação das MPs 739 e 767 para as incapacidades verificadas durante a sua vigência: "Apreciando o recurso sob o rito dos pedidos **representativos de controvérsia**, a TNU fixou a seguinte tese: **constatado que a incapacidade do(a) segurado(a) do Regime Geral da Previdência Social (RGPS) ocorreu ao tempo da vigência das Medidas Provisórias 739/2016 e 767/2017, aplicam-se as novas regras de carência nelas previstas**" (Informativo

19. Art. 27-A. No caso de perda da qualidade de segurado, para efeito de carência para a concessão dos benefícios de auxílio-doença, de aposentadoria por invalidez e de salário-maternidade, o segurado deverá contar, a partir da nova filiação à Previdência Social, com os períodos previstos nos incisos I e III do *caput* do art. 25.

28/2018 – REPRESENTATIVO DE CONTROVÉRSIA – TEMA N. 176 – PUIL n. 5001792-09.2017.4.04.7129/RS).

Outrossim, para a concessão do salário-maternidade para a segurada especial, segurada facultativa e contribuinte individual, será necessário o recolhimento de 10 contribuições após a refiliação e antes da ocorrência do parto ou adoção.

Eis o posicionamento administrativo firmado pela autarquia previdenciária:

> **"Memorando-Circular Conjunto nº 2 /DIRBEN/DIRSAT/PFE/INSS**
>
> **Em 10 de janeiro de 2017**
>
> Aos Superintendentes-Regionais, Gerentes-Executivos, Gerentes de Agências da Previdência Social, Especialistas em Normas e Gestão de Benefícios, Chefes de Divisão/Serviço de Benefícios, Chefes de Serviço/Seção de Reconhecimento de Direitos, Chefes de Serviço/Seção de Manutenção, Chefes das Agências da Previdência Social Atendimento Demandas Judiciais – APSDJ e dos Setores de Atendimento de Demandas Judiciais – SDJ
>
> Assunto: Medida Provisória nº 767, de 6 de janeiro de 2017. Alteração na regra de carência dos benefícios de salário-maternidade, auxílio-doença e aposentadoria por invalidez. Fixação de data de cessação de auxílio-doença concedido ou reativado por decisão judicial.
>
> 1. Em razão das alterações introduzidas pela Medida Provisória nº 767, de 6 de janeiro de 2017 na Lei nº 8.213, de 1991, com a inclusão do art. 27-A, a revogação do parágrafo único do art. 24 e a inclusão dos §§ 11 e 12 no art. 60, entre outros assuntos, a análise do direito aos benefícios de salário-maternidade, auxílio-doença e aposentadoria por invalidez e, ainda, da fixação da data de cessação devem observar as orientações contidas neste Memorando-Circular Conjunto.
>
> 2. A análise da carência exigida para os benefícios de auxílio-doença, aposentadoria por invalidez e salário-maternidade, cujo fato gerador (data do início da incapacidade – DII, parto, guarda, aborto ou adoção) tenha ocorrido a partir de 06 de janeiro de 2017, incluído este dia, considerando o disposto no art. 27-A e a revogação do parágrafo único do art. 24, ambos da Lei nº 8.213, de 1991, deverá considerar o disposto nos itens a seguir:
>
> a) se houver perda da qualidade de segurado, as contribuições anteriores à perda não serão consideradas para fins de carência;
>
> b) o trabalhador/contribuinte que perder a qualidade de segurado deverá cumprir a carência mínima completa a partir da nova filiação, para voltar a ter direito aos benefícios de auxílio-doença, aposentadoria por invalidez e salário-maternidade;
>
> c) para fins de auxílio-doença e aposentadoria por invalidez serão exigidos 12 (doze) meses de contribuição, sem perda da qualidade de segurado entre os períodos;
>
> d) para fins de salário-maternidade serão exigidos 10 (dez) meses de contribuição, sem perda da qualidade de segurado entre os períodos, para o segurado especial que contribua facultativamente, para o contribuinte individual e para o segurado

facultativo, assim como, para os que estiverem em período de manutenção da qualidade de segurado decorrente dessas categorias, observada a redução da quantidade de contribuições quando se tratar de parto antecipado, na forma do §1º do art. 148 da Instrução Normativa nº 77/INSS/PRES, de 2015;

e) as orientações acima não se aplicam aos benefícios isentos de carência;

3. Quanto ao prazo de duração dos benefícios de auxílio-doença, concedidos ou reativados por decisão administrativa ou judicial (§§ 11 e 12 do art. 60 da Lei nº 8.213, de 1991), deverão ser observadas as orientações contidas nos itens a seguir:

a) para os benefícios concedidos por decisão administrativa ou recursal, a informação da data de cessação da incapacidade laborativa permanece obrigatória, sendo aplicável o disposto no § 12 apenas para os benefícios concedidos/reativados por decisão judicial;

b) na concessão ou reativação de auxílio-doença por decisão judicial com data de despacho do benefício-DDB/atualização a partir de 06/01/2017, deverão ser observadas as orientações contidas no Memorando-Circular Conjunto nº 7/DIRSAT/DIRBEN/PFE-INSS/DIRAT, de 19 de maio de 2016, ou aquele que vier a substituí-lo, e as definições a seguir descritas:

b.1) quando a decisão judicial fixar expressamente a data da cessação do benefício, seja ela menor ou maior que 120 (cento e vinte) dias, caberá observância restrita à determinação judicial;

b.2) quando a decisão judicial determinar que o segurado seja incluído em programa de reabilitação profissional, não será fixada DCB e nem se observará o prazo limite de 120 (cento e vinte) dias;

b.3) a contagem dos 120 (cento e vinte) dias para fixação da DCB terá início na data do despacho do benefício-DDB registrada no SUB;

b.4) a contagem dos 120 (cento e vinte) dias para benefícios reativados será fixada a partir da data do comando de reativação (atualização);

b.5) será facultado ao segurado o requerimento de prorrogação do benefício nos 15 (quinze) dias que antecedem a data prevista para a cessação do benefício;

b.6) não será admitido recurso administrativo nas seguintes situações:

I) para alteração da DCB determinada pelo Poder Judiciário, cabendo apenas o requerimento de prorrogação do benefício nos 15 (quinze) dias que antecedem a data prevista para sua cessação;

II) para alteração da DCB de 120 (cento e vinte) dias fixada por força da MP nº 767/2017, cabendo apenas o requerimento de prorrogação do benefício nos 15 (quinze) dias que antecedem a data prevista para sua cessação;

c) a cientificação do segurado sobre a data de cessação do benefício concedido por decisão judicial será por meio do "Comunicado de Cumprimento de Decisão Judicial", contido no Anexo I deste Memorando-Circular Conjunto, que também deverá ser enviado ao juízo prolator da decisão e cuja emissão e envio caberá às APSDJ/SDJ.

As orientações relativas às demais modificações implementadas na Lei nº 8.213/91 pela MP nº 767/17 serão prestadas oportunamente.

5. Esclarecemos que, como não foi editado o Decreto Legislativo no prazo do § 11 do art. 62 da Constituição Federal de 1988, os atos praticados com fundamento no disposto na Medida Provisória 739/2016, no período de 08.07.2016 a 04.11.2016, são válidos e conservar-se-ão por ela regidos. No quadro do Anexo II deste Memorando-Circular Conjunto há orientações relativas à análise de carência dos benefícios de salário-maternidade, auxílio-doença e aposentadoria por invalidez, segundo a data da ocorrência do fato gerador, independentemente da data do requerimento do benefício.

6. Foi demandada a adequação dos Sistemas Prisma, SABI e SUB, na forma orientada neste Memorando-Circular Conjunto. Até a disponibilização da adequação dos sistemas de benefícios deve ser sobrestada a decisão dos benefícios de B80, B31 e B32 alcançados pela alteração legislativa implementada pela MP 767.

Atenciosamente,

ROBINSON FLÁVIO DIAS NEMETH

Diretor de Benefícios

KARINA BRAIDO SANTURBANO DETEIVE E ARGOLO

Diretora de Saúde do Trabalhador – Substituta

ALESSANDRO ANTÔNIO STEFANUTTO

Procurador-Chefe da PFE/INSS"

No entanto, com a conversão da MP 767 na Lei 13.457, em vigor desde 27 de junho de 2017, mais uma mudança normativa se verificou. É que o Congresso Nacional, embora tenha mantido a revogação da regra de 1/3 da carência, resolveu constituir uma regra de ½ da carência como uma espécie de compensação.

Por força do novel artigo 27-A da Lei 8.213/91, inserido pela Lei 13.457/2017 **(antes da MP 871/2019)**, "no caso de perda da qualidade de segurado, para efeito de carência para a concessão dos benefícios de que trata esta Lei, o segurado deverá contar, a partir da nova filiação à Previdência Social, com metade dos períodos previstos nos incisos I e III do *caput* do art. 25 desta Lei".

Logo, para partos, adoções e incapacidades a partir da sua vigência (27/6/2017), na situação de exigência de carência do salário-maternidade, auxílio-doença e aposentadoria por incapacidade permanente, deverá ser considerada a regra de ½ da carência à luz do Princípio *do Tempus Regit Actum*.

Vale registrar que a MP 767/2017 conservou os seus efeitos jurídicos no período que vigorou, vez que inexistiu a aprovação pelo Congresso Nacional de decreto legislativo em sessenta dias para regular as relações jurídicas delas decorrentes, ficando conservadas as relações jurídicas constituídas.

Assim sendo, na hipótese de concessão de auxílio-doença e de aposentadoria por incapacidade permanente que recaiam na regra da carência de 12 recolhimentos mensais, caso haja perda da qualidade de segurado com posterior refiliação previdenciária, será necessário que ao menos ½ do período de carência (6 contribuições) se realize na segunda filiação para que as contribuições vertidas na primeira filiação sejam consideradas para fins de carência (incapacidades a partir de 27/6/2017).

No caso de concessão de salário-maternidade que recaia na regra da carência de 10 recolhimentos mensais (contribuinte individual, segurado especial e segurado facultativo), **antes do julgamento da ADI 2.110 e 2.111**, caso haja perda da qualidade de segurado com posterior refiliação previdenciária, será necessário que ao menos ½ do período de carência (5 contribuições) se realize na segunda filiação para que as contribuições vertidas na primeira filiação sejam consideradas para fins de carência (partos e adoções a partir de 27/6/2017).

Dessa forma, a tabela acima transcrita reflete o direito intertemporal em quatro regimes jurídicos distintos. E a regra permanente (quinto regime jurídico) é a aplicação da regra de ½ da carência para os fatos geradores de salário-maternidade e benefícios por incapacidade laborativa a partir de 27 de junho de 2017.

Embora seja teoricamente a interpretação consentânea com a Constituição de 1988, sendo a adota pelo INSS, pois inexistiu decreto legislativo fazendo com que a MP 739 e a MP 767 tivessem efeitos conservados, cuida-se de uma situação esdrúxula e não isonômica.

Por exemplo, a segurada contribuinte individual partiu em 26 de junho de 2017, último dia da vigência da MP 767. Neste caso não será aplicada nem a regra de 1/3 e nem a regra de 1/2 da carência. Outra segurada contribuinte individual pariu no dia seguinte, 27 de junho de 2017, primeiro dia da vigência da Lei 13.457/2017, aplicando-se, destarte, a regra de ½ da carência.

ATENÇÃO:

Mas nova novidade sobre o tema restou inaugurada, sendo criado um quinto regime jurídico pela **MP 871/2019**, que **extinguiu a regra de ½ da carência** ao alterar a redação do artigo 27-A da Lei 8.213/91: "Na hipótese de perda da qualidade de segurado, para fins da concessão dos benefícios de **auxílio-doença, de aposentadoria por incapacidade permanente, de salário-maternidade e de auxílio-reclusão**, o segurado deverá contar, a partir da data da nova filiação à Previdência Social, com os períodos integrais de carência previstos nos incisos I, III e IV do *caput* do art. 25".

Assim, à luz do **Princípio do *Tempus Regit Actum***, para incapacidades (auxílio-doença e aposentadoria por incapacidade permanente), partos, adoções e mortes (salário-maternidade originário e derivado) e prisões (auxílio-reclusão) a contar de **18 de Janeiro de 2019**, caso tenha havido perda da qualidade de segurado com ulterior refiliação à previdência social, as contribuições vertidas durante a 1ª filiação não poderão ser consideradas para fins de carência dos citados benefícios durante a 2ª filiação, **devendo todo o período de carência ser cumprido apenas após a refiliação à previdência social**, vedado o cômputo das contribuições vertidas anteriormente à perda da qualidade de segurado.

No entanto, isso durou pouco, pois a Lei 13.846/2019 restaurou a regra de ½ de carência: "Art. 27-A. Na hipótese de perda da qualidade de segurado, para fins da concessão dos benefícios de auxílio-doença, de aposentadoria por invalidez, de salário-maternidade e de auxílio-reclusão, o segurado deverá contar, a partir da data da nova filiação à Previdência Social, com metade dos períodos previstos nos incisos I, III e IV do *caput* do art. 25 desta Lei".

O tema foi regulado no **Memorando-Circular Conjunto nº 2/DIRBEN/PFE/DIRAT/INSS**, de 28/1/2019:

> "Assunto: **Alterações nas regras dos benefícios de auxílio-reclusão, pensão por morte, auxílio-doença, aposentadoria por invalidez e salário-maternidade, previstas na Lei nº 8.213/91, decorrentes da Medida Provisória nº 871, de 18 de janeiro de 2019.**
>
> 1. As alterações contidas neste memorando-circular conjunto deverão ser aplicadas aos fatos geradores ocorridos a partir de 18 de janeiro de 2019, data da publicação da Medida Provisória nº 871.
>
> 6. No requerimento de benefícios de auxílio-doença, de aposentadoria por invalidez, de salário-maternidade e de auxílio-reclusão, havendo a perda da qualidade de segurado, deverá a partir da data da nova filiação à Previdência Social, cumprir todo o período exigido para fins de carência, conforme alteração do art. 27-A da Lei nº 8.213/91".

No entanto, isso durou pouco, pois a Lei 13.846/2019 restaurou a regra de ½ de carência: "art. 27-A. Na hipótese de perda da qualidade de segurado, para fins da concessão dos benefícios de auxílio-doença, de aposentadoria por invalidez, de salário-maternidade e de auxílio-reclusão, o segurado deverá contar, a partir da data da nova filiação à Previdência Social, **com metade** dos períodos previstos nos incisos I, III e IV do *caput* do art. 25 desta Lei".

Podemos enfim sintetizar os **7 (SETE) regimes jurídicos** para a carência da aposentadoria por incapacidade permanente, auxílio-doença, salário-maternidade originário e derivado e agora para o auxílio-reclusão:

REGIME 1 – INCAPACIDADES, NASCIMENTOS, ADOÇÕES E MORTES **ATÉ 7/7/2016: REGRA DE 1/3**;

REGIME 2 – INCAPACIDADES, NASCIMENTOS, ADOÇÕES E MORTES **DE 8/7/2016 A 4/11/2016: CARÊNCIA INTEGRAL APÓS REFILIAÇÃO (MP 739)**;

REGIME 3 – INCAPACIDADES, NASCIMENTOS, ADOÇÕES E MORTES **DE 5/11/2016 A 5/1/2017: REGRA DE 1/3**;

REGIME 4 – INCAPACIDADES, NASCIMENTOS, ADOÇÕES E MORTES **DE 6/1/2017 A 26/6/2017: CARÊNCIA INTEGRAL APÓS REFILIAÇÃO (MP 767)**;

REGIME 5 – INCAPACIDADES, NASCIMENTOS, ADOÇÕES E MORTES **A PARTIR DE 27/6/2017 ATÉ 17/1/2019: REGRA DE ½ (LEI 13.457/2017)**;
REGIME 6 – INCAPACIDADES, NASCIMENTOS, ADOÇÕES, MORTES E PRISÕES EM REGIME FECHADO **A PARTIR DE 18/1/2019 ATÉ 17/6/2019: CARÊNCIA INTEGRAL APÓS REFILIAÇÃO (MP 871/2019)**;
REGIME 7 – INCAPACIDADES, NASCIMENTOS, ADOÇÕES, MORTES E PRISÕES EM REGIME FECHADO **A PARTIR DE 18/06/2019: REGRA DE ½ (LEI 13.846/2019)**.

5. RENDA MENSAL

Outro ponto alterado pela EC 103/2019 foi a sua **renda mensal**, tendo em vista que **o artigo 44 da Lei 8.213/91 não restou recebido pela Emenda 103/2019**.

REGRA GERAL – Para os **homens**, a teor do artigo 26 da Emenda 103/2019, o valor do benefício de aposentadoria por incapacidade permanente corresponderá a **sessenta por cento da média aritmética das 100% das remunerações/salários de contribuição, com acréscimo de 2% para cada ano que ultrapassar os 20 anos de contribuição:**

HOMENS TEMPO DE CONTRIBUIÇÃO	COEFICIENTE
Até 20 anos	60%
21 anos	62%
22 anos	64%
23 anos	66%
24 anos	68%
25 anos	70%
26 anos	72%
27 anos	74%
28 anos	76%
29 anos	78%
30 anos	80%
31 anos	82%
32 anos	84%
33 anos	86%
34 anos	88%
35 anos	90%
36 anos	92%
37 anos	94%
38 anos	96%

HOMENS TEMPO DE CONTRIBUIÇÃO	COEFICIENTE
39 anos	98%
40 anos	100%

Assim, se um segurado (homem) do RGPS ficar incapacitado de modo permanente com até 20 anos de tempo de contribuição, o valor da aposentadoria por incapacidade permanente será de 60% da média de todas as remunerações desde julho de 1994, observada a renda mínima de um salário mínimo.

Curioso notar que, **intencionalmente**, o artigo 26 da Emenda 103/2019 não limita a média de todos os salários de contribuição do segurado a 100%, de modo que o segurado incapacitado de modo permanente que possuir mais de 40 anos de tempo de contribuição poderá fazer jus a uma aposentadoria por incapacidade que ultrapasse a 100% da média de salários de contribuição desde o Plano Real (competência 7/1994), a exemplo:

HOMENS TEMPO DE CONTRIBUIÇÃO	COEFICIENTE
41 Anos	102%
42 Anos	104%
43 Anos	106%
44 Anos	108%
45 Anos	110%
E assim sucessivamente	**E assim sucessivamente**

Para **a aposentadoria por incapacidade da mulher** existe uma regra especial de cálculo da renda mensal no artigo 26, §5º, da Emenda 103/2019, que prevê a **progressão a contar de 15 anos**, e não de 20 anos de contribuição:

MULHERES TEMPO DE CONTRIBUIÇÃO	COEFICIENTE
15 anos	60%
16 anos	62%
17 anos	64%
18 anos	66%
19 anos	68%
20 anos	70%
21 anos	72%
22 anos	74%

MULHERES TEMPO DE CONTRIBUIÇÃO	COEFICIENTE
23 anos	76%
24 anos	78%
25 anos	80%
26 anos	82%
27 anos	84%
28 anos	86%
29 anos	88%
30 anos	90%
31 anos	92%
32 anos	94%
33 anos	96%
34 anos	98%
35 anos	100%
E assim sucessivamente	**E assim sucessivamente**

Suponha-se que uma mulher segurada no RGPS ficou incapacitada com 21 anos de tempo de contribuição. Neste caso, a renda do benefício será de 72% da média de todos os salários de contribuição desde o Plano Real, somente chegando a 100% se a segurada tiver 35 anos de tempo de contribuição.

Dessa forma, o coeficiente mínimo será de 60% e o máximo não está limitado pela legislação constitucional transitória.

Até o advento da Lei 9.032/95, a renda mensal da aposentadoria por incapacidade permanente (antiga invalidez) decorrente do acidente de trabalho tinha uma fórmula de cálculo mais favorável o segurado no âmbito da Lei 8.213/91, pois podia ser utilizado o salário de contribuição do dia do acidente para a fixação do salário de benefício, se mais favorável ao segurado, nos termos do artigo 28, §1º, da Lei 8.213/91:

> *"§ 1º Quando o benefício for decorrente de acidente do trabalho, considerar-se-á, ao invés do salário-de-benefício calculado de acordo com o disposto nesta subseção, o salário-de-contribuição vigente no dia do acidente se mais vantajoso, aplicando-se-lhe o disposto no § 2º do art. 29. (Revogado pela Lei nº 9.032, de 1995)"*

Após a Lei 9.032/95 e até o advento da EC 103/2019, a renda mensal da aposentadoria por invalidez comum e decorrente do acidente de trabalho foram unificadas em 100% do salário de benefício com a mesma base de cálculo sem regramento diferenciado para o benefício acidentário.

De efeito, é histórico na legislação de Previdência Social do Brasil se dar um tratamento diferenciado ao acidente de trabalho, pois o segurado se acidenta no exercício de atividade laboral remunerada produzindo para toda a sociedade.

Isso sempre se verificou e ainda se verifica em diversas situações jurídicas, a exemplo da dispensa de carência nos benefícios por incapacidade laboral fruto de doenças ocupacionais (art. 26, II[20], Lei 8.213/91) e da estabilidade provisória de 12 meses no emprego pela percepção do auxílio por incapacidade temporária fruto de acidente de trabalho (art. 118[21], Lei 8.213/91).

Nesse sentido, nos termos do artigo 129, II[22], da Lei 8.213/91, as ações previdenciárias decorrentes do acidente de trabalho devem tramitar até durante as férias forenses, o que não foi previsto para as demandas previdenciárias não acidentárias.

De efeito, à luz do **Princípio Constitucional da Seletividade**, cabe ao legislador escolher os riscos sociais mais relevantes para a proteção previdenciária e a melhor forma de valorá-los, máxime se se tratar do Poder Constituinte Derivado, como ocorreu na aposentadoria por incapacidade permanente e na pensão por morte fruto de acidente laboral.

Outrossim, para a cobertura das despesas com os benefícios decorrentes do acidente de trabalho é legalmente prevista a **contribuição SAT** (Seguro Acidente de Trabalho) em favor dos empregados (art. 22, II), trabalhadores avulsos (art. 22, II), empregados domésticos (art. 24, II) e segurados especiais (art. 25, II) na Lei 8.212/91.

Destarte, em havendo uma **diferenciação tributária no custeio previdenciário em favor do acidente de trabalho**, permitindo uma maior arrecadação nesta seara, é evidente que isto permite o pagamento de um benefício com renda mensal superior em decorrência do acidente de trabalho.

---

20. Art. 26. Independe de carência a concessão das seguintes prestações: II – auxílio-doença e aposentadoria por invalidez nos casos de acidente de qualquer natureza ou causa e de doença profissional ou do trabalho, bem como nos casos de segurado que, após filiar-se ao RGPS, for acometido de alguma das doenças e afecções especificadas em lista elaborada pelos Ministérios da Saúde e da Previdência Social, atualizada a cada 3 (três) anos, de acordo com os critérios de estigma, deformação, mutilação, deficiência ou outro fator que lhe confira especificidade e gravidade que mereçam tratamento particularizado; (Redação dada pela Lei nº 13.135, de 2015).
21. Art. 118. O segurado que sofreu acidente do trabalho tem garantida, pelo prazo mínimo de doze meses, a manutenção do seu contrato de trabalho na empresa, após a cessação do auxílio-doença acidentário, independentemente de percepção de auxílio-acidente.
22. Art. 129. Os litígios e medidas cautelares relativos a acidentes do trabalho serão apreciados: II – na via judicial, pela Justiça dos Estados e do Distrito Federal, segundo o rito sumaríssimo, inclusive durante as férias forenses, mediante petição instruída pela prova de efetiva notificação do evento à Previdência Social, através de Comunicação de Acidente do Trabalho–CAT.

Deste modo, o fator de discrímen *"acidente de trabalho"* é constitucionalmente válido para ensejar uma maior renda mensal do benefício de aposentadoria por invalidez (atual aposentadoria por incapacidade permanente), posto que o segurado se tornou permanentemente incapaz para o exercício de atividades laborais no exercício profissional, produzindo riqueza para toda a sociedade, possuindo uma fonte de custeio diferenciada (contribuição SAT).

Aliás, o Poder Judiciário sempre aquiesceu por décadas com essa diferenciação da renda mensal que precedeu à Lei 9.032/95 e foi restabelecida com o advento da EC 103/2019 no que tange à aposentadoria por incapacidade permanente, inexistindo decisão do STF que tenha pronunciado a inconstitucionalidade desse fator de discriminação por violação ao Princípio da Isonomia.

Demais disso, **mesmo antes da EC 103/2019**, essa diferenciação **já era aplicada no RPPS**, pois a regra deste regime é a concessão de aposentadoria por invalidez com proventos proporcionais ao tempo de contribuição, excepcionando apenas os proventos integrais no caso de acidente de trabalho e doenças graves previstas na lei do ente federativo, nos termos do artigo 40, § 1º, inciso I[23], da Lei Maior, no texto anterior.

Essa sistemática de dar tratamento diferenciado ao acidente de trabalho no RPPS na renda mensal da aposentadoria por invalidez já foi confirmada pelo STF, ao afirmar que as exceções aos proventos proporcionais são taxativas e confirmando a regra de proporcionalidade dos proventos:

> *RE 656860 / MT – MATO GROSSO*
> *RECURSO EXTRAORDINÁRIO*
>
> *Relator(a): Min. TEORI ZAVASCKI*
>
> *Julgamento: 21/08/2014*
>
> *Publicação: 18/09/2014*
>
> *Órgão julgador: Tribunal Pleno*
>
> *Repercussão Geral – Mérito*
>
> *Publicação*
>
> ACÓRDÃO ELETRÔNICO REPERCUSSÃO GERAL – MÉRITO DJe-181 DIVULG 17-09-2014 PUBLIC 18-09-2014 RTJ VOL-00230-01 PP-00621
>
> *Ementa*
>
> Ementa: CONSTITUCIONAL. ADMINISTRATIVO. SERVIDOR PÚBLICO. APOSENTADORIA POR INVALIDEZ COM PROVENTOS INTEGRAIS. ART. 40, § 1º, I, DA CF. SUBMISSÃO AO DISPOSTO EM LEI ORDINÁRIA. 1. O art.

23. I – por invalidez permanente, sendo os proventos proporcionais ao tempo de contribuição, exceto se decorrente de acidente em serviço, moléstia profissional ou doença grave, contagiosa ou incurável, na forma da lei. (Redação dada pela Emenda Constitucional nº 41, 19.12.2003).

40, § 1º, I, da Constituição Federal assegura aos servidores públicos abrangidos pelo regime de previdência nele estabelecido o direito a aposentadoria por invalidez com proventos proporcionais ao tempo de contribuição. **O benefício será devido com proventos integrais quando a invalidez for decorrente de acidente em serviço, moléstia profissional** ou doença grave, contagiosa ou incurável, "na forma da lei". 2. Pertence, portanto, ao domínio normativo ordinário a definição das doenças e moléstias que ensejam aposentadoria por invalidez com proventos integrais, cujo rol, segundo a jurisprudência assentada pelo STF, tem natureza taxativa. 3. Recurso extraordinário a que se dá provimento.

Ademais, nem sempre a aposentadoria por incapacidade permanente não decorrente do acidente de trabalho terá renda mensal inferior à oriunda de acidente de trabalho na sistemática do artigo 26 da EC 103/2019.

A teor do artigo 26 da EC 203/2019, considerando que o valor base será de 60% do salário de benefício, com acréscimo de 2% por ano de contribuição que o homem ultrapassar a 20 anos de contribuição e a mulher ultrapassar a 15 anos de tempo de contribuição, conclui-se que o homem inválido que contar a partir de 41 anos de contribuição e a mulher a partir de 36 anos de tempo de contribuição terão proventos acima de 100% do salário de benefício (ultra integrais).

Isto posto, enquanto a aposentadoria por incapacidade permanente decorrente de acidente de trabalho é fixada em 100% do salário de benefício, a não acidentária partir de 60% do salário de benefício, mas não é limitada a 100% do salário de benefício, podendo atingir, v.g., 102% se a mulher possuir 36 anos de tempo de contribuição e se o homem possuir 41 anos de tempo de contribuição.

Por fim, vale registrar que a renda mensal da aposentadoria por incapacidade permanente não poderá ser inferior a um salário mínimo, nos termos do artigo 201, §2º, da Constituição.

Como se trata de benefício não programado e que exige carência (salvo casos de dispensa), não se aplica a regra de destarte de que trata o artigo 26 da EC 103/2019, que se limita às aposentadorias programadas.

Veja-se, a respeito, a Portaria INSS 450/2020:

> "Art. 37. Na apuração do SB das **aposentadorias programáveis** poderão ser excluídas quaisquer contribuições que resultem em redução do valor do benefício, desde que mantida a quantidade de contribuições equivalentes ao período de carência e observado o tempo mínimo de contribuição exigidos".

Assim, NÃO poderão ser **excluídas da média as contribuições que resultem em redução do valor do benefício,** desde que mantido o tempo mínimo de contribuição exigido, vedada a utilização do tempo excluído para qualquer finalidade, para a averbação em outro regime previdenciário ou para a obtenção dos proventos de inatividade dos militares.

No mesmo sentido o artigo 32, §24, do Regulamento:

"§ 24. Para fins do cálculo das **aposentadorias programadas** para as quais seja exigido tempo mínimo de contribuição, poderão ser excluídas do cálculo da média dos salários de contribuição e das remunerações adotadas como base para contribuições a regime próprio de previdência social ou como base para contribuições decorrentes das atividades militares de que tratam os art. 42 e art. 142 da Constituição, utilizado para definição do salário de benefício, as contribuições que resultem em redução do valor do benefício, observado o disposto nos § 25 e § 26. (Redação dada pelo Decreto nº 10.410, de 2020)".

Vale registrar que este novo regramento somente será aplicável para a DII (data de início da incapacidade) a partir da publicação da Emenda 103/2019 (*tempus regit actum*), devendo ser aplicado o artigo 44 da Lei 8.213/91 nos casos antigos.

Forçoso concluir que o artigo 44 da Lei 8.213/91 não foi recebido pela Emenda para as novas incapacidades:

"Art. 44. A aposentadoria por invalidez, inclusive a decorrente de acidente do trabalho, consistirá numa renda mensal correspondente a 100% (cem por cento) do salário-de-benefício, observado o disposto na Seção III, especialmente no art. 33 desta Lei. (Redação dada pela Lei nº 9.032, de 1995)"

Achei ruim esta alteração, pois se trata de um benefício não programado, podendo ter uma perda de até 40% de coeficiente (era sempre de 100% e pode cair para até 60%) em uma situação de infortúnio. Ninguém em sã consciência pretende ficar inválido (agora chamada de incapacidade permanente).

Ademais, há também perda de valor na base de cálculo, pois não mais teremos a exclusão dos 20% menores salários de contribuição quando for feita a média aritmética simples desde o Plano Real.

Uma situação esdrúxula é que **a Emenda 103/2019 não alterou a renda do auxílio-doença**, que continua sendo de 91% do salário de benefício, limitado à média dos 12 últimos salários de contribuição, nos termos dos artigos 61 e 29, §10, da Lei 8.213/91.

Isso porque o artigo 26, *caput*, da Emenda 103/2019 somente se aplica aos benefícios com regulação constitucional de requisitos enquanto não há lei de regulamentação ("até que lei discipline o cálculo dos benefícios do Regime Geral de Previdência Social"), o que não ocorre com o auxílio-doença, não regulado pela reforma constitucional.

Ademais, o parágrafo segundo do artigo 26 da Emenda 103/2019 somente se refere às aposentadorias ("o valor do benefício de aposentadoria corresponderá a sessenta por cento da média aritmética"), não abarcando o auxílio-doença.

Dessa forma, será comum ver a renda do auxílio-doença superior à renda da aposentadoria por incapacidade permanente dos segurados que não possuírem largo tempo de contribuição, o que é um contrassenso, até que haja uma possível alteração na Lei 8.213/91.

> **REGRA ESPECIAL** – Ao menos no caso de aposentadoria por incapacidade permanente quando decorrer de **acidente de trabalho**, de doença profissional e de doença do trabalho (artigos 19, 20 e 21 da Lei 8.213/91), os proventos da aposentadoria por incapacidade permanente serão integrais, correspondendo a **100% da média de todos os salários de contribuição do segurado desde o Plano Real**, independentemente do tempo de contribuição vertido ao RGPS.
>
> Desta forma, de modo lastimável se volta a uma sistemática anterior à Lei 9.032/95, em que os benefícios por incapacidade laboral por acidente do trabalho possuíam uma sistemática de cálculo mais favorável.

Nesse sentido o artigo 44 do Regulamento da Previdência Social:

"Art. 44. A aposentadoria por incapacidade permanente será devida a partir do dia imediato ao da cessação do auxílio por incapacidade temporária, ressalvado o disposto no § 1º, e consistirá em renda mensal decorrente da aplicação dos seguintes percentuais incidentes sobre o salário de benefício, definido na forma do disposto no art. 32: (Redação dada pelo Decreto nº 10.410, de 2020).

I – sessenta por cento, com acréscimo de dois pontos percentuais para cada ano de contribuição que exceder o tempo de vinte anos de contribuição, para os homens, ou quinze anos de contribuição, para as mulheres; ou (Incluído pelo Decreto nº 10.410, de 2020)

II – cem por cento, quando a aposentadoria decorrer de: (Incluído pelo Decreto nº 10.410, de 2020)

a) acidente de trabalho; (Incluído pelo Decreto nº 10.410, de 2020)

b) doença profissional; ou (Incluído pelo Decreto nº 10.410, de 2020)

c) doença do trabalho. (Incluído pelo Decreto nº 10.410, de 2020)"

A Emenda 103/2019, portanto, foi dura na fixação da renda mensal da aposentadoria por incapacidade permanente não decorrente do acidente de trabalho, embora a meu ver não haja inconstitucionalidade.

Em razão disso, existe uma jurisprudência, ainda que minoritária, pronunciando a inconstitucionalidade na nova renda mensal, com lastro na vedação ao retrocesso, irredutibilidade do valor do benefício e isonomia.

Nesse sentido, a TRU da 4ª Região:

"EMENTA: PREVIDENCIÁRIO. APOSENTADORIA POR INCAPACIDADE PERMANENTE. DISCRIMINAÇÃO ENTRE OS COEFICIENTES DA ACIDENTÁRIA E DA NÃO ACIDENTÁRIA. CÁLCULO DA RENDA MENSAL INICIAL. INCONSTITUCIONALIDADE DO ART. 26, § 2º, III, DA EC N.º 103/2019. VIOLAÇÃO DOS PRINCÍPIOS CONSTITUCIONAIS DA ISONOMIA, DA RAZOABILIDADE E DA IRREDUTIBILIDADE DO VALOR DOS BENEFÍCIOS E DA PROIBIÇÃO DA PROTEÇÃO DEFICIENTE.

(5003241-81.2021.4.04.7122, TURMA REGIONAL DE UNIFORMIZAÇÃO DA 4ª REGIÃO, Relator DANIEL MACHADO DA ROCHA, juntado aos autos em 12/03/2022)".

A questão será apreciada pela TNU no Tema 318:

Tema	318	Situação do tema	Em Julgamento		Ramo do direito	DIREITO PREVIDENCIÁRIO
Questão submetida a julgamento		Definir se os benefícios de aposentadoria por incapacidade permanente, sob a vigência da EC nº 103/2019, devem ser concedidos ou revistos, de forma a se afastar a forma de cálculo prevista no art. 26, §2º, III, da EC nº 103/2019, ao argumento de que seria inconstitucional.				
Tese firmada						
Processo		Decisão de afetação	Relator (a)	Julgado em	Acórdão publicado em	Trânsito em julgado
PEDILEF 5000742-54.2021.4.04.7016/PR		15/02/2023	Juiz Federal Odilon Romano Neto			

Embora eu tenha discordância política sobre a nova opção constitucional da renda mensal deste benefício, conforme dito, a meu ver não há inconstitucionalidade no artigo 26 da EC 103/2019.

> Até o advento da Lei 9.032/95, a renda mensal da aposentadoria por incapacidade permanente (antiga invalidez) decorrente do acidente de trabalho tinha uma fórmula de cálculo mais favorável para o segurado no âmbito da Lei 8.213/91, pois podia ser utilizado o salário de contribuição do dia do acidente para a fixação do salário de benefício, se mais favorável ao segurado, nos termos do artigo 28, §1º, da Lei 8.213/91:
>
> *"§ 1º Quando o benefício for decorrente de acidente do trabalho, considerar-se-á, ao invés do salário-de-benefício calculado de acordo com o disposto nesta subseção, o salário-de-contribuição vigente no dia do acidente se mais vantajoso, aplicando-se-lhe o disposto no § 2º do art. 29. (Revogado pela Lei nº 9.032, de 1995)"*

Após a Lei 9.032/95 e até o advento da EC 103/2019, a renda mensal da aposentadoria por invalidez comum e decorrente do acidente de trabalho foram unificadas em 100% do salário de benefício com a mesma base de cálculo sem regramento diferenciado para o benefício acidentário.

De efeito, é histórico na legislação de Previdência Social do Brasil se dar um tratamento diferenciado ao acidente de trabalho, pois o segurado se acidenta no exercício de atividade laboral remunerada produzindo para toda a sociedade.

Isso sempre se verificou e ainda se verifica em diversas situações jurídicas, a exemplo da dispensa de carência nos benefícios por incapacidade laboral fruto de doenças ocupacionais (art. 26, II[24], Lei 8.213/91) e da estabilidade provisória de 12 meses no emprego pela percepção do auxílio por incapacidade temporária fruto de acidente de trabalho (art. 118[25], Lei 8.213/91).

Nesse sentido, nos termos do artigo 129, II[26], da Lei 8.213/91, as ações previdenciárias decorrentes do acidente de trabalho devem tramitar até durante as férias forenses, o que não foi previsto para as demandas previdenciárias não acidentárias.

De efeito, à luz do **Princípio Constitucional da Seletividade**, cabe ao legislador escolher os riscos sociais mais relevantes para a proteção previdenciária e a melhor forma de valorá-los, máxime se se tratar do Poder Constituinte Derivado, como ocorreu na aposentadoria por incapacidade permanente e na pensão por morte fruto de acidente laboral.

Outrossim, para a cobertura das despesas com os benefícios decorrentes do acidente de trabalho é legalmente prevista a **contribuição SAT** (Seguro Acidente de Trabalho) em favor dos empregados (art. 22, II), trabalhadores avulsos (art. 22, II), empregados domésticos (art. 24, II) e segurados especiais (art. 25, II) na Lei 8.212/91.

Destarte, em havendo uma **diferenciação tributária no custeio previdenciário em favor do acidente de trabalho**, permitindo uma maior arrecadação nesta seara, é evidente que isto permite o pagamento de um benefício com renda mensal superior em decorrência do acidente de trabalho.

Deste modo, o fator de discrímen *"acidente de trabalho"* é constitucionalmente válido para ensejar uma maior renda mensal do benefício de aposentadoria por invalidez (atual aposentadoria por incapacidade permanente), posto que o segurado se tornou permanentemente incapaz para o exercício de atividades

24. Art. 26. Independe de carência a concessão das seguintes prestações: II – auxílio-doença e aposentadoria por invalidez nos casos de acidente de qualquer natureza ou causa e de doença profissional ou do trabalho, bem como nos casos de segurado que, após filiar-se ao RGPS, for acometido de alguma das doenças e afecções especificadas em lista elaborada pelos Ministérios da Saúde e da Previdência Social, atualizada a cada 3 (três) anos, de acordo com os critérios de estigma, deformação, mutilação, deficiência ou outro fator que lhe confira especificidade e gravidade que mereçam tratamento particularizado; (Redação dada pela Lei nº 13.135, de 2015).

25. Art. 118. O segurado que sofreu acidente do trabalho tem garantida, pelo prazo mínimo de doze meses, a manutenção do seu contrato de trabalho na empresa, após a cessação do auxílio-doença acidentário, independentemente de percepção de auxílio-acidente.

26. Art. 129. Os litígios e medidas cautelares relativos a acidentes do trabalho serão apreciados: II – na via judicial, pela Justiça dos Estados e do Distrito Federal, segundo o rito sumaríssimo, inclusive durante as férias forenses, mediante petição instruída pela prova de efetiva notificação do evento à Previdência Social, através de Comunicação de Acidente do Trabalho–CAT.

laborais no exercício profissional, produzindo riqueza para toda a sociedade, possuindo uma fonte de custeio diferenciada (contribuição SAT).

Aliás, o Poder Judiciário sempre aquiesceu por décadas com essa diferenciação da renda mensal que precedeu à Lei 9.032/95 e foi restabelecida com o advento da EC 103/2019 no que tange à aposentadoria por incapacidade permanente, inexistindo decisão do STF que tenha pronunciado a inconstitucionalidade desse fator de discriminação por violação ao Princípio da Isonomia.

Demais disso, **mesmo antes da EC 103/2019**, essa diferenciação **já era aplicada no RPPS**, pois a regra deste regime é a concessão de aposentadoria por invalidez com proventos proporcionais ao tempo de contribuição, excepcionando apenas os proventos integrais no caso de acidente de trabalho e doenças graves previstas na lei do ente federativo, nos termos do artigo 40, §1º, inciso I[27], da Lei Maior, no texto anterior.

Essa sistemática de dar tratamento diferenciado ao acidente de trabalho no RPPS na renda mensal da aposentadoria por invalidez já foi confirmada pelo STF, ao afirmar que as exceções aos proventos proporcionais são taxativas e confirmando a regra de proporcionalidade dos proventos:

> **RE 656860 / MT – MATO GROSSO**
>
> **RECURSO EXTRAORDINÁRIO**
>
> **Relator(a): Min. TEORI ZAVASCKI**
>
> **Julgamento: 21/08/2014**
>
> **Publicação: 18/09/2014**
>
> **Órgão julgador: Tribunal Pleno**
>
> Repercussão Geral – Mérito
>
> **Publicação**
>
> ACÓRDÃO ELETRÔNICO REPERCUSSÃO GERAL – MÉRITO DJe-181 DIVULG 17-09-2014 PUBLIC 18-09-2014 RTJ VOL-00230-01 PP-00621
>
> **Ementa**
>
> Ementa: CONSTITUCIONAL. ADMINISTRATIVO. SERVIDOR PÚBLICO. APOSENTADORIA POR INVALIDEZ COM PROVENTOS INTEGRAIS. ART. 40, § 1º, I, DA CF. SUBMISSÃO AO DISPOSTO EM LEI ORDINÁRIA. 1. O art. 40, § 1º, I, da Constituição Federal assegura aos servidores públicos abrangidos pelo regime de previdência nele estabelecido o direito a aposentadoria por invalidez com proventos proporcionais ao tempo de contribuição. **O benefício será devido com proventos integrais quando a invalidez for decorrente de acidente em serviço, moléstia profissional** ou doença grave, contagiosa ou incurável, "na

27. I – por invalidez permanente, sendo os proventos proporcionais ao tempo de contribuição, exceto se decorrente de acidente em serviço, moléstia profissional ou doença grave, contagiosa ou incurável, na forma da lei; (Redação dada pela Emenda Constitucional nº 41, 19.12.2003).

> forma da lei". 2. Pertence, portanto, ao domínio normativo ordinário a definição das doenças e moléstias que ensejam aposentadoria por invalidez com proventos integrais, cujo rol, segundo a jurisprudência assentada pelo STF, tem natureza taxativa. 3. Recurso extraordinário a que se dá provimento.
>
> Ademais, nem sempre a aposentadoria por incapacidade permanente não decorrente do acidente de trabalho terá renda mensal inferior à oriunda de acidente de trabalho na sistemática do artigo 26 da EC 103/2019.
>
> A teor do artigo 26 da EC 203/2019, considerando que o valor base será de 60% do salário de benefício, com acréscimo de 2% por ano de contribuição que o homem ultrapassar a 20 anos de contribuição e a mulher ultrapassar a 15 anos de tempo de contribuição, conclui-se que o homem inválido que contar a partir de 41 anos de contribuição e a mulher a partir de 36 anos de tempo de contribuição terão proventos acima de 100% do salário de benefício (*ultra* integrais).
>
> Isto posto, enquanto a aposentadoria por incapacidade permanente decorrente de acidente de trabalho é fixada em 100% do salário de benefício, a não acidentária partir de 60% do salário de benefício, mas não é limitada a 100% do salário de benefício, podendo atingir, v.g., 102% se a mulher possuir 36 anos de tempo de contribuição e se o homem possuir 41 anos de tempo de contribuição.
>
> Por fim, vale registrar que a renda mensal da aposentadoria por incapacidade permanente não poderá ser inferior a um salário mínimo, nos termos do artigo 201, §2º, da Constituição.

Conquanto se trate de benefício não programável, por uma **seleção constitucional**, deve ser prestigiado de modo diferenciado o segurado que possuir um maior período contributivo, não sendo isonômico o benefício ser concedido com a mesma renda mensal entre um segurado com um ano de tempo de contribuição e outro com trinta anos de tempo de contribuição.

Ademais, à luz do **Princípio Constitucional da Separação dos Poderes**, que integra o núcleo intangível da Constituição Federal de 1988, somente deve o Poder Judiciário afastar regras que manifestamente afrontem o texto constitucional, máxime quando editado pelo Poder Constituinte Reformador, o que evidentemente não ocorre com a regra do artigo 26, §2º, inciso III, da EC 103/2019.

Outrossim, a sistemática de manutenção da renda do auxílio por incapacidade temporária em 91% do salário de benefício, podendo em alguns casos concretos ter renda superior à aposentadoria por incapacidade permanente não decorrente do acidente de trabalho, não afronta os Princípios da Proporcionalidade e Razoabilidade, haja vista se tratar de mero **benefício transitório**.

Aliás, **esse sistema já se verificava comumente no RPPS antes da Reforma Constitucional de 2019 em comento**, que já contava com uma regra de proporcionalidade dos proventos da aposentadoria por invalidez mesmo antes da EC 103/2019, sendo comum a concessão de auxílio-doença ou licença de saúde pelos RPPS's correspondentes à integralidade da remuneração do servidor público, a exemplo do servidor federal na Lei 8.112/90[28].

Por sua vez, a vedação ao retrocesso é um princípio inerente aos direitos fundamentais e que deve ser aplicado aos direitos previdenciários em um **viés coletivo** em se tratando de **previdência pública de fundo único**, como é o caso do RGPS, nos termos do artigo 248 da Constituição.

As reformas previdenciárias são fatos político-jurídicos constantes nas nações, a fim de ajustar as regras de previdência à mutação dos fatos sociais, considerando que deve se manter equilibrado o seguinte binômio: proteção previdenciária x custeio.

A aplicação absoluta e radical no viés individual do Princípio da Vedação ao Retrocesso à previdência pública de fundo único impediria qualquer alteração que elevasse a idade da aposentadoria, ampliasse o tempo de contribuição ou o período de carência ou reduzisse a renda mensal de um benefício previdenciário.

Isso engessaria a previdência pública e levaria o Estado à bancarrota, pois é sabido que a expectativa de sobrevida vem aumentando bastante, o que exige ajustes nas regras de concessão dos benefícios e também nas regras tributárias de custeio.

Demais disso, em determinadas situações a aposentadoria por incapacidade permanente no RGPS não decorrente do acidente de trabalho continuará a ter renda integral ou ultra integral, na situação de possuir 40 anos ou mais de contribuição, se homem, ou 35 anos ou mais de contribuição, se mulher.

Outrossim, frise-se que por força do artigo 201, §2º, da Constituição, no RGPS a aposentadoria por incapacidade permanente não poderá ter renda inferior a um salário mínimo, por se tratar de benefício que substitui o salário de contribuição, sendo que a grande maioria das aposentadorias concedidas pelo INSS no RGPS são de um salário mínimo e sequer foram afetadas pela Emenda 103/2019 no critério de renda mensal.

Dessa forma, nota-se que o artigo 26 da Emenda 103/2019 preservou a renda mínima de um salário mínimo da aposentadoria por incapacidade permanente, e que apenas ajustou a renda do benefício considerando o tempo de contribuição do segurado.

Mesmo assim, conforme dito, há situações em que a aposentadoria por incapacidade permanente corresponderá a 100% do salário de benefício, ou até mesmo acima disso.

---

28. Art. 202. Será concedida ao servidor licença para tratamento de saúde, a pedido ou de ofício, com base em perícia médica, **sem prejuízo da remuneração a que fizer jus**.

De certo, o retrocesso que não estaria amparado constitucionalmente seria a extinção do benefício de aposentadoria por incapacidade permanente ou a permissão de renda mensal abaixo de um salário mínimo.

A Emenda 103/2019 **preservou o núcleo protetivo essencial da aposentadoria por incapacidade permanente**, inclusive a garantia de que no RGPS **o benefício não poderá ser inferior a um salário mínimo**, não afrontando o viés coletivo do Princípio da Vedação ao Retrocesso, e sim o realizando, pois deu vinda longa ao atual modelo de previdência pública.

Convém transcrever a doutrina do professor CANOTILHO:

> *"O princípio da proibição de retrocesso social pode formular-se assim: o núcleo essencial dos direitos sociais já realizado e efectivado através de medidas legislativas (...) deve considerar-se constitucionalmente garantido, sendo inconstitucionais quaisquer medidas estaduais que, sem a criação de outros esquemas alternativos ou compensatórios, se traduzam, na prática, numa anulação, revogação ou aniquilação pura e simples desse núcleo essencial."* (CANOTILHO, J. J. Gomes. Direito Constitucional e Teoria da Constituição. Coimbra: Almedina, 7ª ed., 2ª reimpressão, p. 339-340).

Veja-se passagem de voto do Ministro FUX na ADC 42:

> *"Entender como vedação ao retrocesso qualquer tipo de reforma legislativa ou administrativa que possa causar decréscimo na satisfação de um dado valor constitucional seria ignorar um elemento básico da realidade: a escassez. Rememore-se que, frequentemente, legisladores e administradores somente poderão implementar avanços na concretização de determinados objetivos constitucionais por meio de medidas que causam efeitos negativos em outros objetivos igualmente caros ao constituinte. O engessamento das possibilidades de escolhas na formulação de políticas públicas, a impedir a redistribuição de recursos disponíveis entre as diversas finalidades carentes de satisfação na sociedade, em nome de uma suposta "vedação ao retrocesso" sem base no texto constitucional, viola o núcleo básico do princípio democrático e transfere indevidamente ao Judiciário funções inerentes aos Poderes Legislativo e Executivo. Não fosse o suficiente, ainda afasta arranjos mais eficientes para o desenvolvimento sustentável do país como um todo".*

De efeito, ainda de acordo com o STF *"o princípio da vedação ao retrocesso social não pode impedir o dinamismo da atividade legiferante do Estado, mormente quando não se está diante de alterações prejudiciais ao núcleo fundamental das garantias sociais"* (ADI 4.350, Relator Ministro Luiz Fux, Tribunal Pleno, DJe 3.12.2014).

O verdadeiro retrocesso seria a insolvência do RGPS, que é deficitário e que conta anualmente com a complementação da União, na situação extrema da crescente dívida previdenciária ao ponto de que o ente central não dispusesse de recursos financeiros para honrar com a complementação, o que infelizmente vem ocorrendo em alguns RPPS's estaduais há anos.

O **real retrocesso**, que por certo não ocorrerá justamente em razão dos ajustes previdenciários constitucionais perpetrados pela Emenda 103/2019, **é a União não possuir recursos anuais para honrar a totalidade do pagamento dos benefícios no âmbito do RGPS**, gerando um caos social e um verdadeiro e inconstitucional desamparo social.

De acordo com o **Princípio da Seletividade**, que ensejou a regra que consta do artigo 194, parágrafo único, inciso III, da Constituição, cabe unicamente ao legislador selecionar os riscos sociais que ensejarão a concessão dos benefícios e dos serviços da seguridade social.

Dessa forma, não cabe ao Poder Judiciário legislar e indicar a renda da aposentadoria por incapacidade permanente, sendo essa missão constitucional do Poder Legislativo, máxime quando se trata de regra editada pelo poder constituinte constituído no artigo 26 da EC 103/2019.

Nos termos do *caput* do artigo 201, da Constituição, *a previdência social deve observar critérios que preservem o seu equilíbrio financeiro e atuarial*, a fim de assegurar a incolumidade das contas previdenciárias para as presentes e futuras gerações.

É certo que é preciso haver um equilíbrio entre as receitas que ingressam no fundo previdenciário e as despesas com o pagamento dos benefícios, a fim de equilibrar o binômio proteção social x custeio.

Não é justo onerar excessivamente as futuras gerações com o pagamento de benefícios em valores insustentáveis, o que afronta o Princípio do Pacto Intergeracional.

E foi justamente o desequilíbrio financeiro e atuarial que assola o RGPS que ensejou a edição da Emenda 103/2019, que trouxe regras mais rígidas e justificáveis para a concessão de aposentadorias e pensões por morte no âmbito da previdência pública brasileira.

Inúmeras mudanças sociais ainda ameaçam o equilíbrio financeiro e atuarial do RGPS, conforme narrado na exposição de motivos da PEC 6:

> *"Transição demográfica e previdência*
>
> *24. Desafios contemporâneos internacionais. A caracterização do processo de transição demográfica de envelhecimento populacional não é particularidade do Brasil: a maioria dos Países do mundo está vivenciando transformações demográficas importantes, principalmente relacionadas ao processo de paulatino envelhecimento de suas populações, fenômeno que exige maior atenção às políticas públicas no âmbito do Estado de Bem-Estar Social, como saúde, assistência e previdência. Diante do crescimento absoluto no número de idosos, e esses atingindo idades cada vez mais avançadas, é esperado o aumento da demanda por cuidados de saúde e por benefícios*

previdenciários que permitam a manutenção do nível de renda em meio à perda da capacidade laborativa. Logo, tal situação impõe importantes desafios para o futuro.

25. Mudanças na sociedade. Vivenciamos tipos simultâneos de transição: demográfica, caracterizada por baixas taxas de mortalidade, diminuição da fecundidade e esperança de vida mais longa, resultando no processo acelerado de envelhecimento populacional; e socioeconômica (caraterizada pelas mudanças nas relações de mercado de trabalho, novos arranjos familiares, mudança de valores, melhora da inserção da mulher no mundo laboral e revolução tecnológica com substituição de postos de trabalho que exigem menor qualificação ou maior esforço físico por novas tecnologias como, por exemplo, a mecanização na agricultura).

26. Transição demográfica. O Brasil está passando por uma rápida transição demográfica e por grandes transformações no mercado de trabalho. As pessoas estão vivendo cada vez mais: a expectativa de vida ao nascer passou de 45 anos em 1940, para 76 anos hoje. De acordo com o IBGE, chegará a 80 anos em 2042. No entanto a idade de aposentadoria do brasileiro continua a mesma desde a era Vargas, em 1940.

27. Crescimento do total de idosos. A decomposição das projeções de evolução da população por grupos etários até 2060 revela um forte crescimento do total de idosos com 65 anos ou mais, o qual parte de cerca de 19,2 milhões, em 2018, e deve atingir a marca de cerca de 58,2 milhões em 2060, ou seja, praticamente se multiplica por 3 (conforme projeção da população do IBGE). No caso das pessoas com 80 anos ou mais, esse total deve crescer de 4,1 para 19,1 milhões entre 2018 e 2060, ou seja, praticamente será multiplicado por 5. Neste mesmo período, a população de 90 anos ou mais será multiplicada por 7 (de 0,7 para 5,1 milhões).

28. Envelhecimento populacional. Embora se destaque o crescimento do total de idosos em termos absolutos, a análise da composição da população é determinante. A participação dos idosos no total da população em idade ativa (razão de dependência dos idosos) aumentará de cerca de 10,8% em 2010 para 42,6% em 2060. A velocidade acelerada do envelhecimento populacional reflete-se também na comparação entre as taxas de crescimento dos grupos etários. Entre 2018 e 2060, a população total e o grupo de 15 a 64 anos verificará variação média anual de 0,2% a.a. e -0,1% a.a., respectivamente, enquanto que os idosos de 65 e 80 anos ou mais vivenciarão incremento médio anual estimado, respectivamente, da ordem de 2,7% a.a. e 3,7% a.a .. A população de 90 anos ou mais crescerá, entre 2018 e 2060, ao ritmo médio anual de 4,7% a.a .. Sumariamente, hoje um a cada 10 brasileiros é idoso com 65 anos ou mais e, em 2060, será um a cada 4 brasileiros. As pessoas de 60 anos ou mais serão cerca de um 1/3 da população brasileira em 2060.

29. Fim do "bônus demográfico". Em relação à evolução da participação de crianças, adolescentes e idosos na população total, observou-se uma redução até 2017, período denominado de "bônus demográfico", significando o crescimento relativo da população em idade ativa em comparação aos grupos dependentes. Dito de outra forma, segundo a projeção demográfica do IBGE, o ápice da participação das pessoas de 15 a 64 anos na população total teria ocorrido em 2017 (69,5%), passando a cair continuamente até 2060 (59,8%). Portanto, com o fim do "bônus demográfico", segue-se trajetória contínua de aumento da razão de dependência total nas próximas décadas, que deve gerar forte pressão nas despesas da Seguridade Social.

30. Redução da taxa de fecundidade. A queda na taxa de fecundidade (números de filhos por mulher fértil) ao longo do tempo é um dos fenômenos demográficos que vem ocorrendo de forma acelerada no País. Em 1960, era cerca de 6 filhos por mulher, reduzindo-se para menos de 1,8 atualmente e esperado que atinja um patamar de cerca de 1,66 filhos por mulher em 2060.

31. Aumento da expectativa (esperança) de vida ao nascer. Segundo o IBGE, a expectativa de vida ao nascer de um brasileiro atingiu, em 2017, 76 anos (72,5 anos para os homens e 79,6 anos para as mulheres) e deve alcançar, em 2060, cerca de 81,0 anos (77,9 anos para os homens e 84,2 anos para as mulheres). Por ser avaliado no momento do nascimento, comparações deste indicador são influenciadas, em larga medida, por diferentes incidências de mortalidade infantil e de mortes na juventude por causas violentas, problemas que precisam ser combatidos por políticas públicas, mas dissociados da temática previdenciária.

32. Importância do conceito de expectativa de sobrevida. O indicador demográfico com repercussão direta em termos previdenciários é a expectativa de sobrevida em idades avançadas, uma vez que tal conceito reflete em certo grau a expectativa de duração média para pagamento de benefícios previdenciários permanentes (aposentadorias e pensões). Atualmente, a expectativa de sobrevida aos 65 anos é de 18, 7 anos, logo, uma pessoa nessa idade deve viver, em média, até os 83, 7 anos. Diferentemente do que ocorre com o indicador de expectativa de vida ao nascer, a variação dos valores do indicador de expectativa de sobrevida em idades avançadas entre as Unidades da Federação é bastante reduzida. Em relação à idade média que atingirão os idosos com 65 anos, o menor valor (81 anos) encontra-se em Rondônia e o maior (85 anos) no Espírito Santo. Quando agregamos por região as diferenças são ainda menores: 84,5 anos no Sul e Sudeste, 83,3 no Centro-Oeste, 82,9 no Nordeste e 82,2 no Norte.

33. Aumento da expectativa de sobrevida em idades avançadas. O crescimento da expectativa de sobrevida aos 65 anos cresceu de cerca de 10,6 anos em 1940, para 18,7 anos em 2017, e deve aumentar nas próximas décadas até cerca de 21,2 anos em 2060. A expectativa de vida dos homens com 65 anos cresceu de 9,3 para 16,9 anos entre 1940 e 2017. A das mulheres saltou de 11,5 para 20,1 anos. Portanto, para um homem e uma mulher que cheguem aos 65 anos de idade, é esperado que eles vivam até os 81,9 e 85,1 anos, respectivamente.

34. Aposentadorias precoces e expectativa de sobrevida. No âmbito do RGPS, existe a possibilidade de a pessoa se aposentar por tempo de contribuição, sem a exigência de uma idade mínima, o que acarreta a concessão de aposentadorias com idades médias de 55,6 anos e 52,8 para o homens e mulheres, respectivamente. Nessas faixas etárias, a expectativa de sobrevida é de 24,2 anos e 30,9 anos para homens e mulheres, o que implica elevadas durações médias de aposentadorias. No caso das mulheres, a duração esperada é maior que o tempo de contribuição exigido (30 anos). É importante destacar que os trabalhadores urbanos mais pobres não conseguem contribuir tempo suficiente para se aposentar nessa modalidade, se aposentando por idade, em média: homens aos 65,5 (mínimo de 65 anos) e mulheres aos 61,5 anos (mínimo de 60 anos). Enquanto na aposentadoria por tempo de contribuição o valor médio do benefício está R$ 2.231, na aposentadoria por idade urbana está em R$ 1.252.

35. Redução da participação relativa do grupo etário em idade ativa. A análise do grupo etário de 15 a 64 anos (idade ativa) é fundamental por esses abarcarem praticamente a totalidade dos contribuintes para a previdência social. Desde 2018, o crescimento desse grupo etário passa a ser inferior ao ritmo de incremento da população total. Em 2060, o total de pessoas em idade ativa deve ser de aproximadamente 136 milhões de pessoas, sendo, assim, menor do que o contingente atual, com queda esperada a partir de 2038. Portanto, o componente demográfico atuará fortemente no sentido de redução do total de contribuintes para o sistema previdenciário brasileiro, um enorme desafio para garantia da sua sustentabilidade, considerando tratar-se de regime de repartição simples, pelo qual os recursos utilizados para pagar os atuais benefícios são arrecadados dos trabalhadores da ativa.

36. Deterioração da relação entre contribuintes e beneficiários. Atualmente, a relação estimada é de dois contribuintes para cada beneficiário de aposentadoria e pensão por morte. Projeções dessa relação para futuro apontam para uma redução dessa relação para 1 por volta da década de 2040 e, a partir da década de 2050, para abaixo de 1, ou seja, deverão existir mais beneficiários do que contribuintes para a previdência. Mesmo que se reduza muito a informalidade, ainda teremos uma relação bem mais desfavorável que a atual".

Vale registrar que as despesas com o RGPS representavam **4,6% do PIB em 1995** para **8,6% do PIB em 2018**, conforme dado registrado na exposição de motivos da PEC 6.

Conforme dados oficiais do Governo federal divulgados em janeiro de 2021, o RGPS teve um déficit de **227,3 bilhões de Reais em 2019** e de **269,8 bilhões de Reais em 2020**, de modo que mesmo após a reforma implementada pela Emenda 103/2019 vem aumentando acima da inflação oficial o complemento anual aportado pela União no Fundo do RGPS.

Desse modo, as novas regras da Emenda 103/2019 objetivam preservar o atual modelo de previdência pública de fundo único, patrimônio do povo brasileiro, garantindo o seu núcleo intangível com uma reforma que se fez necessária.

A Emenda 103/2019 veio na verdade realizar o Princípio do Equilíbrio Financeiro e Atuarial e da Seletividade, e do ponto de vista coletivo não afronta o Princípio da Vedação do Retrocesso (o realiza), pois objetiva preservar o modelo de previdência pública e garantir que a União tenha recursos para honrar as crescentes despesas no Regime Geral de Previdência Social.

O núcleo do benefício de aposentadoria por incapacidade permanente no RGPS foi conservado pelo artigo 26 da Emenda 103/2019, com a garantia de renda não inferior a um salário mínimo (art. 201, §2º, da CRFB), existindo ainda situações em que o valor do benefício será integral ou até mesmo acima de 100% salário de benefício.

Deste modo, o atual modelo da aposentadoria por incapacidade permanente inaugurado pela Emenda 103/2019 não é inconstitucional, embora deva se reconhecer a sua dureza como forma de crítica ao Poder Constituinte Constituído.

Para **fatos geradores até 13/11/2019**, a renda da aposentadoria por incapacidade permanente deverá ser de 100% do salário de benefício, correspondendo este à média aritmética simples dos 80% maiores salários de contribuição a contar de julho de 1994.

De outro giro, quando a incapacidade permanente *omni* profissional for fixada a contar de 14/11/2019, a renda da aposentadoria por incapacidade permanente deve ser calculada com lastro no artigo 26 da EC 103/2019.

Deve ser observada a norma em vigor no dia do fato gerador do benefício, não importando para este fim a norma em vigor no dia do requerimento administrativo.

Também nesse sentido o **Enunciado 213 do FONAJEF**:

> *"O cálculo dos benefícios por incapacidade deve observar os critérios da legislação anterior à entrada em vigor da EC 103/19, quando a data de início da incapacidade a preceder, mesmo que a DER seja posterior".*

O fato gerador da aposentadoria por incapacidade permanente (incapacidade total e permanente para o labor sem possibilidade de reabilitação) é distinto da hipótese de concessão do auxílio-doença/auxílio por incapacidade temporária (incapacidade temporária para o labor habitual por mais de 15 dias consecutivos OU incapacidade permanente com possibilidade de reabilitação profissional).

Dessa forma, mesmo com a mesma DII, na hipótese de conversão de auxílio-doença em aposentadoria por incapacidade permanente em decorrência do agravamento da doença ou lesão, **é necessário estimar a data em que a incapacidade se tornou total e permanente sem a possibilidade de uma reabilitação profissional para a fixação da data do direito à aposentadoria incapacidade permanente a fim de identificar a lei aplicável ao benefício**, que não será necessariamente a mesma legislação do auxílio-doença.

Nesta hipótese, se o fato gerador do auxílio-doença for até 13/11/2019, mas o fato gerador da aposentadoria por incapacidade permanente fruto de conversão for a contar de 14/11/2019, a renda mensal da aposentadoria por incapacidade permanente deverá observar o novo regramento do artigo 26 da EC 103/2019, tanto em relação ao cálculo do salário de benefício (média de 100% a partir de 7/1994) quanto ao coeficiente, em que pese o direito ao auxílio-doença ter se formado na vigência da legislação anterior.

No entanto, de acordo com tutela provisória **nacional** proferida na **Ação Civil Pública nº 5020466-70.2023.4.02.5001 ES**, na situação de DIB do auxílio por incapacidade temporária anterior à EC 103/2019, com fato gerador da aposentadoria por incapacidade permanente após 13.11.2019, **o INSS não poderá realizar qualquer tipo de cobrança em razão da transformação do benefício de auxílio por incapacidade temporária em aposentadoria por incapacidade permanente.**

Nesse sentido, foi publicada em 04/10/2023 a **PORTARIA CONJUNTA DIRBEN/PFE/INSS Nº 87, DE 2 DE OUTUBRO DE 2023:**

> *"Art. 1º Dispor sobre o cumprimento da decisão judicial proferida na Ação Civil Pública-ACP nº 5020446-70.2023.4.02.5001 ES, que determinou ao INSS não realizar qualquer tipo de cobrança em razão da transformação do benefício de auxílio por incapacidade temporária em aposentadoria por incapacidade permanente.*
>
> *Parágrafo único: A determinação judicial a que se refere o caput:*
>
> *I - produz efeitos para aposentadoria por incapacidade permanente com Data do Início de Benefício - DIB a partir de 14/11/2019, precedido de auxílio por incapacidade temporária com Data do Início da Incapacidade - DII fixada até 13/11/2019, em razão da modificação no método de cálculo previsto na Emenda Constitucional nº 103/2019;*
>
> *II - abrange os benefícios por incapacidade que estejam ativos, cessados ou suspensos, bem como os novos que sejam concedidos a partir da publicação desta Portaria; e*
>
> *III - aplica-se em todo o território nacional.*
>
> *Art. 2º Para os casos previstos na decisão judicial, quando o valor do cálculo da aposentadoria por incapacidade permanente for inferior ao anteriormente recebido no auxílio por incapacidade temporária, a diferença de valor gerado entre o início da aposentadoria e sua concessão em que o titular permaneceu recebendo o auxílio, não será objeto de cobrança, de forma consignada ou não, a título de recomposição ao erário e/ou outro similar.*
>
> *§1º A diferença de que trata o caput não será consignada nas rendas futuras do beneficiário.*
>
> *§2º Ficam suspensas as consignações já existentes que foram efetuadas em razão da transformação dos benefícios de auxílio por incapacidade temporária em aposentadoria por incapacidade permanente que tem por base o cálculo previsto na Emenda Constitucional nº 103/2019.*
>
> *§3º As ações efetuadas em razão do cumprimento desta decisão serão realizadas automaticamente pelo sistema.*
>
> *Art. 3º Será disciplinada em ato próprio, em momento oportuno, a parte da decisão judicial da referida ACP que trata da revisão da RMI das aposentadorias por incapacidade permanente que tenham sido reduzidas após sua conversão com base na regra de cálculo prevista na Emenda Constitucional nº 103/2019".*

No entanto, a **Presidência do TRF da 2ª Região suspendeu parcialmente a tutela provisória até a coisa julgada, no ponto em que havia determinação da revisão de renda das aposentadorias por incapacidade permanente:**

"SUSPENSÃO DE LIMINAR E DE SENTENÇA (PRESIDÊNCIA) Nº 5017532-98.2023.4.02.0000/ES REQUERENTE: INSTITUTO NACIONAL DO SEGURO SOCIAL - INSS REQUERIDO: DEFENSORIA PÚBLICA DA UNIÃO – DPU

...

Assiste-lhe razão. In casu, verifico que, em sede provisional, nos autos da ação civil pública, foram concedidas medidas que impõem ao Órgão requerente, nacionalmente, obrigações de imediato cumprimento, demandando uma inequívoca antecipação de despesas e remanejamento de servidores, podendo causar prejuízos àqueles que ainda aguardam o primeiro exame e o possível provimento de um benefício previdenciário. Como bem ressaltou o representante do Parquet "O INSS hoje é um Órgão do Governo Federal, a ostentar, de um lado, a exiguidade de servidores e, de outro, a provocação crescente, desproporcional mesmo, dos seus serviços, por uma população que, pela pobreza ou pela velhice, tem na Previdência a panaceia das suas mazelas". Determinar "a revisão da RMI de qualquer benefício de aposentadoria por incapacidade permanente que tenha sido reduzido após a aludida conversão/transformação com base na regra de cálculo prevista na EC 103/19, cuja data do início da incapacidade (DII), seja do benefício de auxílio-doença originário, seja do benefício de aposentadoria por incapacidade permanente, tenha ocorrido anteriormente à vigência da Emenda Constitucional nº 103/2019, de forma a restabelecer o status quo dos valores do benefício por incapacidade, com base na regra de cálculo anterior à vigência da Emenda Constitucional nº 103/2019", sem observar as consequências práticas da decisão, notadamente do aspecto financeiro e operacional, nos parece destoar do disposto no artigo 20 da Lei de Introdução às Normas do Direito Brasileiro, que assim preceitua.

...

10. Ex positis, defiro o pedido de suspensão dos efeitos da decisão proferida nos autos da ação civil pública, até o trânsito em julgado".

A questão foi afetada no STF no tema 1.300 em repercussão geral no âmbito do RGPS com recurso extraordinário movido pelo INSS. A sentença, confirmada na Turma Recursal, pronunciou que a lei aplicável à aposentadoria por invalidez é a em vigor na DII, e não na data da invalidez:

"Nessa ordem de ideias, o intérprete do direito previdenciário deve promover um constante balançar de olhos entre o diagnóstico e o prognóstico, ciente de que as projeções nem sempre se confirmam. A alternância de conclusões médicas no curso do tempo é natural, à luz da evolução do quadro clínico. ***O simples fato de a incapacidade ser "declarada" permanente após a EC 103 não significa que tenha surgido um novo infortúnio social, um novo fato gerador do benefício, a sujeitar o segurado ao novo regime jurídico.*** *O infortúnio pode ser exatamente o mesmo, alterando-se apenas o entendimento sobre a possibilidade ou não de recuperação.* ***O que se afigura equivocada, data vênia, é a postura adotada pelo INSS. Basicamente, a autarquia tem entendido que, se o segurado começou a gozar auxílio-doença antes da EC 103/2019, mas a incapacidade só foi declarada permanente após a***

> ***Emenda, serão aplicadas as novas regras novas. Raciocínio impróprio, conforme demonstrado."***

Lamentavelmente, o STF confundiu toda a situação jurídica, afetando um tema dissociado do caso concreto:

> **Tema 1300 - Pagamento de aposentadoria por incapacidade permanente decorrente de doença grave, contagiosa ou incurável de forma integral, sem a incidência do art. 26, § 2º, III, da EC nº 103/2019.**
>
> Há Repercussão?
>
> **Sim**
>
> **Relator(a):**
>
> MIN. LUÍS ROBERTO BARROSO
>
> Leading Case:
>
> RE 1469150
>
> Descrição:
>
> Recurso extraordinário em que se discute, à luz do artigo 5º da Constituição Federal e do art. 26, § 2º, III, da EC nº 103/2019, a incidência da forma de cálculo prevista no art. 26, § 2º, III, da EC 103/2019 para o pagamento de benefícios previdenciários de aposentadoria por incapacidade permanente decorrente de doença grave, contagiosa ou incurável, quando requerido após a edição da Emenda Constitucional

A situação concreta versa sobre a lei aplicável à aposentadoria por incapacidade permanente no RGPS para definir a legislação de renda mensal aplicável, se a lei em vigor na DII do auxílio por incapacidade temporária OU a lei em vigor na data apontada da incapacidade laboral permanente.

Por outro lado, o STF misturou RGPS com RPPS, pois doenças graves, contagiosas ou incuráveis não definem a renda do citado benefício no RGPS, quer antes ou depois da EC 103/2019, de modo que **a questão afetada precisará ser totalmente corrigida.**

Há previsão de concessão da aposentadoria por incapacidade permanente a **todas as classes de segurados** do RGPS, uma vez realizados os requisitos legais.

6. AUXÍLIO-ACOMPANHANTE DE 25%

O valor da aposentadoria por incapacidade permanente do segurado que necessitar da assistência permanente de outra pessoa será acrescido de 25% (auxílio-acompanhante), se assim comprovado em perícia médica do INSS.

Vale lembrar que esse acréscimo poderá extrapolar o teto de pagamento dos benefícios do RGPS, sendo um valor fixo recalculado juntamente com o reajuste da aposentadoria por incapacidade permanente, tendo índole personalíssima, vez que o seu valor não será incorporado na pensão por morte eventualmente instituída pelo aposentado.

A justificativa da criação legal desde acréscimo é que o aposentado por incapacidade permanente terá maiores custos, pois precisará contratar alguém para assisti-lo, ou algum familiar deixará de trabalhar para fazê-lo.

Esse acréscimo deverá ser pago desde a data de início do benefício, caso o aposentado por incapacidade permanente já necessitasse do auxílio permanente de outra pessoa naquele momento **ou, sendo superveniente, a partir da data de entrada do requerimento administrativo,** não gerando efeitos financeiros antes da provocação administrativa.

Aliás, esse foi o entendimento adotado pelo STJ, conforme noticiado no Informativo 483:

> "APOSENTADORIA. INVALIDEZ. ACRÉSCIMO. 25%. TERMO INICIAL.
>
> O recorrente pleiteia, à luz do art. 45 da Lei n. 8.213/1991, a retroação dos efeitos da decisão que lhe conferiu o direito ao acréscimo de 25% sobre o benefício de aposentadoria por invalidez, em virtude de sua necessidade de assistência permanente, à data do agravamento de sua incapacitação, decorrente de um derrame cerebral. É que tanto o juízo de primeiro grau quanto o tribunal *a quo* entenderam que ocorreu o devido preenchimento dos requisitos necessários à concessão do benefício ao segurado, destoando os julgados apenas no que se refere ao *dies a quo* do pagamento. O primeiro admitiu a retroação **e o segundo posicionou-se de modo diverso, no sentido de que a concessão do acréscimo legal depende da provocação ao INSS mediante requerimento administrativo**. Diante disso, a Turma assentiu com o último entendimento. É que, de acordo com o art. 42, § 1º, da lei já mencionada, a concessão da aposentadoria por invalidez depende da verificação da condição de incapacidade do segurado mediante exame médico-pericial a cargo da Previdência Social. **A jurisprudência do STJ é pacífica no sentido de que, quanto ao *dies a quo* da aposentadoria por invalidez, os efeitos financeiros do reconhecimento da moléstia devem retroagir à data do requerimento administrativo. Do mesmo modo, a percepção do acréscimo previsto no art. 45 da lei supradita pressupõe a demonstração da necessidade de assistência permanente, aferível somente com a postulação administrativa do próprio interessado e o consequente exame médico-pericial do INSS.** Com essas, entre outras considerações, a Turma negou provimento ao recurso. Precedentes citados: AgRg no Ag 1.107.008-MG, DJe 15/3/2010; REsp 475.388-ES, DJ 7/4/2003, e REsp 1.104.004-RS, DJe 1º/2/2010. REsp 897.824-RS, Rel. Min. Sebastião Reis Júnior, julgado em 20/9/2011".

Sobre o tema, apresenta-se o enunciado 201 FONAJEF aprovado em 2018:

Enunciado nº 201

Na hipótese de aposentadoria por invalidez, é possível a concessão de ofício do adicional de 25%, no caso de necessidade de assistência permanente de terceiro.

No âmbito do processo administrativo previdenciário, esse acréscimo deverá ser pago desde a data de início do benefício, caso o aposentado por incapacidade permanente já necessitasse do auxílio permanente de outra pessoa naquele momento, ou, sendo superveniente a "grande incapacidade permanente", a partir da data de entrada do requerimento administrativo específico para o auxílio acompanhante, não gerando efeitos financeiros antes da provocação administrativa.

De efeito, o auxílio-acompanhante é um *plus* à aposentadoria por incapacidade permanente na situação em que o segurado necessite permanentemente de um cuidador, conforme indicado pela perícia médica previdenciária, sendo justificado pelo ônus financeiro que recairá sobre o aposentado.

Assim, quando a "grande incapacidade permanente" já se fizer presente desde a DER da aposentadoria, o benefício já deve ser concedido com o acréscimo decorrente do auxílio-acompanhante, sendo um pedido administrativo implícito.

Ao revés, há situações de progressão da incapacidade permanente decorrente da mesma causa ou de origem diversa, em que não havia a "grande incapacidade permanente" na DER da aposentadoria.

Nesta situação de fato gerador superveniente do auxílio acompanhante, é curial que o segurado requeira ao INSS o acréscimo de 25% no INSS, pois a autarquia ainda não tinha ciência da concretização do fato gerador do *plus*.

Suponha-se que um segurado tenha se aposentado por invalidez em razão de problemas severos e irreversíveis na coluna cervical, mas que não o impedia na DIB do benefício de realizar individualmente as atividades cotidianas, tais como banho, alimentação e movimentação em casa.

Dois anos após a concessão da aposentadoria, os problemas se agravaram de modo que o segurado perdeu a sua mobilidade, passando a necessitar de modo permanente do auxílio de terceiros.

Nesta situação, por se tratar de fato superveniente, é necessário que haja o expresso requerimento administrativo do auxílio acompanhante, posto que se trata de nova situação fática que inexistia na DER originária para dar ciência à autarquia.

Inclusive, esse agendamento específico do acréscimo de 25% é disponibilizado no site do INSS (https://www.inss.gov.br/servicos-do-inss/solicitar-25-de-acrescimo-na-aposentadoria-por-invalidez/):

"Solicitar 25% de acréscimo na aposentadoria por invalidez

publicado 10 de julho de 2019 00:38, última modificação 23 de setembro de 2019 09:05

Serviço que permite ao aposentado por invalidez solicitar aumento de 25% no valor do benefício recebido.

Esse acréscimo é válido apenas para o aposentado por invalidez que se encontre dependente de terceiros para realizar as atividades da vida diária.

O atendimento deste serviço será realizado à distância, não sendo necessário o comparecimento presencial nas unidades do INSS, a não ser quando requisitado para eventual comprovação ou realização de perícia médica".

Desta forma, no âmbito do processo administrativo previdenciário, duas são as possibilidades de fixação do termo inicial do acréscimo de 25% sobre a aposentadoria por invalidez:

a) Na DER da aposentadoria, se a perícia médica indicar que nesta data já havia a necessidade da assistência permanente de terceiro;

b) Na DER autônoma do pedido de auxílio acompanhante, na hipótese de a perícia médica indicar que a necessidade da assistência permanente de terceiro é superveniente à DER da aposentadoria e anterior à DER do auxílio acompanhante.

Sobre o termo inicial do auxílio-acompanhante, em 21/06/2021 a TNU firmou tese no **Tema 275** representativo de controvérsia:

Tema	**275**	Situação do tema	Julgado	Ramo do direito	DIREITO PREVIDENCIÁRIO
Questão submetida a julgamento	Qual deve ser o termo inicial do adicional de 25% sobre a aposentadoria por invalidez, concedido judicialmente.				
Tese firmada	O termo inicial do adicional de 25% do art. 45 da Lei 8.213/91, concedido judicialmente, deve ser: **I.** a data de início da aposentadoria por invalidez (aposentadoria por incapacidade permanente), independentemente de requerimento específico, se nesta data já estiver presente a necessidade da assistência permanente de outra pessoa; **II.** a data do primeiro exame médico de revisão da aposentadoria por invalidez no âmbito administrativo, na forma do art. 101 da Lei 8.213/91, independentemente de requerimento específico, no qual o INSS tenha negado ou deixado de reconhecer o direito ao adicional, se nesta data já estiver presente a necessidade da assistência permanente de outra pessoa; **III.** a data do requerimento administrativo específico do adicional, se nesta data já estiver presente a necessidade da assistência permanente de outra pessoa; **IV.** a data da citação, na ausência de qualquer dos termos iniciais anteriores, se nesta data já estiver presente a necessidade da assistência permanente de outra pessoa; **V.** a data da realização da perícia judicial, se não houver elementos probatórios que permitam identificar fundamentadamente a data de início da necessidade da assistência permanente de outra pessoa em momento anterior.				

Processo	Decisão de afetação	Relator (a)	Julgado em	Acórdão publicado em	Trânsito em julgado
PEDILEF 5002674-54.2019.4.04.7208/SC	21/08/2020	Juiz Federal Luis Eduardo Bianchi Cerqueira	21/06/2021	21/06/2021	-

Tecnicamente irretocáveis os itens I, II e III da tese. A DIB do auxílio-acompanhante deve coincidir com a DIB da aposentadoria por incapacidade permanente, se nesta data já presente a necessidade permanente de um cuidador.

Quando o fato é superveniente, a DIB deve ser a data do requerimento específico dos 25% ou na data da perícia de revisão, se houver, pois deve o INSS conceder o acréscimo por ser um *plus*.

Já os itens IV e V parecem afrontar o Tema 350 em Repercussão Geral do STF, pois há fato novo não levado ao crivo do INSS, faltando ao segurado interesse-necessidade de agir.

Suponha-se que um segurado foi aposentado por invalidez em 2015 por um problema lombar grave, mas que permitia o desenvolvimento das atividades cotidianas de modo independente.

Em 2020, em razão de um outro fato gerador, um AVC extenso, surgiu a necessidade permanente de cuidador. Considere que não foi feito pedido específico ao INSS do citado acréscimo e nem perícia administrativa de revisão, tendo havido ajuizamento direto de ação contra o INSS sem a dedução do pedido administrativamente.

Nesta situação, a TNU prevê a concessão judicial desde a citação ou da data do exame pericial, considerando que o processo já está instruído para aproveitá-lo.

No entanto, como se trata de fato novo não submetido ao crivo do INSS, creio que o Tema 350 do STF determine a extinção do processo sem a análise do mérito, pois esse posicionamento impulsiona a desnecessária judicialização.

De sua vez, a Autarquia de Previdência interpôs Recurso Extraordinário contra a decisão, que pende de julgamento.

Feito o estudo do termo inicial do auxílio acompanhante do âmbito administrativo, iremos adentrar ao tema no âmbito do processo judicial previdenciário. De início, é possível abordar o tema em duas situações típicas judiciais, sem prejuízo de outras mais peculiares:

A) O segurado ingressou com a ação judicial somente postulando a concessão do auxílio acompanhante, possuindo a concessão administrativa da aposentadoria por incapacidade permanente;

B) O segurado ingressou com a ação judicial postulando a concessão/restabelecimento da aposentadoria por incapacidade permanente acompanhada do auxílio acompanhante.

De efeito, na situação de fato gerador superveniente do auxílio acompanhante à DIB da aposentadoria por incapacidade permanente, é curial que o segurado requeira ao INSS o acréscimo de 25% no INSS, sendo este o termo inicial do acréscimo de 25%.

Sobre o tema identificamos o seguinte posicionamento do STJ:

> **Processo**
> REsp 897824 / RS
> RECURSO ESPECIAL
> 2006/0237183-6
> **Relator(a)**
> Ministro SEBASTIÃO REIS JÚNIOR (1148)
> **Órgão Julgador**
> T6 – SEXTA TURMA
> **Data do Julgamento**
> 20/09/2011
> **Data da Publicação/Fonte**
> DJe 14/11/2011
> RSTJ vol. 230 p. 1022
> **Ementa**
> PREVIDENCIÁRIO. APOSENTADORIA POR INVALIDEZ. **ADICIONAL DE 25%. REQUERIMENTO ADMINISTRATIVO. APLICAÇÃO RETROATIVA. DATA DO AGRAVAMENTO DA CONDIÇÃO DO SEGURADO. IMPOSSIBILIDADE.**
>
> 1. Pretensão do autor para seja reconhecida a retroação dos efeitos da decisão que lhe conferiu o direito ao acréscimo de 25%, em virtude da necessidade de assistência permanente, à data do agravamento da incapacitação, decorrente, in casu, de um derrame cerebral.
>
> 2. A regra geral firmada para a concessão da aposentadoria por invalidez deve prevalecer, também, no que toca ao acréscimo previsto no art. 45 da Lei de Benefícios. **À evidência, a percepção do benefício pressupõe a demonstração da necessidade de assistência permanente, aferível, tão somente, com a postulação administrativa e o consequente exame médico-pericial.** Precedente da Quinta Turma.
>
> 3. Recurso especial improvido.

Logo, neste caso, a DIB do auxílio-acompanhante não será o dia em que o segurado passou a necessitar da assistência permanente de terceira pessoa, e sim a data do requerimento do *plus*.

Ainda nesta perspectiva de o fato gerador superveniente do auxílio acompanhante à DIB da aposentadoria por incapacidade permanente, acaso o segurado ingresse com ação judicial sem o prévio requerimento administrativo, esta deverá ser extinta o sem julgamento do mérito por ausência do prévio requerimento administrativo, conforme firmado pelo STF no julgamento RE 631.240-MG (Tema 350/STF).

Note-se que a decisão do STJ *suso* transcrita é de 20/09/2011, sendo anterior ao julgamento do tema 350/STF, não examinando a questão do prévio requerimento administrativo como condição da ação.

O caso versava sobre um segurado vítima de AVC que já estava aposentado por invalidez quando ocorreu a "grande invalidez", conforme narrado pelo Ministro Relator Sebastião Reis Jr:

> "Pretende o autor seja reconhecida a retroação dos efeitos da decisão que lhe conferiu o direito ao acréscimo de 25%, em virtude da necessidade de assistência permanente, à data do agravamento da incapacitação, decorrente, in casu, de um derrame cerebral".

Aduziu no voto acolhido pela 6ª Turma que "a regra geral firmada para a concessão da aposentadoria por invalidez deve prevalecer, também, no que toca ao acréscimo previsto no art. 45 da Lei de Benefícios. À evidência, a percepção do benefício pressupõe a demonstração da necessidade de assistência permanente, aferível, tão somente, com a postulação administrativa e o consequente exame médico-pericial. A aferição da circunstância que dá causa ao acréscimo em tela depende, é claro, da iniciativa do próprio interessado".

Vale registrar que não identificamos decisão sobre o tema da lavra das Turmas que compõem a Primeira Seção do STJ.

Por outro lado, acaso o fato gerador do auxílio acompanhante já estivesse presente na DIB da aposentadoria por incapacidade permanente, o seu termo inicial deverá corresponder à DIB da aposentadoria, por se tratar de pedido implícito e por inexistir fato novo superveniente, respeitada a prescrição quinquenal da condenação, se couber.

O anexo I, do RPS, traz um rol das situações que ensejam o acréscimo:

"1 – Cegueira total.

2 – Perda de nove dedos das mãos ou superior a esta.

3 – Paralisia dos dois membros superiores ou inferiores.

4 – Perda dos membros inferiores, acima dos pés, quando a prótese for impossível.

5 – Perda de uma das mãos e de dois pés, ainda que a prótese seja possível.

6 – Perda de um membro superior e outro inferior, quando a prótese for impossível.

7 – Alteração das faculdades mentais com grave perturbação da vida orgânica e social.

8 – Doença que exija permanência contínua no leito.

9 – Incapacidade permanente para as atividades da vida diária".

Considerando que o artigo 45, da Lei 8.213/91, não lista as hipóteses em que o aposentado por incapacidade permanente fará jus ao acréscimo, entende-se que o referido rol é exemplificativo, pois não poderá o Regulamento prever todas as hipóteses que ensejem a necessidade de assistência permanente de outra pessoa.

Vale frisar que, antes do advento da Lei 8.213/91, o auxílio-acompanhante apenas era pago na hipótese de acidente de trabalho, conforme previsto na legislação previdenciária pretérita.

Impende ressaltar que o auxílio-acompanhante poderá ser cancelado mesmo após o aposentado por incapacidade permanente atingir os 60 anos de idade ou 55 anos com 15 anos de percepção do benefício, sendo possível a realização de perícia médica para esse fim por força do artigo 103, §2º, inciso I, da Lei 8.213/91, alterada pela Lei 13.063/2014.

Inexiste previsão legal de concessão do acréscimo de 25% nas outras aposentadorias (por idade, especial e por tempo de contribuição), mesmo que o aposentado em algum momento passe a necessitar da assistência permanente de outra pessoa.

Entende-se que não cabe a extensão do auxílio-acompanhante para as demais aposentadorias sem expressa previsão legal, pois, à luz do Princípio da Precedência da Fonte de Custeio, a extensão de benefício da seguridade social reclama prévia fonte de custeio total.

Nesse sentido, decisões da 2ª Turma Recursal de São Paulo, do TRF da 3ª Região, da 5ª Região e da 1ª Região:

> "O acréscimo ao salário de benefício pretendido está previsto no artigo 45 da Lei 8.213/91: Art. 45. O valor da aposentadoria por invalidez do segurado que necessitar da assistência permanente de outra pessoa será acrescido de 25% (vinte e cinco por cento). Parágrafo único. O acréscimo de que trata este artigo: a) será devido ainda que o valor da aposentadoria atinja o limite máximo legal; b) será

recalculado quando o benefício que lhe deu origem for reajustado; c) cessará com a morte do aposentado, não sendo incorporável ao valor da pensão. Na mesma senda, dispõe o Decreto 3.048/99: Artigo 45. O valor da aposentadoria por invalidez do segurado que necessitar da assistência permanente de outra pessoa será acrescido de vinte e cinco por cento, observada a relação constante do Anexo I, e: I – devido ainda que o valor da aposentadoria atinja o limite máximo legal; e II – recalculado quando o benefício que lhe deu origem for reajustado. Parágrafo único. O acréscimo de que trata o *caput* cessará com a morte do aposentado, não sendo incorporado ao valor da pensão por morte. A N E X O I RELAÇÃO DAS SITUAÇÕES EM QUE O APOSENTADO POR INVALIDEZ TERÁ DIREITO À MAJORAÇÃO DE VINTE E CINCO POR CENTO PREVISTA NO ART. 45 DESTE REGULAMENTO. 1 – Cegueira total. 2 – Perda de nove dedos das mãos ou superior a esta. 3 – Paralisia dos dois membros superiores ou inferiores. 4 – Perda dos membros inferiores, acima dos pés, quando a prótese for impossível. 5 – Perda de uma das mãos e de dois pés, ainda que a prótese seja possível. 6 – Perda de um membro superior e outro inferior, quando a prótese for impossível. 7 – Alteração das faculdades mentais com grave perturbação da vida orgânica e social. 8 – Doença que exija permanência contínua no leito. 9 – Incapacidade permanente para as atividades da vida diária. Assim, deve ser analisado o preenchimento dos requisitos necessários à fruição do acréscimo pleiteado, a saber: a) estar a parte autora recebendo o benefício de aposentadoria por invalidez; b) necessitar da assistência permanente de outra pessoa em razão das moléstias descritas no Anexo I do Decreto 3.048/99, devidamente reconhecida por médico perito. **No caso proposto, não está preenchido o primeiro requisito, eis que a parte autora, desde 10/08/1992, está em gozo de benefício de aposentadoria por idade, sendo que não há previsão legal de acréscimo de adicional de 25% (vinte e cinco por cento) sobre referido benefício, mas tão somente sobre o salário do benefício de aposentadoria por invalidez. Pelo acima exposto, constato que a parte autora não se enquadra no artigo 45 da Lei 8.213/91, razão pela qual não faz jus ao acréscimo de 25% sobre o salário de benefício de aposentadoria por idade. Com relação ao argumento de que a concessão do adicional somente aos beneficiários de aposentadoria por invalidez contraria os princípios constitucionais da isonomia e da universalidade da cobertura do atendimento, tenho que as vicissitudes da vida podem realmente atingir qualquer cidadão e este vir a necessitar da assistência permanente de outra pessoa. Todavia, admitir a extensão do adicional a outros tipos de benefício sem a devida fonte de custeio, conflita com o artigo 195, § 5º, da Constituição Federal, que assim dispõe: nenhum benefício ou serviço da seguridade social será criado, majorado ou estendido sem a correspondente fonte de custeio total. Portanto, cuida-se de situação não contemplada pela legislação, que não comporta acolhimento**" (2ª TR de São Paulo, Processo 00050072920114036317, de 05/06/2012).

"PREVIDENCIÁRIO. APOSENTADORIA POR IDADE. TERMO INICIAL. ADICIONAL DE ASSISTÊNCIA PERMANENTE. 1) EM NÃO HAVENDO REQUERIMENTO ADMINISTRATIVO, O QUAL DEFINIRIA O "DIES A QUO" DA PERCEPÇÃO DO BENEFÍCIO, O TERMO INICIAL É A DATA DA CITAÇÃO, ART. 21 DO CPC. **2) O ADICIONAL DE ASSISTÊNCIA PERMANENTE**

PREVISTO NO ARTIGO 45 DA LEI N 8.213/91 SÓ PODE SER CONCEDIDO AOS BENEFICIÁRIOS DE APOSENTADORIA. POR INVALIDEZ. 3) APELAÇÃO PARCIALMENTE PROVIDA" (TRF 3ª Região, 280.625, de 14/04/1998).

"PREVIDENCIÁRIO. APOSENTADORIA POR TEMPO DE CONTRIBUIÇÃO. ASSISTÊNCIA PERMANENTE DE OUTRA PESSOA. ACRÉSCIMO DE 25%. ART. 45 DA LEI 8.213/91. IMPOSSIBILIDADE. CONVERSÃO EM APOSENTADORIA POR INVALIDEZ. DOENÇA SUPERVENIENTE. IMPOSSIBILIDADE. ATO JURÍDICO PERFEITO. 1. Segundo o art. 45 da Lei nº 8.213/91, o aposentado por invalidez que necessitar da assistência permanente de outra pessoa fará jus a um acréscimo de 25% no valor do benefício. **O mesmo acréscimo não foi previsto para os outros tipos de aposentadoria. Daí porque não pode o Judiciário estender a vantagem a outros casos, sob pena de comprometer o equilíbrio atuarial e financeiro do sistema previdenciário**. 2. Tampouco é possível converter a aposentadoria por tempo de contribuição em aposentadoria por invalidez para, em seguida, conceder o acréscimo. Afinal, a concessão de aposentadoria se constitui em ato jurídico perfeito, de forma que a autarquia previdenciária não pode ser compelida a rever tal ato sem que seja apontada nenhuma irregularidade. 3. Apelação a que se nega provimento (TRF 5ª Região, 553.536, de 19/02/2013).

"PREVIDENCIÁRIO. APOSENTADORIA POR TEMPO DE CONTRIBUIÇÃO. ART. 45 DA LEI Nº 8.213/91. ASSISTÊNCIA PERMANENTE. INCABÍVEL O ACRÉSCIMO DE 25% (VINTE E CINCO POR CENTO) SOBRE O BENEFÍCIO. AUSÊNCIA DE PREVISÃO LEGAL. **1. A pretensão de recebimento do percentual de 25% (vinte e cinco por cento) previsto no art. 45 da Lei nº 8.213/91 a incidir sobre o valor da aposentadoria por tempo de serviço não encontra guarida no ordenamento jurídico por inexistência de previsão normativa.** 2. A análise sistemática e teleológica da lei previdenciária não favorece a interpretação da parte requerente de ampliar a tutela do Estado a todos os segurados da previdência social que, por deficiência, são dependentes da assistência permanente de terceiros. 3. Como a hipótese em comento não se amolda a qualquer equívoco da Administração no ato de deferimento do tipo de aposentadoria, mas, ao contrário, trata-se da concessão do direito assegurado ao trabalhador que satisfez o período contributivo exigido ao RGPS, sem qualquer discussão acerca da higidez física ao momento do ingresso na inatividade, nada a reparar na sentença que julgou improcedente o pedido. 4. Recurso de apelação a que se nega provimento" (TRF 1ª Região, AC 200333000071536, de 15/03/20111).

No entanto, registre-se que o TRF da 4ª Região estendeu o auxílio-acompanhante a um aposentado por idade rural, conforme notícia publicada no site do Tribunal em 27/08/2013:

"TRF4 estende o adicional de 25% a aposentado por idade que precisa de cuidador 24h 27/08/2013 18:18:04

O Tribunal Regional Federal da 4ª Região (TRF4) concedeu hoje (27/8) adicional de 25% no valor do benefício de um aposentado rural de 76 anos, que está inválido e necessitando de cuidador permanente. O relator da decisão, desembargador federal Rogério Favreto, considerou que o idoso tem o mesmo direito daqueles que se aposentam por invalidez e ganham o adicional quando necessitam de cuidadores.

Atualmente, a Lei 8.213/91 prevê, em seu artigo 45 que o valor da aposentadoria por invalidez do segurado que necessitar da assistência permanente de outra pessoa será acrescido de 25%.

Favreto ressaltou que o mesmo acréscimo deve ser concedido neste caso pelo princípio da isonomia. Apesar de o autor da ação ter se aposentado normalmente em 1993, hoje encontra-se em dificuldades, devendo ser beneficiado pela lei.

"O fato de a invalidez ser decorrente de episódio posterior à aposentadoria, não pode excluir a proteção adicional ao segurado que passa a ser inválido e necessitante de auxílio de terceiro, como forma de garantir o direito à vida, à saúde e à dignidade humana", declarou Favreto.

Para o desembargador, a Justiça não deve fazer diferença entre o aposentado por invalidez que necessita de auxílio permanente de terceiro e outro aposentado por qualquer modalidade de aposentadoria que passe a sofrer de doença que lhe torne incapaz de cuidar-se sozinho.

"Compreender de forma diversa seria criar uma situação absurda, exigindo que o cidadão peça a conversão ou transformação da sua condição de aposentado por idade e/ou tempo de contribuição por invalidez, com o objetivo posterior de pleitear o adicional de acompanhamento de terceiro", argumentou.

Favreto afirmou em seu voto que "o julgador deve ter a sensibilidade social para se antecipar à evolução legislativa quando em descompasso com o contexto social, como forma de aproximá-la da realidade e conferir efetividade aos direitos fundamentais".

O aposentado deverá receber o acréscimo retroativamente desde o requerimento administrativo, que foi em abril de 2011, com juros e correção monetária".

Mas, no segundo semestre de 2014, no julgamento dos embargos infringentes 0017373-51.2012.404.9999/RS, o TRF da 4ª Região reviu o posicionamento anterior, negando a extensão do auxílio-acompanhante para as outras modalidades de aposentadoria.

Por outro lado, por 6 votos a 5, a TNU estendeu o auxílio-acompanhante à aposentadoria por idade:

"**TNU fixa tese para concessão de 25% aos aposentados por idade que dependem de assistência permanente de outra pessoa**

Publicação: 17/03/2015 14:10

Previsto no artigo 45 da Lei nº 8.213/91, o adicional de 25% para beneficiários que se aposentaram por invalidez é extensível a quem se aposenta por idade. De acordo com a norma, o percentual é destinado aos segurados que necessitam de assistência permanente de outra pessoa. A tese foi fixada pela Turma Nacional de Uniformização de Jurisprudência dos Juizados Especiais Federais (TNU), na sessão do dia 11 de março, durante a análise de um recurso de uma segurada de Sergipe.

De acordo com os autos, a autora da ação se aposentou por idade e começou a receber seu benefício do INSS em julho de 2000. Quase dez anos depois, a segurada sofreu um Acidente Vascular Cerebral (AVC), que a teria deixado com sequelas irreversíveis e a tornaram incapaz. No processo, ela alegou que necessita tomar remédios de forma contínua e realizar sessões de fisioterapia. Argumentou ainda que, por morar sozinha e ser detentora de doença grave, demanda o auxílio diário de outras pessoas.

Ao solicitar à Justiça Federal o acréscimo de 25% sobre o valor do benefício – conforme previsto para aposentados por invalidez que necessitam de assistência permanente de outra pessoa, a autora da ação teve seu pedido negado na primeira e na segunda instâncias. A Turma Recursal da Seção Judiciária de Sergipe considerou que não havia amparo legal para concessão do adicional a benefícios previdenciários que não aquele expressamente mencionado na Lei nº 8.213/91.

Em seu recurso à TNU, a segurada apresentou como paradigma de divergência desse entendimento um acórdão da 1ª Turma Recursal de Santa Catarina, que concedeu o adicional em questão ainda que a parte autora do caso fosse titular de aposentadoria por tempo de contribuição. Para o relator do processo na Turma Nacional, juiz federal Sérgio Murilo Wanderley Queiroga, a controvérsia está centrada no cabimento da extensão do adicional previsto na lei sobre Planos de Benefícios da Previdência Social para segurados que não se aposentaram por invalidez.

Segundo o magistrado, nessas situações, deve ser aplicado o princípio da isonomia. Ao analisar a norma, o relator concluiu que o percentual, na verdade, é um adicional previsto para assistir aqueles que necessitam de auxílio de outra pessoa, não importando se a invalidez é decorrente de fato anterior ou posterior à aposentadoria. "O seu objetivo é dar cobertura econômica ao auxílio de um terceiro contratado ou familiar para apoiar o segurado nos atos diários que necessitem de guarida, quando sua condição de saúde não suportar a realização de forma autônoma", defendeu.

Na fundamentação de seu voto, Queiroga citou que o Estado brasileiro é signatário e um dos principais artífices da Convenção Internacional sobre os Direitos das Pessoas com Deficiência, promulgado pelo Decreto Presidencial n.

6.949/2009. Segundo ele, a convenção tem por propósito "promover, proteger e assegurar o exercício pleno e equitativo de todos os direitos humanos e liberdades fundamentais por todas as pessoas com deficiência e promover o respeito pela sua dignidade inerente". Acrescentou que a convenção reconhece expressamente a necessidade de garantir os direitos humanos de todas as pessoas com deficiência, inclusive daquelas que requerem maior apoio. E concluiu "ser consectário lógico encampar sob o mesmo amparo previdenciário o segurado aposentado por idade que se encontra em idêntica condição de deficiência".

Colegiado dividido

Nesse sentido, o juiz federal Sérgio Murilo Wanderley Queiroga votou pela concessão do adicional de 25% se comprovada a incapacidade total e definitiva do segurado e a necessidade de contar com a assistência permanente de outra pessoa. Após pedir vistas do processo, o juiz federal José Henrique Guaracy Rebelo, votou por acompanhar integralmente os fundamentos do relator: "Ora, se ambos os segurados aposentados apresentam as mesmas condições (invalidez e necessidade de ajuda de terceiros) a isonomia se faz presente quando se defere o benefício a ambos os grupos", sustentou.

Contrária ao entendimento do relator, a juíza federal Susana Sbrogio Galia apresentou voto divergente que acabou por provocar um empate na votação do Colegiado. Conforme a magistrada, qualquer tentativa de estender os efeitos da norma ultrapassa a mera interpretação para realizar uma redução parcial do texto, o que depende de reconhecimento de constitucionalidade. "Não se pode equiparar a situação daquele segurado que prematuramente se aposenta por incapacidade total e permanente àquele que teve sua jubilação na época própria após completar a idade e/ou o tempo exigido", declarou.

No entanto, a tese da concessão do adicional de 25% prevaleceu com o voto de desempate proferido pelo presidente da TNU, ministro Humberto Martins, que acompanhou o entendimento do relator do caso, juiz federal Sérgio Murilo Wanderley Queiroga. Na opinião do ministro, a norma tem finalidade protetiva e o acréscimo reveste-se de natureza assistencial.

"Assim, preenchidos os requisitos 'invalidez' e 'necessidade de assistência permanente de outra pessoa', ainda que tais eventos ocorram em momento posterior à aposentadoria e, por óbvio, não justifiquem sua concessão na modalidade de invalidez, vale dizer, na hipótese, ainda que tenha sido concedida a aposentadoria por idade, entendo ser devido o acréscimo", concluiu o presidente da TNU em seu voto.

Processo nº 0501066-93.2014.4.05.8502".

Este entendimento da TNU foi confirmado na sessão de 18 de fevereiro de 2016, no julgamento do processo 5000107-25.2015.4.04.7100.

Inicialmente, o STJ rejeitava a extensão do auxílio-acompanhante à aposentadoria por idade e tempo de contribuição (REsp 1.533.402-SC, Rel. Min. Sérgio Kukina, julgado em 1º/9/2015, DJe 14/9/2015 e REsp 1475512, de 15/12/2015) em ambas as Turmas da 1ª Seção.

No entanto, o tema obteve uma enorme reviravolta na 1ª Seção do STJ que acolheu a tese em sede de recurso repetitivo (tema 982):

Informativo 634 – RECURSOS REPETITIVOS	
PROCESSO	REsp 1.648.305-RS, Rel. Min. Assusete Magalhães, Rel. Acd. Min. Regina Helena Costa, Primeira Seção, por maioria, julgado em 22/08/2018, DJe 26/09/2018 (Tema 982)
RAMO DO DIREITO	DIREITO CONSTITUCIONAL, DIREITO PREVIDENCIÁRIO
TEMA	**Aposentadoria por invalidez. "Auxílio-acompanhante". Adicional de 25%. Art. 45 da Lei n. 8.213/1991. Assistência permanente de terceiro. Comprovação. Necessidade. Extensão a outras espécies de aposentadoria. Possibilidade. Tema 982.**
DESTAQUE	
Comprovadas a invalidez e a necessidade de assistência permanente de terceiro, é devido o acréscimo de 25% (vinte e cinco por cento), previsto no art. 45 da Lei n. 8.213/1991, a todos os aposentados pelo RGPS, independentemente da modalidade de aposentadoria.	
INFORMAÇÕES DO INTEIRO TEOR	
Inicialmente, insta salientar que a melhor exegese do art. 45 da Lei n. 8.213/1991 autoriza o alcance do "auxílio-acompanhante" às demais modalidades de aposentadoria previstas no Regime Geral de Previdência Social, uma vez comprovadas a invalidez e a necessidade de ajuda permanente de outra pessoa para atividades cotidianas, tais como higiene ou alimentação. Sob o prisma da dignidade da pessoa humana, do tratamento isonômico e da garantia dos direitos sociais, previstos, respectivamente, nos arts. 1º, III, 5º, *caput*, e 6º, da Constituição da República, tanto o aposentado por invalidez, quanto o aposentado por idade, tempo de contribuição ou especial, são segurados que podem, igualmente, encontrar-se na condição de inválidos, a ponto de necessitar da assistência permanente de terceiro. Sublinhe-se, ademais, que o Brasil é signatário da Convenção Internacional de Nova Iorque sobre os Direitos das Pessoas com Deficiência, de 2007, admitida com *status* de emenda constitucional, promulgada pelo Decreto n. 6.949/2009, que em seu art. 1º ostenta o propósito de "(...) promover, proteger e assegurar o exercício pleno e equitativo de todos os direitos humanos e liberdades fundamentais por todas as pessoas com deficiência e promover o respeito pela sua dignidade inerente", garantindo, ainda, em seus arts. 5º e 28, tratamento isonômico e proteção da pessoa com deficiência, inclusive na seara previdenciária. Posto isso, ao instituir a possibilidade de acréscimo pecuniário de 25% (vinte e cinco por cento) sobre o valor do benefício, o qual pode vir, inclusive, a sobrepujar o teto de pagamento dos benefícios do Regime Geral de Previdência Social, o legislador ordinário não se orientou	

apenas pelo fato gerador da aposentadoria por invalidez, mas, precipuamente, pela proteção do risco social consubstanciado no indispensável amparo ao segurado, atribuindo-lhe o auxílio de terceira pessoa, buscando, assim, diminuir o impacto financeiro sobre o valor de seus proventos com a contratação de assistência permanente. O segurado que recebe aposentadoria por tempo de contribuição, por idade ou especial acometido de limitações físicas e/ou mentais e que recebe 1 (um) salário-mínimo, encontra-se em situação de risco social da mesma maneira que o aposentado por invalidez, porém com a circunstância agravante de que, como não recebe o adicional de "grande invalidez", terá que custear as despesas extras com a contratação de ajuda de terceiro, o que, por óbvio, será feito em detrimento de outras necessidades básicas como alimentação e moradia, e, em última análise, do chamado "mínimo existencial", um dos principais efeitos da aplicação do princípio da dignidade da pessoa humana. Ademais, ressalte-se que o art. 45 da Lei n. 8.213/1991 não exige que a ajuda de outra pessoa seja imprescindível desde o início da percepção do benefício, revelando que, na hipótese de o segurado ter se aposentado por invalidez e, apenas posteriormente, passar a necessitar desse socorro, o adicional será aplicável. Logo, em caso de invalidez superveniente do segurado aposentado com fundamento em outro fato gerador, o indivíduo tornar-se-á pessoa portadora de deficiência, devendo ser, igualmente, contemplado com o adicional do referido artigo, caso seja imprescindível o auxílio de outra pessoa. Remarque-se que o fato gerador do adicional em exame é a necessidade de assistência permanente de outra pessoa, a qual pode estar presente ou não no momento do requerimento administrativo da aposentadoria por invalidez, bem como sua concessão pode ter ou não relação com a moléstia que deu causa à concessão do benefício originário, o que reforça seu caráter assistencial. Da mesma maneira, consoante a alínea "c" do parágrafo único do art. 45 da Lei n. 8.213/1991, o pagamento do adicional cessará com a morte do aposentado, não sendo incorporado ao valor da pensão por morte, circunstância própria dos benefícios assistenciais que, pela ausência de contribuição prévia, são personalíssimos e, portanto, intransferíveis aos dependentes. Devido à sua natureza assistencial, outrossim, não há previsão legal de fonte de custeio específica para o "auxílio-acompanhante" recebido pelos aposentados por invalidez. Dessarte, não há falar, igualmente, em fonte específica para as demais modalidades de aposentadoria, porquanto tal benefício é garantido pelo Estado, independentemente de contribuição à Seguridade Social, nos termos do art. 203 da Constituição da República.

A tese não é acolhida na via administrativa pelo INSS, que objetiva a sua reforma no âmbito do STF com base na regra de contrapartida, considerando que se trata de extensão judicial e não legislativa.

STF

A Primeira Turma do Supremo Tribunal Federal (STF) suspendeu o trâmite, em todo o território nacional, de ações judiciais individuais ou coletivas e em qualquer fase processual, que tratam sobre a extensão do pagamento do adicional de 25% não relacionada às aposentadorias por invalidez. O benefício que foi mantido, previsto no artigo 45, da Lei 8.213/1991, é direcionado aos segurados que necessitam de assistência permanente de outra pessoa e contempla apenas as aposentadorias por invalidez. Por unanimidade dos votos, os ministros deram provimento a um recurso (agravo regimental) interposto pelo Instituto Nacional do Seguro Social (INSS) contra decisão do relator, ministro Luiz Fux, que havia negado pedido na Petição (Pet) 8002 para que fosse suspenso o pagamento do adicional a uma aposentada por idade. O Instituto solicitava a atribuição de efeito suspensivo cautelar a recurso extraordinário a ser remetido ao Supremo. Na ocasião, o ministro entendeu que a controvérsia implicaria a análise de legislação infraconstitucional, inviabilizando a discussão por meio de RE. **Pet 8.002, de 12/3/2019.**

Ao julgar o **Tema 1.095 em Repercussão Geral em 19/06/2021**, por maioria de 9 x 2, definiu o STF que não tem base legal a extensão da regra do artigo 45 da Lei 8.213/91 para as aposentadorias voluntárias.

Isso porque na previdência pública a extensão por isonomia esbarra na regra de contrapartida e na seletividade, sendo tarefa legislativa a ampliação de direitos, que geraria uma despesa anual extra de cerca de 6 bilhões de Reais, conforme dados apresentados pela Previdência Social no processo.

Eis os três pontos fixados na tese:

"a) *declarar a impossibilidade de concessão e extensão do "auxílio-acompanhante" para todas as espécies de aposentadoria, sugerindo a fixação da seguinte tese:* ***"No âmbito do Regime Geral de Previdência Social (RGPS), somente lei pode criar ou ampliar benefícios e vantagens previdenciárias, não havendo, por ora, previsão de extensão do auxílio da grande invalidez a todas às espécies de aposentadoria"****;*

b) *modular os efeitos da tese de repercussão geral, de forma a se preservarem os direitos dos segurados cujo reconhecimento judicial tenha se dado por decisão transitada em julgado até a data deste julgamento;*

c) *declarar a irrepetibilidade dos valores alimentares recebidos de boa-fé por força de decisão judicial ou administrativa até a proclamação do resultado deste julgamento.*

Registre-se que nas situações passadas em julgado até 19/06/2021 o STF vedou o manejo de ação rescisória pelo INSS, assim como declarou a não repetição de parcelas recebidas por tutela provisória até a citada data.

7. DATA DE INÍCIO DO BENEFÍCIO (DIB)

Em regra, a data de início do benefício (DIB) será a data da incapacidade, marco inicial do pagamento a ser promovido pelo INSS. Contudo, se entre a data da incapacidade e a data de entrada do requerimento (DER) se passar mais de 30 dias, a data de início do benefício será a data de entrada do requerimento na Previdência Social.

Apenas no caso do segurado empregado a regra será diferente, tendo em vista a obrigação legal da empresa de pagar ao segurado o seu salário durante os 15 primeiros dias do afastamento. **A MP 664/2014 chegou a alterar a obrigação**

da empresa de pagamento do salário para 30 dias, mas a Lei 13.135/2015 restaurou os 15 dias.

Logo, para o segurado empregado, a data de início do benefício não será a data da incapacidade, e sim o 16º dia seguinte. Excepcionalmente, se entre a data da incapacidade e a data de entrada do requerimento se passar mais de 30 dias, a data de início do benefício também será a data de entrada do requerimento na Previdência Social.

De acordo com o artigo 5º da Lei 13.135/2015, "os atos praticados com base em dispositivos da Medida Provisória nº 664, de 30 de dezembro de 2014, serão revistos e adaptados ao disposto nesta Lei".

Desta forma, os efeitos da MP 664/2014 foram desconstituídos pela Lei de Conversão, cabendo à Previdência Social reembolsar as empresas pelos quinze dias a mais que desembolsaram o salário dos empregados afastados durante a vigência desta passagem da MP 664/2014 (de 1/3/2015 e 17/6/2015).

No caso de concessão judicial, em decorrência do INSS ter negado o benefício na esfera administrativa, se por questões clínicas a perícia judicial não conseguir definir a data de início da incapacidade, a data de início do benefício será a data de juntada do laudo pericial aos autos.

Nesse sentido, já se pronunciou diversas vezes a Corte Superior que "a jurisprudência deste Superior Tribunal de Justiça é pacífica no sentido de que o termo inicial da aposentadoria por invalidez, quando não houver reconhecimento da incapacidade nos domínios administrativos, há de coincidir com a data da juntada aos autos do laudo pericial que venha a afiançar a tese do segurado"[24].

Outrossim, a data de início do pagamento na hipótese de ausência de requerimento administrativo será a data da juntada do laudo pericial judicial que comprovar a invalidez do segurado, na forma do entendimento do STJ[25].

No entanto, observou-se uma mudança de posicionamento na jurisprudência da Corte Superior[26], dominando, na atualidade, o entendimento de que a data de início da aposentadoria por incapacidade permanente será a data da citação, e não a data da juntada do laudo pericial judicial, quando não possível retroagir ao requerimento administrativo:

> "PREVIDENCIÁRIO. RECURSO ESPECIAL. APOSENTADORIA POR INVALIDEZ. TERMO INICIAL DO BENEFÍCIO. AUSÊNCIA DE REQUERIMENTO ADMINISTRATIVO. CITAÇÃO VÁLIDA. MATÉRIA JÁ DECIDIDA SOB O RITO DO ART. 543-C DO CPC. 1. O tema relativo ao termo inicial de benefício proveniente de incapacidade laborativa já foi exaustivamente debatido nesta Corte, a qual, **após oscilações, passou a rechaçar a fixação da Data de Início do Benefício – DIB a partir do laudo pericial, porquanto a prova técnica prestar-se-ia unicamente para nortear o convencimento do juízo quanto à pertinência**

do novo benefício, mas não para atestar o efetivo momento em que a moléstia incapacitante se instalou.

2. Atualmente a questão já foi decidida nesta Corte sob o rito dos recursos repetitivos (art. 543-C do CPC), restando pacificada a jurisprudência no sentido que "*A citação válida informa o litígio, constitui em mora a autarquia previdenciária federal e deve ser considerada como termo inicial para a implantação da aposentadoria por invalidez concedida na via judicial quando ausente a prévia postulação*". (REsp 1.369.165/SP, Rel. Ministro BENEDITO GONÇALVES, Primeira Seção, DJe 7/3/2014)".

Restou afetado na TNU o **Tema 343 representativo de controvérsia**, onde será analisada a DIB do benefício por incapacidade laboral quando o perito judicial, a despeito de reconhecer a incapacidade laboral, não tem elementos para fixar a DII:

Tema	343	Situação do tema	Em Julgamento	Ramo do direito	DIREITO PREVIDENCIÁRIO
Questão submetida a julgamento	Saber qual o termo inicial para fixação da data de início do benefício quando o perito judicial reconhece o estado incapacitante alegado pela parte desde o requerimento administrativo/cessação do benefício na via administrativa/propositura da ação, mas não sabe precisar, efetivamente, a data de início da incapacidade.				
Tese firmada					

Processo	Decisão de afetação	Relator (a)	Julgado em	**Acórdão publicado em**	**Trânsito em julgado**
PEDILEF 0523447-97.2020.4.05.8013/AL	19/10/2023	Juíza Federal Lílian Oliveira da Costa Tourinho			

[29]Conforme narrado pela magistrada relatora, o INSS, nas[30] razões do Pedido de Uniformização Nacional, evento[31] 11, aponta como acórdão paradigma julgado desta TNU fixando a data de início da incapacidade na data da perícia judicial (processo nº 200936007023962, Relator(a) JUIZ FEDERAL JOSÉ ANTONIO SAVARIS, Fonte DOU 13/11/2011). Aponta, também, acórdãos do Superior

29. EAREsp 898113, de 26.08.2008.
30. AGA 1045599, de 17.02.2009.
31. RECURSO ESPECIAL Nº 1.311.665 – SC, 1ª Turma, de 02/09/2014.

Tribunal de Justiça fixando a data de início do benefício na data da juntada do laudo pericial. Sustenta que "***Enquanto o Superior Tribunal de Justiça e a TNU determinam que a DIB da aposentadoria por invalidez/auxílio-doença há de ser a juntada do laudo médico-pericial em juízo quando não houver reconhecimento da incapacidade na esfera administrativa ou quando, mesmo diante de todas as provas produzidas, o magistrado não tiver elementos para fixá-la em outra data, a Turma Recursal de Alagoas entendeu, na mesma situação, que a DIB do benefício deveria ser a do ajuizamento/DER (data de entrada do requerimento administrativo), ou seja, deveria ser data diferente da juntada do laudo em juízo.***" Cita, ainda, como julgado paradigma, acórdão da Turma Recursal de Tocantins (FONTE: HTTP://PROCESSUAL.TRF1.JUS.BR/CONSULTAPROCESSUAL/PROCESSO.PHP?SECAO=TO&PROC=200543009027199) no qual restou assentado que "*O laudo da perícia médica realizada em juízo baseou-se nos exames e atestados médicos trazidos pela recorrida aos autos, que datam de época posterior ao requerimento administrativo. Nesses casos, a data de início do benefício é a data da apresentação do laudo pericial, ocasião em que resta caracterizada a incapacidade da demandante.*" Por fim, aduz que fixada a data de início da incapacidade na data do laudo pericial, "*o demandante não ostentava a qualidade de segurado, resta ferido de morte o pleito autoral.*".

Eis a decisão da TNU no âmbito do tema 343 tomada na sessão de abril de 2024:

> *"Pedido de Uniformização de Interpretação de Lei (Turma) Nº 0523447-97.2020.4.05.8013/AL*
>
> *RELATORA: Juíza Federal LILIAN OLIVEIRA DA COSTA TOURINHO*
>
> *REQUERENTE: INSTITUTO NACIONAL DO SEGURO SOCIAL - INSS*
>
> *REQUERIDO: CLAUDEVAN BARROS DE ARAUJO*
>
> *VOTO DIVERGENTE*
>
> *PREVIDENCIÁRIO. PEDIDO DE UNIFORMIZAÇÃO DE INTERPRETAÇÃO DE LEI. REPRESENTATIVO DE CONTROVÉRSIA. TEMA 343. BENEFÍCIO POR INCAPACIDADE. DATA DE INÍCIO DA INCAPACIDADE (DII). AUSÊNCIA DE INFORMAÇÃO NO LAUDO PERICIAL. PRESUNÇÃO LÓGICA DE INCAPACIDADE ANTERIOR À PERÍCIA. DII NA DATA DO LAUDO É MEDIDA EXCEPCIONAL, SOMENTE ADMISSÍVEL SE HOUVER FUNDAMENTAÇÃO SUFICIENTE PARA AFASTAR A PRESUNÇÃO DE ANTERIORIDADE. PEDIDO DE UNIFORMIZAÇÃO PROVIDO.*
>
> *1. Incidente no qual se busca uniformizar a jurisprudência a respeito dos critérios jurídicos para a definição da Data de Início da Incapacidade (DII), nos casos em que o perito não é capaz de identificá-la.*
>
> *2. A definição de parâmetros de valoração da prova e critérios de julgamento pode ser objeto de incidente de uniformização, segundo cristalizado entendimento da TNU, como inferido das súmulas 6, 14, 22, 34, 68 e, especialmente, 47, 77, 78, 79, 80.*

3. A premissa básica do presente julgamento, extraída notadamente dos arts. 371 e 479 c/c art. 149 do CPC, é que, no processo judicial, quem fixa a Data de Início da Incapacidade é o Juiz, que pode contar com o auxílio do perito.

4. Mesmo quando o perito não é capaz de trazer informações sobre o momento inicial da incapacidade, o Juiz não se exime do dever de decidir, necessitando encontrar parâmetros jurídicos para a fixação da data de início da incapacidade (DII).

5. A ausência de uma informação segura sobre a DII revela a impossibilidade de julgamento conforme a "verdade real", gerando a necessidade de um julgamento que, em alguma medida, estará baseado em uma "verdade ficta". Para situações como essa, não há soluções ideais, sendo necessário encontrar a resposta juridicamente possível, com a consciência do risco de resultados imperfeitos, mas sempre em busca do resultado mais próximo da realidade.

6. O ordenamento jurídico não autoriza o Juiz a adotar a ficção de que a incapacidade surgiu no momento da perícia, sob fundamento único do ônus da prova, condicionando, de modo absoluto, o reconhecimento da data de início da incapacidade à sua comprovação pelo segurado e retirando do julgador a prerrogativa de reconhecer, no caso concreto, uma presunção lógica capaz de indicar o momento em que o segurado ficou incapacitado.

7. Nos casos em que há certeza da existência de incapacidade na data do laudo, é extremamente provável que essa incapacidade já existisse antes da perícia. Portanto, é possível reconhecer, por presunção lógica, que a incapacidade precede ao exame pericial.

8. O entendimento, frequentemente encampado por algumas decisões judiciais, no sentido de que a ausência de indicação da DII no laudo tem como consequência necessária a sua fixação na data da avaliação pericial, deve ser superado, diante da presunção lógica da prévia existência do estado incapacitante.

9. Afirmar que o ônus da prova impõe a necessidade de fixar a data de início da incapacidade na data do laudo desconsidera o dever jurídico de busca da verdade real e constrói uma presunção contra o segurado, sem base na lei ou na lógica. Isso significa que, para eleger a data do laudo como data de início da incapacidade, é necessário trazer fundamentação que consiga afastar, no caso concreto, a probabilidade de a incapacidade existir em momento anterior.

10. A simples ausência de relatório médico que indique a DII não é suficiente para afastar a presunção lógica de sua existência prévia. É necessário extrair do conjunto probatório e das circunstâncias do caso concreto elementos que permitam afastar, na situação específica, a probabilidade de a incapacidade ter se iniciado antes da perícia.

11. Importa esclarecer que a indicação, no laudo, de uma DII coincidente com a data do exame pericial, por ausência de elementos capazes de indicar com certeza o momento de início da incapacidade, equivale à ausência da informação sobre a DII. Não há diferença entre o laudo que informa não ter elementos para indicar da data de início da incapacidade e aquele que a fixa na data da perícia, em razão da ausência desses elementos.

> *12. Tese Jurídica (Tema 343): "A fixação da data de início da incapacidade (DII) na data da perícia constitui medida excepcional, que demanda fundamentação capaz de afastar a presunção lógica de que a incapacidade teve início em momento anterior ao exame pericial".*

Prevaleceu no âmbito da TNU o voto médio apresentado pelo Juiz Federal Fábio Souza. A tese foi firmada no sentido de que "*a fixação da data de início da incapacidade (DII) na data da perícia constitui medida excepcional, que demanda fundamentação capaz de afastar a presunção lógica de que a incapacidade teve início em momento anterior ao exame pericial*".

A tese em si considerada é razoável e está alinhada à atual posição do STJ, pois podemos adotar como regra que a fixação da DII é normalmente anterior à DER, posto que o segurado que possui direito primeiro se torna incapaz para o labor para, em um segundo momento, requerer na via administrativa e, se houver a negativa, propor ação judicial em um terceiro momento.

Logo, o normal PARA UM SEGURADO QUE POSSUI INCAPACIDADE LABORAL RECONHECIDA POR PERÍCIA JUDICIAL é que a DII precede à DER e que a DIB seja a DER, respeitada, se for o caso, a prescrição quinquenal.

Veja-se o STJ:

> *"Processo*
>
> *AgInt no REsp 1836388 / SP*
>
> *AGRAVO INTERNO NO RECURSO ESPECIAL*
> *2019/0265371-6*
>
> *Relator*
>
> *Ministro MANOEL ERHARDT (DESEMBARGADOR CONVOCADO DO TRF5) (8410)*
>
> *Órgão Julgador*
>
> *T1 - PRIMEIRA TURMA*
>
> *Data do Julgamento*
> *25/10/2021*
>
> *Data da Publicação/Fonte*
>
> *DJe 27/10/2021*
>
> *Ementa*
>
> *PREVIDENCIÁRIO. AGRAVO INTERNO NO RECURSO ESPECIAL. APOSENTADORIA POR INVALIDEZ. TERMO INICIAL. RETROAÇÃO À DATA DO REQUERIMENTO ADMINISTRATIVO. INCAPACIDADE FIXADA NA DATA DO LAUDO. ALTERAÇÃO DO JULGADO. INVIABILIDADE. REEXAME FÁTICO-PROBATÓRIO. SÚMULA 7/STJ. AGRAVO INTERNO DO PARTICULAR A QUE SE NEGA PROVIMENTO.*

1. Este Superior Tribunal de Justiça possui o entendimento de que, como regra geral, o termo inicial do benefício deve ser estabelecido na data do requerimento administrativo, e, na ausência deste, na data da citação válida do INSS. Isso porque o laudo pericial serve tão somente para nortear tecnicamente o convencimento do juízo quanto à existência da incapacidade para a concessão de benefício.

2. Para que a data de início do benefício de incapacidade retroaja à data anterior à do laudo pericial, como o ajuizamento da ação, a citação ou a alta do auxílio-doença, é indispensável que o início da incapacidade seja fixado em momento anterior pelo perito, situação não atestada pelo Tribunal de origem.

3. O Tribunal de origem definiu o termo inicial do benefício a contar de outubro de 2014 (após o requerimento administrativo), sob o fundamento de que o laudo pericial comprovou que o início da incapacidade ocorrera somente nesta data. Ressalte-se que o início do benefício não foi estabelecido na data da juntada do laudo aos autos, mas naquela em que comprovado o preenchimento dos requisitos legais para a concessão do benefício pleiteado.

4. A adoção de entendimento diverso, conforme pretendido, implicaria o reexame do contexto fático-probatório dos autos, circunstância que redundaria na formação de novo juízo acerca dos fatos e provas, e não de valoração dos critérios jurídicos concernentes à utilização da prova e à formação da convicção, o que impede o seguimento do recurso especial nesse ponto. Sendo assim, incide a Súmula 7 do STJ, segundo a qual a pretensão de simples reexame de prova não enseja recurso especial.

5. Agravo interno do particular que se nega provimento.

Processo

REsp 1686798 / SE

RECURSO ESPECIAL

2017/0179757-0

Relator

Ministro FRANCISCO FALCÃO (1116)

Órgão Julgador

T2 - SEGUNDA TURMA

Data do Julgamento

03/11/2020

Data da Publicação/Fonte

DJe 20/11/2020

Ementa

PREVIDENCIÁRIO. AUXÍLIO-DOENÇA. AUSÊNCIA DE COMBATE A FUNDAMENTO AUTÔNOMO DO ACÓRDÃO. SÚMULAS N. 283 E N. 284/STF. TERMO INICIAL DO BENEFÍCIO. DATA DO REQUERIMENTO ADMINISTRATIVO OU, CASO INEXISTENTE, NA DATA DA CITAÇÃO. CONDENAÇÃO IMPOSTA À FAZENDA PÚBLICA DE NATUREZA PREVIDENCIÁRIA. ÍNDICES DE JUROS E CORREÇÃO MONETÁRIA CONFORME ENTENDIMENTO

> *FIRMADO EM RECURSO REPRESENTATIVO DE CONTROVÉRSIA. TEMA N. 905/STJ. AÇÃO ACIDENTÁRIA. CUSTAS. INSS. SÚMULA N. 178/STJ.*
>
> *I - Na origem, cuida-se de ação ajuizada em desfavor do Instituto Nacional do Seguro Social - INSS, objetivando a concessão de auxílio-doença.*
>
> *II - O reexame do acórdão recorrido, em confronto com as razões do recurso especial, confirma o entendimento exarado na decisão agravada, segundo o qual, o fundamento de que "apesar de o primeiro acidente sofrido pelo autor remontar a quinze anos, a incapacidade dele advém da progressão das seqüelas e de novo acidente sofrido (sete anos após), como registrado no laudo pericial", utilizado de forma suficiente para manter a decisão proferida no Tribunal a quo, não foi rebatido no apelo nobre, o que atrai o óbice das Súmulas n. 283 e 284, ambas do STF.*
>
> *III - De acordo com a jurisprudência pacífica do STJ, o termo inicial para a concessão de benefício previdenciário é a data do requerimento administrativo e, na sua ausência deste, a partir da citação. Precedentes: REsp n. 1.475.373/SP, Rel. Ministro Napoleão Nunes Maia Filho, Primeira Turma, julgado em 19/4/2018, DJe 8/5/2018; REsp n. 1.714.218/RJ, Rel. Ministro Herman Benjamin, Segunda Turma, julgado em 27/2/2018, DJe 2/8/2018; AgInt no REsp n. 1.601.268/SP, Rel. Ministro Sérgio Kukina, Primeira Turma, julgado em 23/6/2016, DJe 30/6/2016; e AgInt no AREsp n. 819.542/SP, Rel. Ministra Assusete Magalhães, Segunda Turma, julgado em 7/6/2016, DJe 16/6/2016.*
>
> *IV - A Primeira Seção do STJ, no julgamento dos Recursos Especiais n. 1.495.144/RS, n. 1.495.146/MG e n. 1.492.221/PR - Tema n. 905 -, submetidos ao regime de recursos repetitivos, de relatoria do Ministro Mauro Campbell, firmou entendimento no sentido de que as condenações impostas à Fazenda Pública de natureza previdenciária sujeitam-se à incidência do INPC, para fins de correção monetária, no que se refere ao período posterior à vigência da Lei n. 11.430/2006, que incluiu o art. 41-A na Lei n. 8.213/91; enquanto que aos juros de mora incidem segundo a remuneração oficial da caderneta de poupança (art. 1º-F da Lei 9.494/97, com redação dada pela Lei n. 11.960/2009).*
>
> *V - De acordo com o Enunciado n. 178 da Súmula do STJ, de que "o INSS não goza de isenção do pagamento de custas e emolumentos, nas ações acidentárias e de benefícios, propostas na Justiça Estadual".*
>
> *VI - Recurso especial parcialmente provido para determinar que a correção monetária dos valores devidos seja calculada pelo Índice Nacional de Preços ao Consumidor (INPC), e os juros de mora pela remuneração oficial da caderneta de poupança".*

Excepcionalmente, registre-se, por sua vez, que a retroação da DII pode inclusive ser favorável ao INSS, na situação de incapacidade preexistente à filiação/refiliação ou DII fixada em data em que não houve o cumprimento do período de carência.

Assim, em uma situação concreto de uma pessoa que se torna incapaz para, após, se filiar ao RGPS, a fixação da DII na data do laudo pericial judicial permitirá, por certo, a concessão irregular do benefício.

O ponto que realmente é desfavorável ao INSS é o item 11 do Acórdão:

> *"11. Importa esclarecer que a indicação, no laudo, de uma DII coincidente com a data do exame pericial, por ausência de elementos capazes de indicar com certeza o momento de início da incapacidade, equivale à ausência da informação sobre a DII. Não há diferença entre o laudo que informa não ter elementos para indicar da data de início da incapacidade e aquele que a fixa na data da perícia, em razão da ausência desses elementos".*

Assim, analisando este item temos que se o perito judicial fixar a DII na data do exame pericial alegando que inexistem elementos capazes de indicar com certeza o momento de início da incapacidade, essa informação equivalerá à ausência de indicação da DII.

Logo, para a TNU *"não há diferença entre o laudo que informa não ter elementos para indicar da data de início da incapacidade e aquele que a fixa na data da perícia, em razão da ausência desses elementos"*.

De acordo com o atual posicionamento do STJ, "na ausência de prévio requerimento administrativo, o termo inicial para a implantação da aposentadoria por idade rural deve ser a data da citação válida do INSS – e não a data do ajuizamento da ação. No julgamento do REsp 1.369.165-SP, submetido ao rito do artigo 543-C do CPC, a Primeira Seção do STJ firmou compreensão segundo a qual, na ausência de prévio requerimento administrativo, o termo inicial para a implantação da aposentadoria por invalidez deve ser a data da citação da autarquia previdenciária federal, ao invés da data da juntada do laudo médico-pericial que atestou a invalidez do segurado". REsp 1.450.119-SP, Rel. originário Min. Mauro Campbell Marques, Rel. para acórdão Min. Benedito Gonçalves, julgado em 08/10/2014, DJe 1º/7/2015 (Informativo 565).

Nesse sentido, o STJ publicou em 22 de julho de 2016 a Súmula 576 em decorrência do julgamento do Recurso Especial representativo de controvérsia 1.369.165, de 26/2/2014:

Súmula 576 – "Ausente requerimento administrativo no INSS, o termo inicial para a implantação da aposentadoria por invalidez concedida judicialmente será a data da citação válida".

Entende-se que o STJ cometeu um grave equívoco ao aprovar esta súmula com a redação que foi posta, pois anteriormente o STF já havia firmado no julgamento do Recurso Extraordinário 631.240, de 27 de abril de 2014, que é necessário o prévio requerimento administrativo como condição de propositura de ação judicial contra o INSS, sob pena de extinção do processo sem o julgamento do mérito.

Ao analisar o conteúdo do REsp 1.369.165 verificou-se que o prévio requerimento sequer foi debatido pelos Ministros, que simplesmente ignoraram o entendimento do STF, que, aliás, é seguido pelo STJ em outros precedentes.

Desta forma, **a Súmula 576 terá apenas uma aplicação residual**, ou seja, quando for desnecessária a decisão administrativa de indeferimento da aposentadoria por incapacidade permanente, a exemplo da omissão do INSS em dar uma resposta dentro do prazo normativo ou a recusa de protocolo do requerimento administrativo.

Nesse sentido, a PGF editou o Parecer Referencial 27/2017/GEOR/PREV/DEPCONT/PGF/AGU:

> "EMENTA: **PARECER REFERENCIAL. PORTARIA AGU Nº 488/2016. JURISPRUDÊNCIA ITERATIVA DO STJ. RESP REPETITIVO Nº 1.369.165/SP. APOSENTADORIA POR INVALIDEZ. AUSÊNCIA DE PRÉVIO REQUERIMENTO ADMINISTRATIVO. TERMO INICIAL PARA A IMPLANTAÇÃO DO BENEFÍCIO CONCEDIDO NA VIA JUDICIAL. CITAÇÃO VÁLIDA DO INSS.**
>
> I. A Procuradoria-Geral Federal, com fundamento no artigo 3º, inciso I e parágrafo único, da Portaria AGU nº 488, de 27 de julho de 2016, autoriza os Procuradores Federais a, ressalvadas as hipóteses previstas no artigo 12 da mencionada Portaria e outras questões de ordem fática e jurídica não abrangidas pelo acórdão proferido no REsp Repetitivo nº 1.369.165/SP, abster-se de recorrer e desistir dos recursos já interpostos, quando a decisão judicial estiver em conformidade com a jurisprudência do STJ fixada no aludido recurso representativo de controvérsia, no sentido de que: ausente o prévio requerimento administrativo, o termo inicial para a implantação da aposentadoria por invalidez concedida judicialmente deverá ser a data da citação válida.
>
> II. Permanece, contudo, o dever de apresentação de contestação quanto à referida pretensão deduzida contra o INSS, porquanto a discussão objeto do REsp Repetitivo nº 1.369.165/SP envolve aspectos processual e probatório, que somente estarão amadurecidos após a fase instrutória do processo, máxime depois da produção da prova médico-pericial.
>
> **III. Ademais, a autorização para não recorrer/desistir dos recursos já interpostos nos casos de decisões judiciais em conformidade com o decidido no REsp Repetitivo nº 1.369.165/SP não abrange as ações que tenham sido ajuizadas após a conclusão do julgamento do RE nº 631.240/MG (ocorrida em 03.09.2014) sem comprovação de que o autor tenha realizado o prévio requerimento administrativo do benefício, bem como não deve ser aplicada nas situações em que a sua observância resulte na contrariedade aos preceitos insculpidos na Orientação Judicial Conjunta DEPCONT-PGF/PFE-INSS nº 03/2014 e na Orientação Judicial Conjunta DEPCONT-PGF/PFE-INSS nº 01/2015, qualquer que seja a data do ajuizamento da ação judicial".**

8. REVISÃO ADMINISTRATIVA ("PENTE FINO")

A condição de inválido dependerá de apreciação da perícia médica do INSS, sendo **obrigado o segurado a se submeter a exames médicos periódicos (a**

cada dois anos), reabilitação profissional (se eventualmente indicada) e tratamento dispensado gratuitamente, na forma do artigo 101, da Lei 8.213/91.

Neste ponto a Lei 8.213/91 é aparentemente contraditória. O artigo 42 coloca a impossibilidade de reabilitação profissional como condição para a concessão da aposentadoria por incapacidade permanente, ao passo que o artigo 101 determina que o aposentado por incapacidade permanente se submeta a processo de reabilitação profissional, sob pena de suspensão do benefício.

A atual redação do artigo 101 foi dada pela Lei 9.032/95, ao passo que o artigo 42 possui redação originária. Logo, em tese, na hipótese de antinomia direta e inconciliável entre os dispositivos, deve prevalecer a lei posterior que revoga a anterior (artigo 101).

No entanto, entende-se que esta não é uma solução adequada (revogação tácita). Após alguns anos de reflexão, crê-se ser possível compatibilizar os dispositivos. Na concessão da aposentadoria por incapacidade permanente, além da prova da incapacidade permanente para o trabalho, é necessário que não haja possibilidade naquele momento de reabilitação profissional, pois, se cabível, o benefício correto seria o auxílio-doença.

Daí que a aplicação do artigo 101, que abre a possibilidade de o INSS encaminhar o aposentado por incapacidade permanente à reabilitação profissional, é restrita aos casos em que o segurado evoluiu no seu estado clínico. Aplica-se às situações em que na concessão da aposentação não era cabível reabilitação, mas que por ocasião da perícia bienal o serviço previdenciário tornou-se viável, ante a melhoria nas condições do segurado.

Logo, apenas neste caso o INSS poderá encaminhar o aposentado por incapacidade permanente à reabilitação profissional, sob pena de suspensão do pagamento do benefício.

Com o advento da Lei 13.063, de 30 de dezembro de 2014, que modificou o artigo 101 da Lei 8.213/91, **o aposentado por incapacidade permanente estará isento do exame pericial a cargo do INSS após completar 60 anos de idade**, salvo nas seguintes hipóteses:

> I – verificar a necessidade de assistência permanente de outra pessoa para a concessão do acréscimo de 25% (vinte e cinco por cento) sobre o valor do benefício, conforme dispõe o art. 45 da Lei 8.213/91;
>
> II – verificar a recuperação da capacidade de trabalho, mediante solicitação do aposentado que se julgar apto;
>
> III – subsidiar autoridade judiciária na concessão de curatela.

Logo, unificou-se a idade de 60 anos para a isenção perícia do aposentado por incapacidade permanente que não retornou ao labor ou 55 anos de idade com 15 anos de percepção do benefício, exceto nas hipóteses acima referidas.

O STJ entende que a empresa não possui legitimidade para forçar o INSS a realizar o exame pericial:

> **PROCESSO**
> AgInt no REsp 1409736 / RJ
> AGRAVO INTERNO NO RECURSO ESPECIAL
> 2013/0340638-4
>
> **RELATOR**
> Ministro OG FERNANDES (1139)
>
> **ÓRGÃO JULGADOR**
> T2 - SEGUNDA TURMA
>
> **DATA DO JULGAMENTO**
> 22/08/2022
>
> **DATA DA PUBLICAÇÃO/FONTE**
> DJe 30/08/2022
>
> **EMENTA**
>
> PROCESSUAL CIVIL E **PREVIDENCIÁRIO.** AGRAVO INTERNO NO RECURSO ESPECIAL. AUSÊNCIA DE INTERESSE PROCESSUAL E DE LEGITIMIDADE ATIVA DA COMPANHIA SIDERÚRGICA NACIONAL - CSN. PERÍCIA MÉDICA. APOSENTADORIA POR INVALIDEZ.
>
> **1. Conforme entendimento desta Corte, a Companhia Siderúrgica Nacional (CSN) não possui legitimidade ativa nem interesse processual para o ajuizamento de ação visando compelir o INSS a realizar perícia em segurado, empregado da Companhia, que se encontre em gozo de aposentadoria por invalidez.**
>
> **2. Para ser autora, a CSN deveria ter vindo a juízo discutir relação jurídica de titularidade, o que não se observa no caso concreto.**
>
> **3. Além disso, não há interesse processual, pois a relação que ela pretende discutir não lhe imputa nenhum ônus, cabendo ao INSS, na realidade, o pagamento do funcionário afastado. Ainda que o resultado da perícia médica possa acarretar, indiretamente, reflexos à empresa autora, não há repercussão direta entre a lide previdenciária existente entre o INSS e a segunda ré, a CSN, a fim de suprir o binômio necessidade-utilidade da tutela jurisdicional pretendida no caso concreto.**
>
> 4. Cabe à autarquia previdenciária a avaliação, com a consecução de atos administrativos internos, decidir o momento em que deverá ser realizada a perícia, não ficando submetida a determinações do Judiciário a requerimento dos empregadores.
>
> 5. Agravo interno a que se nega provimento.

IMPORTANTE!

Ademais, coube à Lei 13.847/2019 isentar de perícia médica de revisão o **aposentado por incapacidade permanente com HIV/aids,** desde que obviamente não haja o retorno ao labor remunerado, independentemente da sua idade.

Logo, com a acertada alteração normativa, pois era irrazoável o cancelamento de uma aposentadoria por incapacidade permanente de um idoso, **o benefício deixou de ser precário após o segurado completar 60 anos de idade**, somente podendo ser cancelado se o aposentado por incapacidade permanente requerer expressamente por se julgar apto ao trabalho.

No entanto, a isenção de perícia do aposentado por incapacidade permanente após este ter completado 60 anos de idade presume o não retorno ao trabalho, pois a percepção deste benefício com remuneração é incompatível.

Embora seja óbvio, coube à **Lei 13.457/2017** expressar isto ao modificar o §1º do artigo 101 da Lei 8.213/91, passando a gozar de previsão normativa expressa que a mencionada isenção de perícia do sexagenário aposentado por incapacidade permanente é condicionada ao não retorno ao trabalho.

Outrossim, a Lei 13.457/2017 criou outra situação de isenção de perícia para os aposentados por incapacidade permanente, após estes completarem **cinquenta e cinco anos ou mais de idade** e quando decorridos **quinze anos** da data da concessão da **aposentadoria por invalidez ou do auxílio-doença** que a precedeu.

A isenção de perícia do aposentado por incapacidade permanente portador do Vírus HIV dar-se-á apenas na situação de não retorno à atividade laboral remunerada, pois é defeso acumular o benefício com remuneração por labor.

A partir da vigência da Lei 13.847/2019, salvo no caso de retorno ao labor remunerado ou mesmo por solicitação do aposentado, é defeso ao INSS realizar perícia de revisão do benefício a contar de 21/6/2019, sendo válidas as perícias realizadas até 20/6/2019, véspera da vigência do novo texto legal.

Portanto, as cessações de aposentadorias dos portadores da AIDS perpetradas por perícias médicas de revisão promovidas até 20/6/2019 são válidas, pois de acordo com a lei de época, sendo que a nova legislação não tem efeitos retroativos por falta de previsão legal e à luz do *Tempus Regit Actum*, como ocorreu na alteração do artigo 101 da Lei 8.213/91, que também não possuiu efeitos retroativos.

A TNU apreciou a questão em repetitivo no Tema 266:

Tema	**266**	Situação do tema	Julgado	Ramo do direito	DIREITO PREVIDENCIÁRIO
Questão submetida a julgamento	Saber se a dispensa de avaliação a que se refere o art. 43, § 5º da Lei n. 8.213/91, com a redação dada pela Lei n. 13.847/19, aplica-se também aos benefícios que foram revisados antes de sua edição.				

Tese firmada	**A dispensa de avaliação a que se refere o art. 43 § 5º da Lei n. 8.213/91, com a redação dada pela Lei n. 13.847/19, não alcançará os benefícios cessados antes da sua edição.**				
Processo	Decisão de afetação	Relator (a)	Julgado em	Acórdão publicado em	Trânsito em julgado
PEDILEF 5017999-45.2018.4.04.7001/PR	19/06/2020	Juíza Federal Susana Sbrogio Galia – para acórdão: Juiz Federal Fábio de Souza Silva	25/2/2021	26/2/2021	-

Note-se que, **tal qual o INSS, a TNU não aplicou de modo retroativo a Lei 13.847/2019**. No entanto, ao apreciar o julgado integral, nota-se uma divergência entre a posição da Autarquia e da Turma Nacional no que tange ao **recorte intertemporal** de aplicação da **Lei 13.847/2019**.

O INSS utilizou o critério da data do exame pericial, por se tratar de regra de procedimento. Já a TNU acolheu o critério da data da cessação do benefício. Quando a DCB (data de cessação do benefício) se dá no dia da perícia a solução será a mesma.

Todavia, nas situações de perícias anteriores à vigência da Lei 13.847/2019 na hipótese de pagamento de mensalidades de recuperação ainda ativas na data de vigência da citada norma, a solução será diversa, aplicando-se a isenção de perícia à situação na visão da Turma Nacional.

A perícia referida terá acesso aos prontuários médicos do periciado no Sistema Único de Saúde (SUS), desde que haja a prévia anuência do periciado e seja garantido o sigilo sobre os dados dele.

Ademais, é assegurado o atendimento domiciliar e hospitalar pela perícia médica e social do INSS ao segurado com dificuldades de locomoção, quando seu deslocamento, em razão de sua limitação funcional e de condições de acessibilidade, imponha-lhe ônus desproporcional e indevido, nos termos do regulamento.

Ao julgar o **Tema 242** em 23/09/2021, decidiu a TNU que **"a demora excessiva na realização de perícia médica pelo INSS, em razão de movimento grevista de seus servidores, não enseja a responsabilização civil do Estado por danos suportados pelo segurado ante a negativa do empregador em admiti-lo ao labor enquanto não liberado o retorno pela perícia médica administrativa"**.

No voto vencedor, da lavra do Juiz Federal Ivanir Ireno, acolheu-se a tese que, "no caso dos autos, não existe dúvida de que o Estado/INSS tinha a obrigação legal de praticar o ato de perícia. Assim, sob esse primeiro aspecto, a sua omissão foi específica e relevante. No entanto, em razão da greve dos médicos peritos (caso fortuito/força maior), tenho que a omissão do INSS em não realizar a perícia a tempo e modo foi justificada, quebrando o nexo causal entre o não periciar e o dano invocado e afastando a própria responsabilidade civil".

Sobre o tema foi editado o PARECER REFERENCIAL n. 00006/2022/PAR. ORIENT/DEPCONTPREV/PGF/AGU:

> I - CONTENCIOSO. DISPENSA DE AVALIAÇÃO PERICIAL (§5º, ART. 43 DA LEI 8.213/1991) AO SEGURADO APOSENTADO POR INCAPACIDADE PERMANENTE PORTADOR DE HIV/AIDS
>
> II - IRRETROATIVIDADE PARA BENEFÍCIOS CESSADOS ANTES DA DATA DA PUBLICAÇÃO DA LEI 13.847/2019 (21/06/2019) - **TEMA 266/TNU**
>
> III - APLICAÇÃO À SEGURADOS EM GOZO DE MENSALIDADE DE RECUPERAÇÃO NA DATA DA PUBLICAÇÃO DA LEI 13.847/2019 (21/06/2019)
>
> IV - ABSTENÇÃO DE ATUAÇÃO NOS TERMOS DO ARTIGO 3º, IX, DA PORTARIA AGU Nº 488/2016.

Por força da Portaria Conjunta DIRBEN/PFE-INSS 108, de 21/11/2024, que dispõe sobre o cumprimento da decisão judicial proferida na **Ação Civil Pública (ACP) nº 5034085-17.2020.4.04.7100-RS**, foi determinado ao INSS a promoção da reativação dos benefícios por incapacidade permanente (antiga aposentadoria por invalidez) de pessoas com HIV/aids, cessados por ocasião de revisão bienal, determinada na Portaria Interministerial MDSA/MF/MP nº 127/16.

Veja-se a **Portaria Interministerial MDSA/MF/MP Nº 127 DE 04/08/2016:**

> *"Art. 1º O Instituto Nacional do Seguro Social - INSS deverá convocar para a realização de perícia médica os segurados que estavam em gozo de benefício por incapacidade mantidos há mais de dois anos, nos termos do art. 3º, inciso I, da Medida Provisória nº 739, de 2016.*
>
> *§ 1º A convocação de que trata o caput não inclui os aposentados por invalidez que já tenham completado sessenta anos de idade".*

O curioso é que foi publicada notícia no site oficial do Ministério da Saúde aduzindo que a ação coletiva movida contra o INSS contou com apoio do Ministério da Saúde[32]:

32. https://www.gov.br/saude/pt-br/assuntos/noticias/2025/fevereiro/mobilizacao-nacional-reativa--aposentadoria-por-incapacidade-as-pessoas-vivendo-com-hiv-ou-aids

DECISÃO JUDICIAL

Mobilização nacional reativa aposentadoria por incapacidade às pessoas vivendo com HIV ou aids

INSS reativou benefício após ação judicial desencadeada pela sociedade civil com o apoio do Ministério da Saúde

Compartilhe: Compartilhe por Facebook Compartilhe por LinkedIn Compartilhe por WhatsApplink para Copiar para área de transferência

Publicado em 04/02/2025 13h57

O direito à aposentadoria por incapacidade para pessoas vivendo com HIV ou aids (PVHA) foi reativado por decisão judicial após mobilização da sociedade civil. Para ampliar o alcance da informação, o Ministério da Saúde – por meio do Departamento de HIV, Aids, Tuberculose, Hepatites Virais e Infecções Sexualmente Transmissíveis (Dathi) – enviou Ofício Circular às Coordenações dos Programas Estaduais e Municipais de HIV e Aids do país, para divulgar a reativação do benefício.

A atual gestão do Dathi teve importante papel para a conquista, pois concedeu apoio direto às Organizações da Sociedade Civil para que os representantes pudessem realizar as ações de advocacy, reuniões e audiências necessárias para a mobilização da ação. A iniciativa foi estratégica e a divulgação agora se mostra efetiva devido ao diálogo do departamento com serviços de atendimento e as Unidades de Dispensadoras de Medicamentos (UDM), pois são locais que vão alcançar com maior facilidade as pessoas vivendo com HIV ou aids. O objetivo é divulgar a informação para que as pessoas voltem a receber a aposentadoria, inclusive com valores retroativos.

De acordo com Artur Kalichman, coordenador-geral de Vigilância de HIV e Aids (CGHA), cerca de 30% das pessoas que conhecem sua condição sorológica possuem dano imunológico grave e apresentam manifestações de aids, muitas vezes acompanhadas de doenças oportunistas incapacitantes. "Fora os inúmeros outros problemas relacionados às barreiras de acesso a emprego e renda, ou seja, a aposentadoria é fundamental para que essas pessoas tenham garantidos direitos básicos mínimos, como alimentação, por exemplo", comenta o coordenador.

Para o diretor do Dathi, Draurio Barreira, garantir direitos básicos é essencial para reduzir a mortalidade por aids e melhorar a expectativa de vida entre as pessoas vivendo com HIV ou aids. "O enfrentamento dos determinantes sociais e a garantia de renda são centrais para promoção da qualidade de vida das pessoas e eliminação da aids como problema de saúde pública. Nosso apoio na divulgação da reativação da aposentadoria é fundamental, pois temos diálogo com toda a rede que atende estes usuários e o mais importante, interesse que tenham acesso à renda".

Garantia de direitos

O Instituto Nacional do Seguro Social (INSS) reativou os benefícios por incapacidade permanente (antiga aposentadoria por invalidez) de pessoas vivendo com HIV e aids em novembro de 2024. A medida foi resultado da Ação Civil Pública nº 5034085-17.2020.4.04.7100, proposta pelo Ministério Público Federal junto ao Tribunal Regional Federal da 4ª região, após mobilização de organizações da sociedade civil com o apoio do Departamento de HIV, Aids, Tuberculose, Hepatites Virais e Infecções Sexualmente Transmissíveis.

Em 1988, a Lei 7.670 assegurou o benefício por incapacidade permanente às pessoas vivendo com HIV e aids. Contudo, em 2016, a Portaria Interministerial MDSA/MF/ MP Nº 127 determinou a realização de perícia médica para os segurados com mais de dois anos de benefício por incapacidade e menos de 60 anos de idade. Com isso, as pessoas submetidas à perícia médica que não comprovaram incapacidade, tiveram a aposentadoria cessada e passaram a receber uma mensalidade de recuperação.

Ádria Albarado e Swelen Botaro

Ministério da Saúde

Após verificar a decisão tomada pelo TRF da 4ª Região, a decisão se limita aos benefícios que *na data da vigência da Lei 13.847/2019 estavam com mensalidades de recuperação ativas*, sendo da mesma natureza que a decisão tomada pela TNU no tema 266 e que conta com a aquiescência administrativa do INSS, que desistiu da interposição do recurso especial e extraordinário:

"Apelação Cível Nº 5034085-17.2020.4.04.7100/RS

RELATOR: Juiz Federal FRANCISCO DONIZETE GOMES

APELANTE: MINISTÉRIO PÚBLICO FEDERAL (AUTOR)

APELADO: INSTITUTO NACIONAL DO SEGURO SOCIAL - INSS (RÉU)

EMENTA

PREVIDENCIÁRIO. AÇÃO CIVIL PÚBLICA. sentença de improcedência. reexame necessário. litispendência. INTERESSE DE AGIR. LEGITIMIDADE ATIVA. APOSENTADORIA POR INVALIDEZ. direito coletivo. PESSOA COM HIV/AIDS. AVALIAÇÃO. LEI 13.847/19. DISPENSA. IRRETROATIVIDADE. MENSALIDADE DE RECUPERAÇÃO. CAUSA DE PEDIR. ALTERAÇÃO NÃO CONFIGURADA. APLICABILIDADE IMEDIATA DA LEI NOVA. CRITÉRIO. DATA DA AVALIAÇÃO. DATA DA CESSAÇÃO DO BENEFÍCIO. abrangência da decisão.

1. A sentença de improcedência em ação civil pública está sujeita ao duplo grau de jurisdição, nos termos do art. 19 da Lei nº 4.717/65, aplicável por analogia.

2. Não está configurada litispendência em virtude do indeferimento da petição inicial da primitiva ação, sem citação, e diferença de causa de pedir, pois a primeira ação foi proposta antes da alteração legislativa que caracteriza esta ação.

3. Rejeita-se preliminar de falta de interesse de agir uma vez que não há pedido de declaração de inconstitucionalidade de lei ou ato administrativo.

4. O Ministério Público Federal tem legitimidade ativa para propor ação civil pública na defesa de direitos individuais homogêneos.

5. A jurisprudência do e. STF em matéria previdenciária, é firme no sentido da aplicação da lei vigente no tempo de concessão do benefício (tempus regit actum), da necessidade de previsão expressa da retroatividade na lei nova e de que, não estabelecida a retroatividade, deve ser observada a prévia dotação orçamentária.

6. Não configura alteração de causa de pedir a questão colocada em contestação de adoção do critério da data da avaliação para aplicação da lei nova, em relação aos beneficiários de mensalidade de recuperação.

7. Os efeitos imediatos da lei nova não se confundem com a sua aplicação retroativa, razão pela qual o critério para aplicação da dispensa da avaliação dos beneficiários de aposentadoria por invalidez, pessoa com HIV/adis, não é a data da avaliação, senão a data da cessação do benefício, no caso de beneficiários com mensalidade de recuperação. Precedente da TNU, PUIL 501799-45.2018.4.04.7001.

8. Abrangência a decisão em todo o território nacional (STF, tema 1075).

9. Apelação e remessa oficial providas em parte para condenar o INSS a promover a reativação dos benefícios de aposentadoria por invalidez de pessoas com HIV/aids, cujos beneficiários estavam percebendo "mensalidades de recuperação" na vigência da Lei nº 13.847/19, cessados pela autarquia com base em avaliações realizadas no âmbito do programa de revisão instituído pela Portaria Interministerial MDS/MF/MP 127/16, com o pagamento de parcelas pretéritas, desde a cessação indevida dos benefícios".

A reativação determinada pela Ação Civil Pública nº 5034085-17.2020.4.04.7100-RS é devida mesmo ainda que o acometimento ou descoberta da patologia tenham sido após a concessão do benefício, observado o seguinte:

I - produz efeitos a partir de 27 de novembro de 2023;

II - benefícios por incapacidade permanente que estejam cessados a partir de 21/06/2019 pelos motivos 40 ou 41;

III - tem aplicação em todo território nacional.

A solicitação de restabelecimento dos casos enquadrados na decisão proferida na ACP nº 5034085-17.2020.4.04.7100-RS ocorrerá por meio do serviço "Solicitar Emissão de Pagamento não Recebido", disponível nos canais remotos de atendimento.

O interessado ao requerer o serviço no motivo da solicitação deverá escolher a opção "Beneficio por Incapacidade Permanente, de segurado enquadrado na Lei nº 13.847, de 19/06/2019, que foi cessado por revisão da Portaria Interministerial MDSA/MF/MP nº 127/16 (ACP 5034085-17.2020.4.04.7100 RS)".

Para fins de cumprimento da decisão judicial proferida na ACP nº 5034085 17.2020.4.04.7100-RS, o responsável pela análise do requerimento de "Solicitar Emissão de Pagamento não Recebido" observará as regras abaixo:

I - Verificar se o benefício possui espécie 32 ou 92;

II - Verificar se o benefício foi cessado a partir de 21/06/2019, pelos motivos 40 *(40 – Cess. p/ recuperação total da capac. laborativa dentro de 5 anos)* ou 41 *(41 – Cess. p/ recuperação parcial da capacidade laborativa após 5 anos);*

III - Verificar se o requerente apresentou documentação comprobatória de que é portador de HIV/aids, através dos CIDs B20, B20.0, B20.1, B20.2, B20.3, B20.4, B20.5, B20.6, B20.7, B20.8, B20.9, B21, B21.0, B21.1, B21.2, B21.3, B21.4, B21.5, B21.6, B21.7, B21.8, B21.9, B22, B22.0, B22.1, B22.2, B22.7, B23, B23.0, B23.1, B23.2,

B23.8, B24, F02.4, R75 e Z21. IV - Reativar o benefício, pelo motivo "Decisão Judicial", a partir de 27 de novembro de 2023.

No caso de revisão administrativa de aposentadoria por incapacidade permanente, no entanto, prevalece no STJ que o INSS não poderá cancelar unilateralmente o benefício através de perícia administrativa, sendo necessária a propositura de nova ação judicial:

> "AGRAVO REGIMENTAL. RECURSO ESPECIAL. PREVIDENCIÁRIO. AUXÍLIO-DOENÇA. CONCESSÃO ATRAVÉS DE DECISÃO JUDICIAL. CANCELAMENTO ADMINISTRATIVO. INADMISSIBILIDADE. NECESSIDADE DE AÇÃO JUDICIAL. RECURSO NÃO PROVIDO. 1. É pacífico o entendimento desta Corte no sentido de somente ser possível a revisão da aposentadoria por invalidez concedida judicialmente através de outra ação judicial" (5ª Turma, AgRg no REsp 1218879, de 18/9/2014).

A Medida Provisória 739/2016 chegou a alterar o artigo 43 da Lei 8.213/91, ao dispor que o segurado aposentado por invalidez poderá ser convocado a qualquer momento para avaliação das condições que ensejaram o afastamento ou a aposentadoria, concedida **judicial** ou administrativamente, observado o disposto no artigo 101 da Lei de Benefícios.

Mas a MP 739/2016 caducou por ausência de votação no Congresso Nacional do dia 4/11/2016, sendo conservados os seus efeitos jurídicos até esta data, salvo a edição de decreto legislativo dispondo em sendo contrário.

Posteriormente, esta regra ressurgiu na Medida Provisória 767/2017, que inseriu o §5º no artigo 43 da Lei 8.213/91 passando a prever que "o segurado aposentado por invalidez poderá ser convocado a qualquer momento para avaliação das condições que ensejaram o afastamento ou a aposentadoria, concedida **judicial** ou administrativamente, observado o disposto no art. 101", regramento mantido na Lei 13.457/2017 (agora no §4º do artigo 43 da Lei 8.213/91).

Assim sendo, passou a existir previsão normativa expressa para que o INSS promova a revisão administrativa de aposentadoria por incapacidade permanente concedida judicialmente, salvo nas situações elencadas no artigo 101 da Lei 8.213/91.

De modo curioso, ainda existem decisões novas do STJ que não apreciaram a alteração da Lei 8.213/91 pela Lei 13.457/2017 exigindo ordem judicial para a cessação de aposentadoria por incapacidade permanente concedida judicialmente:

> Processo
>
> **AgInt no AREsp 1778732 / SP**
>
> AGRAVO INTERNO NO AGRAVO EM RECURSO ESPECIAL

2020/0276177-4

Relator(a)

Ministro FRANCISCO FALCÃO (1116)

Órgão Julgador

T2 – SEGUNDA TURMA

Data do Julgamento

31/05/2021

Data da Publicação/Fonte

DJe 02/06/2021

Ementa

PROCESSUAL CIVIL. PREVIDENCIÁRIO. CESSAÇÃO ADMINISTRATIVA. DO BENEFÍCIO. AUXÍLIO-DOENÇA. CONCESSÃO POR MEIO DE DECISÃO JUDICIAL. CANCELAMENTO ADMINISTRATIVO. INADMISSIBILIDADE. NECESSIDADE DE AÇÃO JUDICIAL. I – Trata-se de ação para concessão de auxílio-doença de segurada da Previdência Social. O Juízo de 1º grau de jurisdição julgou o pedido procedente, sendo mantido pelo Tribunal de origem no julgamento da apelação. II – Não merece prosperar a pretensão da parte recorrente em legitimar a "alta programada", sob o fundamento de que a manutenção do benefício concedido depende obrigatoriamente de pedido de prorrogação. III – Com efeito, o Decreto n. 5.844/06 alterou o Regulamento da Previdência Social? RPS (Decreto n. 3.048/99) para acrescentar os §§ 1º a 3º do art. 78, estabelecendo regra para o cancelamento do auxílio-doença, em que, após determinado período de tempo definido em perícia, o benefício é cancelado automaticamente. Tal regra passou a ser denominada "alta programada". IV – O referido decreto possibilita ainda ao segurado o pedido de prorrogação, quando não se sentir capacitado para o trabalho ao fim do prazo estipulado. V – A referida alteração no RPS foi considerada pela jurisprudência desta Corte como contrária ao disposto no art. 62 da Lei n. 8.213/1991, artigo que determina que o benefício seja mantido até que o segurado esteja considerado reabilitado para o exercício de atividade laboral, o que deverá ocorrer mediante procedimento administrativo com contraditório. **VI – A jurisprudência deste Superior Tribunal de Justiça firmou-se no sentido de somente ser possível a revisão da aposentadoria por incapacidade permanente concedida judicialmente mediante outra ação judicial.** A propósito: REsp n. 1.201.503/RS, relatora Ministra Maria Thereza de Assis Moura, Sexta Turma, DJe 26/11/2012, AgRg no REsp n. 1.267.699/ES, relatora Ministra Alderita Ramos de Oliveira, Desembargadora convocada do TJ/PE, Sexta Turma, julgado em 16/5/2013, DJe 28/5/2013. **VII – No mais, o fato de a lei impor à autarquia previdenciária a fiscalização administrativa não afasta a jurisprudência do Superior Tribunal de Justiça, que exige o ajuizamento de demanda perante o Poder Judiciário para o cancelamento do benefício judicialmente conferido.** VIII – Agravo interno improvido.

Desta forma, o cancelamento administrativo de aposentadoria por incapacidade permanente concedida judicialmente passou a ser previsto na Lei 8.213/1991, após a submissão ao procedimento de perícia médica, ressalvadas as situações de isenção de perícia aos maiores de 60 anos de idade, com 55 anos (com percepção do benefício por 15 anos ao menos) e ao portador do HIV, nos termos do artigo 101 e 43, §5º, da Lei 8.213/91, acima estudado.

Por outro lado, a perícia poderá ser feita no aposentado maior de 60 anos, para fins de prova no processo judicial de curatela ou para avaliação do auxílio-acompanhante de 25% sobre a renda da aposentadoria, se o segurado necessitar da assistência permanente de terceira pessoa, podendo este acréscimo ser cancelado se cessado o pressuposto legal mesmo após o segurado ter atingido 60 anos de idade.

Vale frisar que a revisão administrativa decorrente de concessão judicial da aposentadoria por incapacidade permanente é regida pela Portaria INSS/AGU 04, de 10 de setembro de 2014, que revogou expressamente a famosa Orientação Interna INSS/PFE/DIRBEN 76/2003, que disciplinou o tema por mais de uma década.

Posteriormente, a Portaria Conjunta INSS/PGF 1, de 12/01/2017 modificou a Portaria INSS/AGU 04, de 10 de setembro de 2014 para adequá-la aos ditames da MP 767, que foi convertida na Lei 13.457/2017.

É certo que o INSS não poderá descumprir a coisa julgada, mas é igualmente certo que a coisa julgada submete-se à cláusula *rebus sic stantibus*, pois a alteração fática permite a revisão administrativa pelo INSS nos casos de recuperação da capacidade laborativa do aposentado, respeitado o Princípio do Contraditório.

Nesse sentido, as ações de assistência técnica e de revisão administrativa dos benefícios judiciais deverão ser coordenadas regionalmente por Perito Médico Previdenciário, Supervisor Médico Pericial ou Médico Perito da Previdência Social especificamente indicado para o encargo.

A revisão administrativa de benefícios por incapacidade será realizada pelos peritos médicos do INSS com o intuito de verificar a existência de incapacidade laboral atual, observado o disposto no art. 71 da Lei nº 8.212/1991 e no art. 101 da Lei nº 8.213/1991, devendo, na realização da perícia, ser verificados os dados da perícia médica do INSS, documentos e exames médicos apresentados pelo segurado, bem como suas alegações.

A perícia será orientada por critérios exclusivamente médicos, não sendo cabível a alteração de datas técnicas referentes à data do início da doença (DID), data do início da incapacidade (DII) e data do início do benefício (DIB), decorrentes do processo judicial que originou a concessão ou reativação do benefício, nem retroagir a data de cessação do benefício (DCB) para data anterior à realização do exame (DRE).

Sendo constatada a incapacidade do segurado por moléstia diversa da reconhecida judicialmente, a CID do benefício poderá ser alterada, sendo que a ausência de informações referentes à concessão ou reativação do benefício não impedirá a realização da avaliação da incapacidade, situação em que o INSS considerará preenchidos os requisitos qualidade de segurado e carência, mediante a fixação da data do início da doença (DID) e data de início da incapacidade (DII) na data informada judicialmente como início do benefício (DIB).

A implantação ou reativação do benefício de auxílio-doença considerará a DCB fixada na decisão judicial ou na lei, permitindo-se o pedido de prorrogação perante o INSS.

Ressalvado o estabelecido em eventual parecer de força executória do órgão de execução da PGF, o INSS poderá convocar o segurado, para a revisão do benefício a qualquer tempo, preferencialmente após o decurso dos seguintes prazos[33]:

> I – 120 (cento e vinte) dias do ato de implantação ou reativação do benefício, em se tratando de auxílio-doença;
>
> II – 2 (dois) anos do ato de implantação ou reativação da aposentadoria por incapacidade permanente.

Em caso de não comparecimento do segurado na data agendada para a revisão administrativa, o benefício será suspenso, em conformidade com os arts. 46 e 77, ambos do Regulamento do Regime Geral de Previdência Social, aprovado pelo Decreto nº 3.048, de 6 de maio de 1999.

Não será convocado para realização de perícia o aposentado por incapacidade permanente que tenha completado 60 (sessenta) anos de idade, exceto nas hipóteses do § 2º do art. 101 da Lei nº 8.213/1991.

Outrossim, a Lei 13.457/2017 criou outra situação de isenção de perícia para os aposentados por incapacidade permanente, após estes completarem **cinquenta e cinco anos ou mais de idade** e quando decorridos **quinze anos** da data da concessão da **aposentadoria por invalidez ou do auxílio-doença** que a precedeu.

A conclusão da perícia médica poderá ensejar os seguintes procedimentos administrativos, conforme determina o art. 71 da Lei nº 8.212/1991, facultando-se ao segurado a interposição de recurso administrativo:

> I – constatada a persistência de incapacidade temporária que enseje a manutenção do auxílio-doença, o benefício será mantido pelo prazo necessário à recuperação

33. O INSS poderá realizar a revisão do benefício em prazo inferior ao previsto nos incisos I e II na hipótese de ocorrência de fato que indique a necessidade de sua realização.

da capacidade, observadas as mesmas regras aplicáveis aos benefícios mantidos administrativamente pelo INSS;

II – constatada a existência de incapacidade total e permanente do segurado para o trabalho, o benefício de auxílio-doença concedido ou reativado judicialmente será convertido em aposentadoria por invalidez;

III – constatada a consolidação das lesões decorrentes de acidente de qualquer natureza, que resultaram sequelas que impliquem redução da capacidade para o trabalho que habitualmente exercia, o auxílio-doença será cessado e concedido o auxílio-acidente;

IV – reconhecida a incapacidade parcial ou total para o trabalho e sendo possível a reabilitação profissional, o segurado deverá ser encaminhado para avaliação de elegibilidade junto ao Programa de Reabilitação Profissional, observada a manutenção prevista no inciso V;

V – constatada a ausência de incapacidade laboral atual do segurado, observado o disposto no art. 9º, o benefício será cessado, aplicando-se às cessações do benefício de aposentadoria por invalidez o disposto no art. 47 da Lei nº 8.213/1991.

Identificada dúvida jurídica por parte do INSS, devidamente fundamentada, poderá ser submetida consulta à Procuradora Federal Especializada junto ao INSS, observados os atos normativos próprios.

Nos termos da Lei 12.896/2013, **é assegurado ao idoso enfermo o atendimento domiciliar pela perícia médica do Instituto Nacional do Seguro Social – INSS**, pelo serviço público de saúde ou pelo serviço privado de saúde, contratado ou conveniado, que integre o Sistema Único de Saúde – SUS, para expedição do laudo de saúde necessário ao exercício de seus direitos sociais e de isenção tributária.

Com o advento da **Lei 14.724, de 14.11.2023**, a possibilidade de concessão de benefício por telemedicina ou por análise documental foi estendida à **aposentadoria por incapacidade permanente** em razão da alteração do artigo 43 da Lei 8.213/91:

"§ 1º-A. O exame médico-pericial previsto no § 1º deste artigo poderá ser realizado com o uso de tecnologia de telemedicina ou por análise documental conforme situações e requisitos definidos em regulamento".

Coube à **Portaria MPS 674 de 05/03/2024** regulamentar o uso da vídeo perícia, que se limitará às unidades de atendimento consideradas como de difícil provimento de peritos médicos, bem como aquelas com tempo de espera elevado, a serem definidas em ato complementar da Secretaria de Regime Geral de Previdência Social (SRGPS)

A sua utilização abarcará pedidos de concessão de benefícios por incapacidade laboral; revisão administrativa de benefícios por incapacidade laboral, auxílio-acidente e pensão por morte de dependente inválido; pedidos de concessão de BPC/LOAS da pessoa com deficiência e aposentadorias das pessoas com deficiência e até mesmo perícia médica para isenção de Imposto de Renda:

> *"Art. 2º Poderão ser realizados com a utilização de tecnologia de telemedicina os exames médico-periciais relativos:*
>
> ***I - à aposentadoria por incapacidade permanente, conforme §1º-A do art. 42 da Lei n.º 8.213, de 24 de julho de 1991;***
>
> *II - ao auxílio por incapacidade temporária, conforme §11-A do art. 60 da Lei n.º 8.213, de 24 de julho de 1991;*
>
> *III - à perícia médica de reavaliação, conforme §6º do art. 101 da Lei n.º 8.213, de 24 de julho de 1991;*
>
> *IV - ao Benefício de Prestação Continuada à pessoa com deficiência, conforme §2º no art. 40-B da Lei n.º 8.742/1993;*
>
> *V - à avaliação biopsicossocial da deficiência, conforme §3º do art. 2º da Lei n.º 13.146, de 6de julho de 2015; e*
>
> *VI - às demais perícias médicas de que trata o §3º do art. 30 da Lei n.º 11.907, de 2 de fevereiro de 2009.*
>
> *Parágrafo único. A análise documental poderá ser combinada à tecnologia de telemedicina para a execução dos exames médico-periciais de que tratam os incisos do art. 2º."*

Chama a atenção o parágrafo único do artigo 2º, que permite a criação de um modelo híbrido combinando a análise documental com a telemedicina.

Até a revogação da IN INSS 77/2015, constatada a capacidade para o trabalho, o segurado ou seu representante legal deverá ser notificado por escrito para, se não concordar com a decisão, requerer novo exame médico-pericial no prazo de trinta dias, que será realizado por profissional diferente daquele que efetuou o último exame[34].

Agora, a contar de 29/03/2022, constatada a capacidade para o trabalho, o segurado ou seu representante legal deverá ser notificado e o benefício cessado, independentemente da existência de interdição judicial, na forma do artigo 330, §1º, da Instrução Normativa INSS 128/2022.

Todavia, **a realização de cirurgia e de transfusão de sangue é facultativa**, sendo defeso que o INSS condicione o pagamento do benefício à sujeição a esses procedimentos.

No **Tema 272**, em 10/02/2022, a TNU analisou *"se a circunstância de o laudo pericial judicial ter registrado a possibilidade de recuperação laborativa*

---

34. Artigo 222, §1º, da revogada Instrução Normativa INSS 77/2015.

condicionada à realização de procedimento cirúrgico, ao qual o segurado não está obrigado a se submeter, autoriza a concessão de aposentadoria por invalidez".

Restou fixada a tese no sentido de que ***"a circunstância de a recuperação da capacidade depender de intervenção cirúrgica não autoriza, automaticamente, a concessão de aposentadoria por invalidez (aposentadoria por incapacidade permanente), sendo necessário verificar a inviabilidade de reabilitação profissional, consideradas as condições pessoais do segurado, e a sua manifestação inequívoca a respeito da recusa ao procedimento cirúrgico".***

Dessa forma, se houver possibilidade de recuperação da capacidade laboral após a realização de procedimento cirúrgico, será necessário colher manifestação do segurado sobre a sua decisão em se submeter ou não à cirurgia, considerando que se trata de direito do segurado negar o procedimento cirúrgico, à luz do artigo 101 da Lei 8.213/91.

Uma vez rejeitada por expresso a cirurgia, sendo incabível reabilitação profissional, o benefício adequado será a aposentadoria por incapacidade permanente. Por outro lado, caso o segurado decida se submeter ao procedimento cirúrgico, deverá ser concedido auxílio por incapacidade temporária, se possível a recuperação para o exercício de profissão que lhe garanta a subsistência após a promoção da cirurgia.

. (Incluído pela Lei nº 9.983, de 2000)

Parágrafo único. As penas são aumentadas de um terço até a metade se da modificação ou alteração resulta dano para a Administração Pública ou para o administrado.(Incluído pela Lei nº 9.983, de 2000)

As situações acima referidas implicarão o bloqueio imediato do pagamento e a suspensão do benefício. Os requisitos de aplicação das medidas cautelares em comento, observado o devido processo legal, serão disciplinados na forma de regulamento.

Coube à Resolução INSS 712/2019 instituir a **Estratégia Nacional Antifraude Previdenciária (ENAP)**, no âmbito do INSS, fundada:

I - nos princípios constitucionais da administração pública;

II - na preservação do patrimônio público, material e imaterial;

III - na sustentabilidade do Regime Geral de Previdência Social;

IV - no respeito aos direitos e às garantias do cidadão;

V - no repúdio a fraudes e atos de corrupção;

VI - na cooperação institucional; e

VII - na ética e na integridade.

Devem ser desenvolvidas no âmbito da ENAP as seguintes ações:

I - o desenvolvimento do Programa Especial para Análise de Benefícios com Indícios de Irregularidade - Programa Especial, de que trata a Lei nº 13.846, de 18 de junho de 2019;

II - a execução das atividades no âmbito da Central Especializada de Alta Performance para Análise de Processos com Indícios de Irregularidade - CEAP - ANTIFRAUDE - MOB, de que trata a Resolução nº 681/PRES/INSS, de 24 de maio de 2019;

a) do Sistema de Verificação de Conformidade da Folha de Pagamento de Benefícios -

SVCBEN;

b) do Painel de Qualidade de Dados do Pagamento de Benefícios - QDBEN; e

c) do Sistema Monitoramento Operacional de Benefícios Digital - MOB Digital.

IV - a reestruturação da Coordenação-Geral de Monitoramento e Controle de Benefícios -CGMOB;

V - a qualificação dos dados de pessoas físicas constantes do Cadastro Nacional de Informações Sociais - CNIS;

VI - a implantação de ferramenta eletrônica para a identificação dos beneficiários com o uso de biometria ou outro meio que assegure o seu reconhecimento, inclusive para a realização da comprovação anual de vida;

VII - o monitoramento do tempo de comunicação dos registros de nascimentos, natimortos, casamentos, óbitos, averbações, anotações e retificações, encaminhadas ao INSS pelos cartórios de registro civil de pessoas naturais;

VIII - a revisão de acordos de cooperação firmados para a intermediação de serviços a beneficiários do INSS que sejam objeto de elevados índices de reclamação por irregularidades ou condutas lesivas praticadas;

IX - a instituição do programa de integridade;

X - a reinstalação da comissão de ética do INSS;

XI - a implementação da política de gestão de riscos; e

XII - a instituição do sistema de governança do INSS.

9. PROGRAMA DE REVISÃO DE BENEFÍCIOS POR INCAPACIDADE LABORAL – PRBI ("PENTE FINO")

De acordo com o artigo 1º, da Lei 13.846/2019, fica instituídos, no âmbito do Instituto Nacional do Seguro Social (INSS) o Programa de Revisão de Benefícios por Incapacidade (Programa de Revisão), com o objetivo de revisar os benefícios por incapacidade mantidos sem perícia pelo INSS por período superior a 6 (seis) meses e que não possuam data de cessação estipulada ou indicação de reabilitação profissional.

É certo que o INSS deve rever de modo periódico a concessão dos benefícios por incapacidade laboral, em especial o auxílio por incapacidade laboral, com lastro no artigo 69[35] da Lei 8.212/91 e nas seguintes regras da Lei 8.213/91:

> *"Art. 43. § 4º* ***O segurado aposentado por invalidez poderá ser convocado a qualquer momento para avaliação das condições que ensejaram o afastamento ou a aposentadoria, concedida judicial ou administrativamente, observado o disposto no art. 101 desta Lei.*** *(Incluído pela Lei nº 13.457, de 2017)*
>
> ***Art. 60 § 10. O segurado em gozo de auxílio-doença, concedido judicial ou administrativamente, poderá ser convocado a qualquer momento para avaliação das condições que ensejaram sua concessão ou manutenção, observado o disposto no art. 101 desta Lei. (Incluído pela Lei nº 13.457, de 2017)***
>
> *"Art. 101. O segurado em gozo de auxílio por incapacidade temporária,* ***auxílio-acidente*** *ou aposentadoria por incapacidade permanente e o pensionista inválido, cujos benefícios tenham sido concedidos* ***judicial*** *ou administrativamente, estão obrigados, sob pena de suspensão do benefício, a submeter-se a: (redação dada pela MP 1.113/2022 convertida na Lei 14.441/2022).*
>
> *I - exame médico a cargo da Previdência Social para avaliação das condições que ensejaram sua concessão ou manutenção;*
>
> *II - processo de reabilitação profissional por ela prescrito e custeado; e*
>
> *III - tratamento dispensado gratuitamente, exceto o cirúrgico e a transfusão de sangue, que são facultativos".*

Não obstante isto, até o final de 2022, foi criado o Programa de Revisão de Benefícios por Incapacidade (Programa de Revisão), que popularmente passou a ser conhecido como "pente fino do auxílio-doença".

A prorrogação até 31/12/2022 se deu através PORTARIA ME Nº 423, DE 29 DE DEZEMBRO DE 2020, sendo pago por perícia extra um bônus aos peritos médicos federais.

Integrarão o Programa de Revisão, nos termos da MP 1.113/2022, convertida na Lei 14.441/2022:

> I - o acompanhamento por médico perito de processos judiciais de benefícios por incapacidade; e
>
> II - o exame médico pericial presencial realizado nas unidades de atendimento da Previdência Social quando o prazo máximo cujo prazo máximo de agendamento de perícia médica for superior a quarenta e cinco dias.

35. **Art. 69. O INSS manterá programa permanente de revisão da concessão e da manutenção dos benefícios por ele administrados, a fim de apurar irregularidades ou erros materiais.** **(Redação dada pela Lei nº 13.846, de 2019).**

A TNU firmou tese no sentido da possibilidade da revisão administrativa de benefícios por incapacidade concedidos judicialmente, considerando a possibilidade de fato novo não impedido da cessação (recuperação do segurado), conforme expressa autorização da Lei 13.457/2017:

> Tema 164 TNU
>
> PEDILEF 0500774-49.2016.4.05.8305/PE
>
> 19/04/2018
>
> Por não vislumbrar ilegalidade na fixação de data estimada para a cessação do auxílio-doença, ou mesmo na convocação do segurado para nova avaliação da persistência das condições que levaram à concessão do benefício na via judicial, a Turma Nacional de Uniformização, por unanimidade, firmou as seguintes teses: a) os benefícios de auxílio-doença concedidos judicial ou administrativamente, sem Data de Cessação de Benefício (DCB), ainda que anteriormente à edição da MP nº 739/2016, podem ser objeto de revisão administrativa, na forma e prazos previstos em lei e demais normas que regulamentam a matéria, por meio de prévia convocação dos segurados pelo INSS, para avaliar se persistem os motivos de concessão do benefício;
>
> b) os benefícios concedidos, reativados ou prorrogados posteriormente à publicação da MP nº 767/2017, convertida na Lei n.º 13.457/17, devem, nos termos da lei, ter a sua DCB fixada, sendo desnecessária, nesses casos, a realização de nova perícia para a cessação do benefício; c) em qualquer caso, o segurado poderá pedir a prorrogação do benefício, com garantia de pagamento até a realização da perícia médica."

Não obstante isto, o STJ ainda possui precedentes em sentido contrário, exigindo autorização judicial:

> AgInt no AREsp **1778732** / SP AGRAVO INTERNO NO AGRAVO EM RECURSO ESPECIAL 2020/0276177-4
>
> **Relator(a)**
>
> Ministro FRANCISCO FALCÃO (1116)
>
> **Órgão Julgador**
>
> T2 - SEGUNDA TURMA
>
> **Data do Julgamento**
>
> 31/05/2021
>
> **Data da Publicação/Fonte**
>
> DJe 02/06/2021
>
> **PROCESSUAL CIVIL. PREVIDENCIÁRIO. CESSAÇÃO ADMINISTRATIVA. DO BENEFÍCIO. AUXÍLIO-DOENÇA. CONCESSÃO POR MEIO DE DECISÃO JUDICIAL. CANCELAMENTO. ADMINISTRATIVO. INADMISSIBILIDADE. NECESSIDADE DE AÇÃO JUDICIAL.**

Processo
AREsp 1734777 / SC AGRAVO EM RECURSO ESPECIAL 2020/0188698-4
Relator(a)
Ministro HERMAN BENJAMIN (1132)
Órgão Julgador
T2 - SEGUNDA TURMA
Data do Julgamento
01/12/2020
Data da Publicação/Fonte
DJe 18/12/2020
PREVIDENCIÁRIO. AGRAVO EM RECURSO ESPECIAL. AUXÍLIO-DOENÇA. FIXAÇÃO DE DATA DE CESSAÇÃO. CRIAÇÃO DA DENOMINADA "ALTA PROGRAMADA". ILEGALIDADE. JURISPRUDÊNCIA DO STJ. 1. Cinge-se a controvérsia a determinar se é possível fixar termo final do pagamento do benefício de auxílio-doença, sem que a Autarquia realize nova perícia médica antes do cancelamento do benefício a fim de verificar o restabelecimento do segurado. 2. O acórdão recorrido está no mesmo sentido da compreensão do STJ de que não é possível o cancelamento automático do benefício auxílio-doença por intermédio do mecanismo da alta programada, sem que haja prévio e devido procedimento administrativo perante o I SS. Nesse sentido: REsp 1.597.725/MT, Rel. Ministro Herman Benjamin, Segunda Turma, DJe 1º/7/2019; AgInt no AREsp 968.191/MG, Rel. Ministro Mauro Campbell Marques, Segunda Turma, DJe 20/10/2017; AgInt no REsp 1.601.741/MT, Rel. Ministro Napoleão Nunes Maia Filho, Primeira Turma, DJe 26/10/2017. 3. Agravo conhecido para negar provimento ao Recurso Especial.

Mas é possível localizar decisões no STJ permitindo, embora mais raras:

Processo
AgInt no AREsp **1642823** / RS
AGRAVO INTERNO NO AGRAVO EM RECURSO ESPECIAL
2019/0379656-9
Relator(a)
Ministro FRANCISCO FALCÃO (1116)
Órgão Julgador
T2 - SEGUNDA TURMA
Data do Julgamento
19/10/2020
PREVIDENCIÁRIO. AUXÍLIO-DOENÇA. INSS. ART. 1.022 DO CPC/2015. OMISSÃO NA APRECIAÇÃO DA LEGISLAÇÃO. BENEFÍCIO DEFERIDO JUDICIALMENTE APÓS 120 DIAS DA DATA DA CONCESSÃO. OMISSÃO INEXISTENTE. MERA IRRESIGNAÇÃO. ART. 71 DA LEI N. 8.212/91. ARTS.

59, 60, § 9º E 101 DA LEI N. 8.213/91. RAZÕES RECURSAIS DISSOCIADAS DOS FUNDAMENTOS DO ACÓRDÃO RECORRIDO. POSSIBILIDADE DE A AUTARQUIA REALIZAR REVISÃO PERIÓDICA. CAPACIDADE LABORATIVA DO SEGURADO. QUALQUER CASSAÇÃO DO BENEFÍCIO DEVE SER COMUNICADA AO JUÍZO. NÃO IMPOSIÇÃO DE PARTICIPAÇÃO JUDICIAL PARA ALÉM DO TRÂNSITO EM JULGADO DO FEITO. SÚMULA N. 284/STF. DEVIDO PROCESSO LEGAL.

> **DICA: Na revisão administrativa de benefícios por incapacidade laboral com concessão judicial, deve sempre ser avaliado o conteúdo da decisão, especialmente se o juiz fixou prazo mínimo do benefício ativo e algum condicionante ou impedimento para a sua cessação pela revisão da Autarquia, a exemplo do juiz que decreta a invalidade da COPES ou que exige expressa autorização judicial para a cessação, quer na mesma ação ou em nova ação, se houver arquivamento pela coisa julgada.**

Eis a principal regulamentação Ministerial do Programa de Revisão de Benefícios por Incapacidade Laboral:

ORIENTAÇÃO INTERNA SPREV/SEPRT 3, DE 2 DE SETEMBRO DE 2019, ALTERADA PELA ORIENTAÇÃO INTERNA SPREV/SEPRT Nº 3, DE 8 DE JUNHO DE 2021:

Dispõe sobre os procedimentos técnicos-operacionais para a realização das perícias extraordinárias do Programa de Revisão de Benefícios por Incapacidade - Programa de Revisão, a que se refere o inciso I §1º do art. 10 da Lei n.º 13.846, de 18 de junho de 2019.

Art. 1º Ficam disciplinados os procedimentos técnicos-operacionais a serem executados pela Diretoria de Benefícios - DIRBEN do Instituto Nacional do Seguro Social - INSS e pela Subsecretaria de Perícia Médica Federal – SPMF para a realização das perícias médicas extraordinárias de que trata o inciso I do §1º do art. 10 da Lei n.º 13.846, de 18 de junho de 2019, no âmbito do Programa de Revisão de Benefícios por Incapacidade - Programa de Revisão.

Art. 2º A DIRBEN deverá selecionar os benefícios a serem revisados, aplicando os seguintes critérios cumulativos:

I - benefícios por incapacidade das espécies "31 - Auxílio-Doença previdenciário", "91 - Auxílio-Doença por acidente do trabalho", "10 – Auxílio-doença por acidente do trabalho do trabalhador rural" e "13 - Auxílio-doença do trabalhador rural"

II - data da última perícia médica e Data de Início do Benefício - DIB maior que 6 (seis) meses anteriores à Data de Apuração da Seleção;

III - benefícios sem Data de Cessação do Benefício - DCB informada;

IV - benefícios com informação diferente de "Recebe PA";

V – REVOGADO e,

VI - benefícios com status de manutenção "Ativo".

§1º A Data de Apuração da Seleção será o primeiro dia de cada mês e deverá ser apurada mensalmente.

§2º A seleção a que se refere o *caput* deverá ser processada pela Empresa de Tecnologia da Previdência Social - Dataprev, que gerará o arquivo eletrônico "AAAA-MM-DD_Selecionados_PRBI-I.csv".

§3º O arquivo eletrônico referido no §2º deverá conter todos os campos de informação dos benefícios selecionados disponíveis nas funcionalidades INFBEN, TITULA e CONBAS do Sistema Único de Benefícios - SUB.

§4º Após a extração, a DATAPREV deverá disponibilizar o arquivo eletrônico de que trata o §2º, mensalmente, à SPMF e à DIRBEN, em até 10 (dez) dias após a Data de Apuração da Seleção, em mídia óptica, em File Tranfer Protocol – FTP ou em outros meios seguros de interoperabilidade.

§5º Não constarão das seleções subsequentes os benefícios que foram selecionados e priorizados para comunicação aos segurados, na forma do arts. 3º e 4º.

CAPÍTULO II

DA NOTIFICAÇÃO DOS SEGURADOS

Art. 3º A SPMF deverá aplicar a priorização de notificação dos selecionados conforme os seguintes critérios:

I - capacidade operacional de atendimento de perícia médica extraordinária para o período de 180 (cento e oitenta) dias, conforme adesão dos peritos médicos federais ao Programa de Revisão;

II - idade do beneficiário, na ordem da menor para a maior; e,

III - tempo de manutenção do benefício, do maior para o menor.

§1º A priorização a que se refere o *caput* deverá ser processada pela Coordenação-Geral de Avaliação da Perícia Médica - CGAPM, que gerará o arquivo eletrônico "AAAA-MM-DD_Notificação_PRBI-I.csv".

§2º O arquivo eletrônico referido no parágrafo anterior deverá conter os campos de "Número de Benefício - NB", "Nome do Titular", "Endereço", "Cidade", "Estado", "País" e "CEP", bem como todos os textos padrões de notificação, e será disponibilizado à DIRBEN em mídia óptica, em File Tranfer Protocol – FTP ou em outros meios seguros de interoperabilidade, em até 05 (cinco) dias após o recebimento do arquivo de que tratam os §§2º ao 4º do art. 2º.

Art. 4º O INSS deverá notificar o segurado, em até 10 (dez) dias após o recebimento do arquivo de que tratam os §§1º e 2º do artigo 3º, da necessidade de realização de agendamento pelos seguintes meios de comunicação:

~~I - por via postal, por carta simples, considerado o endereço constante do cadastro do benefício;~~ (A NOTIFICAÇÃO VIA POSTAL FOI EXTINTA PELA LEI 14.973/2024

II - por rede bancária, considerando o órgão pagador do benefício, quando tal notificação estiver disponível;

III - por meio eletrônico, conforme previsto em regulamento.

Parágrafo único. Será considerada prova suficiente da notificação aviso de recebimento emitido pelos Correios, na modalidade física ou eletrônica, conforme previsão contida no inciso II do §2º do art. 69 da Lei nº 8.212, de 24 de julho de 1991.

Art. 5º O INSS deverá disponibilizar à SPMF, em até 15 (quinze) dias da data do envio da notificação, o arquivo eletrônico "AAAA-MM DD_Convocados_PRBI-I.csv".

Parágrafo único. O arquivo eletrônico referido no *caput* deverá conter os campos de "Número de Benefício - NB", "Número do Objeto" e "Situação do

Objeto" e será disponibilizado em mídia óptica, em File Tranfer Protocol - FTP ou em outros meios seguros de interoperabilidade.

~~Art. 6º A SPMF certificará o não atendimento à notificação de que trata o art. 4º e solicitará ao INSS a publicação de edital no Diário Oficial da União - DOU, conforme estabelecido no inciso IV do §2º do art. 69 da Lei nº 8.212, de 1991.~~ (A NOTIFICAÇÃO VIA EDITAL FOI EXTINTA PELA LEI 14.973/2024

~~Parágrafo único. A Coordenação-Geral de Avaliação da Perícia Médica encaminhará ao INSS minuta do edital de que trata o *caput*, em até 5 (cinco) dias do prazo estabelecido no art. 5º, por meio do arquivo eletrônico "AAAA-MMDD_ Edital_PRBI-I.doc", contendo o "Número de Benefício - NB" e "Nome do Titular" em ordem alfabética, bem como o texto padrão de notificação e será disponibilizado em mídia óptica, em File Tranfer Protocol - FTP ou em outros meios seguros de interoperabilidade.~~

~~Art. 7º Considerar-se-ão notificados por edital os beneficiários a partir do 1º (primeiro) dia útil após o prazo de 15 (quinze) dias da data de sua publicação.~~

CAPÍTULO III

DO AGENDAMENTO DA PERÍCIA MÉDICA REVISIONAL

"Art. 8º O segurado deverá solicitar o agendamento da perícia médica revisional por meio do card "Agende sua Perícia Médica", do sítio eletrônico

www.meu.inss.gov.br, ou assistido pela Central de Teleatendimento 135, em **até 30 (trinta) dias após sua notificação.**

§1º revogado

§2º revogado

§3º A categoria do segurado será aquela constante do cadastro do beneficiário, informado no arquivo eletrônico referido no §2º do art. 2º.

Art. 9º A oferta de vagas para o agendamento da perícia médica revisional será configurada pela Coordenação-Geral de Gerenciamento da Perícia Médica - CG-GPM, obedecendo a capacidade operacional de perícias médicas extraordinárias e com prazo máximo de 180 (cento e oitenta) dias, conforme estabelecido na Portaria SPREV nº 24, de 24 de junho de 2019.

CAPÍTULO IV

DA REALIZAÇÃO DA PERÍCIA MÉDICA REVISIONAL

Art. 10. Para fins de realização da perícia, as unidades de atendimento do INSS, na triagem, distribuirão senhas de atendimento, por meio do Sistema de

Atendimento - SAT, seguindo todas as regras de atendimento estabelecidas.

§1º Deverão ser fornecidas ao INSS as informações necessárias para a operacionalização da triagem, em especial a vinculação do segurado ao Perito

Médico Federal designado para o atendimento.

§2º O INSS deverá fornecer todas as condições necessárias para a realização das perícias médicas revisionais nas datas e nos horários agendados.

Art. 11. As perícias médicas revisionais serão registradas no sistema SABI, pela aba PRBI, na data e na hora agendada, e serão controladas pelo sistema de tarefas PMF-Tarefas, acessível pelo sítio eletrônico www-pmf-tarefas/.

§1º O perito médico federal deverá informar todos os campos de preenchimento obrigatório da tarefa agendada no PMF-Tarefas.

§2º Caso não seja possível realizar a perícia médica revisional no sistema SABI, poderá ser realizada no Laudo Pericial Médico constante na tarefa do PMFTarefas, mediante registro de justificativa.

§3º A DATAPREV gerará arquivo eletrônico dos Laudos Periciais Médicos que atenda aos requisitos do sistema de manutenção dos benefícios do INSS.

CAPÍTULO V

DAS INFORMAÇÕES AO SEGURADO

Art. 12. Todas as informações sobre a situação da convocação do benefício selecionado para revisão estarão disponíveis para consulta do segurado por meio do card "Agende sua Perícia Médica", do sítio eletrônico www.meu.inss.gov.br, e pelos demais canais de atendimento do INSS.

Art. 13. O comunicado do resultado da perícia médica revisional estará disponível por meio do card "Resultado de Requerimento/Benefício por Incapacidade", do sítio eletrônico www.meu.inss.gov.br, e pelos demais de atendimento do INSS, obedecendo o fluxo e as regras já estabelecidas pelo INSS.

...

CAPÍTULO VII

DA SUSPENSÃO E DA REATIVAÇÃO DO BENEFÍCIO

Art. 16. A SPMF verificará se houve atendimento aos requisitos da convocação e enviará ao INSS documento para suspensão provisória do benefício, na forma do art. 69 da Lei nº 8.212, de 1991.

§1º O documento a que se refere o caput deverá ser processado e enviado ao INSS pela Coordenação-Geral de Avaliação da Perícia Médica, que gerará o arquivo eletrônico "AAAA-MM-DD_Suspensao_PRBI-I.doc", que deverá conter "Número de Benefício - NB", "Nome do Titular" e "Motivo da Suspensão", a ser disponibilizado em mídia óptica, em File Tranfer Protocol - FTP ou em outros meios seguros de interoperabilidade.

§2º O INSS deverá efetivar o processamento da suspensão provisória do benefício quando do recebimento do arquivo eletrônico de que trata o §1º.

Art. 17. Verificado o atendimento aos requisitos de atendimento à convocação do beneficiário em data posterior à suspensão de que trata o art. 15, pelas unidades

de atendimento do INSS ou pela SPMF, o benefício deverá ser reativado até que seja realizada a perícia revisional.

§1º Verificado o disposto no caput pela SPMF, esta deverá comunicar o fato ao INSS, por meio da Coordenação-Geral de Avaliação da Perícia Médica, que gerará o arquivo eletrônico "AAAA-MM-DD_Reativacao_PRBI-I.doc", que deverá conter o "Número de Benefício - NB", "Nome do Titular" e "Motivo da Reativação" e será disponibilizado em mídia óptica, em File Tranfer Protocol - FTP ou em outros meios seguros de interoperabilidade.

§2º O INSS deverá efetivar o processamento da reativação do benefício quando do recebimento do arquivo eletrônico de que trata o §1º.

CAPÍTULO VIII

DAS DISPOSIÇÕES FINAIS

Art. 18. Os demais procedimentos necessários ao cumprimento do Programa de Revisão deverão observar as diretrizes e procedimentos estabelecidos na Portaria SEPRT nº 617, de 24 de junho de 2019 (NADA DE NOVO), e na Portaria SPREV nº 24[36], de 24 de junho de 2019 (VIDE PONTOS NOVOS), **e em outros regramentos estabelecidos pelo INSS** e pela SPREV, que poderão editar atos complementares, no exercício de suas atribuições operacionais.

§ 2º Caso a ausência não seja informada em tempo hábil, o chefe imediato deverá solicitar a realização dos agendamentos de responsabilidade do ausente pelos demais participantes presentes na unidade.

Art. 19. Todas as informações de monitoramento e de acompanhamento quanto aos procedimentos desta portaria serão consolidadas e fornecidas, exclusivamente, pela Coordenação-Geral de Avaliação da Perícia Médica da SPMF, com subsídios fornecidos pelo INSS, quando necessários.

Art. 20. O envio das primeiras notificações aos segurados deverá ser iniciado em até 30 (trinta) dias após a publicação desta portaria.

Art. 21. A SPREV e o INSS adotarão, no âmbito de suas atribuições, todas as providências necessárias para que a DATAPREV promova as adequações nos sistemas

---

36. **PORTARIA Nº 24, DE 24 DE JUNHO DE 2019**

Institui o Programa de Revisão de Benefícios por Incapacidade - Programa de Revisão, no âmbito da Subsecretaria da Perícia Médica Federal da Secretaria de Previdência, que regulamenta a capacidade operacional regular do perito médico federal e estabelece diretrizes e procedimentos.

Art. 28. As datas de agendamentos serão 07 (sete) dias posteriores às datas dos requerimentos, a fim de que possa ser organizada a semana de trabalho do participante do Programa de Revisão.

Art. 29. Os requerentes terão tolerância de 15 (quinze) minutos de atraso. Após o prazo de tolerância, seu agendamento será cancelado, sendo vedada a entrega de senha para atendimento.

Art. 30. O participante sempre deverá informar a impossibilidade de comparecer na data em que houver agendamento à chefia imediata em tempo hábil.

§ 1º Na ausência do participante, a ser informada em tempo hábil, será registrado o afastamento no sistema PMF-Gestão e retirada a atribuição de responsável pelo agendamento no PMF-Tarefas.

relacionados à operacionalização do disposto neste ato, visando sua automatização e integração.

Art. 22. A responsabilidade do INSS e da SPMF pela operacionalização do PRBI será limitada a suas respectivas atribuições.

Art. 23. Esta Orientação Interna será encaminhada ao INSS que, se necessário, editará ato complementar, no exercício de suas atribuições operacionais.

Art. 24. Esta Orientação Interna entra em vigor na data de sua assinatura, devendo ser publicada no Boletim Eletrônico de Pessoal e Serviço.

Eis, agora, o procedimento complementar fixado pelo INSS na **PORTARIA DIRBEN/INSS Nº 914, DE 06 DE AGOSTO DE 2021:**

Art. 1º Ficam disciplinados os procedimentos de operacionalização a serem observados nos processos de revisão de benefícios previdenciários por incapacidade de longa duração, de que trata a Lei 13.846, de 18 de junho de 2019, nos termos desta Portaria.

Art. 2º Os benefícios serão selecionados para revisão de acordo com os critérios cumulativos estabelecidos na Orientação Interna SPREV/SEPRT Nº 03, de 02 setembro de 2019, alterada pela Orientação Interna SPREV/SEPRT Nº 03, de 08 junho de 2021.

Parágrafo único. As convocações para a revisão de que trata o *caput* serão realizadas mediante envio, pela Direção Central do INSS, de carta com aviso de recebimento digital para o endereço constante no cadastro do benefício.

Art. 3º A configuração das agendas será realizada pela Subsecretaria de Perícia Médica Federal – SPMF, com abertura de vagas para o serviço "Perícia médica em benefício selecionado por campanha revisional".

Parágrafo Único. Para os casos em que o segurado que tenha sido selecionado para realização de revisão no âmbito do PRBI, os sistemas de agendamento foram configurados para não permitir o requerimento de qualquer outro serviço de perícia médica, enquanto não for agendado o atendimento do PRBI.

Art. 4º Após o recebimento da carta, o beneficiário terá 30 (trinta) dias para agendar sua perícia médica, por meio da opção "Agendar Perícia", diretamente no sítio eletrônico www.meu.inss.gov.br, ou com o auxílio da Central de Teleatendimento do INSS, pelo telefone 135.

§ 1º Será oportunizado ao segurado a escolha do local de atendimento quando do agendamento do serviço, independentemente da Agência da Previdência Social - APS responsável pela manutenção do benefício.

§ 2º Excepcionalmente, será permitida 1 (uma) remarcação por iniciativa do segurado, devidamente justificada, desde que solicitada até um 1 (um) dia antes da data prevista para atendimento da perícia médica.

§ 3º No caso de não atendimento da convocação no prazo estabelecido no *caput*, o benefício será suspenso, em conformidade com o art. 77 do Regulamento da Previdência Social, aprovado pelo Decreto nº 3.048, de 6 de maio de 1999.

§ 4º Quando da realização do agendamento, após a suspensão de que trata o § 3º, o benefício será reativado, desde que não esteja cessado definitivamente.

§ 5º Caso o segurado não realize o agendamento, após 60 (sessenta) dias da suspensão realizada nos termos do § 3º, a situação do benefício poderá ser convertida em cessação definitiva.

Art. 5º Quando do comparecimento do segurado, no dia agendado, para o atendimento pericial, a APS deverá emitir a senha para o serviço "Perícia Médica em Benefício Selecionado por Campanha Revisional".

Art. 6º Nos casos em que o atendimento não possa ser realizado por indisponibilidade no local de atendimento, as APS devem remarcar os agendamentos, sem necessidade de solicitação por parte do usuário.

§ 1º Considera-se como indisponibilidade do local de atendimento sempre que a APS estiver fechada em virtude de:

I - antecipação ou decretação de feriados e pontos facultativos instituídos, excepcionalmente, em função do enfrentamento à Covid-19, pelos Estados, Distrito Federal e Municípios, nas respectivas localidades, conforme Portaria Conjunta INSS/SPMF nº 12, de 26 de março de 2021;

II - decretação local de medidas de restrição de circulação de pessoas, como medida de enfrentamento da COVID-19;

III - ocorrência de greve; e

IV – fechamento da APS por motivo de força maior.

§2º A remarcação de que trata o *caput* deve ser realizada, impreterivelmente, até às 12h do dia útil seguinte àquele em que deveria ser realizado o atendimento.

§3º Os requerentes devem consultar a nova data de seu agendamento por meio do Meu INSS ou da Central 135, a partir das 12h do dia seguinte àquele em que houve conhecimento do fato.

Art. 7º Nos casos em que o atendimento não possa ser realizado por impossibilidade da utilização dos sistemas, conforme conceituado no § 1º deste artigo, ou por ausência do perito responsável pelo atendimento, as Agências da Previdência Social - APS devem:

I - realizar o atendimento do usuário, por meio de senha direcionada para o serviço "Marcação ou Remarcação de Perícia Médica";

II - proceder ao reagendamento da perícia médica não realizada, caso seja possível; e

III - cientificar o usuário da nova data do atendimento, no momento da remarcação.

§ 1º Considera-se como hipóteses de impossibilidade de utilização dos sistemas a que se refere o *caput* as seguintes situações:

I - falta de energia elétrica;

II - inoperância dos sistemas de atendimento ou utilizados pelo médico perito; e

III - quedas no sinal de rede.

§ 2º Em caso de absoluta impossibilidade de informar a nova data da perícia médica na presença do usuário no mesmo dia, o servidor deve orientar o segurado quanto a consulta da nova data de agendamento, por meio do Meu INSS ou da Central 135, a partir das 12h do dia seguinte ao da ocorrência.

§ 3º O servidor deve proceder à remarcação, impreterivelmente, até às 12h do dia útil seguinte àquele em que ocorreu a contingência.

Art. 8º Nas hipóteses definidas nos arts. 6º e 7º, os reagendamentos devem ser realizados pelo motivo "INSS", nos casos em que o sistema disponibilize esta opção.

§ 1º Havendo impossibilidade da APS proceder com a remarcação, compete ao Serviço ou Seção de Atendimento providenciar o suporte necessário para cumprimento do disposto.

§ 2º Caso a situação que gerou a impossibilidade de atendimento tenha sido gerada pelo INSS ou se enquadre no disposto nos arts. 6º e 7º desta portaria, em hipótese alguma o segurado deverá ser orientado a remarcar o atendimento de perícia médica por conta própria.

Art. 9º O resultado da perícia médica será disponibilizado a partir das 21 horas do dia da realização da perícia, pela Central 135 ou pelo Meu INSS.

Art. 10. Será concedido prazo de 30 (trinta) dias para interposição de recursos nos casos de não concordância com a decisão proferida.

Art. 11. Está disponível no endereço www-prbi/, na opção "Programa de Revisão – Lei 13.846/2019", funcionalidade que permite consultar:

I - se o benefício ou CPF está selecionado para o programa;

II - as respectivas informações de convocação e interações do titular com o INSS no âmbito do PRBI; e

III - fatos supervenientes que dispensem a realização da perícia médica do programa.

Por força da PORTARIA CONJUNTA INSS/SPMF Nº 263, DE 11 DE JANEIRO DE 2022, restou comunicada a **suspensão da realização de perícias médicas no âmbito do Programa de Revisão de Benefícios por Incapacidade (Programa de Revisão) a partir de 12 de janeiro de 2022.**

Em seguida foi editada a Portaria MTP 2.965, de 21/09/2022:

"Portaria MTP Nº 2965 DE 21/09/2022

Publicado no DOU em 22 set 2022

Disciplina o Programa de Revisão de Benefícios por Incapacidade (Programa de Revisão) de que trata a Lei nº 13.846, de 18 de junho de 2019, no âmbito da Subsecretaria da Perícia Médica Federal da Secretaria de Previdência, e estabelece diretrizes e procedimentos a serem observados para a sua execução. (Processo nº 10128.109829/2022-16).

O Ministro de Estado do Trabalho E Previdência, no uso das atribuições que lhe conferem o inciso II, do parágrafo único, do art. 87, da Constituição, o Decreto nº

11.068, de 10 de maio de 2022, e os arts. 10 e 15 da Lei nº 13.846, de 18 de junho de 2019,

Resolve:

Art. 1º Fica disciplinado o Programa de Revisão de Benefícios por Incapacidade (Programa de Revisão), nos termos dos arts. 10 e 15 da Lei nº 13.846, de 18 de junho de 2019, no âmbito da Subsecretaria da Perícia Médica Federal da Secretaria de Previdência, e estabelecidas as diretrizes e os procedimentos para a sua execução.

Art. 2º Na forma das alíneas "a" e "b" do inciso II do art. 1º, dos incisos I e II do § 4º do art. 1º e dos incisos I, II e III do § 1º do art. 10 todos da Lei nº 13.846, de 2019, encontram-se no escopo do Programa de Revisão de Benefícios por Incapacidade (Programa de Revisão) os serviços médico-periciais extraordinários relativos:

I - à revisão dos seguintes benefícios:

a) benefícios por incapacidade mantidos sem perícia pelo Instituto Nacional do Seguro Social por período superior a 6 (seis) meses e que não possuam data de cessação estipulada ou indicação de reabilitação profissional;

b) benefícios de natureza previdenciária, assistencial, trabalhista ou tributária; e

c) benefícios de prestação continuada sem revisão por período superior a 2 (dois) anos;

II - ao acompanhamento por médico perito de processos judiciais de benefícios por incapacidade;

III - ao exame médico pericial presencial realizado nas unidades de atendimento da Previdência Social quando o prazo máximo de agendamento de perícia médica for superior a 45 (quarenta e cinco) dias; e

IV - a outros benefícios de natureza previdenciária, assistencial, trabalhista ou tributária, desde que autorizado em ato complementar do Secretário de Previdência.

Art. 3º O Instituto Nacional do Seguro Social deverá selecionar os benefícios a serem revisados na forma das alíneas "a" e "c" do inciso I do art. 2º, e disponibilizar à Subsecretaria da Perícia Médica Federal da Secretaria de Previdência, mensalmente, as informações.

§ 1º Para viabilizar a notificação do segurado pelo Instituto Nacional do Seguro Social, a Subsecretaria da Perícia Médica Federal da Secretaria de Previdência deverá aplicar a priorização dos selecionados conforme os seguintes critérios:

I - capacidade operacional de atendimento de perícia médica extraordinária para o período de 180 (cento e oitenta) dias, conforme adesão dos peritos médicos ao Programa de Revisão de Benefícios por Incapacidade (Programa de Revisão);

II - idade do beneficiário, na ordem da menor para a maior; e

III - tempo de manutenção do benefício, do maior para o menor.

§ 2º Caberá ao Instituto Nacional do Seguro Social prover o suporte técnico e administrativo para convocação dos segurados, bem a estrutura de atendimento adequado para realização das perícias médicas extraordinárias em dias úteis e não úteis, quando solicitadas pela Subsecretaria da Perícia Médica Federal da Secretaria de Previdência.

§ 3º O Instituto Nacional do Seguro Social deverá realizar, em conjunto com a Empresa de Tecnologia e Informações da Previdência (Dataprev), o processamento dos laudos médico-periciais.

Art. 4º A Subsecretaria da Perícia Médica Federal da Secretaria de Previdência deverá selecionar os benefícios a serem revisados na forma da alínea "b" do inciso I do art. 2º, quando da autorização por ato complementar do Secretário de Previdência.

Art. 5º Somente poderão participar do Programa de Revisão de Benefícios por Incapacidade (Programa de Revisão) os servidores das carreiras de Perito Médico Federal, de Supervisor Médico-Pericial e de Peritos Médicos da Previdência Social de que tratam, respectivamente, as Leis nº 11.907, de 02 de fevereiro 2009, nº 9.620, de 2 de abril de 1998 e nº 10.876, de 02 de junho de 2004, com adesão ativa ao Programa de Gestão e Desempenho da Perícia Médica Federal (PGDPMF).

§ 1º A participação de que se refere o caput será facultativa e será estendida, inclusive, aos ocupantes de cargo em comissão ou de função de confiança.

§ 2º Os servidores participantes do Programa de Revisão de Benefícios por Incapacidade (Programa de Revisão) não se submeterão a quantitativo mínimo de perícias médicas de atendimento presencial (agendamentos) extraordinárias por dia.

§ 3º O quantitativo diário máximo será de 15 (quinze) serviços médico-pericias extraordinários em dias úteis por perito médico.

§ 4º O quantitativo diário máximo, em regime de mutirão (dias não úteis), será de 30 (trinta) perícias médicas extraordinárias por perito médico.

Art. 6º Serão considerados como serviços médico-periciais extraordinários aqueles que excederem à capacidade operacional regular de realização de perícias médicas, equivalente à meta diária exigida no âmbito do Programa de Gestão e Desempenho da Perícia Médica Federal (PGDPMF), nos termos do art. 17 da Portaria SPREV/MTP nº 2937, de 19 de setembro de 2022.

Art. 7º A parcela relativa à "Perícia Extraordinária de Redução de Fila e Combate à Fraude (PERF)" será devida ao participante do Programa de Revisão de Benefícios por Incapacidade (Programa de Revisão) por cada serviço médico-pericial extraordinário efetivamente executado, após verificado o cumprimento da meta mensal exigida pelo Programa de Gestão e Desempenho da Perícia Médica Federal (PGDPMF) e os demais requisitos de pagamento.

§ 1º A aferição, o monitoramento e o controle da realização dos serviços médico-periciais extraordinários de que trata o Programa de Revisão de Benefícios por Incapacidade (Programa de Revisão), para fins de concessão da parcela relativa à "Perícia Extraordinária de Redução de Fila e Combate à Fraude (PERF)", serão realizados pela Subsecretaria da Perícia Médica Federal da Secretaria de Previdência por meio de sistema corporativo.

§ 2º A Subsecretaria da Perícia Médica Federal da Secretaria de Previdência disponibilizará à Diretoria de Gestão de Pessoas do Ministério do Trabalho e Previdência relação contendo as informações necessárias para pagamento da parcela relativa à "Perícia Extraordinária de Redução de Fila e Combate à Fraude (PERF)".

§ 3º A parcela a que se refere o caput será apurada para fins de pagamento na competência subsequente a de execução, salvo eventuais intercorrências sistêmicas ou operacionais, ocasião em que poderá ser paga na competência imediatamente posterior à solução.

§ 4º A soma dos valores pagos com a parcela relativa à "Perícia Extraordinária de Redução de Fila e Combate à Fraude (PERF)" e a remuneração total do servidor não poderá ultrapassar o limite máximo mensal de remuneração do servidor no Poder Executivo Federal.

§ 5º Eventual reabertura de competência já encerrada no âmbito do Programa de Gestão e Desempenho da Perícia Médica Federal (PGDPMF) não poderá ocasionar alteração quanto aos pontos já destinados para pagamento da parcela relativa à "Perícia Extraordinária de Redução de Fila e Combate à Fraude (PERF)", sob pena de eventual desconto em folha de valores já recebidos.

§ 6º Os servidores que participaram de mutirões para execução do serviço a que se refere o inciso III do art. 2º, a partir da competência julho de 2022, preenchidos os requisitos e as condições para pagamento até então vigentes, farão jus à parcela relativa à "Perícia Extraordinária de Redução de Fila e Combate à Fraude (PERF)".

Art. 8º Ato complementar da Subsecretaria da Perícia Médica Federal da Secretaria de Previdência estabelecerá a operacionalização da abertura de agendas médico-periciais extraordinárias de que trata o inciso I do art. 2º e a operacionalização dos serviços médico-periciais extraordinários de que trata o inciso II do art. 2º, observados os limites máximos estabelecidos nesta Portaria.

§ 1º As Coordenações-Gerais Regionais da Perícia Médica Federal da Subsecretaria da Perícia Médica Federal da Secretaria de Previdência deverão configurar, no sistema PMF-Gestão, as agendas extraordinárias para o exame médico pericial presencial extraordinário de que trata o inciso III do art. 2º, para os peritos médicos participantes do Programa de Revisão de Benefícios por Incapacidade (Programa de Revisão) sob sua abrangência, mediante manifestação do interessado, observados os limites máximos estabelecidos nesta Portaria.

§ 2º A Coordenação-Geral Regional da Perícia Médica Federal da Subsecretaria da Perícia Médica Federal da Secretaria de Previdência, em conjunto com a Divisão Regional de abrangência, deverá adotar as medidas cabíveis junto à Gerência Executiva e à Superintendência Regional do Instituto Nacional do Seguro Social para viabilizar a execução de eventuais mutirões (dias não úteis), inclusive as relativas à vigilância e à sanitização dos consultórios e das unidades de atendimentos.

Art. 9º Os demais atos necessários para execução das perícias médicas de que trata esta portaria serão definidos por ato do Secretário de Previdência.

Art. 10. Fica revogada a Portaria SEPRT nº 617, de 24 de junho de 2019.

Art. 11. Esta Portaria entra em vigor na data de sua publicação.

JOSÉ CARLOS OLIVEIRA"

Outrossim, a Autarquia editou a Portaria INSS Nº 1514 DE 31/10/2022 que instituiu ação de tratamento e ajuste da Data de Comprovação da Incapacidade - DCI de processos de Reabilitação Profissional – RP cujo objeto todos os processos de RP em que a DCI estabelecida na última perícia médica esteja vencida a mais de 365 (trezentos e sessenta e cinco) dias.

De efeito, as Equipes de Reabilitação Profissional das Gerências-Executivas - GEXs verificarão todas as tarefas de RP abertas na GEX que se enquadrem na situação acima descrita e convocarão os respectivos segurados para realização de perícia médica de reavaliação da incapacidade.

As Equipes de RP terão 180 (cento e oitenta) dias, a contar de 01/11/2022, para avaliarem todos os benefícios que estejam em Processo de RP e submetê-los à realização de perícia médica de reavaliação da incapacidade, prorrogando-se mais 6 (seis) competências, de novembro de 2022 a abril de 2023, a rotina de suspensão de benefícios por impossibilidade da execução do Programa de Reabilitação Profissional.

Ao julgar o **Tema 242** em 23/09/2021, decidiu a TNU que **"a demora excessiva na realização de perícia médica pelo INSS, em razão de movimento grevista de seus servidores, não enseja a responsabilização civil do Estado por danos suportados pelo segurado ante a negativa do empregador em admiti-lo ao labor enquanto não liberado o retorno pela perícia médica administrativa"**.

No voto vencedor, da lavra do Juiz Federal Ivanir Ireno, acolheu-se a tese que, "no caso dos autos, não existe dúvida de que o Estado/INSS tinha a obrigação legal de praticar o ato de perícia. Assim, sob esse primeiro aspecto, a sua omissão foi específica e relevante. No entanto, em razão da greve dos médicos peritos (caso fortuito/força maior), tenho que a omissão do INSS em não realizar a perícia a tempo e modo foi justificada, quebrando o nexo causal entre o não periciar e o dano invocado e afastando a própria responsabilidade civil".

10. RETORNO VOLUNTÁRIO AO TRABALHO E MENSALIDADES DE RECUPERAÇÃO

Vale ressaltar que **a aposentadoria por incapacidade permanente não é definitiva (salvo para os maiores de 60 anos de idade e demais isentos de perícia, desde que não voltem a exercer atividade remunerada)**, devendo cessar a qualquer tempo caso o segurado recupere a sua capacidade laborativa, a exemplo de cura após tratamento cirúrgico que se submeteu espontaneamente.

Caberá a cessação do benefício pela mera recuperação da capacidade laboral do segurado, constada por perícia médica do INSS, não sendo nem necessário que ele volte a trabalhar.

Ademais, dispõe o artigo 46 da Lei 8.213/91 que o aposentado por incapacidade permanente que retornar voluntariamente à atividade terá sua aposentadoria automaticamente cancelada, a partir da data do retorno.

Isso porque a concessão deste benefício pressupõe a incapacidade laborativa total e permanente para o exercício do trabalho. Se há exercício de atividade laboral pelo segurado, significa que a manutenção da aposentadoria por incapacidade permanente é indevida, inclusive para o segurado maior de 60 anos de idade.

Crê-se que o exercício de mandato eletivo deve gerar o cancelamento da aposentadoria por incapacidade permanente, pois se trata de exercício de atividade laboral remunerada. Isso porque as atividades políticas exigem uma capacidade de trabalho bastante similar a uma série de profissões.

Ao menos, em situações extremas, durante o exercício do mandato eletivo deveria ser suspenso o pagamento do benefício, sob pena de se consumar uma anomalia jurídica, pois haveria o recolhimento de contribuições previdenciárias como segurado obrigatório empregado e, ao mesmo tempo, o pagamento da aposentadoria por incapacidade permanente.

No âmbito do STJ, o tema é polêmico:

> "PREVIDENCIÁRIO. VEREADOR. APOSENTADORIA POR INVALIDEZ. CUMULAÇÃO. POSSIBILIDADE.
>
> 1. É possível a percepção conjunta dos subsídios da atividade de vereança com os proventos de aposentadoria por invalidez, por se tratar de vínculos de natureza diversa, uma vez que, a incapacidade para o trabalho não significa, necessariamente, invalidez para os atos da vida política" (6ª Turma, AgRg no Ag 1027802, de 15/09/2009).
>
> "PREVIDENCIÁRIO. RECURSO ESPECIAL. APOSENTADORIA POR INVALIDEZ. CUMULAÇÃO COM SUBSÍDIO DECORRENTE DO EXERCÍCIO DE MANDATO ELETIVO. POSSIBILIDADE.
>
> 1. É possível a percepção conjunta do subsídio decorrente do exercício de mandato eletivo (vereador), por tempo determinado, como provento de aposentadoria por invalidez, por se tratarem de vínculos de natureza diversa, uma vez que a incapacidade para o trabalho não significa, necessariamente, invalidez para os atos da vida política" (1ª Turma, REsp 1377728, de 18/06/2013).
>
> PROCESSO
>
> AgInt no REsp 1947949 / SP
>
> AGRAVO INTERNO NO RECURSO ESPECIAL
>
> 2021/0209969-3
>
> RELATOR
>
> Ministro PAULO SÉRGIO DOMINGUES (1185)

ÓRGÃO JULGADOR

T1 - PRIMEIRA TURMA

DATA DO JULGAMENTO

05/06/2023

DATA DA PUBLICAÇÃO/FONTE

DJe 22/06/2023

EMENTA

PROCESSUAL CIVIL E PREVIDENCIÁRIO. AGRAVO INTERNO NO RECURSO ESPECIAL. APOSENTADORIA POR INVALIDEZ. EXERCÍCIO CONCOMITANTE DO CARGO DE VEREADOR. POSSIBILIDADE. PLEITO DE CUMULAÇÃO DA RENDA PERCEBIDA A TÍTULO DE APOSENTADORIA POR INVALIDEZ E DOS SALÁRIOS-DE-CONTRIBUIÇÃO DO EXERCÍCIO DA VEREANÇA PARA CÁLCULO DA RMI DE APOSENTADORIA POR TEMPO DE CONTRIBUIÇÃO. IMPOSSIBILIDADE. ART. 18, § 2º, DA LEI 8.213/1991. PEDIDO DE APLICAÇÃO ANALÓGICA DO ART. 32 DA LEI 8.213/1991. ELEMENTO ESSENCIAL DA NORMA: CONTRIBUIÇÕES DECORRENTES DO EXERCÍCIO DE DUAS OU MAIS ATIVIDADES CONCOMITANTES. HIPÓTESE NÃO VERIFICADA NOS AUTOS. PROVIMENTO NEGADO.

1. A jurisprudência do STJ admite a cumulação da aposentadoria por invalidez com subsídio decorrente do exercício de mandato eletivo, pois o agente político não mantém vínculo profissional com a administração pública, exercendo temporariamente um munus público (REsp 1.786.643/SP, relator Ministro Herman Benjamin, Segunda Turma, julgado em 21/2/2019, DJe de 11/3/2019).

2. A parte ora agravante pretende que seja aplicado, por analogia, o disposto no art. 32 da Lei 8.213/1991. O uso da analogia pressupõe a ocorrência de lacuna legal e a existência de norma cujo elemento essencial seja análogo ao do caso não regulado; ainda, é imprescindível que dela não se utilize a fim de inserir exceções a regras jurídicas válidas. Ocorre que no caso em questão incide o disposto no art. 18, § 2º, da Lei 8.213/1991.

3. O art. 18, § 2º, da Lei 8.213/1991 admite o retorno às atividades laborativas do segurado aposentado, mas não autoriza que ele receba outra vantagem pelo fato de estar novamente pagando contribuições para a Previdência Social. Essa previsão decorre do caráter solidário do nosso sistema previdenciário. Diante disso, o STF entendeu constitucional a previsão contida no art. 18, § 2º, da Lei 8.213/1991 (RE 661.256/SC).

4. O Ministro Teori Zavascki, ao proferir seu voto no RE 661.256/SC, consignou que "as contribuições efetuadas pelos aposentados destinam-se ao custeio (atual, é bom salientar) do sistema geral de Seguridade, e não ao pagamento ou ao eventual incremento ou melhoria de um futuro benefício específico para o próprio segurado ou para os seus dependentes".

5. E uma vez que o art. 18, § 2º, da Lei 8.213/1991 não faz distinção entre os tipos de aposentadoria, não merece acolhida a pretensão da parte em ver somado o

salário-de-contribuição da atividade de Vereador para o cálculo da aposentadoria por tempo de contribuição.

6. Do mesmo modo, não merece acolhimento a alegação da parte de que o dispositivo legal em questão não seria aplicável ao seu caso, já que não estava aposentado quando requereu a aposentadoria por tempo de contribuição. Isso, porque as atividades cujo salário-de-contribuição deseja acrescer foram exercidas enquanto ele estava aposentado por invalidez, de modo que é perfeitamente aplicável o aludido dispositivo legal ao presente caso.

7. O art. 32 da Lei 8.213/1991, que trata do cálculo do salário-de-benefício e da renda inicial da prestação devida ao segurado que exerce duas ou mais atividades vinculadas ao Regime Geral de Previdência Social - RGPS, é claro sobre ser imprescindível a existência de contribuições concomitantes, provenientes de duas ou mais atividades, dentro do período básico de cálculo.

8. A parte exercia o mandato de Vereador e recebia seus proventos de aposentadoria por invalidez, logo, não há falar em exercício concomitante de atividades sujeitas ao RGPS, tampouco em recolhimento de contribuições em mais de uma atividade.

9. Diante da inaplicabilidade do art. 32 da Lei 8.213/1991, não é devido falar em consideração dos maiores salários-de-contribuição para cada competência.

10. Agravo interno a que se nega provimento.

"PREVIDENCIÁRIO. RECURSO ESPECIAL. APOSENTADORIA POR INVALIDEZ. CANCELAMENTO. RETORNO DO SEGURADO AO TRABALHO. EXERCÍCIO DE MANDATO ELETIVO (PREFEITO).

1. De acordo com o art. 46 da Lei 8.213/91, o retorno do segurado ao trabalho é causa de cessação da aposentadoria por invalidez, devendo ser respeitado, entretanto, o devido processo legal, com a garantia da ampla defesa e do contraditório.

2. Na hipótese de o segurado voltar ao trabalho para desempenhar atividade diversa da que exercia, a aposentadoria será gradualmente mantida, até o cancelamento definitivo, nos termos descritos no inciso II do art. 47 da Lei 8.213/91.

3. A aposentadoria por invalidez é uma garantia de amparo ao Trabalhador Segurado da Previdência Social que, em virtude de incapacidade laborativa total e definitiva, não possa prover suas necessidades vitais básicas. No caso, não mais subsistem as causas que ampararam a concessão do benefício, já que o recorrente possui condições de manter sua subsistência por meio de atividade remunerada, exercendo, inclusive, o cargo de Prefeito Municipal.

4. Recurso Especial do particular improvido" (5ª Turma, REsp 966736, de 23/08/2007).

Desta forma, para o **vereador** o STJ admite a acumulação de remuneração com aposentadoria por incapacidade permanente, já para o **prefeito** não admite.

Já a TNU possui precedente que determina o cancelamento da aposentadoria por incapacidade permanente:

Informativo 19/2017

Processo n. 5000890-59.2012.4.04.7120

O art. 46 da Lei n. 8.213/91, o qual impõe o cancelamento automático do benefício de aposentadoria por invalidez ao segurado que retornar voluntariamente à atividade, também se aplica quando o segurado aposentado por invalidez passa a exercer mandato eletivo como vereador, o qual se revela incompatível com a percepção simultânea do benefício por incapacidade.

De acordo com o Boletim 45/2020, "a Turma Nacional de Uniformização decidiu afetar o tema como representativo da controvérsia, com a seguinte questão controvertida: Estabelecer se é possível a cumulação de benefício de auxílio-doença com o exercício de mandato eletivo de vereador (REPRESENTATIVO DE CONTROVÉRSIA – AFETAÇÃO TEMA N. 259 – PUIL n. 5000657-46.2018.4.04.7219/SC).

O artigo 55, do RPS, admitia a transformação da aposentadoria por incapacidade permanente em aposentadoria por idade, a pedido do segurado, desde que contasse com a carência e idade mínima, mas este dispositivo foi estranhamente revogado pelo Decreto 6.722/2008, não se vislumbrando base legal para tanto.

Inclusive, o entendimento administrativo expresso do INSS é pela vedação da transformação de aposentadoria por incapacidade permanente ou auxílio-doença em aposentadoria por idade para requerimentos efetivados a partir de 31 de dezembro de 2008, data da publicação do Decreto nº 6.722, de 2008, haja vista a revogação do art. 55 do RPS[37].

Certamente o que motivou a autarquia previdenciária a editar essa vedação é o fato de não aceitar o período de gozo de auxílio-doença ou aposentadoria por incapacidade permanente para o cômputo da carência da aposentadoria por idade, ante a ausência do pagamento das contribuições previdenciárias, existindo jurisprudência dominante nos Tribunais Regionais Federais em sentido contrário, conforme explicitado no estudo da carência.

Vale destacar que a jurisprudência do STJ era firme no sentido da impossibilidade da conversão da aposentadoria por incapacidade permanente em aposentadoria por idade sob a vigência da Lei 8.213/91, que não previu expressamente esta possibilidade:

> "PREVIDENCIÁRIO. CONVERSÃO DE APOSENTADORIA POR INVALIDEZ EM APOSENTADORIA POR IDADE. LEI Nº 8.213/91. NÃO CABIMENTO.
>
> I – A concessão de benefício previdenciário rege-se pela norma vigente ao tempo em que o beneficiário preencheu as condições exigidas para tanto.
>
> II – Se a condição fática necessária à concessão do benefício da aposentadoria por idade, qual seja, ter o autor, no mínimo, 65 anos, sobreveio à vigência da Lei nº

37. Artigo 10 da Instrução Normativa INSS 128/2022.

8.213/91, norma que não contemplou a questão acerca da conversão de aposentadoria por invalidez em aposentadoria por idade, o pedido não merece provimento" (5ª Turma, REsp 493.470, de 23.09.2003).

"AGRAVO REGIMENTAL. RECURSO ESPECIAL. PREVIDENCIÁRIO. APOSENTADORIA POR INVALIDEZ. CONVERSÃO EM APOSENTADORIA POR IDADE. IMPOSSIBILIDADE. CONDIÇÃO FÁTICA IMPLEMENTADA NA VIGÊNCIA DA LEI 8.213/91.

A concessão de benefício previdenciário rege-se pela lei vigente ao tempo em que o beneficiário preencheu as condições exigidas. Se a condição fática, ter o autor 65 anos, sobreveio à vigência da Lei nº 8.213/91, o pedido não merece guarida, visto que a lei vigente não contemplou a conversão de aposentadoria por invalidez em aposentadoria por idade" (6ª Turma, AgRg no REsp 441.779, de 31.08.2005).

No entanto, a 2ª Turma do STJ passou a admitir a conversão de aposentadoria por tempo de contribuição em aposentadoria por incapacidade permanente no julgamento do Recurso Especial 1475512, de 15/12/2015.

Neste ponto, diverge-se da posição do INSS e do STJ. Conquanto a Lei 8.213/91 não tenha previsto a referida conversão, ao contrário da legislação anterior, esta também não foi vedada. Assim, desde que o segurado possua a idade mínima e a carência para a concessão da aposentadoria por idade, esta deverá ser concedida via conversão da aposentadoria por incapacidade permanente, a fim de livrar o segurado de se submeter às perícias bienais da Previdência Social. Ademais, é possível que a renda da aposentadoria por idade seja superior a da aposentadoria por incapacidade permanente, caso o fator previdenciário seja superior a 1,0, a depender do tempo de contribuição do segurado.

Por sua vez, o tema é divergente no âmbito dos Tribunais Regionais Federais. Para o TRF da 1ª Região, seguindo o STJ, a conversão não é possível (AC 2007.01.99.017243-7, de 26.11.2007). Contudo, o melhor entendimento é do TRF da 5ª Região, no julgamento da remessa *ex officio* 265.613, de 01.09.2003:

"PREVIDENCIÁRIO. CONSTITUCIONAL. PROCESSUAL CIVIL. **CONVERSÃO DE APOSENTADORIA POR INVALIDEZ EM APOSENTADORIA POR IDADE. POSSIBILIDADE**. ARTIGO 48 DA LEI Nº 8.213/91. PREENCHIMENTO DOS REQUISITOS DE IDADE E DE CONTRIBUIÇÃO. 1. O ARTIGO 48 DA LEI 8.213/91 PRECEITUA QUE "A APOSENTADORIA POR IDADE SERÁ DEVIDA AO SEGURADO QUE COMPLETAR 65 ANOS DE IDADE, SE HOMEM E 60, SE MULHER, DESDE QUE TENHA CUMPRIDO A CARÊNCIA EXIGIDA." **2. NADA OBSTANTE A LEI 8.213/91 NÃO CONTENHA DISPOSITIVO IDÊNTICO AO DO ARTIGO 8º, PARÁGRAFO 2º, DA LEI 5.890/73 (QUE PRECONIZA A CONVERSÃO AUTOMÁTICA EM APOSENTADORIA POR IDADE DA APOSENTADORIA POR INVALIDEZ DO SEGURADO HOMEM QUE COMPLETAR 65 ANOS DE IDADE), O AUTOR FAZ JUS À CONVERSÃO PLEITEADA, POR ATENDER AOS REQUISITOS DO ARTIGO 48 JÁ TRANSCRITO**. 3. TEMPO DE APOSENTADORIA POR INVALIDEZ DO AUTOR QUE DEVE SER CONSIDERADO COMO PERÍODO DE CONTRIBUIÇÃO (LEI 8.213/91, ARTIGO 29, PARÁGRAFO 5º). ATENDIMENTO A EXIGÊNCIA DE 180 CONTRIBUIÇÕES (ARTIGO 25, II, DA REFERIDA LEI) PARA

A CONCESSÃO DA APOSENTADORIA POR IDADE. 4. APOSENTADORIA QUE, NO CASO, CONSISTIRÁ NUMA RENDA MENSAL DE 100% (CEM POR CENTO) DO SALÁRIO-DE-BENEFÍCIO, NOS TERMOS DO ARTIGO 50 DA LEI Nº 8.213/91. 5. RELATIVAMENTE À CORREÇÃO MONETÁRIA DO SALÁRIO-DE-BENEFÍCIO, QUE SERVIU DE BASE PARA A CONCESSÃO DA APOSENTADORIA POR INVALIDEZ E QUE SERÁ CONSIDERADO COMO SALÁRIO-DE-CONTRIBUIÇÃO NO CÁLCULO DA APOSENTADORIA POR IDADE, O ARTIGO 29, PARÁGRAFO 5º, DA LEI 8.213/91, PREVÊ QUE SEJA AQUELE (O SALÁRIO-DE-BENEFÍCIO) REAJUSTADO "NAS MESMAS ÉPOCAS E BASES DOS BENEFÍCIOS EM GERAL". O DISPOSTO NO ARTIGO 58 DO "ADCT", CONTUDO, DEVE SER APLICADO ATÉ A EDIÇÃO DA LEI 8.213/91, DEVENDO-SE, A PARTIR DAÍ, OBSERVAR OS ÍNDICES LEGALMENTE ESTABELECIDOS. 6. CONVERSÃO DA APOSENTADORIA POR INVALIDEZ DO AUTOR EM APOSENTADORIA POR IDADE, A PARTIR DO AJUIZAMENTO DA DEMANDA (LEI 8.213/91, ARTIGO 49, II). APELAÇÃO E REMESSA OFICIAL IMPROVIDAS".

Já a TNU somente admite a citada conversão "acaso implementados os requisitos autorizadores durante a vigência do art. 55 do Decreto n.º 3.048/99 – revogado pelo Decreto n.º 6.722/08"[38].

Em precedente após a decisão do STF que rejeitou a desaposentação, o STJ reviu o seu posicionamento:

Processo

AgInt no REsp 1791789 / SP

AGRAVO INTERNO NO RECURSO ESPECIAL

2019/0012642-5

Relator(a)

Ministro FRANCISCO FALCÃO (1116)

Órgão Julgador

T2 – SEGUNDA TURMA

Data do Julgamento

08/02/2021

Data da Publicação/Fonte

DJe 12/02/2021

Ementa

PROCESSUAL CIVIL. PREVIDENCIÁRIO. TRANSFORMAÇÃO. SUBSTITUIÇÃO DE BENEFÍCIO PREVIDENCIÁRIO. ALEGAÇÃO DE VIOLAÇÃO DO ART. 1.022 DO CPC/2015. NÃO VERIFICADA. TESE FIRMADA PELO RITO DO ART. 543-C. ANÁLISE DA DIVERGÊNCIA. DEFICIÊNCIA DA FUNDAMENTAÇÃO.

38. PEDILEF 200972540044001, de 29.03.2012.

SÚMULA N. 284 DO STJ. I – **Na origem, trata-se de ação objetivando que seja o réu condenado a transformar o benefício em manutenção, aposentadoria por tempo de contribuição, em outro, aposentadoria por invalidez, com o acréscimo de 25%, nos termos do art. 45 da Lei n. 8.213/91. Na sentença, julgou-se improcedente o pedido. No Tribunal a quo, a sentença foi mantida.** II – Não há violação do 535 do CPC/73 (art. 1.022 do CPC/2015) quando o Tribunal a quo se manifesta clara e fundamentadamente acerca dos pontos indispensáveis para o desate da controvérsia, apreciando-a fundamentadamente (art. 165 do CPC/73 e do art. 489 do CPC/2015), apontando as razões de seu convencimento, ainda que de forma contrária aos interesses da parte, como verificado na hipótese. III – O acórdão vergastado foi claro ao estabelecer que, como bem assinalado na Corte de origem, a questão controversa diz respeito à possibilidade de se renunciar à aposentadoria deferida, com vista a obter nova aposentadoria mais vantajosa, o que se denomina desaposentação. IV – Outrossim, o acórdão vergastado evidenciou que somente lei pode criar benefícios e vantagens previdenciárias, não havendo previsão legal do direito à desaposentação, sendo constitucional a regra do art. 18, § 2º, da Lei n. 8.213/91. **V – Ademais, o entendimento outrora firmado pela Primeira Seção do Superior Tribunal de Justiça, no REsp n. 1.334.488/SC, (submetido ao rito do art. 543-C), quanto ao tema desaposentação, foi superado pelo Supremo Tribunal Federal que, no julgamento do RE n. 661.256, ocorrido sob o rito do art. 543-B do CPC/1973, reconheceu que somente lei pode criar benefícios e vantagens previdenciárias, não havendo, por ora, previsão legal do direito à desaposentação, sendo constitucional a regra do art. 18, § 2º, da Lei n. 8.213/91.** VI – Sendo assim, e diante da constatação de que o tema foi solucionado pelo Supremo Tribunal Federal sob o prisma constitucional, tenho que não se afigura adequada a análise da questão em recurso especial, o qual não deveria ter sido sequer conhecido. VII – No tocante ao dissídio jurisprudencial, verifica-se que, conforme a previsão do art. 255, § 1º, do RISTJ, é de rigor a caracterização das circunstâncias que identifiquem os casos confrontados, cabendo a quem recorre demonstrar tais circunstâncias, com indicação da similitude fática e jurídica entre os julgados, apontando o dispositivo legal interpretado nos arestos em cotejo, com a transcrição dos trechos necessários para tal demonstração. Em face de tal deficiência recursal, aplica-se o constante da Súmula n. 284 do STF. VIII – Da análise do recurso especial, observa-se que os acórdãos confrontados não possuem a mesma similitude fática e jurídica. O acórdão recorrido assentou o entendimento de que a incapacidade do segurado foi posterior à concessão da aposentadoria, enquanto que, no acórdão paradigma, a incapacidade foi anterior à concessão do benefício. Dessa forma, fica inviabilizada a análise do alegado dissídio. IX – Agravo interno improvido.

A recuperação da capacidade laborativa pelo aposentado por incapacidade permanente poderá gerar o pagamento de um "prêmio" por seu esforço, pois o segurado ainda receberá algumas parcelas do benefício por alguns meses, sendo intitulado pela doutrina de **mensalidades de recuperação.**

De efeito, **quando a recuperação ocorrer dentro de 05 anos,** contado da data do início da aposentadoria por incapacidade permanente ou do auxílio-doença que a antecedeu sem interrupção, o benefício cessará após tantos meses quantos forem os anos de duração do auxílio-doença ou da aposentadoria por incapacidade permanente, para segurado empregado doméstico, trabalhador avulso, segurado especial, contribuinte individual e segurado facultativo.

No caso do segurado empregado, a cessação do pagamento será imediata, caso ele tenha direito a retornar à função que desempenhava na empresa quando se aposentou, na forma da legislação trabalhista.

Por outro lado, **quando a recuperação ocorrer após os referidos 05 anos, ou, mesmo antes, se for parcial ou se o segurado for declarado apto para o exercício de trabalho diverso do qual habitualmente exercia**, a aposentadoria será mantida, sem prejuízo da volta à atividade, da seguinte forma:

a) no seu valor integral, durante 06 meses contados da data em que for verificada a recuperação da capacidade;

b) com redução de 50%, no período seguinte de 06 meses;

c) com redução de 75%, também por igual período de 06 meses, ao término do qual cessará definitivamente.

Vale registrar que o ato administrativo do INSS que pronuncia a recuperação do aposentado por incapacidade permanente e fixa as parcelas das mensalidades de recuperação pode ser questionado judicialmente, de logo, acaso o segurado entenda que inexiste recuperação.

Não se exige que o segurado aguarde a cessação de todas as parcelas da mensalidade de recuperação para ajuizar demanda, pois já existe um ato jurídico que pode ser alvo imediatamente de controle judicial, pois a espera pode se revelar prejudicial para o segurado, especialmente com a redução progressiva das parcelas.

Considerando que a natureza jurídica do pagamento das mensalidades de recuperação é de aposentadoria por incapacidade permanente, deve incidir a regra do artigo 55, II, da Lei 8.213/91 para fins de cômputo como **tempo de contribuição**.

Nesse sentido, a acertada jurisprudência:

> "PREVIDENCIÁRIO. APOSENTADORIA POR TEMPO DE CONTRIBUIÇÃO. RECONHECIMENTO DE TEMPO E SERVIÇO. CÔMPUTO DE PERÍODOS EM GOZO DE BENEFÍCIOS ACIDENTÁRIOS. MENSALIDADE DE RECUPERAÇÃO. PREENCHIDOS OS REQUISITOS PARA APOSENTAÇÃO. CORREÇÃO MONETÁRIA E JUROS DE MORA. APELO DO INSS PARCIALMENTE PROVIDO. – A questão em debate consiste na possibilidade de se reconhecer o tempo de serviço especificado na inicial, em que a parte autora esteve em gozo de benefícios da previdência social para, somados aos demais lapsos de trabalho

> incontroversos, propiciar a concessão da aposentadoria por tempo de contribuição. – Consta dos autos que a parte autora percebeu auxílio-doença por acidente de trabalho no período de 02/05/2001 a 19/01/2005 e aposentadoria por invalidez acidentária de 20/01/2005 a 14/08/2007. – Quanto aos períodos em que os segurados estiveram em gozo de auxílio-doença ou aposentadoria por invalidez acidentários, poderão ser computados como tempo de serviço sejam intercalados ou não com períodos de atividade laborativa, tal como se depreende do inciso IX, do artigo 60, do Decreto nº 3.048/99. – No que se refere ao direito ao recebimento e cômputo das chamadas mensalidades de recuperação, tem-se que no caso em tela deve ser aplicado o disposto no artigo 47, inciso II, da Lei nº 8.213/91, uma vez que a recuperação do autor ocorreu após o período de 05 (cinco) anos, contado após o início do auxílio-doença que antecedeu sem interrupção a aposentadoria por invalidez. Dessa forma, evidente o direito da parte autora às mensalidades de recuperação. – **Considerando que durante o período de percepção da mensalidade de recuperação o segurado mantém a condição de aposentado, tal lapso também deve ser computado como tempo de contribuição**. – Feitos os cálculos, somando os lapsos em que esteve em gozo dos benefícios acidentários, incluídos os 18 meses referentes às mensalidades de recuperação, aos períodos de labor incontroversos constantes da contagem e resumo de documentos para cálculo de tempo de contribuição juntada aos autos em apenso, tendo como certo que somou mais de 35 anos de trabalho, faz jus à aposentadoria por tempo de contribuição, eis que respeitando as regras permanentes estatuídas no artigo 201, §7º, da CF/88, deveria cumprir, pelo menos, 35 (trinta e cinco) anos de contribuição" **(TRF da 3ª Região, APELAÇÃO CÍVEL – 2287656, de 7/5/2018)**.

Desta forma, uma vez intercaladas por nova contribuição, **devem as mensalidades ser consideradas como tempo de contribuição**. Veja-se a TNU:

> ***"PUIL n. 0001076-85.2020.4.03.6322 / SP***
>
> *Relator(a): JUÍZA FEDERAL CARMEN ELIZANGELA DIAS MOREIRA DE RESENDE Assunto: APOSENTADORIA POR IDADE - URBANA (ART. 48/51) - APOSENTADORIA POR IDADE (ART. 48/51) - BENEFÍCIOS EM ESPÉCIE, DIREITO PREVIDENCIÁRIO Ementa: PEDIDO DE UNIFORMIZAÇÃO DE INTERPRETAÇÃO DE LEI FEDERAL. PREVIDENCIÁRIO. POSSIBILIDADE DE O SEGURADO UTILIZAR O TEMPO INTERCALADO EM QUE ESTEVE EM GOZO DE AUXÍLIO-DOENÇA OU APOSENTADORIA POR INVALIDEZ COMO TEMPO DE CONTRIBUIÇÃO E PARA FINS DE CARÊNCIA. CONTRIBUIÇÕES VERTIDAS DURANTE O RECEBIMENTO DA MENSALIDADE DE RECUPERAÇÃO. POSSIBILIDADE. NOS TERMOS DO ART. 47, II, DA LEI N.º 8.213/1991, O SEGURADO EM GOZO DE MENSALIDADE DE RECUPERAÇÃO É AUTORIZADO A RETORNAR AO TRABALHO, NÃO HAVENDO ÓBICE AO RECOLHIMENTO DE CONTRIBUIÇÕES INDIVIDUAIS OU COMO SEGURADO FACULTATIVO NESSE PERÍODO. PEDILEF CONHECIDO E PROVIDO PARA FIXAR A SEGUINTE TESE: "AINDA QUE AS CONTRIBUIÇÕES PREVIDENCIÁRIAS TENHAM SIDO VERTIDAS DURANTE O PERÍODO DE RECEBIMENTO DE MENSALIDADES DE RECUPERAÇÃO, SÃO APTAS PARA FINS DE CONSTATAÇÃO DO*

> *INTERCALAMENTO NECESSÁRIO AO CÔMPUTO DO PERÍODO EM GOZO DE BENEFÍCIOS POR INCAPACIDADE COMO DE CONTRIBUIÇÃO OU PARA FINS DE CARÊNCIA".*
>
> ***Tese firmada: "Ainda que as contribuições previdenciárias tenham sido vertidas durante o período de recebimento de mensalidades de recuperação (art.47 da Lei 8.213/91), serão aptas para fins de constatação do intercalamento necessário ao cômputo do período em gozo de benefícios por incapacidade para fins de carência".***
>
> *Julgado em 17/05/2023"*

Há dúvida apenas se o valor da mensalidade for inferior a um salário mínimo, podendo se discutir, neste caso, a necessidade de ajustamento após a EC 103/2019, embora o benefício em questão não componha o salário de contribuição.

Regra interessante a respeito das mensalidades de recuperação consta do artigo 50, parágrafo único[39], do Decreto 3.048/99. Esse dispositivo determinava que a aposentadoria por incapacidade permanente se mantivesse ativa pelo período em que as mensalidades de recuperação correspondam a 100% da renda do benefício, na hipótese de um segurado requerer neste período um outro benefício, a exemplo de uma aposentadoria por idade ou por tempo de contribuição.

Conquanto se trate de regra não prevista no artigo 47 da Lei 8.213/91, dificilmente irá trazer prejuízos ao segurado da previdência social, pois a aposentadoria por incapacidade permanente em cota integral possui renda mensal de 100% do salário de benefício sem a incidência de fator previdenciário.

Por outro lado, embora seja incomum, acaso o novo benefício requerido possua maior renda mensal, a exemplo de aposentadoria por tempo de contribuição com fator previdenciário acima de 1,0, deve o dispositivo regulamentar ser afastado por ausência de base legal, haja vista que o próprio INSS admite a renunciabilidade dos benefícios por incapacidade laborativa.

Com o advento do Decreto 10.410/2020 o dispositivo sofreu correto ajuste:

> "Art. 50. O segurado que retornar à atividade poderá requerer, a qualquer tempo, novo benefício, tendo este processamento normal.
>
> § 1º Observado o disposto no art. 167, caso haja requerimento de novo benefício durante os períodos a que se refere o art. 49, **caberá ao segurado optar por**

39. Art. 50. O segurado que retornar à atividade poderá requerer, a qualquer tempo, novo benefício, tendo este processamento normal.

Parágrafo único. Se o segurado requerer qualquer benefício durante o período citado no artigo anterior, a aposentadoria por invalidez somente será cessada, para a concessão do novo benefício, após o cumprimento do período de que tratam as alíneas "b" do inciso I e "a" do inciso II do art. 49.

um dos benefícios, assegurada a opção pelo benefício mais vantajoso. (Incluído pelo Decreto nº 10.410, de 2020)

§ 2º Na hipótese de opção pelo recebimento de novo benefício nos termos do disposto no § 1º, cuja duração se encerre antes da cessação do benefício decorrente do disposto no art. 49, o **pagamento deste poderá ser restabelecido pelo período remanescente,** respeitadas as reduções correspondentes. (Incluído pelo Decreto nº 10.410, de 2020)

Desse modo, desde 1/7/2020, passou a ser possível a renúncia administrativa das mensalidades de recuperação.

De efeito, o INSS admite administrativamente a **renúncia aos benefícios de pensão por morte, auxílio-doença, aposentadoria por incapacidade permanente, auxílio-acidente e auxílio-suplementar,** nos termos do Memorando-Circular Conjunto nº 42 DIRBEN/DIRSAT/PFE/INSS, de 26/7/2016.

Há interesse de agir do segurado em buscar judicialmente, se comprovados os requisitos, a conversão das mensalidades de recuperação em auxílio por incapacidade temporária. Nesse sentido, veja-se a TNU:

PUIL n. 0015544-88.2018.4.03.6301/SP Relator(a): JUÍZA FEDERAL LÍLIAN OLIVEIRA DA COSTA TOURINHO Assunto: APOSENTADORIA POR INVALIDEZ. INCAPACIDADE TEMPORÁRIA. PRORROGAÇÃO. TEMA 246/TNU. Ementa: PREVIDENCIÁRIO. PEDIDO DE UNIFORMIZAÇÃO NACIONAL. VIOLAÇÃO AO ENTENDIMENTO FIRMADO POR ESTA TURMA NACIONAL DE UNIFORMIZAÇÃO NO PROCESSO Nº 0007927-74.2018.4.03.6302/SP. RETORNO DOS AUTOS À TURMA DE ORIGEM PARA ADEQUAÇÃO DO JULGADO COM REAFIRMAÇÃO DA SEGUINTE TESE: 1- Nos termos da legislação vigente à época dos fatos (art. 50, parágrafo único, do Decreto nº 3.048/99, em sua redação original), durante o período de recebimento de mensalidade de recuperação em valor reduzido, possível, mediante opção do segurado, a concessão do benefício por incapacidade temporária em detrimento da percepção das parcelas de mensalidade de recuperação em percentual inferior a 100%, menos vantajosas. 2- Deve ser garantido prazo mínimo de 30 dias, desde a implantação do benefício por incapacidade temporária, para viabilizar eventual pedido administrativo de prorrogação, nos termos da tese firmada por esta TNU no Tema 246.

Tese reafirmada: "1- Nos termos da legislação vigente à época dos fatos (art. 50, parágrafo único, do Decreto nº 3.048/99, 51 em sua redação original), durante o período de recebimento de mensalidade de recuperação em valor reduzido, possível, mediante opção do segurado, a concessão do benefício por incapacidade temporária em detrimento da percepção das parcelas de mensalidade de recuperação em percentual inferior a 100%, menos vantajosas. 2- Deve ser garantido prazo mínimo de 30 dias, desde a implantação do benefício por incapacidade temporária, para viabilizar eventual pedido administrativo de prorrogação, nos termos da tese firmada por esta TNU no Tema 246.". Julgado em 14/06/2023.

Saliente-se que o empregado que for aposentado por invalidez terá suspenso o seu contrato de trabalho durante o prazo fixado pelas leis de previdência social para a efetivação do benefício, assegurado o direito à função que ocupava ao tempo da aposentadoria, facultado, porém, ao empregador, o direito de indenizá-lo por rescisão do contrato de trabalho[40].

11. TEMAS FINAIS

Vale registrar que a jurisprudência vem sendo bastante flexível no que concerne ao pedido de concessão de benefícios previdenciários, podendo o Poder Judiciário deferir benefício diverso do requerido.

Nesse sentido, se o segurado requereu apenas a aposentadoria por incapacidade permanente, mas por ocasião da instrução processual a perícia médica judicial atestou apenas a incapacidade temporária para trabalho, poderá o magistrado conceder o auxílio-doença, conforme pacificado na jurisprudência do STJ:

> "PREVIDENCIÁRIO. AGRAVO REGIMENTAL NO RECURSO ESPECIAL. DEFERIDO AUXÍLIO-DOENÇA EM VEZ DE APOSENTADORIA POR INVALIDEZ. DECISÃO EXTRA PETITA. NÃO-OCORRÊNCIA. AGRAVO IMPROVIDO. 1. A sentença, restabelecida pela decisão em sede de recurso especial, bem decidiu a espécie, quando, reconhecendo o preenchimento dos requisitos necessários à concessão do benefício de auxílio-doença, deferiu-o ao segurado, não obstante ter ele requerido aposentadoria por invalidez. 2. Agravo regimental improvido" (AGREsp 868.911, de 16.10.2008).

Outrossim, se o autor apenas pediu o auxílio-acidente, poderá o julgador conceder a aposentadoria por incapacidade permanente, se preenchidos os pressupostos, na forma do entendimento do STJ:

> "PREVIDENCIÁRIO. AUXÍLIO-ACIDENTE. INCAPACIDADE PARA O TRABALHO. JULGAMENTO EXTRA PETITA. INOCORRÊNCIA. – Em tema de benefício previdenciário decorrente de acidente de trabalho, é lícito ao juiz, de ofício, enquadrar a hipótese fática no dispositivo legal pertinente à concessão do benefício cabível, em face da relevância da questão social que envolve o assunto. – **Não ocorre julgamento extra petita na hipótese em que o órgão colegiado a quo, em sede de apelação, mantém sentença concessiva do benefício da aposentadoria por invalidez, ainda que a pretensão deduzida em juízo vincule-se à concessão de auxílio-acidente, ao reconhecer a incapacidade definitiva da segurada para o desempenho de suas funções.** – Recurso especial não conhecido" (REsp 412.676, de 03.02.2002).

Impende salientar que apenas o médico possui habilitação legal para atestar judicialmente, na condição de perito, a incapacidade laboral, não tendo validade os laudos lavrados por outros profissionais da saúde, como os fisioterapeutas.

Nesse sentido, o TRF da 4ª Região:

40. Artigo 475 da CLT.

"PROCESSO CIVIL. PREVIDENCIÁRIO. AUXÍLIO-DOENÇA. LAUDO PERICIAL. FISIOTERAPEUTA. ANULAÇÃO DA SENTENÇA. REABERTURA DA INSTRUÇÃO PROCESSUAL. REALIZAÇÃO DE NOVO LAUDO PERICIAL POR MÉDICO.

-Nas ações em que se objetiva a aposentadoria por invalidez ou auxílio-doença o julgador firma seu convencimento, via de regra, com base na prova pericial. **O profissional da área de fisioterapia não dispõe de atribuições médicas, dentre as quais a realização de diagnóstico médico, nisto incluso o laudo pericial, cingindo-se suas funções somente no atuar para a recuperação da capacidade física do paciente.**

-Hipótese em que se determina a reabertura da instrução processual, possibilitando a realização de prova pericial, indispensável ao convencimento do Julgador para demonstrar a existência de enfermidade incapacitante, desta feita a ser realizada por médico.

-Questão de ordem solvida para se anular a sentença e determinar a reabertura da instrução processual para realização de laudo pericial por médico. Prejudicado o exame da apelação". (TRF 4ª Região, Sexta Turma, QUOAC 00000189620104049999, de 24.02.2010).

QUADRO SINTÉTICO – APOSENTADORIA POR INCAPACIDADE PERMANENTE	
Cabimento	Segurado incapaz e insusceptível de reabilitação para o exercício de atividade que lhe garanta a subsistência.
Beneficiários	Todos os segurados.
Carência	12 contribuições mensais (segurado especial 12 meses de atividade rurícola ou pesqueira em regime de economia familiar para a subsistência), salvo acidente de qualquer natureza, doença profissional ou do trabalho e doenças graves listadas em ato regulamentar.
Valor	A partir de 60% da média de todos os salários de contribuição a contar de 7/1994 (art. 26, Emenda 103/2019). Por acidente de trabalho, fixa em 100% do salário de benefício.
Outras informações	**a)** não é definitiva, salvo para os maiores de 60 anos de idade, maiores de 55 anos com 15 anos do benefício ou portadores do HIV, se não voltarem a exercer atividade laboral; **b)** é possível um acréscimo de 25%, inclusive extrapolando o teto, se o segurado necessitar de assistência permanente de outra pessoa; **c)** o segurado é obrigado a se submeter a exames médicos periódicos (a cada 02 anos), salvo regra de isenção de perícia e reabilitação profissional, mas não a cirurgia e transfusão de sangue; **d)** será devida desde a incapacidade (salvo empregado), se requerida até 30 dias. Se após, a data de início será a data do requerimento; no caso do segurado empregado, o empregador deve arcar com os salários por quinze dias antes da concessão da aposentadoria.

CAPÍTULO 3

AUXÍLIO POR INCAPACIDADE TEMPORÁRIA (antigo auxílio-doença)

1. INTRODUÇÃO

Regulamentação básica: artigos 59/63, da Lei 8.213/91; artigos 71/80, do RPS (Decreto 3.048/99).

Códigos de concessão: 91 – Auxílio-doença por acidente do trabalho e 31 – Auxílio-doença previdenciário (sem decorrer de acidente de trabalho).

Considerando que a **Emenda 103/2019** promoveu a exclusão da expressão "doença" do inciso I do artigo 201 da Constituição e inseriu a necessidade de incapacidade temporária ou permanente, posto que não basta estar doente para receber um benefício previdenciário por incapacidade laboral, por certo em breve este benefício passará a se chamar **"auxílio-incapacidade"**.

Uma crítica ao Decreto 10.410/2020 é a utilização da expressão "auxílio por incapacidade temporária" em substituição ao "auxílio-doença", pois a incapacidade permanente também é fato gerador do benefício, nos termos do artigo 62[1] da Lei 8.213/91, quando cabível a reabilitação profissional.

Por certo, teria sido mais adequada a expressão "auxílio temporário por incapacidade", pois demonstraria o caráter temporário do benefício e abarcaria tanto a incapacidade temporária quanto a permanente.

Ao longo do texto manteremos a expressão auxílio-doença por questões históricas e em razão de a normatização e a jurisprudência citar essa nomenclatura,

1. Art. 62. O segurado em gozo de auxílio-doença, insuscetível de recuperação para sua atividade habitual, deverá submeter-se a processo de reabilitação profissional para o exercício de outra atividade. (Redação dada pela Lei nº 13.457, de 2017).

que progressivamente ao longo dos anos será substituída por auxílio por incapacidade temporária.

2. FATO GERADOR

> Trata-se de benefício não programado devido ao segurado que ficar incapacitado para o seu trabalho ou para a sua atividade habitual por mais de 15 dias consecutivos, nos termos do artigo 59 da Lei 8.213/91.

Veja-se enunciado aprovado na **I Jornada de Direito da Seguridade Social do Conselho da Justiça Federal** sobre o tema:

> *"**ENUNCIADO 28:** A incapacidade para fins previdenciários é aquela em relação à atividade habitual do periciado, devendo o perito fazer o registro das informações declaradas pelo segurado de forma a caracterizar adequadamente a rotina de trabalho, suas tarefas e exigências profissionais inerentes".*

Desta forma, incabível a concessão do benefício por incapacidade de até 15 dias consecutivos:

> **Ofício-Circular nº 31 /DIRBEN/INSS**
>
> Em, 4 de junho de 2019.
>
> 2.1. O art. 60 citado no item anterior faz menção ao direito do segurado empregado ao benefício de auxílio-doença a partir do 16º (décimo sexto dia) e, para os demais, a partir do início da incapacidade.
>
> 2.2. Já o artigo 59, do mesmo dispositivo legal, define como condição para concessão do benefício de auxílio-doença o afastamento por mais de quinze dias, sem distinção de categoria de segurado. Portanto, não exclui as demais categorias da obrigação de comprovar mais de 15 dias de incapacidade.
>
> 2.3. Somente ao segurado empregado é garantido o pagamento de quinze dias realizado pelo empregador, pois este é considerado um direito trabalhista e não previdenciário.
>
> 3. Cientes da existência de orientações com entendimento contrário ao exposto neste Ofício-Circular, e considerando que devido à automatização da concessão de auxílio-doença no SABI os benefícios estavam sendo concedidos com incapacidade inferior a dezesseis dias, convalidam-se todos os requerimentos concedidos até o dia 3 de abril de 2019, data da adequação do sistema de benefícios ao entendimento de se exigir mais de quinze dias de incapacidade ou afastamento da atividade por incapacidade a todas as categorias de segurado.
>
> 3.1. Nos casos de segurado empregado com novo afastamento dentro de sessenta dias, serão contados todos os períodos de afastamento para totalizar o período superior a quinze dias.
>
> 3.2. Quando houver restabelecimento do benefício anterior em decorrência de novo requerimento referente à mesma doença, dentro de sessenta dias contados da cessação do benefício anterior, deverá ser considerado como cumprido o requisito de ter mais de 15 dias de afastamento ou incapacidade.
>
> 4. Aplicam-se as orientações constantes no presente Ofício Circular a todos os requerimentos de auxílio-doença pendentes de conclusão no dia 3 de abril de 2019.

A MP 664/2014 chegou a modificar as regras do auxílio-doença para o segurado empregado. No entanto, a Lei 13.135/2015 restabeleceu o regramento anterior.

O segurado em gozo de auxílio-doença, **insusceptível de recuperação para sua atividade habitual, se possível, deverá submeter-se a processo de reabilitação profissional para o exercício de outra atividade**, exceto o tratamento cirúrgico e a transfusão de sangue, que são facultativos.

A reabilitação profissional é um serviço previdenciário de cunho obrigatório para o segurado, quando cabível, prestado pela Previdência Social em que o segurado participará de cursos de capacitação aprender um novo ofício compatível com a sua condição física e intelectual, nos termos do artigo 89 da Lei 8.213/91[2].

Veja-se enunciado aprovado na I Jornada de Direito da Seguridade Social do Conselho da Justiça Federal sobre o tema:

> *"ENUNCIADO 29: Na análise judicial acerca da eficácia do programa de reabilitação profissional concluído na via administrativa pelo INSS, além da realização da perícia médica para verificar a compatibilidade da atividade para a qual o segurado foi reabilitado com as limitações físicas existentes, as condições pessoais e sociais deverão ser avaliadas para que se verifique se o segurado tem efetivas condições de reingresso no mercado de trabalho".*

Não cessará o benefício até que seja dado como habilitado para o desempenho de nova atividade que lhe garanta a subsistência ou, quando considerado não recuperável, for aposentado por invalidez.

A TNU entendeu que não cabe ao Poder Judiciário determinar que o INSS promova a reabilitação, mas sim que proceda a avaliação de elegibilidade do serviço (boletim 33):

> ***"REPRESENTATIVO DE CONTROVÉRSIA – DEFINIÇÃO DE TESE – TEMA N. 177 – PUIL n. 0506698-72.2015.4.05.8500/SE***

2. Art. 89. A habilitação e a reabilitação profissional e social deverão proporcionar ao beneficiário incapacitado parcial ou totalmente para o trabalho, e às pessoas portadoras de deficiência, os meios para a (re)educação e de (re)adaptação profissional e social indicados para participar do mercado de trabalho e do contexto em que vive.

Parágrafo único. A reabilitação profissional compreende:

a) o fornecimento de aparelho de prótese, órtese e instrumentos de auxílio para locomoção quando a perda ou redução da capacidade funcional puder ser atenuada por seu uso e dos equipamentos necessários à habilitação e reabilitação social e profissional;

b) a reparação ou a substituição dos aparelhos mencionados no inciso anterior, desgastados pelo uso normal ou por ocorrência estranha à vontade do beneficiário;

c) o transporte do acidentado do trabalho, quando necessário.

Apreciando o pedido sob o regime dos representativos de controvérsia, a TNU fixou as seguintes teses:

1. Constatada a existência de incapacidade parcial e permanente, não sendo o caso de aplicação da Súmula 47 da TNU, a decisão judicial poderá determinar o encaminhamento do segurado para análise administrativa de elegibilidade à reabilitação profissional, sendo inviável a condenação prévia à concessão de aposentadoria por invalidez condicionada ao insucesso da reabilitação;

2. A análise administrativa da elegibilidade à reabilitação profissional deverá adotar como premissa a conclusão da decisão judicial sobre a existência de incapacidade parcial e permanente, ressalvada a possibilidade de constatação de modificação das circunstâncias fáticas após a sentença."

No que tange ao auxílio-doença, a regulamentação do artigo 101 da Lei 8.213/91 é dada pelo artigo 343 da Instrução Normativa INSS 128/2022:

"Art. 343. O benefício de auxílio por incapacidade temporária será suspenso quando:

I - não comparecer o segurado em gozo de auxílio por incapacidade temporária, concedido judicial ou administrativamente, convocado, a qualquer momento, para avaliação das condições que ensejaram sua concessão ou manutenção; e

II - o segurado recusar ou abandonar tratamentos ou processo de reabilitação profissional proporcionados pelo RGPS, exceto o tratamento cirúrgico e a transfusão de sangue, devendo ser restabelecido a partir do momento em que deixar de existir o motivo que ocasionou a suspensão, desde que persista a incapacidade".

Insta afirmar que mesmo a **incapacidade laborativa parcial** para o trabalho habitual enseja a concessão do auxílio-doença, *ex vi* da Súmula 25 da Advocacia-Geral da União:

"**Súmula 25** – Será concedido auxílio-doença ao segurado considerado **temporariamente** incapaz para o trabalho ou sua atividade habitual, de forma total **ou parcial**, atendidos os demais requisitos legais, **entendendo-se por incapacidade parcial aquela que permita sua reabilitação para outras atividades laborais**".

Nesse sentido o STJ:

*"RECURSO ESPECIAL. PREVIDENCIÁRIO. LEI 8.213/91. CONCESSÃO. AUXÍLIO-DOENÇA. INCAPACIDADE. TOTAL. PARCIAL. **A Lei 8.213/91 não faz distinção quanto à incapacidade, se deve ser total ou parcial; assim, não é possível restringir o benefício ao segurado, deferindo-o, tão-somente, quando a desventurada incapacidade for parcial.** Recurso desprovido" (REsp 699920/SP, de 17/02/2005).*

Informativo 623 – PRIMEIRA TURMA

PROCESSO	REsp 1.474.476-SP, Rel. Min. Napoleão Nunes Maia Filho, por unanimidade, julgado em 05/04/2018, DJe 18/04/2018.

RAMO DO DIREITO	DIREITO PREVIDENCIÁRIO
TEMA	Auxílio-Doença. Requisitos delimitados no art. 59 da Lei n. 8.213/1991. Incapacidade total para o exercício de qualquer trabalho. Ausência de previsão legal.
DESTAQUE	
Não encontra previsão legal a exigência de comprovação de que o segurado esteja completamente incapaz para o exercício de qualquer trabalho para concessão do benefício de auxílio-doença.	
INFORMAÇÕES DO INTEIRO TEOR	
Nos termos do art. 59 da Lei n. 8.213/1991, para que seja concedido o auxílio-doença, necessário que o segurado, após cumprida a carência, seja considerado incapaz temporariamente para o exercício de sua atividade laboral habitual. Nessa hipótese, o que deve ser avaliado em perícia é a capacidade do segurado para exercer a sua função habitual, a análise deve se restringir a verificar se a doença ou lesão compromete (ou não) sua aptidão para desenvolver suas atividades laborais habituais. Sendo descabida a exigência de comprovação de que esteja completamente incapaz para o exercício de qualquer trabalho, requisito que só é necessário para a concessão de aposentadoria por invalidez. Assim, o segurado que apresenta incapacidade para o exercício de sua atividade habitual, mas remanesce capacidade laboral para o desempenho de outras atividades, faz *jus* à concessão do benefício de auxílio-doença até ser reabilitado para o exercício de outra atividade compatível com a limitação laboral diagnosticada, nos termos do art. 62 da Lei n. 8.213/1991.	

De acordo com o Manual de Perícia Médica da Previdência Social, "a **incapacidade laborativa** é a impossibilidade de desempenho das funções específicas de uma atividade ou ocupação, em consequência de alterações morfopsicofisiológicas provocadas por doença ou acidente".

De efeito, entende-se que **incapacidade parcial** é aquela que prejudica o desenvolvimento de algumas atividades laborativas habituais do segurado, mas não de todas, sem risco de vida do segurado ou agravamento maior.

Veja-se enunciado aprovado na I Jornada de Direito da Seguridade Social do Conselho da Justiça Federal sobre o tema:

> *"ENUNCIADO 27: Com base no princípio da precaução, entendendo o perito que há riscos ocupacionais suscetíveis de agravar a condição clínica do segurado e riscos potenciais para este e para terceiros, caso seja mantido o labor, deve considerá-lo incapaz para fins previdenciários".*

Entretanto, a Súmula 25 da AGU a define como aquela que permita reabilitação para outras atividades laborais. Entende-se que a definição da referida Súmula é equivocada, pois é possível que haja incapacidade parcial e não seja necessária a reabilitação, caso possa o segurado se recuperar para o trabalho habitual.

Por tudo isto, crê-se que é possível a concessão do auxílio-doença em duas hipóteses:

a) ***Incapacidade temporária parcial ou total para o trabalho habitual por mais de 15 dias consecutivos***, sendo plenamente possível a recuperação do segurado para desenvolver a mesma atividade;

b) ***Incapacidade permanente parcial ou total do segurado para o trabalho habitual por mais de 15 dias consecutivos***, não sendo possível a recuperação do segurado para continuar desenvolvendo o trabalho habitual, mas plenamente viável a reabilitação profissional para outra atividade que lhe garanta a subsistência.

Na primeira hipótese, considere-se que um segurado do RGPS tenha contraído a gripe H1N1, ficando impossibilitado de exercer o seu trabalho habitual por 30 dias. Neste caso, é plenamente possível a sua recuperação clínica, não sendo cabível a reabilitação profissional.

No segundo caso, enquadra-se a situação de um estivador que apresenta problema em sua coluna, não sendo possível a sua recuperação para o trabalho habitual, que exige o levantamento de muito peso.

Logo, trata-se de incapacidade permanente para o trabalho habitual, devendo o segurado receber o auxílio-doença e ser encaminhado ao serviço de reabilitação profissional, caso seja possível desenvolver outra atividade laborativa que lhe garanta a subsistência, respeitadas as suas limitações clínicas.

Veja-se enunciados aprovados na I Jornada de Direito da Seguridade Social do Conselho da Justiça Federal sobre o tema:

> *"**ENUNCIADO 21:** Quando demonstrada a presença de várias patologias, a circunstância de individualmente não serem consideradas incapacitantes não afasta a possibilidade de, numa visão sistêmica, conduzirem à impossibilidade, temporária ou definitiva, do desempenho de atividade laborativa.*
>
> ***ENUNCIADO 47:** Em ações judiciais que versem sobre benefícios previdenciários, especialmente quando figurarem no polo ativo mulheres seguradas trabalhadoras rurais, donas de casa, empregadas domésticas e faxineiras, na valoração da prova, inclusive de laudos médicos, além da observância do Protocolo para Julgamento com Perspectiva de Gênero do Conselho Nacional de Justiça, previsto na Resolução CNJ n. 492/2023, as julgadoras e os julgadores devem rechaçar conclusões que tratem das atividades domésticas e de cuidado como improdutivas ou como tarefas leves, isto é, como se não demandassem esforço físico médio ou intenso".*

Deveras, é possível promover as seguintes classificações da incapacidade laborativa:

a) **Quanto ao grau**, poderá ser *total* ou *parcial*;

b) **Quanto à duração**, será *temporária* (prazo previsível para a recuperação) ou de *duração indefinida* (prazo imprevisível).

Ainda é possível realizar uma classificação da incapacidade laboral de acordo com a **profissão desenvolvida**:

a) *uniprofissional* – aquela em que o impedimento alcança apenas uma atividade específica;

b) *multiprofissional* – aquela em que o impedimento abrange diversas atividades profissionais;

c) *omniprofissional* – aquela que implica a impossibilidade do desempenho de toda e qualquer atividade laborativa, sendo conceito essencialmente teórico, salvo quando em caráter transitório.

De efeito, **a incapacidade laborativa por até 15 dias não ensejará o pagamento do auxílio-doença**, pois se cuida de risco social não coberto pelo Plano de Benefícios do RGPS, em observância ao Princípio da Seletividade (art. 59, da Lei 8.213/91), restaurado pela Lei 13.135/2015, que desfez a revogação dada pela finada Medida Provisória 664/2014.

Também não será devido o auxílio-doença ao segurado que se filiar ao Regime Geral de Previdência Social já portador da doença ou da lesão invocada como causa para o benefício, **salvo quando a incapacidade sobrevier por motivo de progressão ou agravamento dessa doença ou lesão.**

Nesse sentido, a Súmula 53, da TNU:

> ***"Súmula 53 – Não há direito a auxílio-doença ou a aposentadoria por invalidez quando a incapacidade para o trabalho é preexistente ao reingresso do segurado no Regime Geral de Previdência Social".***

Suponha-se que Cornélio trabalhe por conta própria sem nunca ter recolhido contribuição previdenciária. Após se acidentar e se tornar incapaz para o trabalho temporariamente, Cornélio se filiou ao RGPS como contribuinte individual mediante o recolhimento de contribuição previdenciária.

Neste caso, deverá o INSS indeferir o benefício de auxílio-doença, vez que a incapacidade laboral é preexistente à filiação de Cornélio.

Por outro lado, suponha-se que Maria seja portadora de câncer no momento da sua filiação ao RGPS. Conquanto portadora da referida patologia, no momento em que se filiou ao regime previdenciário, Maria ainda gozava de plenas condições laborais.

Contudo, um ano após a filiação, o mal se agravou e Maria passou a ser incapaz para o trabalho de maneira parcial. Neste caso, o INSS deverá deferir o auxílio-doença, pois a incapacidade laboral decorreu de progressão da enfermidade verificada após a filiação.

Veja-se enunciado aprovado na I Jornada de Direito da Seguridade Social do Conselho da Justiça Federal sobre o tema:

> *"**ENUNCIADO 30:** Nos pedidos de benefício por incapacidade em que a filiação ocorre quando o segurado é portador de doença ou lesão, o segurado poderá demonstrar o agravamento ou progressão da enfermidade por meio de exames ou relatórios médicos anteriores e posteriores à filiação".*

Vale ressaltar que o período de graça não correrá ou, se já iniciado, será suspenso durante o período de incapacidade laboral do segurado, com base no artigo 15, I, da Lei 8.213/91.

Nesse sentido, em 09.06.2008, foi editada a Súmula 26 da AGU, que pontifica:

> "Súmula 26 – Para a concessão de benefício por incapacidade, não será considerada a perda da qualidade de segurado decorrente da própria moléstia incapacitante".

No mesmo caminho o STJ:

> **"AGRAVO REGIMENTAL NO RECURSO ESPECIAL. APOSENTADORIA POR INVALIDEZ. PERDA DA QUALIDADE DE SEGURADO ANTES DA OCORRÊNCIA DA MOLÉSTIA INCAPACITANTE. BENEFICIO INDEVIDO. REEXAME FÁTICO-PROBATÓRIO. AGRAVO DESPROVIDO.**
>
> I- A aposentadoria por invalidez é devida ao segurado que, após cumprida a carência e conservando a qualidade de segurado, for considerado incapaz para o trabalho e insuscetível de reabilitação em atividade que lhe garanta subsistência.
>
> **II- A jurisprudência desta Corte Superior de Justiça é firme no sentido de que o segurado que deixa de contribuir para a Previdência Social, por estar incapacitado para o labor, não perde a qualidade de segurado.**
>
> III- Ocorre que, no caso sub examine, tendo restado consignado ser a incapacidade do autor muito posterior ao fim de seu vínculo previdenciário, o reconhecimento da perda da qualidade de segurado e, consequentemente, o indeferimento do pedido de acidentário é medida que se impõe" (AgRg no REsp 1245217 / SP, de 12/06/2012).

Veja-se o CRPS:

> JR/CRPS – ENUNCIADO Nº 7 – Alterado: Publicado no DOU de 12.11.2019

Não há direito a benefício por incapacidade quando o seu fato gerador é preexistente ao reingresso do segurado no Regime Geral da Previdência Social (RGPS), salvo agravamento ou progressão da doença.

I – Fixada a Data de Início da Incapacidade (DII) antes da perda da qualidade de segurado, a falta de contribuição posterior não prejudica o seu direito às prestações previdenciárias.

II – Não será considerada a perda da qualidade de segurado decorrente da própria moléstia incapacitante para a concessão de prestações previdenciárias.

III – A revisão dos parâmetros médicos efetuada em sede de benefício por incapacidade não enseja a devolução dos valores recebidos, se presente a boa-fé objetiva.

IV – É devido o auxílio-doença ao segurado temporariamente incapaz, de forma total ou parcial, atendidos os demais requisitos legais, entendendo-se por incapacidade parcial aquela que permita sua reabilitação para outras atividades laborais.

V – Para a acumulação do auxílio-acidente com proventos de aposentadoria, a consolidação das lesões decorrentes de acidentes de qualquer natureza que resulte sequelas definitivas e a concessão da aposentadoria devem ser anteriores a 11/11/1997, data da publicação da Medida Provisória nº 1.596-14, convertida na Lei nº 9.528/97.

VI – Não se aplica o disposto no artigo 76 do Regulamento da Previdência Social, aprovado pelo Decreto 3048/99, para justificar a retroação do termo inicial do benefício auxílio doença requerido após o trigésimo dia do afastamento da atividade, nos casos em que a perícia médica fixar o início da atividade anterior à data de entrada do requerimento, tendo em vista que esta hipótese não implica em ciência pretérita da Previdência Social.

Logo, é necessário avaliar se na data do início da incapacidade laborativa ainda havia a manutenção da qualidade de segurado. Se havia, o auxílio-doença será deferido. Caso contrário, será negado.

Isso porque nos casos em que o segurado deixa de recolher a contribuição por estar incapacitado, não haverá a perda da sua qualidade, pois a partir do momento em que houver a incapacidade para o trabalho habitual, já nascerá o direito ao auxílio-doença, mesmo que este só será requerido muito posteriormente, salvo no caso de empregado, cuja incapacidade deverá superar a quinze dias consecutivos.

Vamos supor que Rosângela é contribuinte individual que trabalha por conta própria. Ela possui 20 contribuições previdenciárias vertidas mensalmente em dia. A partir de janeiro de 2012, torna-se incapaz para o seu trabalho habitual por largo período, deixando de recolher as contribuições.

Por desconhecimento da legislação previdenciária, Rosângela apenas requereu o benefício em abril de 2013, quando ainda estava impossibilitada de exercer o seu trabalho habitual, época em que já não contribuía há mais de 12 meses.

Conquanto na data do requerimento administrativa ela aparentemente já tenha perdido a qualidade de segurada (se passou o período de graça de 12 meses sem novos recolhimentos), se a perícia médica do INSS apontar o início da incapacidade em janeiro de 2012, o benefício deverá ser concedido, pois naquele mês havia a manutenção da condição de segurada.

É que, de acordo com o STJ, o INSS e a AGU, o segurado que deixar de contribuir para a Previdência Social, por estar incapacitado para o labor, não perde a sua qualidade.

Por sua vez, de acordo com o Enunciado 111 do FONAJEF, "tratando-se de benefício por incapacidade, o recolhimento de contribuição previdenciária não é capaz, por si só, de ensejar presunção absoluta da capacidade laboral, admitindo-se prova em contrário".

A respeito do tema, colaciona-se Enunciado aprovado no XI FONAJEF:

Grupo 5 – Benefícios por Incapacidade
Enunciado 2

Supressão do enunciado 111 do Fonajef e rejeição da proposta trazida a debate no grupo. **(Aprovado por maioria)**

Logo, deste o XI FONAJEF, houve a revogação do Enunciado 111, que passou a se posicionar por meio do Enunciado 142 abaixo visto.

Muitas vezes o segurado se encontra incapaz para o trabalho, mas, com receio de perder a qualidade de segurado (na dúvida, opta-se pelo recolhimento), promove recolhimentos previdenciários, devendo, nesta situação, ser investigado o caso.

Se ficar comprovado que a incapacidade laborativa já existia e que o indeferimento administrativo do INSS foi indevido, mesmo existindo contribuições no CNIS em determinado período, deve a autarquia previdenciária ser condenada a pagar o auxílio-doença neste interregno, sendo, em tese, cabível pedido de restituição das contribuições previdenciárias na Secretaria da Receita Federal do Brasil.

A respeito do tema, se colaciona Enunciado aprovado no XI FONAJEF:

Grupo 5 – Benefícios por Incapacidade
Enunciado 3 (RENUMERADO PARA ENUNCIADO 142 FONAJEF)

A natureza substituta do benefício previdenciário por incapacidade não autoriza o desconto das prestações devidas no período em que houve exercício de atividade remunerada. **(Aprovado por maioria)**

É curial que seja feito um elo entre a enfermidade ou lesão que acomete o segurado e o seu trabalho ou atividade habitual, pois o mesmo infortúnio poderá gerar o pagamento do benefício para um segurado, mas não para outro, desde que atue em atividade laborativa diversa.

Suponha-se que dois segurados da mesma idade possuam uma idêntica lesão lombar. O primeiro é trabalhador avulso, atuando na função de estivador, ao passo que o segundo é segurado empregado, exercendo a função de porteiro de edifício.

É plenamente possível que o primeiro perceba o auxílio-doença e o segundo não, caso este possa compatibilizar a sua enfermidade com o exercício do seu trabalho, desde que não haja vedação clínica de que o tratamento seja processado sem a interrupção do labor.

3. SEGURADOS ACOBERTADOS

Diante da inexistência de restrição no âmbito da Lei 8.213/91, é pacifico que a aposentadoria por incapacidade permanente é um benefício IRRESTRITO, sendo devido a TODOS os segurados obrigatórios e até mesmo aos segurados facultativos.

4. PERÍODO DE CARÊNCIA

Em regra, o auxílio-doença pressupõe a realização de **carência de 12 contribuições mensais**, que será excepcionalmente dispensada nas hipóteses de invalidez decorrente de acidente de qualquer natureza, doença profissional, do trabalho ou das moléstias graves listadas em ato regulamentar.

De acordo com o artigo 151 da Lei 8.213/91, com redação dada pela Lei 13.135/2015, "até que seja elaborada a lista de doenças mencionada no inciso II do art. 26, independe de carência a concessão de auxílio-doença e de aposentadoria por invalidez ao segurado que, após filiar-se ao RGPS, for acometido das seguintes doenças: tuberculose ativa, hanseníase, alienação mental, **esclerose múltipla**, hepatopatia grave, neoplasia maligna, cegueira, paralisia irreversível e incapacitante, cardiopatia grave, doença de Parkinson, espondiloartrose anquilosante, nefropatia grave, estado avançado da doença de Paget (osteíte deformante), síndrome da deficiência imunológica adquirida (aids) ou contaminação por radiação, com base em conclusão da medicina especializada", **tendo a novidade sido a inserção de esclerose múltipla.**

Registre-se que desde a vigência da **Portaria Interministerial MTP/MS 22**, em vigor desde 03/10/2022, o rol de doenças graves que dispensam a carência foi ampliado com a inserção do acidente vascular encefálico agudo e do abdome agudo cirúrgico. Por outro lado, para que haja dispensa de carência para DII desde 03/10/2022, o transtorno mental grave exige que esteja cursando com alienação mental:

"Art. 1º A concessão dos benefícios auxílio por incapacidade temporária e aposentadoria por incapacidade permanente aos segurados do Regime Geral de Previdência Social - RGPS será isenta de carência quando a incapacidade laborativa for determinada pelas doenças e afecções listadas nesta Portaria.

§ 1º Para fins de aplicação desta Portaria, considera-se:

I - quadro clínico de evolução aguda: doença ou afecção de instalação súbita, excluindo-se os episódios agudos de doenças crônicas; e

II - critério de gravidade: risco iminente de morte ou de perda da função de órgão ou sistema que requer cuidado de natureza clínica ou cirúrgica, podendo apresentar instabilidade das funções vitais e necessidade de substituição artificial de funções.

§ 2º As doenças e afecções listadas nesta Portaria isentam o segurado do cumprimento da carência, se iniciadas após a filiação ao RGPS.

Art. 2º As doenças ou afecções listadas a seguir excluem a exigência de carência para a concessão dos benefícios auxílio por incapacidade temporária e aposentadoria por incapacidade permanente aos segurados do RGPS:

I - tuberculose ativa;

II - hanseníase;

III - transtorno mental grave, desde que esteja cursando com alienação mental;

IV - neoplasia maligna;

V - cegueira;

VI - paralisia irreversível e incapacitante;

VII - cardiopatia grave;

VIII - doença de Parkinson;

IX - espondilite anquilosante;

X - nefropatia grave;

XI - estado avançado da doença de Paget (osteíte deformante);

XII - síndrome da deficiência imunológica adquirida (Aids);

XIII - contaminação por radiação, com base em conclusão da medicina especializada;

XIV - hepatopatia grave;

XV - esclerose múltipla;

XVI - acidente vascular encefálico (agudo); e

XVII - abdome agudo cirúrgico.

Parágrafo único. As doenças e afecções listadas nos incisos XVI e XVII do caput serão enquadradas como isentas de carência quando apresentarem quadro de evolução aguda e atenderem a critérios de gravidade.

Art. 3º Os procedimentos técnicos a serem considerados para comprovação das doenças e afecções listadas no art. 2º como isentas de carência serão dispostos e atualizados em manual específico a ser publicado pela Subsecretaria da Perícia

Médica Federal da Secretaria de Previdência do Ministério do Trabalho e Previdência, no prazo de 90 (noventa) dias a contar da data de publicação desta Portaria.

Art. 4º Fica revogada a Portaria Interministerial MPAS/MS nº 2.998, de 23 de agosto de 2001.

Art. 5º Esta Portaria entra em vigor no dia 3 de outubro de 2022".

Certamente o INSS aplicará o *tempus regit actum* e não aplicará as inovações para fatos geradores anteriores a 03/10/2022, ao passo em que os segurados buscarão a retroação da inserção das duas novas doenças graves aptas a dispensar o período de carência.

5. RENDA MENSAL

O auxílio-doença é um benefício previsto para todos os segurados, tendo a renda mensal inicial de **91% do salário de benefício**, não podendo ser inferior a um salário mínimo, pois visa substituir a remuneração do beneficiário[3].

Excepcionalmente, o auxílio-doença poderá ser inferior a um salário mínimo, mas apenas na hipótese de segurado com atividades concomitantes. Nesse sentido, dispõe o artigo 73, §4º, do Decreto 3.048/99, que no caso de incapacidade para apenas uma atividade, o valor do auxílio-doença poderá ser inferior ao salário mínimo desde que somado às demais remunerações recebidas resultar valor superior a este.

No entanto, a Lei 13.135/2015 instituiu um novo teto para o valor do auxílio-doença, ao inserir o §10 no artigo 29 da Lei 8.213/91, que determina que **"o auxílio-doença não poderá exceder a média aritmética simples dos últimos doze salários-de-contribuição, inclusive no caso de remuneração variável, ou, se não alcançado o número de doze, a média aritmética simples dos salários-de-contribuição existentes".**

Isto posto, o auxílio-doença não poderá superar a média aritmética simples dos 12 últimos salários de contribuição do segurado ou, se inexistentes 12 salários de contribuição no período básico de cálculo (a partir de julho de 1994), deverá ser feita a média aritmética simples de todos os salários de contribuição existentes, sempre com a óbvia incidência da correção monetária (limitador externo de renda mensal).

Certamente o motivo desta nova regra é aproximar o valor do auxílio-doença da remuneração percebida pelo segurado nos 12 últimos meses, a fim de

3. Antes da Lei 9.032/95, o auxílio-doença por acidente de trabalho era de 92% do salário de benefício, ou então no valor do salário de contribuição do dia do acidente, se mais benéfico. Já o auxílio-doença comum era de 80% do salário de benefício, acrescido de 1% por cada grupo de 12 contribuições mensais, até o máximo de 100%.

evitar que o benefício fique com renda superior se o segurado possuir altos salários de contribuição no passado, o que poderá gerar a acomodação do segurado, se o auxílio-doença superar a sua remuneração mensal habitual.

Eis os argumentos trazidos pela Exposição de Motivos da MP 664/2014 para justificar este novo dispositivo:

> "12. Além dos ajustes nas regras de pensões, outras espécies de benefícios também vem apresentado um ritmo crescente das despesas. No caso do auxílio-doença, a despesa bruta cresceu de R$ 14,2 bilhões, em 2006, para cerca de R$ 22,9 bilhões, que representou uma alta relativa de 60,6% no período. O estoque de benefício passou de cerca de 1,2 milhão, no final de 2009, para o patamar de 1,7 milhão em outubro de 2014, reflexo, entre outros fatores, do incremento de contribuintes ou segurados que vem sendo observado desde 2004. Este benefício também possui distorções. Em primeiro lugar, o cálculo do valor deste benefício temporário é feita da mesma forma que aqueles de caráter permanente como, por exemplo, as aposentadorias, ou seja, se utilizando da média dos 80% maiores salários-de-contribuição desde julho de 1994 até o momento atual. Contudo, essa regra vem criando situações em que o valor do benefício fica acima do último salário do segurado, gerando um desincentivo para volta ao trabalho. Nesse sentido, torna-se recomendável o estabelecimento de um teto para o valor de benefício, mais especificamente, a média dos 12 últimos salários-de-contribuição."

De acordo com o correto entendimento do INSS, firmado no Memorando-Circular Conjunto nº 45 /DIRBEN/DIRAT/DIRSAT/PFE/INSS, de 4/9/2015, apenas deverão ser considerados os salários de contribuição a contar do Plano Real (competência Julho de 1994):

"1.4 – Apuração da Renda Mensal Inicial (§ 10 do art. 29 da Lei nº 8.213/1991)

A Lei nº 13.135/2015 trouxe no § 10 do art. 29 a mesma disposição contida na MP nº 664/2014 sobre a Renda Mensal Inicial-RMI do auxílio-doença e a limitação desta ao valor da média aritmética simples dos últimos doze salários-de-contribuição, inclusive em caso de remuneração variável ou, se não alcançado o número de doze, a média aritmética simples dos salários-de-contribuição existentes a partir de 07/1994".

Uma situação esdrúxula é que **a Emenda 103/2019 não alterou a renda do auxílio-doença**, que continua sendo de 91% do salário de benefício, limitado à média dos 12 últimos salários de contribuição, nos termos dos artigos 61[4] e 29, §10[5], da Lei 8.213/91.

4. Art. 61. O auxílio-doença, inclusive o decorrente de acidente do trabalho, consistirá numa renda mensal correspondente a 91% (noventa e um por cento) do salário-de-benefício, observado o disposto na Seção III, especialmente no art. 33 desta Lei. (Redação dada pela Lei nº 9.032, de 1995).
5. § 10. O auxílio-doença não poderá exceder a média aritmética simples dos últimos 12 (doze) salários-de-contribuição, inclusive em caso de remuneração variável, ou, se não alcançado o número de

Isso porque o artigo 26, *caput*, da Emenda 103/2019 somente se aplica aos benefícios com regulação constitucional de requisitos enquanto não há lei de regulamentação ("até que lei discipline o cálculo dos benefícios do Regime Geral de Previdência Social"), o que não ocorre com o auxílio-doença, não regulado pela reforma constitucional.

Ademais, o parágrafo segundo do artigo 26 da Emenda 103/2019 somente se refere às aposentadorias ("o valor do benefício de aposentadoria corresponderá a sessenta por cento da média aritmética"), não abarcando o auxílio-doença.

Dessa forma, será comum ver a renda do auxílio-doença superior à renda da aposentadoria por incapacidade permanente dos segurados que não possuírem largo tempo de contribuição, o que é um contrassenso, até que haja uma possível alteração na Lei 8.213/91.

6. ANTECIPAÇÃO POR ATESTADO MÉDICO NO PERÍODO DA COVID 19

Em 2 de abril de 2020 restou publicada a Lei 13.982, que previu em seu artigo 4º:

> *"Art. 4º Fica o INSS autorizado a antecipar 1 (um) salário-mínimo mensal para os requerentes do benefício de auxílio-doença de que trata o art. 59 da Lei nº 8.213, de 24 de julho de 1991, durante o período de 3 (três) meses, a contar da publicação desta Lei, ou até a realização de perícia pela Perícia Médica Federal, o que ocorrer primeiro*
>
> *II – à apresentação de atestado médico, cujos requisitos e forma de análise serão estabelecidos em ato conjunto da Secretaria Especial de Previdência e Trabalho do Ministério da Economia e do INSS".*

A antecipação de até 3 parcelas do auxílio por incapacidade temporária, no valor de 1 salário mínimo, se justificou em razão do fechamento das Agências do INSS em razão da pandemia do Corona Vírus, o que impediu a realização das perícias médicas presenciais.

A regulamentação se deu através da edição da Portaria Conjunta SEPRT/INSS Nº 9.381, de 6/4/2020. O atestado médico deve ser anexado ao requerimento por meio do site ou aplicativo "Meu INSS", mediante declaração de responsabilidade pelo documento apresentado, e deve observar, cumulativamente, os seguintes requisitos:

> I – estar legível e sem rasuras;
>
> II – conter a assinatura do profissional emitente e carimbo de identificação, com registro do Conselho de Classe;
>
> III – conter as informações sobre a doença ou CID; e
>
> IV – conter o prazo estimado de repouso necessário.

---

12 (doze), a média aritmética simples dos salários-de-contribuição existentes. (Incluído pela Lei nº 13.135, de 2015).

Os atestados foram submetidos a análise preliminar, na forma definida em atos da Subsecretaria de Perícia Médica Federal da Secretaria de Previdência e do Instituto Nacional do Seguro Social.

Observados os demais requisitos necessários para a concessão do auxílio-doença, inclusive a carência, quando exigida, a antecipação de um salário mínimo mensal ao requerente, de que trata o art. 4º da Lei nº 13.982, de 2 de abril de 2020, foi devida a partir da data de início do benefício, determinada nos termos do art. 60 da Lei nº 8.213, de 24 de julho de 1991, com duração máxima de três meses e, uma vez reconhecido em definitivo o direito do segurado ao auxílio-doença, teve o seu valor será devido a partir da data de início do benefício, deduzindo-se as antecipações pagas na forma do *caput*.

> *"Art. 6º O período de 3 (três) meses de que trata o caput dos arts. 2º, 3º, 4º e 5º poderá ser prorrogado por ato do Poder Executivo durante o período de enfrentamento da emergência de saúde pública de importância internacional da Covid-19, definida pela Lei nº 13.979, de 6 de fevereiro de 2020."*

O beneficiário pôde requerer a **prorrogação da antecipação do auxílio**-doença, com base no prazo de afastamento da atividade informado no atestado médico anterior ou mediante apresentação de novo atestado médico.

Já o artigo 6º da Lei 13.982/2020 previu a possibilidade de prorrogação por até 3 meses:

De sua vez, em 2 de julho de 2020 foi publicado o Decreto 10.413/2020:

> ***"Art. 1º Fica o Instituto Nacional do Seguro Social – INSS autorizado a conceder as antecipações de que tratam os art. 3º e art. 4º da Lei nº 13.982, de 2 de abril de 2020, até 31 de outubro de 2020.***
>
> *Parágrafo único. Os efeitos orçamentários e financeiros das antecipações concedidas nos termos do disposto no **caput** deverão ficar limitados ao exercício de 2020.*
>
> *Art. 2º A operacionalização das antecipações de que trata o art. 1º será disciplinada em ato conjunto:*
>
> *I – do Ministério da Cidadania e do INSS, em relação à antecipação de que trata o art. 3º da Lei nº 13.982, de 2020; e*
>
> *II – da Secretaria Especial de Previdência e Trabalho do Ministério da Economia e do INSS, em relação à antecipação de que trata o art. 4º da Lei nº 13.982, de 2020".*

Por sua vez, a Portaria **552/PRES/INSS, de 27/4/2020,** alterou, até o término da suspensão do atendimento presencial nas Agências da Previdência Social, para 6 (seis) o limite máximo de pedidos de prorrogação que, ao serem efetivados, geraram prorrogação automática do benefício – PMAN, definido no § 1º do art. 1º da Instrução Normativa – IN nº 90/PRES/INSS, de 17 de novembro de 2017.

Outrossim, restou editado o Ofício Circular SEI 1.217/2020, alterado pelo Ofício Circular SEI 2.062/2020, aduzindo que cabe ao Perito Médico Federal ao requerimento do benefício de auxílio período de enfrentamento da emergência de saúde pública de importância internacional decorrente da pandemia do Coronavírus:

> "1.3. O Perito Médico Federal deverá verificar se cumulativamente
>
> 1.3.1 Estar legível, sem rasuras e sem erros grosseiros.
>
> 1.3.2 Informações referentes à doença ou CID.
>
> 1.3.3 Período de repouso proposto.
>
> 1.3.4 Assinatura, número do profissional emitente no respectivo Conselho de Classe (CRM ou CRO) ou Registro do Ministério da Saúde no caso de médicos intercambistas, nos termos do carimbo de identificação".

Portaria Conjunta ME/INSS 47, de 21/8/2020: O INSS foi autorizado a deferir a antecipação do auxílio-doença para requerimentos administrativos protocolados até 31 de outubro de 2020, mas os efeitos financeiros das antecipações não puderam exceder o dia 31 de dezembro de 2020, ficando ressalvada a possibilidade de o segurado apresentar pedido de revisão para fins de obtenção integral e definitiva do auxílio por incapacidade temporária, na forma estabelecida pelo INSS.

Pôde requerer a antecipação citada o segurado que residir em município localizado a mais de setenta quilômetros de distância da Agência da Previdência Social mais próxima, cuja unidade de atendimento da Perícia Médica Federal esteja com o serviço de agendamento disponível.

O segurado, no momento do requerimento, fará a opção pelo agendamento da perícia médica para a concessão do auxílio por incapacidade temporária, em uma das unidades de atendimento da Perícia Médica Federal cujo serviço de agendamento esteja disponível, ou pela antecipação citada.

Portaria INSS 932, de 14/9/2020: Admitiu requerimentos de antecipação do auxílio-doença e do BPC/LOAS ofertados até 31 de outubro de 2020.

Deverão ser adotados os seguintes procedimentos e motivos para cessação das antecipações, quando necessário executar manualmente:

> I – em caso de concessão (espécies 87, 88), o B16 deverá ser cessado pelo motivo 28: TRANSFORMAÇÃO PARA OUTRA ESPÉCIE;
>
> II – em caso de concessão (espécie 31), a antecipação para o requerente do B31 (tratamento 85) deverá ser cessado pelo motivo 29: CONCESSÃO DE OUTRO BENEFÍCIO;
>
> III – em caso de indeferimento (espécies 87, 88 ou 31), cessar o B16 ou antecipação para o requerente do B31 (tratamento 85) com o motivo 103: CESSAÇÃO ANTECIPAÇÃO LEI Nº 13.982, de 2020;

> IV – nas situações em que houver solicitação de retorno voluntário, deverá ser cessado o pagamento da antecipação na data solicitada pelo requerente, sem prejuízo do controle administrativo nos casos em que o retorno voluntário ao trabalho não foi comunicado à Administração;
>
> V – nas situações em que houver a concessão de um benefício inacumulável durante o pagamento da antecipação, deverá ser alterada a data de cessação da antecipação para o dia imediatamente anterior à Data do Início do Benefício – DIB do novo benefício; e
>
> VI – nas situações em que houver solicitação de desistência de benefício, deverá ser cessado na data solicitada e bloqueados os possíveis créditos gerados e ainda não recebidos, com posterior geração de pagamento para o período devido e ainda não pago.

As antecipações citadas não fazem jus ao abono anual, mas quando convertida em benefício por incapacidade, a antecipação de benefício de auxílio por incapacidade temporária (auxílio-doença) ensejará pagamento de abono anual e as diferenças calculadas entre o valor da antecipação e a Renda Mensal Inicial – RMI calculada.

Deverão ser aplicados os seguintes procedimentos para o acerto de contas:

> I – na hipótese de concessão do BPC ou de outro benefício inacumulável, os valores recebidos a título de antecipação para o requerente de BPC, referentes a período concomitante, deverão ser deduzidos;
>
> II – na hipótese de conversão da antecipação em benefício por incapacidade ou de concessão de um benefício inacumulável de outra espécie, os valores recebidos a título de antecipação para o requerente de auxílio por incapacidade temporária (auxílio-doença), referentes a período concomitante, deverão ser deduzidos; e
>
> III – reconhecido em definitivo o direito do segurado ao auxílio por incapacidade temporária (auxílio-doença), seu valor será devido a partir da data de início do benefício, deduzindo-se as antecipações pagas.

Foi resguardada a Data de Entrada do Requerimento – DER para as solicitações realizadas a partir de 1º de fevereiro de 2020, com indeferimento da antecipação, aos requerentes do benefício de auxílio-doença de que trata o art. 59 da Lei nº 8.213, de 24 de julho de 1991, que não tiveram perícia realizada devido a interrupção do atendimento nas unidades.

Portaria INSS 1.194, de 25/11/2020: A confirmação da concessão do benefício de auxílio por incapacidade temporária (auxílio-doença) ocorrerá mediante aproveitamento do ato de análise preliminar relacionado à conformidade dos atestados médicos, realizado pela Perícia Médica Federal e será aplicada às antecipações com Data de Entrada do Requerimento – DER, conforme disposto pela Portaria Conjunta nº 53/SEPRT/INSS, de 2 de setembro de 2020, procedimento realizado de forma automática e sem necessidade de requerimento do segurado.

Para os fins de aplicação dos procedimentos de confirmação da concessão do benefício de auxílio por incapacidade temporária (auxílio-doença):

> I – a data de início do benefício – DIB será fixada:
>
> a) no 16º (décimo sexto) dia do afastamento da atividade para o segurado empregado, exceto o doméstico;
>
> b) na data de início do repouso, para os demais segurados, quando a DER (Data da Entrada do Requerimento) for até o 30º (trigésimo) dia do início do repouso; ou
>
> c) na DER, quando a mesma for após o 30º (trigésimo) dia da data de início do repouso;
>
> II – a Data de Cessação do Benefício – DCB corresponderá à data do início do repouso acrescida da quantidade de dias do repouso, subtraída de um dia, ou será fixada na data solicitada pelo requerente, nas situações em que houve solicitação de retorno voluntário.

Reconhecido o direito ao auxílio por incapacidade temporária (auxílio--doença), serão calculadas as diferenças entre o valor da antecipação e a Renda Mensal Inicial – RMI calculada, sendo descontados os valores recebidos a título de antecipação.

Foram publicados ainda dois editais permitindo a renovação do pedido de antecipação do auxílio por incapacidade temporária com garantia de retroação da data de entrada do requerimento:

EDITAL Nº 3/2020 (setembro/2020)

A Diretoria de Benefícios do Instituto Nacional do Seguro Social – INSS, nos termos do Art. 4º da Portaria Conjunta nº 47, de 21 de agosto de 2020, comunica aos requerentes de benefício de auxílio-doença que efetuaram solicitação a partir de 01.02.2020 e não tiveram a avaliação médica realizada ou que tiveram o requerimento de antecipação de auxílio-doença de que trata a Lei nº 13.982/2020 indeferido, a possibilidade de nova solicitação de auxílio-doença com marcação de perícia no prazo de 60 (sessenta) dias a contar da reabertura das unidades de atendimento.

Neste prazo, será garantida a retroação da data de entrada do requerimento para a data do primeiro requerimento efetuado. A solicitação deverá ser efetuada por meio dos canais remotos, seja pelo Meu INSS ou pela Central 135 de teleatendimento. O INSS também enviará avisos por meio de SMS e por e-mail para os requerentes que tenham fornecido estes tipos de dados para contato.

EDITAL Nº 5/2020 (dezembro/2020)

A Diretoria de Benefícios do Instituto Nacional do Seguro Social – INSS, nos termos do Art. 4º da Portaria Conjunta nº 47, de 21 de agosto de 2020, comunica aos requerentes de benefício de auxílio-doença que efetuaram solicitação a partir de 01.02.2020 e não tiveram a avaliação médica realizada ou que tiveram o requerimento de antecipação de auxílio-doença de que trata a Lei nº 13.982/2020 indeferido, a possibilidade de nova solicitação de auxílio-doença com marcação de perícia no prazo de 30 (trinta) dias a contar da publicação deste Edital. Neste prazo, será garantida a retroação da data de entrada do requerimento para a data do primeiro requerimento efetuado. A solicitação deverá ser efetuada por meio dos canais remotos, seja pelo Meu INSS ou pela Central 135 de teleatendimento. O INSS também enviará avisos para os requerentes que tenham fornecido estes tipos de dados para contato.

A **antecipação de que trata o artigo 4º da Lei 13.982/2020 detém nítida natureza previdenciária**, devendo ser caracterizada com uma **tutela administrativa provisória de urgência do benefício do auxílio-doença,** atual auxílio por incapacidade temporária.

Nesse sentido, o próprio artigo 4º da Lei 13.982/2020 é expresso ao afirmar que "*fica o INSS autorizado a antecipar 1 (um) salário-mínimo mensal para os requerentes do benefício de auxílio-doença de que trata o art. 59 da Lei nº 8.213, de 24 de julho de 1991*", sendo uma antecipação provisória de benefício previdenciário.

Não se trata de outro benefício previdenciário ou mesmo assistencial, mas apenas de uma tutela administrativa provisória deferida após a apreciação de atestado médico em razão da urgência da proteção previdenciária do segurado, observado o período de carência, se houver, diante da suspensão da realização de perícias médicas durante a pandemia da COVID-19.

Ora, **se a antecipação do auxílio-doença possuísse natureza assistencial não seria exigida a qualidade de segurado e todos as pessoas no Brasil maiores de 16 anos de idade teriam direito à parcela**, se incapazes para o labor habitual por mais de 15 dias consecutivos, mesmo aos não segurados.

Nesse sentido, eis o artigo 3º da Portaria Conjunta SEPRT/INSS Nº 9.381, de 6/4/2020:

> *"Art. 3º **Observados os demais requisitos necessários para a concessão do auxílio-doença, inclusive a carência**, quando exigida, a antecipação de um salário mínimo mensal ao requerente, de que trata o art. 4º da Lei nº 13.982, de 2 de abril de 2020, será devida a partir da data de início do benefício, determinada nos termos do art. 60 da Lei nº 8.213, de 24 de julho de 1991, e terá duração máxima de três meses.*
>
> *Parágrafo único. Reconhecido em definitivo o direito do segurado ao auxílio-doença, seu valor será devido a partir da data de início do benefício, deduzindo-se as antecipações pagas na forma do caput".*

Assim sendo, por expresso, a Portaria Conjunta SEPRT/INSS Nº 9.381, de 6/4/2020 determinou que a antecipação do auxílio-doença observe as regras insculpidas para o benefício na Lei 8.213/91, o que demonstra que se cuida de uma **decisão liminar em sede de tutela administrativa de urgência** do INSS com lastro em atestado médico apresentado pelo segurado, observados os demais requisitos legais, especialmente a qualidade de segurado e o período de carência, quando couber.

De efeito, essa tutela administrativa provisória de urgência poderá ser cassada ou convertida em concessão do benefício, a depender do resultado da ulterior perícia médica a ser realizada, nos moldes do artigo 5º da Portaria Conjunta SEPRT/INSS Nº 9.381, de 6/4/2020:

> ***Art. 5º O beneficiário será submetido à realização de perícia pela Perícia Médica Federal, após o término do regime de plantão reduzido de atendimento nas Agências da Previdência Social:***
>
> *I – quando o período de afastamento da atividade, incluídos os pedidos de prorrogação, ultrapassar o prazo máximo de três meses, de que trata o art. 3º;*
>
> *II – para fins de conversão da antecipação em concessão definitiva do auxílio-doença;*
>
> *III – quando não for possível conceder a antecipação do auxílio-doença com base no atestado médico por falta de cumprimento dos requisitos exigidos.*

Note-se que o ato regulamentar se refere por expresso que, uma vez constada a incapacidade no exame pericial, dar-se-á a "conversão da antecipação em concessão definitiva do auxílio-doença", o que demonstra a natureza previdenciária caracterizada na tutela provisória administrativa de urgência da antecipação.

Vale registrar que o risco de contaminação pela COVID-19 não é fato gerador selecionado pelo legislador para a concessão do auxílio por incapacidade temporária, que exige a efetiva incapacitação para o labor habitual por mais de 15 dias consecutivos.

Veja-se a posição da TNU:

Tipo

Acórdão

Número

0502141-97.2019.4.05.8501

05021419720194058501

Classe

Pedido de Uniformização de Interpretação de Lei (Turma)

Relator(a)

GUSTAVO MELO BARBOSA

Origem

TNU

Órgão julgador

TURMA NACIONAL DE UNIFORMIZAÇÃO

Data

28/04/2021

Data da publicação

29/04/2021

Fonte da publicação

29/04/2021

Ementa

PEDIDO DE UNIFORMIZAÇÃO DE INTERPRETAÇÃO DE LEI FEDERAL. PREVIDENCIÁRIO. RESTABELECIMENTO DE AUXÍLIO-DOENÇA. LAUDO MÉDICO PERICIAL QUE RECONHECE A CAPACIDADE PARA O TRABALHO E QUE NÃO É AFASTADO PELA TURMA DE ORIGEM. BENEFÍCIO DEFERIDO COM FUNDAMENTO NA PANDEMIA DE COVID-19. IMPOSSIBILIDADE DE CRIAÇÃO DE POLÍTICA PÚBLICA PELO PODER JUDICIÁRIO. INCIDENTE CONHECIDO E PROVIDO. 1. O Juiz não está adstrito ao laudo pericial, podendo formar seu convencimento com outros elementos ou fatos provados nos autos. Portanto, com base no livre convencimento motivado, o Magistrado pode reconhecer a incapacidade para o trabalho e conceder o benefício previdenciário de auxílio-doença, afastando-se da conclusão do laudo médico judicial. 2. **Sem se afastar da conclusão pericial e criando verdadeira política pública, o julgado recorrido equiparou as limitações sociais decorrentes do momento de pandemia, como a dificuldade de acesso aos serviços públicos e a necessidade de isolamento social, à incapacidade "para o seu trabalho ou para sua atividade habitual por mais de 15(quinze) dias consecutivos", conforme previsão do art. 59 da Lei n.º 8.213/1991. 3. No que tange às políticas públicas destinadas à assistência no período de pandemia, especialmente no curso do ano de 2020, Poder Executivo e Legislativo fizeram sua opção de como assistir a população mais desfavorecida, criando o auxílio-emergencial previsto na Lei n.º 13.982/2020, entre outras providências. 4. Assim, deve a decisão recorrida ser reformada, pois não cabe ao Poder Judiciário, subvertendo a lógica do auxílio-doença, transformá-lo em política pública de assistência social para enfrentamento da pandemia de COVID-19.** 5. Incidente conhecido e provido.

7. CONCESSÃO POR ATESTADO MÉDICO (ATESTMED)

A **Lei 14.131/2021** autorizou o INSS a conceder o benefício de auxílio por incapacidade temporária mediante apresentação pelo requerente de **atestado médico** e de **documentos complementares** (foi dispensada a perícia médica no segurado) que comprovem a doença informada no atestado como causa da incapacidade até 31/12/2021, observado o seguinte regramento:

A) Concessão por até 90 dias;

B) Impossibilidade de prorrogação;

C) Renda do benefício pelo valor devido (não se confunde com a antecipação de um salário mínimo do ano de 2020).

A regulamentação se deu através da Portaria Conjunta SEPRT/ME/INSS 32, de 31/03/2021 com as seguintes regras adicionais:

A) A documentação médica será apresentada no momento do requerimento do auxílio por incapacidade temporária com a indicação da data estimada do início dos sintomas da doença, acompanhada da declaração de responsabilidade quanto a sua veracidade;

B) Apresentação obrigatória de atestado médico com redação legível e sem rasuras; assinatura e identificação do profissional emitente, com registro do Conselho Regional de Medicina ou Registro Único do Ministério da Saúde (RMS); informações sobre a doença, preferencialmente com a Classificação Internacional de Doenças (CID); e período estimado de repouso necessário;

C) Apresentação complementar de exames, laudos, relatórios ou outros documentos contemporâneos que comprovem a doença informada na documentação médica apresentada.

Ademais, somente será aplicada a concessão do benefício por atestado médico na situação de atendimento da Perícia Médica Federal alcançadas por uma das seguintes situações:

A) impossibilidade de abertura devido a adoção de medidas de isolamento, quarentena ou restrição à circulação de pessoas determinada em ato dos Estados, do Distrito Federal ou dos Municípios, ou em decisão judicial, ou outra razão que impeça o regular funcionamento dos serviços da Perícia Médica Federal;

B) redução da força de trabalho dos servidores da Perícia Médica Federal disponível para atendimento presencial acima de vinte por cento da capacidade operacional da unidade, em razão das orientações estabelecidas pela Secretaria de Gestão e Desempenho de Pessoal do Ministério da Economia, na condição de órgão central do Sistema de Pessoal Civil da Administração Pública Federal (SIPEC), e atos complementares da Secretaria Especial de Previdência e Trabalho; ou

C) agendamento para atendimento presencial pelo serviço da Perícia Médica Federal com tempo de espera superior a sessenta dias.

O segurado que possua exame médico-pericial presencial agendado poderá optar pela comprovação da incapacidade, hipótese na qual o agendamento será cancelado, nos termos da Portaria Conjunta SEPRT/INSS Nº 39 DE 22/04/2021.

Coube ao **OFÍCIO CIRCULAR SEI nº 1379/2021/ME** definir as diretrizes para o Parecer em Documentação Médica (DOCMED) por ocasião dos requerimentos do auxílio de que tratam os arts. 59 a 63 da Lei n.º 8.213, de 24 de julho de 1991, nos termos do disposto no art. 6º da Lei n.º 14.131, de 30 de março de 2021, a ser realizada pelos Peritos Médicos Federais, Peritos Médicos da Previdência Social e Supervisores Médico-Periciais.

O DOCMED consiste na avaliação da documentação médica apresentada com base na análise por verossimilhança das informações. Caso ocorra alguma inconformidade dessas informações, ou não haja elementos técnicos para a análise médico-pericial, será oportunizada a realização de perícia presencial, sendo preservada a autonomia do perito médico.

Para fins de conformação e análise por verossimilhança, o perito médico responsável pela tarefa deverá subsidiar o seu parecer médico com base nas seguintes informações da documentação médica anexada:

> a) redação legível e sem rasuras;
>
> b) assinatura e identificação do profissional emitente, com registro do Conselho Regional de Medicina ou Registro Único do Ministério da Saúde (RMS);
>
> c) informações sobre a doença ou Código Internacional de Doenças (CID);

d) informações sobre o início da doença e/ou dos sintomas;

> e) data do início do repouso;
>
> f) período estimado de repouso necessário;
>
> g) informações sobre a conduta terapêutica, o prognóstico e as consequências à saúde do paciente; e,
>
> h) exames, laudos, relatórios ou outros documentos que comprovem a doença informada.

No SABI (Sistema de Administração de Benefícios por Incapacidade), o parecer médico terá as seguintes possibilidades:

> a) Quando não for possível concluir a análise, havendo necessidade de exigência ao segurado:
>
> I – " Há exigência de perícia médica presencial".
>
> b) Quando for possível concluir a análise:
>
> I – "Os documentos estão em conformidade com as normas vigentes e o período de repouso estimado é maior que a data atual".
>
> II – "Os documentos estão em conformidade com as normas vigentes e o período de repouso estimado é igual ou inferior à data atual".

De acordo com o **OFÍCIO CIRCULAR SEI nº 2696/2021/ME, de 15/07/2021**, "é exigido pela Perícia Médica Federal o agendamento de exame médico-pericial presencial para todas as situações em que não seja possível gerar a concessão do benefício por ocasião do Parecer em Documentação Médica (DOCMED), tais quais:

> I – Por indicação do perito médico, em caso de inconformidade das informações na documentação médica apresentada; ou,
>
> **II – Por qualquer pendência administrativa de tratamento do requerimento, não tratada até a data do agendamento".**

Desse modo, **não caberá indeferimento do pedido com lastro no atestado médico**, devendo o segurado postular o **agendamento da perícia presencial** na situação do não preenchimento dos requisitos para a concessão apenas com atestado médico e documentos complementares.

Contra essa regra foi proposta pela Associação Nacional dos Médicos Peritos da Previdência Social a **Ação Direta de Inconstitucionalidade nº 6.928**, ainda pendente de julgamento. Restou impugnado em sede de controle concentrado de constitucionalidade o artigo 6º, da Lei nº 14.131, de 30 de março de 2021, decorrente da conversão da MP nº 1.006/2020, que autoriza o Instituto Nacional do Seguro Social (INSS) a conceder o benefício de auxílio por incapacidade temporária mediante apresentação de atestado médico e de documentos complementares.

Trata-se de **regra excepcional** em razão da Pandemia da COVID-19 para **realizar o direito fundamental à previdência social** do segurado incapaz para o trabalho ou para a atividade habitual por mais de 15 dias consecutivos, tanto que possui vigência somente até 31/12/2021.

Como regra geral, o segurado incapacitado para o labor que agende a concessão de um auxílio por incapacidade temporária será submetido a uma perícia médica presencial na agência do INSS a ser promovida por um Perito Médico Federal.

Excepcionalmente, até 31/12/2021, poderemos ter a concessão do benefício por até 90 dias pela análise documental de atestado e exames pelo Perito Médico Federal nas três situações taxativas acima enumeradas.

De efeito, suponha-se que um segurado sofreu um acidente e está incapacitado de prover o sustento familiar, pois incapacitado para o labor habitual há mais de 15 dias consecutivos. No Município em que reside, por ato restritivo do Prefeito em decorrência da Pandemia da COVID-19, a Autarquia de Previdência está impossibilitada de realizar perícias presenciais em suas dependências por prazo indeterminado.

Nesta situação, o artigo 6º, da Lei nº 14.131/2021 viabiliza a concessão do benefício do auxílio por incapacidade temporária por até 90 dias por análise documental da Perícia Médica Federal, trazendo uma solução jurídica a viabilizar o amparo previdenciário ao segurado que tem urgência em obter uma renda substitutiva da remuneração em favor do provimento das necessidades de sua família.

Ir contra o artigo 6º da Lei nº 14.131/2021 equivale a dificultar e atrasar as concessões de auxílios por incapacidade temporária em todo o Brasil para atender a interesses corporativos privados, sendo o segurado o maior beneficiário da normatização impugnada.

Embora com algumas distinções técnicas, um procedimento similar que permitiu a proteção previdenciária no primeiro ano da citada Pandemia foi a antecipação de 1 salário mínimo do auxílio por incapacidade temporária pela Lei 13.892/2020:

> *"Art. 4º Fica o INSS autorizado a antecipar 1 (um) salário-mínimo mensal para os requerentes do benefício de auxílio-doença de que trata o art. 59 da Lei nº 8.213, de 24 de julho de 1991, durante o período de 3 (três) meses, a contar da publicação desta Lei, ou até a realização de perícia pela Perícia Médica Federal, o que ocorrer primeiro. (Vide Decreto nº 10.413, de 2020)*
>
> *Parágrafo único. A antecipação de que trata o caput estará condicionada:*
>
> *I – ao cumprimento da carência exigida para a concessão do benefício de auxílio-doença;*
>
> *II – à apresentação de atestado médico, cujos requisitos e forma de análise serão estabelecidos em ato conjunto da Secretaria Especial de Previdência e Trabalho do Ministério da Economia e do INSS".*

Desse modo, o artigo 6º da Lei 14.131/2021 é uma evolução do artigo 4º da Lei 13.892/2020, considerando que em 2021 parte das perícias médicas presenciais voltaram a ser realizadas nas agências do INSS, mas ainda com restrições que decorrem da permanência da Pandemia da COVID-19.

Ademais, registre-se que **o procedimento do artigo 6º da Lei 14.131/2021 é facultativo**, cabendo ao **segurado optar** por este caminho se lhe for mais favorável, **não se tratando de imposição legal.**

Entendo que os argumentos devem ser rejeitados pelo STF com base nas seguintes premissas:

A) Inconstitucionalidade formal: É sabido que o Congresso Nacional possui competência legiferante para alterar o texto das medidas provisórias encaminhadas pelo Presidente da República, não havendo vício formal na inserção de novo dispositivo na lei de conversão que não constava do texto da MP.

Nesse sentido, preservando a vontade do legislador, o Excelentíssimo Presidente sancionou integralmente o texto da Lei 14.131/2021, ratificando a decisão do Congresso Nacional no artigo 6º em buscar um procedimento alternativo para a concessão do auxílio por incapacidade temporária em proteção ao segurado que precisa urgentemente de verba substitutiva da remuneração.

Registre-se que a **MP nº 1.006/2020** é uma **regra de natureza previdenciária**, que versava sobre créditos consignados sobre aposentadorias e pensões por morte no âmbito do RGPS, de modo que não se trata de matéria estranha à Previdência Social.

B) Aumento de despesa: A regra excepcional e temporária do artigo 6º da Lei 14.131/2021 não implica em aumento de despesa para a Previdência Social, pois se trata apenas de um procedimento alternativo à escolha do segurado para a concessão por até 90 dias do auxílio por incapacidade temporária por atestado médico.

De efeito, não se trata de ampliação da regra legal material de concessão do auxílio por incapacidade temporária (art. 59, da Lei 8.213/91), não implicando nem em aumento ou redução de despesas previdenciárias.

A regra material de concessão do benefício persiste exatamente a mesma: segurado incapacitado para o trabalho ou atividade habitual por mais de 15 dias consecutivos, nos moldes do artigo 59 da Lei 8.213/91.

Diferentemente do quanto afirmado pela Associação autora, **não se trata de concessão automática de auxílios por incapacidade temporária**, vez que a Perícia Médica Federal fará a **análise individual** de cada caso concreto do teor do **atestado médico** e exames juntados pelo segurado requerente, podendo não se dar a concessão do benefício.

C) Da Violação do Direito Fundamental Social à Previdência: Diferentemente do quanto afirmado pelo Autor, o artigo 6º da Lei 14.131/2021 amplia o acesso ao auxílio por incapacidade temporária, na medida em que criou um procedimento facultativo a critério do segurado para a concessão mais rápida do benefício mediante atestado médico.

No julgamento da **ADI 6928, de 23.11.2021**, o STF declarou a **constitucionalidade** da concessão do auxílio por incapacidade temporária por atestado médico constituído pela Lei 14.131/2021.

ADI 6928 / DF - DISTRITO FEDERAL
AÇÃO DIRETA DE INCONSTITUCIONALIDADE
Relator(a): Min. CÁRMEN LÚCIA
Julgamento: 23/11/2021
Publicação: 01/12/2021
Órgão julgador: Tribunal Pleno

Publicação

PROCESSO ELETRÔNICO DJe-237 DIVULG 30-11-2021 PUBLIC 01-12-2021

Ementa

EMENTA: AÇÃO DIRETA DE INCONSTITUCIONALIDADE. PREVIDENCIÁRIO. CONVERSÃO DO JULGAMENTO DA MEDIDA CAUTELAR EM DEFINITIVO DO MÉRITO. RECONHECIDA A LEGITIMIDADE ATIVA AD CAUSAM. ART. 6º DA LEI NACIONAL N. 14.131/2021, DECORRENTE DA CONVERSÃO DA MEDIDA PROVISÓRIA N. 1.006/2020. AUTORIZAÇÃO AO INSTITUTO NACIONAL DO SEGURO SOCIAL PARA CONCEDER BENEFÍCIO DE AUXÍLIO POR INCAPACIDADE TEMPORÁRIA PELA APRESENTAÇÃO DE ATESTADO MÉDICO E DOCUMENTOS COMPLEMENTARES. ALEGADA INCONSTITUCIONALIDADE DE EMENDA PARLAMENTAR. AUMENTO DE DESPESA. INEXISTÊNCIA. PERTINÊNCIA TEMÁTICA ENTRE A EMENDA PARLAMENTAR E O OBJETO DA MP N. 1.006/2020. CONCRETIZAÇÃO DO DIREITO FUNDAMENTAL À PREVIDÊNCIA SOCIAL. AÇÃO DIRETA DE INCONSTITUCIONALIDADE JULGADA IMPROCEDENTE. 1. Conversão do julgamento da medida cautelar em definitivo de mérito: prescindibilidade de novas informações. Princípio da razoável duração do processo. Precedentes. 2. Presentes a pertinência temática e os requisitos legais e jurisprudenciais, a Associação Nacional dos Médicos Peritos da Previdência **Social é parte legítima ativa para o ajuizamento da ação direta de inconstitucionalidade. 3. A emenda parlamentar da qual resultou o art. 6º da Lei n. 14.131/2021, consistente em medidas destinadas a facilitar o acesso de beneficiários do Regime Geral de Previdência Social ao auxílio por incapacidade temporária, no cenário pandêmico do coronavírus, não se dissocia de forma absoluta do tema original, motivo da edição da Medida Provisória n. 1.006/2020. 4. A norma questionada não gera aumento de despesa pública, não se estendendo a situações de auxílio-doença. Alteração excepcional e temporária, a vigorar até 31.12.2021, da forma de comprovação da incapacidade laboral do segurado do Regime Geral de Previdência Social para obtenção do auxílio-doença. 5. A norma impugnada, excepcional e transitória, concretiza o direito fundamental à previdência social do segurado incapaz para o trabalho ou para a atividade habitual, contribui para a eficiência na prestação do serviço público e reduz o impacto da pandemia da Covid-19 sobre a renda dos beneficiários do Regime Geral de Previdência Social.** 6. Convertido o julgamento da medida cautelar em definitivo de mérito e julgada improcedente a ação direta de inconstitucionalidade, para declarar constitucional o disposto no art. 6º da Lei nacional n. 14.131/2021.

Decisão

Registre-se que, no exercício do cargo de Procurador Federal, atuei como parecerista do INSS auxiliando na prestação de informações apresentadas ao STF pelo Presidente da República na ADI 6.928, cujos argumentos foram acolhidos.

IMPORTANTE!
Com o advento da MP 1.113, de 20/04/2022, convertida na Lei 14.441/2022, restou inserido o §14 no artigo 60 da Lei 8.213/91:
"§ 14. Ato do Ministro de Estado do Trabalho e Previdência poderá estabelecer as condições de ***dispensa da emissão de parecer conclusivo da perícia médica federal quanto à incapacidade laboral****, hipótese na qual a concessão do benefício de que trata este artigo será feita por meio de* ***análise documental****, incluídos atestados ou laudos médicos,* ***realizada pelo INSS****."*
Esse dispositivo permite que a PMF conceda o benefício por incapacidade temporária com lastro em análise documental, a exemplo de atestados médicos privados.

Coube à **Portaria Conjunta MTP/INSS Nº 7, de 28/07/2022 e suas alterações**, disciplinar as condições de dispensa da emissão de parecer conclusivo da Perícia Médica Federal quanto à incapacidade laboral e a concessão do benefício por meio de análise documental pelo Instituto Nacional do Seguro Social, de que trata o § 14 do art. 60 da Lei nº 8.213, de 24 de julho de 1991.

Eis as regras:

- Aplicação da dispensa de perícia médica com avaliação da incapacidade por atestado médico apenas ao auxílio por incapacidade temporária não decorrente do acidente de trabalho (exclusão do benefício acidentário);
- Aplicação apenas nas situações de agendamento da perícia médica com prazo superior a 30 dias;
- Apresentação de atestado ou relatório médico com os seguintes requisitos: nome completo do requerente; data de emissão do documento médico, a qual não poderá ser superior a 90 (noventa) dias da data de entrada do requerimento; informações sobre a doença ou CID; assinatura do profissional emitente e carimbo de identificação, com registro do Conselho de Classe, que poderão ser eletrônicos ou digitais, desde que respeitados os parâmetros estabelecidos pela legislação vigente; e data de início do repouso e o prazo estimado necessário;
- Análise da documentação pela Perícia Médica Federal;
- Concessão do benefício pelo prazo máximo de 90 dias, mesmo que seja mais de um benefício;
- O requerimento de novo benefício por meio de análise documental somente será possível após 30 (trinta) dias da última análise realizada;
- Descabimento de recurso ao CRPS da decisão que indeferir o benefício;
- Quando não for possível a concessão do benefício de auxílio por incapacidade temporária por meio de análise documental, em razão do não atendimento dos requisitos estabelecidos, bem como quando

ultrapassado o prazo máximo estabelecido para a duração do benefício, será facultado ao requerente a opção de agendamento para se submeter a exame médico-pericial.

Coube à Portaria Conjunta MTP/INSS Nº 20, de 17/08/2022, prorrogar o prazo de vigência da Portaria Conjunta MTP/INSS nº 7, de 28 de julho de 2022, publicada no DOU de 29 de julho de 2022, seção 1, página 104, por 60 (sessenta) dias, podendo o prazo ser prorrogado em caso de estrita necessidade de interesse público. Em seguida, coube à Portaria Conjunta MTP/INSS Nº 40, de 18/10/2022 prorrogar o prazo de vigência da Portaria Conjunta MTP/INSS nº 7, de 28 de julho de 2022, publicada no DOU de 29 de julho de 2022, seção 1, página 104, por 90 (noventa) dias. **Depois, a regra ficou com natureza permanente, com a publicação da Portaria Conjunta MTP/INSS Nº 47 de 29/12/2022.**

No âmbito do INSS, foi publicada a Portaria PRES 1.486/2022, que estabeleceu procedimentos para solicitação e análise de requerimento do auxílio por incapacidade temporária, dispensando a emissão de parecer conclusivo da Perícia Médica Federal quanto à incapacidade laboral, com os seguintes pontos:

- A solicitação de benefício de auxílio por incapacidade temporária, com análise documental, será realizada exclusivamente pelo aplicativo Meu INSS;
- Não está sujeito a pedido de prorrogação;
- Não é apto para restabelecer o benefício anterior;
- Não poderá ser restabelecido em caso de novo afastamento dentro de 60 (sessenta) dias decorrente do mesmo motivo que gerou a incapacidade anterior, na forma do § 3º do art. 75 do Regulamento da Previdência Social, aprovado pelo Decreto nº 3.048, de 6 de maio de 1999;
- Nas situações em que o benefício de auxílio por incapacidade temporária com análise documental for direcionado para realização de perícia presencial, será garantida a manutenção da DER original;
- O INSS notificará o interessado para que leve os originais da documentação médica e dos documentos de identificação com foto, bem como demais documentos eventualmente anexados ao pedido na hora e data marcadas para comparecimento à perícia presencial;
- Após análise documental pela Perícia Médica Federal e existindo pendência administrativa, será gerada tarefa "Auxílio-Doença - Rural (Acerto Pós-perícia)" ou "Auxílio-Doença - Urbano (Acerto Pós-perícia)" para tratamento de pendências administrativas;

- Se a soma dos períodos de duração dos benefícios concedidos de acordo com esta Portaria for maior que 90 (noventa) dias, o segurado deverá solicitar a realização de perícia presencial;
- Nas situações em que houver a necessidade de realização de perícia presencial, o interessado será comunicado de que deverá providenciar o agendamento de perícia médica presencial, por meio do serviço "Perícia Presencial por Indicação Médica", sendo que a ausência do agendamento no prazo de 30 (trinta) dias, de que trata o caput, implicará em arquivamento do processo por desistência do pedido.

Registre-se, ainda, que com o advento da **Lei 14.441/2022 passou a existir regra permanente para a realização do exame pericial de modo remoto**, não sendo mais uma regra excepcional da Pandemia da Covid-19. Veja-se a atual redação do artigo 101 da Lei 8.213/91:

> *"§ 6º A **avaliação** de que trata o inciso I do caput deste artigo poderá ser realizada **de forma remota** ou por análise documental, observado o disposto no § 14 do art. 60 desta Lei e no § 7º deste artigo.*
>
> *§ 7º Ato do Ministro de Estado do Trabalho e Previdência disporá sobre as hipóteses de **substituição de exame pericial presencial por exame remoto** e as condições e as limitações para sua realização." (atualmente revogada pela Lei 14.724/2023).*

Em **21 de Julho de 2023** (data de publicação) tivemos a revogação da Portaria Conjunta MTP/INSS nº 7, de 28 de julho de 2022, passando o tema a ser regulamentado pela **Portaria Conjunta MPS/INSS 38, DE 20/07/2023.**

A grosso modo, o modelo anterior foi preservado, mas com duas alterações de relevo:

A) A concessão do auxílio por incapacidade temporária com dispensa do exame médico pericial com a apresentação de atestado médico teve o prazo elevado de 90 para 180 dias;

B) Foram inseridos os auxílios por incapacidade temporária decorrente de acidente de trabalho, se emitida a CAT pelo empregador.

Ademais, destaco que na situação de **indicação de repouso ou afastamento por prazo indeterminado na documentação apresentada**, será considerado o afastamento pelo prazo total de **180 dias.**

Eis o texto:

PORTARIA CONJUNTA MPS/INSS Nº 38, DE 20 DE JULHO DE 2023

Disciplina as condições de dispensa da emissão de parecer conclusivo da Perícia Médica Federal quanto à incapacidade laboral e a concessão do benefício por meio de análise documental pelo Instituto Nacional do Seguro Social, de que trata o § 14 do art. 60 da Lei nº 8.213, de 24 de julho de 1991.

O MINISTRO DE ESTADO DA PREVIDÊNCIA SOCIAL e o PRESIDENTE DO INSTITUTO NACIONAL DO SEGURO SOCIAL (INSS), no uso das atribuições que lhes conferem, respectivamente, o inciso II do parágrafo único do art. 87, da Constituição, e o Decreto n.º 11.356, de 1º de janeiro de 2023; e o Decreto nº 10.995, de 14 de março de 2022, bem como tendo em vista o disposto no § 14 do art. 60 da Lei n.º 8.213, de 24 de julho de 1991, e considerando o processo SEI 10128.107656/2023-74, resolve:

Art. 1º Disciplinar a dispensa de emissão de parecer conclusivo da Perícia Médica Federal quanto à incapacidade laboral e a concessão do benefício de auxílio por incapacidade temporária por meio de análise documental pelo Instituto Nacional do Seguro Social (INSS), de que trata o § 14 do art. 60 da Lei n.º 8.213, de 24 de julho de 1991.

Art. 2º A concessão de benefício de auxílio por incapacidade temporária, com dispensa da emissão de parecer conclusivo da Perícia Médica Federal quanto à incapacidade laboral, será realizada por meio de recepção documental pelo INSS via canais remotos.

§1º Os canais remotos, meio de recepção dos requerimentos de que trata esta Portaria, consistirão em:

I - canais de autoatendimento, quais sejam:

a) Meu INSS, ferramenta acessível por aplicativo e por página web; e

b) Central de teleatendimento 135.

II - canais assistidos, quais sejam:

a) Agências da Previdência Social; e

b) entidades conveniadas mediante Acordo de Cooperação Técnica e/ou Acordo de Cooperação formalizados junto ao Instituto Nacional do Seguro Social. (Redação da alínea dada pela Portaria Conjunta MPS/INSS Nº 19 DE 27/06/2024).

§2º O requerimento protocolizado pela Central de teleatendimento 135 ficará pendente de exigência para anexação da documentação necessária.

§3º A concessão de benefício por incapacidade temporária de natureza acidentária por meio documental será condicionada à apresentação de Comunicação de Acidente de Trabalho (CAT). (Redação do parágrafo dada pela Portaria Conjunta MPS/INSS Nº 6 DE 21/09/2023).

Art. 3º A concessão de benefício de auxílio por incapacidade temporária por meio documental ficará condicionada à apresentação de documentação médica ou odontológica para fins previdenciários, física ou eletrônica, legível e sem rasuras, contendo, obrigatoriamente, os seguintes elementos:

I - nome completo;

II - data de emissão do(s) documento(s) médico(s) ou odontológico(s), a qual não poderá ser superior a 90 (noventa) dias da data de entrada do requerimento;

III - diagnóstico por extenso ou código da Classificação Internacional de Doenças (CID);

IV - assinatura do profissional emitente, que poderá ser eletrônica e passível de validação, respeitados os parâmetros estabelecidos pela legislação vigente;

V - identificação do profissional emitente, com nome e registro no Conselho de Classe (Conselho Regional de Medicina ou Conselho Regional de Odontologia), no Ministério da Saúde (Registro do Ministério da Saúde), ou carimbo, legíveis;

VI - data de início do repouso ou de afastamento das atividades habituais; e

VII - prazo estimado necessário, preferencialmente em dias.

Parágrafo único. A emissão ou a apresentação de atestado falso ou que contenha informação falsa configura crime e sujeitará os responsáveis às sanções penais, civis e administrativas e ao ressarcimento dos valores indevidamente recebidos.

Art. 4º Observados os demais requisitos necessários para o auxílio por incapacidade temporária, a concessão de que trata esta Portaria será devida a partir da data de início do benefício, determinada nos termos do art. 60 da Lei n.º 8.213, de 1991.

§ 1º Os beneficiários que tiverem auxílios por incapacidade temporária concedidos na forma desta Portaria, ainda que de forma não consecutiva, não poderão ter a soma de duração dos respectivos benefícios superior a 180 (cento e oitenta) dias.

§ 2º Quando da apresentação de múltiplos documentos médicos ou odontológicos com indicação de repouso, a data de início do repouso será considerada aquela indicada no atestado com data mais pregressa, e o prazo estimado de repouso será a soma aritmética simples dos prazos estimados em cada um deles, desde que indiquem afastamento ininterrupto.

§ 3º Havendo indicação de repouso ou afastamento por prazo indeterminado na documentação apresentada, será considerado o afastamento pelo prazo total permitido no § 1º.

Art. 5º Quando não for possível a concessão do benefício de auxílio por incapacidade temporária por meio documental, em razão do não atendimento dos requisitos estabelecidos nesta Portaria, bem como quando ultrapassado o prazo máximo estabelecido para a duração do benefício, será facultado ao requerente a opção de agendamento para se submeter a exame médico-pericial.

§ 1º Não caberá recurso da análise documental de que trata esta Portaria Conjunta. (Redação dada pela Portaria Conjunta MPS/INSS Nº 7 DE 28/02/2024).

§ 2º Quando não exercida pelo requerente a opção de agendamento a que se refere o caput, o requerimento será arquivado por desistência do pedido. (Redação dada pela Portaria Conjunta MPS/INSS Nº 7 DE 28/02/2024).

§ 3º O requerimento de novo benefício por meio documental somente será possível após 15 (quinze) dias da última conformação realizada. (Redação dada pela Portaria Conjunta MPS/INSS Nº 7 DE 28/02/2024).

Art. 6º Para os benefícios concedidos mediante o procedimento estabelecido nesta Portaria não se aplica o restabelecimento do benefício anterior, previsto no § 3º do art. 75 do Regulamento da Previdência Social, aprovado pelo Decreto n.º 3.048, de 6 de maio de 1999.

Art. 7º O requerente que tiver exame médico-pericial agendado na data de entrada em vigor desta Portaria poderá optar pelo procedimento documental, garantida a observância da data de entrada do requerimento. (Redação do artigo dada pela Portaria Conjunta MPS/INSS Nº 6 DE 21/09/2023).

Art. 8º A análise dos benefícios de auxílio por incapacidade temporária que dependam de perícias médicas externas ou que decorram do cumprimento de decisões judiciais passará a vigorar nos moldes desta Portaria.

Art. 9º Atos complementares do INSS e do Departamento de Perícia Médica Federal estabelecerão os demais procedimentos operacionais para a concessão do benefício de auxílio por incapacidade temporária por meio documental.

Art. 10. Ficam revogadas a Portaria Conjunta MTP/INSS nº 7, de 28 de julho de 2022, alterada pela Portaria Conjunta MTP/INSS nº 47, de 29 de dezembro de 2022.

Art.11. Esta Portaria entra em vigor na data de sua publicação.

CARLOS ROBERTO LUPI

Ministro de Estado da Previdência Social

ALESSANDRO ANTÔNIO STEFANUTTO

Presidente do Instituto Nacional do Seguro Social

Posteriormente, a Portaria 38 foi alterada pela **Portaria MPS/INSS 7, de 28/02/2024**, inserindo as seguintes disposições do artigo 5º:

A) **Não caberá recurso da análise documental:** Isso porque se os requisitos não estiverem cumpridos, o segurado tem o direito de agendar pericia presencial no Meu INSS, preservando a data de entrada do requerimento;

B) **Quando não exercida pelo requerente a opção de agendamento referida, o requerimento será arquivado por desistência do pedido:** Trata-se, na verdade, de hipótese de extinção sem o julgamento do mérito por abandono processual, pois a desistência jamais será tácita;

C) **O requerimento de novo benefício por meio documental somente será possível após 15 (quinze) dias da última conformação realizada.**

Posteriormente, com o advento da **Portaria Conjunta MPS/INSS Nº 6 DE 21/09/2023, não se exige mais que a CAT seja emitida pelo empregado:** "A concessão de benefício por incapacidade temporária de natureza acidentária por meio documental será condicionada à apresentação de Comunicação de Acidente de Trabalho (CAT)".

Outrossim, o mesmo ato permitiu que "o requerente que tiver exame médico-pericial agendado na data de entrada em vigor desta Portaria poderá optar pelo procedimento documental, garantida a observância da data de entrada do requerimento", **dispensando que a data do agendamento seja superior a 30 (trinta) dias da data do requerimento do procedimento documental.**

Com o advento da **Portaria INSS/DIRBEN, 1.173, de 20.10.2023 (atualmente revogada)**, o protocolo de Análise Documental do Benefício por Incapacidade Temporária – **Atestmed** em todas as Agências da Previdência Social – APS **será realizado espontaneamente na APS**, mediante a entrega da senha do serviço "Protocolo de Requerimento".

No momento da triagem deverá ser confirmado que o interessado possui em mãos:

> I - documento oficial com foto; e
>
> II - laudo, relatório ou atestado médico ou odontológico.

O colaborador que irá realizar o protocolo do atendimento deverá:

> I - digitalizar a documentação necessária definida na Portaria Conjunta MPS/INSS nº 38, de 20 de julho de 2023;
>
> II - protocolar o pedido por meio do site do Meu INSS meu.inss.gov.br na opção "Pedir benefício por incapacidade" da página inicial; e

III - entregar o comprovante ao interessado, prestando os esclarecimentos que forem solicitados.

A **Portaria INSS/DIRBEN 1.197/2024** revogou a Portaria 1.173/2023, para disciplinar a recepção e a formalização do requerimento de Análise Documental do Benefício por Incapacidade Temporária - Atestmed nas Agências da Previdência Social - APS.

O atendimento na APS será prestado para o requerimento do Atestmed ou para apresentação de documentação obrigatória para conclusão do pré-requerimento de Atestmed, quando o segurado protocolar o pedido pelos canais remotos, **sem anexar os documentos obrigatórios**.

O pré-requerimento de Análise Documental do Benefício por Incapacidade Temporária - Atestmed protocolado sem a documentação obrigatória, definida na Portaria Conjunta MPS/INSS nº 38, de 20 de julho de 2023, deverá ser regularizado no prazo de até 5 (cinco) dias após o protocolo.

Decorrido o prazo de cinco dias, o pré-requerimento será cancelado por falta de apresentação de documentação obrigatória ao pedido do benefício, o que não impede o segurado de solicitar um novo pedido a qualquer momento.

Por ocasião do comparecimento do usuário na APS, o colaborador da triagem deverá adotar os seguintes procedimentos:

I - para o protocolo de Atestmed deverá entregar a senha do serviço "Protocolo de ATESTMED"; e

II - para apresentação da documentação obrigatória do Atestmed deverá entregar a senha do serviço "Apresentar Documentos - ATESTMED".

No momento da triagem deverá ser confirmado que o interessado possui em mãos os documentos obrigatórios definidos na Portaria Conjunta MPS/INSS nº 38, de 20 de julho de 2023. Se o interessado não estiver com documentos referidos, o colaborador da triagem deverá orientar a retornar em outro momento com a documentação completa, observando-se o prazo limite de até 5 (cinco) dias a contar da data de protocolo do pré-requerimento.

É dispensada a apresentação de procuração para esses atendimentos, em razão do art. 76 do Regulamento da Previdência Social, aprovado pelo Decreto nº 3.048, de 6 de maio de 1999. Deverá ser garantido o atendimento do interessado que comparecer na APS com a documentação completa.

O colaborador responsável pelo atendimento adotará os seguintes procedimentos:

I - para o protocolo de Atestmed deverá:

a) digitalizar a documentação necessária definida na Portaria Conjunta MPS/INSS nº 38, de 20 de julho de 2023;

b) protocolar o pedido por meio do site do Meu INSS meu.inss.gov.br na opção "Pedir benefício por incapacidade" da página inicial; e

c) entregar o comprovante ao interessado, prestando os esclarecimentos que forem solicitados.

II - para a complementação do pré-requerimento de Atestmed, realizado sem os documentos obrigatórios, deverá:

a) digitalizar a documentação necessária definida na Portaria Conjunta MPS/INSS nº 38, de 20 de julho de 2023;

b) localizar o requerimento de Auxílio por incapacidade temporária - Análise Documental - AIT, de titularidade do usuário, no Portal de Atendimento - PAT;

c) incluir a documentação digitalizada no requerimento, atualizando o status da tarefa para "Pendente"; e

d) entregar o comprovante de atendimento ao interessado, prestando os esclarecimentos que forem solicitados.

Para viabilizar a conclusão da formalização do pré-requerimento de Atestmed, foi criado o serviço "Apresentar Documentos - ATESTMED", sigla ADOCATEST, do tipo agendável demais serviços.

O Serviço de Gerenciamento de Relacionamento com o Cidadão das Gerências-Executivas, em conjunto com os gestores das APS, deverá assegurar o prazo máximo de espera para estes serviços em até 5 (cinco) dias. Em caso de insucesso ou caso o tempo de espera ultrapasse o prazo estipulado no §2º ocorrerá a criação de vagas automáticas no período das 8h às 12h. O serviço será agendado exclusivamente pelo telefone 135.

De acordo com a **Portaria PRES/INSS 1669, de 19/03/2024, o pré-requerimento de Análise Documental do Benefício por Incapacidade Temporária - Atestmed** protocolado sem a documentação obrigatória, definida na Portaria Conjunta MPS/INSS nº 38, de 20 de julho de 2023, **deverá ser regularizado no prazo de até 5 (cinco) dias após o protocolo.**

Para a concluir a formalização do Atestmed, o usuário deverá apresentar a documentação faltante pelo Meu INSS, no aplicativo de celular, pela Internet, ou na Agência da Previdência Social, preferencialmente com prévio agendamento pelo telefone 135.

Decorrido o prazo de cinco dias, o pré-requerimento será cancelado por falta de apresentação de documentação obrigatória ao pedido do benefício. O cancelamento não impedirá o segurado de solicitar um novo requerimento a qualquer momento, mas haverá prejuízo por se tratar de nova DER.

Com o advento da **Lei 14.724, de 14.11.2023**, a possibilidade de concessão de benefício por telemedicina ou por análise documental foi estendida à **aposentadoria por incapacidade permanente** em razão da alteração do artigo 43 da Lei 8.213/91:

> *"§ 1º-A. O exame médico-pericial previsto no § 1º deste artigo poderá ser realizado com o uso de tecnologia de telemedicina ou por análise documental conforme situações e requisitos definidos em regulamento".*

Ratificando previsão que já existia desde a Lei 14.441/2022, foi previsto pela Lei 14.724/2023 que **o exame médico-pericial para o auxílio por incapacidade temporária poderá ser realizado com o uso de tecnologia de telemedicina ou por análise documental conforme situações e requisitos definidos em regulamento.**

Coube à Portaria MPS 674 de 05/03/2024 regulamentar o uso da vídeo perícia, que se limitará às unidades de atendimento consideradas como de difícil provimento de peritos médicos, bem como aquelas com tempo de espera elevado, a serem definidas em ato complementar da Secretaria de Regime Geral de Previdência Social (SRGPS)

A sua utilização abarcará pedidos de concessão de benefícios por incapacidade laboral; revisão administrativa de benefícios por incapacidade laboral, auxílio-acidente e pensão por morte de dependente inválido; pedidos de concessão de BPC/LOAS da pessoa com deficiência e aposentadorias das pessoas com deficiência e até mesmo perícia médica para isenção de Imposto de Renda:

> *"Art. 2º Poderão ser realizados com a utilização de tecnologia de telemedicina os exames médico-periciais relativos:*
>
> *I - à aposentadoria por incapacidade permanente, conforme §1º-A do art. 42 da Lei n.º 8.213, de 24 de julho de 1991;*
>
> *II - ao auxílio por incapacidade temporária, conforme §11-A do art. 60 da Lei n.º 8.213, de 24 de julho de 1991;*
>
> *III - à perícia médica de reavaliação, conforme §6º do art. 101 da Lei n.º 8.213, de 24 de julho de 1991;*
>
> *IV - ao Benefício de Prestação Continuada à pessoa com deficiência, conforme §2º no art. 40-B da Lei n.º 8.742/1993;*
>
> *V - à avaliação biopsicossocial da deficiência, conforme §3º do art. 2º da Lei n.º 13.146, de 6de julho de 2015; e*
>
> *VI - às demais perícias médicas de que trata o §3º do art. 30 da Lei n.º 11.907, de 2 de fevereiro de 2009.*
>
> *Parágrafo único. A análise documental poderá ser combinada à tecnologia de telemedicina para a execução dos exames médico-periciais de que tratam os incisos do art. 2º."*

Chama a atenção o parágrafo único do artigo 2º, que permite a criação de um modelo híbrido combinando a análise documental com a telemedicina.

Coube à PORTARIA CONJUNTA MPS/INSS Nº 8, DE 16 DE OUTUBRO DE 2023 instituir o **Comitê Técnico de Análise da Perícia Conectada**, órgão colegiado de natureza consultiva e deliberativa, pelo prazo de 2 (dois) meses, com a finalidade de:

> I - identificar e avaliar os aspectos de convergência entre as Boas Práticas relativas à atuação médico-pericial e a realização do exame médico-pericial com uso de tecnologia de telemedicina; e
>
> II - elaborar Parecer Técnico de Análise da Perícia Conectada, a ser encaminhado ao Instituto Nacional do Seguro Social (INSS) e ao Ministério da Previdência Social para subsidiar o **Plano de Implantação da Perícia Conectada**.

Por sua vez, o citado parecer foi divulgado por intermédio da PORTARIA CONJUNTA MPS/INSS Nº 6, DE 5 DE FEVEREIRO DE 2024, **divulgando as boas práticas relativas à atuação médico-pericial e a realização do exame médico-pericial com uso de tecnologia de telemedicina:**

ANEXO PARECER TÉCNICO DE ANÁLISE DA PERÍCIA CONECTADA

SUMÁRIO EXECUTIVO

1. Trata-se de Parecer Técnico de Análise da Perícia Conectada, a que se refere o inciso do II do art. 1º da Portaria Conjunta MPS/INSS n.º 8, de 16 de outubro de 2023, elaborado em continuidade aos trabalhos desenvolvidos no âmbito do Comitê Técnico de Análise da Perícia Conectada.

2. Contextualmente, importante sublinhar que, por meio do citado normativo, fora instituído o Comitê Técnico de Análise da Perícia Conectada, órgão colegiado de natureza eminentemente médica, com os objetivos de identificar e avaliar os aspectos de convergência entre as boas práticas relativas à atuação médico-pericial e a realização do exame médico-pericial com uso de tecnologia de telemedicina.

3. Portanto, ab initio, os trabalhos sob competência do Comitê foram conduzidos sob a finalidade de possibilitar o aprimoramento da medida como política pública postulante à consecução de direitos sociais e ao fortalecimento da governança dos benefícios da Previdência Social.

4. Neste sentido, o presente Parecer objetiva compilar orientações direcionadas às boas práticas de telemedicina aplicada à perícia médica, a fim de possibilitar a constante consecução de iniciativas que garantam o incremento da eficiência administrativa de curto, médio e longo prazo, além de aumentar a capilaridade da cobertura de atendimento da Previdência social. Assim, visa a um processo de melhoria contínua e com o intuito de mitigar o longo tempo de espera do cidadão na busca de benefícios previdenciários e assistenciais.

DO GLOSSÁRIO TERMINOLÓGICO

5. Preliminarmente, ainda, aventa-se, para fins deste Parecer, a seguinte correspondência entre termos e seus respectivos significados:

I - MPS: Ministério da Previdência Social;
II - INSS: Instituto Nacional do Seguro Social;
III - CFM: Conselho Federal de Medicina;
IV - PEFPS: Programa de Enfrentamento à Fila da Previdência Social;
V - TDIC's: Tecnologias Digitais, de Informação e de Comunicação;
VI - LGPD: Lei Geral de Proteção de Dados;
VII - ICP-Brasil: Infraestrutura de Chaves Públicas do Brasil;
VIII - PMUT: Perícias Médicas com Uso da Telemedicina;
IX - TCU: Tribunal de Contas da União;
X - SPMF: Subsecretaria da Perícia Médica Federal;
XI - Teleavaliação/Telemedicina: ato de avaliação médico-pericial com uso de ferramentas de telessaúde;
XII - Teleatendimento: todo o processo de reconhecimento de direito com uso de ferramentas de telessaúde (perícia médica, avaliação social, administrativo); e
XIII - Telessaúde: termo genérico da Lei n.º 14.510/2022 para prestação remota com uso de tecnologias da informação dos serviços relacionados a todas as profissões da área da saúde.
DO COMITÊ
6. Os trabalhos desenvolvidos foram de suma importância para subsidiar o presente Parecer e fomentar a aplicação do Plano de Implantação da Perícia Conectada a ser direcionado para a expansão qualitativa da aplicação da telemedicina na Previdência Social.
7. Para tanto, por se tratar de órgão colegiado eminentemente médico, a composição do Comitê Técnico de Análise da Perícia Conectada limitou-se a profissionais médicos com relevante conhecimento técnico, tendo como membros os representes designados conforme art. 2º da Portaria Conjunta MPS/INSS n.º 8, de 16 de outubro de 2023.
8. Ato contínuo, importante destacar que a atuação do Comitê fora impulsionada por reuniões híbridas (presencial/virtual), totalizando 9 (nove) encontros (cujas atas seguem em anexo):
I - Reunião dia 1º de novembro de 2023, às 14h;
II - Reunião dia 14 de novembro de 2023, às 15h;
III - Reunião dia 20 de novembro de 2023, às 15h;
IV - Reunião dia 05 de dezembro de 2023, às 15h;
V - Reunião dia 19 de dezembro de 2023, às 15h;
VI - Reunião dia 26 de dezembro de 2023, às 15h;
VII - Reunião dia 02 de janeiro de 2024, às 15:30;
VIII - Reunião dia 10 de janeiro de 2024, às 16h; e
DO CONJUNTO DE MEDIDAS DIRECIONADAS À EFICIÊNCIA ADMINISTRATIVA
9. Preambularmente, é fundamental salientar que as ações direcionadas à retomada da justiça social não são isoladas, mas sim integram um conjunto de medidas que são delineadas sob o escopo da implementação de políticas governamentais aptas a possibilitar maior equilíbrio à rede de atendimento da Previdência Social, equalizar o binômio demanda e oferta e viabilizar alternativas ao déficit de capacidade operacional disponível e à continência de servidores.
IX -Reunião dia 12 de janeiro de 2024, às 16h.
10. Sob esta égide, verifica-se um esforço do MPS para alteração do paradigma de atendimento em virtude do cenário de tempo de espera do cidadão para realização de perícia médica ainda longo, com destaque:

I - à Instituição do ATESTMED. Medida de fundamental importância para redução do estoque e do tempo de espera para a sociedade, ocasião em que a Lei n.º 14.441, de 2 de setembro de 2022, alterou a Lei n.º Lei nº 8.213, de 24 de julho de 1991, para incluir o § 14 no seu art. 60, e autorizar a análise documental para a concessão do benefício por incapacidade temporária com dispensa da emissão de parecer conclusivo da Perícia Médica Federal quanto à incapacidade laboral. Assim, os requerentes podem pedir o benefício de maneira remota, sem a necessidade de atendimento médico presencial. Há maior simplicidade e celeridade processuais, com mais de 70% de conformidade e um montante que ultrapassa 500 mil análises, atingindo, portanto, o seu fulcro em reduzir a fila de segurados que aguardam atendimento;

II - ao Envio do Ofício SEI n.º 45537/2023/MPS (Processo SEI nº 19958.102255/2023-20) ao Ministério de Estado da Gestão e da Inovação em Serviços Públicos com proposta para a realização de concurso público para provimento de 1.574 vagas para Perito Médico Federal;

III - à Instituição do Programa de Enfrentamento a redução da fila da Previdência Social (PEFPS), em vigor sob a égide da Lei nº 14.727, de 14 de novembro de 2023. O PEFPS vem aumentando a capacidade operacional da Perícia Médica Federal progressivamente, visto que os peritos poderão aderir ao trabalho excepcional com extensão do turno de atendimento e/ou com trabalho em finais de semana, com o foco em reduzir a mora para conclusão dos processos administrativos requeridos ao INSS e que impactam diretamente na vida de toda a população brasileira; e

IV - à realização, no ano de 2023, de 350 Mutirões de Perícia Médica no Brasil, sendo atendidos 251 Municípios distintos e perfazendo um total de 50.790 atendimentos presenciais.

11. De tal modo, as ações por parte do MPS elencadas acima resultaram num incremento substancial no número de atendimentos periciais em 2023. Ao comparar os dados estatísticos, verifica-se que, no período de 01/01/2023 a 17/07/2023, foram realizadas 316.589 perícias médicas. Por sua vez, devido às ações supracitadas, no período de 18/07/2023 a 27/12/2023, foram executadas 942.705 perícias médicas. Cabe ressaltar, ainda, que o Tempo Médio de Espera para Atendimento - TMEA no Brasil, caiu de 68,27, em setembro, para 49,12 em novembro deste ano. Portanto, destaca-se que, em apenas 5 meses, o volume de perícias médicas quase triplicou, em relação aos 7 primeiros meses deste ano, mostrando que as diversas ações governamentais implementadas neste ínterim (18/07/2023 à 27/12/2023) estão gerando resultados robustos e progressivamente satisfatórios.

12. Note-se que, mesmo que os resultados já sejam favoráveis e contribuam para um acesso mais célere e efetivo aos requerentes que procuram os serviços previdenciários e assistenciais para a concretização de seus direitos, incumbe ponderar que, como referido, as reuniões do Comitê Técnico de Análise da Perícia Conectada foram pautadas sob a finalidade de prover uma maior cobertura previdenciária ao cidadão, utilizando-se de recursos de tecnologia da informação e comunicação, além de processos criativos e inovadores e que reforçam as boas práticas, conforme será apresentado a seguir.

DO ARCABOUÇO NORMATIVO A SER OBSERVADO

13. Como marco legal para o uso de tecnologia de telemedicina, a Lei n.º 14.510, de 27 de dezembro de 2022, autorizou e disciplinou a prática de telessaúde em todo o Brasil, estabelecendo princípios basilares a serem seguidos, como a autonomia do profissional de saúde e o consentimento livre e informado do paciente para decidirem pela escolha deste método; a garantia de atendimento presencial caso haja recusa de autorização por meio de Termo de Consentimento livre do paciente; o provimento de serviço de qualidade e seguro ao trabalhador periciado, dentre outros.

14. Em continuidade, a Lei n.º 14.724 de 14 de novembro de 2023, dentre outras medidas, institui o citado PEFPS e autorizou a utilização de tecnologia de telemedicina na Perícia Médica Federal em municípios de difícil provimento de médicos peritos ou com tempo de espera elevado.

15. Ressalta-se, ainda, a importância do Código de Ética Médica vigente, aprovado pela Resolução CFM n.º 2.217, de 27 de setembro de 2018, e modificado pelas Resoluções CFM n.º 2.222/2018 e n.º 2.226/2019, especialmente quanto as normas dos artigos 1º, 6º, 7º, 20, 21 e 32.

16. Na mesma esteira, a Resolução CFM n.º 2.314/22, disciplina o uso da Telemedicina no Brasil e define o exercício da medicina mediado por Tecnologias Digitais, de Informação e de Comunicação (TDICs), para fins de assistência, educação, pesquisa, prevenção de doenças e lesões, gestão e promoção de saúde, e que o uso deste método deve observar a comprovação de consentimento livre e informado do paciente e o uso de plataformas com nível de garantia de segurança 2, principalmente resguardando o sigilo médico.

17. Ainda, cabe sublinhar o disposto na resolução CFM nº 2.325/22, que define e disciplina o uso de tecnologias de comunicação na avaliação médico pericial, bem como dispõe que, quando utilizada telemedicina para finalidade pericial, o laudo deve conter a identificação das partes e dos profissionais participantes do ato médico pericial que foi produzido de forma remota; o registro da data e hora do início e do encerramento do ato pericial; o esclarecimento que essa modalidade de perícia médica tem limitações técnicas que devem ser consideradas pelas partes envolvidas e pelos destinatários da prova; e o termo de consentimento livre assinado pelo periciando.

18. Além disso, não se pode abstrair da necessidade de observância da Lei nº 13.787, de 27 de dezembro de 2018, que dispõe sobre a digitalização e a utilização de sistemas informatizados para a guarda, o armazenamento e o manuseio de prontuário de paciente; da Lei nº 12.965, de 23 de abril de 2014, que estabelece os princípios, garantias, direitos e deveres para o uso da internet no Brasil; e da Lei nº 13.709, de 14 de agosto de 2018, que dispõe sobre proteção de dados pessoais (LGPD).

19. Igualmente, faz-se necessário pontuar que o médico deve possuir assinatura digital qualificada, padrão ICP-Brasil, nos termos das Leis vigentes no país.

20. Ao final, também é importante registrar a experiência-piloto já realizada para execução dos exames médico-periciais com uso de tecnologia de telemedicina, então identificada como "Perícias Médicas com Uso da Telemedicina (PMUT)", no âmbito do INSS e da então SPMF, em cumprimento ao Acórdão nº 2597/2020 - TCU (Medida Cautelar TC 033.778/2020-5), sendo um grande avanço na construção desse novo modelo de atendimento.

DO PARECER TÉCNICO DE ANÁLISE DA PERÍCIA CONECTADA

21. Da análise dos dispositivos normativos supracitados, propõem-se a construção desse novo modelo de atendimento inovador. Sendo assim, as reuniões foram pautadas em elucidar e aprimorar o que já estava estabelecido e normatizado, além de guiar o processo de mudança, respeitando etapas de um planejamento estratégico para implementação adequada da proposta das boas práticas de telemedicina aplicada à perícia médica.

22. Para tanto, define-se por Perícia Médica Conectada a perícia médica executada com a utilização de recurso de Tecnologias Digitais, de Informação e de Comunicação e de ambientes seguros para fins de Telemedicina e Formação Profissional.

23. A utilização da Perícia Médica Conectada objetiva, dessa forma, garantir a constante consecução de iniciativas que garantam o incremento da eficiência administrativa de curto, médio e longo prazo e aumentar a capilaridade da previdência social e diminuindo a jornada dos requerentes de benefícios previdenciários, assistenciais, administrativos, tributários e trabalhistas.

24. Diante do exposto, considerando que a perícia médica é etapa relativa à instrução dos benefícios previdenciários, assistenciais, administrativos, tributários e trabalhistas, conclui-se que, observada a imprescindível necessidade de capacitação continuada do médico para o uso das Tecnologias Digitais, de Informação e de Comunicação (TDICs), Telepropedêutica, Bioética digital e aspectos legais sobre Telemedicina e Telessaúde, a Perícia Médica Conectada poderá utilizar-se da associação de recursos de telemedicina e análise documental para a instrução e análise dos requerimentos mencionados.

25. Ademais, também é preciso ponderar que a legislação em vigor estabelece que o Ministério da Previdência Social deverá regulamentar tecnicamente o uso da telemedicina na Perícia Médica Federal, bem como a definição das Unidades Previdenciárias e municípios onde a modalidade poderá ser utilizada.

26. Diante disso, esse Parecer, observada a necessidade de publicação do referido ato a cargo do MPS, tem o escopo de estabelecer diretrizes técnicas genéricas no âmbito da Perícia Médica Conectada, visando à segurança técnica de sua utilização e servindo como instrumento balizador futuro para estabelecimento de cenários técnicos para sua utilização.

27. As premissas básicas que devem nortear a utilização da telemedicina aplicada à perícia médica são:

I - Liberdade e autonomia do perito e do segurado/trabalhador em escolher essa modalidade de atendimento de perícia médica, independentemente do tipo de requerimento pericial a ser avaliado, sendo assegurada a possibilidade de encaminhamento para exame pericial presencial, caso o perito assim entenda necessário (neste caso, a atuação do perito sendo considerada como ato equivalente a uma teletriagem);

II - Garantia da não interferência de terceiros não autorizados no ato médico pericial;

III - Capacitação prévia do perito em relação à tecnologia utilizada, especificidades e regramento técnico;

IV - Garantia de segurança técnica com uso de software e plataforma de comunicação certificados;

V - Sala de perícia própria (ou ambiente parametrizado), com adequada iluminação, visibilidade e isolamento acústico de forma a garantir o sigilo do ato médico pericial e preservar a intimidade do periciando;

VI - Conectividade, infraestrutura computacional e plataforma de comunicação adequadas;

VII - Segurança e sigilo no armazenamento das informações periciais com registro dos dados nos sistemas corporativos informatizados já existentes do INSS e da Perícia Médica Federal;

VIII - Identificação do periciando e dos profissionais participantes, ficando registrado que a perícia médica foi realizada por telemedicina, registrados também os horários de início e encerramento do ato pericial;

IX - Assinatura do requerente de termo de consentimento livre e informado; e

X - Possibilidade de associação da análise documental remota complementada por telemedicina.

RECOMENDAÇÃO

28. Ante o exposto, formaliza-se o presente Parecer Técnico de Análise da Perícia Conectada, com sugestão de instituição de Comitê técnico permanente de acompanhamento dos processos de trabalho relacionados à Perícia Conectada, especialmente devido à necessidade de contínuo aprimoramento da medida, incorporação de novas tecnologias, adequação e/ou melhorias de métodos, encaminhando-o, em prosseguimento, ao INSS e ao MPS para subsidiar o Plano de Implantação da Perícia Médica Conectada.

Republicada por ter saído, no DOU - Edição 28, Seção 1, pág. 40, de 8 de fevereiro de 2024, com incorreção no original.

8. ALTA PROGRAMADA (COBERTURA PREVIDENCIÁRIA ESTIMADA – COPES)

O artigo 78, do RPS, com redação dada pelo Decreto 5.844/06, prevê o polêmico instituto da **alta programada ou COPES – Cobertura Previdenciária Estimada**, em que o INSS poderá estabelecer, mediante avaliação médico-pericial, o prazo que entender suficiente para a recuperação da capacidade para o trabalho do segurado, **dispensada nessa hipótese a realização de nova perícia.**

Caso o prazo concedido para a recuperação se revele insuficiente, o segurado poderá solicitar a realização de nova perícia médica, perpetrando **pedido de prorrogação (PP)** do benefício, nos 15 dias anteriores a alta programada.

Originalmente, a alta programada foi prevista na Orientação Interna 138 DIRBEN/INSS, de 11.05.2006.

A previsão regulamentar da dispensa de uma segunda perícia para atestar a capacidade laboral do segurado e consequentemente suspender o pagamento do auxílio-doença vem gerando vários questionamentos judiciais, tendo sido propostas inúmeras ações civis públicas pelo Ministério Público Federal e por outros legitimados em várias Seções Judiciárias no Brasil.

A ação que foi proposta inicialmente tramita na 14ª Vara da Seção Judiciária da Bahia, tombada pelo número 2005.33.00.020219-8, cujo autor é o Sindicato dos Bancários da Bahia, sendo, destarte, o juízo prevento, na forma do artigo 2º, parágrafo único, da Lei 7.347/85, atraindo para a sua competência as demais ações coletivas propostas posteriormente.

A sentença foi prolatada no dia 15.10.2009, não tendo sido declarada a ilegalidade da Cobertura Previdenciária Estimada – COPES. Contudo, o pedido foi julgado parcialmente procedente, a fim de determinar que o INSS, no processo de concessão do auxílio-doença, inclusive os decorrentes de acidentes de trabalho, uma vez apresentado pelo segurado o pedido de prorrogação, mantenha o pagamento do benefício até o julgamento do pedido após a realização de novo exame pericial.

No âmbito dos Tribunais Regionais Federais o tema é polêmico.

> "PREVIDENCIÁRIO. RESTABELECIMENTO DE AUXÍLIO-DOENÇA. ILEGALIDADE DA ALTA MÉDICA PROGRAMADA. INCABÍVEL. – Possível a antecipação dos efeitos da tutela contra a Fazenda Pública, à qual se equipara o INSS, desde que existente prova inequívoca que convença o juiz da verossimilhança da alegação. – **O procedimento conhecido como COPES – Cobertura Previdenciária Estimada – é compatível com a disciplina legal do auxílio-doença, em especial artigos 60 e 101 da Lei nº 8.213/91.** – A Orientação Interna n.º 138 INSS/DIRBEN, de 11.05.2006, permite, ao beneficiário por incapacidade, a provocação para realização de outra perícia 15 dias antes da data da cessação do benefício, não

se vislumbrando ilegalidade na chamada "alta médica programada". – Agravo de instrumento a que se dá provimento, para suspender a decisão concessiva de tutela antecipada, sem prejuízo de nova análise pelo juízo a quo, acerca da incapacidade, após a realização da perícia" **(TRF da 3ª Região, AI 303.954, de 04.05.2009).**

"PREVIDENCIÁRIO E PROCESSO CIVIL. MANDADO DE SEGURANÇA. AUXÍLIO DOENÇA. COBERTURA PREVIDENCIÁRIA ESTIMADA (COPES). DATA MARCADA PARA A CESSAÇÃO DO BENEFÍCIO SEM PRÉVIA PERÍCIA MÉDICA. INOBSERVÂNCIA DOS PRINCÍPIOS DO DEVIDO PROCESSO LEGAL, CONTRADITÓRIO E AMPLA DEFESA. 1. A hipótese é de pedido de abstenção de cessação de Auxílio-doença do Impetrante ou restabelecimento do referido benefício, caso tenha sido cessado em virtude do Programa COPES (Cobertura Previdenciária Estimada), o qual fixou data específica para o cancelamento do benefício, deixando a critério do segurado solicitar novo exame médico se, ao final do prazo, não tivesse havido o restabelecimento da sua capacidade laborativa. **2. Este egrégio Tribunal já se manifestou pela impossibilidade de a Autarquia Previdenciária realizar o cancelamento de benefício de auxílio-doença com base no Programa de Cobertura Previdenciária Estimada, tendo em vista a necessidade de constatação, por prévia perícia médica, do pronto restabelecimento do segurado, realizada em processo administrativo com observância do devido processo legal.** 3. Conforme expressamente consignado no art. 5º, LIV, da Carta Política da República, atualmente em vigor, 'ninguém será privado da liberdade ou de seus bens sem o devido processo legal.' 4. Necessidade de se homenagear, em processo administrativo prévio, o princípio do devido processo legal (ampla defesa e do contraditório), em caso de se vislumbrar eventual hipótese de cancelamento de benefício previdenciário. 5. Precedentes desta egrégia Corte. 6. Apelação do particular provida" **(TRF da 5ª Região, AMS 98033, de 15.09.2009).**

Sobre o tema, colaciona-se notícia publicada no site da AGU:

Procuradoria comprova legalidade de sistema adotado para pagamento de auxílio-doença

Publicado: 19/11/2015 – Atualizado às : 18:57:28

A Advocacia-Geral da União (AGU) confirmou, em 28 ações, a legalidade da Cobertura Previdenciária Estimada (Copes), criada pelo Instituto Nacional do Seguro Social (INSS) em 2005. O sistema fixa uma data para interrupção do pagamento de auxílio-doença mediante previsão de recuperação da capacidade laborativa do segurado.

A discussão surgiu após o ajuizamento de diversas ações por sindicatos, Ministério Público Federal e Defensoria Pública da União, com o objetivo de suspender o procedimento, alegando que o benefício deve ser oferecido até que o segurado esteja recuperado, pois do contrário ocasionaria prejuízo para o trabalhador.

Atuando em defesa do sistema, a Procuradoria Federal Especializada junto à autarquia (PFE/INSS) argumentou que a Cobertura Previdenciária Estimada é prática institucional inteiramente compatível com o artigo 62 da Lei nº 8.213/91 dos planos e benefícios da Previdência. Segundo a AGU, tendo em vista o conhecimento acumulado no âmbito da ciência médica, desde antes da lei é prática comum a estimativa de datas em que o segurado recuperaria sua capacidade laborativa.

De acordo com os procuradores federais, já há "incontestável arcabouço técnico subjacente à estimativa de recuperação da capacidade laborativa, sendo que a falha no estabelecimento do prognóstico é residual e tende a reduzir cada vez mais com o avanço da prática, além de obviamente não causar qualquer prejuízo ao segurado, dada a possibilidade de ingresso com pedido de prorrogação, entre outras medidas administrativas".

A PFE/INSS lembrou, também, que o sistema previdenciário aumentou a qualidade do ato pericial, no que se refere à estimativa de recuperação da capacidade laborativa do trabalhador. Para a unidade, acolher as ações prejudicaria não só os próprios segurados que requerem auxílio-doença, como também toda a coletividade, pois atentaria contra a eficiência administrativa. Segundo a procuradoria, sem o procedimento haveria um aumento exponencial do número de perícias a serem realizadas pelo INSS e, consequentemente, aumentaria o tempo de espera daqueles que pretendem requerer benefícios pela primeira vez.

As ações foram julgadas pela 14ª Vara Federal da Seção Judiciária da Bahia, que concordou com a defesa da AGU e confirmou a validade da Copes. "Assim, aperfeiçoado o sistema, é inconteste que houve evolução favorável ao segurado, seja por tornar mais célere a marcação dos exames periciais, seja por evitar reavaliações desnecessárias", destaca um trecho da decisão. A PFE/INSS é unidade da Procuradoria-Geral Federal, órgão da AGU. Ref.: Ação Civil nº 2005.33.00.020219-8/BA.

Entende-se pela validade da COPES, desde que o INSS permita que o segurado seja avaliado pelo médico perito antes ou logo após a cessação programada do benefício por incapacidade, a fim de que não fique sem cobertura previdenciária por meses, caso ainda incapaz para o desenvolvimento do seu trabalho habitual.

Nada impedia (mesmo antes da Lei 13.457/2017) a adoção da alta programada na própria sentença, acaso a perícia judicial preveja o tempo estimado para a recuperação do segurado, podendo prever o pedido de prorrogação administrativo ou mesmo judicial.

No entanto, a TNU não a admitia, conforme passagem do Boletim 1, de 11 de dezembro de 2015:

PROCESSO: 050134-33.2014.4.05.8302
É indevida a fixação de termo final a cessação de auxílio-doença por meio de decisão judicial (*Alta Programada Judicial*).
Se a incapacidade surgir posteriormente ao requerimento administrativo, o termo inicial do benefício por incapacidade concedido judicialmente deverá ser ficado na data da citação.

Vale frisar que a **Medida Provisória 739/2016** chegou a positivar a COPES administrativa no artigo 60 da Lei 8.213/91, assim como constituiu a **COPES judicial**, dispondo que, sempre que possível, o ato de concessão ou de reativação de auxílio-doença, judicial ou administrativo, deveria fixar o prazo estimado para a duração do benefício, sendo que, na ausência de fixação do prazo, o benefício cessaria após o prazo de cento e vinte dias, contados da data de concessão ou de reativação, exceto se o segurado requerer a sua prorrogação junto ao INSS, na forma do regulamento.

Mas a MP 739/2016 caducou por ausência de votação no Congresso Nacional no dia 4/11/2016, sendo conservados os seus efeitos jurídicos até esta data, salvo a edição de decreto legislativo dispondo em sendo contrário.

De acordo com o artigo 62, §§ 3º e 11 da Constituição, as medidas provisórias perderão eficácia, desde a edição, se não forem convertidas em lei no prazo de sessenta dias, prorrogável uma vez por igual período, devendo o Congresso Nacional disciplinar, por *decreto legislativo*, as relações jurídicas delas decorrentes, **sendo que, acaso não editado o decreto legislativo até sessenta dias após a rejeição ou perda de eficácia de medida provisória, as relações jurídicas constituídas e decorrentes de atos praticados durante sua vigência conservar-se-ão por ela regidas.**

A **TNU** manteve a aplicação das MP's 739 e 767 para as incapacidades verificadas durante a sua vigência: "Apreciando o recurso sob o rito dos pedidos **representativos de controvérsia**, a TNU fixou a seguinte tese: **constatado que a incapacidade do(a) segurado(a) do Regime Geral da Previdência Social (RGPS) ocorreu ao tempo da vigência das Medidas Provisórias 739/2016 e 767/2017, aplicam-se as novas regras de carência nelas previstas**" (Informativo 28/2018 – REPRESENTATIVO DE CONTROVÉRSIA – TEMA N. 176 – PUIL n. 5001792-09.2017.4.04.7129/RS).

A MP 739/2016 ainda havia instituído, por 24 meses, um Bônus Especial de Desempenho Institucional por Perícia Médica em Benefícios por Incapacidade no programa de revisão desses benefícios, no valor de R$ 60,00 por perícia médica realizada.

A **Portaria Interministerial nº 127/MDSA/MF/MP, de 4 de agosto de 2016**, determinou a convocação para a realização de perícia médica os segurados que estavam em gozo de benefício por incapacidade mantidos há mais de dois anos,

nos termos do art. 3°, inciso I, da Medida Provisória n° 739, de 2016, no período de sua vigência (até 4/11/2016).

Para definição da ordem de prioridade no agendamento e na convocação dos segurados em gozo de benefício por incapacidade, o INSS adotou, preferencialmente, os seguintes critérios:

> I – No caso de benefício de auxílio-doença:
>
> a) benefício concedido sem data de cessação do benefício (DCB) ou sem data de comprovação da incapacidade (DCI);
>
> b) tempo de manutenção do benefício, do maior para o menor; e
>
> c) idade do segurado, na ordem da menor para a maior idade.
>
> II – No caso de benefício de aposentadoria por invalidez:
>
> a) idade do segurado, na ordem da menor para a maior; e
>
> b) tempo de manutenção do benefício, do maior para o menor.

Coube à **Resolução INSS 544, publicada em 10 de agosto de 2016**, instituir o *Programa de Revisão dos Benefícios por Incapacidade*, que consistiu na realização de perícias médicas nos segurados em gozo de benefícios por incapacidade mantidos pelo INSS há mais de dois anos, nos termos do art. 3º, inciso I, da Medida Provisória nº 739, de 7 de julho de 2016, no período de sua vigência (até 4/11/2016).

Nesse período, foi concedido Bônus Especial de Desempenho Institucional por Perícia Médica em Benefícios por Incapacidade – BESP-PMBI, em valor correspondente a R$ 60,00, por perícia médica do PRBI realizada nas Agências da Previdência Social.

Por sua vez, ainda coube à **Resolução INSS 546, publicada em 30 de agosto de 2016**, disciplinar a aplicação da MP 739/2016, no período de sua vigência (até 4/11/2016), no que concerne à avaliação administrativa relativa aos benefícios previdenciários por incapacidade de longa duração.

As convocações dos segurados foram realizadas por Carta encaminhada pela Gerência-Executiva (GEX) de abrangência da unidade responsável pela manutenção do benefício, por via postal com aviso de recebimento, podendo também ter sido emitidos avisos aos segurados, por meio dos terminais eletrônicos das agências bancárias.

Após o recebimento da Carta ou publicação do Edital de Convocação, o beneficiário teve cinco dias úteis para agendar a sua perícia médica, por meio da Central de Teleatendimento 135, sendo que, no caso de não atendimento da convocação ou de não comparecimento na data agendada, o benefício foi suspenso, cabendo a sua reativação quando do comparecimento do segurado e realizado o devido agendamento da perícia médica.

Posteriormente, coube à Medida Provisória 767, de 6 de janeiro de 2017, positivar novamente a COPES no texto do artigo 60, da Lei 8.213/91, prevendo que, "sempre que possível, o ato de concessão ou de reativação de auxílio-doença, judicial ou administrativo, deverá fixar o prazo estimado para a duração do benefício".

Ademais, ainda com base na MP 767/2017, na ausência de fixação do prazo acima referido, o benefício cessará após o prazo de cento e vinte dias, contado da data de concessão ou de reativação, exceto se o segurado requerer a sua prorrogação junto ao INSS, na forma do regulamento, observado o disposto no artigo 62 que trata da reabilitação profissional.

Este ponto da MP 767/2017 foi convertido na Lei 13.457/2017, sendo estabilizado no texto da Lei 8.213/91 a Cobertura Previdenciária Estimada (COPES) dentro do artigo 60 da Lei 8.213/91:

> "§ 8º Sempre que possível, o ato de concessão ou de reativação de auxílio-doença, **judicial ou administrativo**, deverá fixar o prazo estimado para a duração do benefício. *(Incluído pela Lei nº 13.457, de 2017)*
>
> § 9º Na ausência de fixação do prazo de que trata o § 8º deste artigo, o benefício cessará após o prazo de **cento e vinte dias**, contado da data de concessão ou de reativação do auxílio-doença, exceto se o segurado requerer a sua prorrogação perante o INSS, na forma do regulamento, observado o disposto no art. 62 desta Lei. *(Incluído pela Lei nº 13.457, de 2017)*
>
> § 10. O segurado em gozo de auxílio-doença, **concedido judicial ou administrativamente**, poderá ser **convocado a qualquer momento** para avaliação das condições que ensejaram sua concessão ou manutenção, observado o disposto no art. 101 desta Lei. *(Incluído pela Lei nº 13.457, de 2017)*
>
> § 11. O segurado que não concordar com o resultado da avaliação da qual dispõe o § 10 deste artigo poderá apresentar, no prazo máximo de **trinta dias, recurso** da decisão da administração perante o Conselho de Recursos da Previdência Social, cuja análise médica pericial, se necessária, será feita pelo assistente técnico médico da junta de recursos do seguro social, perito diverso daquele que indeferiu o benefício. *(Incluído pela Lei nº 13.457, de 2017)*".

A norma não é clara a respeito do termo inicial para a fixação da COPES judicial, cabendo ao juiz no caso concreto fixá-la para evitar qualquer dúvida.

A nosso ver, deve ser analisado o laudo pericial que deve apontar o termo inicial da sua estimativa.

Na visão da TNU, de modo razoável, ao julgar o Tema 246, o prazo de recuperação deverá ser computado a partir da data da realização da perícia judicial, desde que seja garantido ao segurado um prazo mínimo de 30 dias para ofertar o pedido de prorrogação.

Por outro lado, em sendo aplicado o prazo legal de 120 dias diante da omissão da sentença, o prazo deve ser contado a partir da implantação do benefício:

Tema	246	Situação do tema	Julgado	Ramo do direito	DIREITO PREVIDENCIÁRIO
Questão submetida a julgamento	A partir da regra constante do art. 60, §9.º, da Lei n.º 8.213/91, saber se, para fins de fixação da DCB do auxílio-doença concedido judicialmente, o prazo de recuperação estimado pelo perito judicial deve ser computado a partir da data de sua efetiva implantação ou da data da perícia judicial.				
Tese firmada	**I – Quando a decisão judicial adotar a estimativa de prazo de recuperação da capacidade prevista na perícia, o termo inicial é a data da realização do exame, sem prejuízo do disposto no art. 479 do CPC, devendo ser garantido prazo mínimo de 30 dias, desde a implantação, para viabilizar o pedido administrativo de prorrogação. II – quando o ato de concessão (administrativa ou judicial) não indicar o tempo de recuperação da capacidade, o prazo de 120 dias, previsto no § 9º, do art. 60 da Lei 8.213/91, deve ser contado a partir da data da efetiva implantação ou restabelecimento do benefício no sistema de gestão de benefícios da autarquia.**				
Processo	Decisão de afetação	Relator (a)	Julgado em	Acórdão publicado em	Trânsito em julgado
PEDILEF 0500881-37.2018.4.05.8204/PB	12/12/2019	Juiz Federal Bianor Arruda Bezerra Neto	20/11/2020	-	-

Ainda foi previsto que o segurado em gozo de auxílio-doença, **concedido judicial** ou administrativamente, poderá ser convocado a qualquer momento para avaliação das condições que ensejaram a concessão ou a manutenção, sendo possível a revisão administrativa do benefício implantado por ordem judicial.

Dito isto, podemos firmar as seguintes conclusões:

A) A COPES administrativa passou a ser prevista expressamente na Lei 8.213/91;

B) Restou instituída a COPES judicial;

C) Nas situações de constatação de incapacidade laborativa temporária, cabe ao julgador, sempre que possível, indicar na decisão interlocutória ou sentença a data de cessação do auxílio-doença, assegurado ao segurado à oferta no INSS do pedido de prorrogação;

D) Caso a decisão não fixe a data de cessação do auxílio-doença, este será finalizado em 120 dias contados da data de concessão ou de reativação do auxílio-doença, assegurado o pedido de prorrogação administrativo;

E) A COPES judicial não se aplica na situação de incapacidade permanente, pois neste caso a cessação do benefício é condicionada à reabilitação profissional concluída com sucesso.

Sobre o caráter intertemporal das modificações citadas, a TNU fixou a seguinte tese repetitiva (Informativo 25/2018):

> **REPRESENTATIVO DE CONTROVÉRSIA – TEMA N. 164 – PUIL n. 0500774-49.2016.4.05.8305/PE**
>
> Apreciando o recurso como representativo de controvérsia, a TNU fixou as seguintes teses:
>
> **a)** os benefícios de auxílio-doença concedidos judicial ou administrativamente, sem Data de Cessação de Benefício (DCB), ainda que anteriormente à edição da MP nº 739/2016, podem ser objeto de revisão administrativa, na forma e prazos previstos em lei e demais normas que regulamentam a matéria, por meio de prévia convocação dos segurados pelo INSS, para avaliar se persistem os motivos de concessão do benefício;
>
> **b)** os benefícios concedidos, reativados ou prorrogados posteriormente à publicação da MP nº 767/2017, convertida na Lei n.º 13.457/17, devem, nos termos da lei, ter a sua DCB fixada, sendo desnecessária, nesses casos, a realização de nova perícia para a cessação do benefício;
>
> **c)** em qualquer caso, o segurado poderá pedir a prorrogação do benefício, com garantia de pagamento até a realização da perícia médica.

A decisão da Turma Nacional foi acertada. A revisão administrativa do benefício por incapacidade sempre existiu, tendo apenas sido reforçada na Lei 8.213/91 a partir da MP 739/2016. Outrossim, a COPES judicial deve ser observada para os benefícios com concessão após a sua instituição, sendo regra de natureza procedimental, e não material.

O **procedimento da COPES judicial** foi firmado pelo Memorando-Circular Conjunto nº 7 /DIRSAT/DIRBEN/PFE/DIRAT/INSS, de 9/6/2017, devendo no cumprimento de decisão judicial para implantar/reativar auxílio-doença, independentemente da fase do processo, **ser informada a DCB – Data de Cessação do Benefício**, facultando-se o PP – Pedido de Prorrogação – do benefício, a ser realizado pelo segurado nos 15 (quinze) dias que antecedem a data prevista de cessação, mediante a adoção dos seguintes procedimentos pelas unidades do INSS:

2.1. Atuação da APSADJ/SADJ:

2.1.1. O cumprimento de implantações e reativações dos benefícios por incapacidade deverá ser realizado **obrigatoriamente no SABI**, de modo a permitir, no auxílio-doença implantado/reativado judicialmente, a garantia de processamento da DCA – Data de Cessação Administrativa – após o agendamento do PP pelos canais remotos (*Internet* e Central 135) ou, na APS, diretamente no SABI, em virtude das novas implementações realizadas no sistema, a partir da versão 11.00.00, em 03/04/2017.

2.1.2. Ao implantar/reativar benefícios por incapacidade por decisão judicial, deverá ser selecionada, de maneira preferencial, como unidade mantenedora, APS com serviço de perícia médica ativo regularmente, de acordo com informações fornecidas e atualizadas pelo SST local.

2.1.3. Na implantação do benefício judicial, o servidor administrativo deverá inserir no sistema as informações técnicas médicas (DID – Data de Início da Doença, DII – Data de Início da Incapacidade – e CID – Classificação Internacional de Doenças) constantes nos documentos judiciais (sentença/acordo ou acórdão, se existir e laudo do perito do juízo). A ausência dessas informações implicará na fixação da DID e da DII na DIB judicial pelo sistema, permanecendo a CID em branco.

2.1.4. Havendo fixação de DCB pelo Poder Judiciário, o servidor deverá cumprir a decisão de modo a implantar/reativar o benefício de auxílio-doença, utilizando a conclusão **"DCB informada pelo juiz"** e inserindo a data fixada. Além disso, deverá anexar ao processo judicial a comunicação do cumprimento, seguindo o modelo do **Anexo I**;

2.1.4.1. O mesmo procedimento deverá ser adotado se a ordem judicial informar a DCB, mas condicionar a cessação do benefício à reavaliação do autor, situação em que prevalecerá a opção do segurado em requerer nova perícia médica, se permanecer incapaz para o retorno ao trabalho.

2.1.5. Não havendo a fixação de DCB pelo Poder Judiciário para os benefícios de auxílio-doença, em tutela antecipada ou em decisão final, salvo nos casos em que a parte dispositiva preveja o encaminhamento à RP – Reabilitação Profissional, o benefício deverá ser implantado/reativado com conclusão **"DCB não informada pelo juiz"** e será fixado pelo sistema o prazo de 120 (cento e vinte) dias, contados da data do cumprimento (DDB/atualização). Deverá ser anexada ao processo judicial a comunicação do cumprimento da condenação judicial, seguindo o modelo do **Anexo II**.

2.1.6. Realizada a implantação/reativação do benefício, o servidor administrativo deverá encerrar a tarefa no e-Tarefas, registrando o código ou nome da unidade mantenedora do benefício para envio de *e-mail* pelo sistema, a fim de comunicar o cumprimento da ordem e a manutenção do benefício naquela unidade.

2.1.7. Caso o Poder Judiciário envie nova intimação, manifestando discordar da DCB informada na comunicação de cumprimento e condicione a cessação do benefício de auxílio-doença à avaliação pericial do segurado, a APSADJ/SADJ deverá:

2.1.7.1. Agendar perícia médica no SAG – Sistema de Agendamento, na data disponível imediatamente posterior à DCB anteriormente fixada, mediante a utilização do serviço específico **"Perícia de Benefício por Incapacidade por decisão judicial" – Código 1571;**

2.1.7.2. Alterar a DCB, pelo motivo judicial (**motivo 33**), para a data da perícia agendada, bem como inserir no encerramento da tarefa, obrigatoriamente, a etiqueta **"DCBNaPerícia"** no e-Tarefas, comunicando-se ao Poder Judiciário por meio do modelo do **Anexo III**; e

2.1.7.3. Comunicar ao órgão de execução da PGF local as providências adotadas em atendimento à decisão judicial, via e-Tarefas, por meio de evento "SAPIENS: Protocolar Documento" ou "SAPIENS: Responder Comunicação", utilizando o "Assunto: Comunicação de Cumprimento".

2.1.8. A determinação judicial que proíba expressamente a fixação de DCB em benefício de auxílio-doença, até nova ordem judicial, implicará no lançamento, no sistema, da conclusão **"NB impedido de cessar automaticamente/sem DCB"**, devendo o servidor, obrigatoriamente:

2.1.8.1. Registrar no encerramento da tarefa a etiqueta **"CumprimentoSemDCB"** no e-Tarefas;

2.1.8.2. Comunicar ao Poder Judiciário utilizando o modelo do **Anexo IV**; e

2.1.8.3. Comunicar órgão de execução da PGF local as providências adotadas em atendimento à decisão judicial, via e-Tarefas, por meio de evento "SAPIENS: Protocolar Documento" ou "SAPIENS: Responder Comunicação", utilizando o "Assunto: Comunicação de Cumprimento".

2.1.8.4. No atendimento da nova intimação, que determinar a DCB, a informação deverá ser inserida no sistema de benefícios, excluindo-se, em seguida, a etiqueta do e-Tarefas. Cabe informar o cumprimento ao Poder Judiciário por meio do **Anexo I**.

2.19. Havendo decisão judicial para implantar/reativar benefício de auxílio-doença, condicionado à RP do segurado, será necessário:

2.1.9.1. Marcar **"sim"** para a indicação de RP, no sistema de benefícios, situação em que não deverá ser assinalada nenhuma das opções de conclusão;

2.1.9.2. Agendar perícia médica de avaliação de elegibilidade no SAG, na data disponível, mediante a utilização do serviço específico **"Perícia de Reabilitação Profissional por Determinação Judicial" – Código 2211**, comunicando-se ao Poder Judiciário por meio do modelo do **Anexo V**; e

2.1.9.3. Cadastrar tarefa **"TFA1606 – Averiguar Comparecimento à Perícia de Reabilitação Profissional Judicial"** à unidade mantenedora ou ao setor da GEX responsável, conforme fluxo local, com prazo correspondente à data da perícia agendada.

2.1.9.3.1. Em caso de comparecimento, antes de encerrar a tarefa, o servidor deverá verificar, no HISMED, o resultado da perícia médica e, havendo fixação da DCB, providenciar a cessação do benefício na respectiva data, pelo **motivo 25**.

2.1.9.3.2. Na ausência de comparecimento, o benefício será suspenso e a tarefa será encerrada pela APS mantenedora.

2.1.10. Caso o Poder Judiciário envie nova intimação, manifestando discordar da inelegibilidade para RP com cessação do benefício, a APSADJ/SADJ deverá:

2.1.11. Reativar o benefício, pelo motivo judicial (motivo 02), marcar "sim" para a indicação de RP, não assinalar nenhuma das opções de conclusão no sistema de benefícios, bem como não agendar perícia no ato do cumprimento, e obrigatoriamente:

2.1.11.1. Registrar no encerramento da tarefa a etiqueta **"CumprimentoSemDCB"** no e-Tarefas;

2.1.11.2. Abrir tarefa **"TFA1607 – Reabilitação Obrigatória por Determinação Judicial"** à equipe de RP, para que sejam adotadas as providências pertinentes ao processo de reabilitação;

2.1.11.3. Anexar ao processo judicial a comunicação de cumprimento, seguindo o modelo do **Anexo VI**; e

2.1.11.4. Comunicar ao órgão de execução da PGF local as providências adotadas em atendimento à decisão judicial, via e-Tarefas, por meio de evento "SAPIENS: Protocolar Documento" ou "SAPIENS: Responder Comunicação", utilizando o "Assunto: Comunicação de Cumprimento".

2.1.12. Havendo decisão judicial para implantar/reativar benefício de aposentadoria por invalidez, a comunicação do cumprimento a ser anexada ao processo judicial deverá seguir o modelo do **Anexo VII**;

2.1.12.1. Ressalvadas as situações elencadas no art. 101, §1°, da Lei n° 8.213/91, que impedem a convocação do segurado para a realização da perícia, o servidor da APSADJ/SADJ deverá cadastrar a tarefa **"TFA1106 – Realizar Perícia Médica Revisional em Benefício por Incapacidade Judicial"** à unidade mantenedora, com prazo de 2 (dois) anos, a contar da data do cumprimento da determinação (DDB/atualização), informando sobre a manutenção do benefício naquela Unidade, bem como a necessidade de monitoramento e convocação do segurado para realização da perícia médica de avaliação após transcurso do prazo da tarefa.

2.1.13. Deverão ser inseridos, no dossiê judicial constante no e-Tarefas, os seguintes documentos: laudo do perito judicial e parecer de assistente técnico, classificando-os como **"Perícia Médica"** (documentos sujeitos a sigilo profissional), sentença ou acordo homologado, acórdão e certidão de trânsito em julgado, se houver.

2.2. Do Pedido de Prorrogação:

2.2.1. Será facultado ao segurado protocolar PP para benefícios de auxílio-doença implantados/reativados por ordem judicial, nos 15 (quinze) dias que antecedem a DCB, por meio dos canais remotos ou na APS – Agência da Previdência Social, sendo o agendamento realizado de acordo com disponibilidade de agenda médica dos profissionais habilitados previamente para o serviço pelo SST;

2.2.1.1. Para os benefícios de auxílio-doença judiciais reativados ou implantados a qualquer tempo e que possuam perícia no HISMED – Histórico de Perícia Médica, bem como os implantados no SABI a partir de 03/04/2017 (versão 11.00.00), o sistema permitirá o PP por meio dos canais remotos e, na APS, diretamente no SABI, com o processamento automático da rotina da DCA para a data da perícia agendada;

2.2.1.2. Para os benefícios de auxílio-doença judiciais implantados anteriormente a 03/04/2017 (versão 11.00.00 do SABI), sem perícia no HISMED, e cujo requerimento de PP foi realizado pelos canais remotos ou, na APS, diretamente no SABI, o sistema concluirá o agendamento da perícia médica no SABI, porém sem processamento da DCA no SUB. As orientações com procedimentos para a garantia da DCA, na referida situação, serão disciplinadas em normativo específico.

2.2.2. Atuação da APS Convencional:

2.2.2.1. Nas unidades em que o serviço de perícia médica não estiver ativo, caso haja requerimento de PP, caberá ao servidor da APS agendar a respectiva perícia no SABI utilizando a opção **"Marcar Primeiro Exame"**, devendo escolher, preferencialmente, a unidade mais próxima da residência do segurado.

2.2.2.1.1. Não sendo possível realizar o agendamento do PP pelos canais remotos nem diretamente no SABI pela APS, por inconsistência ou indisponibilidade do sistema, o gestor da unidade ou servidor designado deverá adotar providências para sanear o problema, por meio de registro no "Consultar";

2.2.2.1.2. Caso o problema persista, dentro do prazo dos 15 dias que antecedem a DCB, o agendamento do PP será feito no SAG pela APS, utilizando o serviço específico **"Perícia para Requerimento de Prorrogação de BI Judicial", código 1551**. Nessa situação, o requerente deverá ser comunicado sobre a data e hora do agendamento, por meio do modelo do **Anexo VIII**;

2.2.2.1.3. Caso a data da realização da perícia agendada no SAG seja posterior à DCB fixada, no ato do atendimento, a APS deverá alterar a DCB para a data da perícia médica administrativa agendada, utilizando o **motivo 25**, de forma a evitar a interrupção do pagamento até a data da realização da perícia.

2.2.2.1.4. Se o benefício estiver cessado com DCB futura, será necessário proceder sua reativação: pelo **motivo 02**, se benefício com perícia no HISMED, e inserir na tela a conclusão **"DCB informada pelo juiz"**, incluindo como DCB a data da perícia médica agendada; ou pelo **motivo 04**, se benefício sem perícia no HISMED, com posterior cessação, utilizando o **motivo 25**, com DCB na perícia médica agendada.

2.2.2.2. Excepcionalmente, havendo habilitação de benefício por incapacidade no Prisma, por ocasião do previsto no item 4.1.1, o sistema permitirá, após TBM – Transferência de Benefício em Manutenção – para o SABI, o PP pelos canais remotos e, na APS, diretamente por meio do SABI, porém não processará automaticamente a DCA no SUB para a data da perícia agendada, havendo a necessidade de atuação do servidor;

2.2.2.3. Caso o segurado compareça para reclamar a interrupção do pagamento antes da realização da perícia, será necessário proceder sua reativação: pelo **motivo 02**, se benefício com perícia no HISMED, e inserir na tela a conclusão **"DCB informada pelo juiz"**, incluindo como DCB a data da perícia médica agendada; ou pelo **motivo 04**, se benefício sem perícia no HISMED, com posterior cessação utilizando o **motivo 25,** fixando-se a DCB na perícia médica agendada, de forma a restabelecer o pagamento até a data da realização da avaliação médica.

2.2.2.4. Se o requerente comparecer para agendamento referente ao PP em APS diversa da mantenedora, o servidor administrativo deverá agendar a perícia e, havendo impossibilidade, realizar TBM e adotar os procedimentos necessários para o agendamento e realização da perícia na sua unidade.

2.2.3. Atuação do SST:

2.2.3.1. Os SST deverão habilitar previamente os serviços de PPJ – Pedido de Prorrogação Judicial – e PPJH – Pedido de Prorrogação Judicial Hospitalar/Domiciliar – na agenda SABI dos peritos médicos ativos, no âmbito de suas Gerências Executivas, bem como disponibilizar as vagas para o agendamento de perícias médicas no SAG, de modo a permitir que as APSADJ/SADJ e APS Convencionais realizem os agendamentos para os serviços **Requerimento de Prorrogação de BI Judicial (Código 1551), Perícia em Benefício por Incapacidade por Determinação Judicial (Código 1571) e Perícia de Reabilitação Profissional por Determinação Judicial (Código 2211)**, não podendo, a configuração/distribuição desses serviços, exceder 50% (cinquenta por cento) da carga horária semanal de cada perito médico.

2.2.3.2. Os representantes do SST deverão fornecer, às APSADJ/SADJ de sua área de atuação, listagem das APS com serviço de perícia médica ativo regularmente, para fins do disposto no item 2.1.2, devendo mantê-la atualizada.

2.2.4. Atuação dos Peritos Médicos Previdenciários e Supervisores Médicos Periciais:

2.2.4.1. As perícias realizadas em razão de agendamento no SAG, por meio dos serviços **Requerimento de Prorrogação de BI Judicial (Código 1551), Perícia em Benefício por Incapacidade por determinação judicial (Código 1571)** e **Perícia de Reabilitação Profissional por Determinação Judicial (Código 2211)** deverão ser realizadas no SABI;

2.2.4.2. Excepcionalmente, em caso de impossibilidade de registro da avaliação médico pericial no SABI, a perícia deverá ser registrada no modelo editável de LMP – Laudo Médico Pericial, **Anexo IX**, a ser entregue ao gestor da APS, assinado e envelopado para arquivamento, após ter sido anexada cópia digitalizada no SAPD – Sistema de Armazenamento de Processos Digitalizados – ou sistema que o substitua, classificando o(s) item(ns) digitalizado(s) como **"Perícia Médica"** (documentos sujeitos a sigilo profissional).

2.2.4.3. O perito médico ou supervisor médico pericial deverá preencher, a cada perícia médica realizada fora do SABI, a Comunicação Interna de Avaliação Médica Administrativa de Benefício Implantado/Reativado Judicialmente – modelo do **Anexo X,** encaminhando ao setor administrativo da APS para, na mesma data, incluir no sistema a DCB definida na avaliação médica, utilizando o **motivo** 25.

2.2.5. Atuação do Serviço de Reabilitação Profissional:

2.2.5.1. O processo de RP terá início com a avaliação do segurado pelo perito médico, que verificará as condições de elegibilidade para encaminhamento às demais fases da RP e registrará as conclusões no **Anexo XI**.

2.2.5.2. Em qualquer fase do processo judicial, havendo desligamento da RP, pelos motivos detalhados no prontuário, deverão ser adotadas as seguintes providências:

2.2.5.2.1. Após o preenchimento do **Anexo XI** (desligamento no exame de manutenção) ou **XII** (desligamento em fase posterior) pelo perito médico, em caso de conclusão por DCB, o setor administrativo da APS mantenedora, utilizando o **motivo 25**, lançará no SABI, de imediato, a data definida pela perícia médica. Essa ação objetiva assegurar a cessação administrativa do benefício, até que o sistema esteja adequado para processar as rotinas automaticamente;

2.2.5.2.2. Caso a decisão judicial que consta no dossiê do e-Tarefas determine a implantação de outra espécie de benefício, após o desligamento da reabilitação, ou a adoção de providência diversa, a equipe de RP deverá abrir tarefa **"TFA2003 – Realizar Providências Técnicas Administrativas"** à APSADJ/SADJ. Possíveis dúvidas deverão ser dirimidas pelo órgão de execução da PGF local; e

2.2.5.2.3. Inserção, no SAPD, da cópia digitalizada do prontuário, classificando o(s) item(ns) digitalizado(s) como **"Prontuário de Reabilitação Profissional"** (documentos sujeitos a sigilo profissional).

3. Do Recurso Administrativo:

3.1. Havendo recurso interposto pelo segurado (autor) das decisões proferidas pelo INSS, o servidor administrativo da APS mantenedora seguirá as rotinas inerentes ao recurso administrativo.

3.2. Não será admitido recurso administrativo nas seguintes situações:

a) Para alteração da DCB determinada pelo Poder Judiciário, cabendo apenas o PP do benefício nos 15 (quinze) dias que antecedem a data prevista para sua cessação;

b) Para alteração da DCB fixada em 120 dias, cabendo apenas o PP do benefício nos 15 (quinze) dias que antecedem a data prevista para sua cessação; e

c) Pela perda de prazo do PP pelo segurado".

INSTITUTO NACIONAL DO SEGURO SOCIAL

ANEXOS

Anexo I – Comunicado de Cumprimento de Decisão Judicial – DCB fixada por decisão judicial;

Anexo II – Comunicado de Cumprimento de Decisão Judicial – DCB em 120 dias;

Anexo III – Comunicado de Cumprimento de Decisão Judicial – Agendamento de perícia em benefício por incapacidade por decisão judicial;

Anexo IV – Comunicado de Cumprimento de Decisão Judicial – Sem informação de DCB;

Anexo V – Comunicado de Cumprimento de Decisão Judicial – Reabilitação Profissional;

Anexo VI – Comunicado de Cumprimento de Decisão Judicial – Retorno à Reabilitação Profissional;

Anexo VII – Comunicado de Cumprimento de Decisão Judicial – Aposentadoria por invalidez;

Anexo VIII – Comunicado de Agendamento de Pedido de Prorrogação de Benefício Judicial;

Anexo IX – Laudo Médico Pericial;

Anexo X – Comunicação Interna de Avaliação Médica Administrativa de Benefício Implantado/Reativado Judicialmente;

Anexo XI – Comunicação Interna de Análise de Reabilitação Profissional – Judicial;

Anexo XII – Comunicação Interna de Desligamento de Reabilitação Profissional – Judicial.

INSTITUTO NACIONAL DO SEGURO SOCIAL

ANEXO I

Local, ... de .... de 20.........

COMUNICADO DE CUMPRIMENTO DE DECISÃO JUDICIAL COM DCB FIXADA POR DECISÃO JUDICIAL

Assunto: CUMPRIMENTO DE DECISÃO JUDICIAL

MM. Juiz,

Apresentamos a comprovação do cumprimento da condenação judicial em relação ao(a) Autor(a) ...., com implantação/reativação do benefício de auxílio-doença Esp/NB................................., com DIB (Data de Início do Benefício) em ..../.........../..........., DIP (Data de Início do Pagamento) em ....../......../..........., DCB (Data da Cessação do Benefício) em ..../.........../..........., que será mantido na APS (Agência da Previdência Social) ....

Informamos que o benefício será cessado na data fixada pelo Juízo, podendo o(a) segurado(a), caso permaneça incapacitado(a) para retorno ao trabalho, protocolar pedido de prorrogação do benefício nos 15 (quinze) dias que antecedem a data de cessação por meio dos canais remotos (central 135 ou *Internet*) ou comparecendo a uma Agência da Previdência Social.

Ao comparecer para realizar o agendamento da perícia médica, solicitamos a apresentação dos seguintes documentos:

a) documento de identificação com foto (RG ou CTPS);
b) sentença/acórdão ou decisão judicial que determinou a implantação/reativação do benefício;
c) laudo médico judicial;
d) toda documentação médica que disponha em relação à doença/lesão (laudos, exames, atestados, receitas, etc.).

A ausência do pedido de prorrogação do benefício, nos 15 (quinze) dias que antecedem a data de seu término, implicará cessação na data fixada pelo juízo.

Atenciosamente,

Servidor .... Matrícula ....

INSTITUTO NACIONAL DO SEGURO SOCIAL – INSS
Agência da Previdência Social: ....
Endereço: ....
Município: .... UF: .... CEP: ....

10

INSTITUTO NACIONAL DO SEGURO SOCIAL

ANEXO II

Local, ... de .... de 20.........

COMUNICADO DE CUMPRIMENTO DE DECISÃO JUDICIAL DCB EM 120 DIAS

Assunto: CUMPRIMENTO DE DECISÃO JUDICIAL

MM. Juiz,

Apresentamos a comprovação do cumprimento da condenação judicial em relação ao(a) autor(a) ...., com implantação/reativação do benefício de auxílio-doença Esp/NB ...., com DIB em ..../......../..........., DIP em ....../......../.........., que será mantido na APS ....

Informamos que o benefício será cessado em ..../........./........ (cento e vinte dias, contados da data de implantação ou de reativação, nos termos da Lei 8.213/91), podendo o(a) segurado(a), caso permaneça incapacitado(a) para retorno ao trabalho, protocolar pedido de prorrogação do benefício nos 15 (quinze) dias que antecedem a data de cessação por meio dos canais remotos (central 135 ou *Internet*) ou comparecendo a uma Agência da Previdência Social.

Ao comparecer para realizar o agendamento da perícia médica e na data da realização do exame solicitamos a apresentação dos seguintes documentos:

a) documento de identificação com foto (RG ou CTPS);

b) sentença/acórdão ou decisão judicial que determinou a implantação/reativação do benefício;

c) laudo médico judicial;

d) toda documentação médica que disponha em relação à doença/lesão (laudos, exames, atestados, receitas, etc.).

A ausência do requerimento do pedido de prorrogação do benefício, nos 15 (quinze) dias que antecedem a data de seu término, implicará cessação na data fixada.

Atenciosamente,

Servidor .... Matrícula ....

INSTITUTO NACIONAL DO SEGURO SOCIAL – INSS
Agência da Previdência Social: ....
Endereço: ....
Município: .... UF: .... CEP: ....

INSTITUTO NACIONAL DO SEGURO SOCIAL

ANEXO III

Local,.......... de .... de 20.........

COMUNICADO DE CUMPRIMENTO DE DECISÃO JUDICIAL COM AGENDAMENTO DE PERÍCIA MÉDICA

Assunto: CUMPRIMENTO DE DECISÃO JUDICIAL.

MM. Juiz,

Apresentamos a comprovação do cumprimento da condenação judicial em relação ao(a) Autor(a) ...., com implantação/reativação do benefício de auxílio-doença, Esp/NB ...., com DIB em ..../......../........., DIP em ....../......../........., que será mantido na APS ....

Informarmos que sua avaliação pericial foi agendada para o dia ..../......./..........., às ....h, devendo comparecer à perícia portando documento pessoal de identificação com foto e toda documentação médica que disponha em relação à doença/lesão (laudos, exames, atestados, receitas, etc.).

Além dos documentos informados acima, deverá apresentar na data agendada para perícia médica, os seguintes documentos da ação judicial:

a) Sentença/acórdão ou decisão judicial que determinou a implantação do benefício; e
b) Laudo médico judicial.

Havendo necessidade justificada (caso fortuito ou de força maior) para remarcação do exame pericial, o segurado ou seu representante deverá comparecer à APS antes da data agendada.

Cabe ressaltar que o não comparecimento na data agendada resultará em suspensão/cessação do benefício, conforme previsão contida no art. 71 da Lei nº 8.212/91 c/c art. 101 da Lei 8.213/91 e arts. 46 e 77 do Decreto 3.048/99.

Atenciosamente,

Servidor .... Matrícula ....

INSTITUTO NACIONAL DO SEGURO SOCIAL – INSS
Agência da Previdência Social: ....
Endereço: ....
Município: .... UF: .... CEP: ....

12

INSTITUTO NACIONAL DO SEGURO SOCIAL

ANEXO IV

Local, ... de .... de 20.........

COMUNICADO DE CUMPRIMENTO DE DECISÃO JUDICIAL SEM INFORMAÇÃO DE DCB

Assunto: CUMPRIMENTO DE DECISÃO JUDICIAL

MM. Juiz,

Apresentamos a comprovação do cumprimento da condenação judicial em relação ao(a) Autor(a) ...., com implantação/reativação do benefício de auxílio-doença, Esp/NB ...., com DIB em ..../......./........., DIP em ....../......./........., que será mantido na APS ....

Atenciosamente,

Servidor .... Matrícula ....

INSTITUTO NACIONAL DO SEGURO SOCIAL – INSS
Agência da Previdência Social: ....
Endereço: ....
Município: .... UF:............ CEP:..

INSTITUTO NACIONAL DO SEGURO SOCIAL

ANEXO V

Local, ... de .... de 20.........

COMUNICADO DE CUMPRIMENTO DE DECISÃO JUDICIAL
REABILITAÇÃO PROFISSIONAL

Assunto: CUMPRIMENTO DE DECISÃO JUDICIAL

MM. Juiz,

Apresentamos a comprovação do cumprimento da condenação judicial em relação ao(a) Autor(a) ...., com implantação/reativação do benefício de auxílio-doença, Esp/NB ...., com DIB em ....../......./.........., DIP em ....../......./.........., que será mantido na APS ....

Neste ato, informamos ainda que o segurado fica convocado para submeter-se aos procedimentos relativos ao programa de reabilitação profissional no dia ..../......./.........., às ….............h, no endereço abaixo indicado.

Ao comparecer, solicitamos a apresentação dos seguintes documentos:

a) documento de identificação com foto (RG ou CTPS);
b) sentença/acórdão ou decisão judicial que determinou a implantação/reativação do benefício;
c) laudo médico judicial;
d) toda documentação médica que disponha em relação à doença/lesão (laudos, exames, atestados, receitas, etc.).

Cabe ressaltar que o não comparecimento na data agendada resultará em suspensão/cessação do benefício, conforme previsão contida no art. 71 da Lei nº 8.212/91 c/c art. 101 da Lei 8.213/91 e arts. 46 e 77 do Decreto 3.048/99.

Atenciosamente,

Servidor .... Matrícula ....

INSTITUTO NACIONAL DO SEGURO SOCIAL – INSS
Agência da Previdência Social: ....
Endereço: ....
Município: .... UF: .... CEP: ....

14

INSTITUTO NACIONAL DO SEGURO SOCIAL

ANEXO VI

Local, ... de .... de 20.........

COMUNICADO DE CUMPRIMENTO DE DECISÃO JUDICIAL
RETORNO À REABILITAÇÃO PROFISSIONAL

Assunto: CUMPRIMENTO DE DECISÃO JUDICIAL

MM. Juiz,

Apresentamos a comprovação do cumprimento da condenação judicial em relação ao(a) Autor(a) ...., com implantação/reativação do benefício de auxílio-doença, Esp/NB ...., com DIB em ....../......../........, DIP em ....../......../........., que será mantido na APS ....

Neste ato, informamos ainda que o segurado será convocado para submeter-se aos procedimentos relativos ao programa de reabilitação profissional.

Ao comparecer, solicitamos a apresentação dos seguintes documentos:

a) documento de identificação com foto (RG ou CTPS);
b) sentença/acórdão ou decisão judicial que determinou a implantação/reativação do benefício;
c) laudo médico judicial;
d) toda documentação médica que disponha em relação à doença/lesão (laudos, exames, atestados, receitas, etc.).

Cabe ressaltar que o não comparecimento na data agendada resultará em suspensão/cessação do benefício, conforme previsão contida no art. 71 da Lei nº 8.212/91 c/c art. 101 da Lei 8.213/91 e arts. 46 e 77 do Decreto 3.048/99.

Atenciosamente,

Servidor .... Matrícula ....

INSTITUTO NACIONAL DO SEGURO SOCIAL – INSS
Agência da Previdência Social: ....
Endereço: ....
Município: .... UF: .... CEP: ....

15

INSTITUTO NACIONAL DO SEGURO SOCIAL

ANEXO VII

Local, ... de .... de 20.........

COMUNICADO DE CUMPRIMENTO DE DECISÃO JUDICIAL
APOSENTADORIA POR INVALIDEZ

Assunto: CUMPRIMENTO DE DECISÃO JUDICIAL

MM. Juiz,

Apresentamos a comprovação do cumprimento da condenação judicial em relação ao(a) Autor(a) ...., com implantação/reativação do benefício de aposentadoria por invalidez, Esp/NB ...., com DIB em ..../......../..........., DIP em ....../......./.........., que será mantido na APS …..

Informamos que o segurado (autor) poderá ser convocado, a qualquer momento, para submeter-se à avaliação da permanência das condições ensejadoras da implantação/reativação de seu benefício.

Ao comparecer para realizar a perícia médica, solicitamos a apresentação dos seguintes documentos:

a) documento de identificação com foto (RG ou CTPS);
b) sentença/acórdão ou decisão judicial que determinou a implantação/reativação do benefício;
c) laudo médico judicial;
d) toda documentação médica que disponha em relação à doença/lesão (laudos, exames, atestados, receitas, etc.).

Cabe ressaltar que o não comparecimento na data agendada resultará em suspensão/cessação do benefício, conforme previsão contida no art. 71 da Lei nº 8.212/91 c/c art. 101 da Lei 8.213/91 e arts. 46 e 77 do Decreto 3.048/99.

Atenciosamente,

Servidor .... Matrícula ....

INSTITUTO NACIONAL DO SEGURO SOCIAL – INSS
Agência da Previdência Social: ....
Endereço: ....
Município: .... UF: .... CEP: ....

16

INSTITUTO NACIONAL DO SEGURO SOCIAL

ANEXO VIII

Local, ... de .... de 20.........

COMUNICADO DE AGENDAMENTO DE PEDIDO DE PRORROGAÇÃO DE BENEFÍCIO JUDICIAL

Ao(a) Sr. (a):...
Número de Benefício: .... Espécie: ....
Agência da Previdência Social: ....
Endereço: ....
Município: .... UF: .... CEP: ....

Assunto: AGENDAMENTO DE PERÍCIA MÉDICA

Informarmos que sua avaliação pericial foi agendada para o dia ..../......../..........., às ….............h, devendo comparecer à perícia portando documento pessoal de identificação com foto e toda documentação médica que disponha em relação à doença/lesão (laudos, exames, atestados, receitas, etc.).

Além dos documentos informados acima, deverá apresentar na data agendada para perícia médica, os seguintes documentos da ação judicial:

a) Sentença/acórdão ou decisão judicial que determinou a implantação do benefício; e
b) Laudo médico judicial.

Havendo necessidade justificada (caso fortuito ou de força maior) para remarcação do exame pericial, deverá comparecer a APS antes da data agendada.

Cabe ressaltar que o não comparecimento na data agendada, resultará na cessação do benefício.

Servidor .... Matrícula ....

.... ….......I.........I.........
Assinatura de ciência do(a) segurado(a) Data da ciência

INSTITUTO NACIONAL DO SEGURO SOCIAL

ANEXO IX

LAUDO MÉDICO PERICIAL

Local, ... de .... de 20.........

LAUDO MÉDICO PERICIAL **Perícia Médica Administrativa em Benefício por Incapacidade** **Implantado/Reativado Judicialmente**	
APS:	Data:
Nome do Segurado:	Data de Nascimento:
Espécie/Número do Benefício:	NIT:
1 – Anamnese e documentos médicos apresentados:	
2. Exames complementares:	

INSTITUTO NACIONAL DO SEGURO SOCIAL

3. Exame físico:	
4. Diagnóstico da doença incapacitante (diagnóstico principal):	CID-10:
4.1. Diagnóstico secundário	CID 10
5. Conclusão médico pericial (B31/B91): ( ) Não existe incapacidade laborativa atual: DCB = DRE sem concessão de Auxílio-Acidente ( ) Não existe incapacidade laborativa atual: DCB na DRE com concessão de Auxílio-Acidente ( ) Existe incapacidade laborativa atual: Manutenção do Benefício – DCB: ___/___/_____ ( ) Encaminhamento à Reabilitação Profissional ( ) Existe incapacidade laborativa atual definitiva, insuscetível de Reabilitação Profissional – Sugestão de Aposentadoria por Invalidez sem Majoração de 25% ( ) Existe incapacidade laborativa atual definitiva, insuscetível de Reabilitação Profissional – Sugestão de Aposentadoria por Invalidez com Majoração de 25%	
6. Conclusão médico pericial (B32/B92): ( ) Existe incapacidade laborativa atual definitiva: Manutenção da Aposentadoria por Invalidez ( ) Existe incapacidade laborativa atual definitiva: Manutenção da Aposentadoria por Invalidez com necessidade de Revisão Bienal ( ) Majoração 25% ( ) Não existe incapacidade laborativa atual: DCB = DRE ( ) Encaminhamento à Reabilitação Profissional	
7. Considerações Médico Periciais:	
10. Perito médico: Nome: ______________________________ Assinatura: ______________________________ SIAPE: ______________ *Este Laudo Médico Pericial deverá ser envelopado individualmente, identificado externamente apenas pelo nome do periciando e entregue à chefia da APS para composição de processo administrativo e arquivamento sob responsabilidade da chefia da APS.*	

INSTITUTO NACIONAL DO SEGURO SOCIAL

ANEXO X

COMUNICAÇÃO INTERNA DE AVALIAÇÃO MÉDICA ADMINISTRATIVA DE BENEFÍCIO IMPLANTADO/REATIVADO JUDICIALMENTE

Local, ... de .... de 20.........

Comunicação Interna de Avaliação Médica Administrativa de Benefício por Incapacidade Implantado/Reativado Judicialmente	
APS:	Data:
Nome do segurado:	Data de Nascimento:
Espécie/Número do Benefício:	NIT:

Informo à Chefia da APS que, na revisão do benefício acima identificado, a perícia médica concluiu:

CID-10:

Conclusão:

B31/91

( ) DCB = DRE __/__/__ sem auxílio-acidente

( ) DCB = DRE __/__/__ com auxílio-acidente

( ) DCB __/__/____

( ) Encaminhamento à Reabilitação Profissional

( ) Aposentadoria por Invalidez sem Majoração de 25%

( ) Aposentadoria por Invalidez com Majoração de 25%

B32/92

( ) Manutenção da Aposentadoria por Invalidez

( ) Manutenção da Aposentadoria por Invalidez com necessidade de reavaliação bienal

( ) Majoração de 25%

( ) DCB = DRE __/__/__

( ) Encaminhamento à Reabilitação Profissional

____

Nome do Perito, SIAPE e Assinatura

Esta Comunicação será preenchida e impressa em 2 (duas) vias sempre quando o LMP for registrado de forma manual para entrega ao servidor da APS para lançamento no sistema, com recibo de ciência para controle individual do Perito Médico Previdenciário.

INSTITUTO NACIONAL DO SEGURO SOCIAL

ANEXO XI

COMUNICAÇÃO INTERNA DE ANÁLISE DE REABILITAÇÃO PROFISSIONAL – JUDICIAL

Local, ... de ……...................... de 20..........

EXAME DA MANUTENÇÃO EM PROCESSO DE REABILITAÇÃO PROFISSIONAL	
APS:	Data:
Nome do segurado:	Data de Nascimento:
Espécie/Número do Benefício:	NIT:

Informo que, após análise das condições do segurado, concluiu-se:

( ) Não reúne condições para a manutenção em processo de Reabilitação Profissional, conforme detalhamentos no prontuário:

- ( ) DCB em __/__/____ sem sugestão de Auxílio-acidente
- ( ) DCB em __/__/____ com sugestão de Auxílio-acidente
- ( ) Sugestão de Aposentadoria por Invalidez sem Majoração de 25%
- ( ) Sugestão de Aposentadoria por Invalidez com Majoração de 25%
- ( ) Outros: ____________________________

( ) Reúne condições para a manutenção em processo de Reabilitação Profissional. Encaminhe-se às próximas etapas.

( ) Avaliação não realizada por ausência de comparecimento do segurado.

Observação: ____________________________

____

Nome do Perito, SIAPE e Assinatura

INSTITUTO NACIONAL DO SEGURO SOCIAL

ANEXO XII

COMUNICAÇÃO INTERNA DE DESLIGAMENTO DE REABILITAÇÃO PROFISSIONAL – JUDICIAL

Local, ... de .... de 20..........

DESLIGAMENTO DE REABILITAÇÃO PROFISSIONAL	
APS:	Data:
Nome do segurado:	Data de Nascimento:
Espécie/Número do Benefício:	NIT:

Informamos o desligamento do segurado do processo de Reabilitação Profissional, com a seguinte conclusão:

( ) DCB em __/__/____ sem sugestão de Auxílio-acidente
( ) DCB em __/__/____ com sugestão de Auxílio-acidente
( ) Sugestão de Aposentadoria por Invalidez sem Majoração de 25%
( ) Sugestão de Aposentadoria por Invalidez com Majoração de 25%
( ) Outros: ____

Caberá ao setor administrativo da APS mantenedora, utilizando o **motivo 25**, lançar no SABI, de imediato, a data definida pela perícia médica como DCB. Essa ação objetiva assegurar a cessação administrativa do benefício, até que o sistema esteja adequado para processar as rotinas automaticamente.

Outras solicitações: ____

____

____

____

Nome do Perito, SIAPE e Assinatura

Esta Comunicação será preenchida e impressa em 2 (duas) vias para entrega ao servidor administrativo para lançamento no sistema, com recibo de ciência para controle individual do Perito Médico Previdenciário.

22

Por sua vez, em 19 de março de 2020, restou Portaria Conjunta INSS/PFE Nº 2 DE 12/03/2020, dispondo sobre **procedimentos para implantação e reativação de benefícios por incapacidade decorrentes de decisão judicial:**

> "Art. 1º Em virtude das alterações promovidas na Lei nº 8.213/1991 pelas Medidas Provisórias nº 739/2016 e 767/2017 (convertida na Lei nº 13.457/2017), bem como as mudanças implementadas pela Medida Provisória nº 871/2019 (convertida na Lei nº 13.846/2019), devem ser adotados os seguintes procedimentos para implantação e reativação de benefícios por incapacidade decorrentes de decisão judicial.
>
> **Art. 2º No cumprimento de decisão judicial para implantação ou reativação de benefício auxílio-doença, independentemente da fase do processo judicial, deverá ser informada, no sistema, a DCB – Data de Cessação do Benefício – fixada em juízo ou nos termos do § 9º do art. 60 da Lei nº 8.213, de 24 de julho de 1991, facultando-se a solicitação de prorrogação do benefício, a ser realizada pelo segurado nos 15 (quinze) dias que antecedem a data prevista de sua cessação. Devem ser adotados, pelas unidades do INSS, os seguintes procedimentos: Atuação da Centrais de Análise de Benefícios para Atendimento de Demandas Judiciais – CEAB/DJ.**
>
> Art. 3º O cumprimento de decisões que determinem a implantação ou reativação dos benefícios por incapacidade – BI deverá ser realizado obrigatoriamente no SABI, de modo a permitir, no auxílio-doença implantado/reativado judicialmente, a garantia de processamento da Data de Cessação Administrativa – DCA após o agendamento do requerimento de prorrogação pelos canais remotos ou na APS, diretamente no SABI.
>
> Art. 4º Ao implantar/reativar benefícios por incapacidade por decisão judicial, deverá ser selecionada como unidade mantenedora a APS em que o requerimento administrativo fora indeferido ou suspenso/cessado, ou, no caso de inexistir o prévio requerimento, aquela identificada em razão do domicílio do beneficiário.
>
> **Art. 5º Na implantação do benefício judicial, havendo informação nos documentos judiciais (decisão judicial ou laudo do perito do juízo), o servidor administrativo deverá inserir no sistema as informações técnicas médicas (DID – Data de Início da Doença, DII – Data de Início da Incapacidade e CID – Classificação Internacional de Doenças). A ausência dessas informações implicará fixação pelo sistema da DID e da DII na DIB judicial, permanecendo a CID em branco.**
>
> Art. 6º Na hipótese de inconsistência ou instabilidade que impeça o cumprimento da decisão judicial de benefícios por incapacidade no SABI pela CEAB/DJ, deverão ser adotadas providências para sanear a impossibilidade da utilização do sistema, por meio de registro no "Consultar" direcionado à Divisão/Serviço de Benefícios da GEX.
>
> Art. 7º Esgotadas, sem sucesso, as providências para sanear a impossibilidade da utilização do SABI, será permitida a implantação ou reativação do benefício no sistema Prisma pela CEAB/DJ. As providências adotadas pela unidade que justifiquem a utilização do Prisma deverão ser anexadas no dossiê judicial.

Parágrafo único. Tão logo o sistema possibilite, o servidor deverá realizar a TBM para o SABI e providenciar a inclusão no benefício da DCB, se for o caso, mediante a utilização do motivo "Decisão Judicial" (motivo 33). Após a fixação da DCB no SABI, providenciar a transferência, por Transferência de Benefício em Bloco por Número de Benefício – TBBNB, para a APS de manutenção.

Art. 8º Nas situações excepcionais em que seja necessário transferir um benefício do SABI para a base do Prisma visando o cumprimento de uma determinação judicial, ao final o servidor deverá retornar o benefício para a base do SABI, observados os procedimentos descritos nos arts. 6º e 7º.

Art. 9º Todos os benefícios por incapacidade devem ser mantidos no SABI, independente da sua origem de concessão.

Art. 10. Havendo fixação de DCB pelo Poder Judiciário, o servidor deverá cumprir a decisão, utilizando a conclusão "DCB informada pelo juiz" e inserir a data fixada.

§ 1º Salvo nas hipóteses de decisão judicial ou de despacho do órgão de execução da PGF com ordem expressa em sentido contrário, em se tratando de DCB vencida ou com prazo a vencer inferior a 30 dias da DDB/atualização, deve o benefício ser implantado com DCB no 30º dia posterior a data do efetivo cumprimento, como forma de possibilitar o pedido de prorrogação.

§ 2º Se a ordem judicial informar a DCB e condicionar a cessação do benefício à reavaliação do autor, prevalecerá a opção do segurado em requerer nova perícia médica (pedido de prorrogação), caso se julgue incapaz para o retorno ao trabalho.

§ 3º Realizada a implantação ou reativação do benefício, comunicar diretamente ao Poder Judiciário, em casos de recepção de intimação direta, ou ao órgão de execução da PGF, quando por este demandado, as providências adotadas em atendimento à decisão judicial, utilizando-se o modelo do Anexo I, devendo o servidor administrativo encerrar a tarefa.

Art. 11. Não havendo a fixação de DCB pelo Poder Judiciário para os benefícios de auxílio-doença, salvo nos casos em que a parte dispositiva preveja o encaminhamento ao Programa de Reabilitação Profissional – PRP, o benefício deverá ser implantado ou reativado pela CEAB/DJ com conclusão "DCB não informada pelo juiz" e será fixado pelo sistema o prazo de 120 (cento e vinte) dias, contados da data do cumprimento (DDB/atualização).

Parágrafo único. Realizada a implantação ou reativação do benefício, comunicar diretamente ao Poder Judiciário, em casos de recepção de intimação direta, ou ao órgão de execução da PGF, quando por este demandado, as providências adotadas em atendimento à decisão judicial, utilizando-se o modelo do Anexo II, devendo o servidor administrativo encerrar a tarefa.

Art. 12. Caso o Poder Judiciário envie nova intimação manifestando discordar da DCB já informada na comunicação de cumprimento conforme o disposto no art. 11 e condicionar a cessação do benefício de auxílio-doença à avaliação médico pericial do segurado, a CEAB/DJ deverá:

I – Agendar perícia médica no PMF-Agenda, na data disponível imediatamente posterior à DCB anteriormente fixada, mediante a utilização do serviço específico

"Perícia em Benefício por Incapacidade Judicial (atendimento presencial – agendamento)";

II – Alterar a DCB, pelo motivo "Decisão Judicial" (motivo 33), para a data da perícia agendada; e

III – Comunicar diretamente ao Poder Judiciário, em casos de recepção de intimação direta, ou ao órgão de execução da PGF, quando por este demandado, as providências adotadas em atendimento à decisão judicial, utilizando-se o modelo do Anexo III, devendo o servidor administrativo encerrar a tarefa.

Art. 13. Caso a determinação judicial não fixe a DCB e condicione a cessação do benefício por incapacidade à avaliação médico pericial do segurado, a CEAB/DJ deverá:

I – Implantar ou reativar o benefício e agendar perícia médica no PMF-Agenda, na data disponível, de "Perícia em Benefício por Incapacidade Judicial (atendimento presencial – agendamento)";

II – Fixar a DCB, pelo motivo "Decisão Judicial" (motivo 33), para a data da perícia agendada; e

III – Comunicar diretamente ao Poder Judiciário, em casos de recepção de intimação direta, ou ao órgão de execução da PGF, quando por este demandado, as providências adotadas em atendimento à decisão judicial, utilizando-se o modelo do Anexo IV, devendo o servidor administrativo encerrar a tarefa.

Art. 14. A determinação judicial que proíba expressamente a fixação da DCB em benefício de auxílio-doença até nova ordem judicial implicará lançamento no sistema da conclusão "NB impedido de cessar automaticamente/sem DCB", devendo a CEAB/DJ comunicar diretamente ao Poder Judiciário, em casos de recepção de intimação direta, ou ao órgão de execução da PGF, quando por este demandado, as providências adotadas em atendimento à decisão judicial, utilizando-se o modelo do Anexo V, devendo o servidor administrativo encerrar a tarefa.

Parágrafo único. No caso de nova decisão judicial que determine a fixação de DCB, a informação deve ser inserida no sistema de benefícios, cabendo informar o cumprimento diretamente ao Poder Judiciário, em casos de recepção de intimação direta, ou ao órgão de execução da PGF, quando por este demandado, por meio do Anexo I, devendo o servidor administrativo encerrar a tarefa.

Art. 15. Havendo decisão judicial para implantar ou reativar benefício de auxílio-doença condicionado à Reabilitação Profissional do segurado, a CEAB/DJ deve:

I – Implantar ou reativar o benefício e marcar a indicação de RP no sistema de benefícios, situação em que deve ser assinalada a conclusão "NB impedido de cessar automaticamente/semDCB";

II – Agendar Avaliação Socioprofissional Obrigatória Judicial (Código 3434) no Sistema de Agendamento – SAG;

III – Cadastrar a tarefa de "FJ Reabilitação Profissional Judicial Obrigatória" no SAG para unidade que foi agendada a Avaliação Socioprofissional Obrigatória Judicial, bem como anexar na tarefa o dossiê judicial e marcar a opção "Adoção de Providências pela CEAB-DJ após a conclusão do Programa de Reabilitação

Profissional?" quando a decisão judicial determinar a adoção de providência quando do desligamento em qualquer fase da RP.

IV – Comunicar diretamente ao Poder Judiciário, em casos de recepção de intimação direta, ou ao órgão de execução da PGF, quando por este demandado, as providências adotadas em atendimento à decisão judicial, utilizando-se o modelo do Anexo VI, devendo o servidor administrativo encerrar a tarefa.

Parágrafo único. A CEAB/DJ, havendo dúvidas quando do retorno para adoção de providências diversas determinada pela decisão judicial, deverá averiguar junto ao órgão de execução da PGF local sobre a forma de atendimento.

Art. 16. Havendo decisão judicial para implantar ou reativar benefício de aposentadoria por invalidez, deve ser comunicado diretamente ao Poder Judiciário, em casos de recepção de intimação direta, ou ao órgão de execução da PGF, quando por este demandado, as providências adotadas em atendimento à decisão judicial, utilizando-se o modelo do Anexo VII, devendo o servidor administrativo encerrar a tarefa.

Art. 17. Devem ser inseridos no dossiê judicial os seguintes documentos:

I – Ato determinando o cumprimento da decisão ou decisão judicial;

II – Laudo do perito judicial e parecer de assistente técnico, classificando-os como "Perícia Médica" (documentos sujeitos a sigilo profissional), quando disponível; e

III – Despacho de cumprimento da CEAB/DJ.

Art. 18. Havendo dúvidas sobre a interpretação da decisão judicial, estas devem ser enviadas ao órgão de execução da PGF local para esclarecimento via integração com o SAPIENS.

Outras Atribuições da APS Mantenedora

Art. 19. Havendo impedimento para comparecimento à perícia médica agendada em cumprimento aos procedimentos dos itens 3.10 e 3.11, o segurado ou seu representante legal deverá solicitar remarcação na APS ou pelos canais remotos, até 7 (sete) dias após a data agendada.

Parágrafo único. Após o reagendamento, a APS mantenedora deverá:

I – Alterar a DCB, pelo motivo "Decisão Judicial" (motivo 33), para a data da perícia reagendada;

II – Preencher o Anexo VIII com a ciência do segurado da nova data de reagendamento da perícia médica, digitalizar e anexar no Sistema de Armazenamento de Processos Digitalizados- SAPD ou sistema que o substitua, para que a informação esteja disponível ao órgão de execução da PGF; e

III – Verificar se houve interrupção no pagamento do benefício após a DIP judicial. Em caso positivo emitir o crédito correspondente.

Art. 20. Nos casos de requerimento de prorrogação de benefício por incapacidade judicial devem ser observados os seguintes procedimentos:

§ 1º Caso haja requerimento de prorrogação nas unidades em que o serviço de perícia médica não estiver ativo, cabe ao servidor da APS agendar a respectiva perícia para unidade mais próxima da residência do segurado, que disponha de serviço de perícia médica ativo, com a devida informação ao segurado.

§ 2º Não sendo possível realizar o agendamento do requerimento de prorrogação pelos canais remotos ou pela APS, por inconsistência do sistema, o gestor da unidade ou servidor designado deve adotar providências para sanear o problema, por meio do registro no "Consultar" direcionado ao (à) Serviço/Seção de Benefícios da GEX.

§ 3º Nas hipóteses de efetivo agendamento mencionado § 2º, o requerente deve ser comunicado sobre a data e hora do agendamento, por meio do modelo do Anexo VIII.

§ 4º Caso a data da realização da perícia agendada no PMF-Agenda seja posterior à DCB fixada, no ato do atendimento a APS deve alterar a DCB para a data da perícia médica administrativa agendada, utilizando o "NB transitado em julgado/ Rev. Adm." (motivo 25), de forma a evitar a interrupção do pagamento até a data da realização da perícia.

§ 5º Se o benefício estiver cessado, será necessário proceder sua reativação desde a cessação do pagamento:

I – Pelo motivo "Decisão Judicial" (motivo 02), se benefício com perícia no HISMED, com definição da conclusão "DCB informada pelo juiz" e inserção da DCB na data da perícia médica agendada na tela; ou, II – Pelo motivo "Cessação ou suspensão indevida" (motivo 04), se benefício sem perícia no HISMED, com posterior cessação utilizando o motivo 25, fixando-se a DCB na perícia médica agendada, de forma a restabelecer o pagamento até a data da realização da avaliação médico pericial.

§ 6º Caso o segurado tenha solicitado a prorrogação pelos canais remotos e compareça para reclamar a interrupção do pagamento antes da realização da perícia, proceder a reativação conforme disposto no § 5º do art. 20.

§ 7º Excepcionalmente, havendo habilitação de benefício por incapacidade no Prisma, o sistema permitirá, após TBM para o SABI, o requerimento de prorrogação pelos canais remotos e na APS, porém não processará automaticamente a DCA no SUB para a data da perícia agendada, havendo a necessidade de atuação do servidor fixando a DCB na data da perícia médica agendada.

§ 8º Caso o segurado tenha solicitado a prorrogação na APS e a data da realização da perícia agendada seja posterior à DCB fixada, no ato do atendimento a APS deverá alterar a DCB para a data da perícia médica agendada, utilizando o motivo 25, de forma a evitar a interrupção do pagamento até a data da realização da perícia.

§ 9º Se o requerente comparecer para agendamento referente ao requerimento de prorrogação em APS diversa da mantenedora, o servidor administrativo deve agendar a perícia.

§ 10. Havendo impossibilidade, realizar TBM e adotar os procedimentos necessários para o agendamento e realização da perícia na sua unidade.

Atuação do Serviço de Reabilitação Profissional

Art. 21. O processo de RP, proveniente de decisão judicial, terá início com a abertura do prontuário eletrônico no sistema GET – criação da tarefa principal FJ Reabilitação Profissional Judicial Obrigatória – e o agendamento da Avaliação Socioprofissional para a APS mantenedora do BI ou a mais próxima que tiver o serviço de RP. A avaliação das condições do segurados serão realizadas nas demais fases da RP que seguirão as rotinas inerentes ao programa de reabilitação profissional.

Parágrafo único. O Profissional de Referência deve acompanhar o agendamento do segurado por meio do SAG e, na data agendada se atribuir como responsável na "FJ Reabilitação Profissional Judicial Obrigatória" no GET independente do comparecimento.

Art. 22. Havendo o comparecimento do segurado ao agendamento, o Profissional de Referência deve adotar os seguintes procedimentos:

I – Realizar a avaliação socioprofissional;

II – Preencher ficha de cadastro;

III – Cadastrar subtarefa de avaliação socioprofissional;

IV – Agendar próximo atendimento de RP;

V – Cadastrar a subtarefa "Perícia Médica de RP Obrigatória por Determinação Judicial" na tarefa principal no GET; e

VI – Agendar no PMF-Agenda o serviço "Perícia Médica de RP obrigatória por determinação Judicial".

Art. 23. Na ausência de comparecimento do segurado à avaliação socioprofissional, o Profissional de Referência deve suspender o benefício pelo motivo "Não atendimento à convocação ao posto de benefícios" (motivo 48) e comunicar ao segurado por meio de ofício de defesa por abandono, utilizando o Anexo IX.

§ 1º Ocorrendo o comparecimento do segurado no período de até 60 dias corridos após a suspensão, o Profissional de Referência deve:

I – Reativar o benefício pelo motivo "Decisão Judicial" (motivo 02); e

II – Adotar os procedimentos do art. 22.

§ 2º Persistindo o não comparecimento após o prazo de 60 dias da suspensão, o Profissional de Referência providenciará a cessação do benefício pelo motivo "Recusa ao programa de reabilitação profissional" (motivo 61).

§ 3º Após a cessação do benefício pelo não comparecimento, o Profissional de Referência deve adotar os procedimentos contidos no art. 26.

Art. 24. Quando o segurado não comparecer à "Perícia Médica de RP obrigatória por determinação Judicial", o Profissional de Referência deve adotar as seguintes providências:

I – Verificar o motivo de conclusão da subtarefa no GET e suspender o benefício pelo motivo "Não atendimento à convocação ao posto de benefícios" (motivo 48);

II – Comunicar ao segurado por meio carta de abandono, utilizando o Anexo IX.

§ 1º Comparecendo o segurado no período de até 60 dias corridos após a suspensão, o Profissional de Referência deve:

I – Reativar o benefício pelo motivo "Decisão Judicial"(motivo 02);

II – Cadastrar a subtarefa "Perícia Médica de RP Obrigatória por Determinação Judicial" na tarefa principal no GET; e

III – Agendar no PMF-Agenda o serviço "Perícia Médica de RP obrigatória por determinação Judicial".

§ 2º Persistindo o não comparecimento após o prazo de 60 dias da suspensão, e caso o sistema não tenha cessado automaticamente o benefício após este prazo, o Profissional de Referência providenciará a cessação do benefício pelo motivo "Recusa ao programa de reabilitação profissional" (motivo 61).

§ 3º Após a cessação do benefício pelo não comparecimento, o Profissional de Referência adotará os procedimentos contidos no art. 26.

Art. 25. Após a conclusão da subtarefa "Perícia Médica de RP Obrigatória por Determinação Judicial", havendo indicação pela continuidade no PRP, o Profissional de Referência deve adotar os procedimentos administrativos regulamentados.

Parágrafo único. Quando houver indicação pela não continuidade do PRP, o Profissional de Referência deve seguir os procedimentos do art. 26.

Art. 26. Antes do desligamento do PRP, o Profissional de Referência deverá consultar na tarefa "FJ Reabilitação Profissional Judicial Obrigatória" se há indicação de "Adoção de Providências pela CEAB-DJ após a conclusão do Programa de Reabilitação Profissional". Em caso positivo, enviar e-mail para a ELAB/DJ vinculada à GEX de origem para adoção de providências.

Art. 27. O desligamento do PRP ocorre com a conclusão da tarefa "FJ Reabilitação Profissional Judicial Obrigatória".

Do Recurso Administrativo

Art. 28. Havendo recurso interposto pelo segurado (autor) das decisões proferidas pelo INSS, o servidor administrativo da APS mantenedora deve seguir as rotinas inerentes ao recurso administrativo.

Art. 29. Não será admitido recurso administrativo nas seguintes situações:

I – Para alteração da DCB determinada pelo Poder Judiciário, cabendo apenas a solicitação de prorrogação do benefício nos 15 (quinze) dias que antecedem a data prevista para sua cessação;

II – Para alteração da DCB fixada em 120 dias, cabendo apenas a solicitação de prorrogação do benefício nos 15 (quinze) dias que antecedem a data prevista para sua cessação; e

Das disposições gerais

Art. 30. Somente serão permitidos reagendamentos nos serviços elencados neste ato, por requerimento do segurado ou seu representante legal na APS até 7 (sete) dias depois da data agendada, nos casos de impedimentos justificados (caso fortuito ou de força maior).

Art. 31. A decisão administrativa do benefício deve ser comunicada ao segurado em conformidade com o disposto no Memorando-Circular Conjunto nº 6/DIRSAT/DIRAT/DIRBEN/INSS, de 5 de abril de 2017.

Art. 32. Os sistemas mencionados poderão ser substituídos por outros, mantendo-se as determinações deste normativo, com as devidas adaptações.

Art. 33. Revogam-se as disposições contidas no Memorando-Circular Conjunto nº 24/DIRSAT/DIRBEN/PFE/DIRAT/INSS, de 11 de dezembro de 2018.

Art. 34. Essa Portaria entra em vigor na data de sua publicação".

Eis as recomendações da Subsecretaria de Perícia Médica através do Ofício-Circular nº 12 /SPMF/SPREV/SEPRT/ME, de 18/7/2019:

"1. Considerando que cabe ao perito médico caracterizar a existência ou não da incapacidade laborativa;

2. Considerando que o parecer conclusivo da perícia médica deve ser fundamentado e coerente com os elementos constantes do laudo médico pericial e ainda por se tratar de matéria médico legal com repercussão na esfera administrativa do INSS e judicial, orienta-se:

2.1. A avaliação pericial e a conclusão deverão ter registro claro e coerente: da anamnese e do exame físico, da profissiografia, da história da doença/acidente atual, da documentação médica e exames complementares apresentados; do código da Classificação Estatística Internacional de Doenças e Problemas Relacionados com a Saúde (CID-10); da fixação fundamentada da Data do Início da Doença (DID) e da Data de Início da Incapacidade (DII); da análise da isenção de carência; da caracterização do Nexo Técnico Previdenciário; das considerações médico periciais e da conclusão pericial.

3. As conclusões médico periciais podem ser:

I – Tipo 1 – Contrária, por não existência de incapacidade laborativa;

II – Tipo 2 – Data da Cessação do Benefício – DCB, por existência de incapacidade laborativa com base na análise técnica médico pericial, fixando o prazo estimado necessário para a recuperação da capacidade laborativa;

III -Tipo 4 – Data da Comprovação da Incapacidade – DCI, nos casos de encaminhamento à Reabilitação Profissional e sugestão de Limite Indefinido.

4. A partir da versão 13.05.03 do Sistema de Administração de Benefícios por Incapacidade – SABI, nos casos de **solicitação de prorrogação** será agendada uma **Perícia Médica Conclusiva – PMC**, que permitirá as seguintes decisões:

a) Não Existe Incapacidade;

b) Fixação da DCB – com prazo máximo limitado a 2 (dois) anos, sem necessidade de homologação superior;

c) Reabilitação Profissional com sugestão de DCI de 6 (seis) meses ou 1 (um)ano;

d) Auxílio Acidente;

e) Aposentadoria por Invalidez com ou sem majoração de 25%.

5. **Após a Perícia Médica Conclusiva – PMC**, com constatação de incapacidade laborativa, caso o segurado ainda se julgue incapacitado para o trabalho no prazo do limite fixado pela perícia médica, poderá requerer **nova solicitação de prorrogação**, sendo agendada uma **Perícia Médica Resolutiva – PMRES.**

5.1. A Perícia Médica Resolutiva – PMRES permitirá as seguintes decisões:

a) Não Existe Incapacidade;

b) Fixação de DCB em 2 anos, sem necessidade de homologação superior;

b) Reabilitação Profissional;

c) Auxílio-Acidente;

d) Aposentadoria por Invalidez com ou sem majoração de 25%.

5.2. As conclusões de Aposentadoria por Invalidez (LI), Auxílio-Acidente e Majoração de 25% estão sujeitas a homologação.

6. Assim, após PMC o sistema permitirá: PMRES, Revisão Médica, Revisão Analítica ou Recurso, conforme o caso.

7. Não haverá PMRES quando a conclusão da PMC for "Não Existe Incapacidade". Nestes casos caberá apenas Recurso ou requerimento de novo benefício.

8. Caso o segurado entenda estar incapaz para retorno ao trabalho após os 2 anos fixados no PMRES, poderá solicitar nova prorrogação do benefício dentro do prazo legal, com agendamento de novo PMRES.

9. O sistema permitirá ao segurado requerer Alta a Pedido durante os períodos reconhecidos pelo exame inicial, PMC e PMRES. Nestes casos a Alta a Pedido se dará mediante realização de perícia médica".

De acordo com a Portaria INSS/DIRBEN 991/2022, eis o atual procedimento da COPES:

"Seção IV

Da Prorrogação Do Benefício

Art. 386. Caso o prazo fixado para a recuperação da capacidade para o trabalho ou para a atividade habitual se revele insuficiente, o segurado poderá, nos 15 (quinze) dias que antecedem a Data da Cessação do Benefício - DCB, solicitar a prorrogação do benefício.

Art. 387. Estando a agenda médica com prazo superior a 30 (trinta) dias para os serviços de perícia, a prorrogação do benefício será automática pelo prazo de 30 (trinta) dias contados da DCB, ***gerando um requerimento de Prorrogação de Manutenção - PMAN, até o limite de 2 (dois) requerimentos****, sem a necessidade de realização de perícia médica.*

Art. 388. Após as duas prorrogações automáticas, ou caso o prazo da agenda médica esteja com prazo inferior a 30 (trinta) dias, o segurado terá direito ainda a 2 (dois) pedidos de prorrogação que são o ***Pedido de Perícia Médica Conclusiva - PPMC e o Pedido de Perícia Médica Resolutiva - PPMRES****, os quais passarão por perícia médica para delimitação da incapacidade e fixação do prazo de duração.*

Art. 389. Nos casos de marcação de perícias de prorrogação, ***o segurado terá direito ao recebimento dos pagamentos até a Data de Realização do Exame pericial - DRE****, em conformidade com a ACP nº 2005.33.00.020219-8 vigente, independente do seu comparecimento, gerando como motivo de cessação a Data de Cessação Administrativa - DCA.*

Parágrafo único. Caso haja remarcação da perícia, o pagamento só ocorrerá se o INSS der causa à remarcação.

Art. 390. Constatada incapacidade decorrente de doença diversa da geradora do benefício objeto de pedido de prorrogação, com alteração do Código Internacional de Doenças - CID devidamente justificado, o pedido será transformado em requerimento de novo benefício, independentemente da data de fixação da DII, observando-se o cumprimento do requisito carência, se for o caso.

Parágrafo único. Na hipótese disposta no caput, a DIB e a DIP serão fixadas:

I - no dia seguinte à DCA ou DCB, se a DII for menor ou igual à data da cessação do benefício anterior; e (Redação do inciso dada pela Portaria INSS/DIRBEN Nº 1080 DE 06/12/2022)

II - na DII, se esta for maior que a data da cessação do benefício anterior."

ATENÇÃO

Entre <u>01.11.2023 e 30.04.2024</u>, o procedimento do PP foi temporariamente alterado pela Portaria Conjunta PRES/INSS/SRGPS/MPS 38/2023:

"Art. 1º Estabelecer que os Pedidos de Prorrogação dos benefícios de benefício por incapacidade temporária, realizados no prazo estabelecido no § 3º do art. 339 da Instrução Normativa PRES/INSS nº 128,de 28 de março de 2022, devem observar que será aplicada a prorrogação automática do benefício:

I - por 30 (trinta) dias:

a) independentemente do tempo de espera da perícia médica, ou seja, inclusive quando inferior a 30 (trinta) dias, relativizando, de tal modo, o parâmetro operacional da busca de vaga maior que 30(trinta) dias;

b) para todas as Agências da Previdência Social (APS), visto que atualmente é aplicado apenas em unidades com oferta de perícia e que tenham próxima vaga disponível; e

c) tantas vezes quanto o beneficiário solicitar, já que, atualmente, à partir da terceira solicitação obrigatoriamente o mesmo tem que ser submetido a avaliação médico-pericial;

II - inclusive para os requerimentos de prorrogação que aguardam a realização de perícia médica, mantendo, nesses casos, a Data de Cessação Administrativa prevista, disponibilizando, dessa forma, tais vagas para outros exames médico-periciais; e

III - às solicitações de prorrogação de benefício de origem judicial, recursal e de restabelecimentos.

§ 1º No período com fixação de Data de Cessação Administrativa, caso o segurado sinta-se apto, poderá retornar ao trabalho sem necessidade de nova perícia médica, formalizando o pedido de cessação do benefício na APS de manutenção do seu benefício ou na Central 135.

§ 2º Os procedimentos de que trata o caput e seus incisos serão aplicados até o dia 30 de abril de 2024.

Art. 2º O INSS e a Empresa de Tecnologia e Informações da Previdência - Dataprev adotarão as medidas necessárias para o cumprimento do contido nesta Portaria Conjunta.

Art. 3º Esta Portaria Conjunta entra em vigor na data de sua publicação".

Dessa forma, **o segurado poderá fazer sucessivos pedidos de prorrogação sem limitação até abril de 2024 com a prorrogação automática do benefício, independentemente do prazo de espera para a perícia presencial.**

Esse prazo foi prorrogado até 31 de maio de 2024 pela PORTARIA CONJUNTA PRES/INSS/SRGPS/MPS No 44, DE 29 DE ABRIL DE 2024.

Em seguida, esse prazo foi prorrogado até 30 de junho de 2024 pela Portaria Conjunta INSS/SRGPS-MPS 47/2024.

Em 5 de julho de 2024 foi publicada a **Portaria Conjunta INSS/SRGPS/MPS 49, de 4 de julho de 2024, que disciplinou *a operacionalização do pedido de prorrogação de benefícios por incapacidade temporária.***

Inicialmente, foram convalidadas as prorrogações de benefícios realizadas nos moldes da Portaria Conjunta PRES/INSS/SRGPS/MPS nº 38, de 2023, no período entre 1º de julho de 2024 até 05 de julho de 2024.

De efeito, ficou estabelecido que os Pedidos de Prorrogação dos benefícios por incapacidade temporária, realizados no prazo estabelecido no § 3º do art. 339 da Instrução Normativa PRES/INSS nº 128, de 28 de março de 2022 (últimos 15 antes da DCB), devem observar que, quando o tempo de espera para realização da avaliação médico-pericial for:

I - menor ou igual a 30 (trinta) dias, a avaliação será agendada com a Data de Cessação Administrativa - DCA, quando for o caso; e

II - maior que 30 (trinta) dias, o benefício será prorrogado por 30 (trinta) dias, sem agendamento da avaliação médico-pericial, sendo fixada Data de Cessação do Benefício - DCB.

Nestes dois casos, o segurado sinta-se apto, poderá retornar ao trabalho sem necessidade de nova perícia médica, formalizando o pedido de cessação do benefício na Agência da Previdência Social de manutenção do seu benefício, por meio do aplicativo Meu INSS ou da Central 135.

Os parâmetros descritos não se aplicam aos requerimentos das unidades participantes do projeto piloto do Novo BI, para as quais serão mantidas as regras do inciso I do art. 1º da Portaria Conjunta PRES/INSS/SRGPS/MPS nº 38, de 30 de outubro de 2023.

De acordo com a **Portaria Conjunta PRES/INSS/SRGPS Nº 49 DE 30/08/2024**, na mesma linha do artigo 387 da Portaria INSS/DIRBEN 991/2022, quando o tempo de espera para realização da avaliação médico-pericial for:

> I - **menor ou igual a 30 (trinta) dias**, a avaliação será agendada com a Data de Cessação Administrativa - DCA, quando for o caso; e
>
> II - **maior que 30 (trinta) dias**, o benefício será prorrogado por 30 (trinta) dias, sem agendamento da avaliação médico-pericial, sendo fixada Data de Cessação do Benefício – DCB, **limitadas a 2 (duas) por requerente**, salvo restabelecimento ou reativação por decisão judicial.

Embora sejam julgados que se lastrearam em casos anteriores à Lei 13.457/2017, a jurisprudência do STJ tem invalidado o procedimento da COPES:

> **1ª Turma do STJ:** "É pacífico o entendimento no Superior Tribunal de Justiça no sentido da impossibilidade da **alta** médica **programada** para cancelamento automático do benefício previdenciário de auxílio-doença, sem que haja prévia perícia médica que ateste a capacidade do segurado para o desempenho de atividade laborativa que lhe garanta a subsistência, sob pena de ofensa aos princípios da ampla defesa e do contraditório" **(AgInt no REsp 1547268 / MT, de 24/10/2017).**
>
> **1ª Turma do STJ:** "1. O art. 62 da Lei 8.213/91 é taxativo em afirmar que o benefício de auxílio-doença só cessará quando o Segurado seja dado como habilitado para o desempenho de nova atividade que lhe garanta a subsistência, pelo que não se há de presumir esse estado de higidez e, menos ainda, que ele possa se instalar por simples determinação ou deliberação do Esculápio. 2. Não há que se falar,

portanto, em fixação de termo final para a cessação do pagamento do benefício previdenciário de auxílio-doença através de uma perícia prévia inicial, que ganharia um caráter de prova insofismável, atribuindo à perícia características típicas do positivismo filosófico (exatidão, certeza, generalidade e previsibilidade), insusceptível de erro ou inadequação à verdade. 3. Mostra-se inadmissível a prevalência da celeridade e da redução de gastos públicos em detrimento da Justiça e dos direitos fundamentais do Trabalhador, na condução das demandas previdenciárias em que se busca um benefício por incapacidade. 4. Logo, não há que se falar em **alta** presumida para a cessação do pagamento do benefício previdenciário de auxílio-doença, uma vez que a perícia médica é condição indispensável à cessação do benefício, nos termos do art. 62 da Lei 8.213/91, pois somente ela poderá atestar se o Segurado possui condição de retornar às suas atividades ou não; além dessa previsão legal, há, ainda, a lógica linear comum e o bom sendo que orientam a realidade das relações da vida humana e social. 5. Registre-se que a edição da MP 736/2016, que acrescentou os §§ 8º e 9º ao art. 60 da Lei 8.213/91, consignando que sempre que possível o ato de concessão do auxílio-doença deverá fixar o prazo estimado da duração do benefício, sob pena de cessação automática em 120 dias, salvo requerimento de prorrogação formulado pelo Segurado, não modifica o entendimento aqui fixado e sim reforça a tese aqui apresentada de que tal conduta carecia de previsão legal. 6. As questões previdenciárias regem-se pelo princípio tempus regit actum, razão pela qual as alterações legislativas, especialmente aquelas restritivas de direitos, só serão aplicadas aos benefícios concedidos após a sua publicação, o que não é a hipótese dos autos" **(AgInt no REsp 1601741 / MT, de 10/10/2017).**

2ª Turma do STJ: "O Superior Tribunal de Justiça possui o entendimento de que não é possível o cancelamento automático do benefício auxílio-doença por intermédio do mecanismo da **alta programada,** sem que haja o prévio e devido procedimento administrativo perante o **INSS (AgInt no REsp 1601741 / MT, de 10/10/2017).**

2ª Turma do STJ: 5. O sistema de **alta programada** estabelecido pelo **INSS** apresenta como justificativa principal a desburocratização do procedimento de concessão de benefícios por incapacidade. Todavia, não é possível que um sistema previdenciário, cujo pressuposto é a proteção social, se abstenha de acompanhar a recuperação da capacidade laborativa dos segurados incapazes, atribuindo-lhes o ônus de um auto exame clínico, a pretexto da diminuição das filas de atendimento na autarquia. 6. Cabe ao **INSS** proporcionar um acompanhamento do segurado incapaz até a sua total capacidade, reabilitação profissional, auxílio-acidente ou aposentadoria por invalidez, não podendo a autarquia focar apenas no aspecto da contraprestação pecuniária. 7. Na forma do art. 62 da Lei 8.213/1991, "o segurado em gozo de auxílio-doença, insusceptível de recuperação para sua atividade habitual, deverá submeter-se a processo de reabilitação profissional para o exercício de outra atividade", e "não cessará o benefício até que seja dado como habilitado para o desempenho de nova atividade que lhe garanta a subsistência ou, quando considerado não-recuperável, for aposentado por invalidez". Transferir essa avaliação ao próprio segurado fere gravemente o princípio da dignidade da pessoa humana. 8. Além disso, a jurisprudência que vem se firmando no âmbito do STJ é no sentido de que não se pode proceder ao cancelamento automático do benefício previdenciário, ainda que diante de desídia do segurado em proceder à nova perícia perante o **INSS,** sem que haja prévio procedimento administrativo, sob pena de ofensa aos princípios da ampla defesa e do contraditório" **(AgInt no AREsp 1049440 / MT, de 27/6/2017).**

No entanto, no julgamento AgInt no REsp 1604876, de 14/8/2018, 2ª Turma, parece que o STJ validou a COPES para incapacidades após a vigência da MP 767/2017 (ao menos de modo indireto):

1. Em período anterior à vigência da Medida Provisória n. 767/2017, convertida na Lei n. 13.457/2017, este Superior Tribunal firmou entendimento de que é indevido o cancelamento do benefício de auxílio-doença com base no programa de cobertura previdenciária estimada, tendo em vista a falta de amparo legal e a necessidade de observar a ampla defesa e o contraditório.

Isso porque, ao afirmar que a COPES é ilegal em período anterior à vigência da MP 767/2017, *a contrario sensu*, a Corte Superior a validou para situação posteriores à citada alteração normativa, confirmada na Lei 13.457/2017.

O Sistema da COPES possui um grande ganho: reduz o número de perícias e otimiza o atendimento, acelerando as marcações e reduzindo o tempo para agendamentos. Mas possui uma perda: transfere ao segurado o ônus de uma autoavaliação de capacidade, máximo quando o atendimento médico do SUS não é bom em grande parte do país.

Atualmente a TNU vem admitindo a legitimidade da COPES:

"BENEFÍCIO POR INCAPACIDADE. CESSAÇÃO. FIXAÇÃO PELO JUÍZO, ASSEGURANDO-SE O PEDIDO DE PRORROGAÇÃO. CONDICIONAMENTO A NOVA PERÍCIA ADMINISTRATIVA: ILEGALIDADE E VIOLAÇÃO DO ENTENDIMENTO DA TNU. RECURSO PROVIDO.

[...] Breve o relato, procede a insatisfação da Autarquia. Isso porque a matéria já foi por demais debatida nesta Corte, e no STJ, **entendendo-se por desnecessário que a Administração promova nova perícia para a cessação do benefício, tal como condicionado na instância ordinária. Não sendo possível ao juízo fixar a DCB do benefício, a lei dispõe que ela ocorrerá no prazo de 120 dias, sendo desnecessário realizar nova perícia, desde que assegurado ao segurado o pedido de prorrogação e, somente neste caso, a submissão a nova perícia administrativa. Portanto, procede o pleito da Autarquia no sentido de "fixação de 'Data de Cessação do Benefício conforme o tempo estimado de recuperação judicial estimado pelo perito judicial, sem necessidade de convocação de perícia pelo INSS, assegurada à parte-autora a solicitação de prorrogação do benefício, nos quinze dia anteriores à data fixada, caso ainda se sinta inapta para o trabalho."**

[...] A Turma Nacional de Uniformização decidiu, por unanimidade, DAR PROVIMENTO ao incidente para reformar o acórdão impugnado no ponto em que condicionou a cessação do benefício a nova perícia administrativa, cumprindo-se ao INSS apenas assegurar o pedido de prorrogação e as prescrições legais sobre a questão, dado o tempo decorrido na discussão da causa". **(PEDILEF n. 5011526-38.2017.4.04.7208, Relator Juiz Federal Atanair Nasser Ribeiro Lopes, Data de julgamento 12/12/2019).**

Outrossim, no julgamento do Tema 277, entendeu a TNU ser exigível o PP, quando cabível, como condição de interesse-necessidade de agir:

Tema	**277**	Situação do tema	Julgado		Ramo do direito	DIREITO PREVIDENCIÁRIO
Questão submetida a julgamento		Saber, à vista do decidido no Tema 164/TNU, quais as consequências da ausência de pedido administrativo de prorrogação do auxílio-doença cessado por alta programada na postulação judicial de restabelecimento do benefício.				
Tese firmada		**O direito à continuidade do benefício por incapacidade temporária com estimativa de DCB (alta programada) pressupõe, por parte do segurado, pedido de prorrogação (§ 9º, art. 60 da Lei n. 8.213/91), recurso administrativo ou pedido de reconsideração, quando previstos normativamente, sem o quê não se configura interesse de agir em juízo.**				
Processo		**Decisão de afetação**	**Relator (a)**	**Julgado em**	**Acórdão publicado em**	**Trânsito em julgado**
PEDILEF 0500255-75.2019.4.05.8303/PE		16/10/2020	Juiz Federal Francisco Glauber Pessoa Alves	17/03/2022	17/03/2022	25/04/2022

A legitimidade da COPES será aferida pelo STF no julgamento do Tema 1196 em Repercussão Geral, sem determinação de suspensão nacional dos processos:

1196	Constitucionalidade da Medida Provisória 739/2016, substituída pela Medida Provisória 767/2017 e convertida na Lei 13.457/2017, as quais alteraram a Lei 8.213/1991, inserindo preceito sobre prazo estimado para a duração do benefício. Ver Descrição Ver Assuntos	RE 1347526 **Manifestação Acórdão de Admissão da RG**	MIN. RICARDO LEWANDOWSKI **Plenário Virtual**	**Há repercussão geral** 18/02/2022**Acórdão de Repercussão Geral publicado**

Não obstante a constitucionalidade da COPES tenha tido Repercussão Geral admitida pelo STF no tema 1196, o STJ resolveu afetar um ponto mais específico (**tema 1157**) no sentido de avaliar a possibilidade de revisão administrativa da concessão judicial de benefício por incapacidade laboral:

> **PROCESSO**
>
> ProAfR no REsp 1985190 / SP
>
> PROPOSTA DE AFETAÇÃO NO RECURSO ESPECIAL
>
> 2021/0318903-1
>
> **DECISÃO DE AFETAÇÃO**
>
> Pesquisa de tema: Tema Repetitivo 1157
>
> **RELATOR**
>
> Ministro HERMAN BENJAMIN (1132)
>
> **ÓRGÃO JULGADOR**
>
> S1 - PRIMEIRA SEÇÃO
>
> **DATA DO JULGAMENTO**
>
> 17/05/2022
>
> **DATA DA PUBLICAÇÃO/FONTE**
>
> DJe 30/06/2022
>
> **EMENTA**
>
> PROCESSUAL CIVIL. PROPOSTA DE AFETAÇÃO. RECURSO ESPECIAL. RITO DOS RECURSOS ESPECIAIS REPETITIVOS. PREVIDENCIÁRIO. REVISÃO DE BENEFÍCIO PREVIDENCIÁRIO POR INCAPACIDADE CONCEDIDO JUDICIALMENTE. CANCELAMENTO NA VIA ADMINISTRATIVA. COMPETÊNCIA DO STJ. MULTIPLICIDADE DE PROCESSOS. ABRANGÊNCIA DA SUSPENSÃO. ART. 1.037, II, DO CPC. PROPOSTA DE AFETAÇÃO ACOLHIDA.
>
> 1. Delimitação da controvérsia: **"Definir a possibilidade - ou não - de cancelamento na via administrativa, após regular realização de perícia médica, dos benefícios previdenciários por incapacidade, concedidos judicialmente e após o trânsito em julgado, independentemente de propositura de ação revisional".**
>
> 2. Recurso Especial afetado ao rito do art. 1.036 e seguintes do CPC/2015 (art. 256-I c/c art. 256-E do RISTJ, na redação da Emenda Regimental 24, de 28.9.2016).
>
> **3. Determinada a suspensão de todos os processos pendentes com REsp ou AREsp na segunda instância e/ou no STJ, cujos objetos coincidam com o da matéria afetada.**
>
> 4. Acolhida a proposta de afetação do Recurso Especial como representativo da controvérsia, para que seja julgado na Primeira Seção (afetação conjunta dos Recursos Especiais 1.985.189/SP e 1.985.190/SP).

ACÓRDÃO

Vistos, relatados e discutidos os autos em que são partes as acima indicadas, acordam os Ministros da Primeira Seção do Superior Tribunal de Justiça: "A PRIMEIRA SEÇÃO, por unanimidade, afetou o processo ao rito dos recursos repetitivos (RISTJ, art. 257-C) para delimitar a seguinte tese controvertida: "Definir a possibilidade - ou não - de cancelamento na via administrativa, após regular realização de perícia médica, dos benefícios previdenciários por incapacidade, concedidos judicialmente e após o trânsito em julgado, independentemente de propositura de ação revisional." e, igualmente por unanimidade, determinou a suspensão dos recursos especiais ou agravos em recursos especiais em segunda instância e/ou no STJ, cujos objetos coincidam com o da matéria afetada (observada a orientação do art. 256-L do RISTJ), conforme proposta do Sr. Ministro Relator. Os Srs. Ministros Og Fernandes, Mauro Campbell Marques, Benedito Gonçalves, Assusete Magalhães, Regina Helena Costa, Gurgel de Faria e Manoel Erhardt (Desembargador convocado do TRF-5ª Região) votaram com o Sr. Ministro Relator.

Não participou do julgamento o Sr. Ministro Francisco Falcão."

Vale registrar que modelos de verificação e manutenção de incapacidade laboral pelo seguro social de outros países são similares com a COPES brasileira, que justamente teve essa inspiração.

Nesse sentido, colaciono louvável pesquisa empreendida pelo Procurador Federal Lucas Lousada nos memoriais apresentados pelo INSS nos autos da AC 2005.33.00.020219-8/BA:

"No âmbito internacional, apenas mais recentemente esse método foi estendido à sistematização de prazos de recuperação da capacidade laboral a partir dos consensos sobre prognóstico, encontrando sua universalização após a edição de Diretrizes pela Suécia (2007) ter sido fomentada pela OCDE[6]. Contudo, o perfilhamento tardio pela Previdência Social se deve principalmente ao fato de não ser comum a primeira avaliação ser feitas por perito servidor público, como na tradição pátria (Lei 3.807/60, art. 24, § 2º).

Se observarmos o funcionamento da ***assurance-maladie*** na França, da ***prestación económica por incapacidad temporal*** na Espanha[7], da ***indennità malattia*** na Itália[8], do ***payed sick leave*** nos Estados Unidos – aplicável aos servidores públicos federais[9] – , do ***incapacity benefit*** no Reino Unido[10] – atualmente absorvido pelo ***contribution-based employment and support allowance*** – e do ***Krankengeld*** alemão[11] – e isso apenas para nos mantermos nos países com tra-

6. **Sickness, Disability and Work: Breaking the Barriers.** 2010, p. 140.

7. L 42/94, art. 128, 1, "a".

8. DL 663/79, art. 2º.

9. 5 CFR 630.405, (b).

10. SSCBA, 171A, (3).

11. SGB V, § 275, (1a) e (1b).

dição previdenciária extensa – , resta claro que não existe nada sequer próximo do quanto os autores demandam.

Sem dúvida, é inteiramente residual a realização de perícia por entes estatais, pois geralmente a fixação do período de afastamento a ser observado é feito pelo próprio médico particular, só havendo qualquer espécie de verificação por perito servidor público a partir de determinado período de prorrogação (Inglaterra: 28 semanas; Espanha: 1 ano) ou nos casos em que o segurado não se dá por satisfeito com a data estimada de cessação da incapacidade – com destaque para o benefício por incapacidade temporária alemão (Entgeltfortzahlung), onde tanto pode haver o retorno antes da data estimada como pode a mesma ser questionada tanto pelo empregado como pelo empregador[12]".

O regime jurídico do **pedido de prorrogação (PP)** restou alterado através da **Resolução INSS 90, de 17 de novembro de 2017**, que implementou o Projeto de Eficiência da Governança das Agendas de Perícia Médica.

Ficou estabelecido que os Pedidos de Prorrogação – PP dos benefícios de auxílio-doença, realizados nos quinze dias que antecederem à data de cessação (DCB) do auxílio-doença, devem observar os seguintes procedimentos:

I – quando o tempo de espera para realização da avaliação médico-pericial for menor que trinta dias, a avaliação será agendada, aplicando-se as mesmas regras do PP, inclusive gerando Data de Cessação Administrativa – DCA, quando for o caso; e

II – quando o tempo de espera para realização da avaliação médico-pericial ultrapassar trinta dias, o benefício será prorrogado por trinta dias, sem agendamento da avaliação médico-pericial, sendo fixada DCA, exceto se:

a) a última ação foi judicial;

b) a última ação foi de restabelecimento; e

c) a última ação foi via Recurso Médico (seja via rotina de Recurso ou via rotina de Revisão Analítica, após o requerimento de Recurso).

Após a segunda solicitação de prorrogação do caso elencado no inciso II, obrigatoriamente será agendado o exame médico pericial.

No período com fixação de DCA, caso o segurado sinta-se apto, poderá retornar ao trabalho sem necessidade de nova perícia médica, formalizando o pedido de cessação do benefício na Agência da Previdência Social de manutenção do seu benefício.

12. EntgFG, § 5, (1).

Não caberá PP quando o benefício possuir marcação de agendamento de avaliação médico-pericial. Em quaisquer dos casos dispostos acima, caso o segurado sinta-se apto, poderá retornar ao trabalho sem necessidade de perícia médica.

9. DATA DE INÍCIO DO BENEFÍCIO (DIB)

Em regra, a data de início do benefício (DIB) será a data da incapacidade, marco inicial do pagamento a ser promovido pelo INSS. Contudo, se entre a data da incapacidade e a data de entrada do requerimento (DER) se passar mais de 30 dias, a data de início do benefício será a data de entrada do requerimento na Previdência Social.

Apenas no caso do segurado empregado a regra será diferente, tendo em vista a obrigação legal da empresa de pagar ao segurado o seu salário durante os 15 primeiros dias do afastamento. Logo, para o segurado empregado, a data de início do benefício não será a data da incapacidade, e sim o 16º dia seguinte. Excepcionalmente, se entre a data da incapacidade e a data de entrada do requerimento se passar mais de 30 dias, a data de início do benefício será a data de entrada do requerimento na Previdência Social.

Logo, para o segurado empregado, a data de início do benefício não será a data da incapacidade, e sim o 16º (décimo sexto) dia seguinte. Excepcionalmente, se entre a data da incapacidade e a data de entrada do requerimento se passar mais de 30 (trinta) dias, a data de início do benefício será a data de entrada do requerimento na Previdência Social.

A empresa que dispuser de serviço médico, próprio ou em convênio, terá a seu cargo o exame médico e o abono das faltas correspondentes ao período de quinze dias de afastamento do seu empregado e somente deverá encaminhar o segurado à perícia médica da Previdência Social quando a incapacidade ultrapassar a quinze dias.

A reforma trabalhista (MP 808/2017) criou uma exceção que não mais vigora no caso de contrato de trabalho intermitente. Neste caso, a empresa pagava 15 primeiros dias de afastamento do empregado, sendo o auxílio-doença devido desde o afastamento, se requerido em até 30 dias (CLT, artigo 452-A, §13).

A MP 808/2017 vigorou somente até o dia 23 de abril de 2018, tendo decaído por ausência de votação no Congresso Nacional. Daí que as informações *suso* postas se limitam até essa data, restaurando-se o regime jurídico anterior.

Considera-se como intermitente o contrato de trabalho no qual a prestação de serviços, com subordinação, não é contínua, ocorrendo com alternância de períodos de prestação de serviços e de inatividade, determinados em horas, dias ou meses, independentemente do tipo de atividade do empregado e do empregador, exceto para os aeronautas, regidos por legislação própria.

Se concedido novo benefício decorrente da mesma doença dentro de 60 dias contados da cessação do benefício anterior, a empresa fica desobrigada do pagamento relativo aos quinze primeiros dias de afastamento, prorrogando-se o benefício anterior e descontando-se os dias trabalhados, se for o caso.

A MP 664/2014 chegou a alterar a obrigação da empresa de pagamento do salário para 30 dias, mas a Lei 13.135/2015 restaurou os 15 dias.

De acordo com o artigo 5º da Lei 13.135/2015, "os atos praticados com base em dispositivos da Medida Provisória nº 664, de 30 de dezembro de 2014, serão revistos e adaptados ao disposto nesta Lei".

Desta forma, os efeitos da MP 664/2014 foram desconstituídos pela Lei de Conversão, cabendo à Previdência Social reembolsar as empresas pelos quinze dias a mais que desembolsaram o salário dos empregados afastados durante a vigência desta passagem da MP 664/2014 (de 1/3/2015 e 17/6/2015).

No entanto, este não foi o entendimento firmado pelo INSS, através do Memorando-Circular Conjunto nº 45 /DIRBEN/DIRAT/DIRSAT/PFE/INSS, de 4/9/2015:

> **"1. AUXÍLIO-DOENÇA (§ 10 art. 29, e §§ 3º e 4º do art. 60 e alínea "a" do § 1º e § 2º do art. 43 da Lei nº 8.213/1991- espécies 31/32 e 91/92)**
>
> **1.1 – Exigência de quinze dias de afastamento**
>
> A alteração introduzida no art. 60 da Lei nº 8.213/1991, pela Medida Provisória nº 664/2014, referente à exigência de trinta dias de afastamento do trabalho para o direito ao auxílio-doença pela Previdência Social, não foi acolhida na Lei nº 13.135/2015. Assim, para requerimentos de auxílio-doença (espécies 31 e 91) com Data de Afastamento do Trabalho-DAT a partir de 18/06/2015 (data de publicação da Lei nº 13.135/2015), volta a prevalecer a regra vigente antes da edição da MP nº 664/2014, segundo a qual o auxílio-doença é devido ao empregado com período de afastamento superior a quinze dias.
>
> Durante os quinze dias consecutivos ao afastamento da atividade laboral por motivo de doença ou de acidente do trabalho ou de qualquer natureza, a empresa será a responsável pelo pagamento da remuneração devida ao empregado afastado. Se o afastamento for superior a quinze dias, a partir do 16º (décimo sexto) o segurado terá direito ao benefício de auxílio-doença, observadas as regras de fixação de Data do Início do Benefício-DIB e Data do Início do Pagamento-DIP, expressas no subitem 1.2.
>
> **Os benefícios de auxílio-doença com DAT entre 1º/03/2015 e 17/6/2015, com a exigência de trinta dias de afastamento do trabalho, permanecerão inalterados, não se aplicando a revisão contida no art. 5º da Lei nº 13.135/2015".**

Se o segurado empregado, por motivo de doença, afastar-se do trabalho durante 15 dias, retornando à atividade no décimo sexto dia, e se dela voltar a se afastar dentro de 60 dias desse retorno, em decorrência da mesma doença, fará jus ao auxílio-doença a partir da data do novo afastamento.

A regulamentação detalhada deste dispositivo está estampada no artigo 336 da Instrução Normativa INSS 128/2022:

> "Art. 336. A DIB será fixada:
>
> I - para o segurado empregado, exceto doméstico:
>
> a) no 16º (décimo sexto) dia do afastamento da atividade, quando requerido até o 30º (trigésimo) dia da DAT, observado que, caso a DII seja posterior ao 16º (décimo sexto) dia do afastamento, deverá ser na DII; ou
>
> b) na DER, quando o benefício for requerido após 30 (trinta) dias da DAT, observado que, caso a DII seja posterior à DER, deverá ser na DII;
>
> II - para os demais segurados:
>
> a) na DII, quando o benefício for requerido até 30 (trinta) dias da DAT ou da cessação das contribuições; ou
>
> b) na DER, quando o benefício for requerido após 30 (trinta) dias da DAT ou da cessação das contribuições, observado que, caso a DII seja posterior à DER, deverá ser na DII.
>
> § 1º Em se tratando de acidente, quando o acidentado empregado, excetuado o doméstico, não se afastar do trabalho no dia do acidente, os 15 (quinze) dias de responsabilidade da empresa serão contados a partir da data que ocorrer o afastamento.
>
> § 2º No caso de a DII do segurado ser fixada quando este estiver em gozo de férias ou licença-prêmio ou qualquer outro tipo de licença remunerada, o prazo de 15 (quinze) dias de responsabilidade da empresa será contado a partir do dia seguinte ao término das férias ou da licença.
>
> § 3º Na hipótese da alínea "a" do inciso I, se o segurado empregado, por motivo de incapacidade, afastar-se do trabalho durante o período de 15 (quinze) dias, retornar à atividade no 16º (décimo sexto) dia, e voltar a se afastar no prazo de 60 (sessenta) dias contado da data do seu retorno, em decorrência do mesmo motivo que gerou a incapacidade, este fará jus ao auxílio por incapacidade temporária a partir da data do novo afastamento.
>
> § 4º Na hipótese do § 3º, se o retorno à atividade tiver ocorrido antes de 15 (quinze) dias do afastamento, o segurado fará jus ao auxílio por incapacidade temporária a partir do dia seguinte ao que completar os 15 (quinze) dias de afastamento, somados os períodos de afastamento intercalados".

Tendo em conta que nesses 15 (quinze) dias o empregado não trabalhou, o STJ vem entendendo que a quantia paga pela empresa tem natureza indenizatória, e não remuneratória, não se realizando a hipótese de incidência das contribuições previdenciárias respectivas:

"TRIBUTÁRIO. AGRAVO REGIMENTAL NO RECURSO ESPECIAL. CONTRIBUIÇÃO PREVIDENCIÁRIA. REPETIÇÃO DE INDÉBITO. TRIBUTO SUJEITO A LANÇAMENTO POR HOMOLOGAÇÃO. PRESCRIÇÃO. ARTIGO 4º DA LC 118/2005. DETERMINAÇÃO DE APLICAÇÃO RETROATIVA. DECLARAÇÃO DE INCONSTITUCIONALIDADE. CONTROLE DIFUSO. CORTE ESPECIAL. RESERVA DE PLENÁRIO. DIREITO INTERTEMPORAL. FATOS GERADORES ANTERIORES À LC 118/2005. APLICAÇÃO DA TESE DOS "CINCO MAIS CINCO". RECURSO ESPECIAL REPETITIVO RESP N. 1.002.932-SP. APLICAÇÃO DO ARTIGO 543-C DO CPC. AUXÍLIO-DOENÇA. VERBAS RECEBIDAS NOS 15 (QUINZE) PRIMEIROS DIAS DE AFASTAMENTO. NÃO INCIDÊNCIA. SALÁRIO-MATERNIDADE. NATUREZA JURÍDICA. INCIDÊNCIA. 1. O recurso especial n. 1.002.932-SP, por ser representativo da matéria em discussão, cujo entendimento encontra-se pacificado nesta Corte, foi considerado recurso repetitivo e submetido ao regime de julgamento previsto pelo artigo 543-C do Código de Processo Civil, regulamentado pela Resolução n. 8 do dia 7 de agosto de 2008, do STJ. 2. O mencionado recurso, da relatoria do eminente Ministro Luiz Fux, foi submetido a julgamento pela Primeira Seção na data de 25/11/2009, no qual o STJ ratificou orientação no sentido de que o princípio da irretroatividade impõe a aplicação da LC n. 118/05 aos pagamentos indevidos realizados após a sua vigência e não às ações propostas posteriormente ao referido diploma legal, porquanto é norma referente à extinção da obrigação e não ao aspecto processual da ação correspectiva. 3. "**O auxílio-doença pago até o 15º dia pelo empregador é inalcançável pela contribuição previdenciária, uma vez que referida verba não possui natureza remuneratória, inexistindo prestação de serviço pelo empregado, no período**. Precedentes: EDcl no REsp 800.024/SC, Rel. Ministro Luiz Fux, DJ 10.9.2007; REsp 951.623/PR, Rel. Ministro José Delgado, DJ 27.9.2007; REsp 916.388/SC, Rel. Ministro Castro Meira, DJ 26.4.2007" (AgRg no REsp 1039260/SC, Rel. Ministro Luiz Fux, Primeira Turma, DJe 15/12/2008). 4. Esta Corte já firmou o entendimento no sentido de que é devida a contribuição previdenciária sobre os valores pagos pela empresa a seus empregados a título de salário-maternidade, em face do caráter remuneratório de tal verba. 5. Decisão que se mantém na íntegra. 6. Agravos regimentais não providos" (AGREsp 1.107.898, de 09.03.2010).

"**2.3 Importância paga nos quinze dias que antecedem o auxílio-doença.**

No que se refere ao segurado empregado, durante os primeiros quinze dias consecutivos ao do afastamento da atividade por motivo de doença, incumbe ao empregador efetuar o pagamento do seu salário integral (art. 60, § 3º, da Lei 8.213/91 com redação dada pela Lei 9.876/99). Não obstante nesse período haja o pagamento efetuado pelo empregador, a importância paga não é destinada a retribuir o trabalho, sobretudo porque no intervalo dos quinze dias consecutivos ocorre a interrupção do contrato de trabalho, ou seja, nenhum serviço é prestado pelo empregado. Nesse contexto, a orientação das Turmas que integram a Primeira Seção/STJ firmou-se no sentido de que sobre a importância paga pelo empregador ao empregado durante os primeiros quinze dias de afastamento por motivo de doença não incide a contribuição previdenciária, por não se enquadrar na hipótese de incidência da exação, que exige verba de natureza remuneratória. Nesse sentido: AgRg no REsp 1.100.424/PR, 2ª Turma, Rel. Min. Herman Benjamin, DJe 18.3.2010; AgRg no REsp 1074103/SP, 2ª Turma, Rel. Min. Castro Meira, DJe 16.4.2009; AgRg no REsp 957.719/SC, 1ª Turma, Rel. Min. Luiz Fux, DJe 2.12.2009; REsp 836.531/SC, 1ª Turma, Rel. Min. Teori Albino Zavascki, DJ de 17.8.2006" (passagem do julgamento do **Recurso Especial 1.230.957, de 26/02/2014**).

No caso de concessão judicial, em decorrência do INSS ter negado o benefício na esfera administrativa, se por questões clínicas a perícia judicial não conseguir definir a data de início da incapacidade, a data de início do benefício será a data de juntada do laudo pericial.

Ademais, a data de início do pagamento na hipótese de ausência de requerimento administrativo será a data da juntada do laudo pericial judicial que comprovar a incapacidade temporária do segurado[13].

No entanto, observou-se uma mudança de posicionamento na jurisprudência da Corte Superior[14], dominando, na atualidade, o entendimento de que a data de início do auxílio-doença será a data da citação, e não a data da juntada do laudo pericial judicial, quando não possível retroagir ao requerimento administrativo.

A respeito do tema, colaciona-se Enunciado e Recomendação aprovados no XII FONAJEF:

Grupo 5

Enunciado nº 1 (ATUAL ENUNCIADO 162 FONAJEF)

Em caso de incapacidade intermitente, o pagamento de parcelas anteriores à perícia depende da efetiva comprovação dos períodos em que o autor esteve incapacitado (Aprovado no XII FONAJEF).

Recomendação 1

Em casos de benefício por incapacidade, é recomendável a intimação do INSS para a juntada do histórico médico SABI (Sistema de Administração de Benefícios Por Incapacidade).

10. REVISÃO ADMINISTRATIVA ("PENTE FINO")

De sua vez, também restou consignado expressamente na Lei 14.724/2023 que as revisões periódicas do segurado em gozo de auxílio por incapacidade temporária, auxílio-acidente ou aposentadoria por incapacidade permanente e o pensionista inválido também poderão ser realizados com o uso de tecnologia de telemedicina ou por análise documental conforme situações e requisitos definidos em regulamento.

13. STJ, AGA 1.045.599, de 17.02.2009.
14. RECURSO ESPECIAL Nº 1.311.665 – SC, 1ª Turma, de 02/09/2014.

Ademais, em caso de cancelamento de agendamento para perícia presencial, o horário vago poderá ser preenchido por perícia com o uso de tecnologia de telemedicina, antecipando atendimento previsto para data futura, obedecida a ordem da fila, situação na qual observar-se-á a disponibilidade do periciando para se submeter à perícia remota no horário tornado disponível.

Importante:

Com razoabilidade, a Medida Provisória 871/2019 (regra mantida na Lei 13.846/2019) previu que não será devido o auxílio-doença para o segurado recluso em regime FECHADO (esta regra não engloba regime aberto ou semiaberto), tendo em vista que o preso estará sob a proteção do Estado, que deverá atender às suas necessidades básicas e tem custos que a sociedade já arca.

Ademais, acaso o segurado esteja em gozo de auxílio-doença no momento da segregação prisional, o benefício deverá ser suspenso por

até sessenta dias. Vencidos os sessenta dias, se o segurado ainda estiver preso, o auxílio-doença será cancelado.

Em caso de prisão declarada ilegal, o segurado terá direito à percepção do benefício por todo o período devido. O segurado recluso em cumprimento de pena em regime aberto ou semiaberto terá direito ao auxílio-doença.

Por outro lado, acaso seja posto em liberdade dentro de sessenta dias, o benefício será reativado com efeitos financeiros somente a partir da data de soltura. Por força do Princípio do *Tempus Regit Actum*, esta regra somente se aplica às incapacidades laborais (DII – Data de Início da Incapacidade) que desencadeadas a partir de **18 de janeiro de 2019**, data de vigência da novel regra.

Logo, essa regra somente se aplica à DII a contar da vigência da MP 871 (18/1/2019), convertida na Lei 13.846/2019, pois a legislação em vigor na data de início da incapacidade é que forma o estatuto jurídico do auxílio-doença. De outro giro, **acaso a DII seja até o dia 17/1/2019, a prisão em regime fechado não vai impedir a manutenção ou concessão do auxílio-doença.**

O tema foi regulado com muito acerto no **Memorando-Circular Conjunto nº 2/DIRBEN/PFE/DIRAT/INSS**, de 28/1/2019:

> "Assunto: **Alterações nas regras dos benefícios de auxílio-reclusão, pensão por morte, auxílio-doença, aposentadoria por invalidez e salário-maternidade, previstas na Lei nº 8.213/91, decorrentes da Medida Provisória nº 871, de 18 de janeiro de 2019.**
>
> 1. As alterações contidas neste memorando-circular conjunto deverão ser aplicadas aos fatos geradores ocorridos a partir de 18 de janeiro de 2019, data da publicação da Medida Provisória nº 871.
>
> 5. O requerimento de **auxílio-doença** efetuado por segurado recluso não gerará direito ao benefício quando estiver cumprindo a pena em regime fechado, conforme §§1º ao 5º do art. 59 incluídos na Lei nº 8.213/91 pela Medida Provisória nº 871.

5.1. Quando o segurado já estiver em gozo de auxílio-doença na data do recolhimento à prisão, em regime fechado, terá o benefício suspenso por até sessenta dias a contar da data da prisão.

5.2. Caso o segurado seja colocado em liberdade antes do prazo previsto no subitem

5.1. o benefício será restabelecido a partir da data da soltura ou alteração do regime de reclusão; 5.3. Se o segurado estiver recluso por período superior a sessenta dias, o benefício deverá ser cessado ao término deste prazo.

5.4. Caso a data do início da incapacidade seja fixada até 17 de janeiro de 2019, terá direito ao benefício de auxílio-doença, mesmo que seja requerido após a vigência da Medida Provisória publicada em 18 de janeiro de 2019, tendo em vista que esta somente se aplica a fatos geradores ocorridos após sua publicação".

Para simplificar o regime intertemporal em favor dos nossos gloriosos leitores, eis uma tabela didática:

DII até 17/1/2019	Prisão em regime fechado não suspende nem impede a concessão de auxílio-doença
DII a partir de 18/1/2019	Prisão em regime fechado suspende e impede a concessão de auxílio-doença

Vale registrar que deve o Poder Judiciário avaliar todos os requisitos legais para a concessão de um benefício previdenciário, mesmo que algum pressuposto já tenha sido reconhecido pelo INSS na via administrativa, vez que eventual erro da Administração Pública não deve ser perpetuado judicialmente em razão do Princípio da Legalidade e do dever-poder de autotutela, observado o prazo do artigo 103-A da Lei 8.213/91.

Destarte, caso o INSS reconheça a qualidade de segurado por equívoco, mas negue o auxílio-doença por ausência de incapacidade laboral, deverá o Poder Judiciário avaliar todos os requisitos, inclusive existência da qualidade de segurado, devendo, se for o caso, negar o benefício mesmo que reconhecida a incapacidade laboral, haja vista que um erro não deve justificar outro no âmbito do Direito Público jungido ao Princípio da Legalidade.

Este, inclusive, é o posicionamento da TNU.

"INCIDENTE DE UNIFORMIZAÇÃO SUSCITADO PELA PARTE RÉ. PREVIDENCIÁRIO. AUXÍLIO-DOENÇA. APOSENTADORIA POR INVALIDEZ. BENEFÍCIO ANTERIOR CONCEDIDO ADMINISTRATIVAMENTE. INCAPACIDADE PRÉ-EXISTENTE. ATO NULO. IMPOSSIBILIDADE DE GERAR EFEITOS PROSPECTIVOS, RESSALVADA A HIPÓTESE DE DECADÊNCIA ADMINISTRATIVA. FACULDADE DA ADMINISTRAÇÃO DE REVER OS

SEUS PRÓPRIOS ATOS QUANDO EIVADOS DE NULIDADE. SÚMULAS 346 E 473 DO STF. ART. 53 DA LEI N. 9.784/99. INCIDENTE CONHECIDO E PROVIDO EM PARTE. 1. Sentença concessiva do benefício de auxílio-doença, com a posterior conversão em aposentadoria por invalidez, mantida pela 2ª Turma Recursal da Bahia pelos seus próprios fundamentos. Interpostos embargos de declaração pela autarquia, a fim de que fosse apreciada a alegação de pré-existência da incapacidade ao reingresso ao RGPS na condição de segurado facultativo. Embargos acolhidos apenas para acrescer à fundamentação do acórdão a argumentação de que a qualidade de segurado teria sido objeto de análise pela autarquia quando da concessão do benefício anterior, e que a presunção de veracidade do referido ato não poderia ser infirmada por alegações aduzidas somente depois de passados anos do deferimento. 2. Interposição de incidente de uniformização pela parte ré, sob a alegação de que esse entendimento contraria posição firmada pelas Turmas Recursais do Paraná e de Santa Catarina, no sentido de que compete ao juiz, quando da análise da concessão de benefício previdenciário, apreciar os requisitos exigidos para tanto, mesmo que não tenham sido controvertidos no processo administrativo ou judicial. 3. Incidente não admitido na origem, sob o argumento de que as questões fáticas não são passíveis de uniformização, não tendo sido demonstrada a divergência nos estritos termos do art. 14, da Lei nº 10.259/01. 4. O incidente de uniformização, todavia, com a devida vênia, merece ser conhecido. Com efeito, diferentemente do entendimento firmado pelo D. Coordenador das Turmas Recursais da Bahia, não foi suscitada nenhuma controvérsia a respeito dos fatos discutidos no processo, mas sim sobre o direito aplicável a tais fatos. Ademais o dissídio jurisprudencial está bem caracterizado pelos acórdãos cotejados. Cabível, portanto, o incidente de uniformização para definição da legislação federal aplicável ao caso concreto. 5. Discute-se nos autos se o benefício previdenciário concedido pela administração mediante erro, por não estar presente um de seus requisitos legais quando da data do requerimento, poderá ou não ser revogado ou anulado posteriormente e, em caso positivo, quais seriam as consequências do desfazimento do ato. É consabido que a concessão do benefício previdenciário traz consigo efeitos reflexos, tais como a manutenção da qualidade de segurado, independentemente do recolhimento de contribuições, enquanto perdurar o gozo do benefício, nos termos do art. 15, inc. I da Lei n. 8.213/91, assim como nos prazos previstos nos demais incisos do referido artigo, se presentes as condições ali especificadas. 6. O ato de concessão do benefício previdenciário traduz-se em ato administrativo vinculado, o que significa que terá que se pautar pelos estritos ditames da lei, não podendo o agente da administração impor requisitos não previstos na legislação previdenciária, tampouco deixar de observar aqueles que são expressamente previstos. Partindo dessa premissa, a resposta à primeira indagação parece óbvia no sentido de que, conforme já pacificado pelo Supremo Tribunal Federal por meio das Súmulas 346 e 473, e posteriormente sacramentado em lei, o benefício previdenciário poderá ser cancelado, mediante o reconhecimento da nulidade do ato de concessão, pela ausência de um dos requisitos previstos em lei. Passo, portanto, a análise da segunda indagação. 7. A anulação do ato administrativo consiste na declaração de invalidade de um ato administrativo ilegítimo ou ilegal, feita pela própria Administração ou pelo Poder Judiciário. Opera com efeitos ex tunc, desfazendo todos os vínculos entre as partes e obrigando-as à reposição das coisas ao status quo ante, como se o ato nunca tivesse ocorrido. Desfaz todas as relações constituídas, apagando definitivamente a existência dos efeitos jurídicos passados. **Na esteira desse raciocínio, se após concedido o benefício vier a ser constatada, seja pela Administração, seja pelo Poder Judiciário, a ausência de um dos seus requisitos legais, impõe-se a declaração da nulidade do ato, com efeitos ex tunc, ou seja, como se ele nunca tivesse existido. Por consequência, não há de se cogitar v.g. da manutenção da qualidade de segurado ou da contagem do respectivo tempo para efeito de aposentadoria.** 8. Esse poder-dever da Administração e do Poder Judiciário, de rever o ato de concessão do benefício previdenciário não é, todavia, ilimitado no tempo, estando sujeito à decadência administrativa nos termos do art. 54 da Lei 9.784, de 29/01/1999, aplicável à espécie enquanto não havia disposição específica sobre o tema na legislação previdenciária, e nos termos do art. 103-A da Lei nº 8.213/91, incluído pela Medida Provisória nº138, de 19/11/2003, posteriormente convertido na Lei nº 10.839/2004. Destaco que, nos termos do PEDILEF nº 2009.71.57006520-0/RS, (DOU 1º/03/2013) de que foi Relator o eminente Juiz Federal Rogério Moreira Alves, eleito como representativo de controvérsia, o direito da Previdência Social de anular os atos administrativos de que decorram efeitos favoráveis para os seus beneficiários decai em dez anos, mesmo quando o ato de concessão do benefício tenha antecedido o início da vigência da norma jurídica que aumentou o prazo de cinco para dez anos. 9. No caso dos autos, nota-se que o acórdão recorrido contrariou toda essa orientação, partindo da premissa, data vênia equivocada, de que, ao conceder o benefício a Autarquia já teria examinado a qualidade de segurado e, por ser tal ato dotado de presunção de legitimidade, não poderia ser infirmada por alegações ulteriores. O acórdão deixou de apreciar, no entanto, a questão da decadência, ou seja, se já teria a Administração decaído ou não do direito de revisar o referido ato. **10. Ante todo o exposto, voto no sentido de que seja o Incidente de uniformização de jurisprudência conhecido e parcialmente provido para: a) estabelecer a premissa de que compete ao Poder Judiciário o dever de examinar a legalidade do ato de concessão do benefício previdenciário, aferindo se todos os seus requisitos legais se encontram presentes, ainda que a Administração já o tenha feito;** b) determinar o retorno dos autos à Turma de origem para adequação do acórdão proferido em embargos de declaração à orientação acima expendida. 11. Julgamento realizado de acordo com o art. 7º, VII, a), do RITNU, servindo como representativo de controvérsia" (TNU, PEDILEF 200933007013030, de 12/03/2014).

Vale registrar que a concessão judicial do auxílio-doença não impede a revisão administrativa do benefício pelo INSS, independentemente de ordem judicial. Logo, caso o Poder Judiciário conceda um benefício por incapacidade, deve a autarquia previdenciária promover a reavaliação administrativa para verificar se a incapacidade laborativa persiste.

Caso entenda o INSS que o segurado recuperou a sua capacidade laboral, não é necessária autorização judicial para o cancelamento do auxílio-doença. Nesse sentido, a TNU:

"PREVIDENCIÁRIO. BENEFÍCIO POR INCAPACIDADE. POSSIBILIDADE DE REVISÃO ADMINISTRATIVA. CURSO DA DEMANDA. ART. 71 DA LEI 8.212/91. ART. 101 DA LEI 8.213/91. PEDIDO DE UNIFORMIZAÇÃO PROVIDO. REPRESENTATIVO DE CONTROVÉRSIA. ART. 7º DO RITNU. 1. O INSS, ora recorrente, pretende a modificação do acórdão que, confirmando a sentença por seus próprios fundamentos, determinou que o prazo para a reavaliação periódica do benefício de auxílio-doença fosse iniciado a partir do trânsito em julgado da decisão final. Argumenta que o prazo estipulado pelo art. 71 da Lei 8.212/91 deve ser contado a partir da perícia e não do trânsito em julgado. Cita como paradigma o recurso n. 2007.36.00.703003-5, oriundo da Turma Recursal de Mato Grosso. 2. Inicialmente, o incidente foi inadmitido pelo Presidente desta Turma, que entendeu incidir na espécie a Questão de Ordem 3 deste colegiado, em razão de suposta ausência de indicação da fonte da qual extraído o aresto paradigma. Entretanto, em virtude de embargos declaratórios interpostos pelo INSS, a questão foi revista e o pedido, aceito, por restar configurada a divergência nacional. 3. Razão assiste ao recorrente. **Dispõe o art. 71 da Lei 8.212/91 que o INSS deve rever os benefícios previdenciários, ainda que concedidos judicialmente, para verificar se persistem as condições clínicas que levaram ao seu deferimento. Já o art. 101 da Lei 8.213/91 impõe a obrigatoriedade de o segurado em gozo de auxílio-doença e aposentadoria por invalidez submeter-se a exame médico disponibilizado pela Previdência Social, sob pena de suspensão do benefício. 4. Dessa forma, ainda que se trate de benefício deferido judicialmente, o titular deve ser convocado pelo INSS, na forma prevista em norma regulamentadora, para comparecer na repartição e passar por nova perícia, na qual será aferido se persistem os motivos que autorizaram a concessão. Poder-se-ia argumentar que o deferimento judicial justificaria um tratamento diferenciado, por ter o segurado sido avaliado por um perito imparcial, auxiliar do juízo, que concluiu pela incapacidade. Todavia, não há razão para a distinção. A uma, porque a lei não o fez; ao contrário, deixou claro que o benefício concedido judicialmente deveria ser reavaliado. A duas, porque a avaliação médica não se distingue, mesmo se o médico for servidor do INSS, tendo em vista a sua vinculação com a ciência médica e os protocolos de saúde, que são únicos para todo profissional da medicina. 5. É de se registrar que o INSS não convoca os beneficiários para a revisão considerando a doença de que são acometidos, mas pelo tipo de benefício: se se trata de auxílio-doença, a cada seis meses; se aposentadoria por invalidez, a cada dois anos. Isso diminui a carga da pessoalidade que pode causar ruído na aferição da incapacidade, como já ocorreu no passado, quando certas doenças eram mal vistas pela Administração previdenciária, que impunha revisão em prazos curtíssimos.** 6. No caso em exame, é de se constatar que o acórdão recorrido contrariou o conteúdo da norma prevista no art. 71 da Lei 8.212/91, já que proibiu o INSS de rever administrativamente o benefício de auxílio-doença até o trânsito em julgado da decisão. 7. Julgamento de acordo com o art. 46 da Lei 9.099/95. 8. Incidente conhecido e provido para (i) firmar a tese de que a concessão judicial de benefício previdenciário não impede a revisão administrativa pelo INSS, na forma prevista em norma regulamentadora, mesmo durante o curso da demanda; (ii) decotar a parte do acórdão que manteve a sentença e autorizou a revisão do benefício somente após o trânsito em julgado da decisão final. 9. Julgamento realizado de acordo com o art. 7º, VII, a), do RITNU, servindo como representativo de controvérsia" (PEDIDO 50005252320124047114, de 17/05/2013).

Vale frisar que a revisão administrativa decorrente de concessão judicial do auxílio-doença é regida pela Portaria INSS/AGU 04, de 10 de setembro de 2014, que revogou expressamente a famosa Orientação Interna INSS/PFE/DIRBEN 76/2003, que disciplinou o tema por mais de uma década.

É certo que o INSS não poderá descumprir a coisa julgada, mas é igualmente certo que a coisa julgada submete-se à cláusula *rebus sic stantibus*, pois a alteração fática permite a revisão administrativa pelo INSS nos casos de recuperação da capacidade laborativa do segurado em gozo do auxílio-doença, respeitado o Princípio do Contraditório.

Nesse sentido, as ações de assistência técnica e de revisão administrativa dos benefícios judiciais deverão ser coordenadas regionalmente por Perito Médico Previdenciário, Supervisor Médico Pericial ou Médico Perito da Previdência Social especificamente indicado para o encargo.

Com efeito, os benefícios implantados por força de decisão judicial devem ser revisados preferencialmente após **06 meses** da implantação judicial ou trânsito em julgado para o benefício do auxílio-doença, salvo fato novo.

Demais disso, em se tratando de benefício concedido por decisão judicial ainda não transitada em julgado, uma vez constatada a existência de alguma causa que enseja a cessação do benefício, como a recuperação da capacidade laborativa ou o retorno à atividade laboral, dentre outras, o INSS encaminhará relatório circunstanciado da situação, acompanhado dos documentos necessários à compreensão do caso, ao órgão de execução da Procuradoria-Geral Federal, para manifestação.

Se da análise dos documentos encaminhados pelo INSS restar constatada a existência de alguma causa que enseja a cessação do benefício, caberá ao órgão de execução da PGF solicitar ao juízo competente a cessação do benefício, ou, se for o caso, comunicar ao juízo competente a cessação do benefício, caso exista posicionamento jurisdicional local pela possibilidade de cessação administrativa na hipótese verificada no caso concreto, orientando o INSS a adotar as providências necessárias.

A revisão administrativa dos benefícios previdenciários ou assistenciais concedidos judicialmente é aquela realizada pelos peritos médicos ou assistentes sociais da previdência social com o intuito de verificar, exclusivamente, a manutenção da incapacidade laboral ou da deficiência definida pelo perito judicial e reconhecida na decisão judicial.

Para a realização da revisão administrativa do benefício deverão estar disponíveis os laudos da perícia judicial e a decisão que determinou a concessão do benefício.

As questões relativas à Data do Início da Incapacidade (DII) e ao diagnóstico médico atestado pelo perito judicial, quanto aos seus efeitos sobre a carência e a qualidade de segurado, somente podem ser debatidas nas atividades relativas à assistência técnica, não devendo ser tratadas na revisão administrativa.

Isso porque a apreciação judicial se referiu a fatos pretéritos e a decisão está acobertada pelo manto da coisa julgada, devendo a revisão administrativa se limitar a fatos novos supervenientes, a exemplo da recuperação superveniente da capacidade laboral.

Nos casos de processos não transitados em julgado, se o perito médico ou o assistente social tiver conhecimento, na revisão administrativa, de fatos novos relevantes para a solução da lide, deverá registrá-los no laudo médico pericial ou no parecer social da revisão administrativa para fundamentar sua decisão, demonstrando eventual persistência, cessação, atenuação ou agravamento da situação que ensejou a concessão judicial.

A cessação do benefício concedido judicialmente pode ocorrer nas seguintes hipóteses:

> I – cumprimento de decisão judicial que a determine;
>
> II – fixação expressa da Data de Cessação do Benefício (DCB) na decisão judicial;
>
> III – em cumprimento de orientação exarada em manifestação jurídica do órgão de execução da Procuradoria-Geral Federal; e
>
> IV – nos casos em que houver trânsito em julgado e que a revisão administrativa concluir pela recuperação da capacidade laborativa/cessação do impedimento de longo prazo, bem como a superação das condições que ensejaram a concessão do benefício judicial.

11. LIMBO TRABALHISTA/PREVIDENCIÁRIO

Questão bastante comum e polêmica ocorre quando o INSS cessa o benefício do auxílio-doença por julgar que o segurado empregado encontra-se apto ao trabalho, mas a empresa não aceita o seu retorno, por julgar que a incapacidade laborativa persiste, com base em parecer do departamento médico da empresa.

Esta questão não tem previsão legal expressa, mas se entende que a princípio deverá prevalecer o entendimento do INSS, cristalizado em ato administrativo dotado de presunção de veracidade e de legitimidade.

Assim sendo, caso discorde do posicionamento da autarquia previdenciária, tem interesse de agir a empresa em questionar a lisura do ato da Previdência

Social na via administrativa ou judicial, mas não poderá simplesmente negar-lhe execução sem a adoção das providências legais.

Nesse sentido, vale colacionar julgado do TRT da 3ª Região:

> "45 LAUDO MÉDICO
>
> DIVERGÊNCIA – AUXÍLIO-DOENÇA – DIVERGÊNCIA ENTRE OS LAUDOS DO INSS E DO MÉDICO DO TRABALHO. **Não pode o empregador transferir ao empregado o risco do seu empreendimento. Se o INSS considera a empregada apta ao trabalho e o empregador, não concordando com o laudo do Instituto, impede o retorno da obreira, deve impetrar as medidas cabíveis, administrativas e judiciais, a fim de dirimir a questão junto ao Órgão Previdenciário, prevenindo futuras controvérsias, sob pena de arcar com o respectivo pagamento.** (TRT 3ª R 8ª Turma 00536-2004-129-03-00-0 RO Rel. Juiz Heriberto de Castro DJMG 29/01/2005 P.09)[15].

Inclusive, durante o LIMBO, há posicionamento do TST determinando que a empresa mantenha o pagamento dos salários até a sua resolução:

> **"O caso dos autos diz respeito à situação em que se configura um impasse entre a avaliação perpetrada pelo perito do INSS, que considera o trabalhador apto ao trabalho, e o perito médico do trabalho, que entende que o empregado não tem condições de voltar a trabalhar. Trata-se de situação que é denominada pela doutrina de "limbo-jurídico-previdenciário", que se caracteriza por ser um período no qual o empregado deixa de receber o benefício previdenciário, e também não volta a receber os seus salários. A esse respeito, o entendimento predominante no âmbito desta Corte é no sentido de que a responsabilidade pelo pagamento dos salários é do empregador. Precedentes. Recurso de Revista conhecido e não provido" (TST, RR n.º 2690-72.2015.5.12.0048, 4ª Turma, Rel. Min. Maria de Assis Calsing, 10/03/2017).**

- **Recomendações seguras para a empresa, caso discorde do INSS:**
- 1- Pagar os salários após a DCB do auxílio-doença;
- 2- Tentar realocar o segurado na empresa em alguma função compatível com a condição clínica;
- 3- Pegar declaração do segurado que este entende estar incapacitado;
- 4- Assinar termo juntamente com o segurado que o pagamento do salário é uma espécie de empréstimo social, devendo ser restituído integralmente caso haja o pagamento administrativo ou judicial do auxílio-doença no período, sob pena de enriquecimento sem causa do segurado.

---

15. BOLETIM DE LEGISLAÇÃO E JURISPRUDÊNCIA DO TRIBUNAL REGIONAL DO TRABALHO DA 3ª REGIÃO – MG. Volume 26.

Durante a percepção do auxílio-doença, o segurado deverá se afastar do exercício da atividade laboral para a qual se encontra incapacitado a fim de se recuperar, ou para ser reabilitado para outra profissão, se for o caso.

No entanto, no caso de indeferimento irregular do benefício pelo INSS, não raro muitos segurados persistem trabalhando mesmo não possuindo condições de fazê-lo, inclusive com prejuízo da sua saúde, a fim de manter o seu sustento e da família.

Excepcionalmente, nestes casos de erro administrativo da autarquia previdenciária, quando o segurado obtém a condenação judicial do benefício por incapacidade, é possível que durante um interstício haja a cumulação de percepção de remuneração com benefício por incapacidade. Nesse sentido, a Súmula 72, da TNU:

> **Súmula 72 – "É possível o recebimento de benefício por incapacidade durante período em que houve exercício de atividade remunerada quando comprovado que o segurado estava incapaz para as atividades habituais na época em que trabalhou".**

Veja-se um dos precedentes que ensejaram a aprovação da citada súmula:

> "PREVIDENCIÁRIO. CONCESSÃO DE APOSENTADORIA POR INVALIDEZ. TRABALHO EXERCIDO NO PERÍODO EM QUE RECONHECIDO INCAPACIDADE LABORAL PELA PERÍCIA MÉDICA. DIREITO AO BENEFÍCIO DESDE O INCORRETO CANCELAMENTO PELO INSS. **1. Embora não se possa receber, concomitantemente, salário e benefício, o trabalho exercido pelo segurado no período em que estava incapaz decorre da necessidade de sobrevivência, com inegável sacrifício da saúde do obreiro e possibilidade de agravamento do estado mórbido. 2. O benefício por incapacidade deve ser concedido desde o indevido cancelamento, sob pena de o Judiciário recompensar a falta de eficiência do INSS na hipótese dos autos, pois, inegavelmente, o benefício foi negado erroneamente pela perícia médica da Autarquia.** 3. Incidente conhecido e provido" (PEDIDO 200872520041361, de 17/03/2011).

No âmbito da PGF, deve ser observado pelos Procuradores Federais a Orientação Judicial Conjunta **00004/2019/DEPCONT/CGCOB/PFE-INSS/PGF/AGU:**

> "Os órgãos de execução da Procuradoria-Geral Federal a observarem as orientações e procedimentos abaixo explicitados nas ações judiciais que têm por objeto a concessão de aposentadoria por invalidez e auxílio-doença, quando verificada a percepção concomitante da prestação previdenciária e de remuneração decorrente de labor.
>
> Os órgãos de execução da PGF que atuam na defesa do INSS em juízo devem adotar as medidas processuais necessárias à realização do *encontro de contas*, de

forma que seja realizada a compensação dos valores por ocasião do pagamento na via judicial, nos casos em que se verifique, ao longo do processo judicial, que o segurado percebeu aposentadoria por invalidez ou auxílio-doença, em período no qual auferiu concomitantemente rendimento laboral, quando essa acumulação for vedada pela legislação.

A decisão transitada em julgado que não contenha vedação ao ressarcimento ao erário não constitui óbice ao manejo da impugnação ao longo da execução contra a Fazenda Pública que visa à compensação dos valores em face do montante cobrado pelo exequente, cabendo utilizar os embargos à execução no rito ordinário ou a impugnação no âmbito do Juizado Especial Federal, bem como outras medidas tais como objeção de executividade ou mandado de segurança, quando preclusa a oportunidade de oferecimento dos embargos ou da impugnação.

Não sendo possível impedir o pagamento de precatório ou RPV que contemple parcelas de benefício previdenciário por incapacidade relativas ao período de labor, e não havendo decisão judicial que afaste a obrigação do segurado efetuar o ressarcimento ao erário, o procurador oficiante no feito deve formar dossiê com as informações necessárias à cobrança administrativa e encaminhá-lo à Agência da Previdência Social local, para que sejam adotadas as providências previstas no art. 115 da Lei 8.213/91 e demais atos normativos de regência.

Com o objetivo de prevenir a realização de acordos judiciais com o desconhecimento de fatos relacionados à atividade laboral do segurado, seja pela ausência de informações nos sistemas informatizados no momento da celebração do acordo, seja pela não realização da consulta aos sistemas pelos mais diversos motivos, os órgãos de execução da PGF devem incluir, nos termos de acordo judicial, cláusula que permita a exclusão dos valores devidos ao segurado em relação ao período em que esteve exercendo atividade laborativa, cuja acumulação é vedada pela legislação.

Considerando o Enunciado nº 72 da Turma Nacional de Uniformização dos Juizados Especiais Federais, no sentido de que *"É possível o recebimento de benefício por incapacidade durante período em que houve exercício de atividade remunerada quando comprovado que o segurado estava incapaz para as atividades habituais na época em que trabalhou"*, os órgãos de execução da PGF que atuam junto aos Juizados Especiais Federais, devem interpor Incidente de Uniformização de Jurisprudência perante o Superior Tribunal de Justiça, nos casos em que o entendimento desta Corte (Recurso Especial nº 1.650.032-SP e Recurso Especial nº 1.587.730 – SC) não for adotado no âmbito dos JEFs".

O **STJ** firmou tese na mesma linha da TNU no **tema 1.013**:

Tema/ Repetitivo	1013	Situação do Tema	Acórdão Publicado	Órgão Julgador	PRIMEIRA SEÇÃO			Assuntos
Questão submetida a julgamento	Possibilidade de recebimento de benefício por incapacidade do Regime Geral de Previdência Social de caráter substitutivo da renda (auxílio-doença ou aposentadoria por invalidez) concedido judicialmente em período de abrangência concomitante ao que o segurado estava trabalhando e aguardando o deferimento do benefício.							
Tese Firmada	**No período entre o indeferimento administrativo e a efetiva implantação de auxílio-doença ou de aposentadoria por invalidez, mediante decisão judicial, o segurado do RPGS tem direito ao recebimento conjunto das rendas do trabalho exercido, ainda que incompatível com sua incapacidade laboral, e do respectivo benefício previdenciário pago retroativamente.**							
Anotações Nugep	Afetação na sessão eletrônica iniciada em 15/5/2019 e finalizada em 21/5/2019 (Primeira Seção). **Vide Controvérsia n. 63/STJ**. Vide Súmula 72 TNU "é possível o recebimento de benefício por incapacidade durante período em que houve exercício de atividade remunerada quando comprovado que o segurado estava incapaz para as atividades habituais na época em que trabalhou".							
Informações Complementares	Há determinação de suspensão do processamento de todos os processos pendentes, individuais ou coletivos, que versem acerca da questão delimitada e tramitem no território nacional (acórdão publicado no DJe de 3/6/2019).							
Ramo do Direito	DIREITO PREVIDENCIÁRIO							
Processo	**Tribunal de Origem**	RRC	**Relator**	**Data de Afetação**	**Julgado em**	**Acórdão Publicado em**	**Embargos de Declaração**	Trânsito em Julgado
REsp 1786590/SP	TRF3	Não	HERMAN BENJAMIN	03/06/2019	24/06/2020	01/07/2020	-	-
REsp 1788700/SP	TRF3	Não	HERMAN BENJAMIN	03/06/2019	24/06/2020	01/07/2020	-	-

Desta forma, na situação de erro administrativo da autarquia consistente no indeferimento indevido de benefício por incapacidade laboral quando o segurado estiver inapto ao labor, no interstício "**entre o indeferimento administrativo e a efetiva implantação de auxílio-doença ou de aposentadoria por invalidez, mediante decisão judicial, o segurado do RPGS tem direito ao recebimento conjunto das rendas do trabalho exercido, ainda que incompatível com sua incapacidade laboral, e do respectivo benefício previdenciário pago retroativamente**".

A tese se afigura razoável, pois houve erro administrativo e o segurado laborou em estado de necessidade, podendo inclusive ter comprometido a sua recuperação.

Por outro lado, após a implantação do auxílio por incapacidade temporária, passa a ser indevida a acumulação, sendo dever do INSS suspender o benefício se após a implantação o segurado seguir desenvolvendo atividade laboral remunerada, haja vista já estar amparado pelo benefício por incapacidade laboral.

Ao analisar o voto do Ministro Herman de Benjamin, é possível delimitar com precisão a situação fática tratada pela tese:

"Os fatos constatados no presente Recurso Especial consistem cronologicamente em:

a) o segurado teve indeferido benefício por incapacidade (auxílio-doença ou aposentadoria por invalidez) na via administrativa;

b) para prover seu sustento, trabalhou após o indeferimento e entrou com ação judicial para a concessão de benefício por incapacidade;

c) a ação foi julgada procedente para conceder-lhe o benefício desde o requerimento administrativo, o que acabou por abranger o período de tempo em que continuou trabalhando; e

d) o debate, travado ainda na fase ordinária, consiste no entendimento do INSS de que o benefício por incapacidade concedido judicialmente não pode ser pago no período em que o segurado estava trabalhando, ante seu caráter substitutivo da renda e à luz dos arts. 42, 46 e 59 da Lei 8.213/1991.

A presente controvérsia e, consequentemente, a tese repetitiva que for fixada não abrangem as seguintes hipóteses:

a) o segurado está recebendo benefício por incapacidade regularmente e passa a exercer atividade remunerada incompatível com sua incapacidade; e

b) o INSS alega somente o fato impeditivo do direito (o exercício de trabalho pelo segurado) na fase de cumprimento da sentença".

Destarte, a tese não se aplica quando a atividade laboral remunerada é exercida com o benefício por incapacidade já ativo, situação na qual a autarquia está autorizada a suspendê-lo, por acumulação indevida.

Ademais, não se aplica quando o debate não foi tratado na fase de conhecimento do processo judicial, mas apenas levantado em sede de execução.

Dessa forma, **a regra é a inacumulabilidade da percepção conjunta do auxílio por incapacidade temporária com remuneração decorrente da mesma atividade laboral, salvo na situação excepcional admitida no tema 1.013 do STJ.**

Pela acuidade, vale a pena transcrever outra passagem do voto do Ministro Benjamin:

> "Apresentado esse panorama legal sobre o tema, é importante estabelecer o ponto diferencial entre a hipótese fática dos autos e aquela tratada na lei: aqui o segurado requereu o benefício, que lhe foi indeferido, e acabou trabalhando enquanto não obteve seu direito na via judicial; já a lei trata da situação em que o benefício é concedido, e o segurado volta a trabalhar.
>
> A presente controvérsia trata de caso, portanto, em que falhou a função substitutiva da renda, base da cobertura previdenciária dos benefícios auxílio-doença e aposentadoria por invalidez.
>
> O provimento do sustento do segurado não se materializou, no exato momento da incapacidade, por falha administrativa do INSS, que indeferiu incorretamente o benefício, sendo inexigível do segurado que aguarde a efetivação da tutela jurisdicional sem que busque, pelo trabalho, o suprimento da sua subsistência.
>
> Por culpa do INSS, resultado do equivocado indeferimento do benefício, o segurado teve de trabalhar, incapacitado, para prover suas necessidades básicas, o que doutrinária e jurisprudencialmente se convencionou chamar de sobre-esforço. A remuneração por esse trabalho é resultado inafastável da justa contraprestação pecuniária.
>
> Na hipótese, o princípio da vedação do enriquecimento sem causa atua contra a autarquia previdenciária, pois, por culpa sua – indeferimento equivocado do benefício por incapacidade –, o segurado foi privado da efetivação da função substitutiva da renda laboral, objeto da cobertura previdenciária, inerente aos mencionados benefícios.
>
> Como tempero do elemento volitivo do segurado, constata-se objetivamente que, ao trabalhar enquanto espera a concessão de benefício por incapacidade, está ele atuando de boa-fé, cláusula geral hodiernamente fortalecida na regência das relações de direito.
>
> Dessarte, enquanto a função substitutiva da renda do trabalho não for materializada pelo efetivo pagamento do auxílio-doença ou da aposentadoria por invalidez, é legítimo que o segurado exerça atividade remunerada para sua subsistência,

independentemente do exame da compatibilidade dessa atividade com a incapacidade laboral".

12. VIOLÊNCIA DOMÉSTICA E LEI MARIA DA PENHA

A Lei 11.340/2006 previu a manutenção do vínculo trabalhista por até seis meses quando necessário o afastamento do local de trabalho em favor da mulher em situação de violência doméstica e familiar:

> *"Art. 9º A assistência à mulher em situação de violência doméstica e familiar será prestada em caráter prioritário no Sistema Único de Saúde (SUS) e no Sistema Único de Segurança Pública (Susp), de forma articulada e conforme os princípios e as diretrizes previstos na Lei nº 8.742, de 7 de dezembro de 1993 (Lei Orgânica da Assistência Social), e em outras normas e políticas públicas de proteção, e emergencialmente, quando for o caso. (Redação dada pela Lei nº 14.887, de 2024)*
>
> *§ 1º O juiz determinará, por prazo certo, a inclusão da mulher em situação de violência doméstica e familiar no cadastro de programas assistenciais do governo federal, estadual e municipal.*
>
> *§ 2º O juiz assegurará à mulher em situação de violência doméstica e familiar, para preservar sua integridade física e psicológica:*
>
> *I - acesso prioritário à remoção quando servidora pública, integrante da administração direta ou indireta;*
>
> ***II - manutenção do vínculo trabalhista, quando necessário o afastamento do local de trabalho, por até seis meses".***

Trata-se de um ônus da empresa ou de benefício previdenciário a ser pago pelo INSS? Inexiste regulamentação até o presente momento.

O STJ criou uma nova hipótese de auxílio por incapacidade temporária não prevista na Lei 8.213/91 prevendo que o INSS deve arcar com a subsistência da mulher que tiver de se afastar do trabalho para se proteger de violência doméstica[16]:

> **DECISÃO**
>
> 18/09/2019 07:00
>
> Para Sexta Turma, INSS deve arcar com afastamento de mulher ameaçada de violência doméstica
>
> **A Sexta Turma do Superior Tribunal de Justiça (STJ) decidiu que o Instituto Nacional do Seguro Social (INSS) deverá arcar com a subsistência da mulher que tiver de se afastar do trabalho para se proteger de violência doméstica.** Para o colegiado – que acompanhou o voto do

16. http://www.stj.jus.br/sites/portalp/Paginas/Comunicacao/Noticias/Para-Sexta-Turma--INSS-deve--arcar-com-afastamento-de-mulher-ameacada-de-violencia-domestica.aspx.

relator, ministro Rogerio Schietti Cruz –, tais situações ofendem a integridade física ou psicológica da vítima e são equiparáveis à enfermidade da segurada, o que justifica o direito ao auxílio-doença, até mesmo porque a Constituição prevê que a assistência social será prestada a quem dela precisar, independentemente de contribuição.

No mesmo julgamento, a turma definiu que o juiz da vara especializada em violência doméstica e familiar – e, na falta deste, o juízo criminal – é competente para julgar o pedido de manutenção do vínculo trabalhista, por até seis meses, em razão de afastamento do trabalho da vítima, conforme previsto no **artigo 9º**, parágrafo 2º, inciso II, da Lei Maria da Penha (Lei 11.340/2006).

A manutenção do vínculo de emprego é uma das medidas protetivas que o juiz pode tomar em favor da mulher vítima de violência, mas, como destacou o ministro Rogerio Schietti, a lei não determinou a quem cabe o ônus do afastamento – se seria responsabilidade do empregador ou do INSS – nem esclareceu se é um caso de suspensão ou de interrupção do contrato de trabalho.

Natureza jurídica

Schietti explicou que, nos casos de suspensão do contrato – como faltas injustificadas e suspensão disciplinar, por exemplo –, o empregado não recebe salários, e o período de afastamento não é computado como tempo de serviço. Já nos casos de interrupção – férias, licença-maternidade, os primeiros 15 dias do afastamento por doença e outras hipóteses –, o empregado não é obrigado a prestar serviços, porém o período é contado como tempo de serviço e o salário é pago normalmente.

"A natureza jurídica de interrupção do contrato de trabalho é a mais adequada para os casos de afastamento por até seis meses em razão de violência doméstica e familiar, ante a interpretação teleológica da Lei Maria da Penha, que veio concretizar o dever assumido pelo Estado brasileiro de proteção à mulher contra toda forma de violência (artigo 226, parágrafo 8º, da Constituição Federal)", declarou o relator.

Lacuna normativa

Quanto ao ônus da medida protetiva, o magistrado ressaltou que o legislador não incluiu o período de afastamento previsto na Lei Maria da Penha entre as hipóteses de benefícios previdenciários listadas no **artigo 18** da Lei 8.213/1991, o que deixou no desamparo as vítimas de violência. **"A vítima de violência doméstica não pode arcar com danos resultantes da imposição de medida protetiva em seu favor. Ante a omissão legislativa, devemos nos socorrer da aplicação analógica, que é um processo de integração do direito em face da existência de lacuna normativa" – afirmou, justificando a adoção do auxílio-doença. Conforme o entendimento da turma, os primeiros 15 dias de afastamento devem ser pagos diretamente pelo empregador, e os demais, pelo INSS.**

Documentação

O colegiado definiu também que, para comprovar a impossibilidade de comparecer ao local de trabalho, em vez do atestado de saúde, a vítima deverá apresentar o documento de homologação ou a determinação judicial de afastamento em decorrência de violência doméstica. Os ministros estabeleceram ainda que a empregada terá direito ao período aquisitivo de férias, desde o afastamento – que, segundo a própria lei, não será superior a seis meses.

"Em verdade, ainda precisa o Judiciário evoluir na otimização dos princípios e das regras desse novo subsistema jurídico introduzido em nosso ordenamento com a Lei 11.340/2006, vencendo a timidez hermenêutica", disse Schietti.

Competência

O recurso julgado na Sexta Turma foi interposto por uma mulher contra decisão do Tribunal de Justiça de São Paulo (TJSTJ) que não acolheu seu pedido de afastamento do emprego em razão de violência doméstica. O pedido já havia sido negado na primeira instância, que entendeu ser o caso de competência da Justiça do Trabalho.

A vítima alegou que sofria ameaças de morte de seu ex-companheiro e que já havia conseguido o deferimento de algumas medidas protetivas, mas ainda se sentia insegura. Como não havia casa de abrigo em sua cidade, mudou-se e deixou de comparecer ao emprego.

Ao STJ, ela pediu o reconhecimento da competência da Justiça comum para julgar o caso, além da manutenção do vínculo empregatício durante o período em que ficou afastada, com a consequente retificação das faltas anotadas em seu cartão de ponto.

Situação emergencial

Em seu voto, o ministro Schietti ressaltou que o motivo do afastamento em tais situações não decorre de relação de trabalho, mas de situação emergencial prevista na Lei Maria da Penha com o objetivo de garantir a integridade física, psicológica e patrimonial da mulher; por isso, o julgamento cabe à Justiça comum, não à trabalhista.

"No que concerne à competência para apreciação do pedido de imposição da medida de afastamento do local de trabalho, não há dúvidas de que cabe ao juiz que anteriormente reconheceu a necessidade de imposição de medidas protetivas apreciar o pleito", concluiu.

Com o provimento do recurso, o juízo da vara criminal que fixou as medidas protetivas a favor da vítima deverá apreciar seu pedido retroativo de afastamento. Caso reconheça que a mulher tem direito ao afastamento previsto na Lei Maria da Penha, deverá determinar a retificação do ponto e expedir ofício à empresa e ao INSS para que providenciem o pagamento dos dias.

Em razão do sigilo do caso, não foi divulgado o número do recurso:

> *"RECURSO ESPECIAL ------------------------------------ RELATOR : MINISTRO ROGERIO SCHIETTI CRUZ RECORRENTE : M F F ADVOGADOS : DEFENSORIA PÚBLICA DO ESTADO DE SÃO PAULO ANDREA DA SILVA LIMA - DEFENSORA PÚBLICA - SP307009 RECORRIDO : MINISTÉRIO PÚBLICO DO ESTADO DE SÃO PAULO"*

A questão será julgada pelo STF no âmbito do **tema 1370** em sede de repercussão geral (RE 1520468):

> ***"Definições acerca da natureza jurídica previdenciária ou assistencial e da responsabilidade pelo ônus remuneratório decorrente da manutenção do vínculo trabalhista de mulheres vítimas de violência doméstica, quando necessário o afastamento de seu local de trabalho em razão da implementação de medidas protetivas por aplicação do art. 9º, § 2º, II, da Lei Maria da Penha (Lei nº 11.340/2006). Consequentemente, análise da competência do juízo estadual, no exercício da jurisdição penal, para a fixação da medida protetiva disposta no art. 9º, § 2º, II, da Lei nº 11.340/2006, inclusive no que concerne à determinação eventualmente dirigida ao INSS para que garanta o afastamento remunerado".***

Eis o caso concreto conforme relatado no Recurso Extraordinário da lavra do INSS:

"Trata-se de mandado de segurança em face de decisão do Juízo de Direito da 2ª Vara Criminal de Toledo/PR, que, nos autos de Medidas Protetivas de Urgência nº 0011810- 57.2022.8.16.0170, determinou a concessão de auxílio-doença à segurada ELIANE APARECIDA CAMPANHOLI nos seguintes termos: 4. OFICIE-SE o Instituto Nacional de Seguridade Social – INSS, requisitando que garanta à empregada ELIANE APARECIDA CAMPANHOLI, que possui vínculo trabalhista ativo com a empregadora Primato Cooperativa Agroindustrial (CNPJ 02.168.202/0017-30), o afastamento de suas atividades laborais desde 09/11/2022, por no mínimo 03 remunerado meses, sem prejuízo da possibilidade de prorrogação deste prazo. A requisição é embasada na necessidade de afastamento da empregada de seu local de trabalho em decorrência de violência doméstica e familiar, nos termos do art. 9, §2, da Lei 11.340/06, ensejando o dever estatal que a vítima seja assistida pela assistência social. A empresa empregadora já foi advertida do seu dever de manutenção do vínculo trabalhista e do ônus de pagamento dos primeiros 15 (quinze) dias de afastamento, ao passo em que o período subsequente deverá ser suportado pelo INSS, garantindo à assistida remuneração equânime ao seu salário. O INSS poderá exigir da empregada a submissão a perícia para fim de atestar a incapacidade laborativa. O cumprimento desta ordem judicial deverá ser comunicado para o juízo no prazo máximo de 5 (cinco) dias, sob pena de responsabilização dos prepostos da autarquia".

13. TEMAS FINAIS

A legislação previdenciária atual não fixa um prazo máximo para a manutenção do auxílio-doença, ao contrário do que se verificava na revogada Lei Orgânica da Previdência Social (Lei 3.807/1960)[17], mas é certo que não deverá permanecer ativo por muito tempo, visto que é precário por natureza.

De efeito, o auxílio-doença cessará com o retorno do segurado ao trabalho ou, caso necessite, com a sua reabilitação profissional. Caso contrário, a depender do caso concreto, deverá ser convertido em auxílio-acidente ou aposentadoria por incapacidade permanente, podendo, ainda, ser transformado em outra aposentadoria, caso o segurado já tenha preenchido os requisitos para tanto.

A alteração das atribuições e responsabilidades do segurado compatíveis com a limitação que tenha sofrido em sua capacidade física ou mental **não configura desvio de cargo ou função** do segurado reabilitado ou que estiver em processo de reabilitação profissional a cargo do INSS, nos termos da Lei 13.846/19.

Contudo, o entendimento administrativo expresso do INSS é pela vedação a transformação do auxílio-doença em aposentadoria por idade ou programada para requerimentos efetivados a partir de 31 de dezembro de 2008, data da publicação do Decreto nº 6.722, de 2008, haja vista a revogação do art. 55 do RPS[18].

17. Nessa época o auxílio-doença poderia durar, no máximo, 24 meses.

18. Artigo 329, da Instrução Normativa INSS 128/2022.

Certamente o que motivou a autarquia previdenciária a editar essa vedação é o fato de não aceitar o período de gozo de auxílio-doença para o cômputo da carência da aposentadoria por idade, ante a ausência do pagamento das contribuições previdenciárias, existindo jurisprudência dominante nos Tribunais Regionais Federais em sentido contrário, conforme explicitado no estudo da carência.

Vale salientar que ao segurado que exercer mais de uma atividade abrangida pela Previdência Social, e estando incapacitado para uma ou mais atividades, inclusive em decorrência de acidente do trabalho, **será concedido um único benefício.**

A Lei 13.135/2015 abriu a porta para a **terceirização da perícia médica do INSS**, até então privativa para os peritos-médicos previdenciários, servidores efetivos. Isso porque Nos casos de impossibilidade de realização de perícia médica pelo órgão ou setor próprio competente, assim como de efetiva incapacidade física ou técnica de implementação das atividades e de atendimento adequado à clientela da previdência social, o INSS poderia, sem ônus para os segurados, celebrar, nos termos do regulamento, convênios, termos de execução descentralizada, termos de fomento ou de colaboração, contratos não onerosos ou acordos de cooperação técnica para realização de perícia médica, por delegação ou simples cooperação técnica, sob sua coordenação e supervisão, **com órgãos e entidades públicos ou que integrem o Sistema Único de Saúde (SUS).**

No entanto, esta regra que constava do § 5º do artigo 60 da Lei 8.213/91 foi expressamente revogada pela Lei 13.846/2019, razão pela qual a aludida delegação não possui mais amparo normativo.

A regulamentação se deu por meio do Decreto 8.691, de 14 de março de 2016, no que concerne os benefícios por incapacidade laborativa, mais precisamente sobre perícia médica e atestados médicos particulares.

Como verdadeira novidade, **abriu-se a possibilidade de concessão de auxílio-doença sem perícia médica do INSS, fundamentado em documentação médica do segurado**, hipótese em que o benefício seria concedido com base no período de recuperação indicado pelo médico assistente, nas seguintes hipóteses: I – nos pedidos de prorrogação do benefício do segurado empregado; ou II – nas hipóteses de concessão inicial do benefício quando o segurado, independentemente de ser obrigatório ou facultativo, estiver internado em unidade de saúde.

No entanto, essa regra que não chegou a sofrer regulamentação pelo INSS restou revogada pelo Decreto 10.410/2020.

A Previdência Social deverá **processar de ofício o benefício**, quando tiver ciência da incapacidade do segurado sem que este tenha requerido auxílio-doença, na forma do artigo 76, do RPS.

No entanto, de acordo com a Súmula 28 do Conselho de Recursos da Previdência Social **(atual Enunciado 7, item VI)**, "não se aplica o disposto no artigo 76 do Regulamento da Previdência Social, aprovado pelo Decreto 3.048/99, para justificar a retroação do termo inicial do benefício auxílio doença requerido após o trigésimo dia do afastamento da atividade, nos casos em que a perícia médica do INSS fixar a data de início da incapacidade anterior à data de entrada do requerimento, tendo em vista que esta hipótese não implica em ciência pretérita da Previdência Social".

O segurado empregado em gozo de auxílio-doença será considerado pela empresa como licenciado, nos termos do artigo 476, da CLT[19]. O mesmo entendimento foi estendido ao empregado doméstico por força da LC 150/2015.

Ademais, a empresa que garantir ao segurado licença remunerada ficará obrigada a pagar-lhe durante o período de auxílio-doença a eventual diferença entre o valor deste e a importância garantida pela licença (**complemento de auxílio-doença**).

O auxílio-doença poderá ser comum (código B 31) ou acidentário (B 91), se decorrer de acidente de trabalho, doença profissional, do trabalho ou evento equiparado, uma vez emitida a Comunicação de Acidente de Trabalho ou reconhecido o nexo técnico epidemiológico entre a enfermidade e o exercício do labor.

Neste caso, após a cessação do benefício acidentário, o segurado terá garantido, pelo prazo mínimo de doze meses, a manutenção do seu contrato de trabalho na empresa, independentemente de percepção de auxílio-acidente, na forma do artigo 118, da Lei 8.213/91.

Nesse sentido, o entendimento sumulado do TST:

> "Súmula nº 378 do TST
>
> ESTABILIDADE PROVISÓRIA. ACIDENTE DO TRABALHO. ART. 118 DA LEI Nº 8.213/1991. (inserido item III) – Res. 185/2012, DEJT divulgado em 25, 26 e 27.09.2012
>
> I – É constitucional o artigo 118 da Lei nº 8.213/1991 que assegura o direito à estabilidade provisória por período de 12 meses após a cessação do auxílio-doença ao empregado acidentado. (ex-OJ nº 105 da SBDI-1 – inserida em 01.10.1997)
>
> II – São pressupostos para a concessão da estabilidade o afastamento superior a 15 dias e a conseqüente percepção do auxílio-doença acidentário, salvo se constatada, após a despedida, doença profissional que guarde relação de causalidade com a execução do contrato de emprego. (primeira parte – ex-OJ nº 230 da SBDI-1 – inserida em 20.06.2001)

19. Art. 476 – Em caso de seguro-doença ou auxílio-enfermidade, o empregado é considerado em licença não remunerada, durante o prazo desse benefício.

III – O empregado submetido a contrato de trabalho por tempo determinado goza da garantia provisória de emprego decorrente de acidente de trabalho prevista no art. 118 da Lei nº 8.213/91".

Vale frisar que após a Lei Complementar 150/2015 o segurado empregado doméstico passou a fazer jus ao auxílio-doença por acidente do trabalho. No entanto, a estabilidade provisória de 12 meses no emprego prevista no artigo 118, da Lei 8.213/91 não lhe foi estendida.

Isso porque se fosse a intenção do legislador estender a estabilidade provisória ao empregado doméstico teria também alterado a redação do artigo 118 da Lei 8.213/91, ainda se refere apenas a empregado e empresa, a e não a empregador doméstico e a empregado doméstico[20].

É facultado à empresa protocolar requerimento de auxílio por incapacidade temporária ou documento dele originário de seu empregado ou de contribuinte individual a ela vinculado ou a seu serviço, na forma estabelecida pelo INSS.

Ademais, nos termos do Decreto 10.410/2020, a empresa terá acesso às decisões administrativas de benefícios requeridos por seus empregados, resguardadas as informações consideradas sigilosas, na forma estabelecida em ato do INSS.

O auxílio-doença do segurado que exercer mais de uma atividade abrangida pela previdência social será devido mesmo no caso de incapacidade apenas para o exercício de uma delas, devendo a perícia médica ser conhecedora de todas as atividades que o mesmo estiver exercendo, podendo ser inferior a um salário mínimo, desde que somado às demais remunerações recebidas resultar valor superior a este.

Quando o segurado que **exercer mais de uma atividade** se incapacitar definitivamente para uma delas, **deverá o auxílio-doença ser mantido indefinidamente,** não cabendo sua transformação em aposentadoria por invalidez, enquanto essa incapacidade não se estender às demais atividades.

Por sua vez, havendo a perda da qualidade de segurado e fixada a DII após ter cumprido um meio (antiga regra de um terço) da carência exigida, caberá a concessão do benefício se, somadas às anteriores, totalizarem, no mínimo, a carência definida para o benefício.

No entanto, lembre-se que a regra de 1/3 foi revogada pela Medida Provisória 767/2017, convertida na Lei 13.457/2017, tendo sido substituída pela regra de

20. Art. 118. O segurado que sofreu acidente do trabalho tem garantida, pelo prazo mínimo de doze meses, a manutenção do seu contrato de trabalho na empresa, após a cessação do auxílio-doença acidentário, independentemente de percepção de auxílio-acidente.

1/2. **E que a regra de ½ foi revogada pela MP 871, a partir de 18/1/2019 (para DII a partir desta data)**. E restaurada pela Lei 13.846/19.

Caso o benefício do auxílio-doença seja negado pelo INSS por ausência de incapacidade laborativa poderia o segurado ofertar um Pedido de Reconsideração (PR), a teor do revogado artigo 304 da Instrução Normativa INSS 77/2015.

O PR era apreciado por meio de novo exame médico-pericial em face da apresentação de novos elementos por parte do segurado, podendo o PR ser realizado por qualquer perito médico, inclusive o responsável pela avaliação anterior.

O prazo para apresentação do PR era de até trinta dias, contados:

> I – da data de realização do exame de conclusão contrária, nos casos de perícia inicial;
>
> II – do dia seguinte à Data da Cessação do Benefício – DCB, ressalvada a existência de PP não atendido ou negado; e
>
> III – da data da realização do exame da decisão contrária do PP.

Por sua vez, não cabia interposição de Pedido de Reconsideração de decisão denegatória de outro PR, sendo que, no caso de indeferimento do PR, podia ser interposto recurso à JR/CRPS no prazo de até trinta dias, contados da comunicação da conclusão contrária.

No entanto, **o Pedido de Reconsideração (PR) foi extinto** pela Portaria 152, de 25 de agosto de 2016, da lavra do extinto Ministério do Desenvolvimento Social e Agrário, que estabeleceu prazo para a recuperação da capacidade para o trabalho de segurado do Regime Geral de Previdência Social, dispensada a realização de nova perícia.

No novo regramento não foi mais previsto o PR, sendo cabível recurso ao CRPS em 30 dias após o indeferimento do benefício, sua cessação ou negativa do PP:

> "Art. 1º Determinar que o Instituto Nacional do Seguro Social – INSS estabeleça, mediante avaliação médico-pericial quando do requerimento de auxílio-doença, o prazo que entender suficiente para a recuperação da capacidade para o trabalho do segurado do Regime Geral de Previdência Social, dispensando a realização de nova perícia.
>
> § 1º O segurado que não se considerar recuperado para o trabalho no prazo estabelecido poderá solicitar nova avaliação de sua capacidade laborativa, para fins de prorrogação do benefício, desde que requerida do décimo quinto dia que anteceder o termo final concedido até esse dia.
>
> § 2º O INSS disciplinará a aplicação do disposto neste artigo, num prazo de 15 (quinze) dias a contar da publicação deste ato.

> Art. 2º O segurado poderá interpor recurso à Junta de Recurso do Conselho de Recursos da Previdência Social – JR/CRPS, no prazo de trinta dias, conforme estabelece o art. 305 do Regulamento da Previdência Social, contados da data:
>
> I – em que tomar ciência do indeferimento do pedido de benefício;
>
> II – da cessação do benefício, quando não houver pedido de prorrogação;
>
> III – em que tomar ciência do indeferimento do pedido de prorrogação. Parágrafo único.

O INSS poderá, quando da análise do recurso interposto pelo segurado, reformar sua decisão e deixar, no caso de reforma favorável, de encaminhar o recurso à JR/CRPS".

Nos casos em que for constatada a incapacidade decorrente de doença diversa da geradora do benefício objeto do PP, com modificação do Código Internacional de Doenças – CID, da Data do Início da Doença – DID, e da Data do Início da Incapacidade – DII, justificando-se em campo próprio, a razão da mudança, deve-se observar:

> I – se a DID e a DII forem menores ou iguais à DCB e desde que atendida a exigência de carência, o benefício será restabelecido;
>
> II – se a DII for maior que a DCB e desde que atendida a exigência administrativa de carência, o PR ou PP será transformado em requerimento de novo benefício; e
>
> III – se a DID e a DII forem maiores que a DCB e não atendido o requisito de carência, o PR ou PP será transformado em requerimento de novo benefício, o qual será indeferido por falta de período de carência.

Nesse sentido, o artigo 340 da Instrução Normativa INSS 128/2022:

> "Art. 340. Constatada incapacidade decorrente de doença diversa da geradora do benefício objeto de pedido de prorrogação, com alteração do CID devidamente justificado, o pedido será transformado em requerimento de novo benefício, independente da data de fixação da DII, observando-se o cumprimento do requisito carência, se for o caso.
>
> Parágrafo único. A DIB e a DIP serão fixadas:
>
> I - no dia seguinte à DCB do primeiro auxílio por incapacidade temporária, se a DII for menor ou igual à data da cessação do benefício anterior; e
>
> II - na DII, se a DII for maior que a data da cessação do benefício anterior".

Desde o advento da Instrução Normativa INSS 63/2013, somente poderá ser realizado novo requerimento de benefício por incapacidade após trinta dias, contados da Data da Realização do Exame Inicial Anterior – DRE, ou da Data da Cessação do Benefício – DCB, ou da Data da Cessação Administrativa – DCA, conforme o caso, sistemática mantida pelo artigo 311 da Instrução Normativa INSS 77/2015.

Este novo dispositivo vem gerando polêmica, pois foi instituída uma trava de 30 dias que impede novo requerimento de benefício por incapacidade, podendo se afigurar ilegal se restritivo do direito do segurado ao benefício por incapacidade quando ocorrer nova causa antes de vencidos os trinta dias citados (acidente ou agravamento de doença ou lesão).

Mas depois em alguns anos a "trava" ganhou aceitação e desconheço jurisprudência firmada para afastá-la. Nesse sentido, foi conservada pela Instrução Normativa INSS 128/2022:

> "Art. 346. Somente poderá ser realizado novo requerimento de benefício por incapacidade após 30 (trinta) dias, contados da Data de Realização do Exame - DRE, ou da DCB, ou da Data de Cessação Administrativa - DCA, conforme o caso".

Na hipótese de DCB fixada judicialmente mediante acordo, passou a ser possível a formulação de PP administrativo com o advento da Portaria PGF 258/2016[21], que orienta a atuação dos órgãos de execução da Procuradoria-Geral Federal em relação aos processos que tratem da concessão ou restabelecimento de benefícios previdenciários por incapacidade de que trata a Lei 8.213/91 e estabelece diretrizes para a celebração de acordos judiciais e atuação recursal, sistemática mantida na Portaria PGF 24/2018.

A comprovação da incapacidade do trabalho dos segurados aeronautas, para fins de auxílio-doença, poderá ser subsidiada por avaliação da Diretoria de Saúde da Aeronáutica, mediante exame por Junta Mista Especial de Saúde da Aeronáutica – JMES, podendo a área médico-pericial do quadro permanente do INSS emitir seu parecer conclusivo com base em normas específicas da Diretoria de Saúde da Aeronáutica (art. 317, da revogada IN INSS 77/2015). No entanto, essa regra não foi reproduzida na IN INSS 128/2022 ou na Portaria INSS/DIRBEN 991/2022).

Considerando que o STJ, a nosso ver de modo equivocado, permite que o vereador possa acumular o subsídio com o benefício de aposentadoria por

---

21. Art. 12 Para efeito de acordo judicial, a proposta poderá indicar que, estabelecida a DCB, o segurado terá o seu benefício mantido até a referida data, **tendo a opção de solicitar administrativamente a prorrogação do benefício, entendendo o segurado que o estado de incapacidade laboral permanece**.

    § 1º Não solicitada a prorrogação do benefício, o mesmo será cessado na data prevista, independentemente de qualquer notificação ou de nova perícia.

    § 2º Solicitada a prorrogação pelo segurado, o benefício será mantido até a data da efetiva realização da perícia médica pelo INSS, podendo ser cessada se a perícia comprovar que o segurado não mais apresenta incapacidade laboral.

    § 3º No caso de o segurado retornar voluntariamente ao trabalho, o benefício por incapacidade poderá ser cessado, independentemente da DCB ou de realização de nova perícia, sem necessidade de qualquer consulta ou comunicação aos órgãos da PGF.

incapacidade permanente, a **TNU** admitiu a sua acumulação com o auxílio por incapacidade temporária ao julgar o **Tema 259**:

Tema	**259**	Situação do tema	Julgado		Ramo do direito	DIREITO PREVIDEN-CIÁRIO
Questão submetida a julgamento	Estabelecer se é possível a cumulação de benefício de auxílio-doença com o exercício de mandato eletivo de vereador.					
Tese firmada	**É possível a cumulação de benefício de auxílio-doença (auxílio por incapacidade temporária) com o exercício de mandato eletivo de vereador, desde que observado o disposto no § 7º do artigo 60 da Lei nº 8.213/91.**					
Processo		Decisão de afetação	Relator (a)	Julgado em	Acórdão publicado em	Trânsito em julgado
PEDILEF 5000657-46.2018.4.04.7219/SC		1º/6/2020	Juiz Federal Jairo da Silva Pinto	28/04/2021	30/04/2021	-

Somente não será admitida a acumulação do subsídio de vereador com o benefício de auxílio por incapacidade temporária na situação em que o afastamento já se deu já na condição de vereador.

Eis os principais pontos do voto vencedor da lavra do juiz Jairo da Silva Pinto:

> *"A jurisprudência do Superior Tribunal de Justiça vem, de há muito, repisando o entendimento da possibilidade de percepção cumulativa de proventos de aposentadoria por invalidez com subsídio decorrente de mandato eletivo, ao fundamento de que "o agente político não mantém vínculo profissional com a Administração Pública, exercendo temporariamente um munus público" por serem vínculos de natureza diversa, uma vez que a incapacidade para o trabalho não significa, necessariamente, invalidez para os atos da vida política.*
>
> *Ora, se há possibilidade de cumulação de proventos de aposentadoria por invalidez, que pressupõe estar o segurado incapaz e insusceptível de reabilitação para o exercício de atividade que lhe garanta a subsistência, com subsídio de mandato eletivo, com muito mais razão possível tal cumulação com benefício de auxílio doença (auxílio por incapacidade temporária), que é devido quando o segurado estiver incapacitado para o seu trabalho ou para a sua atividade habitual por mais de 15 (quinze) dias consecutivos, sem contornos de "definitividade".*
>
> *Definitividade, entre aspas, pois a aposentadoria por invalidez, embora tenha contornos de "definitividade", pode ser revista, de acordo com os critérios legalmente estabelecidos.*

Quanto à manifestação do IBDP, no sentido de que a cumulação de benefício de auxílio-doença com o exercício de mandato eletivo de vereador não seria permitido, caso o vínculo previdenciário que originou o benefício seja o próprio mandato eletivo, observo que a Lei nº 8.213/91 dispõe, expressamente, sobre a questão, nos seguintes termos:

Art. 60. O auxílio-doença será devido ao segurado empregado a contar do décimo sexto dia do afastamento da atividade, e, no caso dos demais segurados, a contar da data do início da incapacidade e enquanto ele permanecer incapaz. ***(Redação dada pela Lei nº 9.876, de 26.11.99)***

(...)

§ 6º O segurado que durante o gozo do auxílio-doença vier a exercer atividade que lhe garanta subsistência poderá ter o benefício cancelado a partir do retorno à atividade. ***(Incluído pela Lei nº 13.135, de 2015)***

§ 7º Na hipótese do § 6º, caso o segurado, durante o gozo do auxílio-doença, venha a exercer atividade diversa daquela que gerou o benefício, deverá ser verificada a incapacidade para cada uma das atividades exercidas. ***(Incluído pela Lei nº 13.135, de 2015)***

Nesse diapasão, para efeito de cumulação de benefício de auxílio-doença com o exercício de mandato eletivo, deve-se observar o disposto no parágrafo 7º do artigo 60 da Lei nº 8.213/91".

Entende-se que em caso de condenação judicial ao benefício por incapacidade laboral, comprovando-se o erro de o INSS em negá-lo, caso o segurado tenha vertido o recolhimento de contribuições previdenciárias, o que normalmente é feito por receio de perda da qualidade de segurado, será cabível a sua restituição do tributo, pois não realizado o seu fato gerador durante a configuração da incapacidade laboral.

O INSS editou a Resolução nº 588/PRES/INSS, de 31 de maio de 2017, que estabeleceu procedimentos a serem adotados pelas Agências da Previdência Social para atendimento aos **segurados aeronautas** no requerimento do benefício por incapacidade, tendo em vista a revogação da ICA 160-22, que tratava das Instruções Reguladoras das Juntas Mistas Especiais de Saúde – JMES pelo Comando da Aeronáutica – COMAER, por meio da Portaria DIRSA nº 12/SEC-GAB, de 15 de março de 2017.

Aeronauta é o profissional habilitado pela Agência Nacional de Aviação Civil – ANAC, que exerce atividade a bordo de aeronave civil nacional, mediante contrato de trabalho.

Restou estabelecido que os procedimentos referentes ao requerimento/atendimento do benefício por incapacidade do segurado aeronauta devem observar os mesmos moldes dos demais segurados do Regime Geral de Previdência Social – RGPS nas Agências da Previdência Social – APS:

I – o requerimento do benefício por incapacidade deverá ser protocolizado pelo segurado aeronauta por meio dos seguintes canais remotos: número de telefone 135 da Central de Atendimento do INSS ou Internet, no endereço eletrônico http://www.inss.gov.br/, sem diferença de script ou instrução; e

II – o requerimento deverá ser agendado no Sistema de Administração de Benefícios por Incapacidade – SABI, ocupando vaga na agenda ordinária do Perito Médico Previdenciário na APS.

A caracterização da incapacidade para o trabalho com fins previdenciários, no caso de segurados aeronautas, é de competência da Perícia Médica Previdenciária, realizada por meio de perícia médica singular, utilizando-se do Módulo de Atendimento Médico do SABI.

Por força de decisão liminar proferida no **Mandado de Segurança Coletivo nº 1010661-45.2017.4.01.3400/DF**, com *abrangência nacional*, restou determinado ao INSS conceder o benefício de auxílio-doença para a **segurada empregada aeronauta gestante**.

A implantação do benefício será realizada administrativamente no PRISMA com a informação da Classificação Internacional de Doenças – CID Z32.1 (gravidez confirmada) e, até a adequação sistêmica, a documentação deverá ser recepcionada e protocolada com Número Único de Protocolo – NUP, inserido no Anexo a este Memorando-Circular Conjunto e registrado no SIPPS.

Por ocasião do atendimento administrativo, na Agência da Previdência Social, a aeronauta gestante deverá apresentar, obrigatoriamente, os seguintes documentos:

I – para identificação e atendimento:

a) documento oficial com foto, que permita seu reconhecimento, e apor a sua assinatura no verso da cópia do Atestado Médico ou outro documento médico, no momento da apresentação, que será conferida pelo servidor que estiver recepcionando;

b) declaração emitida pela empresa, comprovando atividade exercida como aeronauta e data do último dia de trabalho;

II – para implantação do benefício – documento médico, sem rasuras ou emendas, que informe:

a) nome completo da gestante;

b) atividade como aeronauta;

c) gestação em curso;

d) data do início da gestação;

e) data provável do parto; e

f) nome do médico emitente, número do CRM, assinatura e data de emissão do documento médico.

O reconhecimento de direito ao benefício de auxílio-doença para a aeronauta gestante dependerá da comprovação da qualidade de segurado, carência e afastamento do trabalho.

Muito se discute a respeito do **"auxílio-doença parental"**, ainda não previsto na Lei 8.213/91. Cuida-se da concessão do benefício para que o segurado se dedique a cuidar de algum parente enfermo e que, por este motivo, deva se afastar do seu trabalho.

Entende-se que enquanto não houver expressa autorização normativa, não deverá ser concedido pelo INSS, pois cabe ao legislador selecionar os riscos sociais que ensejarão a concessão de benefício previdenciário sempre observando a regra de contrapartida, conquanto se saiba da sua importância.

Nesse sentido, o TRF da 4ª Região rejeitou a tese:

APELAÇÃO CÍVEL Nº 0010484-76.2015.4.04.9999/SC

RELATORA	**:**	**Juíza Federal GABRIELA PIETSCH SERAFIN**
APELANTE	**:**	**RAFAELA DONDOSSOLA**
ADVOGADO	**:**	**Thiago Manfredini Zanette**
APELADO	**:**	**INSTITUTO NACIONAL DO SEGURO SOCIAL – INSS**
ADVOGADO	**:**	**Procuradoria Regional da PFE-INSS**

EMENTA

PREVIDENCIÁRIO. AUXÍLIO-DOENÇA PARENTAL. IMPOSSIBILIDADE. AUSÊNCIA DE PREVISÃO LEGAL. **1. O benefício de auxílio-doença parental não encontra amparo na legislação previdenciária em vigor, não cabendo ao Poder Judiciário a criação ou majoração de prestações previdenciárias sem a devida fonte de custeio, tampouco a atuação como legislador positivo. 2. Apelação improvida.**

Florianópolis, 14 de dezembro de 2017.

Juíza Federal GABRIELA PIETSCH SERAFIN.

Relatora.

A tese foi repelida na TNU:

PUIL n. 0003417-96.2015.4.03.6310/SP

A TNU firmou a compreensão de que, no âmbito do Regime Geral de Previdência Social (RGPS), a concessão de auxílio-doença ou de aposentadoria por invalidez pressupõe a verificação da incapacidade laborativa do próprio segurado, não havendo amparo legal para a sua concessão com base exclusivamente na incapacidade de um de seus dependentes.

No mesmo sentido o STF:

> ARE 1337709 AgR
>
> Órgão julgador: Segunda Turma
>
> **Relator(a):** Min. RICARDO LEWANDOWSKI
>
> **Julgamento:** 03/11/2022
>
> **Publicação:** 08/11/2022
>
> **Ementa**
>
> Ementa: AGRAVO REGIMENTAL NO RECURSO EXTRAORDINÁRIO COM AGRAVO. PREVIDENCIÁRIO. **REGIME GERAL DE PREVIDÊNCIA SOCIAL – RGPS. CONCESSÃO DE AUXÍLIO-DOENÇA PARENTAL. AUSÊNCIA DE PREVISÃO LEGAL. IMPOSSIBILIDADE.** AGRAVO REGIMENTAL A QUE SE NEGA PROVIMENTO. I – O Supremo Tribunal Federal possui entendimento firmado no sentido de que, no âmbito do Regime Geral de Previdência Social – RGPS, somente lei pode criar ou ampliar benefícios e vantagens previdenciárias. Inteligência do decidido nos Temas 503 e 1.095 da Repercussão Geral. II – Agravo regimental a que se nega provimento.

Mas é certo que inexistem recursos previdenciários para a proteção de todos os riscos sociais relevantes. Há um projeto de lei que no futuro poderá instituí-lo no RGPS, conforme noticiado pela Agência Estado em 27/05/2015:

> "**Aprovado na CAS projeto que cria auxílio doença de familiares**
>
> Soraya Mendanha e Elina Rodrigues Pozzebom | 27/05/2015, 13h03 – ATUALIZADO EM 27/05/2015, 20h29
>
> A Comissão de Assuntos Sociais (CAS) aprovou, nesta quarta-feira (27), o Projeto de Lei do Senado (PLS) 286/14, que cria mais um tipo de benefício da Previdência Social, o auxílio doença parental. A matéria é terminativa na comissão.
>
> De acordo com o projeto, será concedido auxílio-doença ao segurado por motivo de doença do cônjuge, dos pais, dos filhos, do padrasto, madrasta, enteado, ou dependente que viva a suas expensas e conste da sua declaração de rendimentos. O auxílio se dará mediante comprovação por perícia médica, até o limite máximo de doze meses.
>
> A autora do projeto, senador Ana Amélia (PP-RS), afirmou, na justificativa à proposta, que a matéria busca dar tratamento isonômico aos segurados do Regime Geral de Previdência Social (RGPS) em relação aos segurados dos Regimes Próprios de Previdência Social (RPPS). Segundo ela, a regra em vigor no RGPS prevê o benefício somente àquele que sofreu uma lesão incapacitante ou que tem um problema psiquiátrico.
>
> – Parece existir então o que se chama de proteção insuficiente no que concerne aos segurados do regime geral, o que não se pode permitir – disse no texto.
>
> Ana Amélia ainda explicou que o pagamento do benefício nos moldes defendidos seria uma forma de economia aos cofres públicos, já que a presença do ente

familiar pode auxiliar em diversos tratamentos e diminuir o tempo de internação do paciente.

A relatora, senadora Vanessa Grazziotin (PCdoB-AM), salientou que há duas classes de segurados, os do Regime Próprio com direito ao auxílio-doença parental e os do Regime Geral sem este direito, embora sem vedação expressa. A proposta, a seu ver, corrige essa omissão.

Agência Senado (Reprodução autorizada mediante citação da Agência Senado)".

QUADRO SINTÉTICO – AUXÍLIO-DOENÇA (auxílio-incapacidade temporária)	
Cabimento	Segurado que ficar incapacitado para o seu trabalho ou para a sua atividade habitual por mais de 15 dias consecutivos.
Beneficiários	Todos os segurados.
Carência	12 contribuições mensais (segurado especial 12 meses de atividade rurícola ou pesqueira em regime de economia familiar para a subsistência), salvo acidente de qualquer natureza, doença profissional ou do trabalho e doenças graves constantes de ato regulamentar.
Valor	91% do salário de benefício.
Outras informações	**a)** O auxílio-doença será considerado como acidentário, independentemente
Outras informações	da expedição da CAT – Comunicação de Acidente de Trabalho, quando ocorrer o nexo epidemiológico entre o trabalho e o evento, gerando uma presunção relativa, podendo ser impugnada pela empresa ou pelo empregador doméstico (artigo 21-A, da Lei 8.213/91). Isso influenciará na fixação do FAP – Fator Acidentário de Prevenção para majorar a contribuição SAT – Seguro de Acidente do Trabalho (art. 202-A, do RPS). **b)** Não será devido auxílio-doença ao segurado que se filiar ao Regime Geral de Previdência Social já portador da doença ou da lesão invocada como causa para o benefício, salvo quando a incapacidade sobrevier por motivo de progressão ou agravamento dessa doença ou lesão. **c)** Para o empregado, a empresa deverá arcar com os primeiros quinze dias de incapacidade (o STJ entende que não incidirá contribuição previdenciária patronal nesse período – AGRESP 1039260, de 04.12.2008); para os demais, em regra, o benefício será devido desde a incapacidade, se requerido em até 30 dias.

CAPÍTULO 4

REABILITAÇÃO PROFISSIONAL

1. INTRODUÇÃO

Regulamentação básica: artigo 89/93, da Lei 8.213/91; artigos 136/141, do RPS (Decreto 3.048/99).

É um serviço previdenciário devido aos **segurados e seus dependentes** de maneira **obrigatória, independentemente de carência**, desde que incapacitados parcial ou totalmente para o trabalho.

Logo, ante a compulsoriedade deste serviço previdenciário, um segurado em gozo do auxílio-doença que se recuse a se submeter aos processos de habilitação ou reabilitação profissional, terá o pagamento do benefício suspenso.

Ademais, não sendo possível a recuperação do segurado em gozo do auxílio-doença para desenvolver a sua atividade laborativa habitual, não cessará o benefício enquanto não reabilitado o segurado.

Em termos históricos, o marco legal da criação dos Serviços de Reabilitação Profissional no Brasil foi o Decreto nº 7.036, de 10 de novembro de 1944, ainda no governo de Getúlio Vargas. O dispositivo legal regulamentava a execução dos Serviços, disciplinando que as ações seriam desenvolvidas mediante a prática da fisioterapia, da cirurgia ortopédica e reparadora, e também do ensino profissional em escolas profissionais especiais. Torna-se oportuno referir que na época de sua criação, a RP era executada através das Instituições Previdenciárias, os Institutos de Aposentadoria e Pensão – IAPs; isto porque a Previdência Social no Brasil foi instituída não só com a competência de dar assistência pecuniária ao trabalhador quando na impossibilidade do trabalho, mas também com a atribuição de prestar atendimento em saúde[1].

1. Manual Técnico de Procedimentos da Área de Reabilitação Profissional do INSS, Volume I (2016), página 23.

2. NATUREZA DO SERVIÇO

De acordo com o artigo 416 da Instrução Normativa INSS 128/2022, poderão ou deverão ser encaminhados para o Programa de Reabilitação Profissional:

> I - o segurado em gozo de auxílio por incapacidade temporária, acidentário ou previdenciário **(obrigatório)**;
>
> II - o segurado sem carência para benefício por incapacidade temporária, incapaz para as atividades laborais habituais **(obrigatório)**;
>
> III - o segurado em gozo de aposentadoria por incapacidade permanente **(obrigatório)**;
>
> IV - o pensionista inválido **(obrigatório)**;
>
> V - o segurado em gozo de aposentadoria programada, especial ou por idade do trabalhador rural, que voltar a exercer atividade abrangida pelo Regime Geral de Previdência Social, tenha reduzido a sua capacidade funcional em decorrência de doença ou acidente de qualquer natureza ou causa **(obrigatório)**;
>
> VI - o segurado em atividade laboral mas que necessite da concessão, reparo ou substituição de Órteses, Próteses e meios auxiliares de locomoção (OPM) **(facultativo)**;
>
> VII - o dependente do segurado **(facultativo)**; e
>
> VIII - as Pessoas com Deficiência – PcD **(facultativo)**.

O inciso V não tem sentido. Se o segurado já está com aposentadoria voluntária e este benefício não se acumula com auxílio por incapacidade temporária por vedação expressa legal (Lei 8.213/91, art. 124), não tem sentido obrigar o segurado a se reabilitar.

Consiste o serviço em assistência (re)educativa e de (re)adaptação profissional aos beneficiários do RGPS incapazes, objetivando fornecer os meios indicados para proporcionar o reingresso no mercado de trabalho e no contexto em que vivem, a exemplo da participação de cursos e treinamentos.

Compete ao INSS promover a sua prestação aos segurados, inclusive aposentados, e, de acordo com as possibilidades administrativas, técnicas, financeiras e as condições locais do órgão, aos seus dependentes, preferencialmente mediante a contratação de serviços especializados.

Quando indispensáveis ao desenvolvimento do processo de reabilitação profissional, o INSS fornecerá aos segurados, inclusive aposentados, em caráter obrigatório, **prótese e órtese**, seu reparo ou substituição, instrumentos de auxílio para locomoção, bem como equipamentos necessários à habilitação e à reabilitação profissional, transporte urbano e alimentação e, na medida das possibilidades da autarquia, aos seus dependentes.

De acordo com o STJ (Informativo 566), "**o INSS é parte legítima para figurar no polo passivo de demanda cujo escopo seja o fornecimento de órteses e próteses a segurado incapacitado parcial ou totalmente para o trabalho, não apenas quando esses aparelhos médicos sejam necessários à sua habilitação ou reabilitação profissional, mas, também, quando sejam essenciais à habilitação social**. Isso porque, em conformidade com o Princípio Fundamental da Dignidade da Pessoa Humana e com os valores sociais buscados pela República Federativa do Brasil, a norma jurídica que exsurge do texto legal (art. 89, parágrafo único, "a", da Lei 8.213/1991) exige que a habilitação e a reabilitação não se resumam ao mercado de trabalho, mas que também abarquem a vida em sociedade com dignidade. REsp 1.528.410-PR, Rel. Min. Herman Benjamin, julgado em 2/6/2015, DJe 12/8/2015".

Após a conclusão do processo de habilitação ou reabilitação social e profissional, o INSS emitirá **certificado individual**, indicando as atividades que poderão ser exercidas pelo beneficiário, nada impedindo que este exerça outra atividade para a qual se capacitar.

Nos casos de solicitação de novo benefício por segurado que já tenha se submetido ao Programa de Reabilitação Profissional, o perito médico deverá rever o processo anteriormente desenvolvido, antes de indicar novo encaminhamento à Reabilitação Profissional[2].

> Vale salientar que não constitui obrigação do INSS a manutenção do segurado no mesmo emprego ou a sua colocação em outro para o qual foi reabilitado, cessando o processo de reabilitação profissional com a emissão do certificado.

Frise-se que este serviço, além de ter natureza previdenciária, possui forte carga assistencialista, pois também é devido aos portadores de deficiência física, mesmo que não sejam beneficiários do RGPS.

Será concedido, no caso de habilitação e reabilitação profissional, auxílio para tratamento ou exame fora do domicílio do beneficiário.

De acordo com o artigo 171, do Regulamento, quando o segurado ou dependente deslocar-se por determinação do Instituto Nacional do Seguro Social para submeter-se a exame médico-pericial ou a processo de reabilitação profissional em localidade diversa da de sua residência, deverá a instituição custear o seu transporte e pagar-lhe diária no valor de R$ 125,45 (valor atualizado para 2023), ou promover sua hospedagem mediante contratação de serviços de hotéis, pensões ou similares.

O processo de habilitação e de reabilitação profissional do beneficiário será desenvolvido por meio das funções básicas de:

2. Artigo 420, da Instrução Normativa INSS 128/2022.

I – avaliação do potencial laborativo;

II – orientação e acompanhamento da programação profissional;

III – articulação com a comunidade, inclusive mediante a celebração de convênio para reabilitação física restrita a segurados que cumpriram os pressupostos de elegibilidade ao programa de reabilitação profissional, com vistas ao reingresso no mercado de trabalho; e

IV – acompanhamento e pesquisa da fixação no mercado de trabalho;

V – certificar ou homologar o processo de Habilitação e Reabilitação Profissional.

De acordo com o **Manual Técnico de Procedimentos da Área de Reabilitação Profissional do INSS, Volume I (2016)**, devem ser **encaminhados para cumprir o Programa de Reabilitação Profissional-PRP**, preferencialmente, segurados que se enquadrem nas seguintes situações:

a) escolaridade a partir do nível fundamental, mesmo que incompleto;

b) condições adequadas de aprendizagem;

c) quadro clínico estável que permita a inclusão no PRP (desde que constatado que não acarretará nenhum agravamento da lesão/doença);

d) experiências ou atividades profissionais já desenvolvidas, compatíveis com o potencial laborativo.

A inexistência de experiência profissional anterior não é considerada fator impeditivo para o encaminhamento do segurado à Reabilitação Profissional. Devem ser consideradas como **situações desfavoráveis** para o encaminhamento os segurados que apresentem:

a) doença com prognóstico reservado ou ainda não definido;

b) fratura não consolidada (confirmada por meio de exame de imagem);

c) pós-operatório recente;

d) gestação de alto risco ou pré-termo;

e) doença em fase de descompensação;

f) segurados que se enquadrem nos critérios de sugestão de LI (limite indefinido).

Nos termos do artigo 418 da Instrução Normativa INSS 128/2022, o atendimento aos beneficiários, seus dependentes e às PcD passíveis de reabilitação profissional será descentralizado e funcionará nas Agências da Previdência Social - APSs, conduzido por equipes multiprofissionais especializadas, com atribuições de execução das funções básicas e demais funções afins ao processo de reabilitação profissional:

I - avaliação do potencial laborativo;

II - orientação e acompanhamento do Programa de Reabilitação Profissional;

III - articulação com a comunidade, inclusive mediante celebração de convênio para reabilitação física, restrita às pessoas que cumpriram os pressupostos de elegibilidade ao Programa de Reabilitação Profissional, com vistas ao reingresso no mercado de trabalho;

IV - acompanhamento e pesquisa de fixação no mercado de trabalho; e

V - certificar ou homologar o processo de Habilitação e Reabilitação Profissional.

Com lastro no artigo 419 da Instrução Normativa INSS 128/2022, quando indispensáveis ao desenvolvimento do Programa de Reabilitação Profissional, o INSS fornecerá aos beneficiários, inclusive aposentados, os seguintes recursos materiais:

I - órteses, próteses, meios auxiliares de locomoção e acessórios: tecnologia assistiva para correção ou complementação de funcionalidade, para substituição de membros ou parte destes, sem necessidade de intervenção cirúrgica para implantação ou introdução no corpo humano; aparelhos ou dispositivos que auxiliam a locomoção do indivíduo com dificuldades ou impedimentos para a marcha independente;

II - outras tecnologias assistivas: produtos, recursos, metodologias, estratégias, práticas e serviços que objetivam promover a funcionalidade, relacionada à atividade e participação, de pessoas com deficiência, incapacidades ou mobilidade reduzida, visando sua autonomia, independência, qualidade de vida e inclusão social;

III - cursos de formação profissional: cursos voltados à qualificação do beneficiário com vistas ao reingresso no mercado de trabalho;

IV - pagamento de taxas e documentos de habilitação: poderão ser prescritas e custeadas pelo INSS, quando indispensáveis ao cumprimento do PRP. Para efeitos deste inciso, considera-se:

a) taxas: inscrição em processo seletivo prévio, emissão de certificado, taxa para renovação de Carteira Nacional de Habilitação; e

b) documentos de habilitação: documentos necessários para o exercício de algumas profissões regulamentadas, como atestados de capacitação profissional e registro em conselhos de classes. Somente podem ser custeadas, quando houver a necessidade imediata, devidamente comprovada e justificada, sendo indispensável para o desfecho do PRP. As demais anuidades decorrentes dessa inscrição não mais poderão ser custeadas pelo INSS;

V - auxílio-transporte urbano, intermunicipal e interestadual: consiste no pagamento de despesas com o deslocamento do beneficiário de seu domicílio para atendimento na APS e para avaliações, melhoria da escolaridade, cursos e/ou treinamentos em empresas e/ou instituições na comunidade;

VI - auxílio-alimentação: consiste no pagamento de despesas referentes aos gastos com alimentação aos beneficiários em programa profissional com duração diária igual ou superior a 6 (seis) horas;

VII - diárias: valores pagos para cobrir despesas com alimentação e/ou estadia, quando há necessidade de o beneficiário se deslocar para realizar atividades inerentes ao cumprimento do programa de reabilitação profissional em localidade diversa de sua residência; e

VIII - implemento profissional: recursos materiais necessários para o desenvolvimento da formação ou do treinamento profissional, compreendendo material didático, uniforme, instrumentos e equipamentos técnicos, inclusive os EPIs.

Eis a atuação da perícia médica da União neste serviço:

Ofício Circular SEI nº 14 /SPMF/SPREV/SEPRT/ME
Brasília, 16 de agosto de 2019

1. A atuação da Perícia Médica Federal dar-se-á, no âmbito da Reabilitação Profissional – RP do INSS, exclusivamente, pela realização dos seguintes serviços médico-periciais presenciais agendados:

1.1. **Perícia Médica para Avaliação da Elegibilidade**: visa avaliar os critérios para inclusão do segurado no Programa de Reabilitação Profissional – PRP.

1.2. **Perícia Médica para Reavaliação da Incapacidade Laborativa de Segurados em RP**: visa reavaliar os critérios de manutenção do segurado no PRP, a ser realizada nas seguintes situações:

- Avaliação de intercorrência médica durante o PRP;
- Avaliação da permanência de incapacidade – prorrogação de DCI; e,
- Avaliação dos casos em que a equipe de RP do INSS considerou insusceptíveis de RP.

1.3. **Perícia de RP obrigatória por determinação judicial**: refere-se aos casos em que o segurado foi considerado inelegível pela perícia médica quando encaminhado à RP por primeira decisão judicial, com nova intimação para prosseguimento obrigatório na RP, independentemente da inelegibilidade prévia.

1.4. **Perícia inicial de RP para fins de prescrição de OPM:** visa avaliar o segurado para fins de prescrição de Órteses, Próteses e Meios Auxiliares de Locomoção – OPM;

1.5. **Perícia subsequente de RP para fins de prescrição/concessão de OPM:** visa reavaliar o segurado para fins de prescrição e concessão de OPM.

2. Ressalta-se que o Perito Médico Federal não atuará nos casos de recusa, abandono ou desligamento da RP com cessação do benefício por conclusão do Programa com emissão de certificado.

Nos casos de encaminhamento de segurado que já tenha se submetido ao Programa de Reabilitação Profissional, o Profissional de Referência da Reabilitação Profissional deverá rever o processo anteriormente desenvolvido, antes de iniciar novo Programa de Reabilitação Profissional.[3]

3. Art. 420, da IN INSS 128/2022.

Para o atendimento de beneficiários da Previdência Social e das PcD em Programa de Reabilitação Profissional, poderão ser firmados convênios de cooperação técnico-financeira, contratos, acordos e parcerias, no âmbito da Reabilitação Profissional, com entidades públicas ou privadas de comprovada idoneidade financeira e técnica, nas seguintes modalidades[4]:

I - atendimentos especializados (nas áreas de Fisioterapia, Terapia Ocupacional, Fonoaudiologia, Psicologia e outras áreas da saúde);

II - avaliação e elevação do nível de escolaridade;

III - avaliação e treinamento profissional;

IV - promoção de cursos profissionalizantes;

V - estágios curriculares e extracurriculares para alunos graduados;

VI - homologação do processo de habilitação ou reabilitação de PcD; e

VII - homologação de readaptação profissional.

3. REABILITAÇÃO PROFISSIONAL POR DECISÃO JUDICIAL

Coube à **Portaria DIRBEN/INSS 46, de 10/04/2023,** disciplinar as condições especiais de análise e conclusão de processos administrativos de Reabilitação Profissional – RP decorrentes de decisão judicial, no âmbito do INSS.

As decisões judiciais que determinem expressamente a conclusão do programa de reabilitação profissional até a emissão do certificado deverão ser cumpridas integralmente, ainda que a Perícia Médica Federal – PMF tenha decidido pela ausência de incapacidade e/ou inelegibilidade, devendo o segurado ser convocado para retomada imediata do Programa de Reabilitação Profissional, podendo o Profissional de Referência se basear nas limitações definidas:

I - pela perícia judicial, constante do dossiê judicial;

II - por nova perícia, a ser realizada no código 5718 "Perícia Médica de RP obrigatória por determinação judicial"; ou

III - por laudo do médico assistente.

As decisões cuja determinação seja o encaminhamento para avaliação de elegibilidade do segurado ou pela inserção no programa de Reabilitação Profissional sem a indicação judicial quanto ao desfecho do processo, deverão ser verificadas se a tarefa "Perícia Médica de RP obrigatória por determinação Judicial" apresenta a conclusão médico pericial "o caso não enseja a manutenção do segurado em BI nem PRP".

4. Art. 421 da IN INSS 128/2022.

Caso a realização da última "Perícia Médica de RP obrigatória por determinação Judicial" tenha ocorrido a menos de 180 (cento e oitenta) dias e os dados registrados no Laudo Médico Pericial e Parecer Técnico do PMF-Tarefas" não estiver lançado no SABI, o servidor da RP deverá:

I - cessar o benefício no SABI utilizando o código 25 - NB transitado julg/rev. Administrativa fixando DCB na data corrente em que a cessação for lançada no sistema;

II - encerrar a subtarefa "Processo Sobrestado pelo motivo: aguardando atualização da Portaria Conjunta Nº 2/DIRAT/DIRBEN/PFE/INSS, de 12 de março de 2020 (RP Judiciais)",se houver; e

III - elaborar parecer técnico conclusivo de acordo com a fase em que o programa se encontrava, a saber:

a) para os casos na fase de Avaliação de Potencial Laborativo, usar o Anexo XI-FORMULÁRIO DE CONCLUSÃO DA AVALIAÇÃO DE POTENCIAL LABORATIVO – FCAPL, do Catálogo de Anexos da Reabilitação Profissional do INSS , constante no Anexo III da Portaria Dirben/INSS nº 1.030, de01 de julho de 2022;

b) para os casos que estavam em fase de Orientação Profissional, utilizar o ANEXO XXXIIFORMULÁRIO DE CONCLUSÃO DA REABILITAÇÃO PROFISSIONAL – FCRP, do Catálogo de Anexos da Reabilitação Profissional, constante no anexo III da Portaria Dirben/INSS nº 1.030, de 2022.

IV - comunicar o segurado do resultado da análise, utilizando o ANEXO I desta Portaria, observando os procedimentos de notificação nos processos administrativos previdenciários;

V - criar/concluir a subtarefa correspondente à fase que o segurado se encontrava no PRP quando da decisão pericial:

a) para os casos em Avaliação do Potencial Laborativo, utilizar a subtarefa F1 -"Avaliação Socioprofissional de Reabilitação Profissional".

Caso já exista na FJ uma subtarefa F1 anterior codificada, deve-se concluir a nova F1 sem codificação.

Caso a F1 anterior não tenha sido codificada, deve-se codificar o campo adicional Conclusão da Avaliação selecionando Decisão de outros órgaos.

b) para os casos em Orientação Profissional, deverá ser utilizada a subtarefa F3 -Reabilitação Profissional Avaliação de Desligamento, encerrada pelo motivo "Decisão de outros órgãos/serviços".

Caso a realização da perícia médica tenha ocorrido a mais de 180 (cento e oitenta) dias da data de análise da tarefa, deverá ser agendada nova "Perícia Médica de RP obrigatória por determinação judicial" (cód. 5718), com acompanhamento posterior do resultado e adoção das medidas descritas anteriormente caso a conclusão desta perícia seja: "o caso não enseja a manutenção do segurado em BInem PRP".

Nos casos em que for constatada a **ausência do dossiê judicial**, o Profissional de Referência poderá:

I - solicitar à CEAB-DJ, por meio da tarefa "JUD – Fornecer Dossiê de Cumprimento Judicial" (Código 8712) ou outra tarefa indicada pela chefia do Serviço de Centralização do Atendimento de Demandas Judiciais de Benefícios na Superintendência Regional; ou

II - extrair diretamente do Sistema E-tarefas/Sapiens ou outro sistema que venha a substituí-lo.

De acordo com o Anuário Estatístico da Previdência Social, em 2012, a quantidade de clientes registrados nos serviços de reabilitação profissional do INSS atingiu 52 mil pessoas, o que correspondeu a um decréscimo de 0,1% em relação ao ano anterior. Dos clientes que tiveram avaliação inicial conclusiva, 7,8% retornaram ao trabalho, 23,6% foram considerados inelegíveis e 68,6% elegíveis para participar da reabilitação. Cerca de 17,4 mil clientes foram reabilitados, o que correspondeu a um decréscimo de 0,3%, quando comparado ao ano anterior. A média mensal de clientes em programa aumentou 10,6% no ano e o valor dos recursos materiais diminuiu 7,6% no período.

4. PRESSUPOSTOS

De acordo com o **Manual Técnico de Procedimentos da Área de Reabilitação Profissional do INSS, Volume I (2016)**, a Reabilitação Profissional deve estar pautada em princípios, concepções, conceitos e estratégias metodológicas que compreendam o trabalhador integrado ao seu meio ambiente físico, social, cultural e familiar, com vistas à garantia de direitos básicos.

Desta maneira, este **Referencial Teórico da Reabilitação Profissional** parte dos seguintes **pressupostos**:

a) Todo trabalhador tem direito a um trabalho saudável, compatível com suas capacidades e potencialidades;

b) A Reabilitação Profissional depende de políticas macroeconômicas que privilegiem a vida, o trabalho, a saúde e o meio ambiente;

c) A Reabilitação Profissional é uma ação de Seguridade Social Ampliada, compreendida como o conjunto de ações integradas de iniciativa dos Poderes Públicos e da sociedade, destinadas a assegurar Saúde, Previdência, Assistência Social, Educação, Direitos Humanos, Cultura, Esporte, Trabalho e Emprego;

d) As instituições públicas e privadas, empregadores e trabalhadores, possuem papéis específicos e são responsáveis pelas condições de saúde e de segurança nos ambientes e processos de trabalho, bem como pela inclusão social e profissional da pessoa com deficiência e dos segurados reabilitados;

e) Os serviços e programas de (re)habilitação deverão ser prestados precocemente, incentivando a participação e a inclusão na comunidade e em todos os aspectos da vida social, por meio de profissionais devidamente capacitados, e do uso de tecnologia assistiva;

f) O território precisa ser considerado enquanto espaço de referência para o processo de (Re)habilitação Profissional, inclusive em sua dimensão complexa, culturalmente regionalizada, e de acesso a bens e serviços essenciais para composição de rede;

g) O processo de (Re)habilitação Profissional é uma ação interdisciplinar e deve acontecer por meio de equipes multiprofissionais, com vistas a ampliar a percepção individual e a dimensão coletiva, considerando o trabalho como elemento fundante na construção do ser social;

h) A Reabilitação Profissional deve contribuir para a prevenção de riscos ocupacionais e para a promoção à saúde nos ambientes e processos de trabalho, por meio de ações integradas de vigilância em saúde e do estímulo à participação dos trabalhadores e ao controle social;

i) A equipe de Reabilitação Profissional deve reconhecer as capacidades e potencialidades de cada trabalhador, considerando suas dimensões subjetivas, inclusive determinantes econômicos, históricos e sociais, por meio da valorização da escuta, da empatia e do apoio, em detrimento do definir, decidir e eleger pelo outro;

j) O reabilitando é um sujeito ativo, capaz de encontrar soluções para suas circunstâncias, dotado de vontade própria e deve ser apoiado no exercício de sua autonomia e no processo de (re)habilitação profissional;

k) No processo de (Re)habilitação, o acesso à informação é um direito fundamental e deve estar pautado na ética, na acessibilidade, na celeridade, na uniformização e na transparência de processos de trabalho e protocolos;

l) A Reabilitação Profissional deve se pautar na Classificação Internacional de Funcionalidade, Incapacidade e Saúde – CIF, da Organização Mundial da Saúde – OMS, aprimorando procedimentos e instrumentos técnicos que permitam agregar à abordagem morfofisiológica do avaliado, os aspectos psicossociais e profissionais, inclusive identificando barreiras que restrinjam a participação social dos reabilitandos, bem como os facilitadores que possam superar essas barreiras; e

m) A (Re)habilitação Integral é uma ação intersetorial que requer a articulação de ações e projetos que envolvam as áreas da Saúde, Previdência, Assistência Social, Educação, Direitos Humanos, Cultura, Esporte e Trabalho e Emprego.

No entanto, de Norte a Sul do Brasil não são poucas as queixas dos segurados e advogados sobre a qualidade e efetividade do serviço previdenciário de reabilitação profissional, de modo que é necessária uma mudança de gestão administrativa com investimentos neste importante segmento do seguro social.

Coube à **Portaria INSS 1562, de 18/04/2023,** prorrogar, por mais 8 (oito) competências, de maio a dezembro de 2023, a rotina de suspensão de benefícios por impossibilidade da execução do Programa de Reabilitação Profissional, de que trata o art. 5º da Portaria PRES/INSS nº 1.514, de 31 de outubro de 2022.

A falta de estrutura da Autarquia para implementar o serviço de reabilitação traz prejuízos vultosos à Autarquia, pois nas localidades em que não é disponibilizado não caberá a cessação dos benefícios de auxílio por incapacidade temporária cujos segurados foram encaminhados à reabilitação profissional, ficando ativos os benefícios por tempo indeterminado.

5. TEMAS FINAIS

Por fim, **a empresa com 100 ou mais empregados está obrigada a preencher de 2% a 5% dos seus cargos com beneficiários reabilitados ou pessoas portadoras de deficiência, habilitadas**, na seguinte proporção:

I – até 200 empregados................2%;

II – de 201 a 500............................3%;

III – de 501 a 1.000........................4%;

IV – de 1.001 em diante................5%.

Por força da Lei 13.146, publicada em 7 de julho de 2015, que aprovou o Estatuto da Pessoa com Deficiência e entrou em vigor no dia 3 de janeiro de 2016, o artigo 93 da Lei 8.213/91 teve a sua redação modificada, passando a prever que a dispensa de **pessoa com deficiência ou de beneficiário reabilitado** da Previdência Social ao final de contrato por prazo determinado de mais de 90 (noventa) dias e a dispensa imotivada em contrato por prazo indeterminado somente poderão ocorrer após a contratação de outro **trabalhador com deficiência ou beneficiário reabilitado da Previdência Social, assim como incumbirá ao** Ministério do Trabalho estabelecer a sistemática de fiscalização, bem como gerar dados e estatísticas sobre o total de empregados e as vagas preenchidas por pessoas com deficiência e por beneficiários reabilitados da Previdência Social, fornecendo-os, quando solicitados, aos sindicatos, às entidades representativas dos empregados ou aos cidadãos interessados, sedo que, para a reserva de cargos será considerada somente a contratação direta de pessoa com deficiência, excluído o aprendiz com deficiência de que trata a Consolidação das Leis do Trabalho (CLT), aprovada pelo Decreto-Lei nº 5.452, de 1º de maio de 1943.

QUADRO SINTÉTICO – HABILITAÇÃO E REABILITAÇÃO PROFISSIONAL	
Objetivo	Proporcionar ao beneficiário incapacitado parcial ou totalmente para o trabalho, e às pessoas portadoras de deficiência, os meios para a (re)educação e de (re)adaptação profissional e social indicados para participar do mercado de trabalho e do contexto em que vivem.
Beneficiários	Todos os segurados e dependentes, assim como as pessoas portadoras de deficiência.
Carência	Inexiste.
Outras informações	**a)** A reabilitação profissional compreende: I) o fornecimento de aparelho de prótese, órtese e instrumentos de auxílio para locomoção quando a perda ou redução da capacidade funcional puder ser atenuada por seu uso e dos equipamentos necessários à habilitação e reabilitação social e profissional; II) a reparação ou a substituição dos aparelhos mencionados no inciso anterior, desgastados pelo uso normal ou por ocorrência estranha à vontade do beneficiário; III) o transporte do acidentado do trabalho, quando necessário. **b)** A prestação de que trata o artigo anterior é devida em **caráter obrigatório aos segurados**, inclusive aposentados e, na medida das possibilidades do órgão da Previdência Social, aos seus dependentes.
Outras informações	**c)** Concluído o processo de habilitação ou reabilitação social e profissional, a Previdência Social emitirá **certificado individual**, indicando as atividades que poderão ser exercidas pelo beneficiário, nada impedindo que este exerça outra atividade para a qual se capacitar. **d)** Na forma do artigo 140, §1º, do RPS, não constitui obrigação da previdência social a manutenção do segurado no mesmo emprego ou a sua colocação em outro para o qual foi reabilitado, cessando o processo de reabilitação profissional com a emissão do certificado.

CAPÍTULO 5

AUXÍLIO-ACIDENTE

1. INTRODUÇÃO

Regulamentação básica: artigo 86, da Lei 8.213/91; artigo 104, do RPS (Decreto 3.048/99).

Códigos de concessão: 94 – Auxílio-acidente por acidente do trabalho e 36 Auxílio-acidente previdenciário.

O auxílio-acidente é o único benefício previdenciário com **natureza exclusivamente indenizatória**, não se destinando a substituir a remuneração do segurado, e sim servir de acréscimo aos seus rendimentos, em decorrência de um infortúnio que reduziu a sua capacidade laborativa.

2. FATO GERADOR

Com efeito, será concedido ao segurado quando, após **consolidação das lesões** decorrentes de **acidente de qualquer natureza**, resultarem **sequelas** que impliquem **redução da capacidade para o trabalho que habitualmente exercia ou mesmo impossibilidade de desempenho dessa atividade**, uma vez possível a reabilitação profissional para outra que garanta a subsistência do segurado.

Assim, para o pagamento do auxílio-acidente, será preciso que:

a) Ocorra um acidente de qualquer natureza, independentemente de ser decorrente do trabalho[1];

b) Haja sequela;

c) Ocorra perda funcional para o trabalho que o segurado habitualmente desenvolvia **ou** impossibilidade de desempenho da atividade que exercia a época do acidente, porém permita o desempenho de outra, após

1. Até o advento da Lei 9.032/95, o auxílio-acidente exigia que se tratasse de acidente de trabalho.

processo de reabilitação profissional, nos casos indicados pela perícia médica do INSS.

Nesse sentido, o artigo 104 do Decreto 3.048/99 (inciso III) corretamente ampliou a hipótese de concessão do auxílio-acidente prevista no artigo 86, da Lei 8.213/91:

> "Art. 104. O auxílio-acidente será concedido, como indenização, ao segurado empregado, exceto o doméstico, ao trabalhador avulso e ao segurado especial quando, após a consolidação das lesões decorrentes de acidente de qualquer natureza, resultar seqüela definitiva, conforme as situações discriminadas no anexo III, que implique:
>
> I – redução da capacidade para o trabalho que habitualmente exerciam;
>
> II – redução da capacidade para o trabalho que habitualmente exerciam e exija maior esforço para o desempenho da mesma atividade que exerciam à época do acidente; ou
>
> III – impossibilidade de desempenho da atividade que exerciam à época do acidente, porém permita o desempenho de outra, após processo de reabilitação profissional, nos casos indicados pela perícia médica do Instituto Nacional do Seguro Social".

Ocorre que com o advento do Decreto 10.410/2020 os incisos do artigo 104 do RPS foram revogados:

> "Art. 104. O auxílio-acidente será concedido, como indenização, ao segurado empregado, inclusive o doméstico, ao trabalhador avulso e ao segurado especial quando, após a consolidação das lesões decorrentes de acidente de qualquer natureza, resultar sequela definitiva que, a exemplo das situações discriminadas no Anexo III, implique redução da capacidade para o trabalho que habitualmente exercia. (Redação dada pelo Decreto nº 10.410, de 2020)
>
> I – (Revogado pelo Decreto nº 10.410, de 2020)
>
> II – (Revogado pelo Decreto nº 10.410, de 2020)
>
> III – (Revogado pelo Decreto nº 10.410, de 2020)"

Creio que a revogação regulamentar não teve o objetivo de eliminar esta segunda hipótese concessora de auxílio-acidente, pois muito mais gravosa (impedimento do labor habitual) que a situação descrita no artigo 86 da Lei 8.213/91 (redução da capacidade para o labor habitual), sendo razoável a proporcional a sua manutenção com lastro em ampliação interpretativa do artigo 86 da Lei 8.213/91.

O pior é que a Instrução Normativa INSS 128/2022 também não previu a concessão do auxílio-acidente nesta situação mais gravosa e que historicamente a Autarquia sempre o concedia:

"Art. 352. O auxílio-acidente é um benefício de caráter indenizatório devido ao segurado empregado, inclusive o doméstico, ao trabalhador avulso e ao segurado especial que sofrerem acidente de qualquer natureza, quando a consolidação das lesões decorrentes do acidente resultar em sequela que implique redução definitiva da capacidade de trabalho que habitualmente exercia.

...

Art. 354. O Perito Médico Federal estabelecerá a existência ou não de redução da capacidade de trabalho quando a consolidação das lesões decorrentes de acidente de qualquer natureza resultar em sequela definitiva para o segurado".

Apesar disso, mantenho o meu posicionamento no sentido de que a situação mais gravosa não pode ficar sem proteção previdenciária, consistente na sequela decorrente de acidente que impede o labor habitual, mas o segurado se reabilitou para outra profissão.

Veja-se enunciado aprovado na I Jornada de Direito da Seguridade Social do Conselho da Justiça Federal sobre o tema:

ENUNCIADO 17: É devido o auxílio-acidente quando, após consolidação das sequelas resultantes de acidente, o segurado ficar incapacitado para desempenhar a atividade que exercia à época do infortúnio, conquanto possa ou venha efetivamente a ser reabilitado para o exercício de atividade laborativa diversa.

Uma questão tormentosa é a **delimitação do conceito de acidente de qualquer natureza**, cuja caracterização é um pressuposto para a concessão do auxílio-acidente. Teremos que construir uma definição à luz do bom senso e do artigo 30 do Decreto 3.048/99:

"§ 1º Entende-se como **acidente de qualquer natureza ou causa** aquele de origem traumática e por exposição a agentes exógenos, físicos, químicos ou biológicos, que acarrete lesão corporal ou perturbação funcional que cause a morte ou a perda ou a redução permanente ou temporária da capacidade laborativa". (Incluído pelo Decreto nº 10.410, de 2020)

Logo, a definição considera dois elementos cumulativos à configuração do acidente de qualquer natureza:

a) acidente com origem traumática;

b) Acidente decorrente de fatores externos (exógenos).

Evidente que o acidente é um acontecimento inesperado ou fortuito, que é danoso ao segurado da previdência social, pois poderá causar lesões com incapacitação ou mesmo a morte em casos mais graves.

Daí que um segurado que recebeu um tiro de arma de fogo durante um assalto ou mesmo uma "bala perdida" e vem a óbito nos parece caracterizado

um acidente de qualquer natureza. Isso porque a morte decorreu de um trauma exógeno, imprevisível e prejudicial ao segurado.

Logo, é acertada a seguinte decisão da TNU (Informativo 27/2018):

> **PUIL n. 0508762-27.2016.4.05.8013/AL – "Fixada a tese no sentido de que a morte do segurado instituidor da pensão, vítima do crime de homicídio, caracteriza acidente de qualquer natureza para os fins do 77, § 2º-A, da LBPS, na redação que lhe foi conferida pela Lei n. 13.135/15".**

A definição regulamentar de acidente de qualquer natureza é histórica na Previdência Social, exigindo um trauma súbito de origem externa, de modo que doenças não ocupacionais não possuem este elemento e não serão considerados como acidentes.

Excepcionalmente, no caso das doenças ocupacionais (art. 20 da Lei 8.213/91), por serem legalmente consideradas como acidente de trabalho, mesmo sem o elemento trauma súbito de origem externo, serão consideradas.

Esse posicionamento histórico foi validado pela TNU no julgamento do **Tema 269**, que embora trate de auxílio-acidente referendou o conceito de acidente de qualquer natureza ou causa:

Tema	**269**	Situação do tema	Julgado	Ramo do direito	DIREITO PREVIDENCIÁRIO
Questão submetida a julgamento	Qual o conceito do "acidente de qualquer natureza" para o fim de obtenção do auxílio-acidente?				
Tese firmada	**O conceito de acidente de qualquer natureza, para os fins do art. 86 da Lei 8.213/91 (auxílio-acidente), consiste em evento súbito e de origem traumática, por exposição a agentes exógenos físicos, químicos ou biológicos, ressalvados os casos de acidente do trabalho típicos ou por equiparação, caracterizados na forma dos arts. 19 a 21 da Lei 8.213/91.**				
Processo	**Decisão de afetação**	**Relator (a)**	**Julgado em**	**Acórdão publicado em**	**Trânsito em julgado**
PEDILEF 0031628-86.2017.4.02.5054/ES	26/06/2020	Juíza Federal Polyana Falcão Brito - para acórdão: Juiz Federal Ivanir César Ireno Júnior	05/05/2022	06/05/2022	-

Isso porque o *caput* do artigo 86 da Lei 8.213/91 apenas prevê que "o auxílio-acidente será concedido, como indenização, ao segurado quando, após consolidação das lesões decorrentes de acidente de qualquer natureza, resultarem seqüelas que impliquem redução da capacidade para o trabalho que habitualmente exercia".

Logo, não apenas a sequela que reduza a capacidade funcional para o trabalho habitual é hipótese legal de concessão do auxílio-acidente, mas também a sequela que impossibilite o segurado de desempenhar a sua atividade exercida a época do acidente, porém permita o desempenho de outra, após processo de reabilitação profissional, nos casos indicados pela perícia médica do INSS.

De acordo com STJ, "o auxílio-acidente visa indenizar e compensar o segurado que não possui plena capacidade de trabalho em razão do acidente sofrido, não bastando, portanto, apenas a comprovação de um dano à saúde do segurado, quando o comprometimento da sua capacidade laborativa não se mostre configurado. Não preenchidos os requisitos para a concessão do benefício, inviável o acolhimento da pretensão autoral" (EDARESP 201300090037, de 05/08/2014).

Mesmo que a lesão seja mínima, é devido o benefício mesmo que haja redução da capacidade funcional para o labor habitual. A decisão do STJ é repetitiva (tema 416):

> RECURSO REPETITIVO
>
> **Pesquisa de Temas Repetitivos: Tema 416**
> **Pesquisa de Repetitivos por Assunto**
> **Processo**
>
> **REsp 1109591 / SC**
>
> RECURSO ESPECIAL
>
> 2008/0282429-9
>
> **Relator(a)**
>
> Ministro CELSO LIMONGI (DESEMBARGADOR CONVOCADO DO TJ/SP) (8175)
>
> **Órgão Julgador**
>
> S3 – TERCEIRA SEÇÃO
>
> **Data do Julgamento**
> 25/08/2010
>
> **Data da Publicação/Fonte**
>
> DJe 08/09/2010
>
> **Ementa**
>
> PREVIDENCIÁRIO. RECURSO ESPECIAL REPRESENTATIVO DA CONTROVÉRSIA. AUXÍLIO-ACIDENTE. LESÃO MÍNIMA. DIREITO AO BENEFÍCIO.

1. Conforme o disposto no art. 86, *caput*, da Lei 8.213/91, exige-se, para concessão do auxílio-acidente, a existência de lesão, decorrente de acidente do trabalho, que implique redução da capacidade para o labor habitualmente exercido.

2. O nível do dano e, em consequência, o grau do maior esforço, não interferem na concessão do benefício, o qual será devido ainda que mínima a lesão.

Em consequência, a PGF editou o Parecer Referencial n. 00001/2017/NOEJ/DEPCONT/PGF/AGU:

EMENTA: "Portaria AGU nº 488, de 27.07.2016. Recurso Especial Representativo de Controvérsia. Autorização para reconhecer a procedência do pedido, não contestar, não recorrer e desistir dos recursos já interpostos, após o trânsito em julgado de acórdão transitado em julgado proferido pelo Superior Tribunal de Justiça em sede de recurso especial representativo de controvérsia. Concessão do auxílio-acidente. Necessidade de existência de lesão – ainda que mínima -, decorrente de acidente do trabalho e redução da capacidade para o labor habitualmente exercido".

O tema repetitivo 416 do STJ foi incorporado na TNU através das Súmulas 88 e 89:

SÚMULA 89

DJeN Disponibilização em: 24/04/2024

Publicada em: 25/04/2024

Não há direito à concessão de benefício de auxílio-acidente quando, após consolidação das lesões decorrentes de acidente de qualquer natureza, resultarem seqüelas que não reduzem a capacidade laborativa habitual nem sequer demandam dispêndio de maior esforço na execução da atividade habitual. (A Turma Nacional de Uniformização, na Sessão Ordinária de Julgamento, de 17 de abril de 2024, decidiu, à unanimidade, pela aprovação do Enunciado da Súmula n. 89).

SÚMULA 88

DJe N Disponibilização em: 24/04/2024

Publicada em: 25/04/2024

A existência de limitação, ainda que leve, para o desempenho da atividade para o trabalho habitual enseja a concessão do benefício de auxílio-acidente, em observância a tese fixada sob o Tema 416 do Superior Tribunal de Justiça. (A Turma Nacional de Uniformização, na Sessão Ordinária de Julgamento, de 17 de abril de 2024, decidiu, à unanimidade, pela aprovação do Enunciado da Súmula n. 88).

Na forma do artigo 30, parágrafo único, do RPS, entende-se como **acidente de qualquer natureza ou causa** aquele de origem traumática e por exposição a agentes exógenos (físicos, químicos e biológicos), que acarrete lesão corporal ou perturbação funcional que cause a morte, a perda, ou a redução permanente ou temporária da capacidade laborativa.

Até o advento da Lei 9.032/95, o auxílio-acidente só era devido em razão de acidente de trabalho ou eventos equiparados, sendo estendido aos acidentes de qualquer natureza.

Conforme já se posicionou o STJ[2], também será devido o auxílio-acidente se a sequela que acometer o segurado empregado, avulso ou especial decorrer de **moléstia ocupacional** (doença do trabalho ou profissional), pois equiparada legalmente ao acidente de trabalho, haja vista a existência de nexo causal entre a enfermidade e o labor.

No mesmo sentido, a Turma Nacional: "A TNU fixou a tese de que a concessão do benefício de auxílio-acidente demanda a comprovação de que a redução da capacidade laborativa decorreu de acidente de qualquer natureza, ou de doença profissional/do trabalho nos termos do art. 20 da Lei n. 8.213/91" (Informativo 22/2017 – processo n. 5007580-04.2016.4.04.7205).

De acordo com o Dicionário Aurélio da Língua Portuguesa, **sequela** é qualquer lesão anatômica ou funcional que permaneça depois de encerrada a evolução clínica de uma doença, inclusive de um traumatismo.

Logo, a sequela pressupõe lesão permanente, a exemplo da perda de um dedo. Entretanto, **o STJ tem se posicionado pelo pagamento do auxílio-acidente mesmo que seja reversível a lesão acidentária**:

> "PREVIDENCIÁRIO. AGRAVO REGIMENTAL NO AGRAVO DE INSTRUMENTO. BENEFÍCIO ACIDENTÁRIO. NEXO CAUSAL E INCAPACIDADE LABORATIVA DEMONSTRADOS. IRREVERSIBILIDADE DA MOLÉSTIA. IRRELEVÂNCIA. VALORAÇÃO PROBATÓRIA. INAPLICABILIDADE DA SÚMULA N.º 07/STJ À HIPÓTESE. CONSECTÁRIOS LEGAIS. DISCUSSÃO EM SEDE DE REGIMENTAL. IMPOSSIBILIDADE. PRECEDENTES. **1. A irreversibilidade da moléstia não constitui requisito legal para a concessão de auxílio-acidente. Assim, comprovada a existência do nexo causal e da redução da capacidade laborativa, como ocorre no caso em tela, há de ser concedido o aludido benefício.** 2. Em se tratando de hipótese onde há mera valoração do conjunto probatório dos autos, não prevalece a alegação de reexame de provas. 3. Fixados os consectários legais na sentença que julgou procedente a demanda, restabelecida pela decisão ora atacada, não há que se falar em sua reapreciação, invocada apenas em sede de agravo regimental. 4. Agravo regimental desprovido"[3] (g.n.).

Este posicionamento do STJ foi consolidado em julgamento de Recurso Especial repetitivo (**tese 156 – REsp 1112886, de 25/11/2009**), firmando a tese que "será devido o auxílio-acidente quando demonstrado o nexo de causalidade entre a redução de natureza permanente da capacidade laborativa e a atividade

2. AGA 585.768, de 16.09.2004.
3. AGA 1.108.738, de 16.04.2009.

profissional desenvolvida, sendo irrelevante a possibilidade de reversibilidade da doença".

É preciso que, em decorrência do acidente, haja perda funcional para o trabalho habitual ou mesmo impossibilidade total de desempenhar a mesma função, desde que possível a reabilitação profissional para outra atividade.

Destarte, o segurado empregado que desempenhe a função de digitador de textos, se for acidentado e perder um dos dedos da mão, certamente receberá o auxílio-acidente, vez que perdeu parte de sua capacidade funcional para o trabalho habitual.

Ao revés, se esse mesmo segurado acidentou-se e perdeu um dedo do pé, é provável que o benefício seja negado pelo INSS, pois não se afigura redução de capacidade funcional para o trabalho de digitador.

Mesmo a sequela em grau mínimo, se repercutir na capacidade laboral para o trabalho habitual, deve gerar a concessão do auxílio-acidente. De acordo com a TNU, "configurados os pressupostos para concessão do benefício previsto no art. 86, da Lei n. 8.213/91 (consolidação das lesões decorrentes de acidente de qualquer natureza e existência sequelas que causem redução da capacidade para o trabalho habitual), deve ser concedido o benefício, sendo irrelevante o fato de a redução ser em grau mínimo"[4].

De acordo com o artigo 104, §4º, inciso II, do RPS, o auxílio-acidente não será devido na hipótese de mudança de função, mediante readaptação profissional promovida pela empresa, como medida preventiva, em decorrência de inadequação do local de trabalho.

Entende-se que essa previsão regulamentar é desprovida de base legal, pois em nenhum momento o artigo 86, da Lei 8.213/91, autorizou a exclusão do pagamento do auxílio-acidente nesta hipótese.

> Em caráter excepcional, na hipótese de **perda de audição**, a legislação previdenciária foi bem mais rígida para o pagamento do auxílio-acidente. Neste caso, em qualquer grau de deficiência auditiva, só será devido o benefício quando a redução ou perda da capacidade para o trabalho que o segurado habitualmente exercia tenha **nexo causal entre o trabalho e a doença.**

Logo, **não será qualquer acidente que ensejará o pagamento do auxílio-acidente em razão da perda de audição, mas apenas os decorrentes de acidente de trabalho e equipados,** como as doenças ocupacionais (profissionais e do trabalho).

4. PEDILEF 50014277320124047114, de 10/09/2014.

Nesse sentido, o STJ[5]:

"REPETITIVO. AUXÍLIO-ACIDENTE. PERDA. AUDIÇÃO.

A Seção, ao julgar o recurso sob o regime do art. 543-C do CPC c/c a Res. n. 8/2008-STJ, **entendeu que, para a concessão de auxílio-acidente fundamentado na perda de audição, é necessário que a sequela seja ocasionada por acidente de trabalho e que haja uma diminuição efetiva e permanente da capacidade para a atividade que o segurado habitualmente exercia, conforme dispõe o art. 86, *caput* e § 4º, da Lei n. 8.213/1991**. O segurado que não comprova o efetivo decréscimo na capacidade para o trabalho que exercia terá seu pedido de concessão do mencionado benefício indeferido. Assim, a Seção, ao prosseguir o julgamento, por maioria, deu provimento ao recurso especial ao julgar improcedente o pedido de concessão de auxílio-acidente. Precedentes citados: REsp 1.095.523-SP, DJe 5/11/2009, e EDcl no AgRg no Ag 431.683-SP, DJ 20/2/2006. REsp 1.108.298-SC, Rel. Min. Napoleão Nunes Maia Filho, julgado em 12/5/2010".

De acordo com a **Súmula 44, do STJ**, editada em 1992, "a definição, em ato regulamentar, de grau mínimo de disacusia, não exclui, por si só, a concessão do benefício previdenciário".

Vale frisar que este entendimento continua sendo aplicado pela Corte Superior na atualidade, conforme se depreende da análise do seguinte julgado:

"PREVIDENCIÁRIO. RECURSO ESPECIAL REPETITIVO. AUXÍLIO-ACIDENTE. REEXAME DE PROVAS. NÃO-OCORRÊNCIA. DISACUSIA. PRESENÇA DOS REQUISITOS LEGALMENTE EXIGIDOS. SÚMULA N.º 44/STJ. APLICABILIDADE. RECURSO ESPECIAL CONHECIDO E PROVIDO. DEVER DE OBSERVÂNCIA AO ART. 543-C, § 7.º, INCISOS I E II, DO CPC E DA RESOLUÇÃO STJ N.º 08, DE 07/08/2008. 1. Inaplicabilidade, à espécie, da Súmula n.º 7/STJ, por não se tratar de reexame de provas, mas sim, de valoração do conjunto probatório dos autos. **2. Conforme a jurisprudência deste Tribunal Superior, ora reafirmada, estando presentes os requisitos legais exigidos para a concessão do auxílio-acidente com base no art. 86, § 4º, da Lei n.º 8.213/91 – deficiência auditiva, nexo causal e a redução da capacidade laborativa –, não se pode recusar a concessão do benefício acidentário ao Obreiro, ao argumento de que o grau de disacusia verificado está abaixo do mínimo previsto na Tabela de Fowler.** 3. O tema, já exaustivamente debatido no âmbito desta Corte Superior, resultou na edição da Súmula n.º 44/STJ, segundo a qual "A definição, em ato regulamentar, de grau mínimo de disacusia, não exclui, por si só, a concessão do benefício previdenciário." 4. A expressão "por si só" contida na citada Súmula significa que o benefício acidentário não pode ser negado exclusivamente em razão do grau mínimo de disacusia apresentado pelo Segurado. 5. No caso em apreço, restando evidenciados os pressupostos elencados na norma previdenciária para a concessão do benefício acidentário postulado, tem aplicabilidade a Súmula n.º 44/STJ. 6. Nas hipóteses em que há concessão de auxílio-doença na seara administrativa, o termo

5. Informativo 434.

inicial para pagamento do auxílio-acidente é fixado no dia seguinte ao da cessação daquele benefício, ou, havendo requerimento administrativo de concessão do auxílio-acidente, o termo inicial corresponderá à data dessa postulação. Contudo, tal entendimento não se aplica ao caso em análise, em que o Recorrente formulou pedido de concessão do auxílio-acidente a partir da data citação, que deve corresponder ao dies a quo do benefício ora concedido, sob pena de julgamento extra petita. 7. Recurso especial provido. Jurisprudência do STJ reafirmada. Acórdão sujeito ao regime do art. 543-C do CPC e da Resolução STJ n.º 08, de 07/08/2008 (3ª Seção, REsp 1095523, de 26.08.2009).

Diante da prática previdenciária, foi necessário criar uma nova classificação dos benefícios previdenciários. Quanto ao *momento da concretização do fato gerador*, os ***benefícios não programados*** podem ser classificados em:

A) De fato gerador **instantâneo**, a exemplo da pensão por morte, pois o óbito ocorre de modo imediato;

B) De fato gerador **continuado**, como o auxílio-acidente, pois o seu fato gerador (consolidação da sequela fruto de acidente) se protrai no tempo, tendo por termo inicial a data do acidente e por termo final a data da consolidação da sequela, sendo normalmente esta a data de cessação do auxílio por incapacidade temporária.

O direito ao auxílio-acidente exsurge no momento em que a sequela se consolida, o que pode durar meses, a exemplo da cicatrização da perda do dedo de uma das mãos. Nesse interregno o segurado goza do auxílio por incapacidade temporária.

Consolidada a sequela, cessa-se o auxílio por incapacidade temporária que será convertido em auxílio-acidente, que poderá ser recebido junto com a atividade laboral e a remuneração.

Considerando a natureza continuada do fato gerador, assim como que será conservada a qualidade de segurado durante a incapacidade laboral, quer com o gozo ou não do auxílio por incapacidade temporária, a qualidade de segurado e a natureza da filiação deve se dar na data do acidente.

3. SEGURADOS ACOBERTADOS

Por força do artigo 18, §1º, da Lei 8.213/91, apenas terão direito à percepção do auxílio-acidente o segurado **empregado, o trabalhador avulso e o segurado especial. Por força da LC 150/2015, o empregado doméstico passou a ter direito ao auxílio-acidente.**

Essa restrição legal justificava-se em 1991 na medida em que apenas para esses três segurados é prevista a contribuição para o custeio dos benefícios por incapacidade (chamada por parte da doutrina de contribuição SAT), a teor do artigo 22, II e 25, II, ambos da Lei 8.212/91. Para o doméstico, a LC 150 criou o SAT de 0,8%.

Veja-se o STJ:

> "PREVIDENCIÁRIO. AGRAVO REGIMENTAL NO RECURSO ESPECIAL. AUXÍLIO-ACIDENTE. BENEFÍCIO INDEVIDO AO TRABALHADOR AUTÔNOMO. PROVIMENTO NEGADO. **1. Nos termos do art. 18, I, § 1º, da Lei n. 8.213/91, com a redação dada pela LC n. 150/2015, "somente poderão beneficiar-se do auxílio-acidente os segurados incluídos nos incisos I, II, VI e VII do art. 11 desta lei", ou seja, o segurado empregado, o empregado doméstico, o trabalhador avulso e o segurado especial, não figurando nesse rol o trabalhador autônomo, atualmente classificado como contribuinte individual pela Lei n. 9.876/1999.** 2. Os trabalhadores autônomos assumem os riscos de sua atividade e, como não recolhem contribuições para custear o acidente de trabalho, não fazem jus ao auxílio-acidente. Precedente da Terceira Seção. 3. Agravo regimental não provido" (AgRg no REsp 1171779, de 10/11/2015).

No mesmo sentido a TNU:

> **REPRESENTATIVO DE CONTROVÉRSIA – DEFINIÇÃO DE TESE TEMA N. 201 – PUIL n. 000224525.2016.4.03.6330/SP** – Apreciando o pedido sob o regime dos representativos de controvérsia, a TNU fixou a seguinte tese: O contribuinte individual não faz jus ao auxílio-acidente, diante de expressa exclusão legal.

Se o segurado está desempregado, e durante o período de graça se filiar como contribuinte individual e, em seguida, se acidentar, deverá ser considerada a qualidade de segurado na data do acidente, não havendo direito ao auxílio-acidente na condição de contribuinte individual.

Nesse sentido, o recorte técnico feito pelo STJ:

> **PROCESSO**
>
> AgInt no REsp 2077714 / SC
>
> AGRAVO INTERNO NO RECURSO ESPECIAL
> 2023/0197238-6
>
> **RELATOR**
>
> Ministro GURGEL DE FARIA (1160)
>
> **ÓRGÃO JULGADOR**
>
> T1 - PRIMEIRA TURMA
>
> **DATA DO JULGAMENTO**
>
> 24/06/2024
>
> **DATA DA PUBLICAÇÃO/FONTE**
>
> DJe 03/07/2024

EMENTA

PROCESSUAL CIVIL E PREVIDENCIÁRIO. AUXÍLIO-ACIDENTE. CONTRIBUINTE INDIVIDUAL. INFORTÚNIO OCORRIDO NO PERÍODO DE GRAÇA. NÃO CABIMENTO.

1. **O Superior Tribunal de Justiça possui o entendimento de que o contribuinte individual não possui direito ao benefício de auxílio-acidente, mesmo estando em período de graça em relação à relação empregatícia anterior**. Incidência da Súmula 83 do STJ.

2. Agravo interno desprovido.

A partir do momento que o auxílio-acidente passou a ser devido por acidente de qualquer natureza ou causa, desde o advento da Lei 9.032/95, e não apenas em razão de acidente de trabalho, passou a ser ilógico restringi-lo aos referidos segurados, posto que passou a existir o auxílio-acidente previdenciário.

No entanto, existia uma divergência interna no STJ. Para a 2ª Turma, apenas o segurado especial que recolhia contribuições facultativas sobre o salário de contribuição teria direito ao auxílio-acidente por força de interpretação do artigo 39, II[6], da Lei 8.213/91:

> "PREVIDENCIÁRIO. SEGURADO ESPECIAL. AUXÍLIO-ACIDENTE. CONTRIBUIÇÃO FACULTATIVA PARA A PREVIDÊNCIA SOCIAL. 1. Ao segurado especial – art. 11, VII, da Lei 8.213/91 – são garantidos os benefícios previstos na referida norma, desde que contribuam facultativamente para a Previdência Social (art. 39, II, da Lei 8.213/91). (AgRg no AREsp 149912, de 22/05/2012).

Já a 1ª Turma do STJ concede irrestritamente o auxílio-acidente ao segurado especial, mesmo em favor daquele que apenas recolhe fictamente a contribuição de 1,3% sobre a receita da comercialização da sua produção:

> "PREVIDENCIÁRIO. AGRAVO REGIMENTAL CONTRA DECISÃO QUE NEGOU PROVIMENTO AO AGRAVO EM RECURSO ESPECIAL. AUXÍLIO-ACIDENTE. DOENÇA PROFISSIONAL. RECONHECIMENTO PELAS INSTÂNCIAS ORDINÁRIAS DA AUSÊNCIA DE REDUÇÃO DA CAPACIDADE LABORATIVA E DE NEXO CAUSAL. SÚMULA 7/STJ. AGRAVO IMPROVIDO. 1. Nos termos do art. 86 da Lei 8.213/91, para que seja concedido o auxílio-acidente,

6. Art. 39. Para os segurados especiais, referidos no inciso VII do art. 11 desta Lei, fica garantida a concessão:

I – de aposentadoria por idade ou por invalidez, de auxílio-doença, de auxílio-reclusão ou de pensão, no valor de 1 (um) salário mínimo, desde que comprove o exercício de atividade rural, ainda que de forma descontínua, no período, imediatamente anterior ao requerimento do benefício, igual ao número de meses correspondentes à carência do benefício requerido; ou

II – dos benefícios especificados nesta Lei, observados os critérios e a forma de cálculo estabelecidos, desde que contribuam facultativamente para a Previdência Social, na forma estipulada no Plano de Custeio da Seguridade Social.

necessário que o segurado empregado, exceto o doméstico, o trabalhador avulso e o segurado especial (art. 18, § 1º. da Lei 8.213/91), tenha redução na sua capacidade laborativa em decorrência de acidente de qualquer natureza" (AgRg no AREsp 108381, de 11/09/2012).

Entende-se que o segurado especial fará jus ao auxílio-acidente independentemente de recolher contribuições facultativas sobre o salário de contribuição, pois o artigo 18, §1º, da Lei 8.213/91, possui redação dada pela Lei 9.032/95, não impondo qualquer restrição.

Nesse sentido, posteriormente, a unificação da jurisprudência do STJ em recurso repetitivo firmado pela 1ª Seção:

RECURSO REPETITIVO

17/11/2017 10:13

Segurado especial não precisa comprovar recolhimento facultativo para receber auxílio-acidente

Sob a sistemática dos **recursos especiais repetitivos**, a Primeira Seção do Superior Tribunal de Justiça (STJ) estabeleceu a tese de que o segurado especial da Previdência Social cujo acidente ou moléstia seja anterior à vigência da Lei 12.873/13 não precisa comprovar o recolhimento de contribuição como segurado facultativo para ter direito ao auxílio-acidente.

Com a fixação da tese pelo colegiado, cujo tema foi registrado no **sistema de recursos repetitivos** com o número 627, será possível a solução de pelo menos mil ações que estavam suspensas em virtude da análise do recurso repetitivo. A tese também orientará os magistrados de primeira e segunda instância no julgamento de eventuais novas ações.

De acordo com o **artigo 11** da Lei 8.213/91, são classificados como segurados especiais trabalhadores como produtores rurais, profissionais ligados a atividades de extrativismo vegetal e pescadores artesanais.

Em relação aos benefícios garantidos aos segurados especiais, a Lei 8.213/91 foi alterada pela Lei 12.873/13 para, em seu **artigo 39**, passar a prever a concessão de auxílio-acidente ao lado de benefícios como aposentadoria e auxílio-doença. Por isso, a discussão realizada na seção se limitou ao período anterior à alteração legislativa de 2013.

Previsão em lei

O relator do recurso repetitivo, ministro Benedito Gonçalves, explicou que a redação original da Lei 8.213/91 não previu, de forma expressa, a concessão do auxílio-doença ao segurado especial, o que poderia levar à conclusão de que esse grupo de segurados obrigatórios só teria direito ao benefício se recolhesse a contribuição previdenciária como segurado facultativo.

Todavia, o relator explicou que a própria Lei 8.213/91, no parágrafo 1º do **artigo 18**, assegurou o auxílio-doença ao segurado especial desde a edição da lei, sem que houvesse menção à necessidade de recolhimento de contribuição facultativa.

Concessão administrativa

No voto que foi acompanhado de forma unânime pelos ministros, o relator explicou que o próprio Instituto Nacional do Seguro Social (INSS) prestou a informação de que, na via administrativa, há o reconhecimento do direito ao auxílio-acidente aos segurados especiais, sem ônus do recolhimento facultativo.

"Desse modo, não há razão jurídica para se exigir a contribuição facultativa do segurado especial que judicializou a controvérsia se tal contribuição não foi exigida daqueles que fizeram o pedido de auxílio-acidente na via administrativa, sob pena de se tratarem segurados em idêntica situação de direito de forma desigual, o que configuraria inequívoca ofensa ao postulado da isonomia", concluiu o ministro ao estabelecer a tese.

Esta notícia refere-se ao(s) processo(s): REsp 1361410

Aliás, o próprio INSS na esfera administrativa não vinha limitando a concessão do auxílio-acidente aos segurados especiais, pois apenas veda a sua concessão ao empregado doméstico (antes da LC 150/2015), contribuinte individual e facultativo[7].

No mesmo sentido decidiu a Turma Nacional: "A TNU, alinhando-se ao entendimento firmado pelo c. STJ ao apreciar o Tema n. 627 dos recursos representativos de controvérsia, decidiu que o segurado especial da Previdência Social não precisa comprovar o recolhimento de contribuição como segurado facultativo para ter direito ao benefício de auxílio-acidente, ainda que tenha sofrido o acidente antes da vigência da Lei n. 12.873/13" (Informativo 22/2017 – Processo n. 5038181-85.2014.4.04.7100).

A questão foi superada de maneira prospectiva com o advento da Lei 12.873/2013. Isso porque o artigo 39, inciso I, da Lei 8.213/91 foi aletrado, passando a prever expressamente o direito de o segurado especial perceber o auxílio-acidente, sem a necessidade de recolher sobre o salário de contribuição.

O benefício de auxílio-acidente (B/36/94) passou a ser devido aos segurados empregados domésticos para acidente ocorrido a partir do dia 02/06/2015, data

7. Artigo 333, da revogada Instrução Normativa INSS 77/2015.

da publicação da Lei Complementar nº 150, de 2015, independentemente da concessão prévia de auxílio-doença previdenciário ou acidentário. Tratando-se de requerente em período de manutenção da qualidade de segurado, cujo último vínculo tenha sido como empregado doméstico e acidente ocorrido a partir de 02/06/2015, será devido o auxílio-acidente , espécie 36, ainda que não tenha sido concedido auxílio-doença previdenciário[8].

Vale frisar que o médico-residente, que é filiado como contribuinte individual, apenas fará jus ao auxílio-acidente quando o acidente tiver ocorrido até 26 de novembro de 2001, data da publicação do Decreto nº 4.032, de 26 de novembro de 2001[9].

4. DISPENSA DE CARÊNCIA

Nos termos do artigo 26, inciso I, da Lei 8.213/91, o período de carência será sempre dispensado para a concessão do auxílio-acidente.

5. RENDA MENSAL E REAJUSTAMENTO

Trata-se de benefício que **independe de carência**, tendo renda mensal inicial fixada em **50% do salário de benefício** pela Lei 9.032/95 e antes da MP 905/2019, **podendo ter valor inferior a um salário mínimo**, pois não objetiva substituir a remuneração do empregado, empregado doméstico, trabalhador avulso ou segurado especial.

No cálculo do auxílio-acidente, será utilizado o mesmo salário de benefício manejado para a renda mensal inicial do auxílio-doença, apenas reduzindo-se o percentual de 91% para 50%.

A renda mensal do auxílio-acidente restou temporariamente modificada pela **MP 905/2019**, que alterou o artigo 86 da Lei 8.213/91, não sendo mais de 50% do salário de benefício durante a sua vigência.

A fim de se alinhar ao artigo 26 da Emenda 103/2019, o auxílio-acidente correspondeu a **50% da renda do benefício de aposentadoria por invalidez (incapacidade permanente)** a que o segurado teria direito enquanto vigorou a MP 905/2020.

Esse novo regramento foi válido para fatos geradores do auxílio-acidente (data da consolidação da sequela) ocorridos a partir de 12 de novembro de 2019 e antes da sua revogação pela MP 955/2020:

8. Memorando-Circular nº 38/DIRBEN/INSS, de 5/11/2015.
9. Artigo 352, §3º, da Portaria INSS/DIRBEN 991/2022.

FATO GERADOR	RENDA DO AUXÍLIO-ACIDENTE
Fato gerador até 11/11/2019	50% do salário de benefício
Fato gerador a partir de 12/11/2019	50% da renda da aposentadoria por incapacidade

A justificativa foi fazer um alinhamento ao artigo 26 da Emenda 103/2019, que previu que a aposentadoria por incapacidade permanente partirá de 60% da média de todos os salários de contribuição do segurado desde julho de 1994, conforme estudado no item anterior.

Considerando que a MP 905/2019 vigorou entre 12/11/2019 e 19/04/2020 (véspera da publicação da MP 955/2020, que a revogou expressamente), os seus efeitos jurídicos foram conservados neste período.

Isso porque a revogação de uma medida provisória equivale à sua caducidade para fins do artigo 62 da Constituição Federal, conforme precedentes do STF (ADI 5.709, ADI 5.716, ADI 5.717 e ADI 5.727, rel. min. Rosa Weber, j. 27-3-2019, P, **DJE** de 28-6-2019).

Dessa forma, considerando que o Congresso Nacional não editou o decreto legislativo a que se refere o § 3º do artigo 62 da Constituição até sessenta dias após a rejeição ou perda de eficácia de medida provisória (no caso, revogação), as relações jurídicas constituídas e decorrentes de atos praticados durante sua vigência conservar-se-ão por ela regidas. Logo, considerado a data da consolidação da sequela, em relação à renda mensal deve ser observado o seguinte regime intertemporal:

FATO GERADOR	RENDA DO AUXÍLIO-ACIDENTE
Fato gerador até 28/04/1995	30% (trinta por cento), 40% (quarenta por cento) ou 60% (sessenta por cento) do salário-de-contribuição do segurado vigente no dia do acidente
Fato gerador de 29/04/1995 até 11/11/2019	50% do salário de benefício
Fato gerador de 12/11/2019 a 19/04/2020	50% da renda da aposentadoria por incapacidade
Fato gerador a partir de 20/04/2020	50% do salário de benefício

De acordo com o artigo 235-A da Portaria INSS/DIRBEN 991/2022, introduzido pela **Portaria INSS/DIRBEN 1.176/2023**, no período de 12 de novembro de 2019 a 18 de agosto de 2020, vigência da Medida Provisória nº 905, **a RMI do auxílio-acidente decorrente de qualquer natureza e do auxílio-acidente decorrente de acidente de trabalho correspondia a 50% (cinquenta por cento)**

da RMI da aposentadoria por incapacidade permanente a que teria direito o segurado.

Há aqui uma divergência de data. A MP 905 foi revogada expressamente pela MP 955, publicada em 20.04.2020. É a data que utilizamos. No entanto, há ato formal do Congresso Nacional atestando a vigência da MP 905 até 18 de agosto de 2020:

ATO DECLARATÓRIO DO PRESIDENTE DA MESA DO CONGRESSO NACIONAL Nº 127, DE 2020

O PRESIDENTE DA MESA DO CONGRESSO NACIONAL, nos termos do parágrafo único do art. 14 da Resolução nº 1, de 2002-CN, faz saber que a **Medida Provisória nº 905**, de 11 de novembro de 2019, que "Institui o Contrato de Trabalho Verde e Amarelo, altera a legislação trabalhista, e dá outras providências", teve seu prazo de vigência encerrado no dia 18 de agosto de 2020.

Congresso Nacional, em 28 de setembro de 2020

Senador DAVI ALCOLUMBRE

Presidente da Mesa do Congresso Nacional

Embora a renda mensal do **auxílio-doença** seja de **91%** do salário de benefício e do **auxílio-acidente** seja de **50%** do salário de benefício, é possível que a conversão do auxílio-doença em auxílio-acidente gere o aumento da renda mensal do benefício em razão do limitador externo do artigo 29, §10[10], da Lei 8.213/91.

Imagine um segurado que possui um salário de benefício de R$ 5.000,00, mas que a média dos 12 últimos salários de contribuição foi de R$ 1.500,00 em razão de não mais conseguir emprego com alto salário. Nesta situação, a renda do auxílio-doença seria de R$ 4.500,00 (91% do salário de benefício), mas será limitada a R$ 1.500,00 pelo teto externo.

Por sua vez, o auxílio-acidente será de R$ 2.500,00 (50% do salário de benefício), superior em R$ 1.000,00 à renda do auxílio-doença, o que se revela em uma anomalia do sistema.

A RMI do auxílio-acidente, fruto de conversão do auxílio-doença (atual auxílio por incapacidade temporária), deverá observar o mesmo salário de benefício do auxílio-doença, alterando-se apenas o seu coeficiente (91% para 50%),

10. § 10. O auxílio-doença não poderá exceder a média aritmética simples dos últimos 12 (doze) salários-de-contribuição, inclusive em caso de remuneração variável, ou, se não alcançado o número de 12 (doze), a média aritmética simples dos salários-de-contribuição existentes. (Incluído pela Lei nº 13.135, de 2015)

considerando que o benefício por incapacidade não compõe salário de contribuição.

No entanto, a meu ver existem duas exceções, pois nestes dois casos o auxílio-acidente não poderá utilizar o SB do auxílio por incapacidade temporária que o precedeu em conversão.

A **primeira exceção** é o direito ao auxílio-acidente (data da consolidação da sequela) a contar de 14/11/2019, dia seguinte à publicação da EC 103/2019, pois o dia 13/11/2019 entrou para fins de consideração ao direito adquirido (EC 103/2019, artigo 3º), acaso o auxílio-doença tenha tido o SB calculado pelo artigo 29 da Lei 8.213/91 (média dos 80% maiores salários de contribuição desde 7/1994).

Nesta situação, o salário de benefício deverá ser recalculado à luz do artigo 26 da EC 103/2019, devendo considerar a integralidade dos salários de contribuição a contar do Plano Real, e não apenas os 80% maiores.

Isso porque a lei do tempo deve reger o ato jurídico, de modo que o direito ao auxílio-acidente a contar de 14/11/2019 deve considerar a fórmula do SB do artigo 26 da EC 103/2019, sob pena de afronta à Portaria INSS 450/2020.

A **segunda exceção** se refere ao direito ao auxílio-acidente formado na vigência da MP 905/2019, que modificou temporariamente a RMI do respectivo benefício.

Considerando que a MP 905/2019 vigorou entre 12/11/2019 e 19/04/2020 (véspera da publicação da MP 955/2020, que a revogou expressamente), os seus efeitos jurídicos foram conservados neste período.

Isso porque a revogação de uma medida provisória equivale à sua caducidade para fins do artigo 62 da Constituição Federal, conforme precedentes do STF (ADI 5.709, ADI 5.716, ADI 5.717 e ADI 5.727, rel. min. Rosa Weber, j. 27-3-2019, P, **DJE** de 28-6-2019).

Dessa forma, considerando que o Congresso Nacional não editou o decreto legislativo a que se refere o § 3º do artigo 62 da Constituição até sessenta dias após a rejeição ou perda de eficácia de medida provisória (no caso, revogação), as relações jurídicas constituídas e decorrentes de atos praticados durante sua vigência conservar-se-ão por ela regidas.

Dessa forma, a formação do direito ao auxílio-acidente (data da consolidação da sequela) entre 12/11/2019 e 19/04/2020 deve considerar 50% da renda da aposentadoria por incapacidade que o segurado faria jus, e não 50% do SB do auxílio-doença que o precedeu.

Estão sendo propostas algumas ações judiciais contra o INSS com base no julgamento do recurso extraordinário 597.022 pelo STF, sustentando a tese que o auxílio-acidente não poderá ser inferior a um salário mínimo, em aplicação ao artigo 201, §2º, da Constituição.

Contudo, essa é uma interpretação equivocada da decisão da Suprema Corte, pois em nenhum momento foi discutida essa questão no julgamento. Nesse sentido, no julgamento do agravo regimental interposto pelo INSS, em 27.10.2009, a própria Ministra Relatora Cármen Lúcia aduziu que a validade do artigo 86, §1º, da Lei 8.213/91, não havia sido objeto de debate.

O auxílio-acidente é um benefício indenizatório, não se prestando a substituir a remuneração do segurado, de modo que a sua renda mensal poderá ser inferior a um salário mínimo.

Isso porque a garantia constitucional de renda de benefícios previdenciários não inferiores ao salário mínimo nacional não engloba os benefícios indenizatórios.

Veja-se o artigo 201 da Constituição:

> *"§ 2º Nenhum benefício que substitua o salário de contribuição ou o rendimento do trabalho do segurado terá valor mensal inferior ao salário mínimo. (Redação dada pela Emenda Constitucional nº 20, de 1998)"*

Atualmente, a renda do auxílio-acidente corresponde a 50% do salário de benefício, sendo que o salário de benefício não poderá ser inferior a um salário mínimo, nos termos dos artigos 29, §2º e 86, §1º, ambos da Lei 8.213/91:

> *"§ 2º O valor do salário-de-benefício não será inferior ao de um salário mínimo, nem superior ao do limite máximo do salário-de-contribuição na data de início do benefício.*
>
> *§ 1º O auxílio-acidente mensal corresponderá a cinqüenta por cento do salário-de-benefício e será devido, observado o disposto no § 5º, até a véspera do início de qualquer aposentadoria ou até a data do óbito do segurado. (Redação dada pela Lei nº 9.528, de 1997)".*

Dessa forma, pela legislação atual a RMI do auxílio-acidente equivalerá a, pelo menos, metade de um salário mínimo, que equivale a 50% do salário de benefício de 1 salário mínimo.

Todavia, a partir do primeiro reajustamento, deverá ser aplicado o índice legal de correção monetária, nos termos do artigo 41-A da Lei 8.213/91:

> *"Art. 41-A. O valor dos benefícios em manutenção será reajustado, anualmente, na mesma data do reajuste do salário mínimo, pro rata, de acordo com suas respectivas datas de início ou do último reajustamento, com base no Índice Nacional de Preços ao Consumidor – INPC, apurado pela Fundação Instituto Brasileiro de Geografia e Estatística – IBGE. (Vide Medida Provisória nº 316, de 2006) (Vide Lei nº 12.254, de 2010) (Incluído pela Lei nº 11.430, de 2006)".*

Eis o artigo 201, §4º, da Constituição, lastro de validade desse critério legal:

> *§ 4º É assegurado o reajustamento dos benefícios para preservar-lhes, em caráter permanente, o valor real, conforme critérios definidos em lei. (Redação dada pela Emenda Constitucional nº 20, de 1998)*

Vale registrar que não há vinculação entre o índice de reajuste do salário mínimo com o índice de reajuste dos benefícios previdenciários na atual sistemática legal.

Essa vinculação somente existe para os benefícios que substituam o salário de contribuição, que não poderão ser inferiores ao salário mínimo, acaso o reajuste anual do salário mínimo seja superior ao INPC.

Considerando que o auxílio-acidente é indenizatório e sua RMI pode ser inferior ao salário mínimo, conclui-se que deve ser aplicado o reajuste legal pelo índice definido na Lei 8.213/91 (INPC), sendo ilegal e inconstitucional vincular o reajuste do salário mínimo ao auxílio-acidente de renda mínima (meio salário mínimo no ano da concessão).

Desse modo, a contar do ano seguinte ao ano da concessão, a partir do primeiro reajuste proporcional, não há piso legal ou constitucional que garanta que a renda do auxílio-acidente equivalha, a, pelo menos, 50% do salário mínimo.

Ao revés, salvo nos casos autorizados por expresso, a Constituição veda o uso do salário mínimo como indexador.

Nesse sentido, nos termos do artigo 7º, IV, da Lei Maior, são direitos dos trabalhadores urbanos e rurais, além de outros que visem à melhoria de sua condição social: salário mínimo, fixado em lei, nacionalmente unificado, capaz de atender a suas necessidades vitais básicas e às de sua família com moradia, alimentação, educação, saúde, lazer, vestuário, higiene, transporte e previdência social, **com reajustes periódicos que lhe preservem o poder aquisitivo, sendo vedada sua vinculação para qualquer fim**.

Assim, a única situação previdenciária em que o salário mínimo pode ser utilizado como indexador da renda mensal mínima dos benefícios previdenciários é a hipótese do artigo 201, §2º, não se amoldando o auxílio-acidente à hipótese, por se cuidar de benefício indenizatório que inclusive poderá ter RMI abaixo de um salário mínimo.

No entanto, de modo ilegal e inconstitucional, a Autarquia adota procedimento ilícito no reajuste anual do auxílio-acidente de renda mínima. Essa postura decorre da aplicação do revogado §3º do artigo 212 da IN INSS 77/2015:

> *"§ 3º O valor mensal dos benefícios de auxílio-acidente e auxílio-suplementar, decorrente de reajustamento, não poderá ser inferior ao respectivo percentual de benefício aplicado sobre o salário mínimo vigente".*

A mesma sistemática foi preservada no artigo 243 da Instrução Normativa INSS 77/2015:

> "§ 3º O valor mensal dos benefícios de auxílio-acidente e auxílio-suplementar, decorrente de reajustamento, não poderá ser inferior ao respectivo percentual de benefício aplicado sobre o salário mínimo vigente".

Desse modo, nota-se que de modo ilegal e inconstitucional a Instrução Normativa do INSS vinculou os reajustes do auxílio-acidente de renda mínima aos índices do salário mínimo, de modo que a cada ano a RMA não poderá ser inferior a 50% do salário de benefício, observada a renda anual do salário mínimo em cada reajuste anual do benefício previdenciário.

Por certo, essa postura ilícita vem trazendo prejuízos possivelmente bilionários à Previdência Social ao longo de muitos anos, considerando a imensa diferença histórica entre o reajuste do salário mínimo em comparação ao INPC:

a) INPC: 174,35% (12/1995 à 12/2019);

b) Salário mínimo entre 1995 e 2019: de R$ 100,00 para R$ 998,00.

Assim, como exemplo, entre 1995 e 2019, o INPC apresentou um acumulado de apenas 174,35%, ao passo que o salário mínimo quase que decuplicou o valor.

Desse modo, para adequação de legalidade e constitucionalidade, impõe-se à Presidência do INSS a URGENTE alteração do §3º do artigo 243 da IN INSS 128/2022 para a seguinte redação que se sugere:

> "§ 3º O reajuste anual dos benefícios de auxílio-acidente e auxílio-suplementar observará o regramento do artigo 41-A da Lei 8.213/91".

Como se trata de nova interpretação da Administração Pública, os reajustes perpetrados até a véspera da alteração regulamentar devem ser preservados, nos termos da Lei 9.784/99, que fixou como critério do processo administrativo a interpretação da norma administrativa da forma que melhor garanta o atendimento do fim público a que se dirige, **vedada aplicação retroativa de nova interpretação.**

Por outro lado, os novos reajustes, quer para benefícios em manutenção, quer para novos benefícios, deverá observar o índice legal previsto no artigo 41-A da Lei 8.213/91.

Em razão de minha atuação no cargo de Procurador Federal, apresentei essa posição jurídica corretiva da falha de interpretação do INSS através da Nota nº 00048/2020/CGMB/PFE-INSS-SEDE/PGF/AGU.

Esse meu técnico posicionamento foi acolhido pela Consultoria Jurídica do MTP, forçando a Autarquia a modificar de modo prospectivo a sua interpretação administrativa:

> "**PARECER n. 00072/2022/CONJUR-MTP/CGU/AGU** NUP: 14021.157975/2021-16 INTERESSADOS: SECRETARIA ESPECIAL DE PREVIDÊNCIA E TRABALHO ASSUNTOS: DIREITO PREVIDENCIÁRIO EMENTA: CONSULTA. REGIME GERAL DE PREVIDÊNCIA SOCIAL - RGPS. AUXÍLIO-ACIDENTE. REAJUSTAMENTO E CÁLCULO DE BENEFÍCIO. 1) Trata-se de consulta envolvendo o critério de reajustamento do benefício de auxílio-acidente nas situações em que a renda mensal inicial do benefício tenha sido fixada no valor de 50% (cinquenta por cento) do salário-mínimo vigente, bem como a regra de cálculo aplicável ao auxílio-acidente. 2) **O reajustamento do auxílio-acidente, em qualquer hipótese, deve seguir o quanto prescrito no art. 41-A, da Lei nº 8.213, de 1991, em outras palavras, o auxílio-acidente, mesmo no caso em que concedido com renda mensal inicial fixada em 50% (cinquenta por cento) do valor do salário mínimo, deve ser reajustado com base no índice de correção legalmente estipulado, no presente, o INPC**. 3) De acordo com o princípio do tempus regit actum, que ganha relevo no âmbito do Direito Previdenciário diante da perenidade das suas relações, os benefícios previdenciários devem observar a lei vigente à época do seu fato gerador, sendo irrelevante o momento em que ele apresenta o requerimento administrativo. 4) No caso do auxílio-acidente o seu fato gerador se dá com a consolidação das lesões e não no momento do acidente em si, sendo aquele o marco para fins de fixação da legislação vigente a ser aplicável ao cálculo do benefício".

Vale registrar que há o direito adquiro ao benefício, mas não se incorpora ao patrimônio jurídico do titular o critério de reajuste anual que deve ser fixado em lei, máxime quando a Administração Pública, de modo ilegal e inconstitucional, vinha aplicando o mesmo reajuste do salário mínimo para conservar a renda mínima de meio salário mínimo.

Originariamente, o artigo 86 da Lei 8.213/91 previa o valor do auxílio-acidente em 30%, 40% ou 60% do salário de contribuição do dia do acidente de trabalho, a ser fixado proporcionalmente ao grau da sequela[11].

---

11. De acordo com o texto originário do artigo 86, da Lei 8.213/91, entende o STJ que "deve ser considerado, para fins de auxílio-acidente, o percentual estabelecido pela lei vigente no momento em que se dá o agravamento das lesões incapacitantes do beneficiário, e não o do momento em que o benefício foi concedido inicialmente. O agravamento da lesão incapacitante tem como consequência a alteração do auxílio-acidente, sendo considerado um novo fato gerador para a concessão do benefício. Dessa forma, o agravamento da lesão gera a concessão de um novo benefício, devendo-se aplicar a lei em vigor na data do fato agravador, por incidência do princípio tempus regit actum. AgRg no REsp 1.304.317-SP, Rel. Min. Ari Pargendler, julgado em 4/12/2012 (Informativo 512).

No regime previdenciário anterior, a renda mensal do auxílio-acidente era regulada pelo artigo 7º, da Lei 5.316/67[12] e posteriormente pelo artigo 6º, da Lei 6.367/76[13].

Sucede que, com o advento da Lei 9.032/95, a sua renda mensal inicial restou fixada em 50% do salário de benefício, razão pela qual os segurados que o percebiam em 30% ou 40% (do salário de contribuição do dia do acidente de trabalho, conforme regramento anterior) começaram a postular judicialmente a sua revisão para 50% do salário de benefício, pois o INSS passou a indeferir o pleito na via administrativa.

Vale salientar que a alteração perpetrada pela Lei 9.032/95 não foi apenas no percentual do auxílio-acidente, mas também na base de cálculo, que passou a ser o salário de benefício, e não o salário de contribuição do dia do acidente.

Entende-se que não é devida a referida revisão à luz do Princípio do *Tempus Regit Actum* e do Princípio da Precedência de Fonte de Custeio.

Inclusive, esse é o entendimento manifestado pelo STF, acolhendo a tese da Advocacia-Geral da União, em representação ao INSS, quando reconheceu repercussão geral no **RE 597.389,** em 22.04.2009 e praticamente já definiu o seu julgamento:

> "EMENTA: Questão de ordem. Recurso extraordinário. 2. **Previdência Social. Revisão de benefício previdenciário.** Pensão por morte. 3. **Lei nº 9.032, de 1995. Benefícios concedidos antes de sua vigência. Inaplicabilidade. 4. Aplicação retroativa. Ausência de autorização legal. 5. Cláusula indicativa de fonte de custeio correspondente à majoração do benefício previdenciário. Ausência.** 6. Jurisprudência pacificada na Corte. Regime da repercussão geral. Aplicabilidade. 7. Questão de ordem acolhida para reafirmar a jurisprudência do Tribunal e determinar a devolução aos tribunais de origem dos recursos extraordinários e agravos de instrumento que versem sobre o mesmo tema, para adoção do procedimento legal. 8. Recurso extraordinário a que se dá provimento.

---

12. Art. 7º A redução permanente da capacidade para o trabalho em percentagem superior a 25% (vinte e cinco por cento) garantirá ao acidentado, quando não houver, direito a benefício por incapacidade ou após sua cessação, e independentemente de qualquer remuneração ou outro entendimento, um "auxílio-acidente, reajustável na forma da legislação previdenciária, calculado sobre o valor estabelecido no item II do artigo 6º e correspondente à redução verificada.

13. Art. 6º O acidentado do trabalho que, após a consolidação das lesões resultantes do acidente, permanecer incapacitado para o exercício da atividade que exercia habitualmente, na época do acidente, mas não para o exercício de outra, fará jus, a partir da cessação do auxílio-doença, a auxílio-acidente. § 1º O auxílio-acidente, mensal, vitalício e independente de qualquer remuneração ou outro benefício não relacionado ao mesmo acidente, será concedido, mantido e reajustado na forma do regime de Previdência Social do INPS e corresponderá a 40% (quarenta por cento) do valor de que trata o inciso II do artigo 5º desta Lei, observado o disposto no § 4º do mesmo artigo.

Decisão: O Tribunal, por unanimidade, resolveu a questão de ordem proposta pelo Relator, Ministro Gilmar Mendes (Presidente), no sentido de: a) que se reconheça a repercussão geral da questão constitucional aqui analisada, pela inegável relevância jurídica e econômica do tema, com reflexos sobre uma multiplicidade de processos que ainda tramitam nas instâncias ordinárias e especial; **b) que seja reafirmada a jurisprudência da Corte no sentido de que a revisão de pensão por morte e demais benefícios, constituídos antes da entrada em vigor da Lei nº 9.032, de 1995, não pode ser realizada com base em novo coeficiente de cálculo estabelecido no referido diploma legal;** c) que seja provido o presente recurso extraordinário; [...]" (g.n.).

Entretanto, apesar da manifestação expressa do STF, a 3ª Seção do STJ (formada pelas 5ª e 6ª Turmas) reiterou a sua jurisprudência contrária, no sentido de ser cabível a revisão do auxílio-acidente de 30% ou 40% do salário de contribuição do dia do acidente para o percentual de 50% do salário de benefício, no julgamento do REsp 1.096.244, em 10.02.2010:

"QUESTÃO DE ORDEM SUSCITADA EM RECURSO ESPECIAL REPRESENTATIVO DA CONTROVÉRSIA. MAJORAÇÃO DO BENEFÍCIO DE AUXÍLIO-ACIDENTE. SUPREMO TRIBUNAL FEDERAL. REPERCUSSÃO GERAL. INTERPRETAÇÃO DIVERGENTE DA ADOTADA POR ESTA EGRÉGIA CORTE DE JUSTIÇA. AUTOS DEVOLVIDOS PARA OS EFEITOS DO ART. 543 – B, § 3º, DO CÓDIGO DE PROCESSO CIVIL. MANUTENÇÃO DO ENTENDIMENTO DA SEÇÃO ACERCA DO TEMA. 1. Esta Seção assentou o entendimento de que a majoração do auxílio-acidente, estabelecida pela Lei n.º 9.032/95 (lei nova mais benéfica), que alterou o § 1º, do art. 86, da Lei n.º 8.213/91, deve ser aplicada imediatamente, atingindo todos os segurados que estiverem na mesma situação, seja referente aos casos pendentes de concessão ou aos benefícios já concedidos. **2. O Supremo Tribunal Federal, em repercussão geral, ao apreciar questão de ordem no Recurso Extraordinário nº 597.389/SP, de relatoria do Min. Gilmar Mendes, decidiu que a revisão da pensão por morte e demais benefícios previdenciários, constituídos antes da entrada em vigor da Lei nº 9.032/95, não poderá ser realizada com base em novo coeficiente de cálculo estabelecido no referido diploma legal, divergindo, pois, da orientação deste Sodalício**. 3. O tema central objeto do Recurso Extraordinário foi a análise da majoração do benefício de pensão por morte, tendo sido proposta pelo Relator, para efeitos de repercussão geral, a aplicabilidade desse posicionamento aos demais benefícios previdenciários que tiveram modificação no coeficiente de cálculo, por efeito de entrada em vigor da Lei nº 9.032/95. **4. Ocorre, porém, que a análise da majoração do auxílio-acidente tem certas particularidades que demandam uma análise mais específica da questão. Enquanto na pensão por morte o segurado deixa de contribuir para a previdência a partir do seu recebimento, no auxílio-acidente o segurado permanece contribuindo, razão pela qual o princípio da preexistência de custeio não fica violado**. 5. A Lei nº 9.032/95 exerceu o papel de majorar o benefício, sendo certo que o fez para aqueles já em vigor na data da sua promulgação, e não para os que porventura venham a ser concedidos. Resta, pois, atendido o princípio da reserva legal. **6. De acordo com a interpretação do § 3º do art. 543-B do CPC, nada impede que esta Corte adote orientação interpretativa que entender mais correta à norma infraconstitucional, uma vez que as decisões proferidas em sede de repercussão geral não têm efeito vinculante.** 7. Manutenção do entendimento adotado por esta Corte por ocasião do julgado do mérito do presente Recurso Especial representativo da controvérsia". (g.n.)

Contudo, no dia 20 de outubro de 2011, a 5ª Turma do STJ passou a aderir ao posicionamento do STF, o que indica uma futura mudança de posicionamento da 3ª Seção, conforme narrado no Informativo 485:

"485 – AUXÍLIO-ACIDENTE E APLICAÇÃO DA LEI NO TEMPO.

A Turma, em questão de ordem, proferiu **juízo de retratação** para adotar entendimento firmado pelo Plenário do Supremo Tribunal Federal, em repercussão geral, no sentido de que os benefícios previdenciários devem ser regulados pela lei vigente ao tempo em que preenchidos os requisitos necessários à sua concessão. No aludido julgamento, conclui-se pela impossibilidade de aplicação da lei posterior para o cálculo ou majoração dos benefícios já concedidos pelo INSS, exceto quando expressamente previsto no novo diploma legal. Asseverou-se que, em razão do princípio *tempus regit actum*, a aplicação da lei mais benéfica só teria incidência quando o acidente ocorrer na sua vigência, pouco importando a data em que requerido. Revisto anterior posicionamento contrário do Superior Tribunal de Justiça sobre a matéria, com fundamento no art. 543-B, § 3º, do CPC, a Turma negou provimento a diversos recursos especiais. REsp 868.025-SP, Rel. Min. Laurita Vaz, julgado em 20/10/2011".

Vale ressaltar que a TNU, ao julgar o incidente no processo 2008.70.51.00.0495-8, no dia 02/12/2010, aderiu ao posicionamento do STF:

"PEDIDO DE UNIFORMIZAÇÃO NACIONAL. PREVIDENCIÁRIO. CONTRARIEDADE À JURISPRUDÊNCIA DOMINANTE DO STJ. DEMONSTRAÇÃO. AUXÍLIO SUPLEMENTAR POR ACIDENTE DO TRABALHO. CONCESSÃO SOB A ÉGIDE DA LEI 6.367/1976. MAJORAÇÃO NOS TERMOS DA LEI 8.213/91 E ALTERAÇÕES POSTERIORES. IMPOSSIBILIDADE. PRINCÍPIO TEMPUS REGIT ACTUM. APLICAÇÃO. ENTENDIMENTO PACIFICADO NO STF. IMPROVIMENTO. 1. Cabe Pedido de Uniformização quando demonstrado que o acórdão recorrido contraria jurisprudência dominante do Superior Tribunal de Justiça. 2. O STJ orienta que "o art. 86, § 1º, da Lei 8.213/91, alterado pela Lei 9.032/95, tem aplicação imediatamente, atingindo todos os segurados que estiverem na mesma situação seja referente aos benefícios pendentes de concessão ou aos já concedidos" (STJ, REsp 1.096.244, 3ª Seção, Rel. Min. Maria Thereza de Assis Moura, DJ 08.05.2009). **3. Deve prevalecer o entendimento exposto pelo acórdão recorrido, segundo o qual a concessão ou a majoração de benefícios previdenciários deve obedecer ao princípio *tempus regit actum*, orientando-se pela lei vigente ao tempo em que cumpridos os requisitos legais para a concessão do benefício. 4. Decisão amparada pela firme orientação do STF no sentido**

de que "os benefícios previdenciários devem regular-se pela lei vigente ao tempo em que preenchidos os requisitos necessários à sua concessão." (v.g.: STF, RE 597.389, Pleno, unanimidade, Rel. Min. Gilmar Mendes, DJ 21.08.2009). 5. Pedido de Uniformização conhecido e improvido".

> Desde o advento da Medida Provisória 1.596-14, convertida na Lei 9.528/97, o **auxílio-acidente não mais será acumulado com a aposentadoria do segurado**, passando a integrar o salário de contribuição para fins do cálculo do salário de benefício da aposentadoria, na forma do artigo 31[14], da Lei 8.213/91.

De acordo com a TNU, "fixada a tese no sentido de que o valor mensal do auxílio-acidente integra o salário de contribuição para fins de cálculo do salário de benefício de qualquer aposentadoria, quando não for possível a cumulação, nos termos da Súmula 507 do Superior Tribunal de Justiça" (Informativo 26/2018 – PEDILEF n. 0053181-78.2015.4.03.6301).

Nos termos do artigo 224, §6º, da IN INSS 128/2022, **inexistindo período de atividade ou gozo de benefício por incapacidade dentro do período básico de cálculo (PBC), o valor do auxílio-acidente não supre a falta do salário de contribuição.**

Outrossim, ainda de acordo com a autarquia de previdência, se, dentro do período básico de cálculo, o segurado tiver recebido auxílio-doença, inclusive decorrente de acidente de qualquer natureza, concomitantemente com auxílio-acidente de outra origem, **a renda mensal desse será somada, mês a mês, ao salário de benefício daquele, observado o teto de contribuição**, para fins de apuração do salário de benefício da aposentadoria.

Trata-se de **regra administrativa que beneficia o segurado** e que de certa forma contraria o artigo 31 da Lei 8.213/91, que não faz essa ressalva.

Isso porque, inexistindo remuneração mensal ou percepção de benefício por incapacidade laboral em parte do PBC, esse período de gozo de auxílio-acidente não será considerado como salário de contribuição para cálculo do salário de benefício da aposentadoria, **impedindo a redução do valor da média aritmética simples**, o que por certo ocorreria diante da renda não elevada dos auxílios-acidentes, que podem até ser inferiores a um salário mínimo porquanto são benefícios indenizatórios.

No mesmo sentido a TNU:

PUIL n. 0048144-70.2015.4.03.6301/SP "A TNU fixou a seguinte tese: o período de fruição de auxílio-acidente sem salário de contribuição não integra o

14. Art. 31. O valor mensal do auxílio-acidente integra o salário-de-contribuição, para fins de cálculo do salário-de-benefício de qualquer aposentadoria, observado, no que couber, o disposto no art. 29 e no art. 86, § 5º. (Restabelecido com nova redação pela Lei nº 9.528, de 1997).

cálculo do salário de benefício ou da renda mensal inicial da aposentadoria" (Boletim em 23.05.2019).

Diferentemente do INSS, o STJ estende a regra do artigo 31 da Lei 8.213/91 ao antigo auxílio-suplementar:

> **Processo**
>
> EREsp 501745 / SP EMBARGOS DE DIVERGÊNCIA EM RECURSO ESPECIAL 2003/0222794-4
>
> **Relator(a)**
>
> Ministro HAMILTON CARVALHIDO (1112)
>
> **Órgão Julgador**
>
> S3 – TERCEIRA SEÇÃO
>
> **Data do Julgamento**
>
> 27/02/2008
>
> **Data da Publicação/Fonte**
>
> DJe 30/06/2008
>
> **Ementa**
>
> EMBARGOS DE DIVERGÊNCIA. PREVIDENCIÁRIO. AUXÍLIO-SUPLEMENTAR. INCLUSÃO NO CÁLCULO DO SALÁRIO-DE-CONTRIBUIÇÃO DE APOSENTADORIA. POSSIBILIDADE. EMBARGOS ACOLHIDOS.
>
> 1. **"Afastada a acumulação, antecedendo o auxílio-suplementar à aposentadoria especial, o seu valor deve ser somado aos salários-de-contribuição formadores do salário-de-benefício da aposentadoria." (EREsp nº 197.037/SP, Relator Ministro Gilson Dipp, in DJ 29/5/2000).**
> 2. Embargos de divergência acolhidos.

Para o segurado especial que não contribui facultativamente, haverá a soma do valor da aposentadoria com a renda mensal do auxílio-acidente vigente na data de início da referida aposentadoria, na forma do artigo 36, §6º, do RPS.

Logo, considerando que o salário de benefício do segurado especial é de um salário mínimo, ele receberá o equivalente a ½ salário mínimo de auxílio-acidente (50% do salário de benefício), devendo esse valor ser somado à sua aposentadoria por idade de um salário mínimo, totalizando o equivalente a 1,5 salário mínimo.

No mesmo sentido, o artigo 224 da Instrução Normativa INSS 128/2022:

> ***"§ 5º O valor mensal do auxílio-acidente integrará o PBC para fins de apuração do salário de benefício de qualquer aposentadoria, nos termos do art. 31 da Lei nº 8.213 de 1991, o qual será somado ao salário de contribuição existente no PBC, observado o disposto nos §§ 6º e 7º.***

§ 6º Inexistindo período de atividade ou gozo de benefício por incapacidade dentro do PBC, o valor do auxílio-acidente não supre a falta do salário de contribuição.

§ 7º Nas hipóteses em que houver permissão de acumulação do benefício de auxílio-acidente com aposentadoria, o valor mensal do auxílio-acidente não integrará o PBC da aposentadoria".

A TNU julgou o **tema 322** a respeito:

Tema	322	Situação do tema	Julgado		Ramo do direito	DIREITO PREVIDEN-CIÁRIO
Questão submetida a julgamento		Saber se devem ser computados os valores percebidos a título de auxílio--acidente no período básico de cálculo (PBC) da aposentadoria por idade rural do segurado especial, para fins de incremento da renda mensal inicial (RMI), independentemente do recolhimento de contribuições facultativas.				
Tese firmada		Devem ser computados os valores percebidos a título de auxílio-acidente no período básico de cálculo (PBC) da aposentadoria por idade rural do segurado especial, para fins de incremento da renda mensal inicial (RMI), independentemente do recolhimento de contribuições facultativas, a teor do inciso II do artigo 34 da Lei n. 8.213/91, excetuadas as hipóteses de cumulação de benefícios contempladas na Súmula 507 do STJ.				
Processo		Decisão de afetação	Relator (a)	Julgado em	Acórdão publicado em	Trânsito em julgado
PEDILEF 5014634-54.2021.4.04.7202/SC		15/03/2023	Juíza Federal Luciana Ortiz Tavares Costa Zanoni	22/11/2023	24/11/2023	

Considerando que a posição administrativa é favorável ao segurado especial, o INSS se manifestou: *"O Instituto Nacional do Seguro Social (INSS), inicialmente, em seus memoriais, pontua a existência de marco temporal a ser considerado, fazendo a distinção entre o Tema 322, de que ora se cuida, e o Tema 555. Salienta que o acidente que ensejou a concessão do auxílio-acidente no caso subjacente é posterior a 11/11/1997, a partir de quando foi vedada a percepção cumulada do auxílio-acidente e aposentadoria, devendo o tema se ater a esse marco temporal.* ***No mérito, o INSS manifestou concordância com a tese do incidente, sugerindo a fixação da seguinte tese:*** **É correto considerar-se, no período básico de cálculo (PBC), para fins de revisão da renda mensal inicial (RMI) do benefício de aposentadoria por idade rural, o período em que o segurado percebeu auxílio-acidente (nos moldes do art. 36, §6º, do**

Decreto nº 3.048/99), quando não for possível a cumulação, nos termos da Súmula 507 do STJ. *(EVENTO 43)*".

6. DATA DE INÍCIO DO BENEFÍCIO (DIB)

Já o termo inicial do pagamento será no dia seguinte à data de cessação do auxílio por incapacidade temporária, se nesta data a sequela já estiver consolidada, pois há casos extraordinários de sequela diferida.

A legislação previdenciária pressupõe o pagamento do auxílio-doença antes do auxílio-acidente, sendo este devido no dia seguinte ao da cessação do auxílio-doença, uma vez consolidada a lesão que acarretou perda funcional para o trabalho habitual, sendo benefícios que não poderão ser acumulados pela mesma causa.

Contudo, caso o segurado não tenha requerido o auxílio-doença, e ingressado com ação judicial para postular o auxílio-acidente, este será devido somente a partir da citação do INSS, conforme entendimento pacificado pelo STJ:

> "PREVIDENCIÁRIO. BENEFÍCIO ACIDENTÁRIO. TERMO INICIAL. DATA DA CITAÇÃO. DECISÃO MONOCRÁTICA DO RELATOR. POSSIBILIDADE. ARTIGO 557, § 1º-A, DO CPC.
>
> 1. A teor do disposto no art. 557, § 1º-A, do Código de Processo Civil, está o relator autorizado a decidir o recurso especial monocraticamente quando o acórdão atacado se encontre em confronto com súmula ou jurisprudência dominante de Tribunal Superior.
>
> **2. A Terceira Seção desta Corte, no julgamento do EREsp nº 735.329/RJ, Relator o Ministro Jorge Mussi, DJ de 6/5/2011, pacificou o entendimento de que, não havendo concessão de auxílio-doença, bem como ausente o prévio requerimento administrativo para a percepção do auxílio-acidente, como no caso, o termo a quo para o recebimento desse benefício é a data da citação"** (AgRg no AgRg no Ag 1.239.697, de 09.08.2011).No cálculo do auxílio-acidente, será utilizado o mesmo salário de benefício manejado para a renda mensal inicial do auxílio--doença, apenas reduzindo-se o percentual de 91% para 50%.

Embora incomum, é possível também que a incapacidade laboral que preceda o auxílio-acidente não ultrapasse a 30 (trinta) dias seguidos no caso do empregado, não fazendo nascer o direito ao auxílio-doença. Daí será possível a concessão do auxílio-acidente (se realizados os pressupostos legais) sem a prévia concessão do auxílio-doença.

De acordo com o entendimento do Ministério da Previdência Social, através do Parecer 18/2013/CONJUR-MPS/CGU/AGU, aprovado pela Portaria nº 264/2013/MPS, é possível a concessão do auxílio-acidente sem a prévia concessão do auxílio-doença, devendo o INSS receber o requerimento exclusivo para a concessão do auxílio-acidente.

Ao julgar o **Tema 862**, decidiu o STJ que **"o termo inicial do auxílio-acidente deve recair no dia seguinte ao da cessação do auxílio-doença que lhe deu origem, conforme determina o art. 86, § 2º, da Lei 8.213/91, observando-se, se for o caso, a prescrição quinquenal de parcelas do benefício."**

> Tema 862
> Processo
> REsp 1786736 / SP
> RECURSO ESPECIAL
> 2018/0333039-0
> Relator(a)
> Ministra ASSUSETE MAGALHÃES (1151)
> Órgão Julgador
> S1 – PRIMEIRA SEÇÃO
> Data do Julgamento
> 09/06/2021
> Data da Publicação/Fonte
> DJe 01/07/2021
> Ementa
> PREVIDENCIÁRIO E PROCESSUAL CIVIL. RECURSO ESPECIAL REPRESENTATIVO DE CONTROVÉRSIA DE NATUREZA REPETITIVA. AUXÍLIO-ACIDENTE DECORRENTE DA CESSAÇÃO DO AUXÍLIO-DOENÇA. FIXAÇÃO DO TERMO INICIAL. PRECEDENTES DO STJ FIRMADOS À LUZ DA EXPRESSA PREVISÃO LEGAL DO ART. 86, § 2º, DA LEI 8.213/91. TESE FIRMADA SOB O RITO DOS RECURSOS ESPECIAIS REPETITIVOS. ART. 1.036 E SEGUINTES DO CPC/2015. RECURSO ESPECIAL PARCIALMENTE CONHECIDO, E, NA PARTE CONHECIDA, PROVIDO. I. Trata-se, na origem, de ação ajuizada pela parte ora recorrente em face do Instituto Nacional de Seguro Social – INSS, objetivando o recebimento de auxílio-acidente, com termo inicial a ser fixado na data de cessação do auxílio-doença que o precedeu. O Juízo de 1º Grau julgou procedente o pedido inicial, para condenar o réu à concessão do auxílio-acidente, a partir do dia seguinte ao da cessação do auxílio-doença, observada a prescrição quinquenal de parcelas do benefício. O Tribunal de origem – embora reconhecendo "comprovado o nexo causal e caracterizada a lesão física que acarreta redução parcial e permanente da capacidade laborativa" – no julgamento dos recursos de Apelação, interpostos por ambas as partes, e da Remessa Oficial, alterou o termo inicial do auxílio-acidente para a data da juntada do laudo pericial aos autos. II. A controvérsia em apreciação cinge-se à fixação do termo inicial do auxílio-acidente decorrente da cessação do auxílio-doença, na forma dos arts. 23 e 86, § 2º, da Lei 8.213/91. III. O art. 86, *caput*, da Lei 8.213/91, em sua redação

atual, prevê a concessão do auxílio-acidente como indenização ao segurado, quando, "após consolidação das lesões decorrentes de acidente de qualquer natureza, resultarem sequelas que impliquem redução da capacidade para o trabalho que habitualmente exercia". IV. Por sua vez, o art. 86, § 2º, da Lei 8.213/91 determina que "o auxílio-acidente será devido a partir do dia seguinte ao da cessação do auxílio-doença, independentemente de qualquer remuneração ou rendimento auferido pelo acidentado, vedada sua acumulação com qualquer aposentadoria". V. Assim, tratando-se da concessão de auxílio-acidente precedido do auxílio-doença, a Lei 8.213/91 traz expressa disposição quanto ao seu termo inicial, que deverá corresponder ao dia seguinte ao da cessação do respectivo auxílio-doença, pouco importando a causa do acidente, na forma do art. 86, *caput* e § 2º, da Lei 8.213/91, sendo despiciendo, nessa medida, para essa específica hipótese legal, investigar o dia do acidente, à luz do art. 23 da Lei 8.213/91. **VI. O entendimento do STJ – que ora se ratifica – é firme no sentido de que o auxílio-acidente será devido a partir do dia seguinte ao da cessação do auxílio-doença, mas, inexistente a prévia concessão de tal benefício, o termo inicial deverá corresponder à data do requerimento administrativo. Inexistentes o auxílio-doença e o requerimento administrativo, o auxílio-acidente tomará por termo inicial a data da citação.** Nesse sentido: STJ, REsp 1.838.756/SP, Rel. Ministro HERMAN BENJAMIN, SEGUNDA TURMA, DJe de 22/11/2019; AgInt no REsp 1.408.081/SC, Rel. Ministro NAPOLEÃO NUNES MAIA FILHO, PRIMEIRA TURMA, DJe de 03/08/2017; AgInt no AREsp 939.423/SP, Rel. Ministra DIVA MALERBI (Desembargadora Federal Convocada do TRF/3ª Região), SEGUNDA TURMA, DJe de 30/08/2016; EDcl no AgRg no REsp 1.360.649/SP, Rel. Ministro BENEDITO GONÇALVES, PRIMEIRA TURMA, DJe de 11/05/2015; AgRg no REsp 1.521.928/MG, Rel. Ministro HUMBERTO MARTINS, SEGUNDA TURMA, DJe de 19/06/2015; AgRg no AREsp 342.654/SP, Rel. Ministro MAURO CAMPBELL MARQUES, SEGUNDA TURMA, DJe de 26/08/2014; REsp 1.388.809/SP, Rel. Ministra ELIANA CALMON, SEGUNDA TURMA, DJe de 06/09/2013. VII. Prevalece no STJ a compreensão de que o laudo pericial, embora constitua importante elemento de convencimento do julgador, não é, como regra, parâmetro para fixar o termo inicial de benefício previdenciário. Adotando tal orientação: STJ, REsp 1.831.866/SP, Rel. Ministro HERMAN BENJAMIN, SEGUNDA TURMA, DJe de 11/10/2019; REsp 1.559.324/SP, Rel. Ministro NAPOLEÃO NUNES MAIA FILHO, PRIMEIRA TURMA, DJe de 04/02/2019. VIII. Tese jurídica firmada: "**O termo inicial do auxílio-acidente deve recair no dia seguinte ao da cessação do auxílio-doença que lhe deu origem, conforme determina o art. 86, § 2º, da Lei 8.213/91, observando-se, se for o caso, a prescrição quinquenal de parcelas do benefício.**" IX. Recurso Especial parcialmente conhecido, e, nessa extensão, provido, para, em consonância com a tese ora firmada, restabelecer a sentença. X. Recurso julgado sob a sistemática dos recursos especiais representativos de controvérsia (art. 1.036 e seguintes do CPC/2005 e art. 256-N e seguintes do RISTJ).

A tese está correta e atende ao texto legal. Contudo, ao fixar em fundamentação que "*inexistentes o auxílio-doença e o requerimento administrativo, o auxílio-acidente tomará por termo inicial a data da citação*" o STJ feriu de morte o

Tema 350 STF que exige o prévio requerimento administrativo como condição de interesse/necessidade de agir.

Sobre tema 862 no STJ, penso o seguinte:

> 1. É devido o auxílio-acidente desde o dia seguinte à data de cessação do auxílio-doença, DESDE QUE haja comprovação perante a perícia médica da implementação dos requisitos legais do auxílio-acidente nessa data, o que deve ser verificado em perícia de revisão solicitada pelo segurado no pedido de prorrogação ou requerimento específico de auxílio-acidente;
>
> 2. É devido o auxílio-acidente desde o dia seguinte à data de cessação do auxílio-doença na situação descrita no artigo 104, III, do Decreto 3.048/99 (reabilitação profissional de segurado com sequela que impeça o exercício do labor habitual);
>
> 3. Nas demais situações, o termo inicial do auxílio-acidente será a data do requerimento administrativo deste benefício, desde que haja comprovação perante a perícia médica da implementação dos requisitos legais na DER;
>
> 4. Caso não seja devido o auxílio-acidente desde o dia seguinte à data de cessação do auxílio-doença e não haja prévio requerimento administrativo específico para o auxílio-acidente perante o INSS, a ação judicial deve ser extinta sem o julgamento do mérito, em respeito à tese firmada pelo STF no RE 631.240.

Registre-se que ao julgar **Embargos de Declaração** no Tema 862 em 18/11/2021 o STJ esclareceu que a tese somente se aplica na situação em que a perícia indicar que o direito ao auxílio-acidente está comprovado na data de cessação do auxílio por incapacidade temporária, conforme voto da Relatora:

> ***"É preciso ter em mente que a tese adotada pressupõe a existência dos requisitos para a concessão do auxílio-acidente, de modo que eventuais óbices à sua aplicação – por exemplo, na hipótese em que o anterior auxílio-doença não corresponda à moléstia que deu causa à concessão do auxílio-acidente, tal como alega o embargante – deverão ser alegados e comprovados pela parte interessada, no julgamento de cada caso concreto, fazendo-se o distinguish, não implicando em alteração da tese firmada pela Primeira Seção".***

Dessa forma, creio que o Tema 862 deva ser interpretado da seguinte maneira:

> **"I. O termo inicial do auxílio-acidente deve recair no dia seguinte ao da cessação do auxílio-doença que lhe deu origem, conforme determina o art. 86, § 2º, da Lei 8.213/91, na situação em que reste comprovada nos autos que a consolidação da sequela fruto de acidente já se fazia presente na data de cessação do benefício do auxílio por incapacidade temporária, observando-se a prescrição quinquenal, quando cabível;**
>
> **II. Na ausência de requerimento administrativo do auxílio por incapacidade temporária e do auxílio-acidente, a ação deve ser extinta sem a análise de**

mérito, nos termos do Tema STF 350 fixado em Repercussão Geral, por ausência de interesse de agir;

III. Caso não seja devido o auxílio-acidente desde o dia seguinte à data de cessação do auxílio-doença e não haja prévio requerimento administrativo específico para o auxílio-acidente perante o INSS, a ação judicial deverá ser extinta sem o julgamento do mérito, em respeito à tese firmada pelo STF no RE 631.240 (tema 350), por se tratar de fato novo não levado ao crivo da Autarquia".

Veja que neste precedente o STJ fixou a DIB do auxílio-acidente na **data da citação válida**, e não na data de cessação do auxílio por incapacidade temporária, fazendo a necessária distinção:

Processo

AgInt nos EDcl no REsp 2102362 / SP

AGRAVO INTERNO NOS EMBARGOS DE DECLARAÇÃO NO RECURSO ESPECIAL

2023/0365724-6

Relator

Ministro GURGEL DE FARIA (1160)

Órgão Julgador

T1 - PRIMEIRA TURMA

Data do Julgamento

19/08/2024

Data da Publicação/Fonte

DJe 26/08/2024

Ementa

PROCESSUAL CIVIL E PREVIDENCIÁRIO. ACÓRDÃO RECORRIDO. NEGATIVA DE PRESTAÇÃO JURISDICIONAL. INEXISTÊNCIA. AUXÍLIO-ACIDENTE. TERMO INICIAL. CITAÇÃO. TEMA 862. INAPLICABILIDADE.

1. Não há que falar em negativa de prestação jurisdicional, quando o Tribunal de origem se manifesta de modo fundamentado acerca das questões que lhe foram submetidas, apreciando integralmente a controvérsia posta nos autos, porquanto julgamento desfavorável ao interesse da parte não se confunde com negativa ou ausência de prestação jurisdicional.

2. O termo inicial do auxílio-acidente foi determinado a partir da citação válida, ante a impossibilidade de fixação na data do requerimento administrativo ou da cessação do auxílio-doença, tendo em vista a não comprovação de que a incapacidade era a mesma do benefício anterior.

3. Inaplicabilidade do Tema 862 do STJ ao caso concreto.

4. Agravo interno desprovido.

Tema similar (1.105) seria julgado pelo STF, mas não foi admitido o Recurso Extraordinário 1.287.510 em outubro de 2020 por não envolver direta questão constitucional:

1105 – Exigibilidade de prévio requerimento administrativo como requisito para postular em juízo a concessão do benefício de auxílio-acidente precedido de auxílio-doença acidentário. Relator: MINISTRO PRESIDENTE Leading Case: RE 1287510

A TNU afetou como representativo de controvérsia o tema 315, que é conexo ao tema 862/STJ:

Tema	315	Situação do tema	Em Julgamento	Ramo do direito	DIREITO PREVIDENCIÁRIO
Questão submetida a julgamento	Saber se, nos casos de ausência de pedido de prorrogação, o início dos efeitos financeiros do auxílio-acidente, decorrente da cessação do auxílio-doença, deve ser fixado na data da citação válida ou no dia seguinte ao da cessação do auxílio-doença.				
Tese firmada					
Processo	**Decisão de afetação**	**Relator (a)**	**Julgado em**	**Acórdão publicado em**	**Trânsito em julgado**
PEDILEF 5063339-35.2020.4.04.7100/RS	10/11/2022	Juiz Federal Francisco Glauber Pessoa Alves			

Note-se que no Acórdão do Tema 862 o STJ não tratou expressamente do PP ou da sua inexistência para fins de fixar a DIB do auxílio-acidente, mesmo porque a atual posição da Corte Superior é pela ilegitimidade da COPES.

Em se tratando de PUIL não repetitivo, a questão já foi apreciada pela TNU em favor do segurado:

> "PEDIDO DE UNIFORMIZAÇÃO DE INTERPRETAÇÃO DE LEI (PUIL). PREVIDENCIÁRIO. AUXÍLIO-ACIDENTE PRECEDIDO DE AUXÍLIO-DOENÇA. TERMO INICIAL DO AUXÍLIO-ACIDENTE. AUSÊNCIA DE PEDIDO DE PRORROGAÇÃO DO BENEFÍCIO PRECEDENTE. TERMO FIXADO NO DIA IMEDIATAMENTE POSTERIOR AO DO CANCELAMENTO DO AUXÍLIO-DOENÇA. PRECEDENTE NESSE SENTIDO PLASMADO NO TEMA 862 DO STJ. TESE FIXADA APÓS A EDIÇÃO DA LEI N. 13.457/2017. PUIL PROVIDO COM FIXAÇÃO DE TESE. O termo inicial do auxílio-acidente, decorrente

> da cessação do auxílio por incapacidade temporária, considerando que o requerente deixou de formular pedido de prorrogação do benefício por incapacidade precedente, deve ser o dia imediatamente posterior ao do cancelamento deste, inclusive aqueles nos quais o benefício precedente cessou sob a égide da Lei n. 13.457/2017.A tese fixada no julgamento do Tema 350 do STF, acerca da necessidade do prévio requerimento administrativo, quando se busca a concessão de prestações previdenciárias, não abarcou expressamente todas as situações. Em face das diretrizes manifestadas pelo STF no Tema 1105 e 1225, cabe ao STJ fixar a adequada interpretação que deve ser seguida no julgamento do presente incidente de uniformização. A fixação do termo inicial do auxílio-acidente foi consolidada no Tema 862 do STJ (REsp n. 1.729.555/SP), cujo julgamento é posterior ao início da vigência da nova legislação (Lei n. 13.457/2017).Fixação de tese: **"Sempre que o auxílio-acidente for precedido de auxílio-doença (auxílio por incapacidade temporária), o termo inicial daquele será o dia imediatamente posterior ao do cancelamento deste, independentemente de o segurado ter retornado ao trabalho, ter postulado a prorrogação do auxílio-doença ou realizado pedido específico de concessão do benefício de auxílio-acidente."** (TNU, Processo 5001399-26.2021.4.04.7200, de 06/10/2022).

A primeira questão jurídica a ser enfrentada é que o presente recurso possui traços distintivos em relação ao tema repetitivo STJ/862, que sequer analisou a situação do não oferecimento do pedido de prorrogação do auxílio por incapacidade temporária, quando cabível, e sua reflexão na data de início do benefício do auxílio-acidente.

Ao julgar o Tema 862, decidiu o STJ que *"o termo inicial do auxílio-acidente deve recair no dia seguinte ao da cessação do auxílio-doença que lhe deu origem, conforme determina o art. 86, § 2º, da Lei 8.213/91, observando-se, se for o caso, a prescrição quinquenal de parcelas do benefício."*

Registre-se que ao julgar Embargos de Declaração no Tema 862 em 18/11/2021 o STJ esclareceu que a tese somente se aplica na situação em que a perícia indicar que o direito ao auxílio-acidente está comprovado na data de cessação do auxílio por incapacidade temporária, conforme voto da Relatora:

> *"É preciso ter em mente que a tese adotada pressupõe a existência dos requisitos para a concessão do auxílio-acidente, de modo que eventuais óbices à sua aplicação – por exemplo, na hipótese em que o anterior auxílio-doença não corresponda à moléstia que deu causa à concessão do auxílio-acidente, tal como alega o embargante – deverão ser alegados e comprovados pela parte interessada, no julgamento de cada caso concreto, fazendo-se o distinguish, não implicando em alteração da tese firmada pela Primeira Seção".*

Por outro lado, o presente tema TNU/315 trata de peculiaridade não enfrentada no Tema STJ/862, consistente na inexistência de oferta de pedido de prorrogação do auxílio por incapacidade temporária com ulterior judicialização para a concessão do auxílio-acidente, a fim de definir se o termo inicial dos efeitos financeiros deste benefício será a data da citação ou o dia seguinte à DCB do auxílio por incapacidade temporária.

Na sessão de 18.10.2023, por 7 x 6, prevaleceu posição favorável ao segurado, sendo firmada a seguinte tese representativa de controvérsia no tema 315: ***"A data do início do benefício de auxílio-acidente é o dia seguinte à data da cessação do benefício de auxílio por incapacidade temporária, que lhe deu origem, independentemente de pedido de prorrogação deste ou de pedido específico de concessão do benefício de auxílio-acidente, nos termos do art. 86, § 2º, da Lei 8.213/91, observada a prescrição quinquenal dos valores atrasados".***

Tema	315	Situação do tema	Em Julgamento	Ramo do direito	DIREITO PREVIDENCIÁRIO
Questão submetida a julgamento	Saber se, nos casos de ausência de pedido de prorrogação, o início dos efeitos financeiros do auxílio-acidente, decorrente da cessação do auxílio-doença, deve ser fixado na data da citação válida ou no dia seguinte ao da cessação do auxílio-doença.				
Tese firmada	A data do início do benefício de auxílio-acidente é o dia seguinte à data da cessação do benefício de auxílio por incapacidade temporária, que lhe deu origem, independentemente de pedido de prorrogação deste ou de pedido específico de concessão do benefício de auxílio-acidente, nos termos do art. 86, § 2º, da Lei 8.213/91, observada a prescrição quinquenal dos valores atrasados.				
Processo	**Decisão de afetação**	**Relator (a)**	**Julgado em**	**Acórdão publicado em**	**Trânsito em julgado**
PEDILEF 5063339-35.2020.4.04.7100/RS	10/11/2022	Juiz Federal Francisco Glauber Pessoa Alves - para acórdão: Juíza Federal Lilian Oliveira da Costa Tourinho	18/10/2023	26/10/2023	

Desta forma, é desnecessária na visão da TNU a apresentação do PP para a demonstração de interesse de agir, devendo a concessão do auxílio-acidente retroceder à data de cessação do auxílio por incapacidade temporária, se nesta data ficar demonstrado o fato gerador do benefício, observada a prescrição quinquenal, se aplicável.

Veja-se enunciado aprovado na **I Jornada de Direito da Seguridade Social do Conselho da Justiça Federal** sobre o tema:

ENUNCIADO 20: Em homenagem aos princípios da concessão do benefício mais vantajoso e fungibilidade, é possível o reconhecimento judicial do direito ao benefício de auxílio acidente, mesmo quando não haja pedido específico, desde que tenha havido requerimento administrativo para concessão de benefício por incapacidade laboral.

Após a ocorrência do acidente de qualquer natureza ou causa, não será cabível a imediata concessão do auxílio-acidente, pois é necessário que haja a consolidação da sequela que implique redução da capacidade laboral para o labor habitual desenvolvido pelo segurado.

Certamente por isso, ao menos como regra (existem exceções, a exemplo do segurado que não requereu o auxílio por incapacidade temporária) a Lei 8.213/91 coloca a concessão do auxílio por incapacidade temporária como pressuposto para a concessão do auxílio-acidente no seu artigo 86:

> *"§ 2º **O auxílio-acidente será devido a partir do dia seguinte ao da cessação do auxílio-doença**, independentemente de qualquer remuneração ou rendimento auferido pelo acidentado, vedada sua acumulação com qualquer aposentadoria". (Redação dada pela Lei nº 9.528, de 1997)*

A grande questão aqui foi a ulterior introdução da Cobertura Previdenciária Estimada, em que não haverá em todas as situações a perícia para a cessação do auxílio por incapacidade temporária, o que, em tese, poderia inviabilizar a conversão do auxílio por incapacidade temporária em auxílio-acidente.

Para suprir essa lacuna, **a partir da versão 13.05.03, o Sistema de Administração de Benefícios por Incapacidade – SABI**, nos casos de **solicitação de prorrogação,** será agendada uma **Perícia Médica Conclusiva – PMC**, que permitirá as seguintes **<u>decisões</u>:**

a) Não Existe Incapacidade;

b) Fixação da DCB – com prazo máximo limitado a 2 (dois) anos, sem necessidade de homologação superior;

c) Reabilitação Profissional com sugestão de DCI de 6 (seis) meses ou 1 (um)ano;

d) Auxílio Acidente;

e) Aposentadoria por Invalidez com ou sem majoração de 25%.

Após a Perícia Médica Conclusiva – PMC, com constatação de incapacidade laborativa, caso o segurado ainda se julgue incapacitado para o trabalho no prazo do limite fixado pela perícia médica, poderá requerer **nova solicitação de prorrogação**, sendo agendada uma **Perícia Médica Resolutiva – PMRES.**

Conforme item 5.1 do SABI, a Perícia Médica Resolutiva – PMRES permitirá as seguintes decisões:

> **a) Não Existe Incapacidade;**
>
> **b) Fixação de DCB em 2 anos, sem necessidade de homologação superior;**
>
> **c) Reabilitação Profissional;**
>
> **d) Auxílio-Acidente;**
>
> **e) Aposentadoria por Invalidez com ou sem majoração de 25%.**

Dessa forma, **diferentemente do quanto fixado pela TNU no julgamento do Processo 5001399-26.2021.4.04.7200, de 06/10/2022, o PP também é recebido com a função de postular a conversão do auxílio por incapacidade temporária em auxílio-acidente, tanto no âmbito da PMC quanto na PMRES.**

Ademais, é sabido que no julgamento do tema representativo de controvérsia 277, à luz do Tema STF/350, a TNU adotou a tese da inexistência de interesse de agir para propor ação judicial para restabelecimento de auxílio por incapacidade temporária na situação da inexistência de pedido de prorrogação (quando cabível) ou recurso administrativo interposto pelo segurado.

Considerando que o PP também é recebido administrativamente com a função de postular a conversão do auxílio por incapacidade temporária em auxílio-acidente, tanto no âmbito da PMC quanto na PMRES, a partir da versão 13.05.03 do Sistema de Administração de Benefícios por Incapacidade – SABI, **seria incongruente a TNU admitir a ação judicial para a concessão do auxílio-acidente sem a oferta do PP e extinguir a ação judicial para restabelecimento do auxílio por incapacidade temporária.**

Demais disso, é comum que ambos os pedidos sejam cumulados na mesma ação judicial em ordem de preferência, sendo impertinente admitir interesse de agir no pedido de concessão do auxílio-acidente.

Assim, a solução a ser dada no Tema 315/TNU deve ser apreciada à luz do Tema 277/TNU e 350/STF, no sentido de que, nos casos de ausência de pedido de prorrogação do auxílio por incapacidade temporária, quando cabível, a ação judicial que postula o auxílio-acidente deve ser extinta sem a apreciação de mérito por falta de interesse de agir.

7. REVISÃO ADMINISTRATIVA ("PENTE FINO")

Ordinariamente, o INSS não revisava periodicamente a manutenção do auxílio-acidente, pois a sequela presume uma lesão definitiva. No entanto, excepcionalmente, caso constatado pelo INSS que a sequela foi totalmente revertida, entende-se que se impõe o cancelamento do benefício pela autarquia previdenciária, vez que o pressuposto legal de concessão deixou de existir.

Suponha-se que um segurado perceba o auxílio-acidente em razão de sequela acidentária que reduziu a flexão do seu braço direito, implicando em redução da capacidade funcional ao trabalho habitual.

No entanto, espontaneamente, alguns anos após ele se submeteu a uma cirurgia que restabeleceu por completo a flexão do seu membro superior, eliminando *in integrum* a sequela. Neste caso, é dever de o INSS cancelar o benefício, desde que respeitado o Princípio do Contraditório em regular processo administrativo com essa finalidade.

IMPORTANTE!

Com o advento da **MP 1.113, de 20/04/2022, convertida na Lei 14.441/2022,** restou alterado o artigo 101 da Lei 8.213/91 que conta agora com a seguinte redação:

*"Art. 101. O segurado em gozo de auxílio por incapacidade temporária, **auxílio-acidente** ou aposentadoria por incapacidade permanente e o pensionista inválido, cujos benefícios tenham sido concedidos **judicial** ou administrativamente, estão obrigados, sob pena de suspensão do benefício, a submeter-se a:*

I - exame médico a cargo da Previdência Social para avaliação das condições que ensejaram sua concessão ou manutenção;

II - processo de reabilitação profissional por ela prescrito e custeado; e

III - tratamento dispensado gratuitamente, exceto o cirúrgico e a transfusão de sangue, que são facultativos".

A inovação foi a previsão de revisão periódica das concessões de auxílio-acidente, quer por decisão administrativa ou judicial, pois antes a Lei 8.213/91 era omissa a respeito, embora eu já sustentasse o cabimento nas situações comprovadas e excepcionais de reversão total da sequela decorrente de acidente em decorrência da Autotutela.

Logo, é possível a cessação do auxílio-acidente por reversão de sequela mesmo que o fato gerador do benefício preceda à vigência da MP 1.113/2022, convertida na Lei 14.441/2022, pois não há base jurídica de se manter o benefício ativo se o INSS constatou que a sequela foi revertida, não devendo se confundir a criação de uma rotina legal para a revisão administrativa com a possibilidade de cessar o benefício, que sempre se impôs.

8. ACUMULAÇÃO

No caso de reabertura de auxílio-doença por acidente de qualquer natureza que tenha dado origem a auxílio-acidente, este será suspenso até a cessação do auxílio-doença reaberto, quando será reativado.

O artigo 124, inciso V, da Lei 8.213/91, veda o recebimento conjunto de mais de um auxílio-acidente. Assim, quando o segurado em gozo de auxílio-acidente fizer jus a um novo auxílio-acidente, em decorrência de outro acidente ou de doença, serão comparadas as rendas mensais dos dois benefícios e mantido o benefício mais vantajoso[15].

Registre-se que tal vedação somente foi introduzida pela Lei 9.032/95 no artigo 124 da Lei 8.213/91, de modo que para **direito adquirido até 28 de abril de 1995**, é possível a acumulação de mais de um auxílio-acidente.

Desde o advento da Medida Provisória nº 1.596-14, convertida na Lei nº 9.528/97, é VEDADA a acumulação de auxílio-acidente com qualquer espécie de aposentadoria, exceto direito adquirido.

Essa inovação prejudica os segurados que tenham o salário de benefício atingido o teto, após a soma do valor do auxílio-acidente com os salários de contribuição do segurado, pois antes eles podiam receber a aposentadoria até o teto e o auxílio-acidente separadamente.

Contudo, conforme o entendimento administrativo da Previdência Social, as pessoas que preencheram todos os requisitos para a concessão do auxílio-acidente antes da vigência do novo regramento, terão direito à acumulação do auxílio-acidente com a aposentadoria.

Inclusive, essa é a inteligência da redação originária da **Súmula 44**, da Advocacia-Geral da União, de 14.09.2009:

> "Súmula 44 – É permitida a cumulação do benefício de auxílio-acidente com benefício de aposentadoria quando a consolidação das lesões decorrentes de acidentes de qualquer natureza, que resulte em sequelas definitivas, nos termos do art. 86 da Lei nº 8.213/91, tiver ocorrido até 10 de novembro de 1997, inclusive, dia imediatamente anterior à entrada em vigor da Medida Provisória nº 1.596-14, convertida na Lei nº 9.528/97, que passou a vedar tal acumulação."

Entende-se que esse posicionamento da AGU não se coaduna perfeitamente com o Princípio do *Tempus Regit Actum*. É que o direito adquirido de acumular a aposentadoria com o auxílio-acidente se concretiza no momento em que o segurado preenche todos os pressupostos legais de ambos os benefícios até a vigência da MP 1.526-14, de 10.11.1997.

Assim, em termos de acumulação de benefícios previdenciários, vale a lei em vigor no momento do preenchimento dos requisitos legais do segundo benefício (aposentadoria), e não do primeiro (auxílio-acidente), pois neste momento inexiste acumulação a ser aferida.

De qualquer sorte, o tema não vinha gerando polêmicas na prática previdenciária, vez que o entendimento do INSS acabava sendo mais favorável aos

15. Artigo 355, §3º, da Instrução Normativa INSS 128/2022.

segurados, conquanto criticável do ponto de vista do momento da formação do direito adquirido.

Por outro lado, o STJ está seguindo a mesma linha de pensamento aqui sustentada, conquanto seja um entendimento divergente da antiga postura da AGU e do INSS e não favorável aos segurados do RGPS, a exemplo do julgamento do Recurso Especial 1.244.257, de 13.03.2012, pela 2ª Turma:

"PREVIDENCIÁRIO. AUXÍLIO ACIDENTE. APOSENTADORIA. CUMULAÇÃO. INVIABILIDADE. CONCESSÃO DA APOSENTADORIA POSTERIOR À VIGÊNCIA DA LEI N. 9.528/97. SÚMULA 83/STJ.

1. A redação original do art. 86 da Lei n. 8.213/91 previa que o auxílio-acidente era um benefício vitalício, sendo permitida a cumulação do referido auxílio pelo segurado com qualquer remuneração ou benefício não relacionados com o mesmo acidente.

2. O referido normativo sofreu alteração significativa com o advento da MP 1.596-14/97, convertida na Lei n. 9.528/97, que afastou a vitaliciedade do auxílio-acidente e passou expressamente a proibir a acumulação do benefício acidentário com qualquer espécie de aposentadoria do regime geral, passando a integrar o salário de contribuição para fins de cálculo da aposentadoria previdenciária.

3. A jurisprudência do STJ firmou-se no sentido de que a possibilidade de acumulação do auxílio-acidente com proventos de aposentadoria requer que a lesão incapacitante e a concessão da aposentadoria sejam anteriores às alterações promovidas pela Lei n. 9.528/97. Súmula 83/STJ.

Recurso especial não conhecido".

Aliás, o mesmo raciocínio já era perfilhado no âmbito da 3ª Seção do STJ:

"AGRAVO REGIMENTAL. PREVIDENCIÁRIO. CUMULAÇÃO. APOSENTADORIA E AUXÍLIO-SUPLEMENTAR. JUBILAÇÃO POSTERIOR À LEI N. 9.528/1997. IMPOSSIBILIDADE.

1. É firme a jurisprudência desta Terceira Seção no sentido da possibilidade de cumulação de proventos de aposentadoria com benefício de auxílio acidente, desde que a moléstia tenha eclodido antes da alteração normativa decorrente da Lei n. 9.528/1997.

2. Para correta adequação do caso concreto ao entendimento pacificado nesta Corte, é imprescindível que a aposentadoria tenha sido concedida antes da alteração normativa. Precedentes.

3. Agravo regimental improvido" (6ª Turma, AgRg no AgRg no Ag 1375680/MS, de 27/09/2011).

Portanto, ante a jurisprudência da Corte Superior, havia subsídios para a AGU reformular a redação da sua Súmula 44, a fim de apenas admitir a acumulação do auxílio-acidente com a aposentadoria por invalidez quando o segurado tornou-se inválido para o trabalho até o dia 10 de novembro de 1997, data da vigência da Medida Provisória nº 1.596-14, convertida na Lei nº 9.528/97, pois é no momento do preenchimento dos requisitos do segundo benefício (aposentadoria por invalidez) é que deverá ser aferida a possibilidade legal de cumulação.

E finalmente a Advocacia-Geral da União alterou a redação da Súmula 44, através da Súmula 65, de 05 de julho de 2012:

> "Súmula 44 da AGU: Para a acumulação do auxílio-acidente com proventos de aposentadoria, a lesão incapacitante e a concessão da aposentadoria devem ser anteriores as alterações inseridas no art. 86 § 2º, da Lei 8.213/91, pela Medida Provisória nº 1.596-14, convertida na Lei nº 9.528/97".

Posteriormente, esta súmula teve a redação aperfeiçoada pela Súmula AGU 75, de 02 de abril de 2014:

Súmula 44 – "**Para a acumulação do auxílio-acidente com proventos de aposentadoria, a consolidação das lesões decorrentes de acidentes de qualquer natureza, que resulte sequelas definitivas, nos termos do art. 86 da Lei nº 8.213/91, e a concessão da aposentadoria devem ser anteriores às alterações inseridas no art. 86, § 2º da Lei nº 8.213/91, pela Medida Provisória nº 1.596-14, convertida na Lei nº 9.528/97**" *(redação dada pela Súmula AGU 75/2014).*

A redação foi ajustada porque não é a lesão incapacitante que dá direito ao auxílio-acidente, e sim a consolidação de lesão por acidente de qualquer natureza ou causa que gere sequela que repercuta na capacidade laboral para o trabalho habitual, sendo pertinente a alteração promovida pela Advocacia-Geral da União.

Evidentemente, o novo entendimento da AGU não deverá ter eficácia retroativa, em respeito ao Princípio da Segurança Jurídica e da regra do artigo 2º, inciso XIII, da Lei 9.784/99 (Lei do Processo Administrativo Federal), que aponta como critério de atuação da Administração Pública federal a "interpretação da norma administrativa da forma que melhor garanta o atendimento do fim público a que se dirige, **vedada aplicação retroativa de nova interpretação**", conservando-se as acumulações já deferidas.

Em apenas um ponto não se concorda nesta obra com a posição do STJ e da AGU. Isso porque, mesmo que a aposentadoria seja concedida após a Lei 9.528/97, caso o direito adquirido se aperfeiçoe antes da referida norma é de se permitir a acumulação.

Isto porque é no dia em que o segurado preenche os requisitos para o auxílio-acidente e qualquer aposentadoria que se há de definir o regime jurídico aplicável, e não o dia da concessão.

Valeu frisar que a jurisprudência do STJ foi cristalizada na Súmula 507, aprovada pela 1ª Seção em 26 de março de 2014:

> **"Súmula 507 – A acumulação de auxílio-acidente com aposentadoria pressupõe que a lesão incapacitante e a aposentadoria sejam anteriores a 11/11/1997,**

observado o critério do artigo 23 da Lei 8.213/91 para definição do momento da lesão nos casos de doença profissional ou do trabalho".

9. ANEXO III DO REGULAMENTO

O anexo III, do RPS, traz um rol de hipóteses aptas a ensejar o pagamento do auxílio-acidente, entendendo-se ser uma listagem exemplificativa inclusive na atual visão do INSS:

ANEXO III

RELAÇÃO DAS SITUAÇÕES QUE DÃO DIREITO AO AUXÍLIO-ACIDENTE

QUADRO Nº 1

Aparelho visual

Situações:

a) acuidade visual, após correção, igual ou inferior a 0,2 no olho acidentado;

b) acuidade visual, após correção, igual ou inferior a 0,5 em ambos os olhos, quando ambos tiverem sido acidentados;

c) acuidade visual, após correção, igual ou inferior a 0,5 no olho acidentado, quando a do outro olho for igual a 0,5 ou menos, após correção;

d) lesão da musculatura extrínseca do olho, acarretando paresia ou paralisia;

e) lesão bilateral das vias lacrimais, com ou sem fístulas, ou unilateral com fístula.

NOTA 1 – A acuidade visual restante é avaliada pela escala de Wecker, em décimos, e após a correção por lentes.

NOTA 2 – A nubécula e o leucoma são analisados em função da redução da acuidade ou do prejuízo estético que acarretam, de acordo com os quadros respectivos.

QUADRO Nº 2

Aparelho auditivo

TRAUMA ACÚSTICO

a) perda da audição no ouvido acidentado;

b) redução da audição em grau médio ou superior em ambos os ouvidos, quando os dois tiverem sido acidentados;

c) redução da audição, em grau médio ou superior, no ouvido acidentado, quando a audição do outro estiver também reduzida em grau médio ou superior.

NOTA 1 – A capacidade auditiva em cada ouvido é avaliada mediante audiometria apenas aérea, nas frequências de 500, 1.000, 2.000 e 3.000 Hertz.

NOTA 2 – A redução da audição, em cada ouvido, é avaliada pela média aritmética dos valores, em decibéis, encontrados nas frequências de 500, 1.000, 2.000 e 3.000 Hertz, segundo adaptação da classificação de Davis & Silvermann, 1970.

Audição normal – até vinte e cinco decibéis;

Redução em grau mínimo – vinte e seis a quarenta decibéis;

Redução em grau médio – quarenta e um a setenta decibéis;

Redução em grau máximo – setenta e um a noventa decibéis;

Perda de audição – mais de noventa decibéis.

QUADRO Nº 3

Aparelho da fonação

Situação:

Perturbação da palavra em grau médio ou máximo, desde que comprovada por métodos clínicos objetivos.

QUADRO Nº 4

Prejuízo estético

Situações:

Prejuízo estético, em grau médio ou máximo, quando atingidos crânios, e/ou face, e/ou pescoço ou perda de dentes quando há também deformação da arcada dentária que impede o uso de prótese.

NOTA 1 – Só é considerada como prejuízo estético a lesão que determina apreciável modificação estética do segmento corpóreo atingido, acarretando aspecto desagradável, tendo-se em conta sexo, idade e profissão do acidentado.

NOTA 2 – A perda anatômica de membro, a redução de movimentos articulares ou a alteração da capacidade funcional de membro não são considerados como prejuízo estético, podendo, porém, ser enquadradas, se for o caso, nos quadros respectivos.

QUADRO Nº 5

Perdas de segmentos de membros

Situações:

a) perda de segmento ao nível ou acima do carpo;
b) perda de segmento do primeiro quirodáctilo, desde que atingida a falange proximal; (Redação dada pelo Decreto nº 4.032, de 2001)
c) perda de segmentos de dois quirodáctilos, desde que atingida a falange proximal em pelo menos um deles; (Redação dada pelo Decreto nº 4.032, de 2001)
d) perda de segmento do segundo quirodáctilo, desde que atingida a falange proximal; (Redação dada pelo Decreto nº 4.032, de 2001)
e) perda de segmento de três ou mais falanges, de três ou mais quirodáctilos;
f) perda de segmento ao nível ou acima do tarso;
g) perda de segmento do primeiro pododáctilo, desde que atingida a falange proximal; (Redação dada pelo Decreto nº 4.032, de 2001)
h) perda de segmento de dois pododáctilos, desde que atingida a falange proximal em ambos; (Redação dada pelo Decreto nº 4.032, de 2001)
i) perda de segmento de três ou mais falanges, de três ou mais pododáctilos.

NOTA: Para efeito de enquadramento, a perda parcial de parte óssea de um segmento equivale à perda do segmento. A perda parcial de partes moles sem perda de parte óssea do segmento não é considerada para efeito de enquadramento.

QUADRO Nº 6
Alterações articulares
Situações:
a) redução em grau médio ou superior dos movimentos da mandíbula;
b) redução em grau máximo dos movimentos do segmento cervical da coluna vertebral;
c) redução em grau máximo dos movimentos do segmento lombo-sacro da coluna vertebral;
d) redução em grau médio ou superior dos movimentos das articulações do ombro ou do cotovelo;
e) redução em grau médio ou superior dos movimentos de pronação e/ou de supinação do antebraço;
f) redução em grau máximo dos movimentos do primeiro e/ou do segundo quirodáctilo, desde que atingidas as articulações metacarpo-falangeana e falange-falangeana;
g) redução em grau médio ou superior dos movimentos das articulações coxo-femural e/ou joelho, e/ou tíbio-társica.

NOTA 1 – Os graus de redução de movimentos articulares referidos neste quadro são avaliados de acordo com os seguintes critérios: Grau máximo: redução acima de dois terços da amplitude normal do movimento da articulação; Grau médio: redução de mais de um terço e até dois terços da amplitude normal do movimento da articulação; Grau mínimo: redução de até um terço da amplitude normal do movimento da articulação.

NOTA 2 – A redução de movimentos do cotovelo, de pronação e supinação do antebraço, punho, joelho e tíbio-társica, secundária a uma fratura de osso longo do membro, consolidada em posição viciosa e com desvio de eixo, também é enquadrada dentro dos limites estabelecidos.

QUADRO Nº 7
Encurtamento de membro inferior
Situação:
Encurtamento de mais de 4 cm (quatro centímetros).
NOTA: A preexistência de lesão de bacia deve ser considerada quando da avaliação do encurtamento.

QUADRO Nº 8
Redução da força e/ou da capacidade funcional dos membros
Situações:
a) redução da força e/ou da capacidade funcional da mão, do punho, do antebraço ou de todo o membro superior em grau sofrível ou inferior da classificação de desempenho muscular;
b) redução da força e/ou da capacidade funcional do primeiro quirodáctilo em grau sofrível ou inferior;
c) redução da força e/ou da capacidade funcional do pé, da perna ou de todo o membro inferior em grau sofrível ou inferior.

NOTA 1 – Esta classificação se aplica a situações decorrentes de comprometimento muscular ou neurológico. Não se aplica a alterações decorrentes de lesões articulares ou de perdas anatômicas constantes dos quadros próprios.

NOTA 2 – Na avaliação de redução da força ou da capacidade funcional é utilizada a classificação da carta de desempenho muscular da The National Foundation for Infantile Paralysis, adotada pelas Sociedades Internacionais de Ortopedia e Traumatologia, e a seguir transcrita:

Desempenho muscular

Grau 5 – Normal – cem por cento – Amplitude completa de movimento contra a gravidade e contra grande resistência.

Grau 4 – Bom – setenta e cinco por cento – Amplitude completa de movimento contra a gravidade e contra alguma resistência.

Grau 3 – Sofrível – cinqüenta por cento – Amplitude completa de movimento contra a gravidade sem opor resistência.

Grau 2 – Pobre – vinte e cinco por cento – Amplitude completa de movimento quando eliminada a gravidade.

Grau 1 – Traços – dez por cento – Evidência de leve contração. Nenhum movimento articular.

Grau 0 (zero) – zero por cento – Nenhuma evidência de contração.

Grau E ou EG – zero por cento – Espasmo ou espasmo grave.

Grau C ou CG – Contratura ou contratura grave.

NOTA – O enquadramento dos casos de grau sofrível ou inferior abrange, na prática, os casos de redução em que há impossibilidade de movimento contra alguma força de resistência além da força de gravidade.

QUADRO Nº 9

Outros aparelhos e sistemas

Situações:

a) segmentectomia pulmonar que acarrete redução em grau médio ou superior da capacidade funcional respiratória; devidamente correlacionada à sua atividade laborativa.
b) perda do segmento do aparelho digestivo cuja localização ou extensão traz repercussões sobre a nutrição e o estado geral.

De acordo com o entendimento do Ministério da Previdência Social, através do Parecer 17/2013/CONJUR-MPS/CGU/AGU, aprovado pela Portaria nº 264/2013/MPS, o rol do anexo III do Regulamento é meramente exemplificativo.

10. TEMAS FINAIS

Vale registrar que **a regra do artigo 55, II, da Lei 8.213/91 não atinge ao auxílio-acidente**, que é benefício indenizatório e que **não deverá ser considerado como tempo de contribuição**.

De acordo com a TNU, "o período sem contribuição em que o segurado esteve em gozo de auxílio-acidente **não pode** ser computado como período de carência" (PUIL n. 0504317-35.2017.4.05.8302/PE/2019).

A decisão é correta, pois o auxílio-acidente não é benefício por incapacidade laboral, não sendo possível aplicar por extensão a regra do artigo 55, II, Lei 8.213, pois somente o auxílio-doença e a aposentadoria por incapacidade permanente são benefícios por incapacidade laboral.

Mas já existiram precedente equivocados do STJ em sentido contrário:

Processo

REsp 1243760 / PR RECURSO ESPECIAL 2011/0059698-8

Relator(a)

Ministra LAURITA VAZ (1120)

Órgão Julgador

T5 – QUINTA TURMA

Data do Julgamento

02/04/2013

Data da Publicação/Fonte

DJe 09/04/2013

Ementa

PREVIDENCIÁRIO. BENEFÍCIO POR INCAPACIDADE. CÔMPUTO DO PERÍODO DE RECEBIMENTO APENAS DE AUXÍLIO-ACIDENTE PARA A CARÊNCIA NECESSÁRIA À CONCESSÃO DA APOSENTADORIA POR IDADE. POSSIBILIDADE. RECURSO ESPECIAL CONHECIDO E PROVIDO.

1. O auxílio-acidente – e não apenas o auxílio-doença e a aposentadoria por invalidez – pode ser considerado como espécie de "benefício por incapacidade", apto a compor a carência necessária à concessão da aposentadoria por idade.

2. *In casu*, é de ser observada a vetusta regra de hermenêutica, segundo a qual "onde a lei não restringe, não cabe ao intérprete restringir" e, portanto, não havendo, nas normas que regem a matéria, a restrição imposta pelo Tribunal a quo, não subsiste o óbice imposto ao direito à pensão por morte.

3. Recurso especial conhecido e provido.

Mas a posição atualmente firmada pelo STJ é que o auxílio-acidente não poderá ser considerado como tempo de contribuição, pois não é benefício substituto do salário de contribuição e não tem essa autorização legal:

Processo

REsp 1247971 / PR RECURSO ESPECIAL 2011/0079656-3

Relator(a)

Ministro NEWTON TRISOTTO (DESEMBARGADOR CONVOCADO DO TJ/SC) (8350)

Órgão Julgador

T5 – QUINTA TURMA

Data do Julgamento

28/04/2015

Data da Publicação/Fonte

DJe 15/05/2015

Ementa

PREVIDENCIÁRIO. AUXÍLIO-SUPLEMENTAR. CÔMPUTO DO TEMPO CORRESPONDENTE PARA EFEITO DE APOSENTADORIA. IMPOSSIBILIDADE. BENEFÍCIO QUE INTEGRA, MAS NÃO SUBSTITUI, O SALÁRIO-DE-CONTRIBUIÇÃO. SEGURADO QUE NÃO CONTRIBUIU PARA A PREVIDÊNCIA SOCIAL NO PERÍODO QUE PRETENDE COMPUTAR. RECURSO ESPECIAL DESPROVIDO.

1. Por força do disposto no art. 55 da Lei n. 8.213/1991, no cálculo da aposentadoria por tempo de serviço, "é possível considerar o período em que o segurado esteve no gozo de benefício por incapacidade (auxílio-doença ou aposentadoria por invalidez) para fins de carência, desde que intercalados com períodos contributivos" (AgRg no REsp 1.271.928/RS, Rel. Ministro Rogerio Schietti Cruz, Sexta Turma, julgado em 16/10/2014; REsp 1.334.467/RS, Rel. Ministro Castro Meira, Segunda Turma, julgado em 28/05/2013; AgRg no Ag 1.103.831/MG, Rel. Ministro Marco Aurélio Bellizze, Quinta Turma, julgado em 03/12/2013). **Nos termos do art. 31 da Lei n. 8.213/1991, o valor mensal do auxílio-acidente – e, por extensão, o valor do auxílio-suplementar, que foi absorvido por aquele (AgRg no REsp 1.347.167/RS, Rel. Ministro Ari Pargendler, Primeira Turma, julgado em 18/12/2012; AgRg no REsp 1.098.099/SP, Rel. Ministro Marco Aurélio Bellizze, Quinta Turma, julgado em 27/11/2012; AgRg no AREsp 116.980/SP, Rel. Ministro Mauro Campbell Marques, Segunda Turma, julgado em 03/05/2012) – "integra o salário-de-contribuição" tão somente "para fins de cálculo do salário-de-benefício de qualquer aposentadoria".**

E "serão considerados para cálculo do salário-de-benefício os ganhos habituais do segurado empregado, a qualquer título, sob forma de moeda corrente ou de utilidades, sobre os quais tenha incidido contribuições previdenciárias, exceto o décimo-terceiro salário (gratificação natalina)" (art. 29, § 3º). De acordo com o art. 214 do Decreto n. 3.048/1999, não integram o salário-de-contribuição (§ 9º) os "benefícios da previdência social, nos termos e limites legais, ressalvado o disposto no § 2º" (inc. I), ressalva relacionada com o salário-maternidade. **À luz desses preceptivos legais, é forçoso concluir que não pode ser computado como tempo de serviço para fins de qualquer aposentadoria o período em que o segurado percebeu apenas o auxílio-suplementar – salvo se no período contribuiu para a previdência social.**

2. Recurso especial desprovido.

PROCESSO

AgInt no REsp 1802867 / SP

AGRAVO INTERNO NO RECURSO ESPECIAL

2019/0076595-4

RELATOR

Ministro GURGEL DE FARIA (1160)

ÓRGÃO JULGADOR

T1 - PRIMEIRA TURMA

DATA DO JULGAMENTO

22/06/2020

DATA DA PUBLICAÇÃO/FONTE

DJe 26/06/2020

EMENTA

PROCESSUAL CIVIL E PREVIDENCIÁRIO. **APOSENTADORIA POR IDADE RURAL. REEXAME DE PROVAS. IMPOSSIBILIDADE. AUXÍLIO-ACIDENTE. NATUREZA INDENIZATÓRIA. PERÍODO. CONTAGEM. INVIABILIDADE.**

1. Na esteira do REsp n. 1.348.633/SP, da Primeira Seção, para efeito de reconhecimento do labor agrícola, mostra-se desnecessário que o início de prova material seja contemporâneo a todo o período de carência exigido, desde que a eficácia daquele seja ampliada por prova testemunhal idônea.

Processo

REsp 1752121 / SC

RECURSO ESPECIAL

2018/0165220-2

Relator

Ministro FRANCISCO FALCÃO (1116)

Órgão Julgador

T2 - SEGUNDA TURMA

Data do Julgamento

11/06/2019

Data da Publicação/Fonte

DJe 14/06/2019

Ementa

PREVIDENCIÁRIO. AUXÍLIO-ACIDENTE. NATUREZA INDENIZATÓRIA. CONTAGEM COMO TEMPO DE CONTRIBUIÇÃO E PARA FINS DE CARÊNCIA. IMPOSSIBILIDADE.

I - A apresentação genérica de ofensa ao art. 1.022 do CPC/2015 atrai o comando do Enunciado Sumular n. 284/STF, inviabilizando o conhecimento dessa parcela recursal.

II - O auxílio-acidente possui natureza indenizatória, por este motivo, o tempo em que o segurado esteve em gozo, exclusivamente, de auxílio-acidente, não vertendo contribuições ao sistema previdenciário, não deve ser considerado

como tempo de contribuição ou para fins de carência, na forma do art. 55, inciso II, da Lei n. 8.213/91.

III - A indicação de dispositivo legal em torno do qual teria ocorrido interpretação divergente é requisito de admissibilidade do recurso especial previsto pelo art. 105, III, c, da CF, sob pena de incidência do óbice da Súmula n. 284/STF.

IV - Recurso especial parcialmente conhecido e, nesta extensão, improvido.

Deverá ser pago o auxílio-acidente durante o período de graça, haja vista que o segurado mantém todos os direitos previdenciários. Para se adaptar a essa determinação legal, o §7º, do artigo 104, do RPS, foi corretamente modificado por intermédio do Decreto 6.722/2008.

É comum que os profissionais confundam o auxílio-acidente com o auxílio-doença. No entanto, existem diversas diferenças entre os citados benefícios, sendo as principais apontadas no quadro abaixo:

AUXÍLIO-ACIDENTE	AUXÍLIO-DOENÇA
– É indenizatório	– Substitui o salário de contribuição ou a remuneração do segurado
– É recebido junto com a remuneração pelo labor do segurado (não exige afastamento do trabalho)	– Exige incapacidade laboral para o trabalho habitual por mais de 15 dias seguidos (afastamento do trabalho)
– É de 50% do salário de benefício	– É de 91% do salário de benefício, limitado à média dos 12 últimos salários de contribuição
– Pode ser inferior a um salário mínimo	– Não pode ser inferior a um salário mínimo, salvo no caso de atividades concomitantes
– Dispensa sempre a carência	– Exige, em regra, carência de 12 contribuições mensais
– Apenas é devido ao empregado, empregado doméstico, trabalhador avulso e segurado especial (benefício restrito)	– É devido a todos os segurados (benefício irrestrito)
– É um benefício permanente	– É precário pela própria natureza

QUADRO SINTÉTICO – AUXÍLIO-ACIDENTE	
Cabimento	Será devido, como indenização, ao segurado quando, após consolidação das lesões decorrentes de acidente de qualquer natureza, resultarem sequelas que impliquem redução da capacidade para o trabalho que habitualmente exercia **ou** impossibilidade de desempenho da atividade que exercia a época do acidente, porém permita o desempenho de outra, após processo de reabilitação profissional.
Beneficiários	Apenas o segurado empregado, o empregado doméstico, o trabalhador avulso e o segurado especial (art. 18, §1º, da Lei 8.213/91).
Carência	Não há.
Valor	50% do salário de benefício
Outras informações	**a)** É o único benefício previdenciário exclusivamente indenizatório. **b)** O auxílio-acidente será devido a partir do dia seguinte ao da cessação do auxílio-doença, independentemente de qualquer remuneração ou rendimento auferido pelo acidentado, vedada sua acumulação com qualquer aposentadoria. **c)** A perda da audição, em qualquer grau, somente proporcionará a concessão do auxílio-acidente, quando, além do reconhecimento de causalidade entre o trabalho e a doença, resultar, comprovadamente, na redução ou perda da capacidade para o trabalho que habitualmente exercia. **d)** O STJ entende que não é imprescindível que a moléstia seja irreversível para a concessão deste benefício (REsp 1.112.866, de 25.11.09).

CAPÍTULO 6

INSTRUÇÃO PERICIAL NO PROCESSO ADMINISTRATIVO PREVIDENCIÁRIO

Nos termos do artigo 556 da Instrução Normativa INSS 128/2022, a fase instrutória do processo administrativo previdenciário constitui-se pela reunião dos elementos necessários ao reconhecimento do direito ou serviço pleiteado, cabendo solicitação de documentação adicional apenas quando as informações não estiverem disponíveis em base de dados próprias ou de outros órgãos públicos.

Alguns conceitos apresentados pelo INSS na Normativa em questão devem ser transcritos para a atuação cônscia no processo administrativo previdenciário:

DOCUMENTOS EM MEIO FÍSICO:

> I - documento: unidade de registro de informações, independentemente do formato, do suporte ou da natureza;
>
> II - conferência: ato de verificar no que concordam e no que divergem dois objetos confrontados;
>
> III - autenticação de documento: declaração de que a cópia de um determinado documento reproduz fielmente o original;
>
> IV - cópia autenticada administrativamente: produzida a partir da confrontação com o documento original, realizada pelos próprios servidores do INSS, bem como por outros servidores ou profissionais cuja autorização para autenticação decorra de lei;
>
> V - cópia simples não autenticada: resultado da reprodução de um documento, que não foi objeto de autenticação;
>
> VI - validade: condição do documento que tem valor legal e cumpre todas as exigências determinadas pela lei;
>
> VII - valor probante: característica do documento que tem valor de prova;
>
> VIII - autenticidade de documento: certeza de que o documento emana do autor nele mencionado e que se apresenta ileso, sendo exatamente aquele que foi produzido, sem ter sido alterado, corrompido ou adulterado em seu conteúdo, após a sua criação;

IX - integridade de documento: estado do documento que se encontra completo e que não sofreu nenhum tipo de corrupção ou alteração não autorizada nem documentada, sendo capaz de transmitir exatamente a mensagem que levou à sua produção, de maneira a atingir seus objetivos; e

X - contemporaneidade documental: atributo dos documentos aptos a comprovar fatos ocorridos à época de sua emissão.

DOCUMENTOS EM MEIO ELETRÔNICO:

I - documento em meio eletrônico: unidade de registro de informações, acessível e interpretável por um equipamento eletrônico, podendo ser registrado e codificado em forma analógica ou em dígitos binários;

II - documento digital: espécie de documento em meio eletrônico, consistindo em informação registrada e codificada em dígitos binários, acessível e interpretável por meio de sistema computacional, podendo ser:

a) documento nato-digital: criado originariamente em meio eletrônico; ou

b) documento digitalizado: obtido a partir da conversão de um documento não digital, gerando uma fiel representação em código digital;

III - assinatura digital: representação digital única que associa signatário a documento eletrônico, garante integridade e autoria, sendo provida por processo criptográfico, baseado em certificação digital;

IV - certificado digital: conjunto de dados de computador, gerados por uma Autoridade Certificadora, devidamente credenciada na forma da legislação em vigor, que se destina a registrar, de forma única, exclusiva e intransferível, a relação existente entre uma chave de criptografia e uma pessoa física, jurídica, máquina ou aplicação;

V - carimbo do tempo: documento eletrônico emitido por uma parte confiável, a Autoridade de Carimbo do Tempo - ACT, que serve como evidência de que uma informação digital existia numa determinada data e hora. Ao ser aplicado a uma assinatura digital ou a um documento, prova que este já existia na data incluída no carimbo do tempo;

VI - ACT: entidade que tem a responsabilidade geral pelo fornecimento do carimbo do tempo, credenciada de acordo com a política, os critérios e as normas técnicas do Comitê Gestor da Infraestrutura de Chaves Públicas Brasileiras - ICP-Brasil, nos termos do Decreto nº 6.605, de 14 de outubro de 2008;

VII - assinatura digital da ICP-Brasil é aquela que:

a) esteja associada inequivocamente a um par de chaves criptográficas que permita identificar o signatário;

b) seja produzida por dispositivo seguro de criação de assinatura;

c) esteja vinculada ao documento eletrônico a que diz respeito, de tal modo que qualquer alteração subsequente neste seja plenamente detectável; e

d) esteja baseada em um certificado ICP-Brasil, válido à época da sua aposição.

O documento digitalizado pelo INSS a partir de:

I - original: deverá ser autenticado no sistema informatizado, por servidor deste Instituto, cabendo o registro, em campo específico desse sistema, da informação de que foi apresentado documento original;

II - cópia autenticada, em cartório ou administrativamente: não deverá ser autenticado no sistema informatizado, cabendo o registro, em campo específico desse sistema, da informação de que foi apresentada cópia autenticada, em cartório ou administrativamente, conforme o caso; e

III - cópia simples: não deverá ser autenticado no sistema informatizado, cabendo o registro, em campo específico desse sistema, da informação de que foi apresentada cópia simples.

Os documentos resultantes da digitalização de cópia autenticada em cartório e de cópia autenticada administrativamente, possuem efeito legal de cópia simples, mas geram valor probante para a comprovação de tempo de serviço ou contribuição, sendo devida a apresentação do seu original nas seguintes hipóteses:

I - a qualquer tempo, quando constatada, por órgão competente, a ocorrência de falsificação, ocasião em que o documento digital será desconsiderado na análise;

II - quando houver impugnação formulada por algum interessado, terceiro ou ente da Administração Pública, de forma motivada e fundamentada quanto à falsificação; e

III - a critério da administração, conforme ato normativo da área técnica, desde que a solicitação ocorra dentro do prazo legal.

O documento produzido em meio eletrônico, apresentado ao INSS em seu formato original, mediante utilização de sistema informatizado definido e disponibilizado por este Instituto, somente será considerado como autenticado quando assinado por meio de certificado digital proveniente da ICP-Brasil, que lhe garanta autenticidade e integridade, conforme § 1º do art. 10 da Medida Provisória nº 2.200-2, de 24 de agosto de 2001, e com carimbo do tempo, que possibilitará a conferência da sua contemporaneidade[1].

Conforme o art. 1º do Decreto nº 1.799, de 30 de janeiro de 1996, a microfilmagem, em todo território nacional, autorizada pela Lei nº 5.433, de 8 de maio de 1968, abrange os documentos oficiais ou públicos, de qualquer espécie e em qualquer suporte, produzidos e recebidos pelos órgãos dos Poderes Executivo, Judiciário e Legislativo, inclusive da Administração indireta da União, dos Estados, do Distrito Federal e dos Municípios, e os documentos particulares ou privados, de pessoas físicas ou jurídicas[2].

1.. Artigo 560 da Instrução Normativa INSS 128/2022.

2. Artigo 561 da Instrução Normativa INSS 128/2022.

Dispensa-se a autenticação dos documentos apresentados, ainda que em cópias simples, seja por meio físico ou eletrônico, para a análise de requerimento de benefícios e serviços, salvo expressa previsão legal ou existência de dúvida fundamentada quanto à autenticidade ou integridade do documento, ficando o responsável pela apresentação das cópias sujeito às sanções administrativas, civis e penais aplicáveis[3].

As atividades de instrução destinadas a averiguar e comprovar os requisitos legais para o reconhecimento de direito aos benefícios e serviços da Previdência Social serão realizadas pelo INSS, seja o processo constituído por meio físico ou eletrônico, sendo que o não cumprimento de um dos requisitos legais para o reconhecimento de direitos ao benefício ou serviço não afasta o dever do INSS de instruir o processo quanto aos demais.

Esse dispositivo regulamentar atende ao Princípio da Verdade Material, pois não cabe apenas ao beneficiário comprovar que possui direito à prestação previdenciária, devendo o servidor que presidir o processo administrativo atuar de ofício no sentido de buscar averiguar se a pretensão do administrado merece acolhida.

É certo que o benefício previdenciário é uma parcela alimentar que busca realizar a dignidade humana, razão pela qual a instrução em um processo de concessão ou revisão da prestação deverá se cercar de todas as cautelas a fim de não cometer injustiças, especialmente na hipótese de indeferimento do pedido.

Lamentavelmente, na prática judicial previdenciária em defesa do INSS, quando é requisitada a juntada do processo administrativo para compor os autos judiciais, é forçoso reconhecer que ainda existem indeferimentos perpetrados pela autarquia previdenciária com mínima ou nenhuma fundamentação específica, com precária instrução probatória.

Caso se trate de benefício por incapacidade (auxílio-doença /auxílio por incapacidade temporária ou aposentadoria por incapacidade permanente), deverá o postulante se sujeitar ao exame pericial a ser promovido por médico habilitado, que deverá ser servidor público integrante dos quadros da Previdência Social, na forma do artigo 2º, da Lei 10.876/04.

Antes de proferir a conclusão médico-pericial é facultado à perícia médica do INSS a **requisição de exames (RE)** complementares e especializados que julgar indispensáveis, de acordo com as normas técnicas.

Este ponto é deveras sensível. Sabe-se que muitos segurados ou dependentes são hipossuficientes e dependem do SUS que, em multas localidades, é

3. Artigo 563 da Instrução Normativa INSS 128/2022.

lento ou mesmo não fornece determinados exames, o que acaba prejudicando a prova da incapacidade.

Este problema precisa ser pensado pelo Poder Público, pois muitos indeferimentos decorrem da não apresentação dos exames adequados, o que gera uma ação injusta contra o beneficiário da Previdência Social, pois o Estado exige o exame e o próprio Estado em algumas situações é negligente em não o fornecer em tempo adequado.

As requisições de exame, quanto à natureza, são codificadas da forma que se segue:

Cardiologia	80	**Tisiopneumologia**	89
Neurologia	82	**Urologia**	90
Oftalmologia	83	**Perícia Médica**	91
Otorrinolaringologia	84	**Ortopedia**	92
Psiquiatria	87	**Genética**	95
Radiologia (diagnóstico)	88		

O laudo médico será lavrado por perito do INSS, conforme o seguinte modelo (**parte superior do documento**):

Ministério da Previdência e Assistência Social
Instituto Nacional do Seguro Social

S A B I
SISTEMA DE ADMINISTRAÇÃO DE BENEFÍCIOS POR INCAPACIDADE

Laudo Médico Pericial

Requerente: -- **Nº Requer.:** --------------

Sexo: Feminino **Nasc.:** 15/05/1964 **Data Exame:** 11/05/2001
Est. Civil: **RG:** --------------- **Emissão:** **Ordem:** 1.00
Ocupação: Outros trabalhadores de serviços de conservação, manutenção, limpeza de

Benefício: Auxílio Doença	**Início da Doença:**
História: DESEMPREGADA... DIZENDO SER PORTADORA DE SINUSITE CRÔNICA, TEM OBSTIPAÇÃO CRÔNICA, ALONGAMENTO DO INTESTINO E EXAME DE CHAGAS + . NÃO USA MEDICAÇÃO. RX ENEMA BARITADO DOLICOCOLO. NÃO TROUXE ECG TEM PROPOSTA CIRURGICA.	**Início da Incapacidade:** **CID: K92** Outras doenças do aparelho digestivo **Considerações:** AUSÊNCIA DE INCAPACIDADE

Coube à Portaria DIRBEN/INSS Nº 1062 DE 05/10/2022 disponibilizar a solicitação de cópia de Laudos Sociais existentes em benefício previdenciário e assistencial, por meio dos serviços de "Cópia de Processo" e "Cópia de Processo - Entidade Conveniada".

Veja-se que o perito deve identificar o segurado com seus dados pessoais, apontar a sua ocupação laboral, definir o benefício por incapacidade postulado, narrar a história clínica no requerente, inclusive com base nos exames médicos apresentados, indicar a data de início da doença (se houver) e a data de início da incapacidade (se houver), concluindo pela existência ou pela inexistência da incapacidade laboral.

Na parte inferior do laudo pericial administrativo deverão constar os seguintes dados:

Exame Físico:
TA 15X80 FC 96 B/M
AUSCUTA TAQUICARDI COM RITMO NORMAL
DOR A PRESSÃO DOS SEIOS DA FACE.

Início da Doença:

Ac. do Trabalho: NÃO
Encam. à Reab. Profissional: NÃO
Espécie de Nexo:
Isenção de Carência: NÃO
Auxílio Acidente: NÃO
Sug. de Apos. por Invalidez: NÃO
Vistoria Técnica: NÃO

Resultado: Não existe incapacidade laborativa

Médico: ------------------------------
CRM: --------------------------------
Matrícula:

O Perito deverá se identificar, inclusive com o número de inscrição no Conselho Regional de Medicina, devendo promover a narrativa do exame físico do segurado, indicando o resultado final da perícia.

Ainda deverá ser preenchido o campo sobre a ocorrência de acidente de trabalho (se houver, deve ser verificado o nexo técnico epidemiológico previdenciário), de encaminhamento à reabilitação profissional (para o caso concessão de auxílio-doença quando o segurado puder apreender uma nova profissão, caso esteja permanentemente incapaz para o trabalho habitual).

Ademais, cabe ao Perito apresentar eventual dispensa de carência para o auxílio-doença ou aposentadoria por incapacidade permanente (acidente de qualquer natureza, moléstia ocupacional ou doença grave listada em ato da Previdência Social), a existência de concessão de auxílio-acidente (no caso de sequela acidentária com redução de capacidade funcional para o trabalho habitual) e, se for o caso, deve sugerir a concessão de aposentadoria por incapacidade permanente.

Abaixo são colacionadas informações técnicas extraídas do **Manual de Perícia Médica do INSS** disponível no sítio da CGU[4]:

> "5.1 – O exame médico-pericial tem como finalidade a avaliação laborativa do examinado, para fins de enquadramento na situação legal pertinente, sendo que o motivo mais freqüente é a habilitação a um benefício por incapacidade.
>
> 5.2 – Os dados obtidos nesse exame devem ser registrados no Laudo Médico Pericial (LPM), que é a peça médico-legal básica do processo, quanto à sua parte técnica. O servidor da área médico-pericial do INSS, ao preencher um laudo de perícia médica, terá sempre em mente que este é um documento decisivo para o interessado e para o INSS, destinado a produzir um efeito, podendo transitar na via recursal da previdência ou mesmo em juízo, com caráter de documento médico legal. Não basta examinar bem e nem chegar a uma conclusão correta. É preciso registrar, no Laudo de Perícia Médica, com clareza e exatidão, todos os dados fundamentais e os pormenores importantes, de forma a permitir à autoridade competente que deva manuseá-lo, inteirar-se dos dados do exame e conferir a conclusão emitida.
>
> **O Laudo Médico Pericial compõe-se de duas partes:**
>
> **I – Relatório de Exame Médico-Pericial (meramente descritivo com registro das informações colhidas):**
>
> Rotina de preenchimento:
>
> a) O anverso do LMP é igual ao da Conclusão da Perícia Médica e é preenchido conforme o descrito no subitem 5.2, inciso II.
>
> b) O verso do LMP corresponde ao Relatório de Exame Médico-Pericial, que se destina ao registro do exame médico-pericial e é preenchido em uma só via pelo profissional da área médica (servidor, credenciado ou conveniado) que examinar o segurado e permanecerá em poder do Setor de Perícias Médicas. Todo o conteúdo do exame médico-pericial deve ser registrado de forma legível. A linguagem deve ser clara e objetiva, com todos os espaços do relatório preenchidos. Quando nada de anormal for encontrado, deverão ser anotadas as expressões que traduzem o dado normal encontrado. É expressamente vedado preencher espaços do relatório com simples traço, que nenhum valor encerra e nem pressupõem exame feito.
>
> Os dados de identificação serão registrados da forma mais minuciosa e completa possível. Podem-se usar abreviações para estado civil, sexo e cor, com a primeira letra, a exemplo: Solteiro – "S". No quadro situação funcional, "E" significa empregado; "D", desempregado; e "A", autônomo. No local de exame, " I " é instituto; "C", consultório; "D" domicílio; e "E", empresa. Coloca-se um "X" no quadro correspondente conforme o caso. Todas as datas constantes do laudo serão preenchidas com oito dígitos (dd/mm/aaaa). No quadro "Exames Diversos" assinalar os itens

4. http://www.consultaesic.cgu.gov.br/busca/dados/Lists/Pedido/Attachments/438067/RESPOSTA_RECURSO_2_manualpericiamedica%20(1).pdf.

"A" ou "B", conforme o caso, sendo que os do quadro "B" deverão ser transcritos no relatório do quadro abaixo de forma a permitir um diagnóstico e uma conclusão clara e precisa.

Nas considerações sobre a capacidade laborativa deverá sempre estar justificada adequadamente a existência ou não da incapacidade laboral frente a atividade declarada. Deve constar local, data, assinatura e carimbo do profissional da área médica que examinou o segurado.

O Laudo de Perícia Médica (LPM) é utilizado para o registro da observação clínica em qualquer espécie de benefício por incapacidade.

II – Conclusão da Perícia-Médica – tem cunho nitidamente pericial e é onde se registra o parecer médico-pericial através de respostas a quesitos:

a) preenchimento do formulário de conclusão de perícia médica: destina-se à identificação do segurado, à conclusão médico-pericial e à comunicação dos elementos necessários à concessão, manutenção ou cessação dos benefícios por incapacidade, na área urbana e rural.

b) a emissão será efetuada pelo setor de perícias médicas, ou pelo setor administrativo das empresas conveniadas.

Significado das abreviaturas: DME (Data da Marcação do Exame); DN (Data Nascimento); DIB (Data do Início do Benefício); DER (Data da Entrada do Requerimento); DAT (Data do Afastamento do Trabalho); DUT (Data do Último dia trabalhado); DRE (Data de Realização do Exame); os demais estão escritos por extenso e são preenchidos da mesma forma.

A identificação do segurado deve ser de forma completa.

O código da profissão deve ser registrado no campo próprio da CPM, no exame inicial pela perícia médica que verificará também se o segurado exerce mais de uma profissão. Documento de Identidade: registrar o número, série e órgão expedidor do documento de identidade oficial. Convênio: registrar o número do código da empresa conveniada, ou inutilizar o campo com um traço, se não for convênio.

Os impressos destinados à Conclusão Médico-Pericial e ao Laudo Médico são emitidos e têm os cabeçalhos preenchidos pelo Sistema informatizado, de forma precisa, atendendo ao contido no programa PRISMA-SUB, Módulo Perícia Médica; os dados da Conclusão de Perícia Médica ficam armazenados na memória do computador.

III – Outros anexos:

Comunicação de Acidente de Trabalho (CAT) – No impresso constam os elementos necessários para o preenchimento da Comunicação de Acidente de Trabalho – CAT e do Atestado Médico. O preenchimento da CAT deve ser feito pelo empregador ou sindicato ou ainda por autoridade pública, pelo médico assistente, pelo acidentado ou seus familiares. Todos os campos da CAT devem estar preenchidos para que ela seja aceita e registrada.

O Atestado Médico é preenchido pelo médico que examinou ou atendeu o segurado. No caso de acidente com morte, o preenchimento é dispensável, devendo ser apresentada a certidão de óbito e, quando houver, o laudo de necropsia. Nestes documentos devem constar a assinatura do médico e o seu carimbo com o número da sua inscrição no Conselho Regional de Medicina – CRM.

5.3 – Critérios para a realização de exames médico-periciais:

5.3.1 – O LPM é um documento que, além de ser objeto de análise por parte de médicos peritos pode, eventualmente, ser requisitado pelo Poder Judiciário ou Conselho Federal/Regional de Medicina, devendo permitir leitura fluente em grafia clara e sem abreviaturas.

5.3.2 – Em todos os exames médico-periciais, deve ser exigida a dupla identificação do examinado, ou seja, a exigência de um documento com foto e a aposição de sua assinatura ou impressão digital na margem lateral do LPM. O profissional da área médico-pericial não realizará exame algum sem ter previamente apurado, conferido e anotado a prova de identidade do examinado, através de documento legal, de preferência a Carteira de Trabalho de Previdência Social.

5.3.3 – O registro da data do nascimento e idade é elemento indispensável para a conclusão médico-pericial, devendo ser corretamente preenchido. Registrar dia, mês e ano de nascimento do examinado, no formato dd/mm/aaaa.

5.3.4 – A Data do Afastamento do Trabalho (DAT) deve ser assinalada em todos os exames e corresponde ao dia seguinte ao do último dia trabalhado, ou seja, o DUT.

5.3.5 – A anotação da profissão ou ocupação do examinado deve ser feita de forma a caracterizar adequadamente o tipo de atividade por ele exercido à época do afastamento do trabalho. Devem ser evitadas expressões genéricas como "ajudante". Faz-se necessário especificar: que tipo de ajudante, nunca usar expressões vagas ou genéricas, como operário, servente, bancário, comerciário. Procurar caracterizar a atividade específica, tecelão, servente de serviços gerais, caixa de banco, vendedor balconista etc. No caso do segurado estar desempregado, essa situação deverá ser anotada no local indicado e merecerá do médico toda a atenção, visto constituir problema social importante, muitas vezes motivador exclusivo do requerimento do benefício. O perito necessita investigar cuidadosamente o tipo de atividade, as condições em que é exercida, se em pé, se sentado, se exigindo prolongados e ou grandes esforços físicos, atenção continuada, etc. As condições do ambiente em que o trabalho é exercido podem, também, fornecer subsídios importante à avaliação.

5.3.6 – Tempo de profissão – utilizando-se os registros da Carteira Profissional do examinado, anotar o tempo de atividade na ocupação atual, e não se valer apenas das informações do examinado ou do acompanhante.

5.3.7– Deve ser anotada a causa real de afastamento do trabalho, por exemplo: Doença ou Acidente. Se houve demissão, além da palavra desemprego deve constar, também, a queixa que motivou o requerimento. Na verdade, o segurado pode estar afastado por desemprego ou por outro motivo e vir a contrair, posteriormente, a doença incapacitante.

5.3.8 – Assinalar a situação funcional do trabalhador, anotando se, empregado (E), desempregado (D), ou autônomo (A).

5.3.9 – Marcar o local em que foi realizado o exame correspondendo "I" (no INSS); "C" (consultório de credenciado); "D" (domicílio); e "E" (Empresa).

5.3.10 – Registrar a existência ou não de benefício anterior ao pleiteado.

5.3.11 – Os sintomas ou doenças informados como sendo a causa do afastamento do trabalho devem ser minuciosamente caracterizados, pois a simples listagem dos mesmos não permite, na maioria das vezes, chegar a uma hipótese diagnóstica fidedigna. Os sintomas devem ser caracterizados com respeito à localização, intensidade, freqüência, fatores de exacerbação ou atenuantes. Deve-se registrar, ainda, a evolução da doença, tratamentos realizados, internações hospitalares, etc. As informações documentais, além de anotadas, devem ser anexadas aos antecedentes médico-periciais.

5.3.12 – Registrar todos os antecedentes mórbidos pessoais que tenham significado para a abordagem Médico-Pericial situando-os no tempo/evolução.

5.3.13 – A pressão arterial, pulso, peso e altura devem ser registrados em campo próprio, bem como o aspecto geral, com termos claros e objetivos.

5.3.14 – Devem ser descritos os dados pertinentes à observação por palpação, percussão e ausculta referentes aos aparelhos e sistemas afetados. Sempre que possível esses dados devem ser qualificados/quantificados. Deve ser dada a ênfase principalmente aos elementos que guardam relação direta com a atividade laborativa.

5.3.15 – Ao término de um exame clínico cuidadoso e bem conduzido, o profissional da área médico-pericial, quase sempre tem condições de firmar um diagnóstico provável, pelo menos genérico ou sindrômico, de modo a lhe permitir uma avaliação de capacidade funcional e de capacidade laborativa. Quando o resultado do exame clínico não for convincente e as dúvidas puderem ser aclaradas por exames subsidiários, poderão estes ser requisitados, mas restritos ao mínimo indispensável à avaliação da capacidade laborativa. Requisições desnecessárias geram despesas inúteis, atrasam conclusões e acarretam prejuízos aos examinados e à Previdência Social. Somente serão solicitados quando indispensáveis para a conclusão médico-pericial. Os Sistemas PRISMA/SABI não permitem a solicitação de exames/pareceres na perícia inicial. Entendendo-se que, cabe ao segurado o ônus da prova de sua doença, o qual no momento da solicitação do requerimento inicial deverá ter um diagnóstico e tratamento devidamente instituído com os exames complementares que comprovam sua causa mórbida, fica a Perícia Médica dispensada das solicitações dos respectivos exames. Nos exames subseqüentes, no estrito objetivo de dirimir dúvidas quanto a manutenção do benefício, poderão ser solicitados os exames complementares indispensáveis.

5.3.16 – Registrar o diagnóstico da patologia que motivou o afastamento do trabalho, procurando usar termos precisos.

5.3.17 – Anotar o diagnóstico de outra patologia que possa ter significado para a abordagem médico-pericial.

5.3.18 – A capacidade laborativa deve ser definida o mais precisamente possível, considerando-se os dados clínicos da história, exame físico apresentado e a atividade exercida.

5.3.19 – A fixação da Data do Início da Doença (DID), deve ser obrigatoriamente feita no exame inicial para concessão do benefício por incapacidade (Ax-1), bem como nos pedidos de recursos à JR/CRPS bem como em todos os casos de sugestão de limite indefinido.

5.3.20 – A Data do Início da Incapacidade (DII) deve ser obrigatória e corretamente fixada nas mesmas situações assinaladas para a DID. É a data em que as manifestações da doença provocaram um volume de alterações morfopsicofisiológicas que impedem o desempenho das funções específicas de uma profissão, obrigando ao afastamento do trabalho. Deve ser fixada em todos os casos de exame inicial para concessão de benefício por incapacidade, bem como nos pedidos de recursos à JR/CRPS desde que exista incapacidade para o trabalho, isto é, nas conclusões tipo 2 ou tipo 4.

Esses dois dados são fundamentais para decisões em caso de benefícios com dispensa de período de carência, ou em casos de doenças com início anterior ao ingresso na Previdência Social.

5.4 – Preenchimento da Conclusão de Perícia Médica (CPM):

5.4.1 – A Conclusão do exame Médico-pericial resultará das respostas aos quesitos da CPM.

5.4.2 – As datas, prazos ou limites deverão sempre ser expressas na CPM com oito algarismos (dd/mm/aaaa).

5.4.3 – Os quesitos com respostas prejudicadas terão as quadrículas correspondentes inutilizadas com traço horizontal.

5.4.4 – São terminantemente vedadas rasuras ou emendas nas vias da CPM que vão gerar os efeitos legais e administrativos.

5.4.5 – Após a execução do exame médico-pericial e o preenchimento dos quesitos da CPM a cargo do profissional da área médico-pericial que realizou o exame, fica dispensada a sua homologação, cabendo ao médico do quadro a revisão quando for julgada necessária prevalecendo nesse caso a conclusão após novo exame médico.

5.4.5.1 – A resposta ao quesito "isenção de carência" é obrigatória em todos os exames iniciais bem como em todos os casos de conclusão com Limite Indefinido (LI).

5.4.5.2 – Nos casos de concessão de Limite Indefinido (LI) é obrigatória a resposta ao quesito que indica majoração da Aposentadoria por Invalidez (25%).

5.4.5.3 – Nos exames iniciais é obrigatório resposta aos quesitos de DID e DII quando o parecer for favorável (E-21, E-31, E-91).

5.4.5.4 – Nos casos iniciais de Acidentes de Trabalho/Doença Ocupacional ou do Trabalho, obrigatoriamente, se deverá responder o quesito referente ao Nexo Técnico.

5.5 – Códigos Especiais para exames médico-periciais:

5.5.1 – A conclusão médico-pericial com Limite Indefinido (LI) será codificada com seis dígitos "88 88 88", permanecendo a codificação "99 99 99", quando da inexistência de incapacidade laborativa".

Os Tipos de Conclusão Médico-Pericial, nos casos de benefícios previdenciários por incapacidade, resultarão das respostas aos quesitos:

Tipo 1	Contrária	Tipo 3	Contrária (gravidez fisiológica)
Tipo 2	Data de Cessação do Benefício (DCB)	Tipo 4	Data da Comprovação da Incapacidade (DCI)

Ainda de acordo com o **Manual de Perícia Médica do INSS,** a conclusão será contrária nos casos de exames iniciais (AX-1) em que for verificada a inexistência de incapacidade para o trabalho (Tipo 1) ou nos casos de gravidez fisiológica (Tipo 3).

Ademais, a conclusão será com DCB – data de cessação do benefício (Tipo 2) em AX1 nos casos de:

a) inexistência de incapacidade atual, mas existência de incapacidade anterior já cessada (DCB em data anterior ou na DRE – data de realização do exame);

b) existência de incapacidade de duração previsível (data da provável cessação - doenças autolimitadas);

c) em caso de retorno antecipado ao trabalho, no dia imediatamente anterior à data do retorno.

Já a conclusão com DCB nos exames de prorrogação de auxílio-doença (AX-n), ocorrerá nos casos em que for verificada a recuperação da capacidade do beneficiário/segurado para o seu trabalho e será fixada na Data de Realização do Exame (DRE), ou até cinco dias após, ou ainda, na data do óbito, quando for o caso.

A conclusão com DCB nos reexames de segurados aposentados por invalidez poderá ocorrer nas hipóteses de determinação legal ou quando houver solicitação por parte do aposentado, visando a verificação da reaquisição da capacidade parcial ou total para o exercício de sua ou de outra atividade.

Por fim, a conclusão com DCI – data de cessação da incapacidade (Tipo 4) nos exames iniciais (AX-1) e nos de prorrogação (AX-n) ocorrerá nos casos em que for verificada a existência de incapacidade atual que presumivelmente persistirá por um determinado prazo, ao final do qual o segurado deverá ser reexaminado.

Nos termos do **Manual de Perícia Médica do INSS,** de acordo com as datas fixadas, três situações podem se apresentar:

SITUAÇÃO	PARECER MÉDICO-PERICIAL	SOLUÇÃO ADMINISTRATIVA
A	DID – antes da 1ª contribuição DII – antes da 12ª contribuição	Doença pré-existente. Indeferimento do benefício. Incapacidade laborativa anterior à carência.
B	DID – antes ou depois da 1ª contribuição DII – depois da 12ª contribuição	Procedimento cabível se houver agravamento da patologia anterior à filiação
C	DID – depois da 1ª contribuição DII – antes da 12ª contribuição	não caberá a concessão do benefício, ressalvadas as hipóteses a seguir: – se é doença que isenta de carência; – se é acidente de qualquer natureza ou causa; Obs.: 1 - se a DII recaiu no 2º dia do 12º mês de carência, tendo em vista que um dia trabalhado no mês, vale como contribuição para aquele mês, para qualquer categoria de segurado 2 - se a doença for isenta de carência, a DID e DII devem recair no 2º dia do 1º mês da filiação.

A data de início da doença - DID e a data de início da incapacidade – DII serão fixadas utilizando-se, além do exame objetivo, exames complementares, atestado de internação e outras informações de natureza médica.

De posse desses elementos, a perícia médica poderá, com relativa segurança, fixar as datas prováveis da DID e da DII, que deverão ser expressas em 8 (oito) algarismos (dd/mm/aaaa).

Quando se tratar de segurado acometido de doença de segregação compulsória a exemplo da hanseníase, a DID será fixada na Data da Verificação do Mal (DVM); quando o segurado, em alta definitiva de tratamento, vier a sofrer reativação da moléstia, a DID será fixada na nova DVM.

A fixação da DII e da DID nas patologias de evolução crônica em um segurado em pleno exercício de suas atividades e que tenha completado a carência, quando a incapacidade decorre de um agravamento ou complicação da doença ou lesão pré-existente, é mais adequado que a DID seja fixada na data do início das manifestações da complicação.

Na fixação da DII e da DID em doenças que independem de período de carência para a concessão do benefício, em geral, a Data do Afastamento do Trabalho (DAT) é considerada a própria DII.

Em se tratando de segurado desempregado, a DII deve ser minuciosamente pesquisada, pois poderá não ter relação com a DAT.

Na fixação da DII e da DID em processos de natureza aguda, na maioria dos casos, em afastamento do trabalho determinado por um processo de natureza aguda, como traumatismos, cirurgias, enfarte do miocárdio etc., a DID será igual à DII.

O regime jurídico do **pedido de prorrogação (PP)** restou alterado através da **Resolução INSS 90, de 17 de novembro de 2017**, que implementou o Projeto de Eficiência da Governança das Agendas de Perícia Médica.

Ficou estabelecido que os Pedidos de Prorrogação – PP dos benefícios de auxílio-doença, realizados nos quinze dias que antecederem à data de cessação (DCB) do auxílio-doença, devem observar os seguintes procedimentos:

> I - quando o tempo de espera para realização da avaliação médico-pericial for menor que trinta dias, a avaliação será agendada, aplicando-se as mesmas regras do PP, inclusive gerando Data de Cessação Administrativa - DCA, quando for o caso; e
>
> II - quando o tempo de espera para realização da avaliação médico-pericial ultrapassar trinta dias, o benefício será prorrogado por trinta dias, sem agendamento da avaliação médico-pericial, sendo fixada DCA, exceto se:
>
> a) a última ação foi judicial;
>
> b) a última ação foi de restabelecimento; e
>
> c) a última ação foi via Recurso Médico (seja via rotina de Recurso ou via rotina de Revisão Analítica, após o requerimento de Recurso).

Após a segunda solicitação de prorrogação do caso elencado no inciso II, obrigatoriamente será agendado o exame médico pericial.

No período com fixação de DCA, caso o segurado sintase apto, poderá retornar ao trabalho sem necessidade de nova perícia médica, formalizando o pedido de cessação do benefício na Agência da Previdência Social de manutenção do seu benefício.

Não caberá PP quando o benefício possuir marcação de agendamento de avaliação médico-pericial. Em quaisquer dos casos dispostos acima, caso o segurado sinta-se apto, poderá retornar ao trabalho sem necessidade de perícia médica.

Colaciona-se, abaixo, a nova versão (13.00.00) no Sistema de Administração de Benefícios por Incapacidade (SABI), de 18/11/2017:

INSTITUTO NACIONAL DO SEGURO SOCIAL

SABI SISTEMA DE ADMINISTRAÇÃO DE BENEFÍCIOS POR INCAPACIDADE

VERSÃO 13.00.00

18/11/2017

SABI – Sistema de Administração de Benefícios por Incapacidade	
01	**Projeto de Eficiência da Governança das Agendas de Perícia Médica**
Situação	**DM.062647/DM.062905 – Adequação do SABI para atender ao Projeto de Eficiência da Governança das Agendas de Perícia Médica** Alterações no SABI para atender à aplicação do Projeto de Eficiência da Governança das Agendas de Perícia Médica, que trata da retirada do Pedido de Prorrogação (PP) da agenda médica, criação de dois novos tipos de requerimento com suas respectivas perícias (PPMC e PPMRES) e concessão de até 2 (dois) períodos de prorrogação automática do benefício por um período de 30 dias cada (PMAN), liberando vagas das agendas para Perícia Inicial.
Resultado	• No requerimento de prorrogação do benefício, retirada a sigla PP do SABI APS e SABI WEB e realizada a alteração da descrição para "Solicitação de Prorrogação". • O Pedido de Prorrogação – PP está sendo substituído, exceto em OL's de abrangências de ACP de PP. As novas solicitações de prorrogação são: "Pedido de Manutenção" com a sigla "PMAN"; "Pedido de Perícia Médica Conclusiva" com a sigla "PPMC"; "Pedido de Perícia Médica Resolutiva" com a sigla "PPMRES". • Criadas as fases de perícia médica: 23 – Prorrogação Automática – PMAN; 25 – Perícia Médica Conclusiva – PMC; 26 – Perícia Médica Resolutiva – PMRES. No SABI constará "PMAN", "PMC" ou "PMRES" no campo fase do TAB Perícia. • Será permitido o protocolo das novas Solicitações de Prorrogação, aplicando-se as mesmas regras do PP, inclusive gerando DCA, quando for o caso. • Aplicam-se as mesmas regras do PP no indeferimento e cancelamento das novas Solicitações de Prorrogação. • Como regra geral, serão permitidos até dois PMAN's, um PPMC e um PPMRES para o benefício. • Quando realizada a Solicitação de Prorrogação do benefício, serão avaliados: - Se a última ação foi judicial[1]; - Se a última ação foi de restabelecimento; - Se a última ação foi via Recurso Médico (seja via rotina de Recurso ou via rotina de Revisão Analítica, após o requerimento de Recurso); - Se há agenda médica dentro de 30 dias. Caso não se trate das situações acima elencadas, ou seja, as agendas estejam acima de 30 dias, a última ação não seja judicial, restabelecimento ou recurso médico, será gerado o Pedido de Manutenção (PMAN) e o benefício será automaticamente prorrogado por 30 dias. O prazo de 30 dias será contado da DCB do benefício, quando esta for posterior ou igual à solicitação de prorrogação e da data do processamento do pedido, quando a DCB for anterior ao pedido.

INSTITUTO NACIONAL DO SEGURO SOCIAL

SABI SISTEMA DE ADMINISTRAÇÃO DE BENEFÍCIOS POR INCAPACIDADE

VERSÃO 13.00.00

18/11/2017

01	Projeto de Eficiência da Governança das Agendas de Perícia Médica - continua
Situação	**DM.062647/DM.062905 – Adequação do SABI para atender ao Projeto de Eficiência da Governança das Agendas de Perícia Médica** Alterações no SABI para atender à aplicação do Projeto de Eficiência da Governança das Agendas de Perícia Médica, que trata da retirada do Pedido de Prorrogação (PP) da agenda médica, criação de dois novos tipos de requerimento com suas respectivas perícias (PPMC e PPMRES) e concessão de até 2 (dois) períodos de prorrogação automática do benefício por um período de 30 dias cada (PMAN), liberando vagas das agendas para Perícia Inicial.
Resultado	• Tratando-se de benefício judicial, não será permitido PMAN. Será permitido PPMC e PPMRES tantas quantas forem as ações judiciais realizadas no benefício; Ex: NB1 concedido judicialmente tem direito a um PPMC e um PPMRES. Se esse mesmo NB1 for reativado judicialmente, terá direito a novo PPMC e a novo PPMRES. Sendo novamente reativado judicialmente, permitirá outro PPMC e outro PPMRES, e assim sucessivamente. • Tratando-se de benefício restabelecido, não permitirá PMAN. Será permitido PPMC e PPMRES tantos quantos restabelecimentos ocorrerem; Ex: NB2 restabelecido tem direito a um PPMC e um PPMRES Se esse mesmo NB2 for restabelecido novamente, permitirá outro PPMC e outro PPMRES, e assim sucessivamente. • Tratando-se de benefício com a última ação oriunda de Recurso Médico, seja via rotina de Recurso ou via rotina de Revisão Analítica, não permitirá PMAN, será permitido PPMC e/ou PPMRES, dependendo dos requerimentos anteriores já utilizados; Ex: NB3 concedido ou prorrogado por decisão recursal tem direito a: - Após Ax1: PPMC; - Após outros tipos de requerimento, sendo o PPMC o último: PPMRES; - Após outros tipos de requerimento, com PPMC já requerido e sendo o PPMRES o último: PPMRES. • Havendo agenda médica com vaga disponível para solicitação de Prorrogação dentro de 30 dias ou não havendo vaga disponível (por não existir perito médico lotado na APS ou não existir vaga por ultrapassar os 200 dias), não será permitido PMAN e sim PPMC e PPMRES. • Na Revisão Médica ou Revisão Analítica, sem recurso médico imediatamente anterior, segue o fluxo das solicitações de Prorrogação[2]. • No parecer contrário da Aposentadoria por Invalidez, segue o fluxo das solicitações de Prorrogação[2]. • No desligamento da Reabilitação Profissional, segue o fluxo das solicitações de Prorrogação[2]. • No parecer contrário de Auxílio-Acidente, caberá Recurso ou nova solicitação de Ax1 após 30 dias da DCB.

INSTITUTO NACIONAL DO SEGURO SOCIAL

SABI
SISTEMA DE ADMINISTRAÇÃO DE BENEFÍCIOS POR INCAPACIDADE

VERSÃO 13.00.00

18/11/2017

<table>
<tr><td>01</td><td>Projeto de Eficiência da Governança das Agendas de Perícia Médica - continua</td></tr>
<tr><td>Situação</td><td>DM.062647/DM.062905 – Adequação do SABI para atender ao Projeto de Eficiência da Governança das Agendas de Perícia Médica
Alterações no SABI para atender à aplicação do Projeto de Eficiência da Governança das Agendas de Perícia Médica, que trata da retirada do Pedido de Prorrogação (PP) da agenda médica, criação de dois novos tipos de requerimento com suas respectivas perícias (PPMC e PPMRES) e concessão de até 2 (dois) períodos de prorrogação automática do benefício por um período de 30 dias cada (PMAN), liberando vagas das agendas para Perícia Inicial.</td></tr>
<tr><td>Resultado</td><td>• Na prorrogação automática do benefício (PMAN) será gerado um laudo e este será enviado ao SUB com as seguintes características:
- Laudo: x.00 (x=n+1, onde "n" é o último laudo gravado para o benefício), com status "concluído";
- DRE: data do processamento do Pedido de Manutenção;
- DID/DII: DID/DII do laudo anterior ou, na ausência destas informações, DIB (data do início do benefício);
- CID: a que constar no laudo anterior. Caso não conste, ficará nula;
- DCI: nula;
- DCB: 30 dias a partir da data de cessação do benefício ou da data do processamento do pedido;
- Fase: 23;
- Matrícula: 5555555;
- Exame clínico e histórico médico: em branco;
- Considerações: "Pedido de Manutenção – Trata-se de prorrogação automática."
• Devido ao processamento automático da solicitação de prorrogação, o requerimento de PMAN será gerado com status "Deferido" e o motivo "Deferido automaticamente".
• Não haverá marcação de exame para o Pedido de Manutenção (PMAN).
• Na conclusão do requerimento de prorrogação, será emitido um formulário com orientações para o segurado acessar o resultado da solicitação realizada, com o texto descrito abaixo:
- SABI-WEB:
"Requerimento xxxx, vinculado ao número do benefício yyyyy, processado com sucesso. Anote o número deste requerimento para consultar o seu resultado que estará disponível a partir das 21:00 horas, horário de Brasília, no sítio da Previdência Social, endereço: www.previdencia.gov.br na opção "Consulta de situação de benefícios/RESULTADO DO REQUERIMENTO DE AUXÍLIO-DOENÇA." ou na Central Telefônica 135.
- SABI-APS:
"Requerimento xxxx, vinculado ao número do benefício yyyyy, processado com sucesso. Utilize esse número de requerimento para consultar o seu resultado que estará disponível a partir das 21:00 horas, horário de Brasília, no sítio da Previdência Social, endereço: www.previdencia.gov.br na opção "Consulta de situação de benefícios/RESULTADO DO REQUERIMENTO DE AUXÍLIO-DOENÇA." ou na Central Telefônica 135.</td></tr>
</table>

INSTITUTO NACIONAL DO SEGURO SOCIAL

SABI
SISTEMA DE ADMINISTRAÇÃO DE BENEFÍCIOS POR INCAPACIDADE

VERSÃO 13.00.00

18/11/2017

01	Projeto de Eficiência da Governança das Agendas de Perícia Médica - continua
Situação	**DM.062647/DM.062905 – Adequação do SABI para atender ao Projeto de Eficiência da Governança das Agendas de Perícia Médica** Alterações no SABI para atender à aplicação do Projeto de Eficiência da Governança das Agendas de Perícia Médica, que trata da retirada do Pedido de Prorrogação (PP) da agenda médica, criação de dois novos tipos de requerimento com suas respectivas perícias (PPMC e PPMRES) e concessão de até 2 (dois) períodos de prorrogação automática do benefício por um período de 30 dias cada (PMAN), liberando vagas das agendas para Perícia Inicial.
Resultado	• Criados os serviços médicos: - Prorrogação Automática – PMAN[3]; - Perícia Médica Conclusiva – PMC; - Perícia Médica Conclusiva Judicial – PMCJ; - Perícia Médica Conclusiva Domiciliar/Hospitalar – PMCH; - Perícia Médica Resolutiva – PMRES; - Perícia Médica Resolutiva Domiciliar/Hospitalar – PMRESH. • Incluídos os alertas: - Pendente PPMC; - Pendente PPMRES. • Alterações nas telas da perícia médica para atender aos novos requerimentos de Solicitações de Prorrogação: - Retirada a opção de conclusão “Sugestão Revisão em 2 anos” e, portanto, a partir da versão 13.00.00, na conclusão da perícia não será gerado alerta de “Sugestão de Revisão em 2 anos”, fixando-se a DCB informada normalmente, sem envio da fase 11 ao SUB; - Também não será gerado o alerta de “Sugestão de Confirmação da DCB” - (DCB maior que 1 ano), fixando-se a DCB informada normalmente, sem necessidade de homologação superior; - Desta forma, a maior data de cessação a ser fixada será de dois anos, contados da data da realização do exame, exceto para PPMC; - Alterada a posição dos campos na tela da conclusão da perícia, conforme figuras 1 e 1-A. • Criadas as perícias médicas dos requerimentos de PPMC e PPMRES * Referente ao PPMC: - Na tela da perícia médica constará o nome “Perícia Médica Conclusiva”; - Incluído o campo “Período”. Este campo somente ficará visível após clicar em “Data da cessação do benefício, conforme Figura 2-A; - Este campo é exclusivo da Perícia Médica Conclusiva e terá períodos pré-determinados, não sendo possível digitar uma data para a DCB; - Conforme o período escolhido, será automaticamente preenchido o campo “Data”, que corresponde à data da realização da perícia médica acrescido do período.

INSTITUTO NACIONAL DO SEGURO SOCIAL

SABI SISTEMA DE ADMINISTRAÇÃO DE BENEFÍCIOS POR INCAPACIDADE

VERSÃO 13.00.00
18/11/2017

01	Projeto de Eficiência da Governança das Agendas de Perícia Médica - continua
Situação	**DM.062647/DM.062905 – Adequação do SABI para atender ao Projeto de Eficiência da Governança das Agendas de Perícia Médica** Alterações no SABI para atender à aplicação do Projeto de Eficiência da Governança das Agendas de Perícia Médica, que trata da retirada do Pedido de Prorrogação (PP) da agenda médica, criação de dois novos tipos de requerimento com suas respectivas perícias (PPMC e PPMRES) e concessão de até 2 (dois) períodos de prorrogação automática do benefício por um período de 30 dias cada (PMAN), liberando vagas das agendas para Perícia Inicial.
Resultado	- A PMC (perícia médica conclusiva) permitirá apenas as seguintes conclusões, conforme Figura 2: a) Não Existe Incapacidade (T1); b) Data da cessação do benefício (T2): períodos de 2 meses, 6 meses ou 01 ano; c) Reabilitação Profissional (T4); d) Auxílio-Acidente (T2); e) Aposentadoria por Invalidez (T4). * Referente ao PPMRES: - Na tela da perícia médica constará o nome "Perícia Médica Resolutiva"; - A PMRES permitirá apenas as seguintes conclusões, conforme Figura 3: a) Não Existe Incapacidade (T1); b) Reabilitação Profissional (T4); c) Auxílio-Acidente (T2); d) Aposentadoria por Invalidez (T4). • Nas conclusões das perícias de Solicitações de Prorrogação, seja de PP, PMC ou PMRES poderá ser sugerido auxílio-acidente, mesmo quando a DCB existente for maior que a data da realização do exame, desde que **ratifique a DCB existente,** digitando-a no campo "Data", sem clicar na opção "Data da cessação do benefício". • Mesmo tratando-se de data da cessação do benefício futura, caso haja parecer favorável na sugestão de auxílio-acidente, a data do início do benefício será fixada na DCB+1 dia, normalmente. • Será permitido Recurso, seja médico ou administrativo, quando o último laudo for PMAN, PMC ou PMRES. • Será permitido Revisão Médica no Controle Operacional quando o último laudo for PMAN, PMC ou PMRES. • Será permitido Revisão Analítica quando o último laudo for PMC ou PMRES. • Não será permitido Revisão Analítica quando o último laudo for PMAN. No caso de tentativa de realização a Revisão Analítica, será apresentará a mensagem: "Não é permitido revisão analítica de laudo de Pedido de Manutenção". • Será permitido Revisão Administrativa quando o último laudo for PMAN, PMC ou PMRES. • Será permitido Alta a Pedido durante o período do PMAN, PMC ou PMRES.

INSTITUTO NACIONAL DO SEGURO SOCIAL

SABI
SISTEMA DE ADMINISTRAÇÃO DE BENEFÍCIOS POR INCAPACIDADE

VERSÃO 13.00.00

18/11/2017

01	Projeto de Eficiência da Governança das Agendas de Perícia Médica - continua
Situação	**DM.062647/DM.062905 – Adequação do SABI para atender ao Projeto de Eficiência da Governança das Agendas de Perícia Médica** Alterações no SABI para atender à aplicação do Projeto de Eficiência da Governança das Agendas de Perícia Médica, que trata da retirada do Pedido de Prorrogação (PP) da agenda médica, criação de dois novos tipos de requerimento com suas respectivas perícias (PPMC e PPMRES) e concessão de até 2 (dois) períodos de prorrogação automática do benefício por um período de 30 dias cada (PMAN), liberando vagas das agendas para Perícia Inicial.
Resultado	• Em benefício concedido por ACP de AX1, não serão permitidas as Solicitações de Prorrogação. Preferencialmente, não deve se realizada TBM destes benefícios para o SABI. • As Solicitações de Prorrogação nos OL's de ACP de PP, terão o seguinte tratamento: - Será observado o prazo da agenda médica para os serviços de prorrogação. Somente se enquadrará na ACP se a agenda estiver acima de 45 dias, a partir da data da cessação do benefício; - Estando a agenda médica para os serviços de prorrogação acima de 30 dias, permitirá PMAN, até o limite definido (quantidade de PMAN); - Não sendo possível o PMAN, permitirá o PPMC. Caso se enquadre nos quesitos da ACP, o PPMC será alterado para PP com origem AD; - Permanecendo o OL com os quesitos para o atendimento da ACP e não havendo mais direito ao PP com origem AD, permitirá tantos quantos PPMC's quanto forem as Solicitações de Prorrogação; - Não se enquadrando o OL nos quesitos para o atendimento da ACP, o benefício seguirá o fluxo das Solicitações de Prorrogação[2]. • No caso de nova concessão gerada nas perícias de PPMC ou PPMRES, devido à troca de CID, o novo benefício terá direito a seguir o fluxo das Solicitações de Prorrogação[2]. • Houve alteração na tela da perícia referente ao fluxo "troca CID", devido às inconsistências geradas quando escolhida a opção "Não existe incapacidade". A apresentação das opções passará a ser da seguinte maneira: * DCB constante no laudo anterior maior que a data da realização da perícia: apresentará somente "Existe Incapacidade". Está opção servirá inclusive para indicar AA, desde que reafirme a DCB que consta no laudo anterior; * DCB constante no laudo anterior menor ou igual à data da realização da perícia: apresentará "Existe Incapacidade" e "Existiu incapacidade". A opção "Existiu incapacidade" servirá, inclusive, para indicar AA, desde que informe uma DCB maior que a que consta no laudo anterior e menor ou igual à data da realização da perícia médica. • Para os benefícios judiciais sem laudo, na perícia de PMC, quando informar / alterar a CID, não processará a rotina de concessão de novo benefício, mantendo / prorrogando o próprio benefício. • Criadas novas CRER para o Pedido de Manutenção, Pedido de Perícia Médica Conclusiva e Pedido de Perícia Médica Resolutiva. • Na busca avançada, no campo "Tipo de Requerimento", incluídos os novos requerimentos: PMAN, PPMC e PPMRES. • O período e a quantidade de prorrogações automáticas estão parametrizados por OL.

INSTITUTO NACIONAL DO SEGURO SOCIAL

SABI SISTEMA DE ADMINISTRAÇÃO DE BENEFÍCIOS POR INCAPACIDADE

VERSÃO 13.00.00

18/11/2017

01	Projeto de Eficiência da Governança das Agendas de Perícia Médica - continua
Situação	**DM.062647/DM.062905 – Adequação do SABI para atender ao Projeto de Eficiência da Governança das Agendas de Perícia Médica** Alterações no SABI para atender à aplicação do Projeto de Eficiência da Governança das Agendas de Perícia Médica, que trata da retirada do Pedido de Prorrogação (PP) da agenda médica, criação de dois novos tipos de requerimento com suas respectivas perícias (PPMC e PPMRES) e concessão de até 2 (dois) períodos de prorrogação automática do benefício por um período de 30 dias cada (PMAN), liberando vagas das agendas para Perícia Inicial.
Resultado	• O Prazo da agenda (vaga disponível em até 30 dias) está parametrizado por OL. • A quantidade de PPMC está parametrizado por OL. • O resultado do PMAN, PPMC e PPMRES será enviado pelos Correios para o segurado, via SUB. No SABI-APS, a CRER poderá ser impressa no dia seguinte ao processamento da solicitação. No SABI-WEB, a partir das 21 horas do dia do processamento da solicitação. • Incluídos na opção Relatório "Pedidos de Perícia Médica Conclusiva Pendentes de Perícia Médica" e "Pedidos de Perícias Médicas Resolutivas Pendentes de Perícia Médica". • Na implantação da versão 13.00.00 será processada automaticamente uma rotina em todos os Pedidos de Prorrogação (PP) que estejam aguardando atendimento, transformando-os em PMAN ou PPMC, conforme o caso (Rotina PMAN/PPMC). • Serão processados os requerimentos de PP com agendamentos para data maior ou igual a 18/12/2017, sem laudo associado. • Serão processados os requerimentos de PP sem agendamentos, desde que estejam com status normal, sem laudo associado e tenham sido solicitados há no máximo 125 dias da data da implantação da versão. • No período desde a implantação da versão até o dia 17/12/2017, os requerimentos de PP devem ser atendidos normalmente na rotina da APS, concluindo-se as perícias ou remarcando-se os agendamentos. • Os requerimentos de PP que forem remarcados após implantação da versão 13.00.00, para data maior ou igual a 18/12/2017, serão alcançados automaticamente pela rotina de transformação do requerimento em PMAN ou PPMC. • A rotina do PMAN/PPMC será processada durante a noite, até 17/12/2017. • Os requerimentos com laudo pendente por SIMA não serão tratados pela rotina do PMAN/PPMC e continuarão sendo tratados na rotina de indeferimento existente. • Os PP's de benefício Judicial serão transformados em PPMC, estando ou não com agendamento associado. Se possuir agendamento associado, será alterado o serviço de Perícia de PP ou Perícia de PP – Judicial para Perícia Médica Conclusiva Judicial, exceto os PP's agendados para os médicos do tipo "Credenciado", que permanecerão com o requerimento do tipo "PP" e com o respectivo serviço médico. • Na implantação da versão 13.00.00 serão associados todos os serviços médicos a todos os peritos médicos, já cadastrados no sistema, exceto aos profissionais credenciados que ficarão apenas com o serviço médico de Perícia de PP, conforme solicitação da Diretoria de Saúde do Trabalhador.

INSTITUTO NACIONAL DO SEGURO SOCIAL

SABI
SISTEMA DE ADMINISTRAÇÃO DE BENEFÍCIOS POR INCAPACIDADE

VERSÃO 13.00.00

18/11/2017

01	Projeto de Eficiência da Governança das Agendas de Perícia Médica - continua
Situação	**DM.062647/DM.062905 – Adequação do SABI para atender ao Projeto de Eficiência da Governança das Agendas de Perícia Médica** Alterações no SABI para atender à aplicação do Projeto de Eficiência da Governança das Agendas de Perícia Médica, que trata da retirada do Pedido de Prorrogação (PP) da agenda médica, criação de dois novos tipos de requerimento com suas respectivas perícias (PPMC e PPMRES) e concessão de até 2 (dois) períodos de prorrogação automática do benefício por um período de 30 dias cada (PMAN), liberando vagas das agendas para Perícia Inicial.
Resultado	• O acesso para incluir/alterar os serviços médicos ficarão disponíveis exclusivamente para os servidores indicados pela Diretoria de Saúde do Trabalhador, retirando o acesso aos demais servidores que possuem o grupo "Operacional – Agenda Médica (OPAGMED)". • Portanto, para os novos cadastros de peritos médicos ou credenciados, após sua inclusão na APS na qual prestarão serviço, será necessário encaminhar a solicitação aos servidores indicados pela Diretoria de Saúde do Trabalhador, para incluir os serviços médicos a estes profissionais. • Criado na carteira o ícone "Itens de Suporte". Incluído neste, todos os itens de suporte que estavam no ícone "Serviços". • Incluídos no "Itens de Suporte" os seguintes itens: * Alterar DCB do laudo – PMAN: caso a DCB fixada pela Prorrogação Automática esteja incorreta, será possível alterar a DCB do laudo de fase 23 (PMAN). Para que essa alteração reflita no SUB, será necessário reprocessar o laudo e retransmitir a perícia do PMAN; * Incluir Alertas: permitirá incluir/excluir os alertas dos requerimentos de prorrogação (PP, PPMC ou PPMRES). * Solicitar Prorrogação por Contingência: permitirá realizar a Solicitação de Prorrogação após a DCB, desde que a tentativa de solicitá-la tenha ocorrido anteriormente. Será de preenchimento obrigatório os seguintes campos: - Número da Solicitação: preencher preferencialmente com o número do Consultar; - DER: preencher com a data em que ocorreu a tentativa da Solicitação de Prorrogação sem sucesso; - Justificativa: preencher com a Justificativa da ação a ser realizada via item de suporte; - Todas as regras de admissibilidade de prorrogação serão validadas na DER informada; - Tendo direito ao PMAN ocorrerá o processamento automático, gerando o laudo com a DRE igual a DER informada; - Tendo direito a outro tipo de requerimento diferente de PMAN, será apenas gerado o requerimento e será necessário ir na opção "Marcar Primeiro Exame" para agendar a respectiva perícia médica; - Os dados informados na tela serão gravados no histórico de alterações.

INSTITUTO NACIONAL DO SEGURO SOCIAL

SABI
SISTEMA DE ADMINISTRAÇÃO DE BENEFÍCIOS POR INCAPACIDADE

VERSÃO 13.00.00

18/11/2017

<table>
<tr><td>01</td><td>Projeto de Eficiência da Governança das Agendas de Perícia Médica - continua</td></tr>
<tr><td>Situação</td><td>DM.062647/DM.062905 – Adequação do SABI para atender ao Projeto de Eficiência da Governança das Agendas de Perícia Médica
Alterações no SABI para atender à aplicação do Projeto de Eficiência da Governança das Agendas de Perícia Médica, que trata da retirada do Pedido de Prorrogação (PP) da agenda médica, criação de dois novos tipos de requerimento com suas respectivas perícias (PPMC e PPMRES) e concessão de até 2 (dois) períodos de prorrogação automática do benefício por um período de 30 dias cada (PMAN), liberando vagas das agendas para Perícia Inicial.</td></tr>
<tr><td>Resultado</td><td>

• FIGURA 1.

- TELA ATÉ A VERSÃO 12.00.01

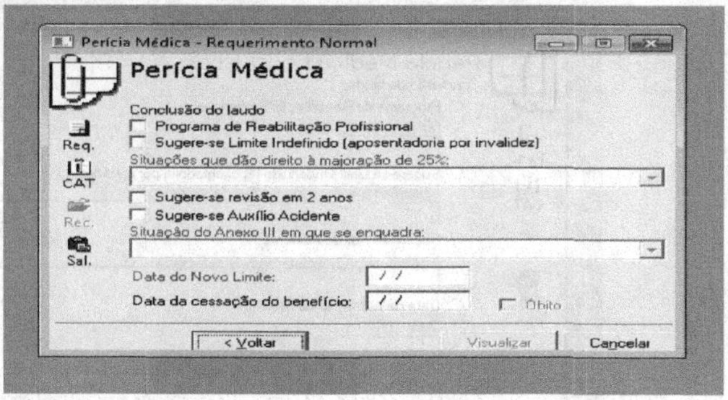

• FIGURA 1-A

- TELA APÓS VERSÃO 13.00.00

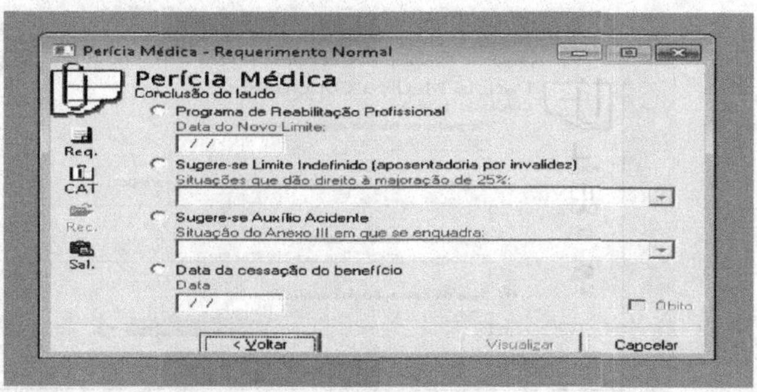

</td></tr>
</table>

INSTITUTO NACIONAL DO SEGURO SOCIAL

SABI
SISTEMA DE ADMINISTRAÇÃO DE BENEFÍCIOS POR INCAPACIDADE

VERSÃO 13.00.00

18/11/2017

01	**Projeto de Eficiência da Governança das Agendas de Perícia Médica** - continua
Situação	**DM.062647/DM.062905 – Adequação do SABI para atender ao Projeto de Eficiência da Governança das Agendas de Perícia Médica** Alterações no SABI para atender à aplicação do Projeto de Eficiência da Governança das Agendas de Perícia Médica, que trata da retirada do Pedido de Prorrogação (PP) da agenda médica, criação de dois novos tipos de requerimento com suas respectivas perícias (PPMC e PPMRES) e concessão de até 2 (dois) períodos de prorrogação automática do benefício por um período de 30 dias cada (PMAN), liberando vagas das agendas para Perícia Inicial.

Resultado

- FIGURA 2.

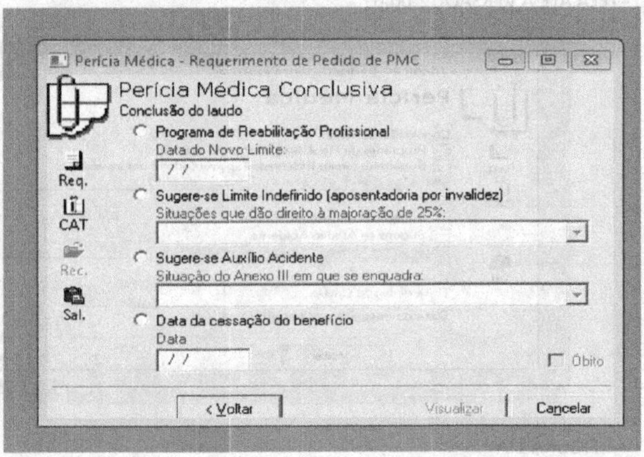

- FIGURA 2 -A.

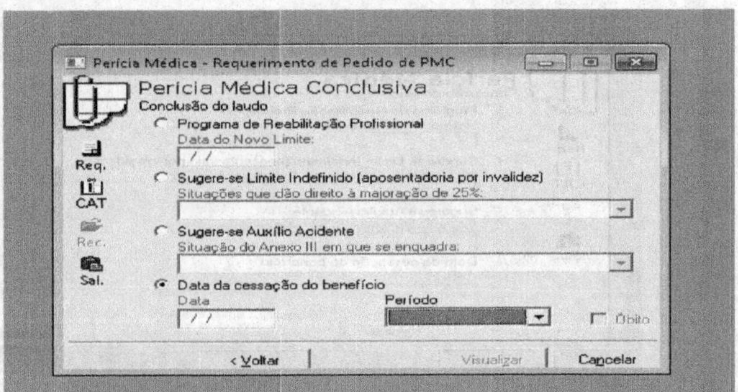

INSTITUTO NACIONAL DO SEGURO SOCIAL

SABI
SISTEMA DE ADMINISTRAÇÃO DE BENEFÍCIOS POR INCAPACIDADE

VERSÃO 13.00.00

18/11/2017

01	Projeto de Eficiência da Governança das Agendas de Perícia Médica - continua
Situação	**DM.062647/DM.062905 – Adequação do SABI para atender ao Projeto de Eficiência da Governança das Agendas de Perícia Médica** Alterações no SABI para atender à aplicação do Projeto de Eficiência da Governança das Agendas de Perícia Médica, que trata da retirada do Pedido de Prorrogação (PP) da agenda médica, criação de dois novos tipos de requerimento com suas respectivas perícias (PPMC e PPMRES) e concessão de até 2 (dois) períodos de prorrogação automática do benefício por um período de 30 dias cada (PMAN), liberando vagas das agendas para Perícia Inicial.
Resultado	• FIGURA 3. 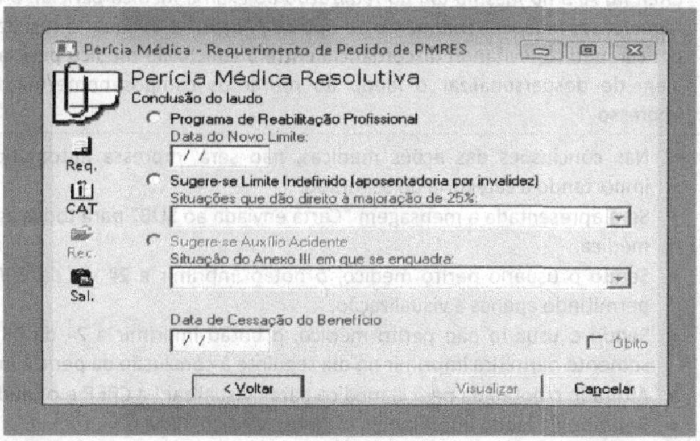 • [1]- Benefício judicial: via concessão ou reativação judicial. Deixa de ser judicial se tiver um laudo INSS (fase de perícia médica diferente de 21 ou 22) realizado após a concessão judicial ou após a data da reativação judicial, sendo esses laudos com data posterior a 02/09/2016. • [2]- Fluxo das Solicitações de Prorrogação: - até 2 PMAN, 1 PPMC e 1 PPMRES; - Se não tiver direito ao PMAN permitirá PPMC e PPMRES; - Se já teve PPMC e/ou PPMRES não permitirá PMAN; - Se já teve PPMRES e tem direito a nova prorrogação, permitirá outro PPMRES. Enquanto tiver direito a prorrogação permitirá PPMRES, sem limite de quantidade. • [3]- O serviço médico Prorrogação Automática – PMAN foi criado com o intuito de gerar o histórico do agendamento/conclusão do laudo. Será de uso exclusivo do processamento automático do requerimento do PMAN e não será utilizado na opção de agendamento.

INSTITUTO NACIONAL DO SEGURO SOCIAL

SABI SISTEMA DE ADMINISTRAÇÃO DE BENEFÍCIOS POR INCAPACIDADE

VERSÃO 13.00.00

18/11/2017

02	Impressão de CRER e Laudo
Situação	**DM.066542 – Cancelamento da impressão automática da Comunicação de Resultado de Requerimento – CRER** **DM.068696 – Não exibição de nome/matrícula/CRM do perito no laudo médico pericial e Exibição do texto "Existiu incapacidade laborativa" no campo Resultado do laudo médico quando a DCB for fixada na DRE** Alterações no SABI para atender ao disposto no Memorando Circular Conjunto nº 6 /DIRSAT/DIRAT/DIRBEN/INSS, de 05/04/2017, que estabelece: "*fica vedada a entrega da CRER na APS no mesmo dia da realização do exame médico pericial, a todos os segurados / requerentes independentemente do tipo de filiação*" e adequar o resultado da avaliação pela perícia médica, evitando discordância entre a conclusão médico pericial e o texto do laudo, além de despersonalizar o laudo ao retirar os campos nome/matrícula/CRM no laudo impresso.
Resultado	• Nas conclusões das ações médicas, não será impressa automaticamente a CRER, não importando a categoria do segurado. • Será apresentada a mensagem "Carta enviada ao SUB" para todas as conclusões de perícia médica. • Sendo o usuário perito médico, o botão imprimir a 2ª via da CRER ficará desabilitado, permitindo apenas a visualização. • Sendo o usuário não perito médico, o botão imprimir a 2ª da CRER ficará habilitado e somente permitirá imprimir no dia seguinte à conclusão da perícia médica. • Alterado o botão da perícia médica para "Visualizar" a CRER e o Laudo. • Retirado do laudo impresso os campos: Médico, CRM e Matrícula. • No campo Resultado será impressa a frase "Existiu incapacidade laborativa" para as conclusões que o perito médico fixar a DCB menor ou igual a DRE.

03	Requerimento de ACP de Auxílio-doença
Situação	**DM.067711 – Permitir requerimento de Ax1 pela Internet quando o OL estiver marcado para ACP** Alterações no SABI para permitir o requerimento de Ax1 pela Internet quando o OL estiver marcado para ACP e houver agenda no prazo estipulado na ACP.
Resultado	• Alterada a validação da informação da ACP para permitir os requerimentos de Ax1 pela Internet mesmo quando o OL estiver marcado, mas a agenda estiver dentro do prazo limite estipulado na ACP.

INSTITUTO NACIONAL DO SEGURO SOCIAL

SABI
SISTEMA DE ADMINISTRAÇÃO DE BENEFÍCIOS POR INCAPACIDADE

VERSÃO 13.00.00

18/11/2017

04	Remarcações de Exame Pericial via Central 135
Situação	**DM.067893 – Alteração do parâmetro de quantidade de remarcações de exame via Central 135** Alterações no SABI para retornar a quantidade de remarcações de exame pericial a pedido do segurado, quando realizado via Central 135.
Resultado	• Alterado o parâmetro de quantidade de remarcações de exame pericial a pedido do segurado quando realizado pela Central 135 para 1.

05	Correção de Inconsistências
Situação	**Verificadas algumas inconsistências após a versão 12.00.01**
Resultado	• Realizados acertos nas seguintes inconsistências: - Na comunicação com o CNIS, gravar os vínculos dos segurados de categoria "trabalhador avulso". - Envio da marcação e remarcação do agendamento do exame de retorno da revisão em 2 anos; - Exclusão do Alerta de PP pendente quando ocorria a informação da DUT.

PORTARIA CONJUNTA DTI/DIRBEN/INSS Nº 4, DE 25 DE ABRIL DE 2024 – NOVO MODELO DE REQUERIMENTO DE BENEFÍCIO POR INCAPACIDADE

Este ato normativo instituiu o novo requerimento de Benefício por Incapacidade – BI em âmbito nacional. Desde 26/04/2024, em todas as unidades do Instituto, os pedidos de BI, inclusive os pedidos de prorrogação, são realizados exclusivamente utilizando o novo modelo de requerimento.

O requerimento de BI passa a ser realizado via Portal de Atendimento - PAT quando requerido nas APS, Central 135, Entidades Conveniadas e pelo Meu INSS, quando requerido diretamente pelo cidadão.

O BI é processado no sistema SABI. Aos poucos, esse sistema será substituído pelo SIBE. Além disso, a forma de pedir o BI será via Portal de Atendimento (PAT) para as agências, Central 135 e entidades conveniadas e pelo Meu INSS para a população em geral.

Na fase de transição os pedidos estarão tanto no SABI quanto no SIBE, de modo que todas as pessoas envolvidas direta ou indiretamente com esse processo precisam saber como identificar se estão diante do Antigo ou do Novo BI.

No Antigo BI, ao dar entrada em um pedido, é possível que o processo fique em 4 situações diferentes:

1. Ir para análise documental, gerando a tarefa no PAT de Auxílio por Incapacidade Temporária - Análise Documental – AIT;

2. Ficar pendente de uma ação de tratamento pelo servidor, para poder gerar o Número de Benefício (NB), através da subtarefa Pendências Administrativas SABI;

3. Ficar pendente de um acerto Pós-perícia, gerando a tarefa Auxílio-Doença – Urbano (Acerto Pós-Perícia) ou rural;

4. Ser necessária uma perícia presencial e nessa situação não é criada tarefa e todo o processo fica no SABI. A pessoa tem apenas o comprovante de agendamento.

Atualmente, isso acontece nos seguintes casos:

a. Quando a pessoa recebeu benefício por mais de 180 dias por Atestmed; ou,

b. Por não conformação do documento apresentado (laudo, relatório ou atestado).

Já os **pedidos do Novo BI** vão aparecer com nomes diferentes e teremos as seguintes situações:

1. Gerar a tarefa Benefício por Incapacidade, seja análise documental ou perícia presencial;

2. Apresentar pendências administrativa, gerando a subtarefa de Acertos para integração - BI;

3. Ficar pendente de um acerto Pós-perícia, gerando a subtarefa Acertos para Análise – BI Urbano ou Rural;

4. Ser necessária uma perícia presencial. Atualmente, isso acontece nos seguintes casos:

a. Quando a pessoa recebeu benefício por mais de 180 dias por Atestmed; ou,

b. Por não conformação do documento apresentado.

Veja-se, abaixo, o GUIA do INSS com a telas de acesso do Meu INSS:

INSS
NOVO
Benefício por Incapacidade
Pedidos realizados no PAT

Sumário

Introdução

O Benefício por Incapacidade (BI) está mudando para melhor atender à população e facilitar os processos de trabalho dos servidores e servidoras do INSS.

Atualmente, o BI é processado no sistema SABI. Aos poucos, esse sistema será substituído pelo SIBE. Além disso, a forma de pedir o BI será via Portal de Atendimento (PAT) para as agências, Central 135 e entidades conveniadas e pelo Meu INSS para a população em geral. É sobre estas mudanças que vamos tratar neste documento.

Durante algum tempo, o INSS vai passar por uma fase de transição, neste momento os pedidos estarão tanto no SABI quanto no SIBE. De modo que todas as pessoas envolvidas direta ou indiretamente com esse processo precisam saber como identificar se estão diante do Antigo ou do Novo BI.

O Antigo BI é o benefício que o INSS estava trabalhando até então e será chamado assim para fins didáticos.

Mas, e agora, como será? Como saber no dia a dia se está diante de um Antigo BI ou de um Novo BI?

O objetivo desse guia é exatamente esse: te ajudar a identificar o Novo BI e mostrar como serão os serviços vinculados a esse novo pedido.

Vamos lá?

Novo BI

O Novo Benefício por Incapacidade (Novo BI) foi desenvolvido para modernizar, trazer transparência e facilitar o acesso às informações do pedido.

No Antigo BI, ao dar entrada em um pedido, é possível que o processo fique em 4 situações diferentes:

1. Ir para análise documental, gerando a tarefa no PAT de **Auxílio por Incapacidade Temporária - Análise Documental – AIT**;
2. Ficar pendente de uma ação de tratamento pelo servidor, para poder gerar o Número de Benefício (NB), através da subtarefa **Pendências Administrativas SABI**;
3. Ficar pendente de um acerto Pós-perícia, gerando a tarefa **Auxílio-Doença - Urbano (Acerto Pós-Perícia)** ou rural;
4. Ser necessária uma perícia presencial e nessa situação não é criada tarefa e todo o processo fica no SABI. A pessoa tem apenas o comprovante de agendamento. Atualmente, isso acontece nos seguintes casos:
    a. Quando a pessoa recebeu benefício por mais de 180 dias por Atestmed; ou,
    b. Por não conformação do documento apresentado (laudo, relatório ou atestado).

Já os pedidos do Novo BI vão aparecer com nomes diferentes e teremos as seguintes situações:

1. Gerar a tarefa **Benefício por Incapacidade**, seja análise documental ou perícia presencial;
2. Apresentar pendências administrativa, gerando a subtarefa de **Acertos para integração - BI**;

3. Ficar pendente de um acerto Pós-perícia, gerando a subtarefa **Acertos para Análise - BI Urbano ou Rural**;

4. Ser necessária uma perícia presencial. Atualmente, isso acontece nos seguintes casos:

a. Quando a pessoa recebeu benefício por mais de 180 dias por Atestmed; ou,

b. Por não conformação do documento apresentado.

O acerto para análise será criado automaticamente pelo sistema, como subtarefa, não cabendo seu cadastramento pela Central 135 ou por servidor. Abaixo, você tem um quadro com o resumo sobre as principais alterações tratadas aqui:

Serviço	Antigo BI	Novo BI
Nome da tarefa quando for análise documental	Auxílio por Incapacidade Temporária - Análise Documental - AIT	Benefício por Incapacidade
Nome da tarefa quando for perícia presencial	Não tem tarefa - só comprovante de agendamento	Benefício por Incapacidade
Pré-Perícia	Subtarefa: • Pendências Administrativas SABI	Subtarefa: • Acertos para Integração - BI
Pós-Perícia	Tarefa: • Auxílio-Doença - Urbano (Acerto Pós-Perícia) • Auxílio-Doença - Rural (Acerto Pós-Perícia)	Subtarefa: • Acertos para análise - BI Urbano • Acertos para análise - BI Rural
Agendamento e Remarcação	Para o 135: Sabiweb Para APS: SABI	PAT - Detalhamento da tarefa
Perícia presencial por não conformação	PMF Agenda	PAT – Detalhamento da tarefa

Novo pedido de Benefício por Incapacidade

Seleção do Serviço

1. Acesse o sistema Portal de Atendimento - PAT e faça o login. Clique no sinal "+" para iniciar um novo requerimento.

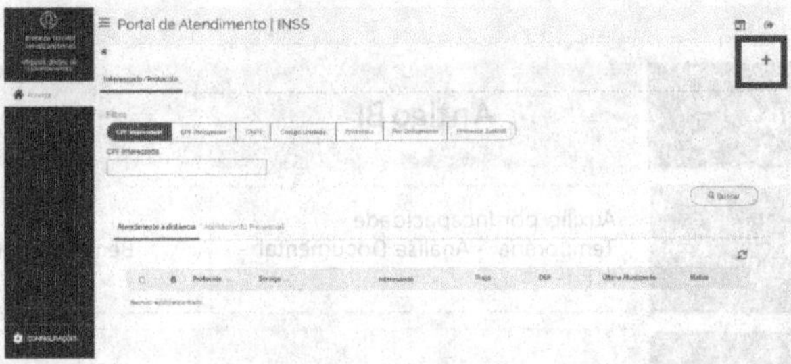

Imagem 01: Tela inicial do sistema

2. No campo **Seleção de Serviços,** digite e localize o serviço **Benefício por Incapacidade.** Leia as informações sobre o benefício escolhido e clique em **Avançar.**

Imagem 02: Tela de informações do serviço selecionado

Dados do requerente

3. Informe o CPF do titular/requerente do benefício, o telefone celular ou fixo.

4. Confirme se o requerente aceita:
   - receber notificações pelo WhatsApp; e,
   - acompanhar o andamento do processo pelo Meu INSS, Central 135 ou e-mail.

5. No campo **Chamada Identificada** informe o número de telefone utilizado para realizar a ligação para a Central 135 (se for o caso).

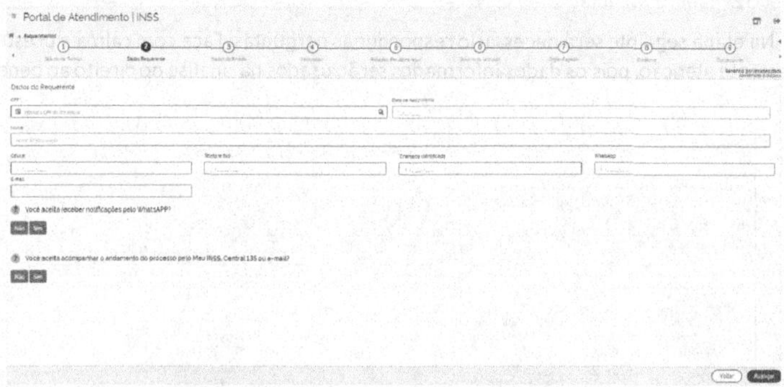

Imagem 03: Tela de dados do requerente

> Dica! Sempre informe o celular ou telefone fixo. Confirme se o e-mail informado está correto. É por meio desses dados que o INSS pode entrar em contato com o titular.

6. Confira se informou todos os dados de contato necessários e clique em **Avançar**.

Dados do Pedido

Essa tela é dividida em três blocos de informações:

Bloco 1 - Sobre o Solicitante

7. Nesse campo você deve informar os dados de quem está pedindo o benefício:

- Titular/requerente do benefício ou serviço
- Procurador do titular/requerente
- Representante Legal do titular/requerente

Caso seja procurador ou representante legal, deverá ser assinalado a obrigatoriedade de comunicar o INSS no caso de óbito do titular ou cessação da representação.

Bloco 2 - Sobre o Titular

8. Na etapa seguinte será necessário responder às perguntas. Faça com calma e preste bastante atenção, pois os dados informados serão usados na análise do direito ao benefício.

Imagem 04: Tela de dados do titular

9. O campo **Categoria do Trabalhador na data do afastamento** já estará preenchido com os dados trazidos do CNIS. É possível trocar a categoria. As perguntas variam de acordo com a categoria informada.

> Atenção! Quando for empregado, a DUT somente deverá ser informada caso não seja localizada no CNIS. Se já estiver no sistema, a pergunta nem vai aparecer na tela.

Bloco 3 - Sobre o Documento Médico

10. No final da tela é obrigatório assinalar que o titular/requerente está ciente que é necessário apresentar o documento médico e de identidade com foto para que o pedido seja concluído.

11. Informe, se houver:
    - a data de emissão;
    - a data do início do repouso.

Relações Previdenciárias

12. Na tela seguinte, constam todas as informações dos períodos trabalhados ou contribuídos que estão no CNIS (Cadastro Nacional de Informações Sociais) da pessoa titular do benefício.

Assim, siga os passos abaixo:

- Confira se todos os períodos trabalhados ou contribuídos da pessoa estão listados, inclusive os períodos de atividade rural ou de serviço público (CTC).
- Observe se as datas de início e fim de cada vínculo estão corretas. Se preciso, você pode modificá-las, clicando no ícone de lápis.
- Para incluir algum vínculo ou período trabalhado que esteja faltando, basta clicar em **Adicionar Vínculo.**
- Para excluir algum período, clique na lixeira.

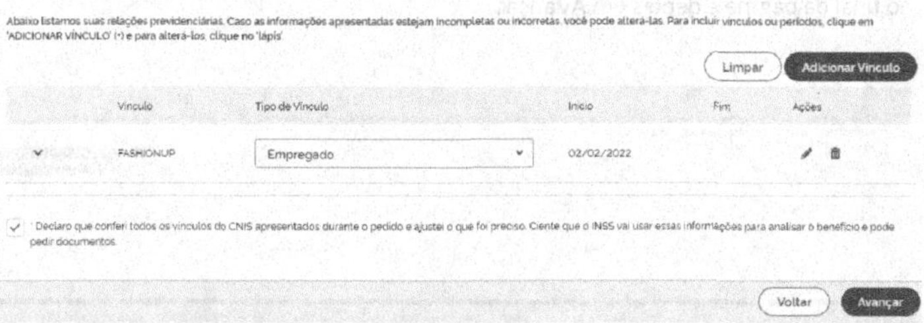

Imagem 05: Tela de relações previdenciárias

13. Ao clicar em **Adicionar Vínculo** será apresentada a tela abaixo para que seja informado o período trabalhado.

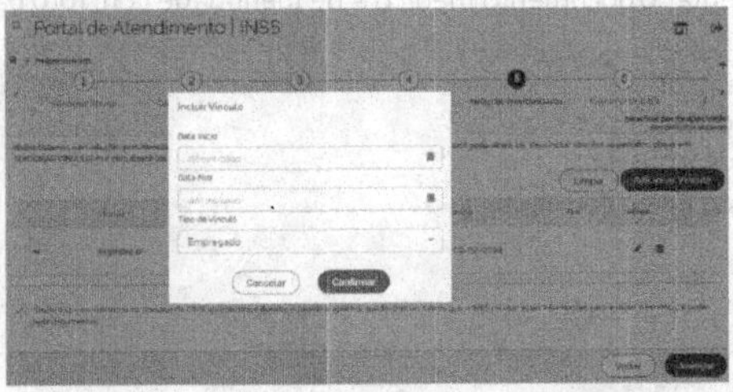

Imagem 06: Tela com dados para inclusão de novo vínculo/período

Na janela que se abre, informe:

- a data de início e de fim;
- o tipo de vínculo (empregado, facultativo, contribuinte individual, etc) que a pessoa trabalhou ou contribuiu.

> Atenção! A data fim deverá ser informada ainda que a pessoa ainda esteja em atividade. Nesse caso, informe como data fim o dia do pedido.

Em seguida, clique em **Confirmar** para que este vínculo seja transportado para a lista geral.

14. Após ter conferido e ajustado todos os períodos, clique na declaração de veracidade no final da página e depois em **Avançar.**

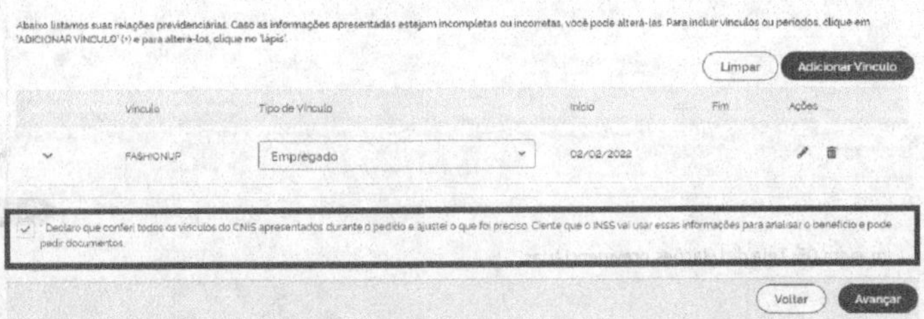

Imagem 07: Tela de relações previdenciárias

Seleção de Unidade

15. Procure a Agência da Previdência Social em que o titular deseja que o benefício seja mantido. Para isso, informe o CEP ou faça a busca por Município.

Imagem 08: Tela de seleção de agência de manutenção do benefício

16. Agora selecione o órgão pagador desejado, caso o benefício seja concedido, e depois clique em **Avançar**.

Atenção! Se a agência escolhida ainda não estiver no Novo BI e for necessária perícia presencial, vai aparecer uma mensagem informando que o pedido deve ser feito no SABI. Clique no link e siga para este sistema para fazer o agendamento. Nessa situação não será gerada tarefa no PAT.

Imagem 09: Aviso SABI

Confirmação de dados do pedido

17. Pronto! Confirme as informações, clique na caixinha **Declaro que li e concordo com as informações acima** e depois em **Avançar.**

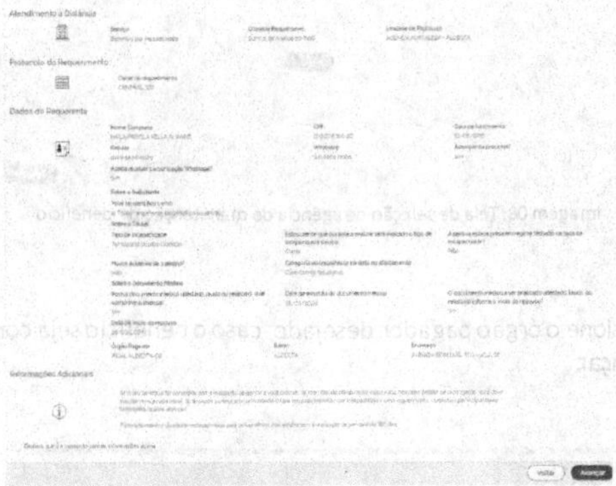

Imagem 10: Tela com os dados do pedido

> Atenção! Quando for o caso, após clicar em **Avançar** aparecerá a mensagem informado sobre a necessidade da perícia médica presencial.

Análise Documental X Agendamento de Perícia Médica

O sistema analisa a necessidade de realização de perícia médica presencial e já informa no final do pedido.

Análise documental (Atestmed)

Nesse caso, o titular não vai precisa ir à perícia presencial pois serão analisadas as informações apresentadas no pedido.

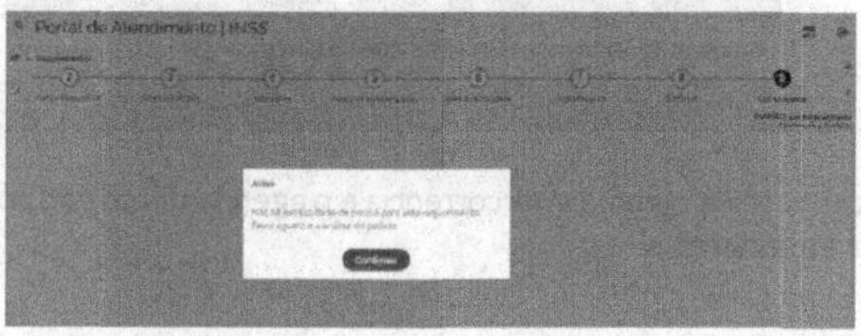

Imagem 11: Tela de aviso sobre a perícia médica

1. Informe para o titular do benefício que após o pedido feito pelo 135, será necessária a apresentação dos seguintes documentos:

- Documento de Identificação; e,
- Documento médico (atestado, laudo ou relatório médico).

No Meu INSS, a pessoa poderá juntar esses documentos clicando na opção **Benefício por Incapacidade.** Se precisar de atendimento na APS, deve agendar antes o serviço **Apresentar Documentos - Atestmed.**

Atenção! Caso a documentação não seja apresentada no prazo de 5 dias, o pedido será **cancelado.**

Perícia presencial

Durante o pedido de Benefício por Incapacidade o sistema identifica algumas situações em que a perícia médica será presencial. E para concluir o pedido é obrigatório agendar a perícia.

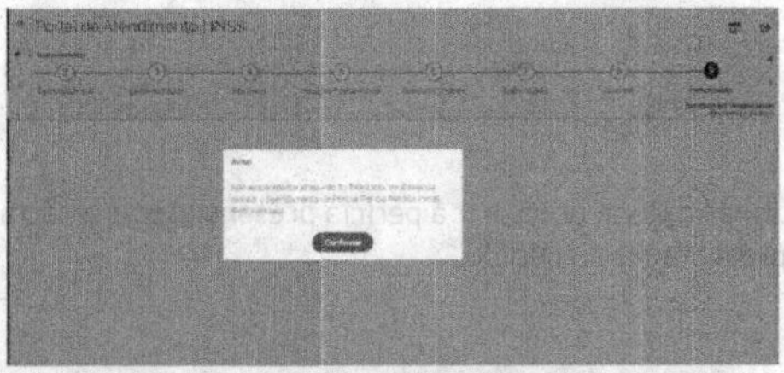

Imagem 12: Tela de aviso sobre a perícia médica

Entretanto, caso ocorra alguma intercorrência e o agendamento não possa ser realizado, o pedido ficará em exigência.

Atenção! Caso o interessado não realize o agendamento no prazo de 30 dias, o pedido será **concluído por desistência.**

Agendamento na sequência do pedido

Para agendar a perícia durante o pedido, siga os passos abaixo:

1. Clique em **Continuar** e o sistema abrirá a tela para agendar a data da perícia.

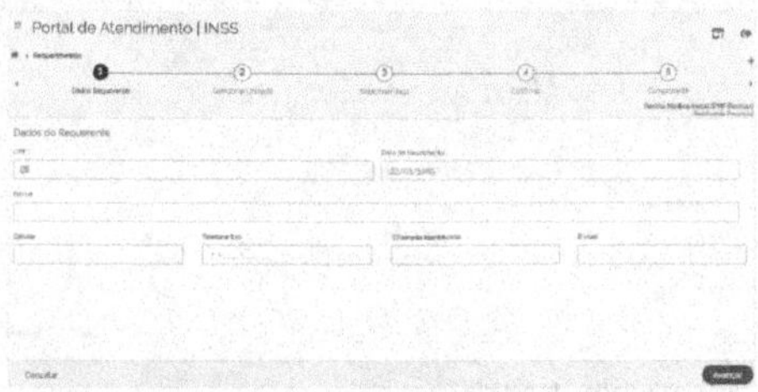

Imagem 13: Tela de dados do requerente

2. Confira os dados do requerente novamente e clique em **Avançar.**

3. Informe o CEP ou faça a busca por Município para encontrar as agências mais próximas que realizam perícia presencial, selecione uma opção e clique em **Avançar.**

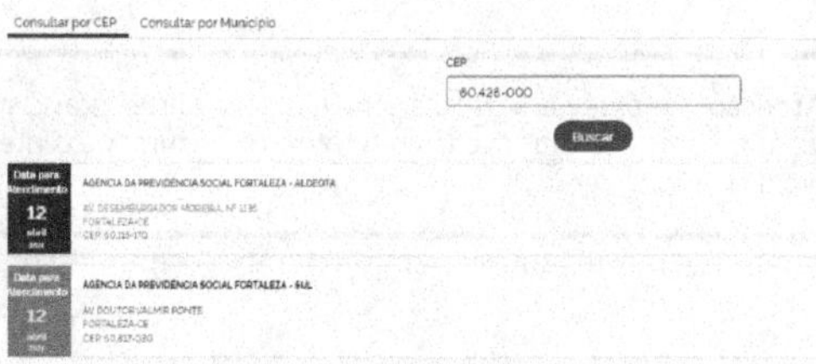

Imagem 14: Tela com locais de realização de perícia presencial

4. Selecione um local, dia e hora para realizar a Perícia Médica.

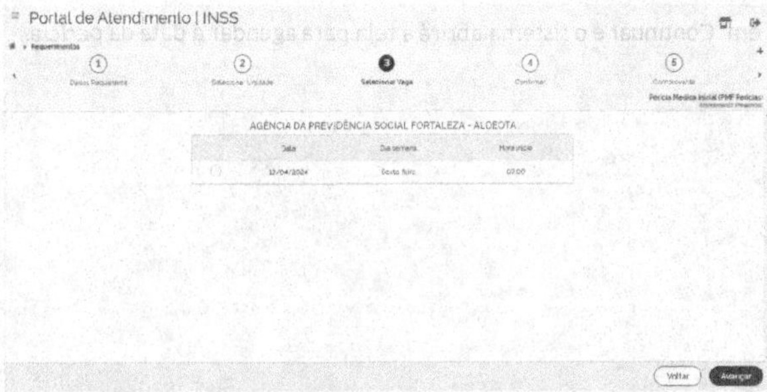

Imagem 15: Tela de dados da perícia

5. Confirme os dados da perícia, clique em **Declaro que li e concordo com as informações acima** e depois em **Avançar.**

6. Pronto! **Perícia médica agendada.** Informe os dados de dia, local e hora para o titular/requerente.

Atenção! Reforce para o titular que ele deve apresentar o documento de identificação com foto e os documentos médicos no dia da perícia.

Agendamento de perícia em outro momento

Se o titular já fez o requerimento de Benefício por Incapacidade e ainda não agendou a perícia médica, realize a consulta no PAT para identificar se é um Novo BI.

Novo BI

Se a tarefa **Benefício por Incapacidade** estiver no PAT (Novo BI), clique na tarefa, depois em **Detalhar tarefa.**

Imagem 16: Seleção da tarefa

Vá até o campo **Agendamentos (Perícia)** e clique em **Agendar.**

Imagem 17: Agendamento da perícia

Agora é só seguir o fluxo do agendamento da perícia médica.

Antigo BI

Se a tarefa **Benefício por Incapacidade** não estiver no PAT, trata-se do Antigo BI e o agendamento da perícia médica deverá ser feito no PMF Agenda para a Central 135 e na aplicação SABI para as agências.

Remarcação

Caso precise remarcar a perícia médica, consulte no PAT para identificar se é um Novo BI.

Novo BI

Se a tarefa **Benefício por Incapacidade** estiver no PAT (Novo BI), clique na tarefa, depois em **Detalhar Tarefa.**

Vá até o campo **Agendamentos (Perícia)** e clique em **Detalhar.**

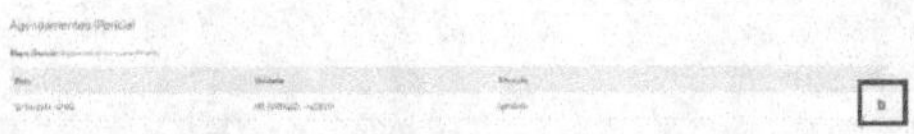

Imagem 18: Consulta de perícia agendada

Confira os dados do agendamento, confirme com a pessoa se ela quer mesmo remarcar a data da perícia.

Clique em **Remarcar Agendamento** no final da página.

Quando couber, assinale o motivo da remarcação.

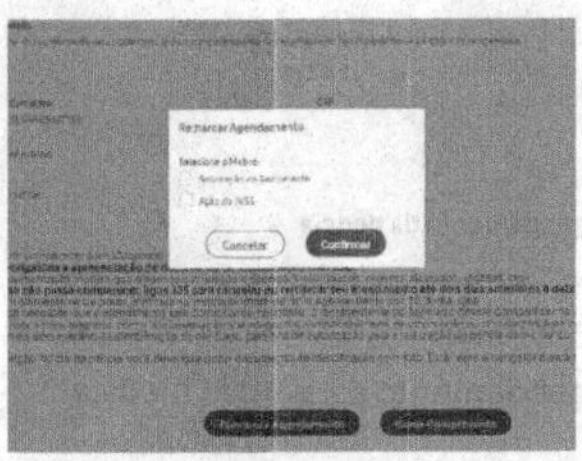

Imagem 19: Motivo remarcação

Agora é só seguir o fluxo do agendamento da perícia médica.

Antigo BI

A remarcação é feita no sistema Sabiweb para a Central 135 ou aplicação SABI para a agência.

Agendamento de perícia por não conformação

Caso seja necessário agendar perícia por não conformação, consulte no PAT para identificar se é um Novo BI.

Novo BI

Se a tarefa **Benefício por Incapacidade** estiver no PAT (Novo BI), clique na tarefa, depois em **Detalhar Tarefa.**

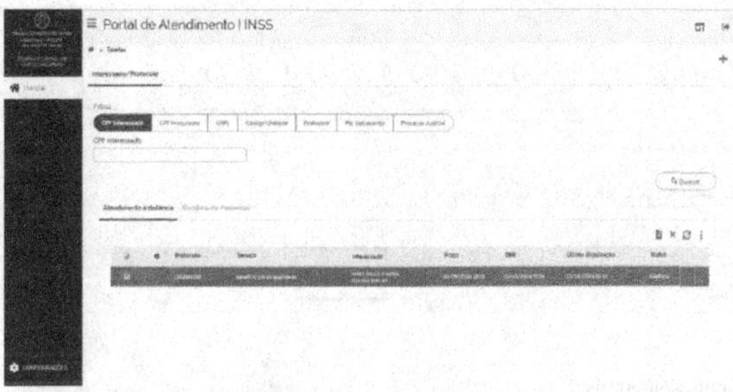

Imagem 20: Agendamento da perícia

Vá até o campo **Agendamentos (Perícia)** e clique em **Agendar.**

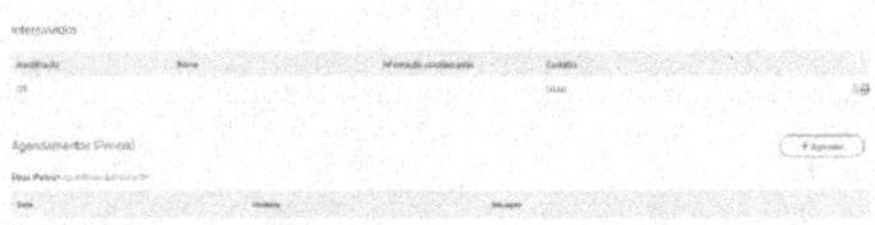

Imagem 18: Campos Adicionais

Agora é só seguir o fluxo do agendamento da perícia médica.

Antigo BI

Se a tarefa **Benefício por Incapacidade** não estiver no PAT, trata-se do Antigo BI e o agendamento da perícia médica deverá ser feito no PMF Agenda, selecionando o serviço **Perícia Presencial por não Conformação da Documentação Médica.**

Como identificar o tipo de Novo BI (Atestmed / Perícia presencial)

Após consultar no PAT e identificar que é um Novo BI, clique na tarefa, depois em **Detalhar Tarefa.**

Vá até **Campos Adicionais** e localize a informação **Fluxo BI.** Nesse local você encontra a informação se a análise do benefício será **Atestmed** ou **Presencial.**

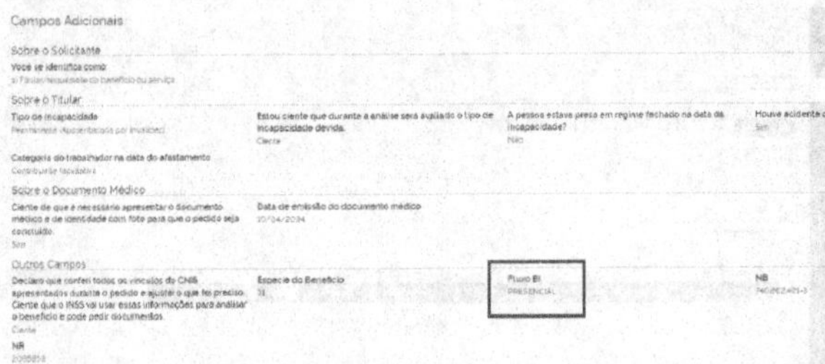

Imagem 22: Campos Adicionais

Pedido de Prorrogação

Inicialmente, é importante saber que a regra é a mesma. Ou seja, a pessoa vai poder pedir prorrogação a partir de 15 dias antes da data de cessação do benefício.

Tanto no Antigo como no Novo BI, o pedido de prorrogação será feita no PAT.

Novo BI

1. Clique no botão "+" para iniciar um pedido de prorrogação.

2. Selecione o serviço **Pedido de Prorrogação de Benefício por Incapacidade** e clique em **Avançar**.

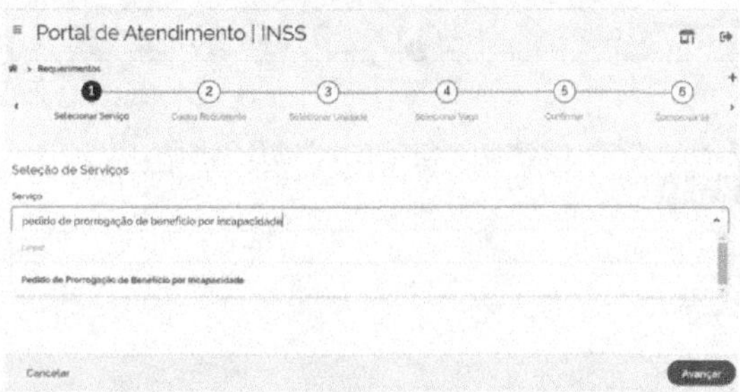

Imagem 23: Selecione o serviço

3. Informe o CPF do titular/requerente do benefício e selecione o benefício que aparece na tela.

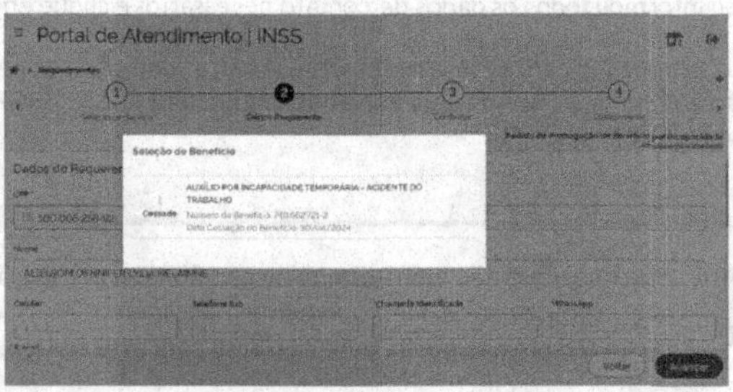

Imagem 24: Seleção de Benefício

Neste momento, vão aparecer todos os benefícios aptos a ter pedido de prorrogação, mesmo com o status cessado.

4. Informe o CPF do titular/requerente do benefício, o telefone celular ou fixo.

5. Confirme se o requerente aceita:

- receber notificações pelo WhatsApp; e,
- acompanhar o andamento do processo pelo Meu INSS, Central 135 ou e-mail.

6. No campo **Chamada Identificada** informe o número de telefone utilizado para realizar a ligação para a Central 135 (se for o caso).

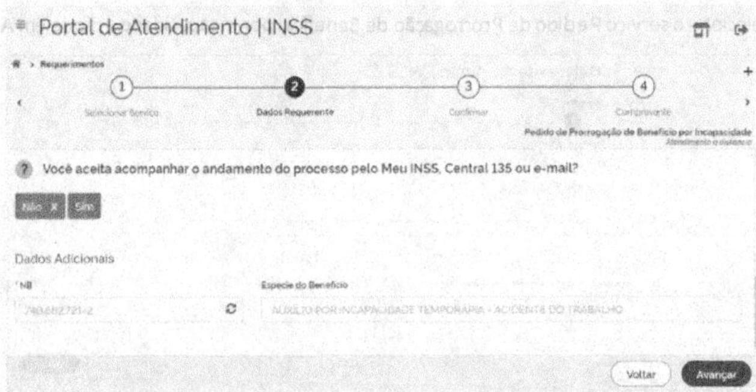

Imagem 25: Dados do Requerente

7. Confira se informou todos os dados de contato necessários e clique em **Avançar**.

8. O próprio sistema indicará se será necessária ou não a realização da perícia presencial (ex: prorrogação automática, prevista pela Portaria Conjunta PRES/INSS/SRGPS/MPS nº 38, de 30 de outubro de 2023).

Atenção! Caso não tenha direito ao pedido de prorrogação, vai aparecer um pop-up com a seguinte mensagem:
O requerente não possui benefício apto para esse serviço.

Antigo BI

Caso o pedido seja do Antigo BI, o PAT vai direcionar para o sistema SABI.

Clique na opção **Abrir sistema SABI.**

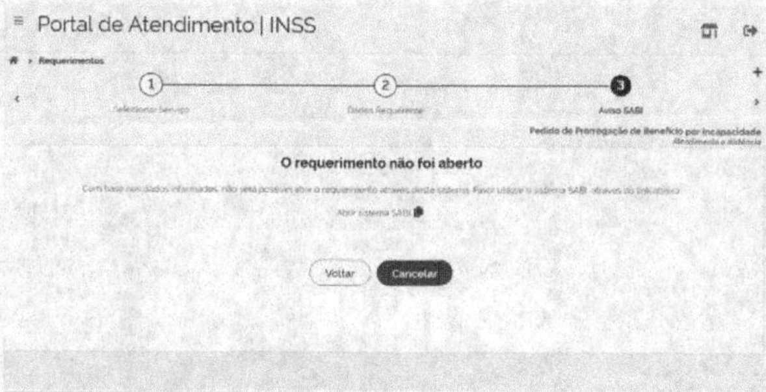

Imagem 26: Aviso SABI

Atenção! Clique no link e siga para este sistema para fazer o agendamento. Nessa situação não será gerada tarefa no PAT.

INSS

Diretoria de Tecnologia da Informação - DTI
Coordenação de Sistemas e Automação - CGAUT

04/2024

PORTARIA CONJUNTA DTI/DIRBEN/INSS Nº 103, DE 18 DE SETEMBRO DE 2024 – NOVO MODELO DE REQUERIMENTO DE BENEFÍCIO POR INCAPACIDADE

Nos termos da **Portaria Conjunta DIRBEN/DTI 103/2024**, o requerimento do Novo BI desde 26 de abril de 2024 passou a ser realizado pelo Portal de Atendimento (PAT), independentemente do canal de atendimento utilizado, sendo a expansão do fluxo de análise do Novo BI ocorrerá de acordo com o cronograma abaixo definido:

I - todas as Gerências-Executivas (GEX) da Superintendência Regional (SR) Nordeste em 23 de setembro de 2024;

II - todas as GEX das SRs Sudeste II e Sudeste III em 30 de setembro de 2024; e

III - todas as GEX das SRs Sudeste I, Norte/Centro-Oeste e Sul em 07 de outubro de 2024.

Com a implantação do Novo BI os requerimentos de BI passam por integração entre o PAT, o Sistema Integrado de Benefícios Processo Único (SIBE-PU) e os sistemas de atendimento da Perícia Médica Federal (PMF).

O Número do Benefício (NB) será criado automaticamente no SIBE-PU após a conclusão do requerimento e estará disponível no detalhamento da tarefa. Quando o NB não for gerado automaticamente, uma subtarefa do serviço "Acertos para Integração – BI" será criada para análise por um servidor.

Por ocasião do requerimento do BI, se for constatada a necessidade de realização de perícia médica, o cidadão será direcionado para o agendamento do atendimento. A perícia médica poderá ser agendada após o requerimento, tanto pelo requerente quanto pelo INSS. Esse agendamento deverá ser feito detalhando o pedido no Meu INSS ou no PAT.

Após a análise documental ou a realização da perícia médica presencial, o SIBE-PU processará automaticamente o reconhecimento do direito. Caso existam pendências impeditivas ao reconhecimento automático do direito, quando tratar-se de análise documental, uma subtarefa do serviço "Acertos para Análise - BI Urbano" ou "Acertos para Análise - BI Rural" será criada para análise por um servidor.

Caso existam pendências impeditivas ao reconhecimento automático do direito, quando tratar-se de perícia presencial, uma subtarefa do serviço "Acertos pós-perícia SIBE - Urbano" ou "Acertos pós-perícia SIBE - Rural" será criada para análise por um servidor.

Os serviços "Acertos para Integração – BI", "Acertos para Análise - BI Urbano", "Acertos para Análise - BI Rural", "Acertos pós-perícia SIBE - Urbano" e Acertos pós-perícia SIBE - Rural", serão utilizados somente para criação automática de subtarefas, sendo vedada sua criação ou cancelamento de forma manual.

Os requerimentos de prorrogação de benefícios mantidos no SABI ou no SIBE-PU gerarão a tarefa do serviço "Pedido de Prorrogação de Benefício por Incapacidade" no PAT e um requerimento de prorrogação no SIBE-PU.

Em se tratando de Pedido de Manutenção - PMAN, o requerimento será concluído automaticamente assim que a prorrogação for processada no SIBE-PU. Em se tratando de Pedido de Perícia Médica Conclusiva – PMC ou Pedido de Perícia Médica Resolutiva – PMRES, o requerimento ficará aguardando a realização da perícia presencial, sendo concluído somente após o recebimento do resultado da perícia médica ou da informação do não comparecimento.

Quando o requerimento de prorrogação não puder ser criado no SIBE-PU, uma subtarefa do serviço "Acertos para integração – BI" será criada para análise por um servidor.

Quando o solicitante informar o recebimento de salário-família no requerimento de BI, após a concessão do benefício, será criada automaticamente a tarefa do serviço "Cadastrar Salário- Família - Benefício por Incapacidade". A tarefa será concluída automaticamente quando for possível identificar previamente que o titular do benefício não atende aos critérios de recebimento de salário-família. Caso o titular do benefício possa fazer jus ao salário-família, será atribuída exigência automática para apresentação de documentos pelo requerente e posterior análise por um servidor.

Quando houver indicação de reabilitação profissional pela PMF, será criada automaticamente uma tarefa do serviço "F0 Reabilitação Profissional".

As tarefas e subtarefas já existentes dos serviços "Auxílio por Incapacidade temporária - Análise Documental – AIT", "Pendências Administrativas SABI", "Auxílio-Doença – Urbano (Acerto Pós-perícia)" ou "Auxílio-Doença - Rural (Acerto Pós-perícia)", por ocasião da expansão do Novo BI para a SR, deverão ter o reconhecimento do direito realizado pelo SABI.

Nos termos do quanto divulgado pelo Memorando Circular INSS 10, de 23 de março de 2011, é direito de o segurado solicitar a presença de um acompanhante durante o ato da perícia médica, ressalvados os casos em que o perito médico entenda, de modo fundamentado, que a sua presença possa interferir no ato pericial. Veja-se o formulário:

SOLICITAÇÃO DE ACOMPANHANTE EM PERÍCIA MÉDICA

1. Nome do segurado:

2. NB:

_______________,__________de_____________de 2011.

Assinatura do Solicitante

1. Nome do acompanhante:

2. RG/CI:

3. CPF:

4. Endereço:

5. Grau de parentesco (se houver):

6. Telefone: (____)

DECLARAÇÃO DO ACOMPANHANTE

Declaro estar ciente que não me será permitido, ao acompanhar o ato de perícia médica,

interferir, de qualquer forma, na sua realização sob as penas da lei.

_______________,__________de_____________de 2011.

Assinatura do Acompanhante

De acordo com o artigo 410 e seguintes da revogada Instrução Normativa INSS 77/2015, regra que se preserva, o Perito Médico poderá, quando entender necessário, solicitar ao Médico Assistente do beneficiário que forneça informações a ele relativas para fins de verificação de preexistência da doença ou para subsidiar emissão de laudo médico pericial conclusivo, conforme Anexo VI da normativa:

<table>
<tr><td colspan="4">SOLICITAÇÃO DE INFORMAÇÕES AO MÉDICO-ASSISTENTE – SIMA</td></tr>
<tr><td>Formulário nº</td><td></td><td>Data:</td><td></td></tr>
<tr><td>Prezado(a) Dr.(a):</td><td colspan="3"></td></tr>
<tr><td colspan="4">Solicitamos sua colaboração para nos fornecer os dados abaixo relacionados, que servirão para subsidiar a conclusão do exame médico pericial. O fornecimento destas informações, sigilosas e de utilização exclusiva para auxiliar a análise do benefício pleiteado, conta com autorização do requerente interessado ou seu responsável legal. Fundamentação Legal: Lei nº 8.213, de 1991 e RPS regulamentado pelo Decreto nº 3.048, de 1999; Lei nº 7.713, de 1988; Lei nº 9.250, de 1995; Lei nº 8.742, de 1993 regulamentada pelo Decreto nº 6.214, de 2007; Lei nº 11.907, de 2009; Lei nº 3.268, de 1957; Decreto nº 44.045, de 1958 e Resoluções do Conselho Federal de Medicina nºs 1.658, de 2002, 1.851, de 2008 e 1.931, de 2009.</td></tr>
<tr><td colspan="4">Perito Médico Solicitante:</td></tr>
<tr><td>Perito Médico:</td><td></td><td>Matrícula SIAPE:</td><td></td></tr>
<tr><td>Assinatura:</td><td></td><td>CRM</td><td></td></tr>
<tr><td colspan="4"></td></tr>
<tr><td colspan="4">Requerente ou Representante Legal:</td></tr>
<tr><td>Nome Requerente:</td><td colspan="3"></td></tr>
<tr><td>NB:</td><td colspan="3"></td></tr>
<tr><td colspan="2">Nome do Representante Legal (se houver)</td><td colspan="2"></td></tr>
<tr><td colspan="4">Autorizo a emissão, em caráter confidencial, das informações abaixo solicitadas.</td></tr>
<tr><td colspan="2"></td><td colspan="2"></td></tr>
<tr><td colspan="2">Assinatura Requerente/Representante Legal:</td><td colspan="2"></td></tr>
<tr><td colspan="4">Informações Médicas (Se necessário, use também o verso):</td></tr>
<tr><td>Data do primeiro atendimento:</td><td>___/___/___</td><td colspan="2">Data da última consulta: ___/___/___</td></tr>
<tr><td colspan="2">Data(s) de internação(ões) (se houver):</td><td colspan="2">Data(s) de cirurgia(s) (se houver):</td></tr>
<tr><td>___/___/___</td><td>___/___/___</td><td>___/___/___</td><td>___/___/___ ___/___/___ ___/___/___</td></tr>
<tr><td colspan="2"></td><td colspan="2"></td></tr>
<tr><td colspan="4">Diagnóstico(s):</td></tr>
<tr><td colspan="4"></td></tr>
<tr><td colspan="4"></td></tr>
</table>

Evolução da doença:
Complicações (se houver):
Exames complementares realizados:
Plano terapêutico ou propedêutico:
Outras considerações:

Nome:		CRM/UF:
Especialidade:	Telefone/Contato (opcional):	

Local / Data:			Assinatura e carimbo:

FUNDAMENTAÇÃO LEGAL – RELATÓRIO MÉDICO

CÓDIGO DE ÉTICA MÉDICA

A legislação ética tem como base a Lei nº 3.268, de 30 de setembro de 1957, que cria os Conselhos de Medicina, e o Decreto nº 44.045, de 19 de julho de 1958, que a regulamenta. O atual código de Ética Médica foi aprovado pela Resolução do CFM nº 1.931, de 17 de setembro de 2009 (DOU de 24 de setembro de 2009), do qual destacam-se os seguintes artigos, que fundamentam o presente documento:

CAPÍTULO III – RESPONSABILIDADE PROFISSIONAL

É vedado ao médico:

Art. 18. Desobedecer aos acórdãos e às resoluções dos Conselhos Federal e Regionais de Medicina ou desrespeitá-los.

CAPÍTULO VII – RELAÇÕES ENTRE MÉDICOS

É vedado ao médico:

Art. 54. Deixar de fornecer a outro médico informações sobre o quadro clínico de paciente, desde que autorizado por este ou por seu representante legal.

CAPÍTULO X – DOCUMENTOS MÉDICOS

É vedado ao médico:

Art. 80. Expedir documento médico sem ter praticado ato profissional que o justifique, que seja tendencioso ou que não corresponda à verdade.

Art. 81. Atestar como forma de obter vantagens.

Art. 86. Deixar de fornecer laudo médico ao paciente ou a seu representante legal quando aquele for encaminhado ou transferido para continuação do tratamento ou em caso de solicitação de alta.

Art. 88. Negar, ao paciente, acesso a seu prontuário, deixar de lhe fornecer cópia quando solicitada, bem como deixar de lhe dar explicações necessárias à sua compreensão, salvo quando ocasionarem riscos ao próprio paciente ou a terceiros.

Art. 91 - Deixar de atestar atos executados no exercício profissional, **quando solicitado pelo paciente ou seu responsável legal.**

O novo Código de Ética Médica foi aprovado pela Resolução CFM 2.217/2018.

RESOLUÇÃO CFM nº 1.658, de 13 de dezembro de 2002
(DOU de 20 de dezembro de 2002)

Parcialmente alterada pela RESOLUÇÃO CFM nº 1.851, de 14 de agosto de 2008 (DOU de 14 de agosto de 2008)

O Conselho Federal de Medicina, no uso das atribuições conferidas pela Lei n.º 3.268, de 30 de setembro de 1957, regulamentada pelo Decreto nº 44.045, de 19 de julho de 1958, e

CONSIDERANDO que o ser humano deve ser o principal alvo da atenção médica;

CONSIDERANDO o definido no Decreto nº 3.048/99, alterado pelos Decretos nºs 3.112/99 e 3.265/99, que aprova o Regulamento da Previdência Social e dá outras providências;

CONSIDERANDO que é vedado ao médico atestar falsamente sanidade ou atestar sem o exame direto do paciente;

CONSIDERANDO que o profissional que faltar com a verdade nos atos médicos atestados, causando prejuízos às empresas, ao governo ou a terceiros, está sujeito às penas da lei;

CONSIDERANDO que as informações oriundas da relação médico-paciente pertencem ao paciente, sendo o médico apenas o seu fiel depositário;

CONSIDERANDO que o ordenamento jurídico nacional prevê situações excludentes do segredo profissional;

RESOLVE:

Art. 1º O atestado médico é parte integrante do ato médico, sendo seu fornecimento direito inalienável do paciente, não podendo importar em qualquer majoração de honorários.

Art. 2º Ao fornecer o atestado, deverá o médico registrar em ficha própria e/ou prontuário médico os dados dos exames e tratamentos realizados, de maneira que possa atender às pesquisas de informações dos médicos peritos das empresas ou dos órgãos públicos da Previdência Social e da Justiça.

Art. 3º Na elaboração do atestado médico, o médico assistente observará os seguintes procedimentos:

I - especificar o tempo concedido de dispensa à atividade, necessário para a recuperação do paciente;

II - estabelecer o diagnóstico, quando expressamente autorizado pelo paciente;

III - registrar os dados de maneira legível;

IV - identificar-se como emissor, mediante assinatura e carimbo ou número de registro no Conselho Regional de Medicina.

Parágrafo único. Quando o atestado for solicitado pelo paciente ou seu representante legal para fins de **perícia médica** deverá observar:

I - o diagnóstico;

II - os resultados dos exames complementares;

III - a conduta terapêutica;

IV - o prognóstico;

V - as conseqüências à saúde do paciente;

VI - o provável tempo de repouso estimado necessário para a sua recuperação, que complementará o parecer fundamentado do médico perito, a quem cabe legalmente a decisão do benefício previdenciário, tais como: aposentadoria, invalidez definitiva, readaptação;

VII - registrar os dados de maneira legível;

VIII - identificar-se como emissor, mediante assinatura e carimbo ou número de registro no Conselho Regional de Medicina.

[...]

Art. 7º O determinado por esta resolução vale, no que couber, para o fornecimento de atestados de sanidade em suas diversas finalidades.

Brasília, 13 de dezembro de 2002.

EDSON DE OLIVEIRA ANDRADE RUBENS DOS SANTOS SILVA

Presidente Secretário-Geral

Curiosamente, este dispositivo não foi reproduzido na Instrução Normativa INSS 128/2022 ou nas Portarias INSS/DIRBEN 991 e 993/2022, certamente para preservar a autonomia da carreira da Perícia Médica Federal com o advento da Lei 13.846/2019.

A avaliação médico-pericial é parte integrante da fase instrutória do processo concessório do benefício por incapacidade, devendo ser registrada no laudo médico constante do SABI. Entretanto, a formalização do processo administrativo não é condição prévia necessária para a realização da perícia médica nos casos de auxílio-doença.

O segurado poderá solicitar remarcação do exame médico pericial por uma vez, caso não possa comparecer. Ademais, o INSS realizará a perícia médica do segurado no hospital ou na residência, mediante a apresentação de documentação médica comprovando a internação ou a impossibilidade de locomoção.

Coube à **PORTARIA/MTP Nº 673, DE 30 DE MARÇO DE 2022** estabelecer as hipóteses de substituição de exame pericial presencial por **exame remoto** e as condições e limitações para sua realização.

Considera-se exame remoto, para os fins desta Portaria, aquele realizado à distância, por meio de:

> I - análise documental remota;
>
> II - análise com utilização de telemedicina ou de tecnologias similares; ou
>
> III - combinação das análises de que tratam os incisos I e II.

Poderão ser objeto de exame remoto as atividades médico-periciais de que trata o § 3º da Lei nº 11.907, de 2009, relacionadas com:

> I - a emissão de parecer conclusivo quanto à incapacidade laboral, para fins de concessão do benefício de auxílio por incapacidade temporária pelo regime geral de previdência social e auditoria médica;
>
> II - a instrução de processos administrativos referentes à concessão e revisão de benefícios tributários e previdenciários;
>
> III - o assessoramento técnico à representação judicial e extrajudicial da União, das autarquias e das fundações públicas federais quanto aos expedientes e aos processos relacionados a suas atribuições;
>
> IV - a movimentação da conta vinculada do trabalho ao Fundo de Garantia do Tempo de Serviço, nas hipóteses previstas em lei, relacionadas à saúde;
>
> V - o exame médico-pericial componente da avaliação biopsicossocial da deficiência, no âmbito federal, para fins previdenciários, assistenciais e tributários; e
>
> VI - as atividades acessórias àquelas previstas nos incisos I a V.

A utilização de exame remoto para a atividade médico-pericial de emissão de parecer conclusivo quanto à incapacidade laboral fica **restrita** aos requerimentos de **auxílio por incapacidade temporária** que se enquadrem em uma das seguintes situações:

> I - sejam apresentados por segurado empregado de empresa que possua médico do trabalho vinculado ao Serviço Especializado em Engenharia de Segurança e em Medicina do Trabalho, nos termos do quadro II da Norma Regulamentadora - NR 4 *(neste caso, os benefícios serão concedidos pelo Instituto Nacional do Seguro Social, e submetidos a auditoria médica por parte da Perícia Médica Federal do Ministério do Trabalho e Previdência)*;
>
> II - sejam apresentados por segurado que preencha os requisitos para a perícia hospitalar ou domiciliar;
>
> III - sejam apresentados por segurado que tenha passado por exame pericial presencial há menos de 60 (sessenta) dias; e
>
> IV - alcancem atendimentos a serem realizados nas unidades móveis do Instituto Nacional do Seguro Social e nas unidades da Perícia Médica Federal classificadas como de difícil provimento, quando o tempo de espera para agendamento estiver superior a 45 (quarenta e cinco) dias.

O prazo de duração dos benefícios de auxílio por incapacidade temporária concedidos por exame pericial remoto não poderá ultrapassar 90 (noventa) dias.

Coube à **Portaria Conjunta MTP/INSS Nº 7, de 28/07/2022, e suas alterações**, disciplinar as condições de dispensa da emissão de parecer conclusivo da Perícia Médica Federal quanto à incapacidade laboral e a concessão do benefício por meio de análise documental pelo Instituto Nacional do Seguro Social, de que trata o § 14 do art. 60 da Lei nº 8.213, de 24 de julho de 1991.

Eis as regras:

- Aplicação da dispensa de perícia médica com avaliação da incapacidade por atestado médico apenas ao auxílio por incapacidade temporária não decorrente do acidente de trabalho (exclusão do benefício acidentário);
- Aplicação apenas nas situações de agendamento da perícia médica com prazo superior a 30 dias;
- Apresentação de atestado ou relatório médico com os seguintes requisitos: nome completo do requerente; data de emissão do documento médico, a qual não poderá ser superior a 90 (noventa) dias da data de entrada do requerimento; informações sobre a doença ou CID; assinatura do profissional emitente e carimbo de identificação, com registro do Conselho de Classe, que poderão ser eletrônicos ou digitais, desde que respeitados os parâmetros estabelecidos pela legislação vigente; e data de início do repouso e o prazo estimado necessário;

- Análise da documentação pela Perícia Médica Federal;
- Concessão do benefício pelo prazo máximo de 90 dias, mesmo que seja mais de um benefício;
- O requerimento de novo benefício por meio de análise documental somente será possível após 30 (trinta) dias da última análise realizada;
- Descabimento de recurso ao CRPS da decisão que indeferir o benefício;
- Quando não for possível a concessão do benefício de auxílio por incapacidade temporária por meio de análise documental, em razão do não atendimento dos requisitos estabelecidos, bem como quando ultrapassado o prazo máximo estabelecido para a duração do benefício, será facultado ao requerente a opção de agendamento para se submeter a exame médico-pericial.

Coube à Portaria Conjunta MTP/INSS nº 20, de 17/08/2022, prorrogar o prazo de vigência da Portaria Conjunta MTP/INSS nº 7, de 28 de julho de 2022, publicada no DOU de 29 de julho de 2022, seção 1, página 104, por 60 (sessenta) dias, podendo o prazo ser prorrogado em caso de estrita necessidade de interesse público. Em seguida, coube à Portaria Conjunta MTP/INSS nº 40, de 18/10/2022, prorrogar o prazo de vigência da Portaria Conjunta MTP/INSS nº 7, de 28 de julho de 2022, publicada no DOU de 29 de julho de 2022, seção 1, página 104, por 90 (noventa) dias. **Depois, a regra ficou com natureza permanente, com a publicação da Portaria Conjunta MTP/INSS Nº 47 DE 29/12/2022.** No âmbito do INSS, foi publicada a Portaria PRES 1.486/2022, que estabeleceu procedimentos para solicitação e análise de requerimento do auxílio por incapacidade temporária, dispensando a emissão de parecer conclusivo da Perícia Médica Federal quanto à incapacidade laboral, com os seguintes pontos:

- A solicitação de benefício de auxílio por incapacidade temporária, com análise documental, será realizada exclusivamente pelo aplicativo Meu INSS;
- Não está sujeito a pedido de prorrogação;
- Não é apto para restabelecer o benefício anterior;
- Não poderá ser restabelecido em caso de novo afastamento dentro de 60 (sessenta) dias decorrente do mesmo motivo que gerou a incapacidade anterior, na forma do § 3º do art. 75 do Regulamento da Previdência Social, aprovado pelo Decreto nº 3.048, de 6 de maio de 1999;
- Nas situações em que o benefício de auxílio por incapacidade temporária com análise documental for direcionado para realização de perícia presencial, será garantida a manutenção da DER original;

- O INSS notificará o interessado para que leve os originais da documentação médica e dos documentos de identificação com foto, bem como demais documentos eventualmente anexados ao pedido na hora e data marcadas para comparecimento à perícia presencial;
- Após análise documental pela Perícia Médica Federal e existindo pendência administrativa, será gerada tarefa "Auxílio-Doença - Rural (Acerto Pós-perícia)" ou "Auxílio-Doença - Urbano (Acerto Pós-perícia)" para tratamento de pendências administrativas;
- Se a soma dos períodos de duração dos benefícios concedidos de acordo com esta Portaria for maior que 90 (noventa) dias, o segurado deverá solicitar a realização de perícia presencial;
- Nas situações em que houver a necessidade de realização de perícia presencial, o interessado será comunicado de que deverá providenciar o agendamento de perícia médica presencial, por meio do serviço "Perícia Presencial por Indicação Médica", sendo que a ausência do agendamento no prazo de 30 (trinta) dias, de que trata o caput, implicará em arquivamento do processo por desistência do pedido.

Registre-se, ainda, que com o advento da **Lei 14.441/2022 passou a existir regra permanente para a realização do exame pericial de modo remoto**, não sendo mais uma regra excepcional da Pandemia da Covid-19. Veja-se a atual redação do artigo 101 da Lei 8.213/91:

> *"§ 6º A **avaliação** de que trata o inciso I do caput deste artigo poderá ser realizada **de forma remota** ou por análise documental, observado o disposto no § 14 do art. 60 desta Lei e no § 7º deste artigo.*
>
> *§ 7º Ato do Ministro de Estado do Trabalho e Previdência disporá sobre as hipóteses de **substituição de exame pericial presencial por exame remoto** e as condições e as limitações para sua realização."*

Em **21 de Julho de 2023** (data de publicação) tivemos a revogação da Portaria Conjunta MTP/INSS nº 7, de 28 de julho de 2022, passando o tema a ser regulamentado pela **Portaria Conjunta MPS/INSS 38, de 20/07/2023.**

A grosso modo, o modelo anterior foi preservado, mas com duas alterações de relevo:

> **A)** A concessão do auxílio por incapacidade temporária com dispensa do exame médico pericial com a apresentação de atestado médico teve o prazo elevado de 90 para 180 dias;
>
> **B)** Foram inseridos os auxílios por incapacidade temporária decorrente de acidente de trabalho, se emitida a CAT pelo empregador.

Ademais, destaco que na situação de **indicação de repouso ou afastamento por prazo indeterminado na documentação apresentada,** será considerado o afastamento pelo prazo total de **180 dias.**

Eis o texto:

PORTARIA CONJUNTA MPS/INSS Nº 38, DE 20 DE JULHO DE 2023

Disciplina as condições de dispensa da emissão de parecer conclusivo da Perícia Médica Federal quanto à incapacidade laboral e a concessão do benefício por meio de análise documental pelo Instituto Nacional do Seguro Social, de que trata o § 14 do art. 60 da Lei nº 8.213, de 24 de julho de 1991.

O MINISTRO DE ESTADO DA PREVIDÊNCIA SOCIAL e o PRESIDENTE DO INSTITUTO NACIONAL DO SEGURO SOCIAL (INSS), no uso das atribuições que lhes conferem, respectivamente, o inciso II do parágrafo único do art. 87, da Constituição, e o Decreto n.º 11.356, de 1º de janeiro de 2023; e o Decreto nº 10.995, de 14 de março de 2022, bem como tendo em vista o disposto no § 14 do art. 60 da Lei n.º 8.213, de 24 de julho de 1991, e considerando o processo SEI 10128.107656/2023-74, resolve:

Art. 1º Disciplinar a dispensa de emissão de parecer conclusivo da Perícia Médica Federal quanto à incapacidade laboral e a concessão do benefício de auxílio por incapacidade temporária por meio de análise documental pelo Instituto Nacional do Seguro Social (INSS), de que trata o § 14 do art. 60 da Lei n.º 8.213, de 24 de julho de 1991.

Art. 2º A concessão de benefício de auxílio por incapacidade temporária, com dispensa da emissão de parecer conclusivo da Perícia Médica Federal quanto à incapacidade laboral, será realizada por meio de recepção documental pelo INSS via canais remotos.

§1º Os canais remotos, meio de recepção dos requerimentos de que trata esta Portaria, consistirão em:

I - canais de autoatendimento, quais sejam:

a) Meu INSS, ferramenta acessível por aplicativo e por página web; e

b) Central de teleatendimento 135.

II - canais assistidos, quais sejam:

a) Agências da Previdência Social; e

b) entidades conveniadas mediante Acordo de Cooperação Técnica e/ou Acordo de Cooperação formalizados junto ao Instituto Nacional do Seguro Social. (Redação da alínea dada pela Portaria Conjunta MPS/INSS Nº 19 DE 27/06/2024).

§2º O requerimento protocolizado pela Central de teleatendimento 135 ficará pendente de exigência para anexação da documentação necessária.

§3º A concessão de benefício por incapacidade temporária de natureza acidentária por meio documental será condicionada à apresentação de Comunicação de Acidente de Trabalho (CAT). (Redação do parágrafo dada pela Portaria Conjunta MPS/INSS Nº 6 DE 21/09/2023).

Art. 3º A concessão de benefício de auxílio por incapacidade temporária por meio documental ficará condicionada à apresentação de documentação médica ou odontológica para fins previdenciários, física ou eletrônica, legível e sem rasuras, contendo, obrigatoriamente, os seguintes elementos:

I - nome completo;

II - data de emissão do(s) documento(s) médico(s) ou odontológico(s), a qual não poderá ser superior a 90 (noventa) dias da data de entrada do requerimento;

III - diagnóstico por extenso ou código da Classificação Internacional de Doenças (CID);

IV - assinatura do profissional emitente, que poderá ser eletrônica e passível de validação, respeitados os parâmetros estabelecidos pela legislação vigente;

V - identificação do profissional emitente, com nome e registro no Conselho de Classe (Conselho Regional de Medicina ou Conselho Regional de Odontologia), no Ministério da Saúde (Registro do Ministério da Saúde), ou carimbo, legíveis;

VI - data de início do repouso ou de afastamento das atividades habituais; e

VII - prazo estimado necessário, preferencialmente em dias.

Parágrafo único. A emissão ou a apresentação de atestado falso ou que contenha informação falsa configura crime e sujeitará os responsáveis às sanções penais, civis e administrativas e ao ressarcimento dos valores indevidamente recebidos.

Art. 4º Observados os demais requisitos necessários para o auxílio por incapacidade temporária, a concessão de que trata esta Portaria será devida a partir da data de início do benefício, determinada nos termos do art. 60 da Lei n.º 8.213, de 1991.

§ 1º Os beneficiários que tiverem auxílios por incapacidade temporária concedidos na forma desta Portaria, ainda que de forma não consecutiva, não poderão ter a soma de duração dos respectivos benefícios superior a 180 (cento e oitenta) dias.

§ 2º Quando da apresentação de múltiplos documentos médicos ou odontológicos com indicação de repouso, a data de início do repouso será considerada aquela indicada no atestado com data mais pregressa, e o prazo estimado de repouso será a soma aritmética simples dos prazos estimados em cada um deles, desde que indiquem afastamento ininterrupto.

§ 3º Havendo indicação de repouso ou afastamento por prazo indeterminado na documentação apresentada, será considerado o afastamento pelo prazo total permitido no § 1º.

Art. 5º Quando não for possível a concessão do benefício de auxílio por incapacidade temporária por meio documental, em razão do não atendimento dos requisitos estabelecidos nesta Portaria, bem como quando ultrapassado o prazo máximo estabelecido para a duração do benefício, será facultado ao requerente a opção de agendamento para se submeter a exame médico-pericial.

§ 1º Não caberá recurso da análise documental de que trata esta Portaria Conjunta. (Redação dada pela Portaria Conjunta MPS/INSS Nº 7 DE 28/02/2024).

§ 2º Quando não exercida pelo requerente a opção de agendamento a que se refere o caput, o requerimento será arquivado por desistência do pedido. (Redação dada pela Portaria Conjunta MPS/INSS Nº 7 DE 28/02/2024).

§ 3º O requerimento de novo benefício por meio documental somente será possível após 15 (quinze) dias da última conformação realizada. (Redação dada pela Portaria Conjunta MPS/INSS Nº 7 DE 28/02/2024).

Art. 6º Para os benefícios concedidos mediante o procedimento estabelecido nesta Portaria não se aplica o restabelecimento do benefício anterior, previsto no § 3º do art. 75 do Regulamento da Previdência Social, aprovado pelo Decreto n.º 3.048, de 6 de maio de 1999.

Art. 7º O requerente que tiver exame médico-pericial agendado na data de entrada em vigor desta Portaria poderá optar pelo procedimento documental, garantida a observância da data de entrada do requerimento. (Redação do artigo dada pela Portaria Conjunta MPS/INSS Nº 6 DE 21/09/2023).

Art. 8º A análise dos benefícios de auxílio por incapacidade temporária que dependam de perícias médicas externas ou que decorram do cumprimento de decisões judiciais passará a vigorar nos moldes desta Portaria.

Art. 9º Atos complementares do INSS e do Departamento de Perícia Médica Federal estabelecerão os demais procedimentos operacionais para a concessão do benefício de auxílio por incapacidade temporária por meio documental.

Art. 10. Ficam revogadas a Portaria Conjunta MTP/INSS nº 7, de 28 de julho de 2022, alterada pela Portaria Conjunta MTP/INSS nº 47, de 29 de dezembro de 2022.

Art.11. Esta Portaria entra em vigor na data de sua publicação.

CARLOS ROBERTO LUPI

Ministro de Estado da Previdência Social

ALESSANDRO ANTÔNIO STEFANUTTO

Presidente do Instituto Nacional do Seguro Social

Coube à Portaria MPS 674 de 05/03/2024 **regulamentar o uso da vídeo perícia, que se** limitará **às unidades de atendimento consideradas como de difícil provimento de peritos médicos, bem como aquelas com tempo de espera elevado, a serem definidas em ato complementar da Secretaria de Regime Geral de Previdência Social (SRGPS)**

A sua utilização abarcará pedidos de concessão de benefícios por incapacidade laboral; revisão administrativa de benefícios por incapacidade laboral, auxílio-acidente e pensão por morte de dependente inválido; pedidos de concessão de BPC/LOAS da pessoa com deficiência e aposentadorias das pessoas com deficiência e até mesmo perícia médica para isenção de Imposto de Renda:

"Art. 2º Poderão ser realizados com a utilização de tecnologia de telemedicina os exames médico-periciais relativos:

I - à aposentadoria por incapacidade permanente, conforme §1º-A do art. 42 da Lei n.º 8.213, de 24 de julho de 1991;

II - ao auxílio por incapacidade temporária, conforme §11-A do art. 60 da Lei n.º 8.213, de 24 de julho de 1991;

III - à perícia médica de reavaliação, conforme §6º do art. 101 da Lei n.º 8.213, de 24 de julho de 1991;

IV - ao Benefício de Prestação Continuada à pessoa com deficiência, conforme §2º no art. 40-B da Lei n.º 8.742/1993;

> *V - à avaliação biopsicossocial da deficiência, conforme §3º do art. 2º da Lei n.º 13.146, de 6de julho de 2015; e*
>
> *VI - às demais perícias médicas de que trata o §3º do art. 30 da Lei n.º 11.907, de 2 de fevereiro de 2009.*
>
> *Parágrafo único. A análise documental poderá ser combinada à tecnologia de telemedicina para a execução dos exames médico-periciais de que tratam os incisos do art. 2º."*

Chama a atenção o parágrafo único do artigo 2º, que permite a criação de um modelo híbrido combinando a análise documental com a telemedicina.

O **Parecer Social** *consiste no pronunciamento profissional do Assistente Social, com base no estudo de determinada situação, podendo ser emitido na fase de concessão, manutenção, recurso de benefícios ou para embasar decisão médico-pericial, por solicitação do setor respectivo ou por iniciativa do próprio Assistente Social, observado que:*

> *I – a elaboração do Parecer Social pautar-se-á em estudo social, de caráter sigiloso, constante de prontuário do Serviço Social;*
>
> *II – a escolha do instrumento a ser utilizado para elaboração do parecer (visitas, entrevistas colaterais ou outros) é de responsabilidade do assistente social;*
>
> *III – o parecer social não se constituirá em instrumento de constatação de veracidade de provas ou das informações prestadas pelo usuário;*
>
> *IV – nas intercorrências sociais que interfiram na origem, na evolução e no agravamento de patologias, o parecer social objetivará subsidiar decisão médico-pericial; e*
>
> *V – deverá ser apresentado aos setores solicitantes por formulário especifico denominado Parecer Social.*

Já a **pesquisa social** *constitui-se recurso técnico fundamental para a realimentação do saber e do fazer profissional, voltado para a busca do conhecimento crítico e interpretativo da realidade, favorecendo a identificação e a melhor caracterização das demandas do INSS e do perfil socioeconômico-cultural dos beneficiários como recursos para a qualificação dos serviços prestados, o que propiciará:*

> *I – o conhecimento da realidade social na qual se inserem os usuários da política de seguridade social, considerando o seu contexto político, cultural e socioeconômico, em sua relação com a Previdência Social;*
>
> *II – a elaboração de planos, programas e projetos vinculados com a proposta teórico-metodológica que embasa as ações do Serviço Social;*
>
> *III – a produção e divulgação de novos conhecimentos que possam contribuir para a ampliação da proteção social e melhoria dos serviços prestados.*

Já o **Estudo Exploratório dos Recursos Sociais** *constitui instrumento que facilita a necessária articulação da política previdenciária com a rede socioassistencial para o* *desenvolvimento do trabalho do Serviço Social e atendimento aos usuários da Previdência Social.*

A **avaliação social,** *em conjunto com a avaliação médica da pessoa com deficiência, consiste num instrumento destinado à caracterização da deficiência, e considerará os fatores ambientais, sociais, pessoais, a limitação do desempenho de atividades e a restrição da participação social dos requerentes do Benefício de Prestação Continuada da Assistência Social.*

Coube à **Portaria Conjunta DIRBEN/CRPS/DPMF/SRGPS/INSS-MPS Nº 101, de 07/07/2024**, disciplinar os procedimentos a serem adotados pelo Departamento da Perícia Médica Federal, pelo Conselho de Recursos da Previdência Social e pelo Instituto Nacional do Seguro Social nos processos de recurso administrativo, cujo objeto envolva análise médico-pericial.

Outrossim, aos recursos administrativos decorrentes da antecipação prevista no artigo 3º e artigo 4º da Lei nº 13.982, de 2 de abril de 2020, decorrentes do art. 6º da Lei nº 14.131, de 30 de março de 2021, aplica-se o disposto na Portaria CONJUNTA DIRBEN/CRPS/DPMF/SRGPS/INSS-MPS Nº 101, de 07/07/2024.

Os recursos administrativos serão recepcionados pelos canais de atendimento do Instituto Nacional do Seguro Social (INSS) e encaminhados ao Conselho de Recursos da Previdência Social (CRPS), mediante rotina de integração sistêmica, por meio do sistema de tramitação de recursos e-Sisrec, acessível pelo sítio eletrônico *http://esisrec.inss.gov.br/esisrec/*.

O Conselho de Recursos da Previdência Social encaminhará, exclusivamente por meio do e-Sisrec, que possui integração sistêmica com o sistema PMF-Tarefas, as solicitações pendentes de parecer técnico em matéria médico-pericial ao Departamento da Perícia Médica Federal, para avaliação prévia do perito médico.

Serão dispensados da avaliação prévia do perito médico os recursos administrativos que tenham por objeto as seguintes situações:

I - auxílio por incapacidade temporária indeferido por não comparecimento do segurado:

a) à perícia médica agendada; e

b) no prazo de trinta dias, para conclusão da perícia médica pendente por Solicitação de Informações ao Médico Assistente - SIMA;

II - benefício de prestação continuada - BPC à pessoa com deficiência indeferido:

a) exclusivamente por motivo de renda, sem realização de avaliação conjunta da deficiência; e

b) por não comparecimento do requerente:

1. à perícia médica agendada; e
2. no prazo de trinta dias, para conclusão da perícia médica pendente por SIMA;

III - aposentadoria de segurado com deficiência decorrente da Lei Complementar nº 142, de 8 de maio de 2013, indeferido por motivo de deficiência não avaliada pela perícia por falta de preenchimento de requisitos mínimos; e

IV - quando for possível, na forma do art. 16, a utilização pelo Conselheiro de perícias e pareceres médicos realizados nos requerimentos de benefícios, atual ou anteriores, do mesmo titular, conforme disposto no § 2º do art. 33 do Regimento Interno do Conselho de Recursos da Previdência Social aprovado pela Portaria MTP nº 4.061, de 12 de dezembro de 2022.

A ausência de documentos médicos poderá resultar em não conhecimento do recurso administrativo impetrado contra indeferimento ou cessação de benefício por matéria médico-pericial, conforme previsto art. 56, inciso II, do Regimento Interno do Conselho de Recursos da Previdência Social. Contudo, a utilização de prova emprestada poderá sanar a ausência dos documentos a que se refere o caput para fins de conhecimento do recurso administrativo.

A análise de exposição a agentes nocivos para conversão de **tempo especial** nos recursos administrativos interpostos contra decisão em benefício de aposentadoria será realizada por Conselheiro do Conselho de Recursos da Previdência Social. Excepcionalmente, nos casos de dúvidas quanto à associação entre os agentes nocivos informados e ao enquadramento de atividades exercidas sob condições especiais que prejudiquem a saúde ou a integridade física do interessado, o Conselheiro poderá solicitar parecer técnico em matéria médico-pericial ao Departamento da Perícia Médica Federal, mediante despacho fundamentado.

Os recursos administrativos relativos a **benefícios por incapacidade**, cujo objeto seja relacionado à incapacidade laborativa, serão submetidos à análise do Departamento da Perícia Médica Federal, mediante solicitação de parecer técnico em matéria médico-pericial, para avaliação prévia do perito médico, nas seguintes situações:

I - concessão de auxílio por incapacidade temporária indeferido por parecer contrário da perícia médica ou inexistência de incapacidade laborativa;

II - prorrogação de auxílio por incapacidade temporária cessado por alta médica ou data limite;

e

III - reativação de auxílio por incapacidade permanente cessado por alta médica.

Os recursos administrativos relativos a **benefícios por incapacidade**, cujo objeto seja relacionado à matéria administrativa, poderão ser submetidos à avaliação prévia do perito médico, mediante solicitação de parecer técnico em matéria médico-pericial ao Departamento da Perícia Médica Federal (DPMF), para fins de ratificar ou retificar as datas técnicas referentes ao fato gerador, bem como confirmar se a doença é isenta de carência, se for o caso.

Enquadram-se as solicitações que objetivam a concessão de auxílio por incapacidade temporária indeferido por:

I - incapacidade anterior ao início ou reinício das contribuições, ou ainda por Data de Início do Benefício - DIB maior que a Data da Cessação do Benefício - DCB;

II - falta de:

a) carência; e

b) perda da qualidade de segurado.

Os recursos administrativos relativos a **Benefício de Prestação Continuada à pessoa com deficiência ou às aposentadorias previstas na Lei Complementar nº 142, de 8 de maio de 2013**, cujo objeto seja relacionado à deficiência, serão submetidos à análise do Departamento da Perícia Médica Federal, mediante solicitação de parecer técnico em matéria médico-pericial, para avaliação prévia do perito médico, nas solicitações de:

I - concessão de:

a) benefício de prestação continuada à pessoa com deficiência indeferido por não atender ao:

1. requisito de impedimento de longo prazo;
2. critério de deficiência.

b) aposentadoria de segurado com deficiência indeferido por:

1. não comprovação como deficiente no período estabelecido pela Lei Complementar nº 142, de 8 de maio de 2013;

2. falta de tempo de contribuição, considerando que a graduação da deficiência definida na avaliação conjunta foi insuficiente para o reconhecimento do direito, no período estabelecido pela Lei Complementar nº 142, de 8 de maio de 2013;

II - reativação de benefício de prestação continuada à pessoa com deficiência cessado por superação de impedimento de longo prazo ou afastamento da deficiência.

Os recursos administrativos relativos à **pensão por morte ou ao auxílio-reclusão**, cuja controvérsia seja relativa à **invalidez de dependente**, serão submetidos à análise do Departamento da Perícia Médica Federal, mediante solicitação de parecer técnico em matéria médico-pericial, para avaliação prévia do perito médico, nas solicitações de:

I - concessão de benefício a dependente, filho ou irmão maior de vinte e um anos, indeferido por não constatação da invalidez ou por ser esta posterior à maioridade ou à reclusão ou ao óbito do segurado;

e

II - prorrogação ou reativação de benefício ao pensionista inválido por cessação da invalidez.

As solicitações de parecer técnico em matéria médico-pericial do Conselho de Recursos da Previdência Social para análise prévia pelo Departamento da Perícia Médica Federal serão disponibilizadas como tarefas no Repositório Único Nacional do sistema PMFTarefas, acessível pelo sítio eletrônico tarefas.pmf.mps.gov.br, por ordem de antiguidade.

O perito médico responsável pela análise médico-pericial da tarefa em fase recursal poderá devolve-la ao Conselho de Recursos da Previdência Social em forma de exigência, nas seguintes situações:

I - para complementação da documentação para fins de elaboração do parecer técnico em matéria médico-pericial; ou

II - por necessidade de esclarecimentos pelo Conselho de Recursos da Previdência Social do motivo da solicitação do parecer técnico em matéria médico-pericial.

Os recursos administrativos que tenham como objeto benefícios indeferidos por não comparecimento do segurado à perícia médica agendada deverão ser recepcionados como requerimento administrativo inicial, oportunizando ao segurado novo agendamento. A Data de Entrada de Requerimento - DER do pedido anterior será mantida quando o motivo do não comparecimento for decorrente de ação do INSS, caso fortuito ou força maior.

Caso o segurado não compareça ao novo agendamento, o processo deverá ser arquivado por desistência do requerente, sem prejuízo de novo requerimento pelo segurado. Após realização da perícia médica decorrente do novo agendamento, deverão ser comunicadas ao segurado a nova decisão e a abertura de prazo para interposição de recurso, se for o caso. Esta regra aplica-se aos requerimentos de auxílio por incapacidade temporária realizados como análise documental relativa ao Atestmed, autorizada pelo art. 60, § 14, da Lei nº 8.213, de 24 de julho de 1991, com situação de desistência no sistema, quando não oportunizado o agendamento da perícia presencial.

A análise médico-pericial prévia dar-se-á na **modalidade não presencial** quando o perito médico julgar constar todos os elementos técnicos necessários para elaboração do parecer técnico na tarefa em fase recursal.

Ficam dispensadas a solicitação de parecer técnico e a análise médico-pericial prévia pelo Departamento da Perícia Médica Federal nas situações em que for possível a utilização pelo Conselheiro de perícias e pareceres médicos realizados nos requerimentos de benefícios, atual ou anteriores, do mesmo titular.

Conforme o artigo 33 do RICRPS/2022, em se tratando de matéria exclusivamente médica, deverá ser ouvida previamente a Perícia Médica Federal - PMF, que emitirá parecer de forma fundamentada e conclusiva no âmbito de sua competência, hipótese em que será utilizado encaminhamento interno por meio de despacho, salvo nos casos já decididos em outros processos relativos ao mesmo segurado, versando sobre os mesmos parâmetros médicos e período de incapacidade, averiguada no mesmo processo ou diverso, na forma de prova emprestada.

O parecer técnico de matéria médica previsto no parágrafo anterior será produzido pelos Peritos Médicos Federais, da Subsecretaria de Perícia Médica Federal da Secretaria de Previdência, **com caráter vinculante**, desde que devidamente fundamentado de forma explícita, clara e congruente, com análise das provas constantes nos autos, bem como conclusão respondendo objetivamente aos questionamentos e informações constantes na diligência solicitada pelo Conselheiro Julgador, sob pena de afastamento da análise pericial.

CAPÍTULO 7

PERÍCIA JUDICIAL NAS AÇÕES PREVIDENCIÁRIAS

1. REGRAS GERAIS

O uso do meio de prova pericial através de exames é muito comum em diversas causas previdenciárias, sendo adequada quando a prova do fato depender de conhecimento especial de técnico, sendo tratada pelos artigos 464 *usque* 480 do CPC de 2015.

Sendo pertinente e necessária à produção da prova pericial, de ofício ou a requerimento das partes, o juiz nomeará o perito, fixando de imediato o prazo para a entrega do laudo, podendo as partes indicar assistentes técnicos e quesitos no prazo de quinze dias da intimação judicial, ou arguir o impedimento ou a suspeição do perito, se for o caso.

Ciente da nomeação, o perito apresentará em cinco dias a proposta de honorários; o currículo, com comprovação de especialização e os contatos profissionais, em especial o endereço eletrônico, para onde serão dirigidas as intimações pessoais.

Em seguida, as partes serão intimadas da proposta de honorários para, querendo, manifestar-se no prazo comum de cinco) dias, após o que o juiz arbitrará o valor, intimando-se as partes.

Nos termos do artigo 473 do CPC de 2015, o laudo pericial deverá conter:

> I – a exposição do objeto da perícia;
>
> II – a análise técnica ou científica realizada pelo perito;
>
> III – a indicação do método utilizado, esclarecendo-o e demonstrando ser predominantemente aceito pelos especialistas da área do conhecimento da qual se originou;
>
> IV – resposta conclusiva a todos os quesitos apresentados pelo juiz, pelas partes e pelo órgão do Ministério Público.

Caso se trate de perícia complexa, que abranja mais de uma área de conhecimento especializado, o juiz poderá nomear mais de um perito e a parte indicar mais de um assistente técnico.

A perícia médica é ato privativo do médico, não podendo ser realizada por outros profissionais. Nesse sentido, disciplina a Lei 12.842/2013 (Lei do Ato Médico) que são atividades privativas do médico a realização de perícia médica e exames médico-legais, excetuados os exames laboratoriais de análises clínicas, toxicológicas, genéticas e de biologia molecular.

Não se exige a especialidade do perito na Lei do Ato Médico. Veja-se o STJ:

> AgInt no AREsp 1557531 / SP
>
> AGRAVO INTERNO NO AGRAVO EM RECURSO ESPECIAL
>
> 2019/0228698-1
>
> **Relator(a)**
>
> Ministro FRANCISCO FALCÃO (1116)
>
> **Órgão Julgador**
>
> T2 - SEGUNDA TURMA
>
> **Data do Julgamento**
>
> 19/10/2020
>
> **Data da Publicação/Fonte**
>
> DJe 22/10/2020
>
> **Ementa**
>
> PROCESSUAL CIVIL. PREVIDENCIÁRIO. BENEFÍCIO ACIDENTÁRIO. PROVA PERICIAL. NOMEAÇÃO DE PERITO MÉDICO ESPECIALISTA COMO PRESSUPOSTO DE VALIDADE. DESNECESSIDADE.
>
> I - Na origem, trata-se de ação ajuizada contra o INSS objetivando a concessão de benefício em razão de acidente de trabalho. Na sentença, julgou-se improcedente o pedido. No Tribunal a quo, a sentença foi anulada, de ofício, determinando-se a remessa dos autos ao juízo de origem, no qual nova sentença deverá ser prolatada, após a realização de nova perícia, por perito diverso do que já atuou nos autos e a produção de prova oral pelo autor. Esta Corte conheceu do agravo para negar provimento ao recurso especial.
>
> **II - A jurisprudência do Superior Tribunal de Justiça é de que a pertinência da especialidade médica, em regra, não consubstancia pressuposto de validade da prova pericial, de modo que, se o perito médico nomeado não se julgar apto à realização do laudo pericial, é que deverá se escusar do encargo.** A propósito: (REsp n. 1.514.268/SP, Rel. Ministro Mauro Campbell Marques, Segunda Turma, julgado em 19/11/2015, DJe 27/11/2015 e REsp n. 1.758.180/RJ, Rel. Ministro Herman Benjamin, Segunda Turma, julgado em 11/9/2018, DJe 21/11/2018.) III - Agravo interno improvido.

No entanto, o título de especialista em medicina legal e perícia médica somente pode ser apresentado pelo médico que participou com êxito do Programa de Residência Médica em Medicina Legal e Perícia Médica, que possui duração de três anos, nos termos da Resolução CFM 1.973/2011, embora qualquer médico possa promover a perícia previdenciária.

De efeito, aos médicos que prestam assistência médica ao trabalhador, independentemente de sua especialidade ou local em que atuem, cabe:

I - assistir ao trabalhador, elaborar seu prontuário médico e fazer todos os encaminhamentos devidos;

II - fornecer atestados e pareceres para o afastamento do trabalho sempre que necessário, considerando que o repouso, o acesso a terapias ou o afastamento de determinados agentes agressivos faz parte do tratamento;

III - fornecer laudos, pareceres e relatórios de exame médico e dar encaminhamento, sempre que necessário, para benefício do paciente e dentro dos preceitos éticos, quanto aos dados de diagnóstico, prognóstico e tempo previsto de tratamento. Quando requerido pelo paciente, deve o médico por à sua disposição tudo o que se refira ao seu atendimento, em especial cópia dos exames e prontuário médico[1].

São atribuições e deveres do perito-médico judicial e assistentes técnicos:

I - examinar clinicamente o trabalhador e solicitar os exames complementares necessários;

II - o perito-médico judicial e assistentes técnicos, ao vistoriarem o local de trabalho, devem fazer-se acompanhar, se possível, pelo próprio trabalhador que está sendo objeto da perícia, para melhor conhecimento do seu ambiente de trabalho e função;

III - estabelecer o nexo causal, se for o caso[2].

Ademais, nos termos do artigo 2º da Resolução CFM 2.183/2018, para o estabelecimento do nexo causal entre os transtornos de saúde e as atividades do trabalhador, além do exame clínico (físico e mental) e os exames complementares, quando necessários, deve o médico considerar:

I - a história clínica e ocupacional, decisiva em qualquer diagnóstico e/ou investigação de nexo causal;

II - o estudo do local de trabalho;

III - o estudo da organização do trabalho;

IV - os dados epidemiológicos;

V - a literatura atualizada;

VI - a ocorrência de quadro clínico ou subclínico em trabalhador exposto a condições agressivas;

VII - a identificação de riscos físicos, químicos, biológicos, mecânicos, estressantes e outros;

VIII - o depoimento e a experiência dos trabalhadores;

IX - os conhecimentos e as práticas de outras disciplinas e de seus profissionais, sejam ou não da área da saúde.

1. Art. 1º da Resolução CFM n.º 1.488/1998.
2. Art. 10 da Resolução CFM n.º 1.488/1998.

Outrossim, deve o perito-médico judicial fornecer cópia de todos os documentos disponíveis para que os assistentes técnicos elaborem seus pareceres. Caso o perito-médico judicial necessite vistoriar a empresa (locais de trabalho e documentos sob sua guarda), ele deverá informar oficialmente o fato, com a devida antecedência, aos assistentes técnicos das partes (ano, mês, dia e hora da perícia)[3].

No entanto, o médico de empresa, o médico responsável por qualquer programa de controle de saúde ocupacional de empresa e o médico participante do serviço especializado em Segurança e Medicina do Trabalho não podem atuar como peritos judiciais, securitários, previdenciários ou assistentes técnicos, nos casos que envolvam a firma contratante e/ou seus assistidos (atuais ou passados)[4].

De acordo com a Portaria INSS/AGU 04, de 10 de setembro de 2014, no âmbito da Previdência Social, a **assistência técnica** é a função desempenhada pelos Peritos Médicos e Assistentes Sociais do INSS de assessoria aos órgãos de execução da Procuradoria-Geral Federal (PGF) com representação judicial do INSS sempre que a matéria por sua natureza demandar conhecimentos técnicos específicos, particularmente por sua participação nos atos preparatórios da defesa e na perícia judicial em processos de benefícios previdenciários e assistenciais de prestação continuada.

Compete aos servidores que integram as carreiras da área de Perito Médico Previdenciário, na sua atuação como assistente técnico em ações judiciais:

> I – comparecer ao local designado para acompanhamento da perícia, munido de informações prévias obtidas nos sistemas informatizados sobre a vida laborativa do segurado, benefícios previdenciários ou assistenciais postulados e perícias médicas anteriores;
>
> II – participar do exame clínico designado, se entender necessário, solicitando ao autor esclarecimentos e informando ao Perito Judicial acerca dos dados colhidos nos sistemas informatizados do INSS;
>
> III – realizar assessoramento técnico em processos de aposentadoria especial;
>
> IV – laborar parecer médico conclusivo sobre a perícia judicial acompanhada ou manifestar concordância com a conclusão explicitada pelo Perito Judicial, respondendo, quando solicitado, aos quesitos do Juízo e das partes e fixando, fundamentadamente, a data de início da incapacidade;
>
> V – comunicar imediatamente ao órgão de execução da PGF que atue no feito qualquer espécie de constrangimento a que for submetido no exercício das suas atribuições, para que sejam tomadas as devidas providências; e
>
> VI – comunicar ao órgão de execução da PGF que atue no feito, em manifestação fundamentada, eventual impedimento, suspeição ou conduta parcial do médico nomeado pelo juízo.

3. Art. 11 da Resolução CFM n.º 1.488/1998.
4. Art. 12 da Resolução CFM n.º 1.488/1998.

Por sua vez, compete aos servidores que integram as carreiras de Assistente Social e Analista do Seguro Social com formação em Serviço Social, na sua atuação como assistente técnico em ações judiciais:

> I – acompanhar a perícia judicial e participar de procedimentos técnicos, quando solicitado;
>
> II – elaborar parecer social ou parecer técnico conclusivo sobre a perícia social acompanhada ou manifestar concordância com a conclusão explicitada pelo profissional designado pelo Juízo, respondendo, quando solicitado, aos quesitos judiciais e das partes;
>
> III – comunicar imediatamente ao órgão de execução da PGF que atue no feito qualquer espécie de constrangimento a que for submetido no exercício das suas atribuições, para que sejam tomadas as devidas providências; e
>
> IV – comunicar ao órgão de execução da PGF que atue no feito, em manifestação fundamentada, eventual impedimento, suspeição ou conduta parcial do profissional designado pelo juízo.

De efeito, o Perito Médico e o Assistente Social do INSS serão comunicados previamente da data, horário e local da perícia judicial pelo órgão de execução da PGF que atue no feito ou diretamente pelo Poder Judiciário, quando previamente acertado com o juízo competente e o órgão de execução da PGF com atribuição para atuar no processo judicial.

Ademais, o parecer do assistente técnico deverá empregar linguagem acessível, esclarecendo siglas e evitando abreviaturas, sem prejuízo do conteúdo que envolve.

Outrossim, o Serviço de Saúde do Trabalhador (SST) deverá indicar servidor(es) da área médico-pericial/serviço social da Previdência Social para atender a demanda de serviço junto ao órgão de execução da PGF, devendo ainda compatibilizar a agenda do(s) servidor(es), quando no exercício da assistência técnica.

Ademais, poderão as partes apresentar, durante a diligência, quesitos suplementares a serem respondidos pelo *expert*.

Vale registrar que o juiz não está adstrito ao laudo pericial, podendo formar a sua convicção com outros elementos ou fatos provados nos autos. No entanto, na esfera previdenciária é raro o não acolhimento judicial do laudo pericial.

O juiz poderá determinar, de ofício ou a requerimento da parte, a realização de nova perícia, quando a matéria não lhe parecer suficientemente esclarecida.

Isso normalmente se verifica na seara judicial quando o primeiro perito judicial indica médico com formação diversa para avaliar de outro prisma a existência de incapacidade laborativa, a exemplo da realização da primeira perícia por médico ortopedista e da segunda por psiquiatra.

Outra situação em que se faz necessária nova perícia se dá quando o primeiro laudo pericial possuir deficiências insanáveis, não conferindo o mínimo de elementos para a prolação da sentença pelo julgador.

A segunda perícia tem por objeto os mesmos fatos sobre que recaiu a primeira e destina-se a corrigir eventual omissão ou inexatidão dos resultados a que esta conduziu. Contudo, a segunda perícia não substitui a primeira, cabendo ao juiz apreciar livremente o valor de uma e outra.

Na prática previdenciária é típica a designação de perícia judicial para a concessão ou restabelecimento da aposentadoria por incapacidade permanente e do auxílio-doença (benefícios por incapacidade laboral), pois nestes casos cabe ao perito médico judicial avaliar a existência de incapacidade laborativa.

No período da **pandemia do COVID-19** tantos as perícias administrativas quanto as judiciais acabaram sendo suspensas para se evitar o contágio.

Nesse sentido, a polêmica **Resolução CNJ 317, de 30/04/2020**, previu que as perícias em processos judiciais que versem sobre benefícios previdenciários por incapacidade ou assistenciais serão realizadas por **meio eletrônico**, sem contato físico entre perito e periciando, enquanto perdurarem os efeitos da crise ocasionada pela pandemia do novo Coronavírus.

A perícia no formato estabelecido no *caput* deverá ser requerida ou consentida pelo periciando, a este cabendo:

> I – informar endereço eletrônico e/ou número de celular a serem utilizados na realização da perícia;
>
> II – juntar aos autos os documentos necessários, inclusive médicos, a exemplo de laudos, relatórios e exames médicos, fundamentais para subsidiar o laudo pericial médico ou social.

O perito pôde, expressamente, manifestar entendimento de que os dados constantes do prontuário médico e a entrevista por meio eletrônico com o periciando foram insuficientes para formação de sua opinião técnica, situação em que o processo aguardou até que seja viável a realização da perícia presencial.

As perícias que eventualmente não puderam ser realizadas por meio eletrônico, por absoluta impossibilidade técnica ou prática, a ser apontada por qualquer dos envolvidos no ato e devidamente justificada nos autos, foram adiadas e certificadas pela serventia, após decisão fundamentada do magistrado.

A perícia socioeconômica a ser realizada por meio eletrônico ou virtual considerou:

> I – documentos anexados aos autos e registros sociais, a exemplo do CadÚnico;
>
> II – pesquisa *online* georreferencial para verificação da localização da residência do autor e fatores ambientais e sociais do entorno;
>
> III – entrevistas por meios tecnológicos com a parte autora, responsáveis legais e pessoas que venham a fornecer elementos indispensáveis para a certificação das condições socioeconômicas do periciando;

IV – documentos apresentados, os quais podem ser remetidos por fotos eletrônicas ou por petição eletrônica, nos casos em que a parte estiver assistida por advogado; e

V – outros elementos que contribuam para o conjunto probatório.

Por outro lado, em 30/04/2020, o Conselho Federal de Medicina editou nota técnica se manifestando de modo contrário à realização da perícia por meio eletrônico, sob pena de infração ética:

"NOTA TÉCNICA CONJUNTA DO CONSELHO FEDERAL DE MEDICINA, ASSOCIAÇÃO MÉDICA BRASILEIRA, ASSOCIAÇÃO BRASILEIRA DE MEDICINA LEGAL E PERÍCIA MÉDICA E ASSOCIAÇÃO NACIONAL DE MEDICINA DO TRABALHO

Assunto: Teleperícia

A Perícia Médica é, em sentido amplo, todo e qualquer ato propedêutico com formulação de diagnóstico feito por médico, com a finalidade de contribuir com as autoridades administrativas, policiais ou judiciárias na formação de juízos a que estão obrigados em busca da primazia da verdade.

A anamnese clínica, o exame físico, a avaliação dos exames complementares e demais documentos médicos, utilizando metodologia específica e com consequente elaboração de laudo pericial conclusivo, são etapas incorrompíveis e indissociáveis do ato médico pericial.

Nesse sentido, sob pena de violação dos preceitos éticos e técnicos mundiais e de causar prejuízos insanáveis às partes envolvidas e ao próprio judiciário, a perícia médica - quando o objeto de estudo é o ser humano - não poderá ser realizada sem o exame direto ao periciando, sob nenhuma hipótese.

Não é possível nenhuma conclusão, mesmo que parcial ou em dois tempos, sobre qualquer modalidade de dano pessoal, capacidades ou deficiência de forma indireta ou parcial sem a inspeção do periciando. A Lei nº 13.989/2020, vigente enquanto durar o estado de Emergência em Saúde Pública, dispôs em seu Art. 3º que a Telemedicina é o exercício da medicina por tecnologias para fins de assistência, pesquisa, prevenção de doenças e lesões e, promoção de saúde, não englobando, portanto, a perícia médica em qualquer de seus âmbitos.

Admite-se, Conforme Parecer CFM nº 03/2020, o uso de recursos de Telemedicina em junta médica pericial quando de um lado está o médico perito a realizar o exame físico no periciando e, à distância, acompanham todo ato pericial os outros médicos peritos, sendo que juntos assinam o Laudo Pericial.

Diante desses fatos e normativas, o Conselho Federal de Medicina (CFM), a Associação Médica Brasileira (AMB), a Associação Brasileira de Medicina Legal e Perícia Médica (ABMLPM) e a Associação Nacional de Medicina do Trabalho (Anamt) recomendam fortemente aos médicos que se abstenham de realizar teleperícia sob pena de incorrer em infração ética".

Coube ao Ofício Conjunto SEI Nº 40/2020/ME do INSS e da Subsecretaria de Perícia Médica disciplinar a realização da Perícia Médica com Uso da Telemedicina (PMUT), em cumprimento a decisão do Tribunal de Contas da União, enquanto perdurarem os efeitos da crise ocasionada pela pandemia do novo Coronavírus.

Conforme narrado no Roteiro desse Projeto Piloto, a realização de perícia médica com uso da telemedicina – PMUT, enquanto perdurarem os efeitos da crise ocasionada pela pandemia do novo Coronavírus, visa cumprir Medida Cautelar proferida no TC 033.778/2020-5, referendada pelo Acórdão nº 2597/2020 – TCU – Plenário, nos termos do Parecer de Força Executória nº 00001/2020/DEAEX/CGU, aprovado pelo Despacho nº 00417/2020/DEAEX/CGU/AGU e pelo Despacho nº 00866/2020/GAB/CGU/AGU.

Ficaram estabelecidos os seguintes procedimentos para os requerimentos de PMUT:

- O requerimento de PMUT, no âmbito da experiência piloto em questão, será permitido a segurados empregados vinculados às empresas que tenham formalizado acordo de cooperação com o INSS, mediante assinatura do "Termo de adesão de participação da experiência piloto para realização de perícias médicas com uso de telemedicina, enquanto perdurarem os efeitos da crise ocasionada pela pandemia do novo Coronavírus".
- Só será permitida PMUT para o requerimento inicial do benefício de auxílio por incapacidade temporária.
- Não será permitida PMUT nos exames de prorrogação do benefício.
- A PMUT será realizada por meio da plataforma TEAMS, devendo o periciando obrigatoriamente estar nas dependências da empresa, que será a responsável por acessar o consultório virtual por meio do link específico para o atendimento a ser realizado.

Durante as medidas restritivas decorrentes do contágio da COVID-19 muitas perícias judiciais deixaram de ser realizadas, prejudicando o direito de ação do segurado.

Na via administrativa, medidas alternativas foram criadas, a exemplo da possibilidade de concessão do benefício por incapacidade laboral sem a realização da perícia médica administrativa, através da análise de exames e relatórios médicos do segurado pela Perícia Médica Federal, nos termos da Lei 13.982/2020 ou, mais recentemente, da Lei 14.131/2021:

> *"Art. 6º Fica o Instituto Nacional do Seguro Social (INSS) autorizado, até 31 de dezembro de 2021, a conceder o benefício de auxílio por incapacidade temporária de que trata o art. 59 da Lei nº 8.213, de 24 de julho de 1991, mediante apresentação pelo requerente de atestado médico e de documentos complementares que comprovem a doença informada no atestado como causa da incapacidade.*
>
> *§ 1º Os requisitos para a apresentação e a forma de análise do atestado médico e dos documentos complementares referidos no caput deste artigo serão estabelecidos*

> *em ato conjunto da Secretaria Especial de Previdência e Trabalho do Ministério da Economia e do INS.*
>
> *§ 2º O procedimento estabelecido no caput deste artigo será adotado em caráter excepcional e a duração do benefício por incapacidade temporária dele resultante não terá duração superior a 90 (noventa) dias".*

Diante desta situação excepcional de Pandemia planetária, a TNU avaliou a seguinte questão no Tema 288 Representativo de Controvérsia: *"Saber se durante a pandemia provocada pelo Coronavírus (Sars-Cov-2), excepcionalmente é possível dispensar-se a produção de perícia médica"*.

Em 10/02/2022, por 6 x 5, foi fixada a seguinte tese:

> ***Tema 288 TNU:*** *"Em resposta emergencial e preventiva, para evitar o risco de transmissão e contágio por Coronavírus (SARS-CoV-2) durante a crise pandêmica, é possível a dispensa de perícia médica para concessão de benefício por incapacidade laboral, quando apresentados pareceres técnicos ou documentos médicos elucidativos, suficientes à formação da convicção judicial, desde que observado o contraditório, a ampla defesa e o princípio da não surpresa".*

Dessa forma, apenas neste período excepcional da Pandemia da COVID-19, é possível o magistrado dispensar a perícia médica judicial para a concessão de benefício por incapacidade laboral, se os exames e parecerem técnicos forem suficientes à formação do convencimento do julgador.

A tese guarda pertinência, por simetria, com o procedimento administrativo inaugurado pela Lei 14.131/2021. Registre-se, por outro lado, **que a tese não permite a dispensa da perícia médica judicial para a negativa do benefício por incapacidade laboral.**

Vale transcrever o seguinte trecho do Voto Vencedor:

> *"Sobre a aferição da incapacidade laboral, embora inicialmente dependa de avaliação médico-pericial no âmbito administrativo, e, em regra, ampare-se em perícia judicial, não há vedação expressa na legislação previdenciária quanto à utilização de outras vias para demonstrar o preenchimento da condição incapacitante do segurado. Nesse sentido, consta expressamente da legislação processual (Lei 13.105/2015 - CPC), a possibilidade de dispensa de realização de prova pericial. Confira-se:*
>
> *Art. 472. O juiz poderá dispensar prova pericial quando as partes, na inicial e na contestação, apresentarem, sobre as questões de fato,* **pareceres técnicos ou documentos elucidativos que considerar suficientes.**
>
> *E o Juiz poderá fundamentadamente desconsiderar as conclusões do laudo pericial:*
>
> *Art. 479. O juiz apreciará a prova pericial de acordo com o disposto no* **art. 371** *, indicando na sentença os motivos que o levaram a considerar ou a deixar de considerar as conclusões do laudo, levando em conta o método utilizado pelo perito.*

Alicerçado na excepcionalidade da situação gerada pela crise pandêmica, que impõe a necessidade de distanciamento social como medida preventiva para evitar a disseminação do vírus, o INSS, com propriedade, orientou-se por legislação previdenciária específica que dispensava a realização de avaliação médico-pericial durante o período crítico de adoção de medidas emergenciais de prevenção ao contágio e à transmissão do referido vírus, suspendendo a realização das perícias efetuadas no âmbito do INSS e antecipando o auxílio-doença mediante qualificação da documentação médica".

Sobre o tema foi editado o PARECER REFERENCIAL n. 00002/2022/PAR. ORIENT/DEPCONTPREV/PGF/AGU:

> PREVIDENCIÁRIO. CONTENCIOSO. PEDILEF 0507847-64.2019.4.05.8500/SE DECIDIDO COMO **TEMA REPRESENTATIVO DE CONTROVÉRSIA nº 288 DA TURMA NACIONAL DE UNIFORMIZAÇÃO (TNU).** FIRMADA A TESE DE QUE "EM RESPOSTA EMERGENCIAL E PREVENTIVA, PARA EVITAR O RISCO DE TRANSMISSÃO E CONTÁGIO POR CORONAVÍRUS (SARS-COV-2) DURANTE A CRISEPANDÊMICA, É POSSÍVEL A DISPENSA DE PERÍCIA MÉDICA PARA CONCESSÃO DE BENEFÍCIOPOR INCAPACIDADE LABORAL, QUANDO APRESENTADOS PARECERES TÉCNICOS OUDOCUMENTOS MÉDICOS ELUCIDATIVOS, SUFICIENTES À FORMAÇÃO DA CONVICÇÃO JUDICIAL, DESDE QUE OBSERVADO O CONTRADITÓRIO, A AMPLA DEFESA E O PRINCÍPIO DANÃO SURPRESA". FORMAÇÃO DE COISA JULGADA. APLICAÇÃO DO ARTIGO 3º, INCISO IX, DAPORTARIA AGU Nº 488, DE 2016. **DISPENSA DE ATUAÇÃO PARA OS PROCESSOS QUE TRAMITAM NO ÂMBITO DOS JUIZADOS ESPECIAIS FEDERAIS.**

Por sua vez, o STJ afetou ao rito dos repetitivos o julgamento do direito de o INSS ser reembolsado pelo Estado do Paraná no adiantamento dos honorários periciais, quando a autarquia é vitoriosa na demanda:

> ProAfR no RECURSO ESPECIAL Nº 1.823.402 - PR (2019/0188768-0)
>
> EMENTA PREVIDENCIÁRIO E PROCESSUAL CIVIL. PROPOSTA DE AFETAÇÃO DE RECURSO ESPECIAL. RITO DOS RECURSOS ESPECIAIS REPETITIVOS. ARTS. 1.036, 1.037 E 1.038 DO CPC/2015 C/C ART. 256-I DO RISTJ, NA REDAÇÃO DA EMENDA REGIMENTAL 24, DE 28/09/2016. AÇÃO ACIDENTÁRIA EM QUE A PARTE AUTORA, BENEFICIÁRIA DA GRATUIDADE DA JUSTIÇA, É SUCUMBENTE. RESPONSABILIDADE PELO CUSTEIO DE HONORÁRIOS PERICIAIS, ADIANTADOS PELO INSS.
>
> I. Delimitação da controvérsia, para fins de afetação da matéria ao rito dos recursos repetitivos, nos termos do art. 1.036, caput e § 1º, do CPC/2015: "Responsabilidade pelo custeio de honorários periciais, em ações acidentárias, de competência da Justiça Estadual, adiantados pelo INSS, nos casos em que a parte autora, beneficiária da gratuidade da justiça, é sucumbente".
>
> II. Recurso Especial afetado ao rito do art. 1.036 e seguintes do CPC/2015 (art. 256-I do RISTJ, na redação da Emenda Regimental 24, de 28/09/2016).

Coube à **Lei 14.331/2022** suprir lacuna normativa surgida em setembro de 2021, pois vencido o prazo bienal para o Poder Executivo da União garantir o pagamento dos honorários periciais de um exame nas ações movidas contra o INSS, conforme estatuído pela Lei 13.876/2019, **abarcando inclusive perícias designadas antes da sua vigência.**

De efeito, o ônus pelos encargos relativos ao pagamento dos honorários periciais referentes às perícias judiciais realizadas em ações em que o Instituto Nacional do Seguro Social (INSS) figure como parte e se discuta a concessão de **benefícios assistenciais à pessoa com deficiência ou benefícios previdenciários decorrentes de incapacidade laboral** ficará a cargo do vencido, nos termos da legislação processual civil, em especial do § 3º do art. 98 da Lei nº 13.105, de 16 de março de 2015 (Código de Processo Civil), **ficando invertido o ônus da antecipação da perícia**, cabendo ao **réu INSS**, qualquer que seja o rito ou procedimento adotado, antecipar o pagamento do valor estipulado para a realização da perícia, **em regra**, medida expressamente condicionada à alteração do orçamento anual da União.

Veja-se enunciado aprovado na **I Jornada de Direito da Seguridade Social do Conselho da Justiça Federal** sobre o tema:

> **ENUNCIADO 46:** O adiantamento dos honorários periciais, mediante depósito direto do INSS, só se aplica às demandas acidentárias, na forma do art. 1º, §7º, incisos I e II, da Lei n. 13.876/2019.

Excepcionalmente, os autores de ações judiciais relacionadas a benefícios assistenciais à pessoa com deficiência ou a benefícios previdenciários decorrentes de incapacidade laboral que comprovadamente disponham de condição suficiente para arcar com os custos de antecipação das despesas referentes às perícias médicas judiciais deverão antecipar os custos dos encargos relativos ao pagamento dos honorários periciais, devendo ser observados os requisitos tradicionais de concessão da assistência judiciária gratuita, diante da omissão de critérios específicos pela Lei 14.331/2022.

Registre-se que a **antecipação pericial citada não abarca** a perícia social no BPC/LOAS idoso, as perícias da aposentadoria da pessoa com deficiência e a pensão por morte em favor de inválidos ou deficientes, devendo ser custeadas pelo orçamento da Justiça Federal na situação de gratuidade do acesso à justiça, posto que apenas estão previstas as perícias de benefícios assistenciais à pessoa com deficiência ou benefícios previdenciários decorrentes de incapacidade laboral.

O pagamento dos honorários periciais limita-se a **1 (uma) perícia médica por processo judicial**, e, excepcionalmente, caso determinado por instâncias superiores do Poder Judiciário, outra perícia poderá ser realizada.

O ônus da antecipação de pagamento da perícia a cargo do INSS recairá sobre o Poder Executivo federal e será processado da seguinte forma:

> I – nas ações de competência da Justiça Federal, incluídas as que tramitem na Justiça Estadual por delegação de competência, as dotações orçamentárias para o pagamento de honorários periciais serão descentralizadas pelo órgão central do Sistema de Administração Financeira Federal ao Conselho da Justiça Federal, que se incumbirá de descentralizá-las aos Tribunais Regionais Federais, os quais repassarão os valores aos peritos judiciais após o cumprimento de seu múnus, independentemente do resultado ou da duração da ação, vedada a destinação desses recursos para outros fins;
>
> **II – nas ações de acidente do trabalho, de competência da Justiça Estadual, os honorários periciais serão antecipados pelo INSS.**

Com efeito, a **Resolução CNJ 595, de 21/09/2029**, admitiu a **telemedicina** nas perícias judiciais, bem como previu que a perícia médica dos benefícios por incapacidade, inclusive os acidentários, **deverá** abranger a quesitação mínima unificada e as informações solicitadas no Sistema de Perícias Judiciais (Sisperjud), desenvolvido na PDPJ-Br.

O laudo pericial respectivo deverá ser apresentado em formato eletrônico, salvo motivo de força maior devidamente justificado nos autos judiciais. Por outro lado, a obrigatoriedade de utilizar os quesitos do Sisperjud **não impede a complementação da quesitação** diante do quadro fático discutido na ação judicial.

Os tribunais com competência em matéria previdenciária e assistencial devem incorporar o **Serviço de Informação e Automação Previdenciária – Prevjud** em seus sistemas processuais, em todos os graus de jurisdição, para o recebimento de informações de interesse das ações previdenciárias e assistenciais e o cumprimento automático das decisões judiciais.

Para garantir a efetividade da prestação jurisdicional e o cumprimento automatizado das ordens judiciais pelo INSS, os tribunais deverão incorporar aos seus sistemas processuais **quadro-resumo estruturado**, com campos definidos pelo Comitê Deliberativo responsável pelo desenvolvimento das regras de negócio do Prevjud e do Sisperjud, de preenchimento obrigatório no dispositivo das decisões, sentenças e votos que determinem a implantação, o restabelecimento ou a cessação de benefícios.

A comunicação automatizada das ordens judiciais aos seus destinatários e o seu cumprimento deverão ser monitorados pelos tribunais para diagnóstico de eventuais falhas, atrasos ou necessidade de ajustes nos fluxos estabelecidos, mantido permanente diálogo com a unidade do INSS responsável (Central

Especializada de Análise de Benefícios – Demandas Judiciais/Ceab-DJ) e a Procuradoria Regional Federal com atuação na área de jurisdição do tribunal.

Salvo situação excepcional apresentada no ato decisório, o prazo para cumprimento das ordens judiciais relativas aos benefícios previdenciários e assistenciais será **uniforme** no território nacional e estabelecido pelo referido Comitê Deliberativo a que se refere o art. 7º, ouvido o INSS.

2. CLASSIFICAÇÃO INTERNACIONAL DE FUNCIONALIDADE, INCAPACIDADE E SAÚDE (CIF)

Na atualidade o **modelo de aferição de incapacidade laboral** nas perícias médicas previdenciárias vem seguindo a **CIF - Classificação Internacional de Funcionalidade, Incapacidade e Saúde**, que adota um padrão de avaliação **biopsicossocial e multidimensional**, pois mescla a avaliação médica e a social.

Isso porque, além da avaliação do indivíduo isolado no que concerne aos efeitos laborais decorrentes de lesão ou doença, é necessário avaliá-lo no seu contexto social, somando-se os fatores intrínsecos e extrínsecos.

De acordo com a OMS, ao apresentar os antecedentes da Classificação, a CIF pertence à "família" das classificações internacionais desenvolvida pela Organização Mundial da Saúde para aplicação em vários aspectos da saúde. A família de classificações internacionais da OMS proporciona um sistema para a codificação de uma ampla gama de informações sobre saúde (e.g. diagnóstico, funcionalidade e incapacidade, motivos de contato com os serviços de saúde) e utiliza uma linguagem comum padronizada que permite a comunicação sobre saúde e cuidados de saúde em todo o mundo, entre várias disciplinas e ciências.

Nas classificações internacionais da OMS, os estados de saúde (doenças, perturbações, lesões, etc.) são classificados principalmente na CID-10 (abreviatura da Classificação Internacional de Doenças, Décima Revisão), que fornece uma estrutura de base etiológica.

A funcionalidade e a incapacidade associados aos estados de saúde são classificados na CIF. Portanto, a **CID-10 e a CIF são complementares,** e os utilizadores são estimulados a usar em conjunto esses dois membros da família de classificações internacionais da OMS. A CID-10 proporciona um "diagnóstico" de doenças, perturbações ou outras condições de saúde, que é complementado pelas informações adicionais fornecidas pela CIF sobre funcionalidade. Em conjunto, as informações sobre o diagnóstico e sobre a funcionalidade, dão uma imagem mais ampla e mais significativa da saúde das pessoas ou da população, que pode ser utilizada em tomadas de decisão.

A família de classificações internacionais da OMS constitui uma ferramenta valiosa para a descrição e a comparação da saúde das populações num contexto internacional. As informações sobre a mortalidade (facultadas pela CID-10) e sobre as consequências na saúde (proporcionadas pela CIF) podem ser combinadas de forma a obter medidas sintéticas da saúde das populações. Isto permite seguir a saúde das populações e a sua distribuição, bem como avaliar a parte atribuída às diferentes causas.

A CIF transformou-se, de uma classificação de "consequência da doença" (versão de 1980) numa classificação de "componentes da saúde". Os "componentes da saúde" identificam o que constitui a saúde, enquanto que as "consequências" se referem ao impacto das doenças na condição de saúde da pessoa.

Deste modo, a CIF assume uma posição neutra em relação à etiologia de modo que os investigadores podem desenvolver inferências causais utilizando métodos científicos adequados. De maneira similar, esta abordagem também é diferente de uma abordagem do tipo "determinantes da saúde" ou "fatores de risco". Para facilitar o estudo dos determinantes ou dos fatores de risco, **a CIF inclui uma lista de fatores ambientais** que descrevem o contexto em que o indivíduo vive.

Nesse sentido, transcreve-se passagem do Manual da CIF produzido pela OMS:

> "A Classificação Internacional de Funcionalidade, Incapacidade e Saúde (CIF) é um modelo para a organização e documentação de informações sobre funcionalidade e incapacidade (OMS 2001). Ela conceitualiza a funcionalidade como uma '**interação dinâmica** entre a **condição de saúde** de uma pessoa, **os fatores ambientais e os fatores pessoais**.'
>
> A CIF oferece **uma linguagem padronizada e uma base conceitual** para a definição e mensuração da incapacidade, e ela fornece classificações e códigos. Ela integra os principais modelos de incapacidade - o modelo médico e o modelo social - como uma "síntese biopsicossocial". Ela reconhece o papel dos fatores ambientais na criação da incapacidade, além do papel das condições de saúde (Üstün et al. 2003).
>
> **Funcionalidade** e **incapacidade** são entendidas como **termos abrangentes** que denotam os **aspectos** positivos e negativos da funcionalidade sob uma perspectiva biológica, individual e social. Deste modo, a CIF oferece uma abordagem biopsicossocial com múltiplas perspectivas que se reflete no **modelo multidimensional**. As definições e categorias da CIF são elaboradas em **linguagem neutra**, sempre que possível, de forma que a classificação possa ser usada para **registrar os aspectos positivos e negativos da funcionalidade**.
>
> Na classificação da funcionalidade e incapacidade, não há uma distinção explícita ou implícita entre as diferentes condições de saúde. A incapacidade não é diferenciada por etiologia. A CIF esclarece que nós não podemos, por exemplo, inferir a

participação na vida do dia a dia apenas com base no diagnóstico médico. Neste sentido, a CIF é **neutra em termos de etiologia**: se uma pessoa não puder andar ou ir para o trabalho, isto pode estar relacionado a qualquer uma de várias condições de saúde distintas. Ao mudar o foco das condições de saúde para a funcionalidade, a CIF coloca todas as condições de saúde em posição de igualdade, permitindo que elas sejam comparadas, em termos da sua funcionalidade relacionada, através de um modelo comum. Por exemplo, constatou-se que a artrite tem uma frequência muito alta entre as pessoas na Austrália com uma condição de saúde e com uma incapacidade, isto é, a artrite é responsável por grande parte da incapacidade na população. Em comparação, condições como autismo, demência, síndrome de Down e paralisia cerebral são classificadas muito mais alto em termos da probabilidade de grave incapacidade (AIHW 2004).

A CIF cobre **todo o ciclo de vida**. Um processo contínuo de atualização da CIF é gerenciado pela OMS e sua rede de classificações para aumentar a relevância da CIF para a população em todas as idades".

A CIF permite descrever situações relacionadas com a funcionalidade do ser humano e as suas restrições e serve como enquadramento para organizar esta informação. Ela estrutura a informação de maneira útil, integrada e facilmente acessível. A CIF organiza a informação em **duas partes**:

(1) Funcionalidade e Incapacidade;

(2) Fatores Contextuais.

Cada parte tem dois componentes:

1. Componentes da Funcionalidade e da Incapacidade:

O componente Corpo inclui duas classificações, uma para as funções dos sistemas orgânicos e outra para as estruturas do corpo. Nas duas classificações os capítulos estão organizados de acordo com os sistemas orgânicos.

O componente Atividades e Participação cobre a faixa completa de domínios que indicam os aspectos da funcionalidade, tanto na perspectiva individual como social.

2. Componentes dos Fatores Contextuais:

O primeiro componente dos Fatores Contextuais é uma lista de **Fatores Ambientais.** Estes têm um impacto sobre todos os componentes da funcionalidade e da incapacidade e estão organizados de forma sequencial, do ambiente mais imediato do indivíduo até o ambiente geral.

Os Fatores Pessoais também são um componente dos Fatores Contextuais, mas eles não estão classificados na CIF devido à grande variação social e cultural associada aos mesmos.

Os componentes de Funcionalidade e da Incapacidade da CIF podem ser expressos de duas maneiras. Por um lado, eles podem ser utilizados para **indicar problemas** (e.g. incapacidade, limitação da atividade ou restrição de participação designadas pelo termo genérico deficiência); por outro lado, eles podem **indicar aspectos não problemáticos** (i.e. neutros) da saúde e dos estados relacionados com a saúde resumidos sob o termo funcionalidade).

Estes componentes da funcionalidade e da incapacidade são interpretados utilizando-se três constructos separados, mas relacionados. Estes constructos são operacionalizados com o uso de qualificadores. As funções e as estruturas do corpo podem ser interpretadas através das alterações dos sistemas fisiológicos ou das estruturas anatómicas. Para o componente Atividades e Participação estão disponíveis dois constructos: **capacidade e desempenho.**

A funcionalidade e a incapacidade de uma pessoa são concebidas como uma interação dinâmica entre os estados de saúde (doenças, perturbações, lesões, traumas, etc.) e os fatores contextuais. Como já foi indicado anteriormente, os Fatores Contextuais englobam fatores pessoais e ambientais. A CIF inclui uma lista abrangente de fatores ambientais que são considerados como um componente essencial da classificação. Os fatores ambientais interagem com todos os componentes da funcionalidade e da incapacidade. O constructo básico do componente dos Fatores Ambientais é o impacto facilitador ou limitador das características do mundo físico, social e atitudinal.

No **contexto da saúde**, a CIF utiliza as seguintes definições:

> **Funcionalidade** é um termo abrangente para funções do corpo, estruturas do corpo, atividades e participação. Ela denota os aspectos positivos da interação entre um indivíduo (com uma condição de saúde) e os fatores contextuais daquele indivíduo (fatores ambientais e pessoais).
>
> **Incapacidade** é um termo abrangente para deficiências, limitações de atividade e restrições de participação. Ela denota os aspectos negativos da interação entre um indivíduo (com uma condição de saúde) e os fatores contextuais daquele indivíduo (fatores ambientais e pessoais).
>
> **Funções do corpo** - As funções fisiológicas dos sistemas do corpo (inclusive funções psicológicas). Estruturas do corpo - Partes anatômicas do corpo como órgãos, membros e seus componentes. Deficiências - Problemas nas funções ou estruturas do corpo como um desvio significativo ou perda. Atividade - A execução de uma tarefa ou ação por um indivíduo.
>
> **Participação** - Envolvimento em situações da vida diária.
>
> **Limitações de atividade** - Dificuldades que um indivíduo pode encontrar na execução de atividades.
>
> **Restrições de participação** - Problemas que um indivíduo pode enfrentar ao se envolver em situações de vida.

> **Fatores ambientais** - O ambiente físico, social e de atitude no qual as pessoas vivem e conduzem sua vida. Estes são barreiras ou facilitadores para a funcionalidade de uma pessoa.

Vale registrar que a identificação de incapacidade no caso concreto é uma atividade extremamente complexa e com enorme subjetividade, podendo variar de país para país ou mesmo entre regimes previdenciários da mesma nação.

Tome-se, por exemplo, a verificação de incapacidade para a aposentadoria por incapacidade permanente no RGPS e no RPPS. No Regime Geral, trata-se de invalidez *omniprofissional*, pois apenas será deferido o benefício se o segurado não estiver apto a ser reabilitado para outra profissão que lhe garanta a subsistência.

Por outro lado, no Regime Próprio, em razão da trava do concurso público, que não permite o desempenho de funções de outro cargo efetivo, a invalidez será *uniprofissional*, avaliando-se apenas a incapacidade total e permanente para as funções do cargo ocupado pelo servidor efetivo.

A CIF apenas apresenta elementos científicos para essa definição. De acordo com o Manual da CIF produzido pela OMS, "a CIF fornece definições para funcionalidade e incapacidade. No entanto, a CIF não dita quem é 'normal' e quem é 'incapaz'. O uso da CIF permite que uma pessoa ou um grupo possa ser identificado como tendo 'incapacidade' dentro de cada contexto ou uso. O que é universal e padronizado são o conceito subliminar e as dimensões de funções; os limiares podem mudar de acordo com o objetivo do caso de uso. Por exemplo, os limiares para uma intervenção clínica para visão podem diferir daqueles de um programa de suporte social.

Neste sentido, há algumas diretrizes; por exemplo, 'incapacidade' para fins de política e pesquisa pode ser definida, usando a CIF, a priori (por ex. definindo um grupo alvo para uma intervenção) ou post facto (p.ex. selecionando um subgrupo estabelecendo um limiar em conjuntos de dados baseados na população). A 'incapacidade' definida para fins específicos consequentemente se aplicará apenas às pessoas que corresponderem a esta definição. Portanto, o termo 'incapacidade' pode se referir a diferentes características em diferentes setores políticos ou países. No uso da CIF, as diferenças das definições podem ser reconhecidas e as pessoas com incapacidades que foram excluídas ou forem subrepresentadas nos termos de uma definição específica podem ser identificadas.

Vale registrar que o leitor não pode confundir os conceitos de deficiência e incapacidade. De acordo com a obra de Cláudio Trezub e Keti Patsis[5], **deficiência** é a perda da função fisiológica ou de estrutura anatômica, ao passo que

5.. Perícia Médica Previdenciária, p. 32, Ed. Juspodivm, 2017.

incapacidade é a aptidão reduzida de atingir exigências ocupacionais como resultado de debilidade e outros fatores associados.

Desta forma, a deficiência poderá ou não conduzir a uma incapacidade laborativa, a exemplo de pequena perda auditiva ou de visão que não impacte de modo significativo a capacidade do segurado para o trabalho habitual, não gerando a concessão de benefício por incapacidade laborativa.

Outras vezes, mesmo que configurada a incapacidade para o trabalho habitual por mais de quinze dias, não é cerca a concessão de auxílio-doença, pois poderá ser fixada (DII) anteriormente à filiação previdenciária ou antes do cumprimento do período de carência, se exigido (doença não ocupacional e não grave).

Registre-se que tanto a concessão do benefício de salário mínimo assistencial do deficiente carente (BPC/LOAS) quanto à aposentadoria por tempo de contribuição do segurado deficiente exigem a configuração de **deficiência de longo prazo**, com duração mínima de **dois anos** para a concessão dos citados benefícios, tomando como lastro a CIF.

Ademais, ainda com fulcro na CIF, acaso existência a deficiência de longo prazo, na aposentadoria do deficiente ainda deverá ser graduado o grau de deficiência para identificar o tempo de contribuição pertinente para concessão do benefício: deficiência leve, média (ou moderada) e grave.

Um critério interessante a ser utilizado para definir se há ou não incapacidade laborativa do segurado é o **critério do risco**. Se houver risco de agravamento da doença ou lesão, acaso o segurado persista no desenvolvimento do labor habitual, configurar-se-á a incapacidade, até como forma de preservação da saúde do segurado.

Outrossim, se o exercício do labor habitual do segurado gerar risco não tolerável para si ou para terceiros, deve ser reconhecida a incapacidade e concedido o benefício adequado.

Suponha-se que dois segurados com 45 anos de idade possuam problemas de controle da pressão arterial e que estejam em um período de crises semanais em que perdem parte dos sentidos, mas conseguem se recuperar em poucos minutos com a medicação adequada.

O primeiro deles é auxiliar de escritório e trabalha sentado. Quando a crise aparece três vezes por semana ele repousa na própria cadeira, pede a medicação a um colega de trabalho e, minutos após, regulariza a pressão arterial e retorna ao labor, sendo que a natureza do seu trabalho em nada prejudica o seu tratamento, não sendo necessário o afastamento.

O segundo deles é motorista profissional de ônibus de transporte intermunicipal de passageiros. Acaso a crise se estabeleça no momento em que estiver na direção do veículo coletivo, é plenamente possível e provável que cause grave acidente com risco de inúmeras mortes.

Pelo critério do risco, embora a situação clínica seja idêntica, certamente o primeiro caso não gerará a concessão do auxílio-doença, ao passo que a segunda hipótese dará ensejo à concessão do benefício por incapacidade laborativa.

É por isso que se adota o modelo pericial de avaliação **biopsicossocial** e **multidimensional**, não podendo ser mensurado apenas o impacto da doença sobre o segurado, sendo imprescindível ainda avaliar os aspectos externos gerados pela enfermidade.

Veja-se enunciado aprovado na **I Jornada de Direito da Seguridade Social do Conselho da Justiça Federal** sobre o tema:

> **ENUNCIADO 44:** Tratando-se de ação judicial previdenciária ou assistencial em que se discuta a condição de pessoa com deficiência da parte autora, seja como dependente (pensão por morte) seja como segurada (aposentadoria de pessoa com deficiência e benefício assistencial de prestação continuada), o ato pericial deve dar-se nos termos da avaliação biopsicossocial contida no art. 2º, §1º, da Lei n. 13.146/2015, realizada por equipe multiprofissional e interdisciplinar, não se podendo limitar à avaliação da capacidade ou incapacidade para o trabalho, sob pena de nulidade.

Há casos ainda em que a perícia médica previdenciária, manejando apenas a avaliação médica, conclui pela inexistência de incapacidade laborativa, a exemplo do portador do vírus HIV que está com a doença totalmente sob controle e com plena capacidade laboral.

No entanto, se demonstrado no caso concreto significativo estigma social, como inúmeras despedidas e vínculos curtos motivados pela descoberta da doença, será possível a concessão de benefício por incapacidade utilizando o critério social.

Nesse sentido, no que concerne aos portadores do vírus HIV, a TNU aprovou a Súmula 78 na sessão de 12 de setembro de 2014:

> "**Súmula 78**- Comprovado que o requerente de benefício é portador do vírus HIV, cabe ao julgador verificar as condições pessoais, sociais, econômicas e culturais, de forma a analisar a incapacidade em sentido amplo, em face da elevada estigmatização social da doença".

Logo, conforme noticiado no sítio da Justiça Federal, no entendimento já pacificado na Turma Nacional, no caso dos portadores do HIV, mesmo os assintomáticos, a incapacidade transcende a mera limitação física, e repercute na esfera social do requerente, segregando-o do mercado de trabalho. "Nessas situações – em que a doença por si só gera um estigma social –, para a caracterização da incapacidade/deficiência, faz-se necessária a avaliação dos aspectos pessoais, econômicos, sociais e culturais. Por outro lado, importante deixar claro que a doença por si só não acarreta a incapacidade ou deficiência que a Legislação exige para o gozo do benefício", pontuou Kyu Soon Lee.

Outro ponto destacado pela juíza foi o caráter de complementaridade dessa súmula com relação a de nº 77 (O julgador não é obrigado a analisar as condições pessoais e sociais quando não reconhecer a incapacidade do requerente para a sua atividade habitual). "Pode parecer uma contradição, mas, na verdade, a súmula 78 vem complementar a anterior, posto que, na praxe, a Jurisprudência já considerava que a ausência de incapacidade clínica ou física nos casos de doenças de elevada estigma social não era suficiente para a negativa do benefício previdenciário ou assistencial", explicou a magistrada[6].

A respeito do tema, colaciona-se Enunciado aprovado no XI FONAJEF:

> **Grupo 5 – Benefícios por Incapacidade**
>
> **Enunciado 1 (ATUAL ENUNCIADO FONAFEJ 141)**
>
> A súmula 78 da TNU, que determina a análise das condições pessoais do segurado em caso de ser portador de HIV, é extensível a outras doenças igualmente estigmatizantes. **(Aprovado por contraste)**

Por tudo isso, conclui-se que talvez a atividade mais complexa do processo administrativo e judicial previdenciário seja a produção de um justo laudo pericial, devendo sempre o *expert* ser pessoa honesta e com grande conhecimento científico e sensibilidade social, preferencialmente com especialidade em perícia médica.

3. QUESITAÇÃO EM PERÍCIA PREVIDENCIÁRIA

Colaciona-se, abaixo, um rol de quesitos que podem ser apresentados pelas partes ou pelo juiz ao perito judicial para resposta em ação em que se busca um benefício por incapacidade laborativa:

> **QUESITOS - AUXÍLIO DOENÇA OU APOSENTADORIA POR INCAPACIDADE PERMANENTE**
>
> 1. **Diante dos exames realizados pode-se afirmar que a parte autora é incapaz para o trabalho habitual? Deverá o *expert* indicar os exames em que fundamentou o seu diagnóstico indicando o(s) CID(s) respectivo(s). É possível estimar a data provável de recuperação do segurado na hipótese de incapacidade temporária? (COPES judicial).**
>
> 2. **Caso o(a) periciando(a) esteja incapacitado(a), essa incapacidade é temporária ou permanente? Total ou parcial? É passível de melhora com tratamento adequado? O Sr. Perito deverá explicitar os limites da incapacidade.**
>
> 3. **A incapacidade, se existente, é decorrente de alguma doença ou lesão ou do agravamento ou progressão destes? Descrever como ocorreu a incapacidade da parte autora.**
>
> 4. **Trata-se de doença degenerativa?**

6. http://www.cjf.jus.br/cjf/noticias-do-cjf/2014/setembro/tnu-aprova-sumula-78.

5. Em caso de incapacidade parcial, em que medida os problemas de saúde prejudicam a parte autora especificamente no exercício de seu trabalho ou suas atividades habituais? Exemplificar situações.

6. A incapacidade, se existente, é para qualquer atividade laboral ou apenas para a atividade habitual do(a) periciando(a)? É possível a reabilitação para outra atividade que lhe garanta a subsistência em razão das condições do(a) periciando(a), tais como idade, grau de instrução, facilidade de inserção no mercado de trabalho etc.?

7. Em sendo possível a reabilitação, nos termos supra, o perito poderia informar se o tratamento necessário ao restabelecimento da saúde da parte autora é disponibilizado pela rede pública/SUS próximo à residência da periciada? Nesta hipótese, o tratamento disponibilizado pelo SUS/rede pública é eficaz apenas para o restabelecimento da saúde da parte autora ou serve efetivamente à sua reabilitação para a atual atividade? E para as demais atividades laborais?

8. Caso o autor seja considerado incapaz, é possível precisar a data de início da incapacidade?

9. Em sendo negativa a resposta ao quesito anterior, esclarecer se é possível, por meio da realização e outros exames, aferir a data de início da incapacidade e, nesta hipótese, indicar os exames necessários.

10. A doença do(a) periciando(a) pode ser enquadrada como uma daquelas descritas na Portaria Interministerial MPAS nº 2.998, de 23.08.01, e alterações seguintes acaso existentes? Em caso afirmativo, qual delas?

11. A parte autora apresentou documentos necessários à realização da perícia, a exemplo de receitas médicas, exames médicos e (ou) atestados médicos?

12. Há nexo de causalidade entre a doença da parte autora e a atividade laborativa (acidente de trabalho ou doença ocupacional), nos termos dos arts. 19, 20 e 21, da Lei 8.213/91? Em que medida?

13. Tendo em vista a condição clínica do(a) autor(a), é possível afirmar que o(a) mesmo(a) necessita de assistência permanente de outra pessoa para as atividades habituais? Deve o perito justificar sua resposta expondo quais as limitações causadas pela enfermidade do(a) autor(a) e quais as atividades habituais que está impedido(a) de praticar em virtude de sua incapacidade.

14. Em caso de perícia psiquiátrica, a patologia alegada pela parte autora a impede de manifestar a sua própria vontade e de responder pelos seus próprios atos necessitando de assistência de terceiros?

15. Caso a parte autora possua doença controlada com estigma social, a exemplo da AIDS e da hanseníase, é possível indicar com base nas informações disponíveis se o meio social em que vive está discriminando-a no mercado de trabalho?

16. Informe o Sr. Perito quaisquer esclarecimentos que entender pertinentes ao deslinde do feito.

Certamente a resposta ao **quesito 01** é a mais importante. Isso porque se o perito negar a existência de incapacidade laborativa para o trabalho habitual não caberá à concessão de benefício por incapacidade.

Caso haja afirmação da existência de incapacidade laborativa o benefício possivelmente será concedido, desde que presentes os demais pressupostos legais (qualidade de segurado e carência, se couber).

No que concerne ao **quesito 02**, este permite que o julgador identifique o benefício por incapacidade cabível, se aposentadoria por incapacidade permanente ou auxílio-doença.

Quando a incapacidade é meramente temporária para o trabalho habitual, sendo parcial ou total, é caso de auxílio-doença, o mesmo ocorrendo com incapacidade permanente em que é cabível a reabilitação profissional.

Já na hipótese de incapacidade total e permanente para qualquer atividade laborativa sem possibilidade de reabilitação profissional será adequada à concessão da aposentadoria por incapacidade permanente.

Por sua vez, a resposta ao **quesito 03** permite que o julgador conheça a incapacidade laborativa através da doença ou lesão que a originou, devendo o *expert* descrever os seus detalhes.

No **quesito 04** o perito deverá apontar a existência ou não de doença degenerativa, já que as mesmas não são consideradas como acidente de trabalho, na forma do artigo 20, §1º, da Lei 8.213/91.

Acaso haja incapacidade laborativa parcial, deverá o perito em resposta ao **quesito 05** descrever até que ponto a sua existência irá prejudicar o exercício das atividades habituais do segurado, pois somente restringindo de alguma forma o exercício da sua profissão será devido o auxílio-doença.

Na hipótese da constatação da existência de incapacidade laboral, será no **quesito 06** que será atestada a sua extensão. Se o perito apontar incapacidade laborativa permanente para o trabalho habitual do segurado e, avaliando as condições pessoais e sociais, entender pela impossibilidade de reabilitação profissional, certamente o juiz condenará o INSS na concessão da aposentadoria por incapacidade permanente.

De acordo com o artigo 101, da Lei 8.213/91, o segurado em gozo de auxílio-doença, aposentadoria por invalidez e o pensionista inválido estão obrigados, sob pena de suspensão do benefício, a submeter-se a exame médico a cargo da Previdência Social, processo de reabilitação profissional por ela prescrito e custeado, e tratamento dispensado gratuitamente, exceto o cirúrgico e a transfusão de sangue, que são facultativos.

Logo, o **quesito 07** pede que o perito defina se o tratamento de saúde necessário ao segurado é disponibilizado no SUS, por ser ele é obrigatório, salvo cirurgia e transfusão de sangue, que são sempre facultativos, sob pena de suspensão do benefício.

Desta forma, caso a recuperação da capacidade laborativa ou a reabilitação profissional não obtiveram sucesso por negligência do segurado ao não se submeter ao tratamento do SUS disponível na sua localidade, estará o INSS ou o juiz autorizado a suspender o benefício por incapacidade.

A resposta ao **quesito 08** é extremamente importante. Caso tenha havido incapacidade laboral, caberá ao perito fixar a data de início da incapacidade (DII). Logo, é na DII que o deve ser avaliada a existência da qualidade de segurado e o cumprimento do período de carência, salvo os casos de dispensa legal.

Na hipótese da DII ser anterior à filiação do segurado à Previdência Social, o benefício por incapacidade certamente será judicialmente negado, haja vista se tratar de incapacidade preexistente à filiação.

Entretanto, conquanto ateste a existência de incapacidade laboral, há situações em que o perito judicial não possui elementos para fixar a DII, mormente em se tratando de moléstias progressivas.

Neste caso, a DII deverá ser fixada na data da elaboração do laudo judicial (posição da TNU) ou da juntada do mesmo (posição do STJ), vez que inexistem elementos para elidir a presunção de veracidade do ato administrativo (perícia do INSS).

No entanto, muitas vezes a DII não é fixada pelo *expert* por ausência de exames médicos. Nesta situação, com base no **quesito 09**, poderá o autor ser intimado para apresentar os exames complementares.

O **quesito 10** indaga ao perito se o segurado é portador de doença grave listada na Portaria Interministerial MPAS 2.998, de 23.08.01 (atual artigo 151 da Lei 8.213/91, com redação dada pela Lei 13.135/2015, que inseriu a esclerose múltipla). Isto porque nestes casos a carência do benefício por incapacidade é legalmente dispensada:

> **"PORTARIA INTERMINISTERIAL MPAS/MS Nº 2.998, DE 23 DE AGOSTO DE 2001**
>
> OS MINISTROS DE ESTADO DA PREVIDÊNCIA E ASSISTÊNCIA SOCIAL E DA SAÚDE, no uso da atribuição que lhes confere o art. 87, parágrafo único, inciso II, da Constituição Federal de 1998, e tendo em vista o inciso II do art. 26 da Lei nº 8.213, de 24 de julho de 1991, e o inciso III do art. 30 do Regulamento da Previdência Social - RPS, aprovado pelo Decreto nº 3.048, de 06 de maio de 1999, resolvem:
>
> Art. 1º As doenças ou afecções abaixo indicadas excluem a exigência de carência para a concessão de auxílio-doença ou de aposentadoria por invalidez aos segurados do Regime Geral de Previdência Social - RGPS:
>
> I - tuberculose ativa;
>
> II - hanseníase;
>
> III- alienação mental;
>
> IV- neoplasia maligna;
>
> V - cegueira
>
> VI - paralisia irreversível e incapacitante;
>
> VII- cardiopatia grave;
>
> VIII - doença de Parkinson;
>
> IX - espondiloartrose anquilosante;
>
> X - nefropatia grave;

> XI - estado avançado da doença de Paget (osteíte deformante);
>
> XII - síndrome da deficiência imunológica adquirida - Aids;
>
> XIII - contaminação por radiação, com base em conclusão da medicina especializada; e
>
> XIV - hepatopatia grave.
>
> Art. 2º O disposto no artigo 1º só é aplicável ao segurado que for acometido da doença ou afecção após a sua filiação ao RGPS".

Na atualidade vigora a Portaria Interministerial MTPS/MS Nº 22 DE 31/08/2022:

> Art. 1º A concessão dos benefícios auxílio por incapacidade temporária e aposentadoria por incapacidade permanente aos segurados do Regime Geral de Previdência Social - RGPS será isenta de carência quando a incapacidade laborativa for determinada pelas doenças e afecções listadas nesta Portaria.
>
> § 1º Para fins de aplicação desta Portaria, considera-se:
>
> I - quadro clínico de evolução aguda: doença ou afecção de instalação súbita, excluindo-se os episódios agudos de doenças crônicas; e
>
> II - critério de gravidade: risco iminente de morte ou de perda da função de órgão ou sistema que requer cuidado de natureza clínica ou cirúrgica, podendo apresentar instabilidade das funções vitais e necessidade de substituição artificial de funções.
>
> § 2º As doenças e afecções listadas nesta Portaria isentam o segurado do cumprimento da carência, se iniciadas após a filiação ao RGPS.
>
> Art. 2º As doenças ou afecções listadas a seguir excluem a exigência de carência para a concessão dos benefícios auxílio por incapacidade temporária e aposentadoria por incapacidade permanente aos segurados do RGPS:
>
> I - tuberculose ativa;
>
> II - hanseníase;
>
> III - transtorno mental grave, desde que esteja cursando com alienação mental;
>
> IV - neoplasia maligna;
>
> V - cegueira;
>
> VI - paralisia irreversível e incapacitante;
>
> VII - cardiopatia grave;
>
> VIII - doença de Parkinson;
>
> IX - espondilite anquilosante;
>
> X - nefropatia grave;
>
> XI - estado avançado da doença de Paget (osteíte deformante);
>
> XII - síndrome da deficiência imunológica adquirida (Aids);
>
> XIII - contaminação por radiação, com base em conclusão da medicina especializada;
>
> XIV - hepatopatia grave;
>
> XV - esclerose múltipla;
>
> XVI - acidente vascular encefálico (agudo); e

XVII - abdome agudo cirúrgico.

Parágrafo único. As doenças e afecções listadas nos incisos XVI e XVII do caput serão enquadradas como isentas de carência quando apresentarem quadro de evolução aguda e atenderem a critérios de gravidade.

Art. 3º Os procedimentos técnicos a serem considerados para comprovação das doenças e afecções listadas no art. 2º como isentas de carência serão dispostos e atualizados em manual específico a ser publicado pela Subsecretaria da Perícia Médica Federal da Secretaria de Previdência do Ministério do Trabalho e Previdência, no prazo de 90 (noventa) dias a contar da data de publicação desta Portaria.

Art. 4º Fica revogada a Portaria Interministerial MPAS/MS nº 2.998, de 23 de agosto de 2001.

Art. 5º Esta Portaria entra em vigor no dia 3 de outubro de 2022.

No **quesito 11** busca-se saber se todos os exames e receitas médicas foram apresentados pelo segurado ao perito, pois pode haver negligência ou dolo em sua não exibição ao *expert*.

O **quesito 12** investiga a ocorrência de acidente de trabalho ao indagar ao perito se há nexo de causalidade entre a doença da parte autora e a atividade laborativa com importantes efeitos jurídicos.

Já o **quesito 13** se refere ao auxílio-acompanhante (acréscimo de 25%) pago juntamente com a aposentadoria por incapacidade permanente apenas no caso de segurado que necessite da assistência permanente de outra pessoa.

De seu turno, o **quesito 14** investiga o grau de consciência do segurado do ponto de vista psiquiátrico, pois pode ser necessária a sua assistência ou representação judicial caso não tenha condições de exprimir a sua vontade de maneira consciente.

Por fim, o **quesito 15** é aberto, sendo a oportunidade do *expert* tecer alguma consideração relevante não contida nos quesitos anteriores.

A concessão do amparo assistencial de um salário mínimo ao idoso ou deficiente carente também demandará a produção do meio de prova pericial.

Isso porque será necessária a perícia social para atestar a situação de miserabilidade do idoso ou deficiente, em visita na residência promovida por assistente social.

No caso do deficiente, ainda será necessária perícia médica para verificar se o requerente possui deficiência de longo prazo, assim considerada aquela que produza efeitos pelo prazo mínimo de 02 anos.

Considera-se pessoa com deficiência aquela que tem impedimentos de longo prazo de natureza física, mental, intelectual ou sensorial, os quais, em interação com diversas barreiras, podem obstruir sua participação plena e efetiva na sociedade em igualdade de condições com as demais pessoas.

Colaciona-se, abaixo, um rol de quesitos para a perícia social e para a perícia médica que podem ser apresentados pelas partes ou pelo juiz ao perito judicial para resposta em ação em que se busca um benefício assistencial:

QUESITOS – PERÍCIA SOCIAL – AMPARO ASSISTENCIAL

1. Com que pessoas reside a parte autora? Indicar os nomes, idade, CPF, data de nascimento e grau de parentesco dos residentes;

2. A parte autora necessita da presença constante de outra pessoa para realização dos atos da vida cotidiana? Em caso negativo, em que medida? (o perito deve explicitar a necessidade da companhia de outra pessoa em relação às atividades desenvolvidas pela autora);

3. Dentre as pessoas que convivem na residência com a autora, qual ou quais são responsáveis pela manutenção do grupo? Qual a profissão e/ou atividade laborativa?

4. Informar a renda líquida mensal individual e do grupo, incluídas doações de terceiros. Existindo doações ou qualquer outro tipo de renda, devem ser indicados o tipo, quantidade, valores e a frequência das mesmas (por exemplo, cestas básicas, bolsa-escola);

5. Informar a atividade laboral da parte autora e renda percebida a qualquer título, caso existente;

6. Indicar o valor aproximado das despesas da parte autora e do grupo familiar, discriminando os itens de maior relevância, tais como: valor do aluguel (se houver), água, luz, vestuário, alimentação, remédios, transporte etc.;

7. Informar o grau de escolaridade da parte autora e das pessoas que com ela residem;

8. Descrever a residência da parte autora;

9. Comentários e complementações pertinentes, a critério do perito.

10. Informar se o autor faz uso de medicamentos e, em caso afirmativo, esclarecer se os medicamentos são fornecidos pelo SUS.

QUESITOS – PERÍCIA MÉDICA– AMPARO ASSISTENCIAL

1. Diga o Sr. Perito se a parte autora apresenta alguma debilidade que a enquadre legalmente como deficiente e a sua natureza.

2. Em caso positivo, diga o Sr. Perito se é de longo prazo (ao menos 2 anos), ao menos por estimativa.

3. O exame pericial para a avaliação da deficiência foi constituído pelos componentes, baseados na Classificação Internacional de Funcionalidade, Incapacidade e Saúde – CIF: I - Fatores Ambientais; II - Funções e Estruturas do Corpo; e III - Atividades e Participação?

4. Diga o Sr. Perito se a parte autora pode exercer alguma atividade laborativa.

5. Diga o Sr. Perito, se possível, a data do início da deficiência de longo prazo? Se nada data do requerimento administrativo ou da citação desta ação judicial é possível afirmar que já existia a deficiência.

6. Diga o Sr. Perito em que exames se baseou para formular o laudo pericial.

Por força da Lei Complementar 142/2013, o deficiente de grau leve, moderado ou grave faz jus a regras diferenciadas para a concessão da aposentadoria por tempo de contribuição de deficiente.

Neste caso, acaso o INSS negue o enquadramento do suposto deficiente, ou o faça em categoria distinta da que o segurado entenda fazer jus, ou então fixe o termo inicial da deficiência em data em que o segurado não concorde, o julgamento de ação judicial demandará a produção do meio de prova pericial, podendo ser usados os seguintes quesitos:

QUESITOS – PERÍCIA MÉDICO/SOCIAL – APOSENTADORIA DO DEFICIENTE

1. Considerando que se considera pessoa com deficiência aquela que tem impedimentos de longo prazo de natureza física, mental, intelectual ou sensorial, os quais, em interação com diversas barreiras, podem obstruir sua participação plena e efetiva na sociedade em igualdade de condições com as demais pessoas, é possível enquadrar deficiência de longa duração (ao menos dois anos)? Justifique.

2. Considerando a Portaria Interministerial SDH/MPS/MF/MOG/AGU Nº 1, DE 27 DE JANEIRO DE 2014, que aprovou o instrumento destinado à avaliação do segurado da Previdência Social e à identificação dos graus de deficiência, bem como definiu impedimento de longo prazo, indica que a avaliação funcional será realizada com base no conceito de funcionalidade disposto na Classificação Internacional de Funcionalidade, Incapacidade e Saúde - CIF, da Organização Mundial de Saúde, e mediante a aplicação do Índice de Funcionalidade Brasileiro Aplicado para Fins de Aposentadoria - IFBrA, conforme o instrumento anexo da referida Portaria Interministerial, qual a pontuação alcançada pelo autor deste processo?

– Deficiência Grave quando a pontuação for menor ou igual a 5.739.

– Deficiência Moderada quando a pontuação total for maior ou igual a 5.740 e menor ou igual a 6.354.

– Deficiência Leve quando a pontuação total for maior ou igual a 6.355 e menor ou igual a 7.584.

– Pontuação Insuficiente para Concessão do Benefício quando a pontuação for maior ou igual a 7.585.

3. Caso tenha sido identifica deficiência, qual o termo inicial? Qual o fundamento usado para apontá-la?

Insta destacar que a prova pericial ainda será necessária para a resolução de outras demandas, a exemplo da concessão do auxílio-acidente.

Isto porque neste caso caberá ao *expert* avaliar a redução da capacidade funcional para o trabalho habitual do segurado em decorrência da consolidação de sequela oriunda de acidente de qualquer natureza ou causa.

Outrossim, a manutenção da pensão por morte para dependente com mais de 21 anos de idade também demanda a produção do meio de prova pericial, pois caberá ao *expert* atestar a invalidez.

É possível que a ação previdenciária necessite de perícia para reavaliação do ambiente de trabalho para fins de exposição de agentes nocivos à saúde, acaso o segurado questione LTCAT e/ou PPP. Eis uma quesitação pertinente que elaboramos:

Quesitos de perícia judicial de tempo especial:

• 1) Sem fazer referência ao laudo, dê o enquadramento legal à atividade (ou atividades); bem como adequação, detalhando os períodos, as atividades desempenhadas pela parte autora e o local de prestação de serviços na (s) empresa (s).

• 2) O layout e as condições de trabalham apuradas na data da perícia permanecem as mesmas da época do período trabalhado? Por quê?

• 3) No caso de empresas avaliadas por similaridade, apresente os critérios utilizados para a escolha, descrevendo aspectos semelhantes ou diferentes para:

• a) Ambiente de trabalho;

• b) Agentes nocivos à saúde presentes nos ambientes;

• c) Descrição das atividades do autor e paradigma;

• d) Efetiva exposição do autor e paradigma.

• 4) Durante a vistoria puderam ser identificados E.P.C.'s eficazes? Descrever todos.

• 5) A empresa forneceu E.P.I.'s eficazes para neutralizar ou atenuar exposições a agentes nocivos?

• 6) Se positivo o item 5, descrever os E.P.I.'s, se os mesmos apresentam certificado de aprovação (C.A.) e o período de efetiva utilização pela parte autora.

• 7) Para todas as dosagens contidas no laudo, indicar a fonte das informações, métodos utilizados, datas das medições e responsáveis técnicos pelos trabalhos.

• 8) Se positivo o enquadramento, a parte autora efetivamente esteve exposta a agentes nocivos à saúde acima dos limites de tolerância ou existe somente presunção desta exposição? Desde quando? Até quando?

• 9) Para cada período de enquadramento, descrever as situações que comprovem exposição habitual e permanente, indicando sempre a fonte dos dados utilizados.

• 10) Se a resposta for afirmativa, quais os agentes nocivos e por quanto tempo a parte autora ficava exposta aos agentes insalubres?

• 11) No caso de ausência de dados objetivos, relatar se houve necessidade de utilizar dados subjetivos informados pela parte autora ou pelo responsável pela empresa periciada;

• 12) Em caso de resposta afirmativa, indicar tais dados no laudo.

• 13) Tratando-se de estabelecimento de saúde, o autor TRABALHAVA DE MODO PERMANENTE com pacientes portadores de doenças infectocontagiosas, segregado em áreas ou ambulatórios específicos? O autor manuseava EXCLUSIVAMENTE materiais contaminados provenientes dessas áreas?

• 14) Há alguma nota digna de registro que o Senhor Perito queira fazer?

CAPÍTULO 8

PETIÇÃO INICIAL E COMPETÊNCIA JURISDICIONAL NAS AÇÕES PREVIDENCIÁRIAS NOS BENEFÍCIOS POR INCAPACIDADE LABORAL E AUXÍLIO-ACIDENTE

1. PETIÇÃO INICIAL E PEDIDO ABERTO

Cabe ao autor da demanda previdenciária formular adequadamente o(s) pedido(s) na petição inicial a fim de permitir que o INSS e o julgador identifiquem a utilidade que se postula com a ação judicial.

Sabe-se que é regra comezinha do Direito Processual brasileiro, nas demandas individuais, que o juiz não poderá conceder, de ofício, pedido diverso do formulado pelo autor ou além do que vindicado pelo requerente.

No entanto, considerando o caráter alimentar do benefício previdenciário, esse regramento é extremamente mitigado nas causas previdenciárias, sendo comum no foro que os juízes concedam benefícios diversos dos requeridos na petição inicial.

Pedido de aposentadoria por incapacidade permanente e concessão de auxílio-doença. Requerimento de auxílio-doença e deferimento de aposentadoria por incapacidade permanente. Pedido de auxílio-doença e concessão de auxílio-acidente. Requerimento de aposentadoria especial e deferimento de aposentadoria por tempo de contribuição. Pedido de aposentadoria integral e concessão de aposentadoria proporcional. Estes são apenas alguns exemplos comuns no cotidiano judicial.

Essa flexibilização também decorre de um espelhamento do processo administrativo previdenciário. De acordo com a Súmula 05, do Conselho de Recursos da Previdência Social, "a Previdência Social deve conceder o melhor benefício a que o segurado fizer jus, cabendo ao servidor orientá-lo nesse sentido", entendimento repetido no artigo 577, da Instrução Normativa INSS 128/2022.

Nesse sentido, colaciona-se passagem do Informativo 522 do STJ:

> **"INFORMATIVO 522- DIREITO PREVIDENCIÁRIO E PROCESSUAL CIVIL. CONCESSÃO DE BENEFÍCIO PREVIDENCIÁRIO DIVERSO DO REQUERIDO NA INICIAL.**
>
> **O juiz pode conceder ao autor benefício previdenciário diverso do requerido na inicial, desde que preenchidos os requisitos legais atinentes ao benefício concedido.** Isso porque, tratando-se de matéria previdenciária, deve-se proceder, de forma menos rígida, à análise do pedido. **Assim, nesse contexto, a decisão proferida não pode ser considerada como extra petita ou ultra petita.** AgRg no REsp 1.367.825-RS, Rel. Min. Humberto Martins, julgado em 18/4/2013".

Sobre o assunto, transcreve-se Enunciado aprovado no XI FONAJEF:

> **Grupo 5 – Benefícios por Incapacidade**
>
> **Enunciado 4 (ATUAL ENUNCIADO 143 FONAJEF)**
>
> Não importa em julgamento extra petita a concessão de benefício previdenciário por incapacidade diverso daquele requerido na inicial. **(Aprovado por maioria)**

Veja-se a TNU:

> Processo n. 0509267-44.2013.4.05.8103 – "Na apreciação de demandas envolvendo a concessão de benefícios por incapacidade é aplicável o princípio da fungibilidade, sendo possível a concessão de prestação diversa da inicialmente requerida desde que estejam configuradas a suficiência do conjunto probatório e a observância do princípio do contraditório. Assim, inviável acolher o pedido de concessão de benefício diverso quando formulado após o encerramento da instrução probatória, sem que existam nos autos elementos suficientes para sua apreciação". (Boletim em 23.02.2017)

De acordo com o **Enunciado 212 do FONAJEF**, "não há nulidade na sentença quando esta determina a concessão do melhor benefício, observados os parâmetros a serem analisados para a sua implantação administrativa".

Contudo, em determinadas situações o julgador deverá ter a cautela de ouvir previamente o segurado ou o seu dependente acerca do interesse na concessão de benefício em condição diversa do pedido na petição inicial.

Isso porque, em tese, é possível que um segurado que tenha postulado a aposentadoria por incapacidade permanente não se contente ou não tenha interesse na concessão de um auxílio-doença ou auxílio-acidente, o mesmo ocorrendo com o deferimento de aposentadoria proporcional, quando apenas a integral foi vindicada judicialmente.

A respeito do tema, colaciona-se Enunciado aprovado no XII FONAJEF:

Grupo 6

Enunciado nº 1 (ATUAL ENUNCIADO 163 FONAJEF)

Não havendo pedido expresso na petição inicial de aposentadoria proporcional, o juiz deve se limitar a determinar a averbar os períodos reconhecidos em sentença, na hipótese de o segurado não possuir tempo de contribuição para concessão de aposentadoria integral (Aprovado no XII FONAJEF).

No entanto, de acordo com a TNU (Informativo 13/2017 - processo n. 0509267-44.2013.4.05.8103), na apreciação de demandas envolvendo a concessão de benefícios por incapacidade é aplicável o princípio da fungibilidade, sendo possível a concessão de prestação diversa da inicialmente requerida desde que estejam configuradas a suficiência do conjunto probatório e a observância do princípio do contraditório. **Assim, inviável acolher o pedido de concessão de benefício diverso quando formulado após o encerramento da instrução probatória, sem que existam nos autos elementos suficientes para sua apreciação".**

Ao julgar o **Tema 217**, a TNU admitiu a fungibilidade entre os requerimentos de BPC/LOAS da pessoa com deficiência e benefício por incapacidade laboral (auxílio por incapacidade temporária e aposentadoria por incapacidade permanente):

Tema	**217**	Situação do tema	Em Julgamento - eproc	Ramo do direito	DIREITO PREVIDENCIÁRIO
Questão submetida a julgamento	Saber, em relação aos benefícios administrados pelo INSS, se é possível conhecer em juízo de pedido de benefício diverso do efetivamente requerido na via administrativa.				
Tese firmada	**Em relação ao benefício assistencial e aos benefícios por incapacidade, é possível conhecer de um deles em juízo, ainda que não seja o especificamente requerido na via administrativa, desde que preenchidos os requisitos legais, observando-se o contraditório e o disposto no artigo 9º e 10 do CPC.**				
Processo	Decisão de afetação	Relator (a)	Julgado em	Acórdão publicado em	Trânsito em julgado
PEDILEF 0002358-97.2015.4.01.3507/GO	22/08/2019	Juiz Federal Erivaldo Ribeiro dos Santos	21/08/2020	27/08/2020	ED opostos

Por outro lado, decidiu a TNU que "***não existe fungibilidade entre os pedidos de concessão de aposentadoria por tempo de contribuição à pessoa com deficiência e os benefícios por incapacidade, sendo necessário o prévio requerimento administrativo de cada um dos benefícios***". PUIL n. 0007591-09.2022.4.05.8102/

CE. Julgado em 26/06/2024. Bem contraditória a posição da Turma Nacional, se compararmos com o tema 217.

Entretanto, em sede de reexame necessário, caso não tenha havido recurso do segurado ou dependente, o tribunal não poderá reformar a decisão do juiz de 1º grau para agravar a situação do INSS, pois é vedada a *reformatio in pejus*.

Nesse sentido, o STJ:

> **"INFORMATIVO 528- DIREITO PREVIDENCIÁRIO E PROCESSUAL CIVIL. REFORMATIO IN PEJUS EM REEXAME NECESSÁRIO.**
>
> **O Tribunal, em remessa necessária, inexistindo recurso do segurado, não pode determinar a concessão de benefício previdenciário que entenda mais vantajoso ao segurado.** É certo que o juiz pode conceder ao autor benefício previdenciário diverso do requerido na inicial, desde que preenchidos os requisitos legais atinentes ao benefício concedido, sem que isso configure julgamento extra petita ou ultra petita. Esse entendimento, ressalte-se, leva em consideração os fins sociais das normas previdenciárias, bem como a hipossuficiência do segurado. Contudo, a referida possibilidade não se estende à hipótese de julgamento da remessa necessária (art. 475 do CPC), tendo em vista sua específica devolutividade, restrita à confirmação da sentença e à consequente promoção da maior segurança possível para a Fazenda Pública, evitando-se que esta seja indevidamente condenada. Nesse contexto, a concessão de benefício mais vantajoso ao beneficiário no julgamento de remessa necessária importaria verdadeira reformatio in pejus, situação que não pode ser admitida (Súmula 45 do STJ). Precedentes citados: EDcl no REsp 1.144.400-SC, Sexta Turma, DJe 27/8/2012; e REsp 1.083.643-MG, Quinta Turma, DJe 3/8/2009. REsp 1.379.494-MG, Rel. Min. Sérgio Kukina, julgado em 13/8/2013".

Coube à **Lei 14.331/2022** inserir o artigo **129-A na Lei 8.213/91,** constituindo novos requisitos da petição inicial para a legítima propositura de ação contra o INSS que verse a respeito dos benefícios por incapacidade laboral, quer decorrentes ou não de acidente de trabalho.

De efeito, quando o fundamento da ação for a discussão de ato praticado pela perícia médica federal, a petição inicial deverá conter, em complemento aos requisitos previstos no art. 319 da Lei nº 13.105, de 16 de março de 2015 (Código de Processo Civil):

> **a) descrição clara da doença e das limitações que ela impõe;**
>
> **b) indicação da atividade para a qual o autor alega estar incapacitado;**
>
> **c) possíveis inconsistências da avaliação médico-pericial discutida; e**
>
> **d) declaração quanto à existência de ação judicial anterior com o objeto de que trata este artigo, esclarecendo os motivos pelos quais se entende não haver litispendência ou coisa julgada, quando for o caso;**

Outrossim, para atendimento do disposto no art. 320 da Lei nº 13.105, de 16 de março de 2015 (Código de Processo Civil), a petição inicial, qualquer que seja o rito ou procedimento adotado, deverá ser instruída pelo autor com os seguintes documentos:

> **a) comprovante de indeferimento do benefício ou de sua não prorrogação, quando for o caso, pela administração pública;**
>
> **b) comprovante da ocorrência do acidente de qualquer natureza ou do acidente do trabalho, sempre que houver um acidente apontado como causa da incapacidade;**
>
> **c) documentação médica de que dispuser relativa à doença alegada como a causa da incapacidade discutida na via administrativa.**

A exigência do PP (pedido de prorrogação), quando oportunizado, indica a positivação do entendimento da TNU no Tema 277:

<table>
<tr><td>Tema</td><td>277</td><td>Situação do tema</td><td>Julgado</td><td>Ramo do direito</td><td>DIREITO PREVIDENCIÁRIO</td></tr>
<tr><td colspan="2">Questão submetida a julgamento</td><td colspan="4">Saber, à vista do decidido no Tema 164/TNU, quais as consequências da ausência de pedido administrativo de prorrogação do auxílio-doença cessado por alta programada na postulação judicial de restabelecimento do benefício.</td></tr>
<tr><td colspan="2">Tese firmada</td><td colspan="4">O direito à continuidade do benefício por incapacidade temporária com estimativa de DCB (alta programada) pressupõe, por parte do segurado, pedido de prorrogação (§ 9º, art. 60 da Lei n. 8.213/91), recurso administrativo ou pedido de reconsideração, quando previstos normativamente, sem o quê não se configura interesse de agir em juízo.</td></tr>
<tr><td colspan="2">Processo</td><td>Decisão de afetação</td><td>Relator (a)</td><td>Julgado em</td><td>Acórdão publicado em</td><td>Trânsito em julgado</td></tr>
<tr><td colspan="2">PEDILEF 0500255-75.2019.4.05.8303/PE</td><td>16/10/2020</td><td>Juiz Federal Francisco Glauber Pessoa Alves</td><td>17/03/2022</td><td>17/03/2022</td><td>25/04/2022</td></tr>
</table>

Determinada pelo juízo a realização de exame médico-pericial por perito do juízo, este deverá, no caso de divergência com as conclusões do laudo administrativo, indicar em seu laudo de forma fundamentada as razões técnicas e científicas que amparam o dissenso, especialmente no que se refere à comprovação da incapacidade, sua data de início e a sua correlação com a atividade laboral do periciando.

Quando a conclusão do exame médico pericial realizado por perito designado pelo juízo mantiver o resultado da decisão proferida pela perícia realizada na via administrativa, poderá o juízo, após a oitiva da parte autora, julgar improcedente o pedido. Se a controvérsia versar sobre outros pontos além do que exige exame médico-pericial, o juízo dará seguimento ao processo, com a citação do réu, **indicando a positivação do procedimento da perícia prévia (antes da citação), em regra**, que otimiza o procedimento e viabiliza acordos em situações de laudos favoráveis aos segurados.

2. COMPETÊNCIA JURISDICIONAL- REGRA GERAL: COMPETÊNCIA DA JUSTIÇA FEDERAL

O INSS tem a natureza jurídica de autarquia federal, com a função principal de gerenciar o Plano de Benefícios do RGPS. Dessa forma, em regra, as ações propostas contra o INSS serão de competência da Justiça Federal, por força do artigo 109, inciso I, da Constituição Federal[1].

Vale ressaltar que a ação poderá ser proposta contra a autarquia na Vara Federal do domicílio do beneficiário (Subseção Judiciária) ou na Vara da Capital do Estado (Seção Judiciária), cabendo ao segurado ou ao seu dependente a escolha.

> Nesse sentido, de acordo com a **Súmula 689, STF**, "o segurado pode ajuizar ação contra a instituição previdenciária perante o juízo federal do seu domicílio ou nas varas federais da Capital do Estado-Membro".

Entretanto, por se cuidar de jurisdição graciosa ou voluntária (não há lide), o STJ vem entendendo que a ação de alvará proposta contra o INSS tramitará na Justiça Estadual, mesmo se tratando de entidade federal, pois inexiste pretensão resistida.

Apenas haverá a competência da Justiça Federal se houver resistência da autarquia previdenciária no levantamento dos valores, pois configurada a demanda[2].

1. Art. 109. Aos juízes federais compete processar e julgar:

   I – as causas em que a União, entidade autárquica ou empresa pública federal forem interessadas na condição de autoras, rés, assistentes ou oponentes, exceto as de falência, as de acidentes de trabalho e as sujeitas à Justiça Eleitoral e à Justiça do Trabalho.

2. STJ, CC 61.612, de 23.08.2006.

O STJ também decidiu ser competente a Justiça Estadual para o processamento e julgamento de feito relativo ao reconhecimento da existência de união estável, ainda que para obtenção de benefício previdenciário[3].

Logo, para o STJ, em uma ação em que se postula a mera declaração da união estável a competência será da Justiça Estadual, mesmo que o objetivo seja a posterior concessão de pensão por morte pelo INSS.

Entretanto, o posicionamento do STF é justamente o contrário, conforme se depreende da análise do seguinte acórdão:

> **"CONSTITUCIONAL. PREVIDENCIÁRIO. AGRAVO REGIMENTAL NO RECURSO EXTRAORDINÁRIO. RECONHECIMENTO DE UNIÃO ESTÁVEL. INSS COMO PARTE OU POSSUIDOR DE INTERESSE NA CAUSA. COMPETÊNCIA DA JUSTIÇA FEDERAL. 1. O Supremo Tribunal Federal firmou sua jurisprudência no sentido de que, quando o INSS figurar como parte ou tiver interesse na matéria, a competência é da Justiça Federal. Precedente. 2. Agravo regimental improvido"** (RE 545.199 Agr, de 24.11.2009).

Crê-se que o STF está com a razão. Se o objetivo do reconhecimento da união estável é a concessão de benefício por parte do INSS, autarquia federal, obviamente que há flagrante interesse de agir do ente autárquico, apto a despertar a competência da Justiça Federal.

Há precedente mais recente do STJ pronunciando a incompetência da Justiça Estadual e a ineficácia da decisão contra o INSS que não foi parte na lide:

> ***Processo***
>
> RMS 35018 / MG
>
> RECURSO ORDINÁRIO EM MANDADO DE SEGURANÇA
>
> 2011/0154822-6
>
> *Relator(a)*
>
> **Ministro GURGEL DE FARIA (1160)**
>
> ***Órgão Julgador***
>
> 5 - QUINTA TURMA
>
> ***Data do Julgamento***
>
> 04/08/2015
>
> ***Data da Publicação/Fonte***
>
> DJe 20/08/2015
>
> ***Ementa***
>
> PROCESSUAL CIVIL E PREVIDENCIÁRIO. MANDADO DE SEGURANÇA. IMPETRAÇÃO **POR** PESSOA JURÍDICA DE DIREITO PÚBLICO.

3. EDcl no AgRg no REsp 803.264-PE, Rel. Min. Og Fernandes, julgados em 30/6/2010.

> POSSIBILIDADE. AÇÃO DE RECONHECIMENTO DE **UNIÃO ESTÁVEL**. DECISÃO DO JUIZ ESTADUAL QUE DETERMINA AO INSS O PAGAMENTO DA **PENSÃO POR MORTE** À AUTORA. PROVIMENTO DE **COMPETÊNCIA** DA JUSTIÇA FEDERAL. AUTARQUIA QUE NÃO FOI PARTE NA LIDE. APLICAÇÃO DO ART. 472 DO CPC. MANIFESTA ILEGALIDADE.
>
> 1. O art. 1º da Lei n. 12.016/2009 preconiza que "conceder-se-á mandado de segurança para proteger direito líquido e certo, não amparado **por** habeas corpus ou habeas data, sempre que, ilegalmente ou com abuso de poder, qualquer pessoa física ou jurídica sofrer violação ou houver justo receio de sofrê-la **por** parte de autoridade, seja de que categoria for e sejam quais forem as funções que exerça".
>
> 2. Considerando que o texto legal expressamente assegura a impetração do remédio heroico **por** qualquer pessoa jurídica, não é possível ao Poder Judiciário vedar a sua utilização **por** entidade de direito público.
>
> 3. Compete à Justiça estadual o processamento e julgamento de demanda proposta com o escopo de obter provimento judicial declaratório de existência de vínculo familiar, para o fim de viabilizar futuro pedido de concessão de benefício previdenciário. Seara exclusiva do Direito de Família, relativa ao estado das pessoas.
>
> **4. Se a ação tem por objetivo provimento judicial constitutivo relativo à imediata concessão de benefício previdenciário, ostentando como causa de pedir o reconhecimento da união estável, deverá ser proposta perante a Justiça Federal, ante a obrigatoriedade da participação do INSS no polo passivo da lide, seja de maneira isolada, se for o caso, seja como litisconsorte passivo necessário.**
>
> **5. A presença do INSS é condição que se impõe porque a instituição de benefício previdenciário constitui obrigação que atinge diretamente os cofres da Previdência Social, revelando, assim, a existência de interesse jurídico e econômico da autarquia federal responsável pela sua gestão, razão pela qual ela deve ser citada para responder à demanda judicial, sob pena de violação dos postulados da ampla defesa e do contraditório, imprescindíveis para a garantia do devido processo legal.**
>
> **6. A instituição de novo beneficiário, ainda que seja para ratear pensão** já concedida, também agrava a situação jurídica e econômica da Previdência, porquanto representa causa que pode repercutir em maior tempo de permanência da obrigação de pagamento do benefício.
>
> 7. Hipótese em que a sentença proferida em sede de ação judicial circunscrita ao reconhecimento de **união estável** ajuizada exclusivamente em face do alegado companheiro, representado nos autos **por** sua herdeira, a teor do art. 472 do Código de Processo Civil, **não vincula a autarquia previdenciária que não fez parte da lide**, o que denota a manifesta ilegalidade da decisão.
>
> 8. Recurso ordinário provido.

Já no caso de pedido de concessão de pensão por morte em que a pronúncia da união estável é mero incidente processual, é indene de dúvidas que a ação a ser proposta contra o INSS tramitará na Justiça Federal, desde que não seja um benefício por acidente de trabalho.

Nesse sentido, de acordo com o STJ, "a pretensão deduzida na inicial não diz respeito ao reconhecimento da união estável, mas somente à concessão de benefício previdenciário, o que atrai a competência da Justiça Federal para o seu processamento e julgamento. Ainda que o referido Juízo tenha de enfrentar a questão referente à caracterização ou não de união estável numa ação em que pleiteia exclusivamente benefício previdenciário, como é o caso dos autos, não restará usurpada a competência da Justiça Estadual, na medida em que inexiste pedido reconhecimento de união estável, questão que deverá ser enfrentada como uma prejudicial, de forma lateral"[4].

3. COMPETÊNCIA JURISDICIONAL- AÇÕES ACIDENTÁRIAS: COMPETÊNCIA ORIGINÁRIA DA JUSTIÇA ESTADUAL

As ações acidentárias propostas contra o INSS, ou seja, com causa de pedir consistente em acidente de trabalho, moléstia ocupacional ou evento equiparado, serão de competência originária da Justiça Estadual (*ex ratione materiae*).

Isso porque a parte final do inciso I, do artigo 109, da Lei Maior, excluiu expressamente as ações decorrentes de acidente de trabalho da competência da Justiça Federal, inclusive as ações revisionais de benefícios acidentários, conforme já se pronunciou o STJ[5].

Logo, se a postulação da aposentadoria por incapacidade permanente, do auxílio-doença ou do auxílio-acidente decorrer de acidente de trabalho ou eventos equiparados, a competência material para processar e julgar a causa será da Justiça Estadual.

Nesse sentido, a posição pacificada do STF:

> **Súmula 501- "Compete à justiça ordinária estadual o processo e o julgamento, em ambas as instâncias, das causas de acidente do trabalho, ainda que promovidas contra a União, suas autarquias, empresas públicas ou sociedades de economia mista".**
>
> "EMENTA: AGRAVO REGIMENTAL NO RECURSO EXTRAORDINÁRIO. CONSTITUCIONAL E PREVIDENCIÁRIO. ACIDENTE DE TRABALHO. COMPETÊNCIA DA JUSTIÇA COMUM ESTADUAL PARA PROCESSAR E JULGAR A CAUSA. PRECEDENTES. INCIDÊNCIA DA SÚMULA 501 DO SUPREMO TRIBUNAL FEDERAL. AGRAVO REGIMENTAL AO QUAL SE NEGA PROVIMENTO" (RE 540970 AgR / SP, de 20/10/2009).

As demandas envolvendo o INSS na competência especial por acidente de trabalho devem tramitar no rito comum, sendo incompetentes os Juizados

4. CC126489, de 10/04/2013.
5. CC 102.459, de 12.08.2009.

Estaduais da Fazenda Pública mesmo que a demanda tenha valor da causa de baixo montante, pois a Lei 12.153/2009 não prevê uma autarquia federal como ré.

Eis o STJ:

> PROCESSUAL CIVIL E PREVIDENCIÁRIO. EXEGESE DO ART. 129, II, DA LEI N. 8.213/91. PETIÇÃO INICIAL. PEDIDO E CAUSA DE PEDIR. INTERPRETAÇÃO DO ART. 329 do CPC/15. PLEITO DE BENEFÍCIO ACIDENTÁRIO. COMPETÊNCIA DA JUSTIÇA ESTADUAL. Súmulas 15/STJ e 501/STF.
>
> 1. Consoante o disposto no art. 129, II, da Lei n. 8.213/91, os litígios e medidas cautelares relativos a acidentes do trabalho serão apreciados, "na via judicial, pela Justiça dos Estados e do Distrito Federal", cujo regramento se acha em compasso com a previsão constante do art. 109, I, da CF, segundo a qual compete à Justiça federal o julgamento das "causas em que a União, entidade autárquica ou empresa pública federal forem interessadas na condição de autoras, rés, assistentes ou oponentes, exceto as de falência, as de acidentes de trabalho e as sujeitas à Justiça Eleitoral e à Justiça do Trabalho".
>
> 2. "Compete à Justiça estadual processar e julgar os litígios decorrentes de acidente do trabalho" (Súmula 15/STJ); "**Compete à Justiça Ordinária Estadual** o processo e o julgamento, em ambas as instâncias, das causas de acidente do trabalho, ainda que promovidas contra a União, suas autarquias, empresas públicas ou sociedades de economia mista" (Súmula 501/STF).
>
> 3. Nos termos da jurisprudência do STJ, a competência para julgar as demandas em que se pleiteia a concessão de benefício previdenciário deve ser determinada em razão do pedido e da causa de pedir, cujos elementos identificadores da ação não poderão ser modificados após o saneamento, nos precisos termos do art. 329, II, do CPC/15.
>
> 4. No caso concreto, conforme se extrai da petição inicial, nela se postula a concessão de benefício de origem acidentária (auxílio-doença ou aposentadoria por invalidez), em virtude de alegado acidente de trabalho.
>
> 5. Como já assentado por esta Corte, "a questão relativa à ausência de nexo causal entre a lesão incapacitante e a atividade laboral do segurado, embora possa interferir no julgamento do mérito da demanda, não é capaz de afastar a competência da Justiça Estadual para processar as demandas em que o pedido formulado diz respeito a benefício previdenciário decorrente de acidente de trabalho, como é o caso dos autos" (REsp 1.655.442/MG, Rel. Ministro HERMAN BENJAMIN, SEGUNDA TURMA, DJe 18/04/2017).

As demandas previdenciárias que tramitam na competência estadual originária por decorrer do acidente de trabalho devem ser processadas na Vara Comum, não havendo competência dos Juizados da Fazenda Pública em julgar ações que envolvam entes federais.

Veja-se o artigo 2º da Lei 12.153/2009:

"Art. 2º É de competência dos Juizados Especiais da Fazenda Pública processar, conciliar e julgar causas cíveis de interesse dos Estados, do Distrito Federal, dos Territórios e dos Municípios, até o valor de 60 (sessenta) salários mínimos".

No mesmo sentido o Tema Repetitivo STJ 1053:

Processo

REsp 1.866.015-SP, Rel. Min. Herman Benjamin, por unanimidade, julgado em 10/03/2021. (Tema 1053)

Ramo do Direito

DIREITO PROCESSUAL CIVIL

Tema

Ações previdenciárias decorrentes de acidente de trabalho. Presença do INSS. Incompetência dos Juizados Especiais da Fazenda Pública. Tema 1053.

Destaque

Os Juizados Especiais da Fazenda Pública não têm competência para o julgamento de ações decorrentes de acidente de trabalho em que o Instituto Nacional do Seguro Social figure como parte.

Informações do Inteiro Teor

A fixação da competência da Justiça dos Estados para as ações acidentárias foi prevista na Carta de 1946 (art. 123, §1º), na Carta de 1967 (art. 134, § 2º) e na EC n. 1 de 1969 (art. 142). A regra persistiu na Constituição de 1988 (art. 109, I), mesmo após a EC 45/2004.

Sobre a matéria, o Superior Tribunal de Justiça baixou a Súmula 15: "Compete à Justiça estadual processar e julgar os litígios decorrentes de acidente do trabalho". E o Supremo Tribunal Federal, a Súmula 501: "Compete à Justiça Ordinária Estadual o processo e o julgamento, em ambas as instâncias, das causas de acidente do trabalho, ainda que promovidas contra a União, suas autarquias, empresas públicas ou sociedades de economia mista".

O STJ já se pronunciou, não sobre o tema dos autos, mas acerca de questão correlata, que decorreu da previsão feita no art. 109, § 3º, da Constituição de 1988. O preceito autoriza, na hipótese de ausência de vara federal no domicílio do segurado, a delegação legal para que a Justiça Estadual processe demandas de natureza previdenciária. Decidiu-se no STJ, em relevante precedente sobre o tema: "Em razão do próprio regramento constitucional e infraconstitucional, não há competência federal delegada no âmbito dos Juizados Especiais Estaduais, nem o Juízo Estadual, investido de competência federal delegada (artigo 109, parágrafo 3º, da Constituição Federal), pode aplicar, em matéria previdenciária, o rito de competência do Juizado Especial Federal, diante da vedação expressa contida no artigo 20 da Lei n. 10.259/2001" (REsp 661.482/PB, Relator p/ Acórdão Ministro Hamilton Carvalhido, DJe 05/02/2009).

O referido art. 20 da Lei n. 10.259/2001, que veda a aplicação do procedimento dos Juizados Especiais Federais no juízo estadual que esteja no exercício de competência delegada (CF, art. 109, § 3º), também proíbe, pelo diálogo entre as fontes,

> a aplicação do rito dos juizados no juízo estadual que processe demandas acidentárias (CF, art. 109, I). Como isso, se equilibra o direito de acesso à justiça com as normas relativas ao pacto federativo, tanto nas demandas contra o INSS em que se postula benefício previdenciário, como nas que decorram de acidente de trabalho.
>
> A Lei dos Juizados Especiais da Fazenda Pública (Lei n. 12.153/2009) não conflita com esse entendimento, pois o seu art. 2º estabelece expressamente que compete a esses órgãos "processar, conciliar e julgar causas cíveis de interesse dos Estados, do Distrito Federal, dos Territórios e dos Municípios, até o valor de 60 (sessenta) salários mínimos". Do preceito se extrai que não estão incluídas nessa competência as causas de interesse da União e suas autarquias.
>
> Harmonicamente, o art. 5º, inciso II, da mesma Lei define que podem ser réus no Juizado Especial da Fazenda Pública "os Estados, o Distrito Federal, os Territórios e os Municípios, bem como autarquias, fundações e empresas públicas a eles vinculadas".
>
> Nessa linha, antes da afetação do tema, diversas decisões monocráticas deram provimento a Recursos Especiais do INSS em casos idênticos ao destes autos, para reformar decisões declinatórias do Tribunal de Justiça do Estado do Mato Grosso, sob o fundamento de que "não há previsão para a Autarquia Federal ser parte em processo no Juizado Especial da Fazenda Pública" (REsp 1.861.311/MT, Rel. Min. Francisco Falcão, DJe 20/03/2020).

Vale frisar que o INSS somente concede benefícios com código de acidente do trabalho aos segurados que possuem o pagamento da contribuição SAT em seu favor: empregado, empregado doméstico (este após a LC 150/2015), trabalhador avulso e segurado especial.

Logo, o contribuinte individual, quer autônomo, quer prestando serviços à pessoa jurídica, não terá deferido pelo INSS benefício por acidente de trabalho, e sim benefício comum, o mesmo ocorrendo com o segurado facultativo, que sequer trabalha.

No entanto, de modo atécnico, o STJ vinha pronunciando através da 3ª Seção, o direito do contribuinte individual autônomo em perceber benefício por acidente de trabalho, firmando, inclusive, a competência da Justiça Estadual para processar tais demandas previdenciárias:

> "PREVIDENCIÁRIO. COMPETÊNCIA. CONFLITO NEGATIVO. CONCESSÃO DE APOSENTADORIA POR INVALIDEZ. ACIDENTE DE TRABALHO. CARACTERIZAÇÃO. CONTRIBUINTE AUTÔNOMO. ART. 109, I, DA CONSTITUIÇÃO. VERBETE SUMULAR N.º 15/STJ. 1. O objetivo da regra do art. 109, I, da Constituição é aproximar o julgador dos fatos inerentes à matéria que lhe está sendo submetida a julgamento. 2. As ações propostas contra a autarquia previdenciária objetivando a concessão de benefícios de índole acidentária são de competência da Justiça Estadual. Verbete sumular 15/STJ. **3. Os trabalhadores autônomos assumem os riscos de sua atividade e não recolhem contribuições para custear o benefício acidentário. Tal é desinfluente no caso do autônomo**

> **que sofre acidente de trabalho e pleiteia a concessão de aposentadoria por invalidez. 4. Conflito conhecido para declarar a competência do Juízo de Direito da Vara de Acidentes do Trabalho do Distrito Federal, o suscitante"** (3ª Seção, CC 86794, de 12/12/2007).
>
> "PREVIDENCIÁRIO. AGRAVO REGIMENTAL NO CONFLITO NEGATIVO DE COMPETÊNCIA. JUSTIÇA ESTADUAL E JUSTIÇA FEDERAL. CONCESSÃO DE APOSENTADORIA POR INVALIDEZ OU AUXÍLIO-DOENÇA, DECORRENTES DE ACIDENTE DE TRABALHO.SÚMULAS 15/STJ E 501/STF. TRABALHADOR AUTÔNOMO. COMPETÊNCIA DA JUSTIÇA ESTADUAL. AGRAVO REGIMENTAL IMPROVIDO. I. Na linha dos precedentes desta Corte, "compete à Justiça comum dos Estados apreciar e julgar as ações acidentárias, que são aquelas propostas pelo segurado contra o Instituto Nacional do Seguro Social, visando ao benefício, aos serviços previdenciários e respectivas revisões correspondentes ao acidente do trabalho. Incidência da Súmula 501 do STF e da Súmula 15 do STJ" (STJ, AgRg no CC 122.703/SP, Rel. Ministro MAURO CAMPBELL MARQUES, PRIMEIRA SEÇÃO, DJe de 05/06/2013) II. É da Justiça Estadual a competência para o julgamento de litígios decorrentes de acidente de trabalho (Súmulas 15/STJ e 501/STF). **III. Já decidiu o STJ que "a questão referente à possibilidade de concessão de benefício acidentário a trabalhador autônomo se encerra na competência da Justiça Estadual" (STJ, CC 82.810/SP, Rel. Ministro HAMILTON CARVALHIDO, DJU de 08/05/2007).** Em igual sentido: STJ, CC 86.794/DF, Rel. Ministro ARNALDO ESTEVES LIMA, TERCEIRA SEÇÃO, DJU de 01/02/2008. IV. Agravo Regimental improvido". (1ª Seção, AGRCC 201401674626, de 23/9/2015).

Felizmente, o posicionamento foi revisto em 2017 pela 1ª Seção do STJ:

> PROCESSUAL CIVIL E PREVIDENCIÁRIO. CONFLITO NEGATIVO DE COMPETÊNCIA.
>
> AÇÃO PREVIDENCIÁRIA. BENEFÍCIO POR INCAPACIDADE. SEGURADO CONTRIBUINTE INDIVIDUAL. LEGISLAÇÃO ACIDENTÁRIA EXCLUDENTE. NATUREZA PREVIDENCIÁRIA DO BENEFÍCIO. INTELIGÊNCIA DO ARTIGO 19 DA LEI 8.213/1991. COMPETÊNCIA DA JUSTIÇA FEDERAL. JUÍZO SUSCITADO.
>
> 1. No caso, tramita ação previdenciária em que ser requer a condenação do INSS ao pagamento de benefício previdenciário por incapacidade, em que o autor ostenta a qualidade de segurado contribuinte individual.
>
> 2. O segurado contribuinte individual integra o rol dos segurados obrigatórios do Regime Geral de Previdência Social. O artigo 12, V, da Lei 8.212/1991 e o artigo 9º, V, do Decreto 3.048/1999, com a redação dada pela Lei 9.876/1999, elencam quem são os segurados contribuintes individuais. São igualmente segurados contribuintes individuais, o médico-residente, por força da Lei 6.932/1981 com a redação dada pela Lei 12.514/2011; o cônjuge ou companheiro do produtor que participe da atividade rural por este explorada; o bolsista da Fundação Habitacional do Exército, contratado em conformidade com a Lei 6.855/1980 e o árbitro de

competições desportivas e seus auxiliares que atuem em conformidade com a Lei 9.615/1998.

2. Consoante artigo 19 da Lei 8.213/1991, somente os segurados empregados, incluídos os temporários, os segurados trabalhadores avulsos e os segurados especiais fazem jus aos benefícios previdenciários por acidente do trabalho. O ordenamento jurídico fez incluir o segurado empregado doméstico no rol do artigo 19, em observância à Emenda Constitucional 72 e à Lei Complementar 150/2015.

3. O artigo 109, I, da Constituição Federal de 1988, ao excetuar da competência federal as causas de acidente do trabalho, abarcou tão somente as lides estritamente acidentárias, movidas pelo segurado contra o INSS.

4. O acidente sofrido por trabalhador classificado pela lei previdenciária como segurado contribuinte individual, por expressa determinação legal, não configura acidente do trabalho, não ensejando, portanto, a concessão de benefício acidentário, apenas previdenciário, sob a jurisdição da Justiça Federal.

5. Conflito negativo de competência conhecido para declarar a competência da Justiça Federal **(CC 140943, 1ª Seção, 8/2/2017).**

PROCESSO

CC 164335 / MT

CONFLITO DE COMPETENCIA

2019/0068189-6

RELATOR

Ministro HERMAN BENJAMIN (1132)

ÓRGÃO JULGADOR

S1 - PRIMEIRA SEÇÃO

DATA DO JULGAMENTO

27/03/2019

DATA DA PUBLICAÇÃO/FONTE

DJe 12/06/2019

EMENTA

CONFLITO NEGATIVO DE COMPETÊNCIA. JUSTIÇA FEDERAL E JUSTIÇA ESTADUAL. AÇÃO PREVIDENCIÁRIA DE CONVERSÃO DE AUXÍLIO-DOENÇA EM APOSENTADORIA POR INVALIDEZ. NATUREZA PREVIDENCIÁRIA DO BENEFÍCIO. COMPETÊNCIA DA JUSTIÇA FEDERAL. JUÍZO SUSCITADO. 1. Conflito Negativo de Competência instaurado entre o Juízo de Direito da 4ª Vara Cível de Cáceres/MT e o Juízo Federal do Juizado Especial Adjunto de Cáceres-SJ/MT, em ação previdenciária de conversão de auxílio-doença em aposentadoria por invalidez. 2. No caso concreto, não se extrai da petição inicial qualquer alusão à ocorrência de acidente laboral que, como causa de pedir, estivesse a respaldar o pedido de aposentadoria por invalidez formulado pelo segurado ao INSS, cujo contexto desautoriza a tramitação da lide perante a Justiça Estadual. 3. A Primeira Seção do STJ, no julgamento do CC 140.943/SP, Rel. Min. Mauro Campbell Marques, DJe 16.2.2017, firmou o entendimento de que "o acidente sofrido por trabalhador classificado pela lei previdenciária como segurado contribuinte individual, por expressa determinação legal, não configura acidente do trabalho, não ensejando, portanto, a concessão de benefício acidentário, apenas previdenciário, sob a jurisdição da Justiça Federal".4. Conflito de Competência conhecido para declarar competente para o processamento do feito o Juízo Federal do Juizado Especial Adjunto de Cáceres-SJ/MT, o suscitado.

No que concerne à pensão por morte decorrente de acidente de trabalho, o STJ, através da sua 3ª Seção, já se pronunciou sobre a competência da Justiça Federal, por supostamente não se tratar de um benefício acidentário:

"PREVIDENCIÁRIO. CONFLITO NEGATIVO DE COMPETÊNCIA. JUSTIÇA ESTADUAL E JUSTIÇA FEDERAL. AÇÃO REVISIONAL DE PENSÃO POR MORTE DECORRENTE DE ACIDENTE DE TRABALHO. APLICAÇÃO DO ART. 109, I, DA CF/88. NÃO-INCIDÊNCIA DA SÚMULA 15/STJ. PRECEDENTES. COMPETÊNCIA DA JUSTIÇA FEDERAL. 1. Para verificação da competência no caso de ações previdenciárias, deve-se considerar a natureza do benefício, se acidentário ou previdenciário, bem como o procedimento adotado para a sua concessão. 2. As ações que versem sobre benefícios previdenciários são de competência da Justiça Federal, ressalvado o disposto no art. 109, § 3º, da Lei Maior. **Dessa forma, as ações que envolvam concessão e revisão de pensão por morte, independentemente da circunstância em que o segurado faleceu, devem ser processadas e julgadas na Justiça Federal**. 3. Exceção a esta regra está nas ações acidentárias típicas, envolvendo o trabalhador e a autarquia previdenciária, nas quais há necessidade de prova pericial a ser realizada pelo INSS, o que justifica a manutenção da competência da Justiça Estadual, a teor do art. 109, inciso I, in fine, da Constituição Federal. 4. Conflito conhecido para declarar competente o Juízo Federal da 1ª Vara de São Gonçalo para processar e julgar o feito (g.n.)[6]".

CONFLITO NEGATIVO DE COMPETÊNCIA ENTRE JUÍZO ESTADUAL E JUÍZO FEDERAL – REVISÃO DE PENSÃO POR MORTE DECORRENTE DE ACIDENTE DO TRABALHO – NATUREZA PREVIDENCIÁRIA DO BENEFÍCIO – NÃO-INCIDÊNCIA DAS SÚMULAS 15/STJ E 501/STF – COMPETÊNCIA DO JUÍZO FEDERAL. **I. Na esteira dos precedentes desta Corte, a pensão por morte é benefício eminentemente previdenciário, independentemente das circunstâncias que cercaram o falecimento do segurado. II. Portanto, ainda que a morte decorra de acidente do trabalho, a pensão possui origem unicamente na condição que o cônjuge tinha de dependente do de cujus, mas não no motivo do falecimento, constituindo-se, portanto, em benefício previdenciário, e não acidentário**. Precedentes. III. Competência da Justiça Federal (g,n.)[7].

O STJ manteve este entendimento no ano de 2010:

"PROCESSUAL CIVIL. PREVIDENCIÁRIO. AGRAVO REGIMENTAL NO CONFLITO DE COMPETÊNCIA. COMPETÊNCIA DA JUSTIÇA FEDERAL

6. CC 62.531, de 28.02.2007.
7. CC 89.282, de 26.09.2007.

PARA O PROCESSAMENTO E JULGAMENTO DAS DEMANDAS QUE VERSEM SOBRE O BENEFÍCIO DE PENSÃO POR MORTE, AINDA QUE DECORRENTE DE ACIDENTE DE TRABALHO. AGRAVO REGIMENTAL DO MINISTÉRIO PÚBLICO DESPROVIDO. 1. **A Terceira Seção desta Corte pacificou recentemente o entendimento de que o pedido relativo à revisão do benefício de pensão por morte, ainda que decorrente de acidente de trabalho, é da competência da Justiça Federal, por se tratar de benefício eminentemente previdenciário (CC 62.531/RJ, Rel. Min. MARIA THEREZA DE ASSIS MOURA, DJU 26.03.2007, p. 200)**. 2. No presente caso, o domicílio do segurado não é sede de Vara Federal, tendo ele optado por impetrar a ação no Juízo Estadual, conforme faculdade prevista no art. 109, § 3º. da CF. 3. Estando o Juízo Estadual investido de jurisdição federal delegada, impõe-se reconhecer a competência do Tribunal Regional Federal para processar e julgar o recurso interposto contra a sentença proferida pelo Juiz de Direito. 4. Agravo Regimental do Ministério Público Federal desprovido **(3ª Seção, AGRCC 107.734, de 28.04.2010)**.

No entanto, não há como concordar com o entendimento da Corte Superior, pois será da competência da Justiça Estadual o julgamento de causas contra o INSS decorrentes de acidente de trabalho, não havendo qualquer ressalva constitucional.

A pensão por morte poderá ser comum ou decorrente de acidente de trabalho, conforme enquadramento da Autarquia Previdenciária: 93 – Pensão por morte por acidente do trabalho (Lei nº 8.213/91); 21 – Pensão por morte previdenciária (Lei nº 8.213/91).

Por isso, entende-se que a competência para julgar ou revisar pensão por morte decorrente de acidente de trabalho será originalmente da Justiça Estadual, **conforme posicionamento do STF:**

"EMENTA: AGRAVO REGIMENTAL NO AGRAVO DE INSTRUMENTO. CONSTITUCIONAL E PREVIDENCIÁRIO. **PENSÃO POR MORTE DECORRENTE DE ACIDENTE DE TRABALHO. COMPETÊNCIA DA JUSTIÇA COMUM ESTADUAL PARA PROCESSAR E JULGAR A CAUSA**. PRECEDENTES. INCIDÊNCIA DA SÚMULA 501 DO SUPREMO TRIBUNAL FEDERAL. AGRAVO REGIMENTAL AO QUAL SE NEGA PROVIMENTO" **(1ª Turma, AI 722.821 Agr, de 20.10.2009)**.

A partir do ano de 2012, após a alteração do seu Regimento Interno, as causas previdenciárias passaram a ser julgadas pela 1ª Seção, e não mais pela 3ª Seção do STJ, tendo ficado assentado pela 1ª Seção que a competência para julgar ação visando à concessão de pensão por morte por acidente de trabalho é da Justiça Estadual, no julgamento do CC 121.352, de 11.04.2012:

"CONFLITO DE COMPETÊNCIA. JUSTIÇA FEDERAL E JUSTIÇA ESTADUAL. AÇÃO VISANDO A OBTER PENSÃO POR MORTE DECORRENTE DE

ACIDENTE DE TRABALHO. ALCANCE DA EXPRESSÃO "CAUSAS DECORRENTES DE ACIDENTE DO TRABALHO".

1. Nos termos do art. 109, I, da CF/88, estão excluídas da competência da Justiça Federal as causas decorrentes de acidente do trabalho. **Segundo a jurisprudência firmada pelo Supremo Tribunal Federal e adotada pela Corte Especial do STJ, são causas dessa natureza não apenas aquelas em que figuram como partes o empregado acidentado e o órgão da Previdência Social, mas também as que são promovidas pelo cônjuge, ou por herdeiros ou dependentes do acidentado, para haver indenização por dano moral (da competência da Justiça do Trabalho – CF, art. 114, VI), ou para haver benefício previdenciário pensão por morte, ou sua revisão (da competência da Justiça Estadual).**

2. É com essa interpretação ampla que se deve compreender as causas de acidente do trabalho, referidas no art. 109, I, bem como nas Súmulas 15/STJ ("Compete à justiça estadual processar e julgar os litígios decorrentes de acidente do trabalho") e 501/STF (Compete à justiça ordinária estadual o processo e o julgamento, em ambas as instâncias, das causas de acidente do trabalho, ainda que promovidas contra a união, suas autarquias, empresas públicas ou sociedades de economia mista).

3. Conflito conhecido para declarar a competência da Justiça Estadual".

Todavia, em 28/08/2019, a 1ª Seção do STJ restabeleceu a antiga jurisprudência (a nosso ver equivocada) pronunciando a competência da Justiça Federal para julgar as ações previdenciárias decorrentes de pensão por morte por acidente de trabalho:

Processo

CC 166107 / BA

CONFLITO DE COMPETENCIA

2019/0155147-6

Relator(a)

Ministro HERMAN BENJAMIN (1132)

Órgão Julgador

S1 - PRIMEIRA SEÇÃO

Data do Julgamento

28/08/2019

Data da Publicação/Fonte

DJe 18/10/2019

Ementa

CONFLITO DE COMPETÊNCIA. BENEFÍCIO PREVIDENCIÁRIO. PENSÃO POR MORTE. FALECIMENTO DECORRENTE DE ACIDENTE DE TRABALHO. COMPETÊNCIA DA JUSTIÇA FEDERAL.

1. Conforme entendimento jurisprudencial consagrado pelo Superior Tribunal de Justiça, compete à Justiça Federal processar e julgar as ações objetivando a concessão ou revisão dos benefícios de pensão por morte, ainda que decorrentes de acidente de trabalho. A propósito: AgRg no CC 113.675/SP, Rel. Ministra Assusete Magalhães, Terceira Seção, DJe 18/12/2012; CC 119.921/AM, Rel. Ministra Marilza Maynard (Desembargadora Convocada do TJ/SE), Terceira Seção, DJe de 19/10/2012; AgRg no CC 108.477/MS, Rel. Min. Maria Thereza de Assis Moura, DJe de 10/12/2010; AgRg no CC 107.796/SP, Rel. Min. Arnaldo Esteves Lima, DJe de 7/5/2010; CC 89.282/RS, Rel. Min. Jane Silva (Desembargadora Convocada do TJ/MG, DJ de 18/10/2007; AgRg no CC 139.399/RJ, Rel. Ministro Olindo Menezes (Desembargador convocado do TRF 1ª Região), Primeira Seção, DJe 2/3/2016; AgRg no CC 112.710/MS, Rel. Min. Og Fernandes, DJe de 7/10/2011.

2. Conflito de Competência conhecido para determinar a competência do Juízo suscitado, qual seja, a 2ª Vara do Juizado Especial Federal de Vitória da Conquista/BA.

A posição foi reafirmada em 12/06/2024:

PROCESSO

CC 197182 / RN

CONFLITO DE COMPETENCIA
2023/0162894-8

RELATOR

Ministro AFRÂNIO VILELA (1187)

ÓRGÃO JULGADOR

S1 - PRIMEIRA SEÇÃO

DATA DO JULGAMENTO

12/06/2024

DATA DA PUBLICAÇÃO/FONTE

DJe 18/06/2024

EMENTA

PREVIDENCIÁRIO E PROCESSUAL CIVIL. CONFLITO NEGATIVO DE COMPETÊNCIA. **PENSÃO POR MORTE. FALECIMENTO DE SEGURADO EM DECORRÊNCIA DE ACIDENTE DE TRABALHO. BENEFÍCIO DE NATUREZA PREVIDENCIÁRIA. COMPETÊNCIA DA JUSTIÇA FEDERAL.** CONFLITO CONHECIDO PARA DECLARAR A COMPETÊNCIA DO TRIBUNAL REGIONAL FEDERAL DA 5ª REGIÃO, ORA SUSCITADO.

1. Cinge-se a controvérsia em definir a competência para o processamento e o julgamento de ação ajuizada contra o Instituto Nacional do Seguro Social - INSS, objetivando a concessão do benefício previdenciário de pensão por morte de segurado vítima do acidente aéreo ocorrido em 31/5/2009, no voo 447 da companhia aérea Air France. Segundo consta da petição inicial, a Justiça do Trabalho reconheceu o vínculo empregatício com a empresa Geokinetics Geophysical do Brasil

LTDA, na função de comandante de embarcação, e concedeu aos dependentes do de cujus indenização pela morte decorrente de acidente de trabalho.

2. A jurisprudência do STJ pacificou entendimento segundo o qual compete à Justiça Federal processar e julgar as ações de concessão ou revisão do benefício previdenciário de pensão por morte, ainda que o falecimento do segurado tenha decorrido de acidente de trabalho.

3. A concessão do benefício de pensão por morte, independentemente das circunstâncias do falecimento do segurado, possui natureza previdenciária, e não acidentária típica, o que torna competente a Justiça Federal para o processamento e o julgamento do feito, afastando-se a aplicação das Súmulas 15/STJ; e 501/STF.

4. Conflito de competência conhecido para declarar a competência do Tribunal Regional Federal da 5ª Região, ora suscitado.

Por outro lado, em 2023 o STF reafirmou a competência da Justiça Estadual:

ARE 1417655 AgR

Órgão julgador: Primeira Turma

Relator(a): Min. ALEXANDRE DE MORAES

Julgamento: 08/08/2023

Publicação: 27/09/2023

Ementa

EMENTA: AGRAVO INTERNO. RECURSO EXTRAORDINÁRIO COM AGRAVO. CUMPRIMENTO DE SENTENÇA. IRSM FEVEREIRO/1993. **TÍTULO JUDICIAL. REVISÃO DA RMI. PENSÃO POR MORTE. BENEFÍCIO PREVIDENCIÁRIO DECORRENTE DE ACIDENTE DE TRABALHO. COMPETÊNCIA DA JUSTIÇA ESTADUAL.** TEMA 414 DA REPERCUSSÃO GERAL. INCIDÊNCIA 1. Recurso Extraordinário em que se debate, à luz do art. 109, I, da Constituição Federal, a competência, se da Justiça Federal ou da Justiça Comum, para análise de ação em que se pretende a atualização monetária de benefício acidentário de titularidade da recorrida relativamente ao cômputo do IRSM (índice de reajuste do salário mínimo) de fevereiro de 1994. 2. O Tribunal Regional Federal da 4ª Região reconheceu a **competência** da Justiça Federal para julgamento da causa. 3. A respeito da matéria, o SUPREMO TRIBUNAL FEDERAL no julgamento do RE 638.483-RG, Rel. Min. PRESIDENTE, Tema 414 da Repercussão Geral, fixou a seguinte tese: **"Compete à Justiça Comum Estadual julgar as ações acidentárias que, propostas pelo segurado contra o Instituto Nacional do Seguro Social (INSS), visem à prestação de benefícios relativos a acidentes de trabalho." 4. Diversamente do apontado pelo acórdão recorrido, a presente causa versa sobre benefício previdenciário decorrente de acidente de trabalho**. 5. Agravo Interno a que se nega provimento. Na forma do art. 1.021, §§ 4º e 5º, do Código de Processo Civil de 2015, em caso de votação unânime, fica condenado o agravante a pagar ao agravado multa de um por cento do valor atualizado da causa, cujo depósito prévio passa a ser condição para a interposição de qualquer outro recurso (à exceção da Fazenda Pública e do beneficiário de gratuidade da justiça, que farão o pagamento ao final).

Desta forma, temos uma **manifesta divergência entre o STF e o STJ** a respeito da competência jurisdicional para julgar demandas previdenciárias envolvendo a **pensão por morte fruto de acidente de trabalho:**

A) STF: Justiça Estadual;

B) STJ: Justiça Federal.

Tecnicamente, razão assiste ao STF, pois o fato de ter havido morte do segurado não tem o condão de desnaturar o acidente de trabalho, cujo titular é o dependente.

O que está por trás da posição do STJ, e que obviamente não está dito nas suas decisões, é que o fundamento de o STJ pronunciar a incompetência estadual decorre da maior celeridade da Justiça Federal no país na grande maioria das localidades.

Vale frisar que a competência da Justiça Estadual também abarca os benefícios decorrentes do acidente de trabalho por equiparação (artigo 21, da Lei 8.213/91), conforme correto entendimento do STJ:

> **Informativo 542 – "DIREITO PROCESSUAL CIVIL E PREVIDENCIÁRIO. COMPETÊNCIA PARA JULGAR PEDIDO DE PENSÃO POR MORTE DECORRENTE DE ÓBITO DE EMPREGADO ASSALTADO NO EXERCÍCIO DO TRABALHO.**
>
> **Compete à Justiça Estadual – e não à Justiça Federal – processar e julgar ação que tenha por objeto a concessão de pensão por morte decorrente de óbito de empregado ocorrido em razão de assalto sofrido durante o exercício do trabalho.** Doutrina e jurisprudência firmaram compreensão de que, em regra, o deslinde dos conflitos de competência de juízos em razão da matéria deve ser dirimido com a observância da relação jurídica controvertida, notadamente no que se refere à causa de pedir e ao pedido indicados pelo autor da demanda. Na hipótese, a circunstância afirmada não denota acidente do trabalho típico ou próprio, disciplinado no *caput* do art. 19 da Lei 8.213/1991 (Lei de Benefícios da Previdência Social), mas acidente do trabalho atípico ou impróprio, que, por presunção legal, recebe proteção na alínea "a" do inciso II do art. 21 da Lei de Benefícios. Nessa hipótese, o nexo causal é presumido pela lei diante do evento, o que é compatível com o ideal de proteção ao risco social que deve permear a relação entre o segurado e a Previdência Social. Desse modo, o assalto sofrido no local e horário de trabalho equipara-se ao acidente do trabalho, e o direito à pensão por morte decorrente do evento inesperado e violento deve ser apreciado pelo juízo da Justiça Estadual, nos termos do art. 109, I, parte final, da CF combinado com o art. 21, II, "a", da Lei 8.213/1991. CC 132.034-SP, **Rel. Min. Benedito Gonçalves, julgado em 28/5/2014".**

Por sua vez, entende a 3ª Seção do STJ que as demandas envolvendo benefícios previdenciários por acidente de trabalho dos segurados especiais deverão tramitar na Justiça Federal:

> "PREVIDENCIÁRIO. CONFLITO DE COMPETÊNCIA. COMPROVAÇÃO DA QUALIDADE DE SEGURADO ESPECIAL, NA CONDIÇÃO DE TRABALHADOR RURAL, PARA FINS DE CONCESSÃO DE BENEFÍCIO ACIDENTÁRIO. PARECER DO MPF PELA COMPETÊNCIA DA JUSTIÇA ESTADUAL. COMPETÊNCIA DA JUSTIÇA FEDERAL.
>
> **1. A jurisprudência deste Tribunal Superior é assente quanto à competência residual da Justiça Estadual para processar demanda relativa a acidente de trabalho. Entretanto, a comprovação da qualidade de segurado especial, para fins de concessão de benefício perante a Autarquia Previdenciária, como no caso, é matéria estranha à competência da Justiça Estadual, devendo ser a demanda processada pela Justiça Federal, nos termos do art. 109, I da CF.**
>
> 2. Somente seria possível o processamento da presente ação no Juízo Estadual, se a Comarca do domicílio do segurado não fosse sede de Vara Federal, o que, entretanto, não configura a hipótese dos autos.
>
> 3. Conflito de Competência conhecido para declarar a competência do Juízo Federal da 17a.Vara da Subseção Judiciária de Petrolina da Seção Judiciária de Pernambuco, o suscitante, para processar e julgar a presente demanda, inobstante o parecer do MPF" (CC 86.797, de 22/08/2007).
>
> O argumento manejado pela 3ª Seção do STJ é impertinente. Isso porque o reconhecimento da qualidade de segurado especial é questão prejudicial à concessão do benefício por acidente de trabalho, tendo a Justiça Estadual plena competência para tanto.

De efeito, a competência constitucional da Justiça Estadual para julgar as ações contra o INSS para a postulação e revisão de benefícios por acidente de trabalho é irrestrita, de modo que é de todo inaceitável essa fundamentação da 3ª Seção do STJ.

O FONAJEF, em 2017, aderiu a esse posicionamento:

> **Enunciado nº 187**
>
> São da competência da Justiça Federal os pedidos de benefícios ajuizados por segurados especiais e seus dependentes em virtude de acidentes ocorridos nessa condição.

No entanto, **tal posicionamento foi revisto pela 1ª Seção do STJ**, firmando tese de que os benefícios por acidente de trabalho postulados por segurados especiais e seus dependentes devem ser postulados na Justiça Estadual:

> **AgInt no CC 152187 / MT**
>
> **S1 - PRIMEIRA SEÇÃO**

13/12/2017

1. A Terceira Seção, à época em que detinha competência para matéria previdenciária, firmou entendimento de que, no caso de segurado especial, a concessão de benefícios acidentários seria de competência da Justiça Federal.

3. Considerando que a qualidade de segurado é condição sine qua non para a concessão de qualquer benefício, seja acidentário ou previdenciário, tem-se, consequentemente, que ela não serviria de critério para definir a competência, restando analisar, apenas, a causa de pedir e o pedido.

4. Diante das razões acima expostas e do teor das Súmulas 15/STJ e 501/STF, chega-se à conclusão de que deve ser alterado o entendimento anteriormente firmado pela Terceira Seção, a fim de se reconhecer a competência da Justiça estadual para a concessão de benefícios derivados de acidente de trabalho aos segurados especiais.

Vale registrar que as **aposentadorias da pessoa com deficiência** (LC 142/2013) por idade e por tempo de contribuição não possuem código de concessão decorrente do **acidente de trabalho**, pois a causa de pedir é a deficiência, e não a causa da deficiência.

Ao que parece a causa de pedir próxima é a deficiência e apenas a causa de pedir remota é o acidente de trabalho, quando a deficiência é acidentária. Nesta situação, o STJ pronunciou a **incompetência da Justiça Federal**:

Processo

CC 183143 / RS

CONFLITO DE COMPETENCIA

2021/0313677-4

Relator(a)

Ministra ASSUSETE MAGALHÃES (1151)

Órgão Julgador

S1 - PRIMEIRA SEÇÃO

Data do Julgamento

10/11/2021

Data da Publicação/Fonte

DJe 12/11/2021

Ementa

PREVIDENCIÁRIO E PROCESSUAL CIVIL. CONFLITO NEGATIVO DE COMPETÊNCIA. PEDIDO DE APOSENTADORIA DE PESSOA COM DEFICIÊNCIA, DECORRENTE DE ACIDENTE DE TRABALHO. COMPETÊNCIA DA JUSTIÇA ESTADUAL PARA PROCESSAR E JULGAR AS LIDES DECORRENTES DE ACIDENTE DE TRABALHO. ART. 109, I, DA CF/88. SÚMULA 15/STJ. PRECEDENTES. CONFLITO CONHECIDO, PARA DECLARAR

COMPETENTE O JUÍZO ESTADUAL SUSCITANTE. I. Conflito Negativo de Competência, instaurado entre o Juízo Federal da 2ª Vara de Caxias do Sul - SJ/RS, suscitado, e o Juízo de Direito da Vara de Flores da Cunha - RS, suscitante. II. Na origem, trata-se de pedido de aposentadoria por tempo de contribuição, com contagem reduzida, prevista para o segurado portador de deficiência, na forma dos arts. 2º e 3º da Lei Complementar 142/2013. **III. Sustenta a parte autora que sofreu acidente do trabalho - "na empresa FBF/Haldex, que lhe provocou amputação traumática do antebraço entre o cotovelo e o punho, gozou de auxílio-doença no período de 30/09/2001 a 15/03/2004, convertido em auxílio-acidente a partir de 16/03/2004 (...) Ainda gozou dos benefícios de auxílio-doença nos períodos de 25/07/2006 a 21/01/2008, de 04/07/2015 a 05/08/2015 e de 23/12/2017 e 08/02/2018" -, sendo portador de deficiência, decorrente do acidente do trabalho, com direito à aposentadoria com contagem reduzida, regulamentada pela Lei Complementar 142/2013.** IV. Prevalece nesta Corte o entendimento de que "a competência para julgar as demandas que objetivam a concessão de benefício previdenciário relacionado a acidente de trabalho deve ser determinada em razão do pedido e da causa de pedir contidos na petição inicial. Isto porque, a definição do juiz competente é anterior a qualquer outro juízo de valor a respeito da demanda" (STJ, AgRg no AgRg no REsp 1.522.998/ES, Rel. Ministro MAURO CAMPBELL MARQUES, SEGUNDA TURMA, DJe de 25/09/2015). Na mesma linha: STJ, REsp 1.655.442/MG, Rel. Ministro HERMAN BENJAMIN, SEGUNDA TURMA, DJe de 18/04/2017. V. No caso, a causa de pedir está diretamente atrelada à deficiência decorrente do acidente de trabalho, cujo grau será definido em avaliação médica e funcional, como prevê o art. 70-A do Decreto 3.048/99. VI. Na forma da jurisprudência, "caso o órgão julgador afaste a configuração do nexo causal, a hipótese é de improcedência do pleito de obtenção do benefício acidentário, e não de remessa à Justiça Federal. Nessa hipótese, caso entenda devido, pode a parte autora intentar nova ação no juízo competente para obter benefício não-acidentário, posto que diversos o pedido e a causa de pedir" (STJ, CC 152.002/MG, Rel. Ministro HERMAN BENJAMIN, PRIMEIRA SEÇÃO, DJe de 19/12/2017). **VII. No caso, o autor postulou também o reconhecimento judicial de períodos laborados em atividades rurais e especiais, que requer sejam somados ao período de trabalho como portador de deficiência decorrente de acidente do trabalho, para a concessão de aposentadoria por tempo de contribuição de segurado portador de deficiência, com contagem reduzida, na forma da Lei Complementar 142/2013. Caso entenda o Juízo Estadual competente pela impossibilidade de cumulação de pedidos, na forma do art. 327 do CPC/2015, deverá dar aos demais pedidos a solução processual cabível, sem interferir, entretanto, na sua competência para processar e julgar as pretensões relacionadas com a deficiência decorrente do acidente do trabalho.** VIII. Conflito conhecido, para declarar competente o Juízo de Direito da Vara de Flores da Cunha - RS, o suscitante, para o processo e o julgamento da lide.

As revisionais de benefícios por acidente de trabalho também deverão tramitar na Justiça Estadual. Trata-se, inclusive, de posição firmada pela 1ª Seção do STJ:

PROCESSO

AgRg no CC 135327 / ES

AGRAVO REGIMENTAL NO CONFLITO DE COMPETÊNCIA

2014/0197202-3

RELATOR

Ministro MAURO CAMPBELL MARQUES (1141)

ÓRGÃO JULGADOR

S1 - PRIMEIRA SEÇÃO

DATA DO JULGAMENTO

24/09/2014

DATA DA PUBLICAÇÃO/FONTE

DJe 02/10/2014

EMENTA

PROCESSUAL CIVIL E PREVIDENCIÁRIO. AGRAVO REGIMENTAL NO CONFLITO NEGATIVO DE COMPETÊNCIA INSTAURADO ENTRE JUÍZOS ESTADUAL E FEDERAL. **REVISÃO DA RENDA MENSAL INICIAL DE APOSENTADORIA POR INVALIDEZ DECORRENTE DE ACIDENTE DE TRABALHO**. ART. 109, I, DA CONSTITUIÇÃO FEDERAL. SÚMULAS 501/STF E 15/STJ. **COMPETÊNCIA DA JUSTIÇA ESTADUAL**. AGRAVO REGIMENTAL NÃO PROVIDO.

1. O Parquet requer a reconsideração da decisão proferida em conflito negativo de competência, para que seja reconhecida a competência da Justiça Federal.

2. A decisão ora agravada asseverou que o conflito negativo de competência foi instaurado em autos de ação revisional de renda mensal inicial de aposentadoria por invalidez decorrente de acidente do trabalho, apoiada na petição inicial, fixando a competência da Justiça estadual.

3. O agravante sustenta que a causa de pedir remota não é oriunda de acidente do trabalho. Por isso a natureza previdenciária do benefício atrairia a competência da Justiça Federal.

4. Todavia, a decisão merece ser mantida pelos seus próprios fundamentos. Isto porque a interpretação a ser dada à expressão causas decorrentes de acidente do trabalho é ampla, deve compreender: (1) as causas de acidente do trabalho referidas no art. 109, I, da Constituição, (2) a Súmula 15/STJ ("Compete à justiça estadual processar e julgar os litígios decorrentes de acidente do trabalho"), (3) a Súmula 501/STF ("Compete à justiça ordinária estadual o processo e o julgamento, em ambas as instâncias, das causas de acidente do trabalho, ainda que promovidas contra a união, suas autarquias, empresas públicas ou sociedades de economia mista"), e, também, os pedidos de revisão delas decorrentes.

5. Da releitura do processo, depreende-se que a causa de pedir está contida em acidente do trabalho. Por isso a decisão deve ser mantida pelos seus próprios fundamentos.

6. Agravo regimental não provido.

No mesmo sentido o STF:

> **ARE 1417655 AgR**
>
> **Órgão julgador:** Primeira Turma
>
> **Relator(a):** Min. ALEXANDRE DE MORAES
>
> **Julgamento:** 08/08/2023
>
> **Publicação:** 27/09/2023
>
> Ementa
>
> EMENTA: AGRAVO INTERNO. RECURSO EXTRAORDINÁRIO COM AGRAVO. **CUMPRIMENTO DE SENTENÇA. IRSM FEVEREIRO/1993. TÍTULO JUDICIAL. REVISÃO DA RMI. PENSÃO POR MORTE. BENEFÍCIO PREVIDENCIÁRIO DECORRENTE DE ACIDENTE DE TRABALHO. COMPETÊNCIA DA JUSTIÇA ESTADUAL. TEMA 414 DA REPERCUSSÃO GERAL.** INCIDÊNCIA 1. Recurso Extraordinário em que se debate, à luz do art. 109, I, da Constituição Federal, a competência, se da Justiça Federal ou da Justiça Comum, para análise de ação em que se pretende a atualização monetária de benefício acidentário de titularidade da recorrida relativamente ao cômputo do IRSM (índice de reajuste do salário mínimo) de fevereiro de 1994. **2. O Tribunal Regional Federal da 4ª Região reconheceu a competência da Justiça Federal para julgamento da causa. 3. A respeito da matéria, o SUPREMO TRIBUNAL FEDERAL no julgamento do RE 638.483-RG, Rel. Min. PRESIDENTE, Tema 414 da Repercussão Geral, fixou a seguinte tese: "Compete à Justiça Comum Estadual julgar as ações acidentárias que, propostas pelo segurado contra o Instituto Nacional do Seguro Social (INSS), visem à prestação de benefícios relativos a acidentes de trabalho." 4. Diversamente do apontado pelo acórdão recorrido, a presente causa versa sobre benefício previdenciário decorrente de acidente de trabalho. 5. Agravo Interno a que se nega provimento.** Na forma do art. 1.021, §§ 4º e 5º, do Código de Processo Civil de 2015, em caso de votação unânime, fica condenado o agravante a pagar ao agravado multa de um por cento do valor atualizado da causa, cujo depósito prévio passa a ser condição para a interposição de qualquer outro recurso (à exceção da Fazenda Pública e do beneficiário de gratuidade da justiça, que farão o pagamento ao final).

Vale frisar que se cuida de competência absoluta, cabendo ao juiz pronunciá-la de ofício a qualquer tempo, sob pena de nulidade dos atos decisórios, em observância ao Princípio do Juiz Natural, não se perpetuando a competência pela inércia do réu.

No entanto, a jurisprudência do STJ admite a manutenção de tutela de urgência proferida por juiz absolutamente incompetente:

> INFORMATIVO 524 - **DIREITO PROCESSUAL CIVIL. MEDIDA DE URGÊNCIA DECRETADA POR JUÍZO ABSOLUTAMENTE INCOMPETENTE.**
>
> **Ainda que proferida por juízo absolutamente incompetente, é válida a decisão que, em ação civil pública proposta para a apuração de ato de improbidade**

administrativa, tenha determinado, até que haja pronunciamento do juízo competente, a indisponibilidade dos bens do réu a fim de assegurar o ressarcimento de suposto dano ao patrimônio público. De fato, conforme o art. 113, § 2º, do CPC, o reconhecimento da incompetência absoluta de determinado juízo implica, em regra, nulidade dos atos decisórios por ele praticados. Todavia, referida regra não impede que o juiz, em face do poder de cautela previsto nos arts. 798 e 799 do CPC, determine, em caráter precário, medida de urgência para prevenir perecimento de direito ou lesão grave ou de difícil reparação. REsp 1.038.199-ES, Rel. Min. Castro Meira, julgado em 7/5/2013.

Este entendimento foi reforçado pelo CPC de 2015, pois o seu artigo 64, §4º aduz que, "**salvo decisão judicial em sentido contrário, conservar-se-ão os efeitos de decisão proferida pelo juízo incompetente até que outra seja proferida, se for o caso, pelo juízo competente**".

Todavia, na hipótese de mandado de segurança contra autoridade do INSS, mesmo que a causa de pedir seja decorrente de acidente de trabalho, a competência para o seu julgamento permanecerá na Justiça Federal, pois prevalece a competência funcional para o julgamento do *writ*.

Este, inclusive, é o posicionamento tradicional do STJ:

"CONSTITUCIONAL. MANDADO DE SEGURANÇA. COMPETENCIA. CRITERIOS DE FIXAÇÃO. ATO DE AUTORIDADE FEDERAL. SENTENÇA PROFERIDA POR JUIZ ESTADUAL INCOMPETENTE. ANULAÇÃO. - **EM SEDE DE MANDADO DE SEGURANÇA, A COMPETENCIA PARA O PROCESSO E JULGAMENTO E DEFINIDA SEGUNDO A HIERARQUIA FUNCIONAL DA AUTORIDADE COATORA, NÃO ADQUIRINDO RELEVANCIA A MATERIA DEDUZIDA NA PEÇA DE IMPETRAÇÃO. - COMPETE A JUSTIÇA FEDERAL CONHECER DE MANDADO DE SEGURANÇA CONTRA O ATO DE AUTORIDADE AUTARQUIA FEDERAL, AINDA QUE SE DISCUTA MATERIA RELACIONADA A LEGISLAÇÃO ACIDENTARIA DE NATUREZA PREVIDENCIARIA.** - SOMENTE NAS HIPOTESES EM QUE O JUIZ ESTADUAL SE ENCONTRA INVESTIDO POR JURISDIÇÃO DE COMPETENCIA FEDERAL, CABE AO TRIBUNAL FEDERAL REEXAMINAR, EM GRAU DE APELAÇÃO, A SENTENÇA POR ELE PROLATADA, A TEOR DO INSCRITO NO ART. 108, II, AD CF/1988. - NO CASO, NÃO TENDO O TRIBUNAL DE JUSTIÇA ANULADO A SENTENÇA EMANADA DE JUIZ ESTADUAL INCOMPETENTE, E CERTO QUE ESTA CORTE, POR FORÇA DE SUA JURISDIÇÃO, DEVE DECLARAR A NULIDADE DOS ATOS DECISORIOS PRATICADOS POR JUIZ INCOMPETENTE, E FIXAR, DESDE LOGO, O JUIZO COMPETENTE. - CONFLITO NÃO CONHECIDO. REMESSA DOS AUTOS AO TRIBUNAL DE JUSTIÇA DO RIO GRANDE DO SUL[8]" (g.n.).

PROCESSO

8. CC 18.239, 3ª Seção, de 13.11.1996.

CC 111123 / ES

CONFLITO DE COMPETENCIA

2010/0050172-5

RELATOR

Ministro CASTRO MEIRA (1125)

ÓRGÃO JULGADOR

S1 - PRIMEIRA SEÇÃO

DATA DO JULGAMENTO

10/11/2010

DATA DA PUBLICAÇÃO/FONTE

DJe 22/11/2010

EMENTA

PROCESSUAL CIVIL. CONFLITO NEGATIVO DE COMPETÊNCIA. JUSTIÇAS ESTADUAL E FEDERAL. MANDADO DE SEGURANÇA. AUTORIDADE IMPETRADA. CHEFE DA AGÊNCIA DO INSS EM SERRA/ES. RETIFICAÇÃO DE ATO ADMINISTRATIVO. BENEFÍCIO PREVIDENCIÁRIO. CLASSIFICAÇÃO EQUIVOCADA. AUXÍLIO-DOENÇA CATALOGADO COMO ACIDENTE DE TRABALHO. COMPETÊNCIA FEDERAL. CRITÉRIO RATIONE AUCTORITATIS. PRECEDENTES.

1. Cuida-se de conflito negativo de competência instaurado entre o Juízo Federal da 2ª Vara Cível da Seção Judiciária do Estado do Espírito Santo, o suscitado, e o Juízo de Direito da Vara Especializada em Acidentes de Trabalho de Vitória, o suscitante, nos autos de mandado de segurança impetrado por MZ Informática Ltda contra ato supostamente abusivo e ilegal do Chefe da Agência da Previdência Social do INSS no Município de Serra/ES, por meio do qual pretende a impetrante a retificação de ato administrativo.

2. Noticiam os autos que a autoridade coatora, erroneamente, indicou no ato administrativo impugnado a ocorrência de acidente de trabalho (Código 91) como causa do afastamento do empregado Marcos Rodrigues Martins, embora a licença, na verdade, tenha se dado em razão de doença (Código 31), o que gerou consequências previdenciárias mais gravosas para o empregador.

3. Embora a discussão tangencie o tema afeto à concessão de benefício previdenciário, a competência interna, por força do que dispõe o art. 9º, § 1º, II, do Regimento do STJ, é da Primeira Seção, pois o que pretende a impetrante é a anulação de ato administrativo, com retificação do registro do benefício concedido a seu empregado de acidente de trabalho (Código 91) para auxílio doença (Código 31).

4. A competência para o julgamento de mandado de segurança é estabelecida em razão da função ou da categoria funcional da autoridade indicada como coatora (ratione auctoritatis), sendo irrelevante a matéria tratada na impetração, a natureza do ato impugnado ou a pessoa do impetrante. Precedentes.

5. No caso, a autoridade indigitada coatora é o Chefe da Agência da Previdência Social no Município de Serra/ES, autoridade pública federal vinculada ao Instituto

> Nacional do Seguro Social-INSS. Tratando-se de autoridade federal, a competência para julgamento do feito é da Justiça Federal de Primeira Instância, ainda que a matéria possa, de algum modo, tangenciar o tema relativo à concessão do benefício de acidente de trabalho.
>
> 6. Ainda que assim não fora, não se trata, na espécie, de demanda acidentária, mas de mandado de segurança que visa a retificação de um ato administrativo.
>
> 7. Conflito de competência conhecido para declarar competente o Juízo Federal da 2ª Vara Cível da Seção Judiciária do Estado do Espírito Santo, o suscitado.

No mesmo sentido a posição atual do STJ no julgamento do Conflito de Competência 123.518, julgado pela 1ª Seção e publicado em 19.09.2012:

> "CONFLITO NEGATIVO DE COMPETÊNCIA. PREVIDENCIÁRIO.MANDADO DE SEGURANÇA. RESTABELECIMENTO DE BENEFÍCIO ACIDENTÁRIO. **OBSERVÂNCIA DA QUALIFICAÇÃO DA AUTORIDADE IMPETRADA**. ATOS DE MÉDICO PERITO E DO SUPERINTENDENTE DO INSS. **COMPETÊNCIA DO JUÍZO DA JUSTIÇA FEDERAL**"

Porém, **há decisões recentes do STJ no sentido que deve se aplicar o art. 109, § 3º, da Constituição aos mandados de segurança, a fim de permitir o ajuizamento da demanda no domicílio do autor, tendo em vista o objetivo de facilitar o acesso à Justiça**.

Nesse sentido: (AgInt no CC 153.138/DF, Rel. Ministro Gurgel de Faria, Primeira Seção, julgado em 13/12/2017, DJe 22/2/2018; AgInt no CC153.724/DF, Rel. Ministra Regina Helena Costa, Primeira Seção, julgado em 13/12/2017, DJe 16/2/2018; AgInt no CC 150.269/AL, Rel. Ministro Francisco Falcão, Primeira Seção, julgado em 14/6/2017, DJe 22/6/2017; AgInt no CC 154470 / DF, Rel. Min. OG Fernandes, Primeira Seção, julgado em 11/04/2018, DJe 18/04/2018).

Ademais, as ações acidentárias seguiram no passado o rito sumário, por força de determinação contida no artigo 129, inciso II, da Lei 8.213/91, tendo ainda prioridade de conclusão dos processos administrativos.

No entanto, vale frisar que com o advento do CPC de 2015 (art. 318[9]), não mais existe distinção entre o rito comum ordinário e sumário, passando a existir um único rito comum, observada a regra de transição do artigo do artigo 1.046[10].

---

9. Art. 318. Aplica-se a todas as causas o procedimento comum, salvo disposição em contrário deste Código ou de lei.
   Parágrafo único. O procedimento comum aplica-se subsidiariamente aos demais procedimentos especiais e ao processo de execução.
10. Art. 1.046. Ao entrar em vigor este Código, suas disposições se aplicarão desde logo aos processos pendentes, ficando revogada a Lei no 5.869, de 11 de janeiro de 1973.

De arremate, insta noticiar que tramita no Congresso Nacional com grande vontade política a PEC 278/2008, que objetiva retirar a competência da Justiça Estadual para julgar as ações acidentárias propostas contra o INSS, o que será bem recebido pelos segurados e seus dependentes.

A origem histórica desta competência era facilitar o acesso à Justiça quando os segurados mais necessitavam, ou seja, quando sofriam acidentes de trabalho, vez que a Justiça Federal não era dotada de uma boa interiorização.

Logo, considerando o processo de expansão da Justiça Federal no interior do país, bem como o fato de normalmente ser mais célere que a Justiça Estadual, o que é comprovado claramente no Estado da Bahia, por exemplo, não mais se justifica essa regra constitucional.

4. COMPETÊNCIA JURISDICIONAL - COMPETÊNCIA ESTADUAL POR DELEGAÇÃO

A Justiça Estadual também poderá julgar causas previdenciárias não acidentárias por delegação de competência, sendo investida de jurisdição federal, quando for conveniente ao segurado ou ao seu dependente.

> De acordo com o artigo 109, §3º, em sua redação original da Constituição Federal, serão processadas e julgadas na Justiça Estadual, no foro do domicílio dos segurados ou beneficiários, as causas em que forem parte instituição de previdência social e segurado, sempre que a comarca não seja sede de vara do juízo federal, e, se verificada essa condição, a lei poderá permitir que outras causas sejam também processadas e julgadas pela Justiça Estadual.

Esta hipótese de delegação de competência obviamente abarcava não só as ações propostas pelos segurados contra o INSS, mas também as intentadas por seus dependentes, que se enquadram como beneficiários, se na sede da comarca inexistir vara federal[11].

Como não se trata de competência originária, mas de mera delegação, os recursos não serão direcionados ao Tribunal de Justiça, e sim ao Tribunal Regional Federal da respectiva Região.

---

§ 1º As disposições da Lei nº 5.869, de 11 de janeiro de 1973, relativas ao procedimento sumário e aos procedimentos especiais que forem revogadas aplicar-se-ão às ações propostas e não sentenciadas até o início da vigência deste Código.

11. Nesse sentido, se pronunciou o TRF da 3ª Região, ao julgar a AC 426.661, em 19.04.2004, que "a delegação de competência à justiça estadual para processar e julgar feitos de natureza previdenciária – art. 109, § 3º, CF – abrange, igualmente, ação versando sobre o pedido de obtenção de auxílio-reclusão por pessoa não vinculada à Previdência Social, eis que o seu espírito é a facilitação do acesso à Justiça, tendo sempre em vista amparar eficazmente, e dentro dos limites legais e constitucionais, cidadãos reconhecidamente carentes, em sua grande maioria".

Evidente que se o segurado reside em localidade cuja sede possui Vara da Justiça Federal, inexistirá a competência delegada, pois esta pressupõe a inexistência de Vara Federal.

Nesse sentido, o acertado posicionamento do STF no **Tema 820 em Repercussão Geral**:

> ***Decisão:*** *O Tribunal, por maioria, apreciando o tema 820 da repercussão geral, deu provimento ao recurso extraordinário para, reformado o acórdão, declarar competente, para julgar ação movida por segurado, o Juizado Especial Federal de Botucatu, da 31ª Subseção da Seção Judiciária do Estado de São Paulo, nos termos do voto do Relator, vencido parcialmente o Ministro Alexandre de Moraes. Foi fixada a seguinte tese:* ***"A competência prevista no § 3º do artigo 109 da Constituição Federal, da Justiça comum, pressupõe inexistência de Vara Federal na Comarca do domicílio do segurado".*** *Plenário, Sessão Virtual de 26.2.2021 a 5.3.2021.*

Importante:

No entanto, o dispositivo foi modificado pela Emenda 103/2019, passando a dispor da seguinte forma: "§3º **Lei poderá autorizar** que as causas de competência da Justiça Federal, em que forem parte instituição de previdência social e segurado, possam ser processadas e julgadas na justiça estadual, quando a comarca do domicílio do segurado não for sede de vara federal".

Antes da reforma, a competência delegada era automática. Agora depende de lei federal de regulamentação, que já existia (Lei 5.010/66):

> *"Art. 15. Nas Comarcas do interior onde não funcionar Vara da Justiça Federal (artigo 12), os Juízes Estaduais são competentes para processar e julgar:*
>
> *III - os feitos ajuizados contra instituições previdenciárias por segurados ou beneficiários residentes na Comarca, que se referirem a benefícios de natureza pecuniária".*

Entende-se que essa regra da Lei 5.010/66 foi recebida tanto pela CF/1988 quanto pela atual reforma, de modo que nada será modificado em um primeiro momento.

No entanto, já tramitava no Congresso Nacional em fase avançada o PL 2.999/2019, que promoveu alteração na Lei 5.010/66 através da Lei 13.876, de 20 de setembro de 2019:

> "Art. 15. Quando a Comarca não for sede de Vara Federal, poderão ser processadas e julgadas na Justiça Estadual:
>
> ....
>
> **III - as causas em que forem parte instituição de previdência social e segurado e que se referirem a benefícios de natureza pecuniária, quando a Comarca de domicílio do segurado estiver localizada a mais de 70 km (setenta quilômetros) de Município sede de Vara Federal;**

> ....
>
> § 1º Sem prejuízo do disposto no art. 42 desta Lei e no parágrafo único do art. 237 da Lei nº 13.105, de 16 de março de 2015 (Código de Processo Civil), poderão os Juízes e os auxiliares da Justiça Federal praticar atos e diligências processuais no território de qualquer Município abrangido pela seção, subseção ou circunscrição da respectiva Vara Federal.
>
> § 2º Caberá ao respectivo Tribunal Regional Federal indicar as Comarcas que se enquadram no critério de distância previsto no inciso III do **caput** deste artigo."

Dessa forma, pela Lei 13.876/2019, **a competência federal delegada será extinta quando a Comarca de domicílio do beneficiário da previdência social distar até 70 km de alguma Vara da Justiça Federal**, cabendo ao TRF editar uma lista de comarcas.

A intenção é reduzir custos administrativos do Poder Executivo e do Judiciário, mantendo a delegação de competência apenas para distâncias maiores (acima de 70 km) em que não é razoável exigir viagens do beneficiário da previdência social.

A **apuração da distância** deverá observar **o deslocamento real, e não em linha reta**, conforme tabelas disponíveis em ferramentas de órgãos oficiais, Google Maps ou similares, nos termos da **Resolução CJF n. 705, de 27 de abril de 2021**.

Essa norma não entrou em vigor na data da sua publicação em 23/9/2019. Sua vigência é prevista apenas para 1/1/2020. Entende-se que a nova Lei 13.876/2019 foi precoce. Isso porque deveria ter sido editada após a publicação da reforma constitucional.

Avaliando o texto constitucional originário (23/9/2019) no dia da publicação da Lei 13.876/2019 e antes da reforma constitucional, nota-se que houve uma indevida restrição à competência jurisdicional delegada, não existindo no Brasil o fenômeno da constitucionalidade superveniente.

Um problema ainda mais grave na Lei 13.876/2019 é que esta silenciou sobre os processos que tramitam na Justiça Estadual sob o palio da delegação federal de competência nas Comarcas em que em 1/1/2020 haverá a extinção da delegação, pois distam até 70 Km de uma Vara da Justiça Federal.

Por certo, a fim de se livrar de um enorme acervo acumulado, os juízes estaduais irão remeter os processos ainda não sentenciados para os juízes federais. Estes, por certo, não aceitarão, e irão suscitar ao STJ milhares e milhares conflitos negativos de competência jurisdicional, entupindo ainda mais a Corte Superior.

Tudo isso seria evitado se a Lei 13.876/2019 tivesse regulado o tema. Entendo que a redistribuição de processos ajuizados na Justiça Estadual até 31/12/2019 não deve ocorrer.

De acordo com o artigo 43 do CPC, "determina-se a competência no momento do registro ou da distribuição da petição inicial, **sendo irrelevantes as modificações do estado de fato ou de direito ocorridas posteriormente, salvo quando suprimirem órgão judiciário ou alterarem a competência absoluta**".

Como não há supressão de órgão jurisdicional, assim como a competência era concorrente entre a Justiça Federal (Seção ou Subseção Judiciária) e a Justiça Estadual investida de jurisdição federal quando o segurado residia em localidade que não era sede da Justiça Federal, entende-se que a determinação de competência na data da propositura da ação não deve ser modificada.

Ademais, é razoável aplicar por analogia o artigo 25 da Lei 10.259/2001, que diz que "não serão remetidas aos Juizados Especiais as demandas ajuizadas até a data de sua instalação".

Não é razoável que as Varas Federais recebam um enorme passivo da Justiça Estadual, comprometendo o seu funcionamento regular.

Felizmente, o Conselho da Justiça Federal preveniu o problema ao editar a **Resolução 602, de 11/11/2019**, prevendo que "as ações, em fase de conhecimento ou de execução, ajuizadas anteriormente a 1º de janeiro de 2020, **continuarão a ser processadas e julgadas no juízo estadual**, nos termos em que previsto pelo § 3º do art. 109 da Constituição Federal, pelo inciso III do art. 15 da Lei n. 5.010, de 30 de maio de 1965, em sua redação original, e pelo art. 43 do Código de Processo Civil", **vedando a redistribuição.**

A mesma posição foi tomada pelo STJ até o julgamento do **IAC 6:**

Tema/IAC	**6**	**Situação**	**Admitido**	**Órgão Julgador**	**PRIMEIRA SEÇÃO**	**Assuntos**	
Questão submetida a julgamento	Efeitos da Lei nº 13.876/2019 na modificação de competência para o processamento e julgamento dos processos que tramitam na Justiça Estadual no exercício da competência federal delegada.						
Anotações Nugep	Incidente admitido por decisão monocrática do relator, *ad referendum* da Primeira Seção, em decisão publicada em 18/12/2019. Em Questão de Ordem apresentada pelo Ministro relator Mauro Campbell Marques, a Primeira Seção admitiu o Incidente de Assunção de Competência, nos termos do Acórdão publicado no DJe de 25/9/2020.						
Informações Complementares	A Primeira Seção, em Acórdão publicado em 25/9/2020, em caráter liminar, determinou **"a manutenção da imediata suspensão, em todo o território nacional, de qualquer ato destinado a redistribuição de processos pela Justiça Estadual (no exercício da jurisdição federal delegada) para a Justiça Federal,** até o julgamento definitivo do presente **Incidente de Assunção de Competência no Conflito e Competência",** referente aos processos iniciados anteriormente a 1º/1/2020, os quais deverão ter regular tramitação e julgamento, independentemente do julgamento do presente Incidente de Assunção de Competência no Conflito de Competência.						
Ramo do Direito	DIREITO PROCESSUAL CIVIL E DO TRABALHO						
Processo	**Tribunal de Origem**	**Relator**	**Admissão**	**Julgado em**	**Acórdão Publicado em**	**Embargos de Declaração**	**Trânsito em Julgado**
CC 170051/RS	JFRS	MAURO CAMPBELL MARQUES	18/12/2019 25/09/2020	-	-	-	-

Não obstante isto, ao julgar o **IAC 6** no CC 170051, a Corte Especial do STJ achou um jeito de conservar a Lei 13.876/2019, mesmo com a sua publicação sendo anterior à vigência da Emenda 103/2019:

Processo

IAC no CC 170051 / RS

INCIDENTE DE ASSUNÇÃO DE COMPETÊNCIA NO CONFLITO DE COMPETÊNCIA

2019/0376717-3

Relator(a)

Ministro MAURO CAMPBELL MARQUES (1141)

Órgão Julgador

S1 – PRIMEIRA SEÇÃO

Data do Julgamento

21/10/2021

Data da Publicação/Fonte

DJe 04/11/2021

Ementa

INCIDENTE DE ASSUNÇÃO DE COMPETÊNCIA NOS AUTOS DO CONFLITO DE COMPETÊNCIA. AÇÕES DE NATUREZA PREVIDENCIÁ**RIO, EXCETO AS DE ÍNDOLE ACIDENTÁRIA. JUÍZOS FEDERAL E ESTADUAL INVESTIDO NA JURISDIÇÃO DELEGADA. ART. 109, §3º, DA CF. EMENDA CONSTITUCIONAL Nº 103/2019. LEI FEDERAL Nº 13.876/2019.**

1 – Trata-se de incidente de assunção de competência, instaurado com fulcro nos arts. 947, § 2º, do CPC/2015 e 271-B do RISTJ, que visa examinar o campo de vigência das alterações promovidas pela Emenda Constitucional 103/2019 e pela Lei nº 13.876/2019 no instituto da competência delegada previsto no § 3º do artigo 109 da Constituição Federal de 1988.

2 – O presente incidente foi proposto nos autos do conflito negativo de instaurado entre o Juízo Federal da 21ª Vara da Seção Judiciária do Estado do Rio Grande do Sul e o Juízo de Direito da 1ª Vara Cível de Guaíba/RS, em autos de ação previdenciária, ajuizada em 4/5/2018, por segurado em face do Instituto Nacional do Seguro Social, objetivando o restabelecimento de aposentadoria por invalidez com o adicional de grande invalidez.

3 – A controvérsia em questão está afeta ao instituto da competência delegada conferida, pelo texto constitucional, à Justiça Estadual para o julgamento de causas envolvendo o Instituto Nacional do Seguro Social – INSS, as quais, dada a natureza jurídica envolvida e os interesses tutelados na lide, deveriam ser julgadas pela Justiça Federal.

4 – É fato que os Juízes Estaduais, por determinação constitucional, recebem, excepcionalmente por delegação, e não por assunção, competência previdenciária de matéria federal. Tanto é assim que o art. 109, § 4º, da CF c/c 108, II da CF/88

traz clara previsão de que o recurso cabível contra decisão da Justiça Estadual será sempre encaminhado à jurisdição do Tribunal Regional Federal na área de jurisdição do juiz de primeiro grau. Nesse sentido, CC 114.650/SP, Rel. Ministro Herman Benjamin, Primeira Seção, DJe 17/05/2011.

5 – Outra importante observação, extraída de abalizada corrente de processualistas capitaneado por Dinamarco, está no fato de a hipótese tratar-se foros concorrentes, sendo de exclusivo arbítrio do autor a propositura de ação no local de sua preferência e sem possibilidade de a escolha ser impugnada pelo adversário. Consequências dessa asserção:

5.1 Sendo a Justiça Federal organizada em Seções e Subseções, o Juiz Federal com competência incidente sobre o domicílio da parte – ainda que não haja uma sede de Vara Federal – terá competência originária para julgamento da causa. E caso essa localidade não seja sede de Vara Federal, o Juiz Estadual terá competência delegada para julgamento da causa, não cabendo, pois, ao INSS se insurgir contra a opção feita pelo autor da ação.

5.2 Haverá competência do Juízo Estadual somente quando não existir sede de Vara Federal na localidade em questão. Estar a comarca abrangida pela jurisdição de vara federal não é o mesmo que ser sede de vara federal. Sobre o ponto, nos autos do leading case CC 39.324/SP, Rel. Ministro Castro Meira, julgado em 24/09/2003, esta Corte firmou compreensão no sentido de que ulterior instalação de vara federal extingue a competência delegada.

6 – A questão de direito a ser dirimida restou assim delimitada: "Efeitos da Lei nº 13.876/2019 na modificação de competência para o processamento e julgamento dos processos que tramitam na Justiça Estadual no exercício da competência federal delegada". A propósito, cita-se a nova redação do dispositivo: "§ 3º Lei poderá autorizar que as causas de competência da Justiça Federal em que forem parte instituição de previdência social e segurado possam ser processadas e julgadas na justiça estadual quando a comarca do domicílio do segurado não for sede de vara federal."

7 – Tese da Associação Brasileira dos Advogados **Previdenciários** que na qualidade de amicus curiae, aponta a ocorrência de inconstitucionalidade à Lei nº 13.876/19 rejeitada. Conforme voto de Sua Excelência Ministra Maria Thereza de Assis Moura, proferido em procedimento administrativo no Conselho da Justiça Federal do SEI 0006509-2019.4.90.8000 e que deu origem à Resolução CJF 603/2019, enquanto tal argumento exige a ocorrência de modificação de competência absoluta prevista em norma constitucional originária; a hipótese encerra apenas a delimitação de seu alcance, permanecendo, pois, hígida, a jurisdição da Justiça Federal.

8 – As alterações promovidas pela Lei nº 13.876/19 são aplicáveis aos processos ajuizados após a vacatio legis estabelecida pelo art. 5º, I. Os feitos em andamento, estejam eles ou não em fase de execução, até essa data, continuam sob a jurisdição em que estão, não havendo falar, pois, em perpetuação da jurisdição. Em consequência, permanecem hígidos os seguinte entendimentos jurisprudenciais em vigor: i) quando juiz estadual e juiz federal entram em conflito, a competência para apreciar o incidente é do Superior Tribunal de Justiça (CF, art. 105, I, d, in fine); ii) se o

conflito se estabelece entre juiz estadual no exercício da jurisdição federal delegada e juiz federal, competente será o Tribunal Regional Federal.

9 – Nos termos da Resolução 603/2019, CJF: i) definição de quais Comarcas da Justiça Estadual se enquadram no critério de distância retro referido caberá ao respectivo TRF (ex vi do art. 3º da Lei nº 13.876/2019), através de normativa própria; ii) por questão de organização judiciária, a delegação deve considerar as áreas territoriais dos respectivos TRFs. Consequentemente, à luz do art. 109, § 2º, da CF, o jurisdicionado não pode ajuizar ação na Justiça Federal de outro Estado não abrangido pela competência territorial do TRF com competência sobre seu domicílio. Ainda que haja vara federal em até 70km dali (porém na área de outro TRF), "iii) observadas as regras estabelecidas pela Lei n. 13.876, de 20 de setembro de 2019, bem como por esta Resolução, os Tribunais Regionais Federais farão publicar, até o dia 15 de dezembro de 2019, lista das comarcas com competência federal delegada." e iv)"As ações, em fase de conhecimento ou de execução, ajuizadas anteriormente a 1º de janeiro de 2020, continuarão a ser processadas e julgadas no juízo estadual."

10 – Tese a ser fixada no incidente de assunção de competência: "Os efeitos da Lei nº 13.876/2019 na modificação de competência para o processamento e julgamento dos processos que tramitam na Justiça Estadual no exercício da competência federal delegada insculpido no art. 109, § 3º, da Constituição Federal, após as alterações promovidas pela Emenda Constitucional 103, de 12 de novembro de 2019, aplicar-se-ão aos feitos ajuizados após 1º de janeiro de 2020. As ações, em fase de conhecimento ou de execução, ajuizadas anteriormente a essa data, continuarão a ser processadas e julgadas no juízo estadual, nos termos em que previsto pelo § 3º do art. 109 da Constituição Federal, pelo inciso III do art. 15 da Lei n. 5.010, de 30 de maio de 1965, em sua redação original."

11 – Dispositivo: Como a ação fora ajuizada em 4/5/2018 deve ser reconhecida a competência do Juízo de Direito da 1ª Vara Cível de Guaíba – RS, o suscitado, para processar e julgar a ação.

Ademais, para definição das comarcas dotadas de competência delegada federal deverá ser considerada a distância entre o centro urbano do Município sede da comarca estadual e o centro urbano do Município sede da vara federal mais próxima, em nada interferindo o domicílio do autor, considerando a tabela de distâncias indicada pelo Instituto Brasileiro de Geografia e Estatística – IBGE ou em outra ferramenta de medição de distâncias disponível.

Observadas as regras estabelecidas pela Lei n. 13.876, de 20 de setembro de 2019, os Tribunais Regionais Federais fizeram publicar, até o dia 15 de dezembro de 2019, lista das comarcas com competência federal delegada.

Entrementes, não vem se aplicando esta hipótese de competência delegada à Justiça Estadual na hipótese de o INSS figurar como autor da demanda, pois o objetivo da norma foi facilitar o acesso do segurado ao Poder Judiciário, conforme correta jurisprudência:

"PROCESSUAL CIVIL. PREVIDENCIÁRIO. COMPETÊNCIA. AÇÃO PROPOSTA PELO INSS VERSANDO O CANCELAMENTO DE BENEFÍCIO PREVIDENCIÁRIO OBTIDO MEDIANTE FRAUDE.COMPETÊNCIA ABSOLUTA DA JUSTIÇA FEDERAL. **I – Em ação movida pelo INSS para obter o cancelamento de benefício previdenciário obtido mediante fraude, é incompetente a Justiça Estadual para o seu julgamento, por afigurar-se inviável a invocação da competência federal delegada prevista no § 3º do artigo 109 da Magna Carta, dado o seu caráter social, tese de há muito referendada pelo Colendo Superior Tribunal de Justiça, segundo o qual se trata de garantia instituída em favor do segurado e que visa garantir o acesso dos segurados à justiça, sob pena de subverter, por vias transversas, a regra geral de distribuição de competência funcional prevista no artigo 109, I, da C.F. já aventado.** II – A Súmula nº 150 do Colendo Superior Tribunal de Justiça estabelece competir à Justiça Federal decidir sobre a existência ou não de interesse jurídico da União, de tal forma que inexorável o reconhecimento da competência absoluta da Justiça Federal para o processamento da ação. III – A ação tem por objeto a desconstituição da coisa julgada, o que só se opera pela via da ação rescisória, à exceção do disposto no artigo 486 do Código de Processo Civil. A competência para o processamento da rescisória, no caso, é do Tribunal Regional Federal da 3ª Região. IV – O prazo decadencial para o ajuizamento da ação rescisória já decorreu, razão pela qual o INSS valeu-se da ação anulatória. Ainda que se admita, no caso, a ação anulatória para a desconstituição do julgado, não compete à Justiça Estadual a revisão, mesmo que pela via da ação anulatória, da coisa julgada federal, uma vez que a situação não se enquadra no disposto no § 3º do artigo 109 da Constituição Federal. V – Sentença anulada de ofício. Apelação prejudicada" **(TRF da 3ª Região, AC 1.035.246, de 31.03.2008).**

Importante destacar que **a Justiça Estadual não poderá adotar o rito dos Juizados Especiais Federais, nem poderá delegar os processos aos Juizados Estaduais**, conforme decidido pelo STJ:

"RECURSO ESPECIAL. PREVIDENCIÁRIO. APLICAÇÃO DO RITO ESPECIAL DOS JUIZADOS ESPECIAIS FEDERAIS ÀS CAUSAS JULGADAS PELO JUIZ DE DIREITO INVESTIDO DE JURISDIÇÃO FEDERAL. IMPOSSIBILIDADE. VEDAÇÃO EXPRESSA CONTIDA NO ARTIGO 20 DA LEI Nº 10.259/2001. **1. Em razão do próprio regramento constitucional e infraconstitucional, não há competência federal delegada no âmbito dos Juizados Especiais Estaduais, nem o Juízo Estadual, investido de competência federal delegada (artigo 109, parágrafo 3º, da Constituição Federal), pode aplicar, em matéria previdenciária, o rito de competência do Juizado Especial Federal, diante da vedação expressa contida no artigo 20 da Lei nº 10.259/2001.** 2. Recurso especial provido"[12] (g.n.).

Outrossim, **a criação de Juizado Especial Federal em localidade que não era dotada de Vara Federal não gera a remessa dos processos em curso, que**

12. REsp 661.482, de 05.02.2009.

continuarão a tramitar na Justiça Estadual, por força de determinação contida no artigo 25, da Lei 10.259/2001, referendada pelo STJ:

> "PREVIDENCIÁRIO. CONFLITO NEGATIVO DE COMPETÊNCIA. AÇÃO PREVIDENCIÁRIA. CONCESSÃO DE PENSÃO. AÇÃO AJUIZADA NO JUÍZO ESTADUAL EM DATA ANTERIOR À INSTALAÇÃO DO JUIZADO ESPECIAL FEDERAL. INCIDÊNCIA DO ART. 25 DA LEI 10.259/2001. PRECEDENTE. COMPETÊNCIA DO JUÍZO ESTADUAL. **1. A Terceira Seção desta Corte entendeu ser da Justiça Estadual a competência para o julgamento das ações ajuizadas em data anterior à instalação do Juizado Especial Federal, a teor do disposto no art. 25 da Lei nº 10.259/2001, o qual estabelece, expressamente, que tais demandas não serão remetidas aos referidos Juizados Especiais.** 2. Conflito conhecido para declarar competente o Juízo de Direito da Vara Única de Monte Santo de Minas"[13] (g.n.).

Nos termos do Enunciado 139, do FONAJEF, não serão redistribuídas a Juizado Especial Federal (JEF) recém-criado as demandas ajuizadas até a data de sua instalação, **salvo se as varas de JEFs estiverem na mesma sede jurisdicional.**

> Na hipótese de pedido de indenização por danos morais contra o INSS, se esta postulação decorrer do pedido principal de concessão de benefício previdenciário, a 3ª Seção do STJ, ao julgar o CC 111.447, em 23.06.2010, pronunciou a competência delegada da Justiça Estadual:

> "PROCESSUAL CIVIL E PREVIDENCIÁRIO. CONFLITO NEGATIVO DE COMPETÊNCIA. JUSTIÇA ESTADUAL E JUSTIÇA FEDERAL. CONCESSÃO DE APOSENTADORIA POR IDADE CUMULADA COM INDENIZAÇÃO POR DANOS MORAIS. ART. 109, § 3º, DA CR/88. FORO. OPÇÃO PELO SEGURADO. COMPETÊNCIA DA JUSTIÇA ESTADUAL. SUSCITADO. **1. Extrai-se dos autos que o pedido do autor consiste na concessão de aposentadoria por idade, bem como na condenação do INSS ao pagamento de indenização por danos morais. 2. O autor optou pela Justiça Estadual localizada no foro de seu domicílio, que por sua vez não possui Vara Federal instalada, nos termos do art. 109, § 3º, da CR/88. 3. Entende esta Relatoria que o pedido de indenização por danos morais é decorrente do pedido principal, e a ele está diretamente relacionado. 4. Consoante regra do art. 109, § 3º, da CR/88, o Juízo Comum Estadual tem sua competência estabelecida por expressa delegação constitucional.** 5. Conflito de competência conhecido para declarar a competência do Juízo de Direito da 1ª Vara de Registro-SP".

Vale registrar a mudança de orientação da 3ª Seção do STJ, pois no mês anterior decidiu pela competência da Justiça Federal ao julgar o CC 111.481.

Por fim, é possível que o processo de justificação contra o INSS corra na Justiça Estadual, investida de jurisdição federal, se na localidade não funcionar Vara Federal, conforme autoriza o artigo 15, II, da Lei 5.010/66.

13.. CC 62.373, de 11.10.2006.

REFERÊNCIA BIBLIOGRÁFICA

AMADO, Frederico. *Curso de Direito e Processo Previdenciário*, tomo 1 e 2. Juspodivm: 2025.

REFERÊNCIA BIBLIOGRÁFICA

AMADO, Frederico. Curso de Direito e Processo Previdenciário, tomo 1 e 2. Juspodivm, 2025.